**Regime Jurídico
da Arbitragem Tributária
Anotado**

Regime Jurídico da Arbitragem Tributária Anotado

2016 • Reimpressão

Carla Castelo Trindade
Advogada

REGIME JURÍDICO DA ARBITRAGEM TRIBUTÁRIA ANOTADO

AUTOR
Carla Castelo Trindade

EDITOR
EDIÇÕES ALMEDINA, S.A.
Rua Fernandes Tomás, nºˢ 76-80
3000-167 Coimbra
Tel.: 239 851 904 · Fax: 239 851 901
www.almedina.net · editora@almedina.net

DESIGN DE CAPA
FBA.

PRÉ-IMPRESSÃO
EDIÇÕES ALMEDINA, S.A.

IMPRESSÃO E ACABAMENTO
DPS - DIGITAL PRINTING SERVICES, LDA
Novembro, 2016

DEPÓSITO LEGAL
400995/15

Apesar do cuidado e rigor colocados na elaboração da presente obra, devem os diplomas legais dela constantes ser sempre objecto de confirmação com as publicações oficiais.

Toda a reprodução desta obra, por fotocópia ou outro qualquer processo, sem prévia autorização escrita do Editor, é ilícita e passível de procedimento judicial contra o infractor.

 GRUPOALMEDINA

BIBLIOTECA NACIONAL DE PORTUGAL – CATALOGAÇÃO NA PUBLICAÇÃO
PORTUGA. Leis, decretos, etc.
REGIME JURÍDICO DA ARBITRAGEM TRIBUTÁRIA ANOTADO
Carla Castelo Trindade – (Legislação anotada)
ISBN 978-972-40-6213-6
I – TRINDADE, Carla Castelo
CDU 347

Ao meu marido,
I would say yes a thousand times!

ÍNDICE

ABREVIATURAS	15
PREFÁCIO	17
NOTA INTRODUTÓRIA	19

REGIME JURÍDICO DA ARBITRAGEM TRIBUTÁRIA ANOTADO	23
TÍTULO I – ARBITRAGEM TRIBUTÁRIA	26
CAPÍTULO I – DISPOSIÇÕES GERAIS	26
SECÇÃO I – PRESSUPOSTOS	26
ARTIGO 1.º – ÂMBITO DE APLICAÇÃO	26
1. História da arbitragem em Portugal	26
2. Fundamento constitucional dos tribunais arbitrais	30
3. Centros de arbitragem institucionalizada	32
4. Restantes meios de resolução alternativa e pré-judicial de litígios	32
4.1. Arbitragem, mediação e conciliação	34
4.2. Resolução pré-judicial de litígios	35
5. Admissibilidade da arbitragem em Direito Público	36
5.1. Arbitragem em Direito Administrativo	37
5.2. Arbitragem em matéria tributária – a discussão doutrinária	41
5.2.1. Competência exclusiva dos tribunais administrativos e fiscais	42
5.2.2. Princípio da legalidade fiscal	44
5.2.3. Princípio da indisponibilidade dos créditos tributários	46
6. Razão de ser e actualidade	50
7. Habilitação legal	55

ARTIGO 2.º – COMPETÊNCIA DOS TRIBUNAIS ARBITRAIS
E DIREITO APLICÁVEL   57
1. Liquidação, autoliquidação, retenção na fonte e pagamentos por conta   59
1.1. Actos de segundo e terceiro graus   67
2. Limitações introduzidas pela Portaria de Vinculação   76
2.1. Delimitação aos impostos geridos pela Autoridade Tributária   77
    2.1.1. Delimitação à figura de impostos   79
    2.1.2. Exclusão dos impostos não geridos pela Autoridade Tributária   80
        2.1.2.1. Impostos das Regiões Autónomas dos Açores e da Madeira   81
        2.1.2.2. Derrama Municipal, Imposto do Selo e IUC   86
        2.1.2.3. Contribuições e quotizações para a Segurança Social   91
2.2. Reclamação graciosa necessária   94
    2.2.1. Pedido de revisão oficiosa e reclamação graciosa necessária   96
    2.2.2. Conclusão   99
3. Matéria tributável e colectável e fixação de valores patrimoniais   102
3.1. Limitações impostas pela Portaria de Vinculação   108
4. Projecto de decisão de liquidação   113
5. Exclusão da arbitrabilidade de actos em matéria tributária   113
6. Conclusão: actos tributários arbitráveis   116
7. Poderes do tribunal arbitral: apreciação, anulação e condenação   118
7.1. Decisões arbitrais condenatórias   120
8. Direito constituído e equidade   126

ARTIGO 3.º – CUMULAÇÃO DE PEDIDOS, COLIGAÇÃO DE AUTORES
E IMPUGNAÇÃO JUDICIAL   130
1. Cumulação de pedidos e coligação de autores   131
1.1. Contencioso administrativo e contencioso tributário   131
    1.1.1. Cumulação de pedidos e coligação de autores – tributário   131
    1.1.2. Cumulação de pedidos e coligação de autores – administrativo   137
    1.1.3. Cumulação de pedidos e coligação de autores – arbitragem tributária   138
1.2. Ilegalidade da cumulação ou coligação e apensação de processos   145
2. Arbitragem e impugnação simultâneas: litispendência   149
2.1. Excepção de litispendência   155

ARTIGO 3.º-A – PRAZOS   161
1. Procedimento e processo arbitral tributário   161

2. Contagem de prazos	162
2.1. Antes da Lei n.º 66-B/2012, de 31 de Dezembro	162
2.2. Contagem de prazos de acordo com as normas em vigor	165
2.2.1. Prazo para entrega do pedido de constituição de tribunal arbitral	167
SECÇÃO II – TRIBUNAIS ARBITRAIS	171
ARTIGO 4.º – VINCULAÇÃO E FUNCIONAMENTO	171
1. A Portaria de Vinculação	172
1.1. Necessidade e razão de ser	172
1.2. Limitações impostas pela Portaria de Vinculação	173
1.2.1. Impostos geridos pela Autoridade Tributária	173
1.2.2. Limitação do âmbito material da arbitragem	175
1.2.3. Limitação da arbitragem em razão do valor	181
2. Regulamentos do CAAD	186
ARTIGO 5.º – COMPOSIÇÃO DOS TRIBUNAIS ARBITRAIS	189
Anotação	189
ARTIGO 6.º – DESIGNAÇÃO DOS ÁRBITROS	193
1. Regulamento de Selecção de Árbitros em Matéria Tributária	194
2. Designação dos árbitros no "tribunal comum"	197
3. Designação dos árbitros no "tribunal especial"	198
ARTIGO 7.º – REQUISITOS DE DESIGNAÇÃO DOS ÁRBITROS	200
1. Requisitos necessários à condição de árbitro	201
2. Arbitros não juristas e o árbitro-presidente	203
2.1. Requisitos do árbitro-presidente introduzidos na Portaria de Vinculação	205
3. Lista de árbitros do CAAD	206
4. Magistrados jubilados	206
ARTIGO 8.º – IMPEDIMENTOS DOS ÁRBITROS	207
1. Impedimentos previstos no artigo 44.º do CPA	209
2. Impedimentos originais previstos nas alíneas *a*) e *b*) do n.º 1 do artigo 8.º	211
2.1. Impedimentos da alínea *a*)	211
2.2. Impedimentos da alínea *b*)	214
3. Impedimentos originais do Regulamento de Selecção de Árbitros	214
4. Rejeição e exoneração previstas nos n.ºs 2 e 3	216

4.1. Rejeição da designação de árbitro	217
4.2. Substituição de árbitro decorrente de rejeição ou exoneração	218
4.3. Actos practicados por árbitro impedido	220
5. Afastamentos, recusas, inacção e incapacitação de árbitros	221
5.1. Motivos gerais de afastamento de um árbitro	222
5.2. Recusas	222
5.3. Inacção ou incapacitação de um árbitro	224
5.4. Designação do árbitro substituto	225
ARTIGO 9.º – DEVERES DOS ÁRBITROS	226
1. Deveres dos árbitros	227
2. Regras de substituição dos árbitros	231
3. Princípio da economia processual e aproveitamento dos actos	234
CAPÍTULO II – PROCEDIMENTO ARBITRAL	238
SECÇÃO I – CONSTITUIÇÃO DE TRIBUNAL ARBITRAL	238
ARTIGO 10.º – PEDIDO DE CONSTITUIÇÃO DE TRIBUNAL ARBITRAL	238
1. Prazos para a constituição do tribunal arbitral	239
1.1. Alínea *a*) do n.º 1 do artigo 10.º	240
1.1.1. Indeferimento tácito e caducidade do direito de acção	250
1.2. Alínea *b*) do n.º 1 do artigo 10.º	259
1.3. Contagem do prazo para requerer a constituição do tribunal arbitral	261
2. Pedido de constituição do tribunal arbitral	264
2.1. Legitimidade, impulso e patrocínio	264
2.2. Requisitos	268
2.2.1. Alterações ao valor da utilidade económica do pedido	275
3. Conhecimento do pedido pela Autoridade Tributária	288
ARTIGO 11.º – PROCEDIMENTO DE DESIGNAÇÃO DOS ÁRBITROS	289
1. Designação dos árbitros nos tribunais "comuns"	290
2. Designação dos árbitros nos tribunais "especiais"	292
2.1. Designação do árbitro "do" sujeito passivo	292
2.2. Designação do árbitro "da" Autoridade Tributária	293
2.2.1. Designação pelo dirigente máximo do serviço	293
2.2.2. Designação pelo Conselho Deontológico do CAAD	294
2.3. Designação do terceiro árbitro	296
3. Constituição do tribunal arbitral	297

ARTIGO 12.º – TAXA DE ARBITRAGEM	301
1. Regras gerais aplicáveis às custas do processo arbitral	303
2. Taxa de arbitragem nos tribunais comuns	309
3. Taxa de arbitragem nos tribunais especiais	312
4. Falta de pagamento da taxa de arbitragem/taxa de arbitragem inicial	314
5. Alterações ao valor da causa – Custas	315
6. Aplicabilidade da "Lei de Acesso ao Direito e aos Tribunais"	321
SECÇÃO II – EFEITOS DA CONSTITUIÇÃO DE TRIBUNAL ARBITRAL	325
ARTIGO 13.º – EFEITOS DO PEDIDO DE CONSTITUIÇÃO DE TRIBUNAL ARBITRAL	325
1. Prazo para o "arrependimento" da Autoridade Tributária	327
1.1. Conteúdo da notificação do CAAD à Autoridade Tributária	327
1.2. Anteriores versões do RJAT	330
1.3. Revogação, ratificação, reforma ou conversão do acto tributário	333
1.4. Efeitos para o procedimento/processo arbitral	336
2. Efeitos para o futuro da apresentação de pedido arbitral	338
2.1. Efeitos para Administração Tributária	339
2.2. Efeitos para o Requerente	341
2.3. Efeitos externos	346
ARTIGO 14.º – EFEITO SUSPENSIVO DO PEDIDO DE CONSTITUIÇÃO DO TRIBUNAL ARBITRAL	355
Anotação	355
CAPÍTULO III – PROCESSO ARBITRAL	356
SECÇÃO I – DISPOSIÇÕES GERAIS	356
ARTIGO 15.º – INÍCIO DO PROCESSO ARBITRAL	356
Anotação	356
ARTIGO 16.º – PRINCÍPIOS PROCESSUAIS	359
1. Princípios comuns ao procedimento e ao processo tributário	360
1.1. Princípio do contraditório	362
1.2. Princípio da igualdade	365
1.3. Princípio da cooperação e da boa-fé processual	367
2. Princípios originais no processo arbitral	369
3. Jurisprudência	373

ARTIGO 17.º – TRAMITAÇÃO ... 378
1. A tramitação procedimental e a tramitação processual ... 378
2. Convite ao aperfeiçoamento e indeferimento liminar ... 382
3. Direito de defesa da Autoridade Tributária ... 385
3.1. Não apresentação de defesa pela Autoridade Tributária ... 386
4. Remessa da cópia do processo administrativo para o tribunal arbitral ... 387

ARTIGO 17.º-A – FÉRIAS JUDICIAIS ... 389
Anotação ... 389

ARTIGO 18.º – PRIMEIRA REUNIÃO DO TRIBUNAL ARBITRAL ... 391
1. Não exercício do direito de resposta pela Autoridade Tributária ... 392
2. Âmbito da reunião do tribunal arbitral ... 393
2.1. Definição da tramitação do processo arbitral ... 393
2.2. Conhecimento prévio de eventuais excepções ... 394
2.3. Correcção de peças processuais ... 400
2.4. Alegações e data para a prolação da sentença ... 401
3. Dispensa da reunião do artigo 18.º ... 403

ARTIGO 19.º – PRINCÍPIO DA LIVRE CONDUÇÃO DO PROCESSO ... 404
Anotação ... 404

ARTIGO 20.º – MODIFICAÇÃO OBJECTIVA DA INSTÂNCIA ... 407
1. Substituição do acto com base em factos novos ... 408
1.1. Alteração do valor da utilidade económica do pedido ... 411
2. Notificação do tribunal arbitral ... 412

SECÇÃO II – DECISÃO ARBITRAL ... 414
ARTIGO 21.º – PRAZO ... 414
1. Prazo de 6 meses para a duração da fase processual ... 415
1.1. Incumprimento do prazo para a prolação da decisão arbitral ... 418
2. Prorrogação do prazo para a prolação da decisão arbitral ... 418

ARTIGO 22.º – DELIBERAÇÃO, CONTEÚDO E FORMA ... 421
1. Regras aplicáveis à deliberação do tribunal arbitral ... 422
2. Conteúdo da decisão arbitral ... 424
2.1. Poderes de cognição do tribunal arbitral ... 426

	2.1.1. Princípio do inquisitório vs Princípio do dispositivo	427
	2.1.2. Princípio do inquisitório vs Dever de fundamentação dos actos	431
3.	Forma da decisão arbitral	433

ARTIGO 23.º – DISSOLUÇÃO DO TRIBUNAL ARBITRAL 435
1. Arquivamento do processo e dissolução do tribunal arbitral ... 435
1.1 Doutrina do *"functus officio"* na LAV de 1986 436
2. Rectificação e esclarecimento da sentença arbitral 438
3. Dissolução do tribunal vs. recurso para o Tribunal Constitucional ... 440

ARTIGO 24.º – EFEITOS DA DECISÃO ARBITRAL DE QUE NÃO CAIBA
RECURSO OU IMPUGNAÇÃO 444
1. Efeitos da decisão arbitral que conheça do mérito da pretensão ... 447
1.1. Efeitos para a Autoridade Tributária 448
1.2. Efeitos para o Requerente 458
2. Efeitos da decisão arbitral que não conhece do mérito da pretensão ... 462

SECÇÃO III – RECURSO DA DECISÃO ARBITRAL 465
ARTIGO 25.º – FUNDAMENTO DO RECURSO DA DECISÃO ARBITRAL ... 465
1. Irrecorribilidade da decisão arbitral 466
1.1. Regra da (ir)recorribilidade em matéria cível, comercial
    e administrativa 468
1.2. Irrecorribilidade da decisão arbitral em matéria tributária ... 470
2. Recurso para o Tribunal Constitucional 473
3. Recurso para o Supremo Tribunal Administrativo 482
3.1. Requisitos formais e substanciais de interposição de recurso ... 488
4. Recurso para o Tribunal Constitucional e o recurso para STA
   – articulação 493
5. Reenvio prejudicial para o TJUE 494
6. Recurso de revisão 503

ARTIGO 26.º – EFEITOS DO RECURSO DA DECISÃO ARBITRAL ... 509
Anotação 509

SECÇÃO IV – IMPUGNAÇÃO DA DECISÃO ARBITRAL 513
ARTIGO 27.º – IMPUGNAÇÃO DA DECISÃO ARBITRAL 513
1. Impugnação da decisão arbitral 514

2. Regime jurídico da impugnação da decisão arbitral ... 516
2.1. Regras especiais para a arbitragem tributária ... 516
2.2. Regras do CPTA: aplicabilidade à arbitragem tributária ... 518
2.3. Efeitos da anulação da decisão arbitral tributária ... 524
3. Impugnação e recursos – Articulação ... 527
3.1. Acção de impugnação e recurso para o Tribunal Constitucional ... 529
3.2. Acção de impugnação e recurso para o STA ... 529

ARTIGO 28.º – FUNDAMENTOS E EFEITOS DA IMPUGNAÇÃO DA DECISÃO ARBITRAL ... 534
1. Fundamentos de impugnação ... 534
1.1. Falta de especificação dos fundamentos de facto e de direito ... 538
1.2. Oposição de fundamentos com a decisão arbitral ... 539
1.3. Pronúncia indevida e omissão de pronúncia ... 540
1.4. Violação do princípio do contraditório ... 548
1.5. Violação do princípio da igualdade das partes ... 552
2. Efeitos da apresentação do pedido de impugnação ... 553

TÍTULO II – DISPOSIÇÕES FINAIS ... 555

ARTIGO 29.º – DIREITO SUBSIDIÁRIO ... 555
Anotação ... 555

ARTIGO 30.º – NORMAS TRANSITÓRIAS ... 559
Anotação ... 559

JURISPRUDÊNCIA ... 563
BIBLIOGRAFIA ... 571

ABREVIATURAS

CAAD	Centro de Arbitragem Administrativa
CC	Código Civil
CPA	Código de Procedimento Administrativo
CPC	Código de Processo Civil
CPPT	Código de Procedimento e de Processo Tributário
CPT	Código de Processo Tributário
CPTA	Código de Processo nos Tribunais Administrativos
CRP	Constituição da República Portuguesa
DGCI	Direcção-Geral dos Impostos
DGAIEC	Direcção-Geral das Alfândegas e dos Impostos Especiais sobre o Consumo
ETAF	Estatuto dos Tribunais Administrativos e Fiscais
IEC	Impostos Especiais sobre o Consumo
IMI	Imposto Municipal sobre Imóveis
IMT	Imposto Municipal sobre as Transmissões Onerosas de Imóveis
IRC	Imposto sobre o Rendimento das Pessoas Colectivas
IRS	Imposto sobre o Rendimento das Pessoas Singulares
IUC	Imposto Único de Circulação
IAS	Indexante de Apoios Sociais
IVA	Imposto sobre o Valor Acrescentado
LAV de 1986	Anterior Lei de Arbitragem Voluntária (Lei n.º 31/86, de 29/08)
LAV/LAV de 2011	Actual Lei de Arbitragem Voluntária (Lei n.º 63/2011, de 14/12)

LFRA	Lei das Finanças das Regiões Autónomas
LGT	Lei Geral Tributária
LPTA	Lei de Processo nos Tribunais Administrativos e Fiscais (Decreto-Lei n.º 267/85, de 16/07)
LTC	Lei de Organização, Funcionamento e Processo do Tribunal Constitucional (Lei n.º 28/82, de 15/11)
Portaria de Vinculação	Portaria n.º 112-A/2011, de 22/03
Regulamento de Custas	Regulamento de Custas nos Processo de Arbitragem Tributária do CAAD
RCPIT	Regime Complementar do Procedimento de Inspecção Tributária
RJAT	Regime Jurídico da Arbitragem Tributária
STA	Supremo Tribunal Administrativo
TCA	Tribunal Central Administrativo
TFUE	Tratado sobre o Funcionamento da União Europeia
TGIS	Tabela Geral do Imposto do Selo
TJUE	Tribunal de Justiça da União Europeia

PREFÁCIO

A instituição de um sistema de arbitragem tributária em Portugal constitui uma experiência da qual não conhecemos porventura ainda todos os resultados. É certo, em qualquer caso, que os frutos que até agora produziu corresponderam ao propósito que esteve na sua origem: o propósito de criar um sistema alternativo de resolução de conflitos capaz de desafogar em certa medida os tribunais judiciais, de reforçar a qualidade das decisões em matéria tributária, de responder com rapidez às solicitações dos contribuintes, e de com tudo isso prevenir a multiplicação de litígios dispensáveis.

A produção de materiais de trabalho que auxiliem os profissionais que lidam com a arbitragem tributária constitui uma tarefa importante na consolidação deste novo sistema. É fundamental dar a conhecer as razões que estão por trás da lei, as alternativas na sua interpretação, os seus pontos fortes e fracos, as hipóteses que há na sua reforma, o modo como deve articular-se com outros diplomas. É fundamental publicar, enfim.

A autora desta obra está em posição privilegiada para o fazer. Primeiro, porque esteve presente na origem do regime, no momento em que a arbitragem não era mais do que um projecto, conhecendo as opções técnicas e políticas que fizeram da lei o que ela é. Depois, porque desde então tem acompanhado de perto a evolução do regime, através do exercício de funções como árbitro do CAAD, através da publicação de artigos vários na matéria, e através da formação que ministra no âmbito dos programas *Católica Tax*.

Que esta obra será de grande utilidade aos profissionais do direito fiscal é uma certeza. Que não seja o último trabalho da autora na matéria é a minha expectativa.

Lisboa, Setembro de 2015

SÉRGIO VASQUES
Professor da Universidade Católica Portuguesa

NOTA INTRODUTÓRIA

Corria o ano de 2010 quando se preparava, já tardiamente devido a eleições, a Proposta de Orçamento do Estado para esse ano. A par de outros pedidos de autorização legislativa, o Governo apresentou uma proposta de autorização para a concretização do regime da arbitragem tributária. Ninguém acreditava que a sua aprovação fosse possível. Era uma junção de vozes dentro e fora da comunidade de fiscalistas que, em uníssono, se opunham à adopção do regime. Todos diziam o mesmo. É inconstitucional. Portugal não está preparado. Nunca se fez em lado nenhum não será certamente em Portugal... Todos se opunham menos o então Secretário de Estado dos Assuntos Fiscais, o Professor Sérgio Vasques. A sua audácia, determinação e perseverança, o seu "pensar fora da caixa" e a sua coragem política para defender a proposta levaram a que não houvesse, na Assembleia da República, oposição à concessão da autorização legislativa.

Decorridos quase cinco anos sobre a entrada em vigor do regime são poucas as vozes que hoje não o defendem. As vantagens são inequívocas, o sucesso é inegável. Porém, não se tem qualquer dúvida que são também várias as fragilidades técnicas e os problemas de conjugação que a prática tem revelado.

O presente trabalho pretende então dar uma prespectiva de quem participou na elaboração da redacção original da lei e que sabe, portanto, qual a intenção do legislador na adopção de determinadas soluções, mas que reconhece, não tão poucas vezes, que o regime levanta vários problemas, tentando portanto resolvê-los pela via interpretativa.

Talvez por inocência ou inexperiência, a redacção deste livro demorou o dobro do tempo que tinha julgado inicialmente necessário. Sem a ajuda de muitas pessoas, não teria sido capaz de completá-lo. Quem escreve um livro tem uma dívida de gratidão com um grande número de pessoas e eu não fujo à regra.

Sérgio Vasques incitou-me sempre a continuar a escrever mesmo quando, entre três gravidezes e três filhas, escrever era a última coisa em que pensava. Notava, sempre que eu abrandava, e umas vezes gentilmente outras nem tanto, animava-me a continuar quando necessário. Sem ele nada disto teria sido possível.

Susana Bradford Ferreira, minha aluna do Mestrado Forense e de quem tive o privilégio de ser orientadora da tese, reviu praticamente todo o material à medida que o fui escrevendo, o que não apenas tornou o livro melhor, como várias vezes contribuiu para a alteração da minha opinião. E quem me conhece sabe o quanto isto é difícil. A sua participação foi tão importante que em algumas matérias como a dos recursos o comentário é quase mais dela do que meu. Sorte de qualquer equipa que ela venha a integrar.

Serena Neto, minha grande amiga e companheira do contencioso a quem eu muitas vezes fui maçando com angústias e dúvidas. Que bom é discutir contigo.

Tânia Carvalhais Pereira, a quem o CAAD e a arbitragem tanto devem, e a quem eu tantas vezes recorri para perceber e compreender qual a prática no CAAD. Ela soube sempre responder-me com simpatia e prontidão, qualquer que fosse o assunto que estava a ser tratado. Obrigada Tânia.

Obrigada também ao Senhor Conselheiro Jorge Lopes de Sousa e ao Dr. João Menezes Leitão por tirarem tempo das suas agendas bem ocupadas para discutirem comigo sempre que eu os aborreci.

Tive duas revisoras diligentes: Irina Pais e Susana Nunes dos Santos. Ambas não fiscalistas, nem tão pouco juristas fizeram-me o enorme favor de, no seu mês de Agosto, penhorarem os seus serões de Verão a rever quase seiscentas páginas. Como uma delas me disse uma vez "É pior que comer favas todos os dias". Se tivesse sido capaz de incorporar todas as suas excelentes sugestões este livro teria sido melhor. Quaisquer erros que se tenham mantido são inteiramente meus.

A finalizar, agradeço à Conceição Gamito. Não que tenha tido um intervenção especial nesta obra mas teve-a sempre e sem excepção nos momentos mais decisivos da minha vida. O apoio incondicional que sempre me deste fizeram de mim seguramente uma melhor fiscalista e certamente uma melhor pessoa. Obrigada minha querida, por tudo.

Por último, à família, a principal sacrificada numa tarefa deste género. Os meus pais, sem o vosso apoio eu não seria o que sou hoje.

O meu marido, a quem tanto devo, desde logo pelo tempo que me poupa ao ser o melhor pai do mundo o que, entre outras coisas, me permite escrever.

CARLA CASTELO TRINDADE

Lisboa, Setembro de 2015

Regime Jurídico da Arbitragem Tributária Anotado
Decreto-Lei n.º 10/2011, de 20 de Janeiro

A introdução no ordenamento jurídico português da arbitragem em matéria tributária, como forma alternativa de resolução jurisdicional de conflitos no domínio fiscal, visa três objectivos principais: por um lado, reforçar a tutela eficaz dos direitos e interesses legalmente protegidos dos sujeitos passivos, por outro lado, imprimir uma maior celeridade na resolução de litígios que opõem a administração tributária ao sujeito passivo e, finalmente, reduzir a pendência de processos nos tribunais administrativos e fiscais.

A arbitragem constitui uma forma de resolução de um litígio através de um terceiro neutro e imparcial – o árbitro –, escolhido pelas partes ou designado pelo Centro de Arbitragem Administrativa e cuja decisão tem o mesmo valor jurídico que as sentenças judiciais. Neste sentido, e em cumprimento dos seus três objectivos principais, a arbitragem tributária é adoptada pelo presente decreto-lei com contornos que procuram assegurar o seu bom funcionamento.

Assim, em primeiro lugar, tendo em vista conferir à arbitragem tributária a necessária celeridade processual, é adoptado um processo sem formalidades especiais, de acordo com o princípio da autonomia dos árbitros na condução do processo, e é estabelecido um limite temporal de seis meses para emitir a decisão arbitral, com possibilidade de prorrogação que nunca excederá os seis meses.

Em segundo lugar, são competentes para proferir a decisão arbitral os tribunais arbitrais que funcionam sob a organização do Centro de Arbitragem Administrativa. Trata-se do único centro de arbitragem a funcionar sob a égide do Conselho Superior dos Tribunais Administrativos e Fiscais que, de resto, é competente para nomear o presidente do Conselho Deontológico do Centro de Arbitragem Administrativa. Nos casos em que o contribuinte opte por designar um árbitro, o tribunal arbitral funcionará sempre com um colectivo de três árbitros, cabendo a cada parte a designação de um deles e aos árbitros assim designados a designação do terceiro, que exerce as funções de árbitro-presidente. Caso o contribuinte não pretenda designar um árbitro, o tribunal arbitral funcionará com um árbitro singular nos casos em que o valor do pedido não ultrapasse duas vezes o valor da alçada do Tribunal Central Administrativo, ou seja, (euro) 60 000, e com um colectivo de três árbitros nos restantes casos, cabendo a sua designação, em ambas as situações, ao Conselho Deontológico do Centro de Arbitragem Administrativa.

Em terceiro lugar, fixam-se com rigor quais as matérias sobre as quais se pode pronunciar o tribunal arbitral. Assim, encontram-se abrangidas pela competência dos tribunais arbitrais a apreciação da declaração de ilegalidade de liquidação de tributos, de autoliquidação, de retenção na fonte e os de pagamento por conta, a declaração de ilegalidade de actos de determinação da matéria tributável, de actos de determinação da matéria colectável e de actos de fixação de valores patrimoniais e, bem assim, a apreciação de qualquer questão, de facto ou de direito, relativa ao projecto de liquidação, sempre que a lei não assegure a faculdade de deduzir a pretensão anteriormente referida.

Em quarto lugar, acolhe-se como regra geral a irrecorribilidade da decisão proferida pelos tribunais arbitrais. Esta regra não prejudica a possibilidade de recurso para o Tribunal Constitucional, nos casos em que a sentença arbitral recuse a aplicação de qualquer norma com fundamento na sua inconstitucionalidade ou aplique uma norma cuja constitucionalidade tenha sido suscitada, bem como o recurso para o Supremo Tribunal Administrativo quando a decisão arbitral esteja em oposição, quanto à mesma questão fundamental de direito, com acórdão proferido pelo Tribunal Central Administrativo ou pelo Supremo Tribunal Administrativo.

A decisão arbitral poderá ainda ser anulada pelo Tribunal Central Administrativo com fundamento na não especificação dos fundamentos de facto e de direito que justificam a decisão, na oposição dos fundamentos com a decisão, na pronúncia indevida ou na omissão de pronúncia ou na violação dos princípios do contraditório e da igualdade das partes.

Nos casos em que o tribunal arbitral seja a última instância de decisão de litígios tributários, a decisão é susceptível de reenvio prejudicial em cumprimento do § 3, do artigo 267.º do Tratado sobre o Funcionamento da União Europeia.

Em quinto lugar, fixam-se as regras sobre quem pode exercer as funções de árbitro na arbitragem tributária. Neste âmbito, prevê-se a possibilidade de designação de árbitros licenciados em Economia ou Gestão nas questões de maior complexidade e que exijam um conhecimento específico de área não jurídica, devendo nesses casos o árbitro-presidente ser sempre um jurista com pelo menos 10 anos de comprovada experiência profissional na área do direito tributário.

Em sexto lugar, prevê-se a possibilidade de os contribuintes submeterem aos tribunais arbitrais a apreciação dos actos tributários que se encontrem pendentes de decisão há mais de dois anos, com um incentivo, que corresponde à dispensa de pagamento de custas judiciais.

Finalmente, note-se que a instituição da arbitragem não significa uma desjuridificação do processo tributário, na medida em que é vedado o recurso à equidade, devendo os árbitros julgar de acordo com o direito constituído.

Foram ouvidos o Conselho Superior dos Tribunais Administrativos e Fiscais, o Conselho Superior de Magistratura e a Ordem dos Advogados.

Foi promovida a audição da Procuradoria-Geral da República.

Assim:

No uso da autorização legislativa concedida pelo artigo 124.º da Lei n.º 3-B/2010, de 28 de Abril, e nos termos da alínea b), do n.º 1, do artigo 198.º da Constituição, o Governo decreta o seguinte:

TÍTULO I – Arbitragem tributária

CAPÍTULO I – Disposições gerais

SECÇÃO I – Pressupostos

Artigo 1.º – Âmbito de aplicação

O presente decreto-lei disciplina a arbitragem como meio alternativo de resolução jurisdicional de conflitos em matéria tributária.

ANOTAÇÃO
1. História da arbitragem em Portugal
2. Fundamento constitucional dos tribunais arbitrais
3. Centros de arbitragem institucionalizada
4. Restantes meios de resolução alternativa e pré-judicial de litígios
    4.1. Arbitragem, mediação e conciliação
    4.2. Resolução pré-judicial de litígios
5. Admissibilidade da arbitragem em Direito Público
    5.1. Arbitragem em Direito Administrativo
    5.2. Arbitragem em matéria tributária – a discussão doutrinária
        5.2.1. Competência exclusiva dos tribunais administrativos e fiscais
        5.2.2. Princípio da legalidade fiscal
        5.2.3. Princípio da indisponibilidade dos créditos tributários
6. Razão de ser e actualidade
7. Habilitação legal

1. História da arbitragem em Portugal
A arbitragem é o mais importante dos meios de resolução alternativa de litígios.

Julga-se por isso pertinente uma breve alusão[1] ao contexto histórico da figura da arbitragem[2].

A solução arbitral, enquanto via de resolução de litígios, remonta à Antiguidade Clássica, sabendo-se da existência dessa via na Grécia Antiga e no Egipto.

---

[1] Porque não se pretende realizar uma exposição demasiado alongada da história da arbitragem, para um maior aprofundamento da matéria sugere-se a leitura de Francisco Cortez (1992) "A arbitragem voluntária em Portugal. Dos ricos homens aos tribunais privados" e José Duarte Nogueira (1996) "A arbitragem na história do Direito Português".
[2] Seguindo de perto Manuel Pereira Barrocas (2013) *Manual de Arbitragem*, 53-59.

Foram contudo os Romanos a dar o primeiro passo para uma tentativa de conciliação entre o aparelho judiciário estadual e a solução arbitral no sentido de tentar conferir a estas últimas, de alguma forma, uma possibilidade de execução coerciva das suas decisões[3].

Em Portugal, é apenas a partir de finais do século XII e inícios do século XIII que surgem as primeiras referências documentais às soluções arbitrais, ali prevendo-se as figuras dos "alvidros" e dos "avenidores" ou "convenidores" enquanto juízes investidos pelos poderes das partes. É também por essa altura que surgem os denominados "compromissos arbitrais" através dos quais as partes acordavam submeter um determinado litígio à jurisdição dos "alvidros" ou dos "avenidores". Os "alvidros" equiparavam-se à figura actual dos árbitros, e a sua escolha, o seu número e a determinação do objecto da arbitragem dependiam única e exclusivamente da vontade das partes.

No século XV, com as Ordenações Afonsinas, surge a distinção entre os juízes-árbitros, os "alvidros" e os "alvidradores", os primeiros decidindo segundo o direito constituído e os segundos com base na equidade. Mais tarde, as Ordenações Manuelinas e Filipinas viriam a manter as soluções nestes mesmos moldes excepto relativamente à matéria dos recursos na qual se fizeram alguns avanços. O modelo de arbitragem ali instituído iria vigorar em Portugal até ao liberalismo no século XIX.

A Revolução Francesa de 1789, pugnando, como é sabido, pela afirmação do poder do cidadão perante o Estado, teve uma grande influência neste método de resolução alternativa de litígios. Em França, a arbitragem tornou-se um meio extremamente popular tendo conseguido até consagração constitucional, especialmente pela desconfiança nos juízes com origem no regime monárquico. A popularidade revelou-se, porém, efémera sobretudo a partir da legislação napoleónica, na última década do século XVIII.

No entanto, e como se referiu, no século XIX a arbitragem como um meio de resolução de litígios tornou-se bastante usual designadamente entre comerciantes de diferentes nacionalidades. De facto, não sendo o importador e o exportador de países diferentes, ambos desconfiavam do tribunal estadual um do outro, tornando a arbitragem especialmente apelativa nos domínios internacionais. Por esta altura, em Portugal, o Código Civil de Seabra (1876) regulava já a arbitragem nos seus artigos 44.º a 58.º, consagrando uma solução bastante

---

[3] Para um melhor desenvolvimento da questão veja-se ANTÓNIO SANTOS JUSTO (2013) "A Arbitragem em Direito Romano – Breve Referência ao Direito Português".

inovadora para a época, a da desnecessidade de homologação judicial da decisão arbitral interna.

No século XX, a solução arbitral foi bastante contestada. Se a arbitragem conseguiu o seu lugar no pódio da resolução de litígios internacionais, a nível interno as leis processuais viriam a reduzir-lhe a popularidade e o impacto. Este facto deveu-se sobretudo à afirmação do regime do Estado Novo, onde o reforço do poder do Estado sobre os cidadãos acabou por fazer com que os árbitros se subordinassem aos tribunais estaduais.

Foi apenas a partir da revolução de Abril de 1974 que se procurou atribuir à arbitragem uma sede própria enquanto via de resolução alternativa de litígios, independente das vias judiciais previstas na legislação processual. Em 1982, aquando da primeira revisão constitucional, operada pela Lei Constitucional n.º 1/82, de 30 de Setembro, passou a prever-se no então artigo 212.º, actual artigo 209.º, a possibilidade de criação de tribunais arbitrais. É neste contexto que em 1986 surge a primeira Lei de Arbitragem Voluntária, a LAV de 1986[4]. Esta lei veio a consagrar a independência dos tribunais arbitrais em face dos judiciais e a alternatividade da arbitragem na resolução de litígios relativamente à via judicial prevista na lei processual.

A LAV de 1986, à semelhança, de resto, da actual LAV de 2011[5], consagra a arbitragem voluntária, porém, apenas, quanto a litígios de direito privado, ou seja, quanto a litígios cíveis e comerciais, submetendo assim a arbitrabilidade do litígio ao critério da disponibilidade do direito em causa.

Havia ainda um longo caminho a percorrer até a consagração da arbitragem administrativa, ponto de partida para a criação do regime de arbitragem em matéria tributária.

A título meramente exemplificativo elencam-se então alguns dos diplomas portugueses que prevêem regimes de arbitragem sobre as mais diversas matérias:

- No domínio do *Direito Privado* é a Lei n.º 63/2011, de 14 de Dezembro, LAV de 2011, que regula a arbitragem;
- No domínio do *Direito Administrativo*, a constituição do tribunal arbitral e a tramitação do processo segue os termos do disposto na LAV, com as necessárias adaptações, por remissão do artigo 181.º, n.º 1, do Código de Processo

---

[4] Aprovada pela Lei n.º 31/86, de 21 de Agosto.
[5] A qual foi aprovada pela Lei n.º 63/2011, de 14 de Dezembro.

nos Tribunais Administrativos (CPTA) devendo ser dada especial atenção ao artigo 180.º do CPTA que define, de forma geral, o âmbito material da arbitragem administrativa;
- No domínio do *Direito Tributário* é o Decreto-Lei n.º 10/2011, de 20 de Janeiro, que regula a arbitragem;
- No domínio do *Direito do Trabalho*, são os artigos 505.º a 513.º e 529.º do Código do Trabalho que admitem o recurso à via arbitral. Aqui encontram-se três "tipos" de arbitragens: a *arbitragem voluntária* sobre questões laborais resultantes, designadamente, da interpretação, integração, celebração ou revisão de convenção colectiva (artigos 506.º, 507.º e 529.º); a *arbitragem obrigatória*, por determinação do Ministro responsável pela área laboral (artigos 508.º e 509.º); e a *arbitragem necessária* aplicável caso não seja celebrada nova convenção nos 12 meses subsequentes à caducidade de uma ou mais convenções colectivas (artigos 510.º e 511.º). A matéria respeitante às arbitragens obrigatória e necessária sobre relações laborais, bem como à arbitragem sobre serviços mínimos durante a greve é regulamentada, por seu turno, pelo Decreto-Lei n.º 259/2009, de 25 de Setembro;
- No domínio da *propriedade industrial*, é o artigo 48.º do Código da Propriedade Industrial que prevê a possibilidade de recurso à arbitragem voluntária para o julgamento de todas as questões susceptíveis de recurso judicial. O artigo 59.º, n.º 6 do mesmo Código parece ainda prever uma situação de arbitragem necessária.

  Ainda neste domínio, em litígios entre laboratórios com medicamentos patenteados e laboratórios de medicamentos genéricos, a Lei n.º 62/2011, de 12 de Dezembro, consagrou a existência de uma arbitragem necessária, mais vulgarmente denominada de *arbitragem de medicamentos*;
- No domínio do *Direito do Desporto*, é a Lei n.º 74/2013, de 6 de Setembro, que cria o Tribunal Arbitral do Desporto e aprova a respectiva lei para litígios relacionados com o ordenamento jurídico desportivo ou com a prática do desporto.

Desta lista meramente exemplificativa, será à LAV à qual mais se recorrerá nas anotações na medida em que é a lei reguladora do processo arbitral administrativo. Com efeito, o regime da arbitragem administrativa é aquele que, de entre todos, mais poderá contribuir para a integração de eventuais lacunas do Regime Jurídico da Arbitragem Tributária pelo Decreto-Lei n.º 10/2011, de 20 de Janeiro (RJAT), na medida em que em ambos os casos se está no âmbito do Direito Público e perante relações jurídicas onde há um interesse público subjacente.

2. Fundamento constitucional dos tribunais arbitrais
Ao fixar as categorias de tribunais, a Constituição da República Portuguesa (CRP) dispõe no seu artigo 209.º, n.º 2, que "podem existir tribunais marítimos, tribunais arbitrais e julgados de paz".

Na sua redacção originária a CRP era omissa quanto à existência de tribunais arbitrais. Foi aquando da primeira revisão constitucional, operada pela Lei Constitucional n.º 1/82, de 30 de Setembro, que se consagrou, no anterior artigo 212.º, actual artigo 209.º, a existência de tribunais arbitrais.

A CRP passou desde então a admitir a criação de tribunais arbitrais.

Como se disse no ponto 1., esta consagração constitucional deve ser historicamente contextualizada.

Se a arbitragem enquanto meio alternativo de resolução de litígios a nível interno vinha perdendo força ao longo do século XX como decorrência da ideologia do Estado Novo, com a Revolução de Abril de 1974 pretendeu-se conferir à arbitragem um lugar ao lado dos restantes meios de resolução de conflitos. Pode-se então dizer que esta consagração constitucional, da possibilidade de criação de tribunais arbitrais, vem um pouco na linha daquilo que já dois séculos antes se havia tentado em França, logo após a Revolução, de atribuir aos cidadãos poder de escolha entre os diversos meios de resolução de conflitos existentes.

Os tribunais arbitrais são, assim, reconhecidos como verdadeiros tribunais na ordem jurídica portuguesa, ainda que o legislador constituinte não lhes defina os seus contornos. A concepção destes preceitos constitucionais assentaria nesse mesmo pressuposto como o atesta a discussão feita na segunda sessão da Assembleia Constituinte, ocorrida em 27 de Janeiro de 1982. Neste debate o deputado do Partido Socialista Luís Nunes de Almeida observaria que era de "verdadeiros e próprios tribunais" que se cuidava então no novo artigo 212.º, onde tinham sido integrados os tribunais arbitrais, o qual merecera o acordo de todas as forças políticas com assento parlamentar.

Como o sublinham GOMES CANOTILHO e VITAL MOREIRA, se a CRP não define a categoria dos tribunais arbitrais, resta olhar à nossa tradição jurídica para bem a delimitar. É desta maneira que os autores identificam como características definidoras dos tribunais arbitrais o serem "normalmente formados *ad hoc* para o julgamento de determinado litígio, esgotando-se nessa tarefa, podendo, porém, existir tribunais arbitrais permanentes, a que podem ser diferidos os litígios emergentes de determinado tipo de relações jurídicas" e o serem "formados por iniciativa das partes ou das instituições representativas dos eventuais litigantes"[6]. Esta é uma caracterização que corresponde melhor à arbitragem voluntária no domínio do direito privado mas que não serve inteiramente mal aos tribunais arbitrais tributários. Compreenda-se já, a este propósito, que os tribunais arbitrais tributários se constituem para a resolução de litígios "avulsos" extinguindo-se o tribunal com o arquivamento do processo arbitral conforme artigo 23.º[7], isto, pese embora os tribunais arbitrais tributários estarem institucionalmente integrados no Centro de Arbitragem Administrativa (CAAD) e serem constituídos por impulso do contribuinte[8] e não por impulso da Administração[9].

Conclui-se este ponto com as palavras de MÁRIO AROSO DE ALMEIDA, segundo as quais "Para efeitos do disposto no artigo 212.º, n.º 3, da CRP, afigura-se, por isso, fundamentada a tese segundo a qual os *tribunais administrativos* [e fiscais] em Portugal, não são apenas os tribunais do Estado, como tais previstos na lei, mas também os tribunais arbitrais que venham a ser constituídos *ad hoc*, por acordo das partes [e os que funcionam nos centros de arbitragem institucionalizada], para dirimir litígios jurídico-administrativos [e jurídico-tributários]"[10].

---

[6] GOMES CANOTILHO/VITAL MOREIRA (2014) *Constituição da República Portuguesa – Anotada*, vol. II, 550.

[7] Como se terá oportunidade de referir esta extinção só ocorrerá, em rigor, 10 dias após a notificação da decisão arbitral. Tudo porque é este o prazo que as partes têm para recorrer para o Tribunal Constitucional. Para melhores desenvolvimentos veja-se o comentário aos artigos 23.º e 25.º.

[8] Por razões de facilitação far-se-á referência unicamente à figura do contribuinte e ou do sujeito passivo enquanto parte legítima para o impulso processual. Todavia, esta referência deverá ser entendida como efectuada não só para o contribuinte ou sujeito passivo mas, também, para o substituto ou responsável tributário.

[9] Como melhor se entenderá nos comentários aos artigos seguintes, a arbitragem em matéria tributária foi gizada tendo por base o direito potestativo do contribuinte na opção pelo meio jurisdicional a seguir: via judicial ou via arbitral. Foi também esta possibilidade, entre outras características dos tribunais arbitrais tributários, que acabou por conferir à arbitragem tributária o reconhecimento por parte do TJUE que recentemente veio a considerar os tribunais arbitrais portugueses como "órgão jurisdicional de um Estado-membro" para efeitos de reenvio prejudicial. Sobre esta temática remete-se para os comentários ao artigo 25.º.

[10] MÁRIO AROSO DE ALMEIDA (2004) "A Arbitragem no Direito Administrativo Português", 96.

3. Centros de arbitragem institucionalizada

Consagrada constitucionalmente a existência de tribunais arbitrais por via da revisão constitucional de 1982, esses tribunais veriam, poucos anos depois, o seu regime aprovado pela primeira LAV, a Lei n.º 31/86, de 29 de Agosto.

Meses depois, admitindo-se então, que os tribunais arbitrais poderiam funcionar institucionalizados numa determinada entidade, ou seja, que a sua constituição não teria de ser forçosamente *ad hoc*, o Decreto-Lei n.º 425/86, de 27 Dezembro, veio definir os termos a seguir pelas entidades que pretendessem promover, com carácter institucionalizado, a realização de arbitragens voluntárias.

Como exemplos de centros nacionais onde funcionam arbitragens institucionalizadas pode-se apontar: o Centro de Arbitragem Administrativa (CAAD) – onde funcionam arbitragens administrativas e agora arbitragens tributárias –; o Centro de Arbitragem para a Propriedade Industrial, Nomes de Domínio, Firmas e Denominações (ARBITRARE); o Centro de Informação, Mediação, Provedoria e Arbitragem de Seguros (CIMPAS); e o Centro de Arbitragem de Conflitos de Consumo de Lisboa[11].

Porque nos termos do Decreto-Lei n.º 425/86, de 27 de Dezembro, a criação de todos estes centros ficou dependente de requerimento ao Ministro da Justiça e emissão do correspondente despacho de autorização, para o que aqui importa, a criação do CAAD foi autorizada pelo Despacho n.º 5097/2009, de 12 de Fevereiro do Secretário de Estado da Justiça. Originalmente, o CAAD tinha como objectivo "promover a resolução de litígios emergentes de contratos e de relações jurídicas de emprego público". Os seus estatutos foram alterados em 2010 com vista a ali incluir também as arbitragens em matéria tributária, acrescentando-se então a promoção da resolução de litígios em matéria fiscal, em virtude da aprovação do RJAT pelo Decreto-Lei n.º 10/2011, de 20 de Janeiro[12].

4. Restantes meios de resolução alternativa e pré-judicial de litígios

Meios de resolução alternativa de litígios são todos aqueles que, permitindo dar uma solução ao conflito, são alternativos à via judicial. A sua delimitação é, por

---

[11] Uma lista nacional de centros de arbitragem institucionalizada autorizados pelo Ministério da Justiça, pode ser encontrada em http://www.dgpj.mj.pt/.

[12] Os Estatutos do CAAD podem ser consultados em http://www.caad.org.pt/.
Para maiores desenvolvimentos sobre esta matéria consulte-se o comentário ao artigo 4.º.

conseguinte, feita pela negativa, *i.e.*, são alternativos porque não são judiciais[13]. Esta é, porém, a sua noção tradicional. Refere então MARIANA FRANÇA GOUVEIA que a "definição de resolução alternativa de litígios deve, assim, ser alargada a todos os meios de resolução de conflitos que sejam diferentes da decisão por julgamento em tribunal estadual"[14], de maneira a incluir, designadamente, a figura da conciliação judicial.

Os meios de resolução alternativa de litígios tradicionalmente apontados são: a arbitragem; a mediação e a conciliação.

Não são, contudo, os únicos. Pelo contrário, actualmente, a delimitação dos meios de resolução alternativa de litígios tem abarcado muitos outros meios, alguns dos quais se fará aqui referência. Aliás, como bem refere MARIANA FRANÇA GOUVEIA, a "Resolução Alternativa de Litígios não se quer fechada em tipologias estritas"[15].

Uma das possíveis classificações de meios de resolução alternativa de litígios divide-os em três[16].

Por um lado podem ser meios de auto-composição ou de hetero-composição de interesses, a que corresponde também a divisão entre meios consensuais ou adjudicatórios[17], consoante o poder de decisão esteja ainda na disponibilidade das partes ou tenha sido conferido a um terceiro, respectivamente.

Por outro lado, podem distinguir-se entre mecanismos de prevenção, aqueles que visem impedir *ab initio* o nascimento do litígio, e mecanismos sucessivos de composição, aqueles que pretendam a sanação do litígio.

Finalmente, poderão dividir-se ainda em mecanismos de filtro, que se destinam a evitar que o litígio seja afecto a mecanismos de hetero-composição ou a evitar que o litígio chegue à via judicial, e mecanismos complementares, caracterizados pelo processo de resolução de litígios verdadeiramente alternativo à via judicial.

Feito este breve enquadramento, importa então distinguir a arbitragem dos restantes meios de resolução alternativa de litígios mais conhecidos: a mediação e a conciliação.

---

[13] MARIANA FRANÇA GOUVEIA (2014) *Curso de Resolução Alternativa de Litígios*, 17.
[14] MARIANA FRANÇA GOUVEIA (2014) 18.
[15] MARIANA FRANÇA GOUVEIA (2014) 21.
[16] Seguindo esta tripartição dos meios de resolução alternativa de litígios veja-se José Luís Esquível (2004) *Os Contratos Administrativos e a Arbitragem*, 82.
[17] Cf. MARIANA FRANÇA GOUVEIA (2014) 19-20.

Far-se-á ainda uma breve referência à sua existência no âmbito do procedimento tributário, tudo porque na tipologia que aqui se adopta, os meios de resolução pré-judicial de litígios são também meios de resolução alternativa de litígios, nomeadamente, mecanismos de filtro e, as mais das vezes, de auto-composição de interesses.

4.1. Arbitragem, mediação e conciliação

A *arbitragem* é um meio alternativo de resolução de litígios de hetero-composição de interesses (ou adjudicatório), na medida em que as partes aceitam submeter a decisão do litígio a um terceiro, vinculando-se àquela que for a decisão desse terceiro (o árbitro). É um mecanismo complementar, sendo a sua jurisdição verdadeiramente alternativa à dos tribunais judiciais, e sucessivo, dado que só haverá tribunal arbitral para a resolução de um litígio em concreto, independentemente de a arbitragem ter sido estipulada por cláusula arbitral, compromisso arbitral ou por diploma legal que confira o direito potestativo a uma das partes. Deste modo, a arbitragem distingue-se dos demais meios de resolução alternativa de litígios "por ser adjudicatória (...) [já que] a característica da voluntariedade só se verifica no princípio"[18].

A arbitragem não deve, por conseguinte, ser confundida com a *mediação*. A mediação é definida como "a forma de resolução alternativa de litígios, realizada por entidades públicas ou privadas, através da qual duas ou mais partes em litígio procuram voluntariamente alcançar um acordo com assistência de um mediador de conflitos"[19]. Por seu turno, mediador de conflitos é "um terceiro, imparcial e independente, desprovido de poderes de imposição aos mediados, que os auxilia na tentativa de construção de um acordo final sobre o objecto do litígio"[20]. Deste modo, a mediação é um meio alternativo de resolução de litígios consensual, uma vez que o mediador não tem poder para impor a sua decisão às partes, sucessivo, porque surge mediante um conflito em concreto, e complementar, consagrando-se como alternativa à via judicial. Bem se vê que a grande distinção entre estes dois meios de resolução alternativa de litígios consiste no poder decisório e impositivo atribuído ao árbitro, mas não ao mediador.

---

[18] Cf. MARIANA FRANÇA GOUVEIA (2014) 24.
[19] Cf. artigo 2.º alínea *a)* da Lei n.º 29/2013, de 19 de Abril, que estabelece os princípios gerais aplicáveis à mediação em Portugal, bem como os regimes jurídicos da mediação civil e comercial, dos mediadores e da mediação pública.
[20] Cf. artigo 2.º alínea *b)* da Lei n.º 29/2013, de 19 de Abril.

Por outro lado, mediação e *conciliação* também são figuras distintas que cumpre diferenciar. Tarefa que se revela mais difícil, na medida em que não existe na Doutrina uma definição única ou uniforme de conciliação que permita a sua fácil delimitação perante outros meios de resolução alternativa de litígios como a mediação. De facto, também a conciliação é caracterizada como um mecanismo através do qual as partes em conflito procuram alcançar o acordo mediante a assistência de um terceiro (o conciliador) que poderá formular recomendações ou sugestões tendo em vista a aproximação das partes. MARIANA FRANÇA GOUVEIA propõe uma distinção entre ambas as figuras: "conciliação e mediação distinguem-se porque a primeira é conduzida por quem tem poder adjudicatório, isto é, pelo juiz ou pelo árbitro; e a segunda por quem não o tem, um terceiro neutro e imparcial que, frustrada a obtenção de acordo, nenhum contacto mais tem com o processo"[21].

4.2. Resolução pré-judicial de litígios

Os meios de resolução pré-judicial de litígios são também meios de resolução alternativa[22]. Com efeito, na tipologia que acima se adoptou, estes meios de resolução pré-judicial podem ser qualificados como mecanismos de filtragem, maioritariamente sucessivos e, as mais das vezes, de auto-composição de interesses.

Exemplos genéricos destes mecanismos são as impugnações administrativas, as reclamações graciosas ou os recursos hierárquicos. De facto, os meios de reacção graciosos poderão servir de filtro, obstando a que um determinado litígio tenha que seguir para um tribunal judicial ou para um meio de hetero-composição de litígios, como o da arbitragem.

Os meios de reacção graciosos são denominados de mecanismos de auto-composição na medida em que, reclamando o administrado e competindo a decisão à Administração, caberá depois ao administrado aceitar ou não a decisão proferida, numa lógica de proposta-aceitação. Ainda que a Administração não decida favoravelmente ao administrado que reclamou ou recorreu do seu acto, este último poderá sempre optar por recorrer à via judicial ou arbitral ou, de certa forma, "renunciar" a esse seu direito, conformando-se com a decisão administrativa. Na medida em que o administrado terá sempre ao seu dispor

---

[21] MARIANA FRANÇA GOUVEIA (2014) 23.
[22] Sobre os meios alternativos e meios de resolução pré-judicial de litígios em matéria tributária, dando ainda uma perspectiva de direito comparado, veja-se Joaquim Freitas da Rocha (2015) "Post-modern state, tax law and alternative dispute resolution mechanisms", 17-35.

a possibilidade de prosseguir para uma via de hetero-composição de litígios, a decisão sobre o meio de reacção administrativo que venha a ser proferida nunca será coercivamente imposta de forma imediata. Fica, pois, a "decisão" do rumo a dar ao litígio na dependência das partes: num primeiro plano, o poder de decisão é da Administração, que poderá ou não decidir de acordo com a pretensão do administrado; num segundo plano, frustrando-se uma decisão de acordo com a pretensão do administrado, o poder de decisão passará a estar do lado da parte administrada, que poderá sujeitar-se a uma decisão contrária à sua pretensão ou dela recorrer para os meios judiciais ou jurisdicionais.

5. Admissibilidade da arbitragem em Direito Público

A possibilidade de recurso à via arbitral para resolução de litígios emergentes do *Direito Administrativo* passou a ser discutida com a entrada em vigor do Decreto-Lei n.º 129/84, de 27 de Abril[23], cujo n.º 2, do artigo 2.º, dispunha que "são admitidos tribunais arbitrais no domínio do contencioso dos contratos administrativos e da responsabilidade civil por prejuízos decorrentes de actos de gestão pública, incluindo o contencioso das acções de regresso".

Já a arbitragem em *matéria tributária*, tornou-se possível apenas em 2011, com a entrada em vigor do Decreto-Lei n.º 10/2011, de 20 de Janeiro. A ordem cronológica não é acidental. Com efeito, e como melhor se entenderá adiante, a introdução da arbitragem em matéria tributária arrancou de uma base doutrinária que lhe era tendencialmente contrária e que só progressivamente foi revendo as suas posições, à medida que se agravava a saturação dos tribunais judiciais tributários, favorecendo-lhe em muito a sedimentação da arbitragem no âmbito do Direito Administrativo[24].

---

[23] Anterior Estatuto dos Tribunais Administrativos e Fiscais, revogado pela Lei n.º 13/2002, de 19 de Fevereiro.

[24] Sobre a sedimentação da arbitragem administrativa e tributária e os seus antecedentes, refere MANUEL DOS SANTOS SERRA que vários foram os factores que contribuíram para a consagração da possibilidade de uma via arbitral nas matérias de Direito Público. Desde logo, o facto de, em 1989, os tribunais administrativos e fiscais terem sido "constitucionalmente reconhecidos como tribunais integrantes de uma ordem judicial autónoma, de competência especializada e com natureza necessária". Em segundo lugar, a entrada em vigor, em 2004, de um novo Estatuto dos Tribunais Administrativos e Fiscais e de um novo Código de Processo nos Tribunais Administrativos. Em terceiro lugar, a expansão substancial do âmbito da jurisdição administrativa. Por fim, e em resultado dos três primeiros factores enunciados, o esgotamento dos meios judiciais. Dito de outro modo, "o resultado desta profunda reestruturação do universo de litígios pertencentes à esfera privada de competência dos tribunais

Nas palavras de MANUEL DOS SANTOS SERRA "(...) foi preciso que a justiça tributária em Portugal entrasse em colapso, e declarasse iminente falência, para que se começasse a pensar e a agir no sentido do seu progressivo desbloqueamento."[25].

Deste modo, para que se possa compreender correcta e plenamente a problemática da criação de uma via arbitral tributária em Portugal, cumpre perceber, antes de mais, o que se passou no Direito Administrativo.

5.1. Arbitragem em Direito Administrativo
Uma nota prévia para referir que, feita uma abordagem da história da arbitragem no ponto 1, por razões de economia e facilidade de compreensão, este ponto limitar-se-á a expor aquela que JOSÉ LUÍS ESQUÍVEL trata como a terceira fase de evolução da arbitragem no domínio do Direito Administrativo, fase esta que, de resto, corresponde àquela em que a positivação de normas relativas à arbitragem foi mais intensa[26].

Como se referiu, o anterior Estatuto dos Tribunais Administrativos e Fiscais (ETAF), aprovado pelo Decreto-Lei n.º 129/84, de 27 de Abril, previa, no seu artigo 2.º, n.º 2, que eram "admitidos tribunais arbitrais no domínio do contencioso dos contratos administrativos e da responsabilidade civil por prejuízos decorrentes de actos de gestão pública, incluindo o contencioso das acções de regresso".

Por sua vez, a primeira LAV de 1986, admitia, no seu artigo 1.º, n.º 4, cuja redacção é, aliás, idêntica à do n.º 5, do artigo 1.º da actual LAV de 2011, que "O Estado e outras pessoas colectivas de direito público podem celebrar convenções de arbitragem, se para tanto forem autorizados por lei especial ou se elas tiverem por objecto litígios respeitantes a relações de direito privado". Desta disposição retiravam-se, desde logo, duas conclusões: em primeiro lugar, a arbitrabilidade de litígios relativos a matérias de gestão privada de entidades de

---

administrativos é, porém, um só, e está bem à vista: o paradigma da justiça para todos os casos, embora simbolicamente de pé, ficou, na prática, esgotado" (Cf. MANUEL DOS SANTOS SERRA (2015) "Arbitragem Administrativa e Tributária: Apontamento sobre os antecedentes da arbitragem", 6-7).

[25] Cf. MANUEL DOS SANTOS SERRA (2015) "Arbitragem Administrativa e Tributária: Apontamento sobre os antecedentes da arbitragem", 8.

[26] Para uma abordagem histórica mais completa veja-se JOSÉ LUÍS ESQUÍVEL (2004) *Os Contratos Administrativos e a Arbitragem*, 135 e seguintes e JOSÉ LUÍS ESQUÍVEL (2010) "A arbitragem institucionalizada e os conflitos de Direito Administrativo", 121-129.

direito público, ou seja, relativas a relações jurídicas, ainda de direito privado, na medida em que a entidade pública figure como sujeito privado, desprovido de *jus imperii*, com aplicação directa do regime da LAV; em segundo lugar, a inarbitrabilidade dos litígios emergentes de relações jurídico-administrativas, ou seja, aquelas em que a entidade pública actua nessa qualidade, dotada de *jus imperii*, salvo a existência de lei especial que a consagre.

Ora, ainda que o primeiro ETAF fosse anterior à Lei n.º 31/86, de 21 de Agosto, a Doutrina interpretava aquele n.º 2, do artigo 2.º, enquanto lei especial para efeitos do disposto no artigo 1.º, n.º 4, do segundo diploma. Nesse sentido, admitia-se pacificamente que "também na vigência da LAV, [era] admitida a arbitragem no domínio das questões emergentes de contratos administrativos e respeitantes à constituição da Administração em responsabilidade civil por actuações ditas de *gestão pública*"[27].

Abriu-se assim caminho para que, desde cedo, a arbitragem fosse um meio alternativo de resolução de litígios no domínio das relações jurídico-administrativas. Meio esse que, porém, era ainda visto com alguma desconfiança. Acresce que, ao contrário do que vigora hoje, era ainda assim necessário a celebração de um compromisso arbitral entre as partes, pelo que o recurso à arbitragem era as mais das vezes desconsiderado.

Nos anos 90, a aprovação do anterior Código do Procedimento Administrativo (CPA), pelo Decreto-Lei n.º 442/91, de 15 de Novembro, depois revisto pelo Decreto-Lei n.º 6/96, de 31 de Janeiro, veio dar mais força à arbitragem no seio dos contratos administrativos, ao prever no artigo 188.º – entretanto revogado pela entrada em vigor do Código dos Contratos Públicos, aprovado pelo Decreto-Lei n.º 18/2008, de 29 de Janeiro – a possibilidade de inclusão de cláusula compromissória nos contratos administrativos[28]. No entanto, "O novo

---

[27] MÁRIO AROSO DE ALMEIDA (2004) 98, que indica as seguintes obras: SÉRVULO CORREIA (1994) "A arbitragem voluntária no domínio dos contratos administrativos", 239; RUI MEDEIROS (1999) *Acções de Responsabilidade*, 29-30; Alexandra Leitão (2002) *A Protecção Judicial dos Terceiros nos Contratos da Administração Pública*, 397-398.

[28] É pertinente fazer-se aqui uma distinção de conceitos. A convenção de arbitragem é um conceito amplo que abrange duas figuras: a cláusula compromissória e o compromisso arbitral. Em termos genéricos, a *cláusula compromissória* é aposta num determinado contrato, integrando o seu conteúdo, antecedendo cronologicamente a ocorrência do litígio, aceitando-se a resolução pela via arbitral de um conflito que é apenas eventual. Já o *compromisso arbitral* é um acordo superveniente à ocorrência do conflito, tendo por base sempre um litígio em concreto.

Código do Processo nos Tribunais Administrativos (CPTA), que foi aprovado pela Lei n.º 15/2002, de 22 de Fevereiro, (...) não [veio], entretanto, alterar significativamente, nesta parte, os dados da questão"[29].

Com efeito, a versão originária do artigo 180.º do CPTA dispunha apenas o seguinte:

Artigo 180.º
Tribunal Arbitral

1 – Sem prejuízo do disposto em lei especial, pode ser constituído tribunal arbitral para o julgamento de:

a) Questões respeitantes a contratos, incluindo a apreciação de actos administrativos relativos à respectiva execução;

b) Questões de responsabilidade civil extracontratual, incluindo a efectivação do direito de regresso;

c) Questões relativas a actos administrativos que possam ser revogados sem fundamento na sua invalidade, nos termos da lei substantiva;

2 – Excepcionam-se do disposto no número anterior os casos em que existam contra-interessados, salvo se estes aceitarem o compromisso arbitral.

Como se vê, em matéria contratual, e em matéria de responsabilidade extracontratual, o preceito não foi inovador. A alínea *c)* constitui, é certo, uma inovação, que contudo, poderia – se tal fosse consensual – já resultar da conjugação do artigo 2.º, n.º 2, do ETAF de 1984 com a LAV de 1986. O preceito veio então permitir a arbitragem sobre questões relativas a actos administrativos que possam ser revogados sem fundamento na sua invalidade. A arbitrabilidade destes casos resulta, utilizando o critério de arbitrabilidade previsto na LAV, do facto de serem actos disponíveis, tudo porque a revogação está na disponibilidade da Administração.

Por sua vez, o artigo 185.º cuja redacção actual é idêntica, exclui a arbitrabilidade da "responsabilidade civil por prejuízos decorrentes de actos praticados no exercício da função política e legislativa ou da função jurisdicional".

O CPTA introduziu uma importante disposição relativa à arbitragem, contida no artigo 182.º, cuja redacção, salvo uma ligeira clarificação, é praticamente igual à actual. O legislador veio prever a celebração do compromisso arbitral como um *direito* do administrado; trata-se então de um verdadeiro *direito potesta-*

---

[29] Mário Aroso de Almeida (2004), 98.

tivo. Nos termos do ali disposto, o "interessado que pretenda recorrer à arbitragem no âmbito dos litígios previstos no artigo 180.º pode exigir da Administração a celebração de compromisso arbitral, nos termos da lei"[30].

Pese embora as sucessivas inovações legislativas, a arbitrabilidade de litígios emergentes de relações jurídico-administrativas no domínio de actos de gestão pública da Administração continuava a ser alvo de discussão acesa, em especial quanto a arbitragem sobre actos administrativos. O argumento primordial da tese da oposição foi, à data, praticamente idêntico a um dos que, anos mais tarde, serviria de base a uma oposição à arbitragem em matéria tributária: o facto da função administrativa prosseguir, por definição, a satisfação do interesse público e a sua submissão quase absoluta ao princípio da legalidade. A esse respeito, dominava então o entendimento de que "a fiscalização da legalidade de actos de autoridade da Administração é uma prerrogativa reservada aos tribunais estaduais, a quem deve pertencer, em regime de monopólio, o poder de proceder à anulação dos actos administrativos ilegais [embora] se admita que a invalidade destes actos pode ser incidentalmente verificada, para efeitos indemnizatórios, pelo tribunal arbitral"[31].

De acordo com MÁRIO AROSO DE ALMEIDA, este entendimento foi, porém, perdendo força à medida que se desenvolvia a tese da multiplicação das situações em que o conteúdo dos actos administrativos discricionários era contratualizado, procurando-se crescentemente o consenso entre Administração e administrados. A arbitragem começava a ser vista como uma possibilidade para resolução de litígios relativos a actos administrativos naqueles domínios em que a actuação da Administração não estaria vinculada, ou seja, no domínio da sua reserva de discricionariedade. Em boa verdade, parte da consagração desta tese havia já sido realizada por via da alínea *c)* do primitivo artigo 180.º (que se transcreveu), admitindo-se a arbitrabilidade de questões relativas a actos administrativos que possam ser revogados sem fundamento na sua invalidade. Isto porque a revogação dos actos administrativos, quando tenha por fundamento outro que não a invalidade, estava na disponibilidade da Administração[32].

---

[30] A redacção original não continha a expressão "da Administração". A Lei n.º 4-A/2003, de 19 de Fevereiro, introduziu a expressão, esclarecendo assim a que entidade o administrado tinha o direito de exigir a celebração do compromisso arbitral.

[31] MÁRIO AROSO DE ALMEIDA (2004), 101.

[32] Esta alínea *c)* do artigo 180.º do CPTA não deixou, contudo, de suscitar sérias dúvidas na Doutrina. Para um desenvolvimento mais aprofundado da questão veja-se MÁRIO AROSO DE

Mesmo com a alteração subsequente àquele artigo 180.º, no que respeita a actos administrativos, a arbitragem ficaria sempre confinada aos actos de execução contratual e à revogação sem fundamento em invalidade[33].

Posteriormente, a Lei n.º 59/2008, de 11 de Setembro, veio aditar uma alínea *d)* ao n.º 1, do artigo 180.º do CPTA, admitindo-se, a partir daí, a arbitrabilidade de "litígios emergentes de relações jurídicas de emprego público, quando não estejam em causa direitos indisponíveis e quando não resultem de acidente de trabalho ou de doença profissional". Permite-se então a arbitragem relativa a questões laborais de relações submetidas à Lei Geral do Trabalho em Funções Públicas.

Os principais obstáculos apontados à introdução plena de uma arbitragem em matéria administrativa e que são o da incompatibilidade com o princípio da legalidade, a prossecução de interesse público e a reserva de competência dos tribunais judiciais administrativos em determinadas matérias, vêm sendo progressivamente ultrapassados. Certa é, porém, a inexistência de uma norma que estabeleça um princípio geral de arbitrabilidade baseado num critério bem definido e de fácil concretização.

Foi precisamente este "ganhar terreno" da arbitragem em Direito Administrativo que permitiu uma maior abertura ideológica quando, depois de várias tentativas, em 2010, foi proposta na Assembleia da República uma autorização legislativa para a aprovação de um regime jurídico da arbitragem tributária. Porém, como se referiu e melhor se compreenderá adiante, a arbitragem tributária surgiu ainda assim de uma base doutrinária que lhe era tendencialmente desfavorável.

5.2. Arbitragem em matéria tributária – a discussão doutrinária

A introdução da arbitragem no domínio tributário foi concretizada apenas depois de muitos anos de discussão doutrinária sobre o tema. Como se referiu, a Doutrina tendia, por razões de ordem diversa, a rejeitar que os litígios em matéria tributária pudessem beneficiar deste meio alternativo de resolução de litígios.

ALMEIDA (2004), 108-114.

[33] Para um maior aprofundamento da questão da arbitrabilidade de actos administrativos vejam-se MÁRIO AROSO DE ALMEIDA (2012) "Sobre o âmbito das matérias passíveis de arbitragem no Direito Administrativo"; e João Caupers (1999) "A arbitragem nos litígios entre a Administração Pública e os particulares".

Os três principais obstáculos apontados à consagração de um regime de processo arbitral tributário eram (1) a consagração constitucional dos tribunais judiciais tributários[34] enquanto tribunais de competência especializada; (2) o princípio da legalidade fiscal e (3) o princípio da indisponibilidade dos créditos tributários.

A fim de bem compreender esta temática há que, em primeiro lugar, perceber os argumentos utilizados pela Doutrina para, em segundo lugar, os tentar superar.

5.2.1. Competência exclusiva dos tribunais administrativos e fiscais

A propósito do primeiro obstáculo apontado à arbitragem tributária, entendia resumidamente a Doutrina, que no artigo 209.º, n.º 2, da CRP, onde se previa a existência de tribunais arbitrais, não podiam ser incluídos os tribunais arbitrais tributários. Tudo porque os tribunais administrativos e fiscais eram de competência especializada e exclusiva e naquele preceito constitucional só podiam ser incluídas as matérias da competência de tribunais residuais, judiciais *stricto sensu*.

Assim, o grande argumento para sustentar esta posição estava intimamente ligado com a ideia da fiscalidade enquanto um dos aspectos mais importantes da soberania do Estado.

A "lógica" deste argumento partia então da ideia de fiscalidade enquanto expressão da soberania e de manifestação da *publica potestas*[35] e, a par disto, do pressuposto de que a arbitragem, enquanto meio alternativo de resolução de

---

[34] Esclareça-se desde já a terminologia que será daqui em diante utilizada. Tribunais judiciais poderão ser entendidos em sentido estrito ou em sentido amplo. Os tribunais judiciais *stricto sensu* "são os tribunais comuns em matéria cível e criminal e exercem jurisdição em todas as áreas não atribuídas a outras ordens judiciais", ou seja, de competência residual, e que vêm previstos nos artigos 209.º, n.º 1, alínea *a*), 210.º e 211.º da CRP. O conceito de tribunais judiciais *lato sensu* abrange, contudo, todos os tribunais de todas as ordens judiciais. Há quem se refira aos tribunais judiciais *lato sensu* como *tribunais estaduais*. Não se utilizará essa designação na medida em que os tribunais arbitrais são também, ao que se julga, tribunais estaduais, em especial se se tiver em conta os tribunais arbitrais tributários com natureza institucional nos quais o impulso processual é accionado pelo exercício de um direito potestativo do sujeito passivo. Deste modo, opor os tribunais arbitrais a tribunais estaduais como que poderia desprestigiar os primeiros designadamente em casos de reenvio prejudicial para o TJUE. Pelo exposto, dir-se-á, então, que à jurisdição arbitral se opõe a jurisdição judicial em sentido amplo, incluindo-se, nesta última, não só a jurisdição dos tribunais judiciais *stricto sensu* (artigo 211.º da CRP), mas também a dos tribunais administrativos e fiscais (artigo 212.º CRP).

[35] Cf. José Casalta Nabais (2012) *O Dever Fundamental de Pagar Impostos*.

litígios, era de natureza amplamente privada. Nestes termos, o Direito Tributário, enquanto área de Direito Público não se coadunava com uma solução arbitral[36]. Partindo desta premissa, a Doutrina retirava a conclusão de que por isso mesmo a categoria dos Tribunais Administrativos e Fiscais, consagrada no artigo 212.º da CRP, tinha competência especializada – e não residual, como nos Tribunais Judiciais (em sentido estrito) –, atribuindo então aos Tribunais Administrativos e Fiscais judiciais uma reserva de competência sobre o domínio tributário.

Este argumento não podia, naturalmente, proceder, desde logo pela fragilidade da primeira premissa. A ser válido o vencimento desta tese invalidaria a existência de arbitragem sempre que o Estado fosse parte[37]. De facto, se a intensidade de manifestação da *publica potestas* não é maior em Direito Tributário do que em Direito Administrativo, e admitindo-se neste último a resolução de litígios pela via arbitral, o argumento da fiscalidade-soberania não poderia colher.

Caindo a primeira premissa, resta então superar o argumento da competência especializada dos Tribunais Administrativos e Fiscais. Ora, se é certo que os Tribunais Administrativos e Fiscais, por oposição aos Tribunais Judiciais (em sentido estrito), são de competência especializada, existindo em Portugal uma multiplicidade de jurisdições, certo é também que, como se referiu, o artigo 209.º da CRP prevê a existência de tribunais arbitrais, não lhes delimitando o conteúdo nem a área de jurisdição. Partindo da constatação de que a Constituição se abstém de se pronunciar quanto às relações existentes entre os tribunais arbitrais e os tribunais judiciais (em sentido estrito) e entre os tribunais arbitrais e os Tribunais Administrativos e Fiscais, resta então concluir que o legislador constitucional quis que os tribunais arbitrais pudessem fazer parte de qualquer das ordens jurisdicionais constitucionalmente consagradas, no respeito da lei e dos princípios constitucionais. Deste modo, o artigo 212.º da CRP não pode deixar de ser conjugado com o artigo 209.º, n.º 2, da CRP.

Não há, pois, qualquer reserva de competência especializada no domínio fiscal que atribua em exclusivo aos Tribunais Administrativos e Fiscais judiciais a

---

[36] Cf. ANA PERESTRELO DE OLIVEIRA (2010) "Da arbitragem administrativa à arbitragem fiscal: notas sobre a introdução da arbitragem em matéria tributária", 132-133.
[37] ANA PERESTRELO DE OLIVEIRA (2007), em *Arbitragem de Litígios com Entes Públicos*, 92 diz a este propósito que "[o] argumento (...) prova, na realidade, demais, conduzindo a negar a susceptibilidade de recurso a árbitros sempre que o Estado ou outro ente público fossem parte num litígio com particulares (...), ou seja, sempre que estivesse em causa uma relação de Direito público".

exclusiva competência para a resolução de litígios de natureza tributária e que impeça, por isso, a jurisdição dos tribunais arbitrais em matéria tributária.

5.2.2. Princípio da legalidade fiscal

O princípio da legalidade fiscal, enquanto expressão do princípio do Estado de Direito democrático, vem constitucionalmente consagrado no artigo 103.º da CRP e "exige que as leis de imposto sejam votadas pelo parlamento democraticamente eleito e que essas leis fixem os elementos essenciais dos impostos com a densidade bastante para garantir a segurança dos contribuintes"[38]. Dito de outro modo, este princípio divide-se em reserva de lei formal, por um lado, e reserva de lei material[39], *i.e.*, "exigência material de *tipicidade* ou *determinabilidade* das leis de imposto"[40].

No que respeita à reserva de lei formal, o artigo 165.º, n.º 1, alínea *i)* da CRP determina a obrigatoriedade de intervenção parlamentar, seja lei em sentido estrito ou lei de autorização legislativa. Contudo, como bem ensina SÉRGIO VASQUES, o artigo 165.º deve ser lido com cautela. Deste modo, "em matéria de *impostos*, vale uma reserva de lei integral, no exacto sentido em que a criação, extinção e disciplina dos elementos essenciais dos impostos tem que passar pelo parlamento, não podendo ser levada a cabo pelo governo sem sua autorização". Já no que se refere às *taxas* e *contribuições*, "vale uma reserva de regime geral apenas, querendo esta dizer que a criação, extinção e disciplina destes tributos pode ser levada a cabo pelo governo, na condição de este obedecer ao regime geral que o parlamento aprove"[41].

---

[38] SÉRGIO VASQUES (2014) *Manual de Direito Fiscal*, 277.

[39] Já em 1993, PEDRO SOARES MARTINEZ entendia que o princípio da legalidade se desdobrava em dois aspectos, "o da *preeminência da lei* e o da *reserva da lei*". A *preeminência de lei* "domina toda a ordem jurídica, sem de algum modo excluir o Direito Privado, não obstante o princípio da *autonomia da vontade*. Em qualquer sector do Direito, só se pode agir validamente em subordinação à *lei*, aceitando a sua *preeminência*." Relativamente à *reserva de lei* os seus ensinamentos não poderiam ser mais actuais, mesmo à data em que foram escritos, destacando o facto de se tratar de um aspecto que "atinge sectores do Direito Privado, designadamente os institutos respeitantes ao *estado* e à *capacidade das pessoas*", sendo ainda mais relevante no Direito Fiscal "porquanto, conforme já foi referido, os impostos só podem ser criados e estruturados por *lei*. E trata-se de uma reserva de lei em *sentido formal*, posto que a lei criadora dos impostos deve provir de um órgão com *competência legislativa nacional*" (Cf. PEDRO SOARES MARTINEZ (1993) *Direito Fiscal*, 106-107).

[40] SÉRGIO VASQUES (2014) 278.

[41] SÉRGIO VASQUES (2014) 281.

Por outro lado, o artigo 103.º, n.º 2, da CRP ao consagrar que "os impostos são criados por lei, que determina a incidência, a taxa, os benefícios fiscais e as garantias dos contribuintes", veio delimitar a reserva parlamentar no que respeita aos impostos. Quis assim o legislador constituinte precisar "os *elementos essenciais* do imposto aos quais se estende a reserva de lei parlamentar, em vez de deixar a sua fixação à doutrina e jurisprudência, como sucede noutros ordenamentos jurídicos"[42].

Entre os elementos essenciais do imposto contam-se a sua incidência objectiva – sobre que matéria há-de incidir o imposto – e subjectiva – quem deve pagar o imposto[43] – e a respectiva taxa – "a parcela de riqueza que se exige do sujeito passivo"[44]. A reserva de lei parlamentar estende-se ainda aos benefícios fiscais e às garantias dos contribuintes.

Contudo, e porque a reserva de lei formal frustrar-se-ia facilmente se o parlamento pudesse definir aqueles elementos essenciais dos impostos através de fórmulas demasiado amplas ou abstractas, "o respeito pela reserva de lei exige que estes elementos sejam densificados pela própria lei parlamentar, garantindo desse modo segurança e previsibilidade ao dia-a-dia dos contribuintes, assim como o seu tratamento equitativo."[45].

Feito este enquadramento, bem se vê que este princípio actua apenas no plano da criação de impostos e do seu aumento, ou seja, no plano da criação de normais fiscais. Não pode haver a este propósito uma confusão entre criação de impostos e julgamento de litígios fiscais.

Ainda que assim não se entendesse, sempre se diria que, na medida em que o diploma que aprova o regime jurídico da arbitragem tributária carece de intervenção parlamentar – que se concretizou pela concessão de autorização legislativa ao Governo – o princípio da legalidade estaria, ainda assim, assegurado pela reserva formal e material de lei.

Bem se vê que a consagração de um regime jurídico da arbitragem em matéria tributária, nos exactos termos em que sucedeu em Portugal, não interfere

---

[42] Sérgio Vasques (2014) 283.
[43] Compreendendo-se "neste núcleo também as normas de *incidência territorial*, recortando no espaço o âmbito de aplicação do imposto e as suas fronteiras com outros ordenamentos tributários, assim como as normas de *incidência temporal*, determinando o momento em que se gera ou torna exigível a obrigação tributária, elemento de particular relevo na tributação indirecta", segundo Sérgio Vasques (2014) 284.
[44] Sérgio Vasques (2014) 284.
[45] Sérgio Vasques (2014) 287.

com o conteúdo constitucionalmente consagrado do princípio da legalidade em matéria fiscal.

5.2.3. Princípio da indisponibilidade dos créditos tributários

Uma nota prévia para referir que o princípio da indisponibilidade dos créditos tributários será também objecto de análise na anotação ao artigo 2.º, uma vez que é por causa deste princípio que na arbitragem tributária não se pode decidir segundo a equidade mas sim, e tão só, de acordo com o direito constituído.

Dos três argumentos apontados contra a admissibilidade da arbitragem tributária o mais importante e o mais difícil de ultrapassar foi o do princípio da indisponibilidade dos créditos tributários.

Perceba-se em primeiro lugar o princípio em causa para de seguida se poder chegar à conclusão que é possível haver arbitragem em matéria tributária e, ainda assim, respeitar o princípio da indisponibilidade dos créditos tributários.

Embora sem consagração constitucional expressa, o princípio da indisponibilidade dos créditos tributários apresenta-se como corolário dos princípios da legalidade – na vertente de submissão da Administração Tributária às normas legais –, e da igualdade – na vertente do tratamento dos sujeitos passivos de imposto em igual medida sem atentar a razões de justiça do caso concreto –, ambos previstos nos artigos 3.º, n.º 2, 13.º e 266.º, n.º 2, todos da CRP[46].

A sua enunciação explícita está no artigo 30.º, n.º 2, da Lei Geral Tributária (LGT), segundo o qual "o crédito tributário é indisponível, só podendo fixar-se condições para a sua redução ou extinção com respeito pelo princípio da igualdade e da legalidade tributária". Por sua vez, o n.º 3 do preceito, aditado pela Lei n.º 55-A/2010, de 31 de Dezembro, veio reforçar este princípio, prevendo que "o disposto no número anterior prevalece sobre qualquer legislação especial".

O princípio da indisponibilidade dos créditos tributários também se pode extrair indirectamente do artigo 36.º da LGT que, ao fixar as regras gerais de constituição e alteração da relação jurídica tributária, dispõe no seu n.º 3 que

---

[46] Ainda que sem consagração na lei fundamental, a Doutrina tem vindo a entender que este princípio integra a ordem constitucional na medida em que é corolário dos princípios da igualdade e da legalidade tributárias. Neste sentido, veja-se Vítor Faveiro (2002) *O Estatuto do Contribuinte – a pessoa do contribuinte no Estado Social de Direito*, 704, segundo o qual "o princípio subjacente à ordem constitucional, ou seja em tudo que, por acto administrativo, possa implicar a afectação do princípio da igualdade e legalidade na distribuição do dever de contribuir e na correspondência de tal dever com a capacidade contributiva tomada como base da lei tributária".

a "administração tributária não pode conceder moratórias no pagamento das obrigações tributárias, salvo nos casos expressamente previstos na lei". Refere-se ainda a este propósito que a "indisponibilidade não se resume à proibição de conceder moratórias ou de alterar quaisquer condições de pagamento sem habilitação legal para o fazer" entendendo que é de incluir também "a proibição [para a Administração Tributária] de proceder a perdões dos impostos ou a renunciar de qualquer forma ao seu pagamento" [47].

O enquadramento legal do princípio, tal como acima foi exposto, leva conclusão de que o princípio da indisponibilidade dos créditos tributários representa, em bom rigor, um prolongamento do princípio da legalidade. Com efeito, se as obrigações tributárias se caracterizam por terem fonte na lei, o que os artigos 30.º, n.º 2, e 36.º, n.º 3, da LGT, acima transcritos vêm prever é que essa obrigação tributária não se pode modificar ou extinguir por uma qualquer vontade da administração[48]. Por outras palavras, a intenção do legislador foi vedar a hipótese de órgãos da Administração Tributária praticarem um qualquer acto de disposição de créditos tributários, designadamente por meio de uma espécie de negociação com o contribuinte. Efectivamente, a prática de negociações entre Administração e contribuintes acabaria por gerar uma generalizada insegurança jurídica no sistema fiscal, potenciando a desigualdade de tratamento entre contribuintes.

Importa contudo reter que o princípio da indisponibilidade dos créditos tributários *tem por destinatário a Administração* e nunca o próprio legislador, àquela se referindo expressamente o n.º 3, do artigo 36.º da LGT. Como bem nota ANTÓNIO LIMA GUERREIRO "é obvio que a indisponibilidade do crédito tributário (...) não prejudica que lei especial possa determinar a redução ou extinção de obrigações tributárias ou alterar as condições legais do seu pagamento", querendo com isto dizer que o princípio em causa "não é um limite constitucional

---

[47] ANDREIA JÚNIOR (2008) "A compensação de créditos tributários", 9-10.
[48] Esta impossibilidade de a Administração Tributária poder dispor do crédito tributário é ainda mais clara se se olhar ao artigo 85.º do Código de Procedimento e de Processo Tributário. De facto, aquele preceito, ao tratar dos prazos para pagamento dos tributos e das condições para a concessão de moratórias ou suspensão de execução, determina, no seu n.º 3, que "a concessão da moratória ou a suspensão da execução fiscal fora dos casos previstos na lei, quando dolosas, são fundamento de responsabilidade tributária", acrescentando o n.º 4 que a responsabilidade depende de "condenação disciplinar ou criminal do responsável".

à acção do legislador que pode dispor das obrigações tributárias", sendo, na verdade "um mero limite legal à acção da administração tributária"[49].

A jurisprudência partilha deste entendimento unânime da Doutrina entendendo que "A indisponibilidade dos créditos tributários *impõe-se à própria Administração Fiscal* e a todos os particulares e não pode ser afastada por vontade das partes ou de terceiros, sendo decorrência directa dos *fundamentos da legalidade e igualdade tributária de todos os contribuintes*, os quais encontram respaldo nos artigos 13.º, 103.º e 104.º da Constituição da República Portuguesa"[50].

Há então que saber quais são os créditos tributários indisponíveis. Ou, por outras palavras, averiguar o que se deve entender por créditos tributários quando se fala na indisponibilidade dos mesmos.

A discussão passa então por saber se o conceito de "crédito tributário" se forma com o facto tributário, existindo independentemente da sua definição pelo acto de liquidação, ou se depende da formalização/consolidação no acto administrativo tributário de liquidação do tributo.

A par da maioria da Doutrina, entende-se a este propósito que aquele artigo 30.º, n.º 2, da LGT, só se pode referir a créditos tributários já consolidados ou concretizados por acto de liquidação. Assim, tudo o que não for objecto de concretização por acto tributário de liquidação mais não é do que um crédito tributário aparente cujo "período de validade" terminará com o prazo de caducidade.

Neste sentido a indisponibilidade resume-se a créditos que se tenham concretizado em actos de liquidação de tributos.

Enunciado o princípio e recortado o seu âmbito, há agora que perceber em que medida é que a sua prevalência poderia obstar à adopção de um regime de arbitragem em matéria tributária.

Dos muitos argumentos que se apontavam para defender a inadmissibilidade da arbitragem em face do princípio da indisponibilidade dos créditos tributários salientam-se, antes de mais, dois. Os dois que, olhando-se ao regime, se compreende que foram relevantes à adopção de determinada soluções.

---

[49] ANTÓNIO LIMA GUERREIRO (2001) *Lei Geral Tributária Anotada*, em anotação ao artigo 30.º. No mesmo sentido, de forma geral, veja-se DIOGO LEITE DE CAMPOS/BENJAMIM SILVA RODRIGUES/JORGE LOPES DE SOUSA (2012) *Lei Geral Tributária Anotada*, anotação aos artigos 30.º e 36.º; e JORGE LOPES DE SOUSA (2011) *Código de Procedimento e de Processo Tributário, vol. I*, anotação ao artigo 85.º.

[50] (itálico da autora) em Acórdão da Relação do Porto de 11 de Maio de 2010, processo n.º 552/09.0TBSJM.P1, disponível em http://www.dgsi.pt/.

O primeiro era que na arbitragem, tal como tradicionalmente ela era entendida, se podia decidir de acordo com a equidade. Ora, sendo a equidade a justiça do caso concreto, o árbitro poderia decidir de acordo com o que seria mais justo e não obrigatoriamente de acordo com a legalidade. Se assim fosse, a arbitragem em matéria tributária seria inconstitucional porque contrariaria o princípio da igualdade e da legalidade. Como se verá, o legislador contornou esta problemática ao proibir singelamente, no artigo 2.º, que na arbitragem tributária se possa decidir segundo a equidade. Tem-se portanto uma arbitragem com características bastante diferentes daquelas que até então qualificavam este meio alternativo de resolução de litígios. Uma arbitragem sem equidade.

Em boa verdade, a indisponibilidade dos créditos tributários, enquanto corolário do princípio da legalidade, só seria posta em causa com a consagração de uma arbitragem tributária que permitisse, a par da arbitragem voluntária e da administrativa, o recurso à equidade. Quer isto dizer que, ao ser vedado o recurso à equidade – nos termos do disposto no n.º 2 do artigo 2.º do presente RJAT –, o legislador quis compatibilizar este regime arbitral com aquele princípio fundamental do direito fiscal – o da indisponibilidade dos créditos tributários.

Ora, se os tribunais arbitrais tributários estão condicionados a um julgamento segundo o direito constituído, como também o estão os tribunais tributários judiciais, as decisões dos primeiros violariam tanto o princípio da indisponibilidade dos créditos tributários quanto as dos segundos. Com efeito, vinculados que estão os árbitros ao direito constituído, as suas decisões irão, em princípio, no mesmo sentido em que iriam as de um qualquer juiz de toga. Assim, "a decisão arbitral não é mais que um juízo interpretativo vinculado"[51], como de resto também o é a sentença de um tribunal tributário judicial.

O segundo era que a arbitragem dependia de acordo das partes ou seja de convenção arbitral. Ora, se o recurso à arbitragem dependesse da disponibilidade da Administração Tributária em ir ou não a juízo arbitral, então estar-se-ia a contrariar uma das premissas do princípio da indisponibilidade dos créditos tributários. Para evitar este argumento, o legislador obrigou, através do seu artigo 4.º, a que a Administração Tributária se vinculasse, através de Portaria, ao RJAT e não a cada litígio em concreto. A Administração Tributária está tão vinculada à decisão do contribuinte de recorrer à via judicial ou à via arbitral, como o está quanto à opção do contribuinte de recorrer à via graciosa ou judi-

---

[51] CARLOS LOBO (2010) "A arbitragem e a fixação da matéria colectável por métodos indirectos", 153.

cial. Quem decide qual o meio de reacção é o contribuinte não se violando portanto o princípio da indisponibilidade dos créditos tributários.

Assim, gizado que foi o regime nestes termos, mostram-se superados todos os principais obstáculos apontados à consagração de um regime de arbitragem tributária por imposição do princípio da indisponibilidade dos créditos tributários.

Para finalizar, cita-se a este propósito trecho de Diogo Leite de Campos,

> *"Quando me falam de indisponibilidade de direitos, que a arbitragem não pode tratar dos direitos indisponíveis, lembra-me o tempo em que se dizia que os tribunais administrativos e fiscais, sobretudo os tribunais fiscais, não podiam intrometer-se na competência da administração, porque a administração fiscal obedecia a exigências técnicas demais para os tribunais. Havia que respeitar a separação dos poderes, portanto os tribunais não podiam anular actos da administração. Isto é século XIX, é napoleónico."*[52]

6. Razão de ser e actualidade

O programa do XVIII Governo Constitucional não fazia alusão à arbitragem tributária, ainda que tomasse como objectivo o de "criar condições para uma justiça tributária mais célere", prevendo a instituição de "soluções pré-contenciosas eficazes para resolução de conflitos". A arbitragem em matéria tributária surgiria apenas na Proposta de Lei do Orçamento do Estado para 2010, apresentada tardiamente nesse ano em virtude da tomada de posse também tardia do Governo no ano anterior.

No Relatório do Orçamento do Estado para 2010 pode ler-se:

> *«As razões que justificam esta medida são bem conhecidas, têm vindo ao longo dos últimos anos a ser debatidas sobejamente pela nossa comunidade jurídica e prendem-se com o esgotamento do sistema judicial como resposta única à resolução de litígios em sede fiscal.*
>
> *Milita nesse sentido o elevado grau de litigância que caracteriza uma época de "fiscalidade de massas" como aquela que vivemos e a incapacidade que os tribunais judiciais inevitavelmente sentem para lhe dar resposta pronta. Este estrangulamento do sistema judicial é exacerbado pela crescente sofisticação do Direito Fiscal, marcado por soluções técnicas de imensa delicadeza e em constante transformação, bem como pelo investimento cada vez maior que os operadores privados fazem no planeamento dos seus impostos e*

---

[52] Diogo Leite de Campos (2010) "A possibilidade da arbitragem tributária", 139-140.

na gestão seus litígios tributários. A morosidade da justiça tributária que daqui resulta representa um prejuízo económico efectivo para os contribuintes e não poucas vezes para a Administração Fiscal.

É por compreendê-lo que o Governo no seu Programa contempla o objectivo de "criar condições para uma justiça tributária mais célere, com criação de soluções pré-contenciosas eficazes para resolução de conflitos". A opção do Governo, no contexto da Proposta de Lei do Orçamento do Estado para 2010 é a de, mediante pedido de autorização legislativa à Assembleia da República, abrir a porta à instituição de tribunais arbitrais como forma alternativa de resolução conflitos em matéria tributária. Em concretização do pedido de autorização legislativa que assim formula, o Governo pretende criar em 2010 o regime legal e as condições de facto para que a arbitragem se afirme como meio processual alternativo aos tribunais judiciais na resolução de litígios em matéria tributária, reforçando a tutela efectiva dos direitos e interesses legalmente protegidos dos contribuintes, conferindo nova legitimação à sua relação com a Administração Fiscal e criando um clima de maior confiança para a actividade económica em Portugal.»

Como não poderia deixar de ser, a razão que motivou esta medida proposta pelo Governo está em directa correlação com os objectivos da medida que acabaram por ser consagrados no preâmbulo do Decreto-lei n.º 10/2011, de 20 de Janeiro, que instituiu o RJAT.

O estabelecimento deste regime era, pois, necessário ao descongestionamento dos tribunais tributários judiciais, dando-se então ao contribuinte a opção por uma via que, pela sua maior simplicidade e informalidade, permite também uma resolução de litígios mais célere desde logo pelos prazos máximos nele previstos. Desta forma, ficou concretizado aquele que deve ser o objectivo primordial de qualquer medida legislativa: o reforço da tutela eficaz dos direitos e interesses legalmente protegidos dos cidadãos/sujeitos passivos no caso concreto.

De facto, como salienta MANUEL FERNANDO DOS SANTOS SERRA "todos sabemos que uma sentença tardia pode resultar inútil ou até adicionar prejuízos aos já de outra forma enfrentados pela parte lesada"[53]. Ora, tendo em consideração que de acordo com os números apontados aquando da publicação da Lei do

---

[53] MANUEL FERNANDO DOS SANTOS SERRA (2010) "A Arbitragem Administrativa em Portugal: evolução recente e perspectivas", 20.

Orçamento do Estado para 2010, no final de 2009 existiam 43.505 processos em matéria tributária pendentes de decisão nos tribunais administrativos e fiscais, crê-se que o reforço deste princípio foi, incontornavelmente, um dos principais objectivos da arbitragem.

A este propósito refere ainda o mesmo autor que:

"a reestruturação do sistema de administração de justiça português, no sentido do desenvolvimento e maior incorporação de meios alternativos de resolução de litígios, visa, precisamente, dar cumprimento à Constituição, ao proporcionar um acesso mais alargado ao direito à justiça, bem como nível mais elevado de resolução de litígios mediante processo equitativo. Desígnios que são certamente prioritários num país em que são conhecidas as insuficiências dos meios tradicionais para resolver uma profusão de velhos e novos litígios em prazo razoável"[54].

A importância da arbitragem enquanto meio alternativo de resolução de litígios e veículo para aumentar a celeridade na resolução de litígios que opõem a Administração Tributária ao sujeito passivo, e bem assim, enquanto veículo para reduzir a pendência de processos nos tribunais administrativos e fiscais foi expressamente reconhecida no Memorando de Entendimento Sobre as Condicionalidades da Política Económica celebrado entre o Estado Português e a *troika*, designadamente nos ponto 3.35, 7.6 e 7.14 onde pode ler-se que:

"3.35. O Governo abordará os estrangulamentos no sistema de impugnações fiscais através de: (...)
iii) implementar a nova lei de arbitragem fiscal [T3-2011]
(...)
7.6 O Governo apresentará uma Lei de Arbitragem até final de Setembro de 2011 e tornará a arbitragem para as acções executivas completamente operacional até final de Fevereiro de 2012, a fim de facilitar a recuperação de processos em atraso e a resolução extrajudicial.
(...)
7.14 Adoptar medidas específicas para uma resolução metódica e eficiente de processos judiciais pendentes em matéria fiscal, incluindo (abrangidas também no âmbito da administração fiscal):

---

[54] MANUEL FERNANDO DOS SANTOS (2010) *ibidem*.

i. Tomar as medidas necessárias para implementar a Lei de Arbitragem Fiscal (para permitir uma resolução extrajudicial efectiva dos litígios em matéria fiscal); [T3-2011] (...)"

O Relatório do Orçamento do Estado para 2010 acima transcrito, refere ainda uma outra razão de ser para a adopção de um regime de arbitragem tributária: a "crescente sofisticação do Direito Fiscal, marcado por soluções técnicas de imensa delicadeza e em constante transformação". Esta é – a par da celeridade na obtenção de uma solução adequada ao litígio – a maior vantagem da arbitragem em matéria tributária: a especialização técnica dos árbitros que, talvez pela maior proximidade com as questões em litigância, se poderão revelar mais aptos para a dirimir o conflito entre o sujeito passivo e a Administração Tributária.

Bem se vê que razões não faltavam para a consagração de um regime jurídico da arbitragem tributária, ainda que se possa admitir que Portugal tenha dado um passo de gigante nesta matéria, um passo ousado – mas não em falso, pode-se dizer agora – na medida em que foi o primeiro, se não a nível mundial[55]

---

[55] Na Venezuela, a arbitragem em matéria tributária é possível desde 2001 mas em moldes muito diferentes do regime Português. Assim, a arbitragem venezuelana está dependente da interposição de *recurso contencioso tributário*, figura que no ordenamento jurídico venezuelano equivale à impugnação judicial portuguesa. Os artigos 312.º e seguintes do *Codigo Organico Tributario* Venezuelano – a que corresponde o Capítulo IV, *Del Arbitraje Tributario* – admitem que a Adminstração Tributária e os contribuintes submetam os seus diferendos à arbitragem, tendo como critério de arbitrabilidade as matérias susceptíveis de transacção. Em moldes semelhantes a uma arbitragem de direito privado, a arbitragem tributária venezuelana exige então, para que o litígio seja submetido à arbitragem, a celebração de um compromisso arbitral entre as partes em litígio. Como se vê as diferenças relativamente ao modelo português são substanciais na medida em que (1) não é consagrada enquanto direito potestativo do contribuinte; (2) sendo, por isso necessária a celebração de convenção arbitral sob a forma de compromisso arbitral; (3) compromisso esse que só poderá ser celebrado depois de interposto e admitdo o *recurso contencioso tributario*. Desta forma, lê-se no artigo 312 do *Codigo Organico Tributario*: "**Artículo 312**. *La Administración Tributaria y los contribuyentes o responsables de mutuo acuerdo, podrán someter a arbitraje independiente las disputas actuales surgidas en materias susceptibles de transacción, de conformidad con lo establecido en el artículo 305 de este Código. El arbitraje podrá proponerse y deberá acordarse una vez interpuesto y admitido el recurso contencioso tributario. Las partes de mutuo acuerdo formalizarán el arbitraje en el mismo expediente de la causa, debiendo expresarse con claridad las cuestiones que se someterán al conocimiento de los árbitros.*"
Em Moçambique e em Cabo Verde, a arbitragem em matéria tributária faz parte dos pacotes de reforma fiscal daqueles países. Em Cabo Verde, aliás, foi já apresentado projecto de

pelo menos a nível europeu, a consagrar um regime como este, onde se permite arbitragem em matéria tributária, quer quanto a questões de facto, quer quanto a questões de direito[56].

A arbitragem em matéria tributária revelou-se, aliás, um sucesso entre os meios de reacção ao dispor do contribuinte. Com efeito, o número de processos que deram entrada no CAAD tem crescido exponencialmente de ano para ano. Dados oficiais do CAAD revelam que entraram 150 processos no ano de 2012, 311 em 2013 e um total de 850 em 2014. No presente ano (2015), até o final do mês de Abril, eram entrada no CAAD um total de 270 processos. As estatísticas demonstram uma transferência substancial da litigância dos tribunais judiciais para os arbitrais. Mais ainda, e uma vez que a duração média dos processos no CAAD é de cerca de 4 meses e meio, a arbitragem tem-se revelado um meio efectivamente mais eficaz o que reforça o cumprimento de um dos grandes objectivos do regime: a maior celeridade na obtenção da decisão como reforço dos interesses legalmente protegidos dos cidadãos.

Hoje pode-se afirmar que o regime funciona, que as razões que o fizeram prever se justificavam, e os seus objectivos estão, de resto, a ser cumpridos.

Hoje Portugal pode orgulhar-se de ter sido pioneiro nesta matéria e de ter consagrado um regime que alguns outros países tencionam agora seguir, de onde se pode destacar o Brasil, a Espanha, países nórdicos e Moçambique onde a arbitragem tributária faz parte do pacote da reforma fiscal do país e, ainda, Cabo Verde, onde foi já apresentado um projecto de lei sobre a matéria[57].

---

lei sobre a matéria, projecto esse que segue, de resto, moldes muito semelhantes ao modelo português, incluindo até algumas inovações de interesse que poderiam facilmente colmatar algumas omissões do nosso RJAT.

[56] Como refere CARLOS LOUREIRO (2010) "A arbitragem fiscal internacional: uma realidade crescente", 86-89, nos Estados Unidos existe há muitos anos um mecanismo arbitral bastante utilizado que, porém, apenas poderá incidir sobre questões de facto. Por seu turno, em Espanha e no Brasil foram apresentadas propostas para consagração de um regime de arbitragem tributária que, contudo, não tiveram sucesso.

Sabe-se ainda que em países como França e Itália existem alguns mecanismos de conciliação, havendo quem os considere assemelháveis a uma arbitragem para questões de facto. Julga-se, contudo, que estes mecanismos assemelham-se mais ao pedido de revisão da matéria colectável português.

Sobre a tentativa de introdução de um regime de arbitragem tributária em Espanha veja-se JESÚS LÓPEZ TELLO (2010) "A arbitragem internacional", 107-117.

[57] Sobre a possibilidade da arbitragem tributária em países estrangeiros, designadamente, nos PALOP e no Brasil, vejam-se os seguintes artigos: CARLOS MARIA FEIJÓ/ANABELA VIDINHAS/

7. Habilitação legal

O RJAT foi aprovado na forma de decreto-lei autorizado pela Lei do Orçamento do Estado para 2010.

É então o artigo 124.º da Lei n.º 3-B/2010, de 28 de Abril, que vem habilitar o governo a legislar "no sentido de instituir a arbitragem como forma alternativa de resolução jurisdicional de conflitos em matéria tributária", concebendo-a como "um meio processual alternativo ao processo de impugnação judicial e à acção para o reconhecimento de um direito ou interesse legítimo em matéria tributária" e como um meio que visa "reforçar a tutela eficaz e efectiva dos direitos e interesses legalmente protegidos dos contribuintes, devendo ser instituída de modo a constituir um direito potestativo dos contribuintes".

Como se referiu, o programa do XVIII Governo Constitucional não fazia alusão à arbitragem tributária, ainda que tomasse como objectivo o de "criar condições para uma justiça tributária mais célere", prevendo a instituição de "soluções pré-contenciosas eficazes para resolução de conflitos". A arbitragem surgiria apenas na Proposta de Lei do Orçamento do Estado para 2010 referindo-se-lhe o artigo 116.º da dita Proposta, cuja redacção sofreria apenas uma pequena modificação no curso do debate parlamentar.

A introdução da arbitragem em matéria tributária revelar-se-ia largamente consensual no âmbito do debate parlamentar, tendo sido aprovada a proposta na especialidade sem oposição de nenhuma das forças políticas. De resto, já no passado, outros partidos tinham proposto a arbitragem em matéria fiscal, com âmbito mais alargado até que a proposta avançada em 2010, nomeadamente o CDS-PP que havia já apresentado três projectos de lei. De todo o modo, por razões de constitucionalidade todas as tentativas saíram goradas excepto a desta Proposta de Lei do Orçamento do Estado para 2010 aprovada pese embora o Governo não tivesse maioria parlamentar. Não desfazendo o mérito do diploma a verdade é que a aprovação sem oposição demonstra desde logo uma mudança de paradigma na própria Assembleia da República.

Ivanna Gouveia (2015) "Desafios à hipótese de admissibilidade da arbitragem: Matéria administrativa e fiscal em Angola"; Osvaldo da Gama Afonso (2015) "A Arbitragem em São Tomé e Príncipe: Da Constituição Santomense à inexistência/necessidade de um regime tributário"; Lídia Maria Ribas (2015) "Arbitragem fiscal no ambiente do CAAD: uma proposta para o Brasil"; Marciano Seabra de Godoi/Leonardo Varella Giannetti (2015) "Arbitragem e Direito Tributário Brasileiro: A superação do dogma da indisponibilidade do crédito tributário".

Tal como figura na autorização legislativa constante da Lei do Orçamento do Estado para 2010, o RJAT apresenta um âmbito mais estreito e mais fechado, sem dúvida pelo cuidado que se impôs, pela necessidade de assegurar o cumprimento dos princípios constitucionais neste domínio e pela consciência de que esta era uma experiência inovadora e pioneira que implicaria vários riscos. Assim, e em consequência dos pareceres emitidos pelas entidades ouvidas no âmbito da consulta pública e, bem assim, dos receios apontados, foram tomadas algumas cautelas que estreitaram o resultado final vertido no RJAT em comparação com a autorização legislativa constante da Lei do Orçamento do Estado para 2010. Destas diferenças dar-se-á conta no decorrer dos comentários.

Feita esta introdução, entrar-se-á agora naquele que é o "grosso" do RJAT e que consiste essencialmente nos artigos 2.º a 29.º do diploma ora em análise e na Portaria n.º 112-A/2011, de 22 de Março (Portaria de Vinculação da Administração), bem como – como se terá oportunidade de ver – nos vários Regulamentos do CAAD, sem esquecer o seu Código Deontológico.

Artigo 2.º – Competência dos tribunais arbitrais e direito aplicável

1 – A competência dos tribunais arbitrais compreende a apreciação das seguintes pretensões:

a) A declaração de ilegalidade de actos de liquidação de tributos, de autoliquidação, de retenção na fonte e de pagamento por conta;

b) A declaração de ilegalidade de actos de determinação da matéria tributável quando não dê origem à liquidação de qualquer tributo, de actos de determinação da matéria colectável e de actos de fixação de valores patrimoniais;

c) A apreciação de qualquer questão, de facto ou de direito, relativa ao projecto de decisão de liquidação, sempre que a lei não assegure a faculdade de deduzir a pretensão referida na alínea anterior.
(Alínea revogada pela Lei n.º 64-B/2011, de 30 de Dezembro)

2 – Os tribunais arbitrais decidem de acordo com o direito constituído, sendo vedado o recurso à equidade.

ALTERAÇÕES LEGISLATIVAS
Lei n.º 64-B/2011, de 30 de Dezembro

ANOTAÇÃO
1. Liquidação, autoliquidação, retenção na fonte e pagamentos por conta
    1.1. Actos de segundo e terceiro graus
2. Limitações introduzidas pela Portaria de Vinculação
    2.1. Delimitação aos impostos geridos pela Autoridade Tributária
        2.1.1. Delimitação à figura de impostos
        2.1.2. Exclusão dos impostos não geridos pela Autoridade Tributária
            2.1.2.1. Impostos das Regiões Autónomas dos Açores e da Madeira
            2.1.2.2. Derrama Municipal, Imposto do Selo e IUC
            2.1.2.3. Contribuições e quotizações para a Segurança Social
    2.2. Reclamação graciosa necessária
        2.2.1. Pedido de revisão oficiosa e reclamação graciosa necessária
        2.2.2. Conclusão
3. Matéria tributável e colectável e fixação de valores patrimoniais
    3.1. Limitações impostas pela Portaria de Vinculação
4. Projecto de decisão de liquidação
5. Exclusão da arbitrabilidade de actos em matéria tributária
6. Conclusão: actos tributários arbitráveis

7. Poderes do tribunal arbitral: apreciação, anulação e condenação
   7.1. Decisões arbitrais condenatórias
8. Direito constituído e equidade

O artigo 2.º define o âmbito material da arbitragem tributária fixando, nas duas alíneas do n.º 1, o conjunto de questões que podem ser submetidas a análise nos tribunais arbitrais, tal como se previa no artigo 124.º, alínea a), ponto 4., da Lei n.º 3-B/2010, de 28 de Abril, autorização legislativa que legitimou a aprovação do RJAT.

Deixa-se ainda claro, no artigo 2.º, n.º 2, que fica vedado o recurso à equidade como critério de decisão.

São muitas as matérias a abordar no comentário a este artigo.

Começar-se-á por tentar clarificar os conceitos a que faz referência a alínea a) do n.º 1 – de *liquidação, autoliquidação, retenção na fonte* e *pagamento por conta* – olhando-se ao preceituado na LGT, no Código de Procedimento e de Processo Tributário (CPPT) e, bem assim, em alguns Códigos de impostos em especial. Nesse seguimento far-se-á ainda uma referência à eventual arbitrabilidade dos actos de indeferimento de reclamações graciosas, recursos hierárquicos e pedidos de revisão oficiosa daqueles actos tributários. Disto dar-se-á conta no ponto 1..

Embora o RJAT tenha estabelecido o âmbito material da arbitragem tributária neste artigo 2.º, a vinculação da Administração à jurisdição arbitral por intermédio de Portaria veio introduzir uma série de limitações ao âmbito material. Deste modo, serão então abordadas no ponto 2. as restrições impostas pela Portaria, identificando os actos que seriam arbitráveis nos termos da alínea a) do n.º 1 e que deixaram de o ser por exclusão daquela[58].

Já a matéria referente à alínea b) do n.º 1 deste artigo 2.º, será objecto de análise no ponto 3., tendo em consideração quer a jurisprudência arbitral já publicada quer as limitações impostas pela Portaria de Vinculação.

---

[58] O artigo 4.º, n.º 1 determina que "A vinculação da administração tributária à jurisdição dos tribunais constituídos nos termos da presente lei depende de portaria dos membros do Governo responsáveis pelas áreas das finanças e da justiça, que estabelece, designadamente, o tipo e o valor máximo dos litígios abrangidos". Ora, foi através da Portaria n.º 112-A/2011, de 22 de Março (denominada Portaria de Vinculação), que a Administração Tributária, atendendo à especificidade e valor das matérias em causa, se vinculou à jurisdição do CAAD, associando-se a este mecanismo alternativo de resolução de litígios nos estritos termos e condições aí estabelecidos. Para mais desenvolvimentos veja-se o comentário ao artigo 4.º.

Ainda a respeito do n.º 1, será feita uma breve referência à já revogada alínea c), e tentar-se-á perceber no ponto 4. se, de facto, e como tem sido defendido por muitos, esta revogação implicou uma redução dos poderes do tribunal arbitral na medida em que deixou de se poder recorrer à arbitragem quanto a relatórios de inspecção de correcções efectuadas, designadamente, em sede de Imposto sobre o Rendimento das Pessoas Singulares (IRS) ou de Imposto sobre o Rendimento das Pessoas Colectivas (IRC).

Já no ponto 5. abordar-se-á a questão relativa aos poderes do tribunal arbitral e à sua amplitude.

No ponto 6. tentar-se-á fazer um resumo de tudo o que ficou concluído nos pontos anteriores tentando esquematicamente concretizar quais os actos que são arbitráveis tendo designadamente em consideração as limitações introduzidas pela Portaria de Vinculação.

O preceituado no n.º 2 do artigo ora em anotação – o julgamento segundo o direito constituído e a consequente proibição de recurso à equidade – será objecto de análise no ponto 7., conjugando-o necessariamente, e como melhor se compreenderá adiante, com o princípio da indisponibilidade dos créditos tributários abordado aquando do comentário ao artigo 1.º.

1. Liquidação, autoliquidação, retenção na fonte e pagamentos por conta

Nos termos da alínea a) do n.º 1, os tribunais arbitrais têm competência para apreciar as pretensões que se prendam com a declaração de ilegalidade de actos tributários de liquidação, de autoliquidação, de retenção na fonte e de pagamento por conta.

Na medida em que o âmbito material da arbitragem tributária, recortado por esta alínea, corresponde ao previsto no artigo 97.º, n.º 1, alínea a), do CPPT, está-se então perante questões que podem simultaneamente ser objecto de arbitragem e de impugnação judicial. Esta é a chamada *zona de coincidência entre o impugnável e o arbitrável*. De facto, pode ler-se neste preceito do CPPT que o processo judicial tributário compreende "a impugnação da liquidação dos tributos, incluindo os parafiscais e os actos de autoliquidação, retenção na fonte e pagamento por conta".

Há que fazer uma breve visita aos conceitos que aqui estão em causa a fim de bem delimitar os actos tributários que são arbitráveis[59].

---

[59] Seguindo de perto SÉRGIO VASQUES (2014) 179-319.

A *liquidação*[60] é a operação através da qual se aplica a taxa de imposto à matéria tributável, apurando-se então o valor devido pelo contribuinte, sendo o acto de liquidação o acto administrativo através do qual esta é concretizada pela Administração Tributária. Quando trata desta temática CASALTA NABAIS inclui a liquidação no segundo momento da dinâmica dos impostos, esclarecendo que "[pela] *liquidação*, por seu turno, determina-se a colecta aplicando a taxa à matéria colectável, colecta que vem a coincidir com o imposto a pagar, a menos que haja lugar a deduções à colecta, caso em que a liquidação também abarca esta última operação"[61].

O artigo 103.º da CRP diz que a liquidação e a cobrança têm que fazer-se nos termos da lei, fixando neste domínio um princípio de legalidade retomado pela LGT na alínea *a)* do n.º 1 do seu artigo 8.º. É sabido que hoje em dia a *liquidação* dos impostos toma, na sua grande maioria, a forma de *autoliquidação* pelos sujeitos passivos e que, por seu turno, a cobrança ao invés de ser da iniciativa da Administração, o que sucede as mais das vezes é o pagamento ser da iniciativa (legalmente imposta é certo) do contribuinte. Afinal de contas, nos modernos Estados fiscais, as tarefas da liquidação e da cobrança dos tributos públicos deixaram de estar reservadas à Administração Pública, sendo largamente delegadas nos particulares, tema bem explorado por SALDANHA SANCHES, que chega mesmo a falar em privatização do sistema fiscal[62]. Entre as matérias onde se pode

---

[60] Importante é reter que a operação de liquidação – seja ela administrativa, adicional ou oficiosa – formaliza-se um acto tributário – o designado acto tributário de liquidação. Deste modo, "a liquidação constituiu [também] um acto administrativo exequível, executivo, semi-executório e que, atento o seu carácter, por um lado, estritamente vinculado e, por outro, largamente massificado, se presta sobremaneira a ter natureza informática, ou seja, a ser praticado com recurso a meios informáticos, como já acontece, pois o nosso sistema prevê, impondo mesmo, a entrega e consulta das declarações dos contribuintes e de terceiros por via informática, isto é, de *declarações electrónicas*", CASALTA NABAIS (2015) *Direito Fiscal*, 301-302.

[61] CASALTA NABAIS (2015) 62, referindo-se à liquidação em sentido estrito. Esclarece o autor que liquidação *lato sensu* consiste no conjunto de todas as operações destinadas a apurar o montante do imposto, compreendendo assim o *lançamento subjectivo* (identificação do contribuinte ou sujeito passivo da relação jurídica fiscal), o *lançamento objectivo* (determinação da matéria colectável ou tributável de imposto e identificação da(s) taxa(s) a aplicar), a *liquidação stricto sensu* (determinação da colecta através da aplicação da taxa à matéria colectável ou tributável) e as eventuais *deduções à colecta*, cf. CASALTA NABAIS (2015) 297.

[62] J. L. SALDANHA SANCHES (1995) *A quantificação da obrigação tributária: deveres de cooperação, autoavaliação e avaliação administrativa*, 98-110.

verificar, em concreto, esta oneração efectiva do contribuinte podem lembrar-se as muitas regras respeitantes à *retenção na fonte* ou aos *pagamentos por conta*, à *substituição tributária* ou à *repercussão* de imposto, que geram sobre os particulares obrigações de liquidação, registo, declaração e facturação, desonerando portanto a Administração Tributária.

Como prevê a alínea *a)*, do n.º 1, do artigo 54.º da LGT, está compreendida no âmbito do procedimento tributário "a liquidação dos tributos quando efectuada pela administração tributária". Entre os actos de liquidação da iniciativa da Administração Tributária, vale a pena fazer a distinção entre os simples actos de liquidação administrativa, os actos de liquidação oficiosa e os actos de liquidação adicional.

A *liquidação administrativa* dos tributos públicos tem-se vindo a tornar incomum nos grandes impostos, à medida que se impõe como regra a autoliquidação pelo contribuinte. Contudo, existem domínios onde se revela ainda importante: os impostos sobre o património, em concreto o Imposto Municipal sobre Imóveis (IMI) e o Imposto Municipal sobre Transacções Onerosas de Imóveis (IMT), são bom exemplo de impostos onde ainda sobrevive como regra a prática da liquidação administrativa, cabendo a competência para calcular o imposto aos serviços centrais da Autoridade Tributária e Aduaneira. É isso que resulta do artigo 113.º, n.º 1, do Código do IMI, bem como do artigo 21.º, n.º 1, do Código do IMT, ainda que neste último caso a iniciativa para a liquidação caiba aos interessados, conforme artigo 19.º, n.º 1, do Código do IMT. Também no IRS é à Administração Tributária que cumpre liquidar o imposto nos termos do disposto no artigo 75.º do Código do IRS.

A *liquidação oficiosa* é aquela que é efectuada pela Administração Tributária na falta de impulso ou de liquidação pelo sujeito passivo. Em boa verdade, se bem se entende que haja liquidação oficiosa no caso do sujeito passivo que, obrigado por lei a autoliquidar o imposto devido, não o faça – por exemplo, como preceituado no artigo 90.º, n.º 1, alínea *b)* do Código do IRC e no artigo 76.º, n.º 1, alínea *b)* do Código do IRS e nos artigos 88.º e 89.º do Código do Código do Imposto sobre o Valor Acrescentado (IVA) –, também se compreende que, nos casos em que o impulso para a liquidação administrativa incumbe ao interessado, haja liquidação oficiosa quando este não cumpra com o pressuposto a que está obrigado, fazendo despoletar a liquidação administrativa, conforme por exemplo o artigo 19.º, n.º 2, do Código do IMT.

A *liquidação adicional*, como o próprio nome indica, sucede outros actos de liquidação administrativa ou de autoliquidação, substituindo-os, quando o montante inicialmente liquidado em virtude da liquidação administrativa (simples ou oficiosa) ou autoliquidação, está errado[63] – porque a maioria das vezes é inferior ao devido. Poderá também haver lugar a liquidação adicional quando, em virtude de análise à contabilidade do sujeito passivo, a Administração Tributária conclua que o montante originalmente liquidado é superior ao devido –, conforme dispõe o artigo 99.º do Código do IRC, artigo 89.º do Código do IRS e artigo 87.º do Código do IVA.

Dando como certo que o acto de liquidação é o acto administrativo através do qual se apura, em consequência da operação de liquidação, o valor do imposto devido, dá-se agora como aceite que o acto de *autoliquidação* é a operação através da qual o próprio sujeito passivo apura, com base em declaração, o valor de imposto devido, não havendo, portanto, qualquer intervenção da Administração Tributária[64]. Como exemplos correntes de impostos cuja liquidação se faz por *autoliquidação* indicam-se o IRC e o IVA. Em ambos o legislador deslocou a competência da obrigação de liquidação para o sujeito passivo tal como previsto na alínea *a)*, do artigo 89.º, do Código do IRC e nos artigos 27.º e 29.º do Código do IVA.

A fazer fé no previsto no artigo 34.º da LGT são, por seu turno, *actos de retenção na fonte* os actos através dos quais o substituto tributário procede a entregas pecuniárias efectuadas por dedução dos rendimentos pagos ou colocados à disposição do seu titular[65]. São exemplo de impostos onde existem actos de retenção na fonte – que constitui a técnica de intermediação característica dos impostos sobre o rendimento – o IRC e o IRS. Com efeito, foi a instituição dos impostos sobre os rendimentos pessoais que levou à afirmação do mecanismo da retenção na fonte nos modernos sistemas fiscais. Refere a este propósito o

---

[63] "São adicionais as liquidações correctivas de erros e omissões", cf. PEDRO SOARES MARTINEZ (1993), 311.

[64] PEDRO SOARES MARTINEZ delimitava a figura das *autoliquidações* configurando-as como *liquidações provisórias*, i.e., as que "têm lugar quando os serviços fiscais não dispõem ainda de todos os elementos respeitantes à *situação tributária*, sobretudo pelo que respeita ao valor exacto da *matéria colectável*, mas a lei julga não justificado o protelamento da *liquidação*" cometendo-as, neste caso, aos contribuintes (cf. PEDRO SOARES MARTINEZ (1993), 311-312). Compreenda-se que esta qualificação surge numa época em que a Doutrina, e a própria lei, não qualificavam ainda a autoliquidação enquanto acto tributário, existindo quem defendesse, à data, a tese de que a autoliquidação era, nas palavras do Autor, uma *liquidação realizada pelo contribuinte no uso de uma delegação do Fisco.*

[65] Veja-se CASALTA NABAIS (2015) 255-260.

artigo 20.º da LGT, que a substituição com retenção dá-se quando alguém, que não o contribuinte, é chamado a satisfazer a prestação tributária[66]. Deste modo, ainda que o legislador pretenda onerar a pessoa que preenche o pressuposto para a sujeição a um dado tributo, a prestação é exigida de outrem, o *substituto*, que é devedor do contribuinte, o substituído, *i.e.*, é a *fonte* dos rendimentos que se sujeitam a imposto. Na verdade é claramente mais fácil exigir que o substituto deduza uma parcela desse rendimento aquando do seu pagamento, para entregar ao Estado, que exigir semelhante esforço do próprio substituído, isto porque, via de regra, por razões de ordem prática, o substituto se encontra em posição de melhor cumprir essas obrigações e de garantir ao Estado a efectiva arrecadação da receita[67]. A substituição tributária com retenção na fonte concretiza-se, portanto, em duas obrigações fundamentais: uma obrigação de *retenção* e uma obrigação de *entrega*.

A retenção na fonte pode ser *definitiva* ou *por conta do imposto devido a final*. Com a retenção, tendencialmente *definitiva*, que ocorre por aplicação das taxas liberatórias previstas no artigo 71.º do Código do IRS, o contribuinte substituído fica dispensado do englobamento dos rendimentos, considerando-se desde logo satisfeita a obrigação tributária, conforme n.ºs 6 e 7, do artigo 71.º, do Código do IRS. Com a retenção na fonte *por conta do imposto devido a final*, pelo contrário, a aplicação das taxas de retenção e a entrega das quantias retidas constitui um mero mecanismo de adiantamento por conta de uma dívida de imposto que só

---

[66] Se a substituição com retenção na fonte constitui a modalidade mais importante de substituição tributária, existe porém uma outra modalidade denominada de substituição sem retenção onde o substituto é, desta feita, credor do contribuinte substituído. Nestes casos, a lei obriga o substituto a cobrar o tributo juntamente com os valores que tenha a receber do contribuinte para de seguida entregar o tributo cobrado ao Estado. CASALTA NABAIS (2015) 256 aponta a falha do legislador ao reduzir o substituto tributário a um retentor do imposto quando, na verdade, a substituição sem retenção na fonte é efectivamente possível. De facto, e como bem nota Sérgio Vasques (2014) 333, "o legislador recorre a esta técnica de intermediação num conjunto variado de tributos públicos, em particular de taxas e contribuições, com maior e menor importância. Exemplo paradigmático apontado por ambos os autores é a Contribuição para o Audiovisual, criada pela Lei n.º 30/2003, de 22 de Agosto.

[67] A "comodidade" da substituição tributária já tem longa tradição na fiscalidade portuguesa. Com efeito, já em 1969 ensinava Pedro Soares Martinez que "[a]s leis fiscais, para tornarem mais cómodas as operações de lançamento e de cobrança, impõem a uma entidade não integrada na organização fazendária, que proceda ela própria à cobrança do imposto devido por vários indivíduos e entregue ao Fisco o correspondente produto", cf. PEDRO SOARES MARTINEZ (1969) *Da Personalidade Tributária*, 375.

se torna certa, líquida e exigível findo o período tributável do ano e com o acto de liquidação administrativo simples ou de autoliquidação. Como é sabido, o domínio privilegiado de aplicação desta técnica de intermediação é o do IRS, no qual se pode encontrar a matriz para o regime da substituição com retenção (no artigo 98.º do Código do IRS) sendo que no Código do IRC também se encontram casos de obrigatoriedade de retenção na fonte nos artigos 94.º a 96.º do Código do IRC.

Por último, e também recorrendo à LGT, desta feita ao artigo 33.º, os *actos de pagamento por conta* serão os actos através dos quais os sujeitos passivos – e não já os substitutos tributários – procedem à entrega de imposto antecipado durante o período de formação do facto tributário. Diferem dos actos de retenção na fonte na medida em que estes são praticados por terceiros – os substitutos – e aqueles pelo próprio sujeito passivo. Por outro lado, aproximam-se dos actos de retenção na fonte por conta do imposto devido a final na medida em que estes, à semelhança daqueles, mais não são do que a antecipação do cumprimento de uma obrigação – a de pagamento do imposto – que só se torna certa, líquida e exigível com a liquidação do imposto, que ocorrerá com a autoliquidação ou, na ausência desta, com a liquidação oficiosa. O Código do IRS obriga a que os titulares de rendimentos da Categoria B façam três pagamentos por conta sendo o cálculo do respectivo valor efectuado pela Administração Tributária (artigo 102.º, n.ºs 1 e 2, do Código do IRS). Já no Código do IRC – realidade onde os pagamentos por conta são a forma principal de antecipação do imposto, porquanto são mais os casos em que há dispensa de retenção na fonte do que aqueles em que esta é obrigatória, e onde, por isso, estes assumem grande relevância – encontram-se então três tipos distintos de pagamentos por conta: (1) os pagamentos por conta previstos no artigo 104.º, n.º 1, alínea *a)*; (2) o pagamento especial por conta previsto no artigo 106.º e o (3) o pagamento adicional por conta previsto desta feita no artigo 104.º-A, n.º 1, alínea *a)*, todos do Código do IRC.

O *pagamento especial por conta* (artigo 106.º do Código de IRC) deverá ser feito durante o mês de Março ou, em duas prestações, durante os meses de Março e de Outubro, do exercício a que respeitam. Trata-se de uma obrigação devida por todas as entidades residentes e não residentes com estabelecimento estável em território português que exerçam, a título principal, uma actividade comercial, industrial ou agrícola. O montante do pagamento especial por conta é igual a 1% do volume de negócios relativo ao exercício anterior, havendo sempre lugar ao pagamento de um valor mínimo de € 1.000,00 e quando superior, o valor a pagar é igual a este limite acrescido de 20% da parte excedente, com o limite máximo de € 70.000,00 (artigo 106.º, n.º 2, do Código do IRC). Ao montante apurado deduzem-se os pagamentos por conta efectuados no exercício anterior.

Os *pagamentos por conta*, previstos no artigo 104.º, n.º 1, alínea *a)* e artigo 105.º do Código do IRC, são devidos pelo mesmo universo de sujeitos passivos sendo, porém, calculados com base no imposto liquidado e no volume de negócios do exercício anterior. Se o volume de negócios do exercício anterior for igual ou inferior a € 500.000,00, o montante do pagamento por conta deverá corresponder a 80% do valor do imposto liquidado nesse ano. Se o volume de negócios do exercício anterior for superior ao valor anteriormente referido o montante do pagamento por conta deverá corresponder a 95% do valor do imposto liquidado nesse ano. O montante total apurado será dividido em três prestações que deverão ser pagas nos meses de Julho, Setembro e até 15 de Dezembro, respectivamente. A grande diferença entre os pagamentos por conta e os pagamentos especiais por conta é que estes são sempre obrigatórios, ou seja, há sempre lugar ao pagamento do limite mínimo de € 1.000,00, enquanto aqueles só são devidos quando exista imposto devido no exercício anterior.

Por último, o *pagamento adicional por conta*, previsto, por seu turno, no artigo 104.º-A, n.º 1, alínea *a)* e no artigo 105.º-A do Código do IRC, corresponde ao adiantamento pelo sujeito passivo não já do IRC mas da derrama estadual. Quer a derrama estadual quer o pagamento adicional por conta foram introduzidos no Código do IRC, pelos artigos 87.º-A e 104.º-A, através da Lei n.º 12-A/2010, de 30 de Junho, diploma que aprovou um conjunto de medidas adicionais de consolidação orçamental que visaram reforçar e acelerar a redução do défice excessivo e o controlo do crescimento da dívida pública previstos no Programa de Estabilidade e Crescimento. A derrama estadual, que em tudo o mais segue, com as devidas adaptações, as regras aplicáveis aos pagamentos por conta, correspondia na sua versão original a 2% da parte do lucro tributável que excedesse o valor de € 2.000.000,00, relativo ao período tributação anterior, tendo vindo a sofrer sucessivas alterações desde então. A derrama estadual consubstancia como se sabe um imposto extraordinário que consiste actualmente na aplicação de uma taxa de *grosso modo* 3%, 5% ou 7% sobre a parte do lucro tributável superior a € 1.500.000,00, sujeita e não isenta de imposto sobre o rendimento das pessoas colectivas, apurada por sujeitos passivos residentes em território português que exerçam, a título principal, uma actividade de natureza comercial, industrial ou agrícola, e por não residentes com estabelecimento estável em território português.

Além destes três exemplos de pagamentos por conta constantes do Código do IRC, e que se julgam integrados no âmbito material da arbitragem, o CPPT prevê mais duas situações de pagamentos por conta que nos parecem estar fora da competência material dos tribunais arbitrais porquanto não se tratam de verdadeiros actos de pagamento por conta, tal como definidos pela LGT.

Faz-se então referência ao previsto nos n.ºs 4 e 6, do artigo 86.º, do CPPT, nos termos dos quais, e desde que certos requisitos estejam preenchidos, o sujeito passivo pode fazer pagamentos por conta, sendo que, no primeiro caso findo o período de pagamento voluntário do imposto e até à extracção da certidão de dívida, e no segundo já no âmbito do processo de execução fiscal. Julga-se que o que diferencia os aqui denominados *verdadeiros actos de pagamentos por conta* dos *falsos actos de pagamento por conta* é que os primeiros são adiantamentos por conta do imposto que será devido a final o que significa que são efectuados durante a formação do facto tributário – de formação sucessiva – de IRC e de IRS e os segundos são verdadeiros pagamentos do imposto já apurado e portanto efectuados depois da formação facto tributário, ou seja, quando terminou já o prazo para pagamento voluntário do tributo[68].

Do que ficou exposto resulta então que, nos termos do artigo 2.º, n.º 1, alínea *a)* do RJAT, são susceptíveis de apreciação pelos tribunais arbitrais os actos de liquidação administrativa seja ela simples, oficiosa ou adicional, os actos de autoliquidação, os actos de retenção na fonte, trate-se ela de retenção na fonte a título tendencialmente definitivo ou por conta do imposto devido a final, os actos de pagamento por conta, de pagamento especial por conta ou de pagamento adicional por conta. Não são porém susceptíveis de recurso à arbitragem os *falsos actos de pagamento por conta* previstos no artigo 86.º do CPPT.

Todavia, no que em concreto respeita à interpretação desta alínea *a)* haverá que ter em consideração o estabelecido na Portaria n.º 112-A/2011, de 22 de Março – recorde-se, Portaria de Vinculação –, porquanto esta compreende limitações claras ao aqui previsto, questão que será analisada no ponto 2..

---

[68] A este propósito vejam-se os comentários ao artigo 86.º do CPPT efectuados por JORGE LOPES DE SOUSA (2011) *Código de Procedimento e de Processo Tributário Anotado e Comentado, vol. I,* 700-716.

1.1. Actos de segundo e terceiro graus

Sem grande novidade, e em termos muito gerais, sabe-se que o contribuinte pode impugnar administrativamente, por meio de reclamação graciosa[69], os actos de liquidação, autoliquidação, retenção na fonte e pagamento por conta nos termos do disposto nos artigos 68.º e seguintes e 131.º a 133.º do CPPT. Do eventual indeferimento, ou da formação de indeferimento tácito, pode ser ainda apresentado recurso hierárquico[70] nos termos dos artigos 66.º, 67.º e 76.º do CPPT. Mais, dos actos que decidem reclamações graciosas e recursos hierárquicos pode ser intentada impugnação judicial. A par daqueles meios graciosos ao dispor do contribuinte encontra-se ainda o pedido de revisão de acto tributário previsto no artigo 78.º da LGT[71]. Atribui-se a estes actos, que decidem reclamações graciosas, recursos hierárquicos e pedidos de revisão de acto tributário, a denominação de *actos de segundo e terceiro graus*[72] na medida em que comportam, ou poderão comportar, a apreciação da legalidade dos *actos de primeiro grau* – liquidações, autoliquidações, retenções na fonte e pagamentos por conta.

A problemática dos actos de segundo e terceiro graus na arbitragem tributária prende-se, ao que se julga, com três questões distintas:

- Uma primeira, a de saber se tendo sido intentado um meio gracioso administrativo, o objecto do processo arbitral será a decisão que venha a ser proferida pela Administração Tributária – em sede de reclamação graciosa, de recurso hierárquico ou de pedido de revisão oficiosa – ou, pelo contrário, o acto de liquidação, de autoliquidação, de retenção na fonte ou de pagamento por conta;

---

[69] Meio impugnatório administrativo que visa a anulação total ou parcial dos actos tributários, por iniciativa do contribuinte, substituto ou responsável tributário, previsto nos artigos 68.º a 77.º-B do CPPT. A reclamação é decidida, em regra, pelo dirigente do órgão periférico regional da Administração Tributária ou pelo órgão periférico local.

[70] Meio impugnatório administrativo, dirigido ao mais elevado superior hierárquico do autor do acto, previsto nos artigos 66.º e 67.º do CPPT e 80.º da LGT.

[71] A revisão do acto tributário pode ser efectuada por iniciativa do sujeito passivo ou obrigado tributário ou pela própria Administração, sendo certo que mesmo esta última, também denominada de revisão oficiosa, poderá ser efectuada na sequência de uma iniciativa ou impulso por parte do particular. A revisão do acto tributário é, assim, também um meio impugnatório administrativo ao dispor dos particulares distinguindo-se da reclamação graciosa, *e.g.*, por ser o próprio autor do acto a decidir do pedido.

[72] Seguindo Lopes de Sousa em JORGE LOPES DE SOUSA (2013) "Comentário ao Regime Jurídico da Arbitragem Tributária", 121.

- Uma segunda, a de saber se os vícios próprios de um acto de segundo ou terceiro grau são arbitráveis;
- Uma terceira, que interliga questões de competência e questões de prazo, e que é a de saber se o tribunal terá competência – e, se sim, em que medida – para apreciar um acto de primeiro grau quando o pedido seja apresentado na decorrência de um indeferimento tácito de reclamação graciosa, recurso hierárquico ou pedido de revisão oficiosa previamente apresentados.

No que respeita à primeira questão, já no âmbito da impugnação judicial, era discutível se, perante uma decisão expressa de reclamação graciosa, de recurso hierárquico ou de pedido de revisão oficiosa, o contribuinte impugnava directamente o acto de liquidação anteriormente reclamado, recorrido ou revisto (na terminologia que aqui se adopta – o *acto de primeiro grau*) ou a própria decisão (de indeferimento) de reclamação, de recurso ou de pedido de revisão oficiosa que, por sua vez, apreciou a (i)legalidade do acto impugnado – o *acto de segundo grau*. Ou seja, questionava-se, se, pretendendo o sujeito passivo discutir apenas a (i)legalidade do acto tributário de primeiro grau – o de *liquidação, autoliquidação, retenção na fonte* ou *pagamento por conta* –, o objecto do processo seria *directamente* esse acto tributário ou, pelo contrário, a decisão de indeferimento de impugnação administrativa que apreciou sua a (i)legalidade, o que implicaria uma apreciação *indirecta* do acto tributário do qual foi pedida reclamação, recurso hierárquico ou revisão oficiosa. Esta questão era particularmente importante porque caso se considerasse que o objecto da impugnação judicial era o acto de segundo grau, ou seja, a decisão de indeferimento da reclamação graciosa, do recurso hierárquico ou da revisão, os vícios apontados na impugnação judicial ao acto de primeiro grau teriam que ser, necessariamente, aqueles que tinham sido apontados no meio de reacção administrativo, só se podendo acrescentar os vícios formais ou próprios da decisão administrativa.

O Supremo Tribunal Administrativo (STA) veio pronunciar-se sobre a questão, em acórdão datado de 18 de Maio de 2011, proferido no âmbito do processo n.º 0156/11[73], admitindo que:

---

[73] Acórdão do STA, de 18/05/2011, processo n.º 0156/11, disponível em http://www.dgsi.pt/.

"(...) o objecto real da impugnação é o acto de liquidação e não o acto que decidiu a reclamação, pelo que são os vícios daquela e não deste despacho que estão verdadeiramente em crise."

"(...) a impugnação não está, por isso, limitada pelos fundamentos invocados na reclamação graciosa, podendo ter como fundamento qualquer ilegalidade do acto tributário."

Esta é a primeira questão que deve ficar clara: o objecto do processo arbitral é o acto de liquidação, de autoliquidação, de retenção na fonte ou de pagamento por conta.

Relativamente à segunda e terceira questões, compreenda-se, desde já, que o legislador arbitral foi, ao que se crê, claro ao compartimentar questões de competência e questões de prazos.

Quanto à competência ou âmbito material o objecto da arbitragem é, como se concluiu, a apreciação da ilegalidade dos *actos de liquidação de tributos, de autoliquidação, de retenção na fonte e de pagamento por conta* – os tais de primeiro grau. Esta resposta encontra-se no artigo 2.º agora em anotação.

Quanto ao prazo, o contribuinte pode recorrer à arbitragem logo aquando da notificação dos *actos de liquidação de tributos, de autoliquidação, de retenção na fonte e de pagamento por conta* ou, tendo recorrido à via administrativa, após a notificação da decisão de indeferimento ou da formação do indeferimento tácito. Esta resposta encontra-se, por seu turno, no artigo 10.º. Desta norma não se deve porém retirar a competência para apreciação *directa* dos actos de segundo grau. Esta é uma norma que respeita única e exclusivamente ao *dies a quo* do prazo para apresentação do pedido de pronúncia arbitral. É uma norma que respeita portanto ao momento a partir do qual se inicia a contagem do prazo para solicitar o pedido de constituição do tribunal arbitral.

Com efeito, o artigo 2.º, n.º 1, alínea *a)*, determina que os tribunais arbitrais têm competência para apreciar "a declaração de ilegalidade de *actos de liquidação de tributos, de autoliquidação, de retenção na fonte e de pagamento por conta*". Não há, pois, qualquer referência aos actos de indeferimento de reclamação graciosa, de recurso hierárquico ou de pedido de revisão oficiosa, *i.e.*, não se menciona a arbitrabilidade de decisões de indeferimento, expresso ou tácito, das vias administrativas prévias utilizadas. Não há nem tinha que haver.

Entende-se a este propósito que os actos de segundo ou terceiro graus poderão sempre ser arbitráveis, na medida em que comportem, e só nesta medida, eles próprios, a (i)legalidade dos actos de liquidação em causa. Na base deste entendimento estará para parte da Doutrina uma interpretação teleológica, designadamente por a alínea *a)* do n.º 1, do artigo 10.º referir expressamente a "decisão de recurso hierárquico"[74] e está também, ao que se julga, o facto de o acto de segundo ou de terceiro grau estar a apreciar o acto de liquidação, autoliquidação, retenção na fonte ou pagamento por conta objecto da arbitragem.

Defende-se aqui, por conseguinte, uma interpretação segundo a qual *não são arbitráveis os vícios próprios dos actos de indeferimento* de reclamações graciosas, de recursos hierárquicos ou de pedidos de revisão do acto tributário porque escapam ao âmbito material da arbitragem tributária. Por outras palavras, esses actos de indeferimento só poderão ser "trazidos" para a jurisdição arbitral, *na estrita condição de terem, eles próprios, apreciado a (i)legalidade do acto tributário* que o sujeito passivo, verdadeira e efectivamente, pretende impugnar pela via arbitral.

Neste sentido, veja-se a decisão arbitral proferida no âmbito do processo n.º 272/2014-T[75]:

> *"65 – O indeferimento de reclamação graciosa corporiza, no quadro da impugnação judicial, o caso previsto no n.º 2 do art. 102.º do CPPT, colocando-se a questão de saber se, face às competências legalmente cometidas aos tribunais arbitrais, os mesmos serão competentes para, em quaisquer circunstâncias, apreciarem os actos de indeferimento de reclamações graciosas.*
>
> *66 – Estando a competência dos tribunais arbitrais, que funcionam junto do CAAD, circunscrita e limitada, como já atrás se referiu, à declaração de ilegalidade dos actos de liquidação de tributos, de autoliquidação, de retenção na fonte e de pagamento por conta, a apreciação dos actos de indeferimento de reclamações graciosas, por parte dos referidos tribunais, há de estar condicionada ao efectivo conhecimento que tais actos tiveram da legalidade dos actos de liquidação com que estão relacionados.*
>
> *67 – A decisão de indeferimento da reclamação graciosa, proferida nas atrás mencionadas circunstâncias, reafirma a legalidade do acto de liquidação em causa e volta a confirmá-lo, tal como inicialmente fora configurado.*
>
> *68 – O indeferimento da reclamação graciosa, é um acto lesivo susceptível de impugnação por parte do interessado, o qual, na medida em que procede à reafirmação do acto primário de liquidação subjacente e do qual é indissociável, não pode deixar de ter a sua apreciação cometida aos tribunais arbitrais, que, como já se referiu, têm as suas competências fundamentalmente centradas na declaração de ilegalidade de actos de liquidação de tributos."*

---

[74] Jorge Lopes de Sousa (2011) *vol. I*, 625-626.
[75] Disponível em http://www.caad.org.pt/.

Compreenda-se a questão por referência a um exemplo prático.

O sujeito passivo, notificado de liquidação adicional de IRC, reclama graciosamente por entender ter existido errónea quantificação dos lucros da empresa. A Administração indefere a reclamação graciosa, sem contudo fundamentar o acto de indeferimento. Neste caso coexistem, por um lado, um vício de errónea quantificação dos lucros *do acto tributário de liquidação* e, por outro, um vício de falta de fundamentação *do acto de indeferimento da reclamação graciosa*. O primeiro é arbitrável, o segundo não. O sujeito passivo pode então recorrer à via arbitral para ver apreciada a (i)legalidade da liquidação adicional de IRC por errónea quantificação do lucro da empresa, não sendo, porém arbitrável a falta de fundamentação do acto de reclamação graciosa, que não fará parte do objecto do processo arbitral.

Imagine-se agora o mesmo caso de liquidação adicional de IRC, de que o sujeito passivo reclama graciosamente com fundamento naquele mesmo vício. A Administração Tributária indefere a reclamação graciosa, fundamentando adequadamente o indeferimento e cumprindo todas as formalidades essenciais legalmente exigidas. Este acto de indeferimento da reclamação graciosa já será arbitrável, mas *apenas e exclusivamente na parte que comporta a apreciação da legalidade do acto de liquidação adicional*.

Em suma, e insista-se, os vícios próprios dos actos de indeferimento expresso de reclamações graciosas, recursos hierárquicos e pedidos de revisão de acto tributário, não são arbitráveis. Note-se ainda que os limites do âmbito material são, consequentemente, limites ao poder cognoscitivo do próprio tribunal.

O objecto do pedido de pronúncia arbitral será, então, a *(i)legalidade do acto tributário de primeiro grau*, independentemente de o sujeito passivo apontar como objecto da sua acção arbitral este (o acto de primeiro grau) ou o de segundo, isto sempre, desde que o de segundo aprecie a (i)legalidade do acto de primeiro grau. Julga-se ainda que mesmo que o contribuinte no objecto da acção arbitral ou no pedido indique erradamente o segundo acto ao invés do primeiro, cabe ao tribunal corrigir oficiosamente esta incorrecção designadamente por imposição do princípio da boa fé processual e da cooperação a que se refere o artigo 16.º alínea *f*).

No entanto, o que aqui se defende, a par de LOPES DE SOUSA, é que a apreciação da (i)legalidade de actos de indeferimento de reclamações graciosas, recursos hierárquicos ou pedidos de revisão oficiosa – os ditos actos de segundo ou terceiro graus apreciáveis na estrita medida de terem, eles próprios, atendido à (i)legalidade do acto tributário de primeiro grau – diz respeito apenas aos casos em que o acto de indeferimento daqueles, é um acto *expresso* da Administração Tributária. Tudo porque, apenas os *actos de indeferimento expresso* – de reclamações graciosas, recursos hierárquicos e pedidos de revisão oficiosa – poderão comportar a apreciação (*expressa*) da (i)legalidade de actos tributários de primeiro grau. Dito de outro modo, na medida em que o *indeferimento tácito* consiste apenas numa ficção de acto, aquela apreciação da (i)legalidade do acto de primeiro grau não existe – de facto – nestes casos. Em rigor, presume-se.

Aqui entra-se na última temática que se elencou. Naquela que irá responder à questão de saber se se inclui ou não no âmbito material da arbitragem tributária a apreciação de acto de indeferimento tácito.

A resposta é sim. Todavia a admissibilidade de submissão à jurisdição arbitral de um acto de liquidação, de autoliquidação, de retenção na fonte ou de pagamento por conta, quando ocorra *indeferimento tácito*, deve partir de um outro raciocínio. De um raciocínio diferente do que se seguiu na resposta à segunda questão.

Antes de mais, o acto de indeferimento tácito, enquanto presunção de acto/ ficção de acto não é, em si mesmo, objecto da acção arbitral. Porém, não há qualquer dúvida que não se pode negar a arbitrabilidade dos actos de *primeiro grau* – os tais incluídos no âmbito material da arbitragem porque subsumíveis no artigo 2.º, – só porque houve pedido para apreciação administrativa sem decisão expressa, o que é, de resto, confirmado pelo artigo 10.º, quando permite a apresentação de pedido de pronúncia arbitral até 90 dias contados, *e.g.*, "do termo do prazo legal da decisão de recurso hierárquico"[76].

Contudo, e porque se trata de um *acto de indeferimento tácito*, para que o tribunal arbitral possa aferir se o pedido de constituição de tribunal arbitral foi *realizado dentro do prazo de caducidade* do direito à acção, o próprio tribunal arbitral terá de apreciar se o pedido de reclamação graciosa, recurso hierárquico ou pedido de revisão oficiosa *cumpre os pressupostos de admissibilidade legalmente exigidos para o conhecimento do mérito da pretensão* – desde logo, se foi, ele próprio, apresentado em prazo[77].

---

[76] Cf. artigo 10.º, n.º 1, alínea *a*) e respectivos comentários ao preceito.

[77] No mesmo sentido, veja-se PAULA ROSADO PEREIRA (2015) "The material scope of tax arbitration", 92-93: "(...) *the intervention if tax arbitration courts regarding these second or third degree acts would, ultimately, be deciding on the legality or illegality of the tax assessment that was under discussion at the administrative claim or hierarchical appeal. On the other hand, this will not be the case when second and third degree acts did not decide on the legality of the primary act (tax assessment self-assessment, tax*

No caso de se estar perante uma reclamação graciosa ou de recurso hierárquico a questão é particularmente simples na medida em que estes meios graciosos podem ser utilizados com fundamento último em qualquer ilegalidade[78]. Deste modo, caberá ao tribunal arbitral unicamente confirmar se o meio gracioso foi ou não utilizado dentro do prazo ao dispor do contribuinte. Para maiores desenvolvimentos sobre esta questão veja-se o comentário ao artigo 10.º.

Esta temática torna-se porém mais sensível por referência ao caso particular do pedido de revisão oficiosa.

Note-se que o artigo 78.º, n.º 1, da LGT permite a revisão dos actos tributários pela entidade que os praticou, por iniciativa do sujeito passivo, no prazo de reclamação administrativa, com fundamento em qualquer ilegalidade. Admite-se ainda a revisão por iniciativa da própria Administração Tributária, *no prazo de 4 anos* após a liquidação *ou a todo o tempo* se o tributo ainda não tiver sido pago, com fundamento em erro imputável aos serviços. Por seu turno, o n.º 4, daquele artigo 78.º, da LGT prevê que o dirigente máximo do serviço possa autorizar "excepcionalmente, nos *três anos posteriores* ao do acto tributário a revisão da matéria tributável apurada com fundamento em injustiça grave ou notória". Deste modo, o pedido de revisão de acto tributário poderá ter um prazo muito mais alargado que os restantes meios graciosos administrativos, nomeadamente, do que a reclamação graciosa e o recurso hierárquico. Contudo, como se vê, os n.ºs 1 e 4, do artigo 78.º, da LGT exigem pressupostos que não são exigidos nem para reclamar graciosamente nem para recorrer hierarquicamente. Assim, o sujeito passivo terá que provar, consoante o caso, *erro imputável aos serviços* ou *injustiça grave ou notória*.

Veja-se a este propósito a decisão arbitral n.º 237/2014-T[79]:

"(...) *a solução da questão da competência deste Tribunal Arbitral por referência ao conteúdo do acto de indeferimento do pedido de revisão oficiosa* depende da análise do ato de indeferimento do pedido de revisão oficiosa.

---

withholding or payment on account), because that decision was prevented by any procedural obstacles – for example, the deadlines for presenting the administrative claim or hierarchical appeal having been exceeded, illegitimacy or incompetence. In this case, a judgement on the legality or illegality of the AT's decision on the administrative claim or hierarchical appeal is outside the scope of the tax arbitration.".

[78] Cf. artigo 99.º, por remissão do artigo 70.º n.º 1 do CPPT.
[79] Disponível em http://www.caad.org.pt/.

Ora, no caso concreto, o acto [tácito] *de indeferimento do pedido de revisão oficiosa é, originariamente, um acto silente, na medida em que foi apenas por efeito da passagem do tempo que se ficcionou a existência de um indeferimento tácito.*

Ulteriormente e já na pendência deste processo arbitral, é proferido acto expresso a indeferir o pedido formulado por extemporaneidade.

Ou seja: ainda que se pudesse presumir uma apreciação de mérito denegatória do pedido de anulação por ilegalidade, tal presunção foi afastada ou ilidida com a pronúncia expressa nos termos em que o foi.

Por isso [porque a Administração acabou por proferir decisão expressa de indeferimento por extemporaneidade] *é que o pedido de pronúncia arbitral formulado está fora do âmbito de competência material do CAAD estabelecida no RJAT e na Portaria (n° 112-A/2011, de 22-3) de vinculação à arbitragem da Autoridade Tributária e Aduaneira (AT)."* (sublinhado da autora)

Veja-se ainda a decisão arbitral proferida no âmbito do processo n.º 188/2013--T[80] onde, tendo o contribuinte apresentado o pedido de constituição de tribunal arbitral após indeferimento tácito de revisão oficiosa (proposto, por sua vez, naquele prazo mais alargado de 4 anos), o tribunal arbitral teceu as seguintes considerações:

"29. Ora, tendo sido ultrapassado o prazo para impugnação directa da liquidação ou da autoliquidação, o que coloca a possibilidade de o Tribunal Arbitral apreciar a legalidade da mesma na dependência de interposição e decisão desfavorável de um meio de defesa gracioso; não fazendo a Requerente, no seu pedido, a mínima referência a este meio de defesa gracioso [o pedido de revisão oficiosa]; e sendo o âmbito dos poderes de cognição do Tribunal limitados pelo pedido, haverá que concluir, no caso vertente, que o Tribunal não poderá sindicar a legalidade do acto de liquidação como corolário da ilegalidade do acto de indeferimento tácito do pedido de revisão do acto tributário."

Retomando o que acima se defendeu, isto significa que, na medida em que se admite que o indeferimento do pedido de revisão oficiosa – mesmo aquele em que o prazo poderá ser de 4 anos – reabre a via contenciosa – seja ela judicial ou arbitral – quando esse indeferimento *não seja expresso*, o tribunal arbitral terá, forçosamente, que avaliar se estavam pelo menos preenchi-

---

[80] Disponível em http://www.caad.org.pt/.

dos os pressupostos processuais exigidos por aqueles n.ºs 1 e 4, do artigo 78.º, da LGT para que a Administração Tributária conhecesse do mérito da causa. A não ser assim, cair-se-ia na situação caricata de se permitir ao sujeito passivo a apresentação de um pedido de revisão de acto tributário num prazo muito mais alargado – de 3 ou de 4 anos, como se viu – sem sequer ter que provar erro imputável aos serviços ou injustiça grave ou notória, bastando-lhe a falta de qualquer resposta por parte da Administração Tributária para que decorridos 4 anos (no extremo), a via contenciosa se considerasse reaberta. De todo o modo, esta é uma questão que será bastante mais explorada no comentário ao artigo 10.º para o qual se remete.

Em suma, a conclusão a que se chega é a de que, perante um *indeferimento tácito* de reclamação graciosa, recurso hierárquico ou pedido de revisão de acto tributário, o sujeito passivo que pretenda recorrer à via arbitral, não deverá apenas alegar, no seu pedido de pronúncia arbitral, a (i)legalidade do acto tributário de primeiro grau, mas também, e à cautela, e em especial no que respeita ao pedido de revisão de acto tributário, deverá cuidar de provar a verificação dos pressupostos processuais que permitiam o conhecimento do mérito da pretensão pela Administração Tributária.

Sintetizando o que acima se disse, são então três as conclusões a tirar:

- No âmbito da alínea *a)* do n.º 1 do artigo 2.º, o objecto do processo arbitral será sempre o acto de liquidação, de autoliquidação, de retenção na fonte ou de pagamento por conta;
- Não são arbitráveis vícios próprios dos actos de *indeferimento expresso* de reclamações graciosas, recursos hierárquicos e pedidos de revisão de acto tributário. Estes actos só poderão ser apreciados pelos tribunais arbitrais, na medida em que apreciem, eles próprios, a (i)legalidade do acto tributário de primeiro grau que o sujeito passivo, verdadeira e efectivamente, pretende impugnar pela via arbitral;
- Perante um *acto tácito de indeferimento* de reclamação graciosa, recurso hierárquico ou pedido de revisão de acto tributário – e em especial neste último – o sujeito passivo deverá trazer ao conhecimento do tribunal arbitral os pressupostos de admissibilidade daqueles meios graciosos para o conhecimento do mérito da sua pretensão, de modo a que o tribunal arbitral possa aferir se a reclamação graciosa, o recurso hierárquico ou o pedido de revisão de acto tributário apresentados pelo contribuinte permitiam a emissão de um acto expresso por parte da Administração Tributária

que, por sua vez, apreciasse a (i)legalidade do acto tributário de primeiro grau que o sujeito passivo, verdadeira e efectivamente, pretende impugnar. Tudo porque só assim e nessa medida é que se considera aberta a via arbitral.

Uma última nota para abordar a questão das reclamações de actos de autoliquidação, de retenção na fonte e de pagamento por conta, impostas por força do disposto nos artigos 131.º a 133.º do CPPT aplicáveis nos termos da Portaria de Vinculação. Com efeito, e salvas as excepções previstas naqueles preceitos, o interessado que pretenda discutir contenciosamente a (i)legalidade daqueles actos de autoliquidação, de retenção na fonte ou de pagamento por conta – seja pela via judicial seja pela via arbitral – só o poderá fazer, adianta-se, mediante apresentação prévia de reclamação graciosa. Só depois de um eventual indeferimento dessa reclamação, poderá o sujeito passivo levar a sua pretensão à via contenciosa, por via de impugnação judicial ou de pedido de constituição de tribunal arbitral. Neste último caso, e no entendimento que se sufraga, o pedido propriamente dito do sujeito passivo será, novamente, a apreciação da (i)legalidade do acto de autoliquidação, de retenção na fonte ou de pagamento por conta ainda que obrigatoriamente precedido de reclamação graciosa.

2. Limitações introduzidas pela Portaria de Vinculação

O artigo 4.º ao prever que os tribunais arbitrais funcionam no CAAD, condiciona a vinculação da Administração Tributária à jurisdição destes tribunais a portaria dos membros do Governo responsáveis pelas áreas das finanças e da justiça. A forma de vinculação é melhor aprofundada no comentário ao artigo 4.º para o cujas anotações se remete[81].

Ora, foi através da Portaria n.º 112-A/2011, de 22 de Março (denominada Portaria de Vinculação) que a Administração Tributária, atendendo à especificidade e valor das matérias em causa, se vinculou à jurisdição do CAAD, associando-se

---

[81] A este propósito remete-se também para o comentário ao artigo 1.º no qual se conclui que para evitar alegações de inconstitucionalidade o legislador obrigou, através do seu artigo 4.º, a que a Administração Tributária se vinculasse, através de Portaria, ao RJAT e não a cada litígio em concreto. A Administração Tributária está tão vinculada à decisão do contribuinte de recorrer à via judicial ou à via arbitral, como o está quanto à opção do contribuinte de recorrer à via graciosa ou judicial. Quem decide qual o meio de reacção é o contribuinte não se violando portanto o princípio da indisponibilidade dos créditos tributários.

a este mecanismo alternativo de resolução de litígios nos estritos termos e condições aí estabelecidos.

Para o que aqui importa, veja-se o disposto no artigo 1.º da Portaria de Vinculação:

PORTARIA N.º 112-A/2011, DE 22 DE MARÇO

Artigo 1.º
Vinculação ao CAAD

Pela presente portaria vinculam-se à jurisdição dos tribunais arbitrais que funcionam, nos termos do Decreto – Lei n.º 10/2011, de 20 de Janeiro, no CAAD – Centro de Arbitragem Administrativa os seguintes serviços do Ministério das Finanças e da Administração Pública:
a) A Direcção-Geral dos Impostos (DGCI); e
b) A Direcção-Geral das Alfândegas e dos Impostos Especiais sobre o Consumo (DGAIEC).

A este propósito há que lembrar que de acordo com o artigo 12.º, n.º 2, do Decreto-Lei n.º 118/2011, de 15 de Dezembro – que aprova a estrutura orgânica da Autoridade Tributária e Aduaneira, resultante da fusão da Direcção-Geral dos Impostos (DGCI), da Direcção-Geral das Alfândegas e dos Impostos Especiais sobre o Consumo (DGAIEC) e da Direcção-Geral da Informática e Apoio aos Serviços Tributários e Aduaneiros (DGITA) –, a Autoridade Tributária e Aduaneira sucede à DGCI, à DGAIEC e à DGITA e todas as referências a estas, consideram-se como feitas à Autoridade Tributária e Aduaneira.

Nesse sentido, e uma vez que, nos termos do artigo 1.º da Portaria de Vinculação, se vinculam à jurisdição dos tribunais arbitrais "a) a Direcção-Geral dos Impostos (DGCI); e b) a Direcção-Geral das Alfândegas e dos Impostos Especiais sobre o Consumo (DGAIEC)", o organismo vinculado é, hoje, a Autoridade Tributária e Aduaneira, sucessora daquelas duas instituições.

Assim, e sem prejuízo de uma análise mais cuidada dos termos da Portaria de Vinculação, importa ter presente que no que toca ao âmbito material da arbitragem são várias as limitações efectuadas por esta Portaria.

2.1. Delimitação aos impostos geridos pela Autoridade Tributária

Remete-se então ao previsto no artigo 2.º da Portaria de Vinculação, no qual se dispõe o seguinte:

Artigo 2.º
Objecto da vinculação

Os serviços e organismos referidos no artigo anterior vinculam-se à jurisdição dos tribunais arbitrais que funcionam no CAAD que tenham por objecto a apreciação das pretensões relativas a impostos cuja administração lhes esteja cometida referidas no n.º 1 do artigo 2.º do Decreto-Lei n.º 10/2011, de 20 de Janeiro, com excepção das seguintes:

a) Pretensões relativas à declaração de ilegalidade de actos de autoliquidação, de retenção na fonte e de pagamento por conta que não tenham sido precedidos de recurso à via administrativa nos termos dos artigos 131.º a 133.º do Código de Procedimento e de Processo Tributário;

b) Pretensões relativas a actos de determinação da matéria colectável e actos de determinação da matéria tributável, ambos por métodos indirectos, incluindo a decisão do procedimento de revisão;

(...)

Assim, este preceito contempla no seu corpo logo duas limitações ao referir que "Os serviços e organismos referidos no artigo anterior [Direcção-Geral dos Impostos e Direcção-Geral das Alfândegas e dos Impostos Especiais sobre o Consumo – actual Autoridade Tributária e Aduaneira] vinculam-se à jurisdição dos tribunais arbitrais que funcionam no CAAD que tenham por objecto a apreciação das pretensões relativas a impostos *cuja administração lhes esteja cometida* referidas no artigo 2.º, n.º 1, do Decreto-Lei n.º 10/2011, de 20 de Janeiro (...)" (itálico e sublinhado da autora).

Em face desta redacção, são duas as consequências que se podem retirar:

- o âmbito material da arbitragem resume-se à análise de questões relativas a impostos, não sendo portanto susceptíveis de recurso à arbitragem, porquanto fogem aos termos de vinculação da administração tributária, questões relativas a taxas e contribuições; e
- o âmbito material da arbitragem resume-se à análise de questões relativas aos impostos que sejam administrados pela Autoridade Tributária e Aduaneira, ficando então de fora os impostos administrados pela Região Autónoma da Madeira ou administrados por outras entidades que não a Autoridade Tributária e Aduaneira.

2.1.1. Delimitação à figura de impostos

No que se refere à distinção entre impostos, taxas e contribuições segue-se de perto Sérgio Vasques[82] que nas suas várias obras em que aborda esta temática apresenta as características que distinguem cada uma das três figuras com maior acuidade[83].

Pese embora os limites entre estas três categorias, reconhecidas pela CRP no seu artigo 165.º, venham sendo postos à prova ao longo dos últimos anos – em muito devido à multiplicação de figuras como os tributos ambientais, as taxas de regulação económica ou as licenças transaccionáveis – o certo é que a Portaria de Vinculação se apresenta clara. A Administração Tributária vincula-se unicamente a litígios que se prendam com impostos deixando de fora as questões relacionadas com taxas e contribuições.

Assim, e se *imposto* é a "prestação pecuniária, coactiva e unilateral, exigida por uma entidade pública com o propósito da angariação de receita"[84], a figura da *taxa* deve ser entendida como a "prestação pecuniária e coactiva, exigida por uma entidade pública, em contrapartida de prestação administrativa efectivamente provocada ou aproveitada pelo sujeito passivo" [85], e o figurino das *contribuições* pode resumir-se a "prestações pecuniárias e coactivas exigidas por uma entidade pública em contrapartida de uma prestação administrativa presumi-

---

[82] Sérgio Vasques (2014), 172-236.

[83] Sobre a distinção entre impostos, taxas e contribuições veja-se ainda Sérgio Vasques (2008) *O Princípio da Equivalência como Critério de Igualdade Tributária*. Aqui e por razões de simplificação segue-se de perto o Manual de Sérgio Vasques (2014).

[84] Sérgio Vasques (2014) 181. No mesmo sentido, veja-se Américo Brás Carlos e outros (2000) *Guia dos Impostos em Portugal*, que delimitam a figura dos impostos à *"prestação patrimonial, definitiva, unilateral, estabelecida pela lei, a favor de entidades que exerçam funções públicas para satisfação de fins públicos, que não constitui sanção de um acto ilícito, nem depende de qualquer vínculo anterior"*.
Já em 1963 o imposto, enquanto tributo paradigmático da fiscalidade, era definido como *"todo o tributo destinado a criar à entidade pública sua titular os meios necessários para a realização de utilidades de carácter geral que se incluam nos seus fins próprios, e sem dependência da constituição de deveres especiais para com pessoas determinadas"* (cf. Pedro Soares Martinez (1963) *A Obrigação Tributária*, 60).

[85] Sérgio Vasques (2014) 203. Numa outra perspectiva, Pedro Soares Martinez (1963) 69, recortava o conceito de taxa como *"o direito conferido a uma entidade pública de exigir de qualquer pessoa a realização duma utilidade de valor patrimonial em virtude duma vantagem especial obtida por meio dum serviço público, utilidade destinada à prossecução dos fins de interesse colectivo do mesmo serviço"*.

velmente provocada ou aproveitada pelo sujeito passivo"[86]. Com efeito "a transição entre taxas, contribuições e impostos faz-se, portanto, através de uma longa escala graduada. Até certo ponto, a presunção em que um tributo assenta é tão forte que podemos ainda dizer *efectiva* a prestação administrativa, estando-se perante verdadeira e própria taxa; a partir de certo ponto, a presunção em jogo mostra força apenas relativa, e a prestação administrativa parece tão só *provável*, estando-se perante uma contribuição; e chegado certo ponto, a presunção mostra-se de tal modo frágil, que a prestação se torna apenas *possível* ou *eventual*, estando-se então perante um imposto"[87].

O que se diz então é que fora do âmbito da arbitragem ficaram, até agora, as discussões relacionadas com as taxas – designadamente com as taxas de regulação económica, com as taxas licença, com as tarifas, com os chamados preços públicos[88] – e com as contribuições, estando portanto sujeitas à jurisdição arbitral apenas questões que se prendam com a *discussão da (i)legalidade dos impostos*.

2.1.2. Exclusão dos impostos não geridos pela Autoridade Tributária

Também ficaram excluídos da arbitragem através da Portaria de Vinculação aqueles impostos que não são administrados pela Autoridade Tributária e Aduaneira.

A questão que se coloca é então a de saber o que se deve entender por entidade à qual está acometida a administração do imposto.

Segundo CASALTA NABAIS[89], a administração ou gestão dos impostos diz respeito ao seu lançamento[90], à sua liquidação[91] e à respectiva cobrança. A juris-

---

[86] SÉRGIO VASQUES (2014) 221.
[87] SÉRGIO VASQUES (2014) 216. Note-se que as contribuições, enquanto tipo autónomo de tributo, são figuras da fiscalidade moderna. Assim, estudos fiscais mais antigos limitavam-se a distinguir impostos de taxas, sendo certo que "para distinguir estas duas categorias bastará observar que a *taxa*, tendo por causa a realização de uma utilidade individualizada, se situa num vínculo sinalagmático".
[88] Veja-se a este propósito, Sérgio Vasques (2008) *As Taxas de Regulação Económica em Portugal*.
[89] CASALTA NABAIS (2015) 241.
[90] Sendo o lançamento o "conjunto de operações de natureza administrativa que visam a identificação do sujeito passivo e a determinação da matéria colectável" (Cf. AMÉRICO BRÁS CARLOS e outros (2000) 20). No mesmo sentido, Pedro Soares Martinez (1993) 127, segundo o qual "o *lançamento* consiste no conjunto de actos e operações pelos quais os serviços fazendários, ou os contribuintes, nos casos de *auto-lançamento*, determinam, em concreto, os elementos da *obrigação de imposto*", referindo-se depois à integração de elementos constantes da declaração do contribuinte, à fiscalização e inspecção tributária e à fixação dos elementos

prudência arbitral tem ido no mesmo sentido, acrescentando ainda um outro elemento caracterizador do conceito de "administração do imposto". Os tribunais arbitrais têm vindo a entender que a administração do imposto se afere não só pela competência para proceder à respectiva liquidação, mas também, pela competência para apreciação graciosa do acto de liquidação que venha a ser emitido[92].

A este propósito conclui-se já, para desenvolver de seguida, que, independentemente do que já se decidiu no âmbito arbitral, se considera unicamente excluído do âmbito material da arbitragem os impostos administrados pela autoridade fiscal madeirense.

2.1.2.1. Impostos das Regiões Autónomas dos Açores e da Madeira

A autonomia político-administrativa das Regiões Autónomas dos Açores e da Madeira está consagrada constitucionalmente no artigo 225.º da CRP.

Porém, é através da leitura do artigo 227.º da CRP que se conclui que os poderes que cabem às regiões autónomas em matéria fiscal se podem reconduzir a duas categorias fundamentais: (1) o *poder tributário* em sentido próprio, consubstanciado pela prerrogativa de criar, modificar ou extinguir os tributos públicos, em maior ou menor medida e pelo poder de dispor sobre os tributos ao qual se reconduz toda a alínea *i)*, do n.º 1, do artigo 227.º, da CRP; e (2) o *direito à receita*, consubstanciado por seu turno, pela prerrogativa de reivindicar o produto da cobrança dos tributos públicos, o qual se concretiza num poder de dispor da receita tributária, reconduzindo-se desta feita à alínea *j)*, do n.º 1, artigo 227.º.

A estes poderes soma-se o *poder de administração* dos tributos públicos, consubstanciado pela atribuição de proceder à liquidação, cobrança e fiscalização da receita tributária e de que não se encontra expressão no artigo 227.º da Constituição, mas que, no que aqui importa, tem grande relevância.

---

tributários e inscrição em matrizes, verbetes e outros registos como operações de lançamento tributário, 303-307.

[91] Entendendo-se esta, nos termos já acima enunciados, como operação mediante a qual se se aplica uma determinada taxa à matéria tributável, apurando-se o valor a pagar pelo contribuinte.

[92] Neste sentido poderão consultar-se, entre outras, as decisões arbitrais n.º 8/2011-T; n.º 19/2011-T, 2/2012-T; 4/2012-T; 5/2012-T; 54/2012-T; 82/2012-T; 87/2012-T; 94/2012-T; 98/2012-T e 178/2013-T, todas disponíveis em http://www.caad.org.pt/.

Ora, para se compreender a tributação regional e, no que aqui releva, para se aferir se os impostos respeitantes às Regiões Autónomas são ou não susceptíveis de recurso à arbitragem tributária, haverá que olhar não só ao disposto na CRP, mas também, e principalmente, ao estabelecido nos estatutos político-administrativos da Região Autónoma dos Açores e da Região Autónoma da Madeira. Quer o primeiro quer o segundo estatutos acabam por reproduzir algumas das regras essenciais consagradas pela primeira e segunda Leis das Finanças das Regiões Autónomas (LFRA), a Lei n.º 13/98, de 24 de Fevereiro, e a Lei Orgânica n.º 1/2007, de 19 de Fevereiro. A actual Lei das Finanças das Regiões Autónomas é a Lei Orgânica n.º 2/2013, de 2 de Setembro, alterada pela Lei n.º 82-B/2014, de 31 de Dezembro, que aprova o Orçamento do Estado para 2015.

O poder tributário das Regiões Autónomas é disciplinado pelos artigos 55.º e seguintes da LFRA. São atribuídas às Regiões Autónomas as prorrogativas de criação de impostos próprios e de adaptação regional dos impostos que compõem o sistema fiscal nacional. Antes do mais, a LFRA determina no seu artigo 57.º, que as assembleias legislativas das Regiões Autónomas podem criar *impostos vigentes apenas nas regiões* e o artigo 59.º da LFRA prevê, por seu turno, a possibilidade de adaptação do sistema fiscal nacional às especificidades regionais previstas. A LFRA estatui, ainda, no seu artigo 61.º, que as Regiões Autónomas possuem a capacidade para serem sujeitos activos dos impostos nela cobrados, de âmbito regional ou de âmbito nacional, podendo instituir os seus próprios serviços fiscais para o efeito, ou recorrer aos serviços do Estado que agirão, então, em sua "representação". Importa ter isto presente para se compreender porque é que, desde já se adianta, só os impostos respeitantes à Região Autónoma dos Açores é que estão dentro da arbitragem.

A Região Autónoma dos Açores sistematizou a adaptação do sistema fiscal nacional no Decreto Legislativo Regional n.º 2/99/A, de 20 de Janeiro, objecto de republicação por meio do Decreto Legislativo Regional n.º 42/2008/A, de 7 de Outubro, não tendo optado por instituir serviços fiscais próprios, servindo-se então dos sistemas centralizados da anterior DGCI actual Autoridade Tributária e Aduaneira para a liquidação e cobrança dos impostos respeitantes à Região.

A Região Autónoma da Madeira não tem consagrado num único diploma as suas medidas de adaptação do sistema fiscal nacional, sendo esta concretizada através de vários diplomas avulsos. Em boa verdade, no tocante à Região Autónoma da Madeira, foi levado a cabo um processo de regionalização da administração fiscal através do Decreto-Lei n.º 18/2005, de 18 de Janeiro; do Decreto Legislativo Regional n.º 27/2008/M, de 3 de Julho; do Decreto Regulamentar Regional n.º 2/2015/M, de 12 de Maio, do Decreto Regulamentar Regional n.º 3/2015/M, de 28 de Maio, do Decreto Regulamentar Regional n.º 29-A/2005/M, de 31 de Agosto e do Decreto Regulamentar Regional n.º 2/2013/M, de 1 de Fevereiro. Assim, tendo em consideração que o artigo 1.º do Decreto-Lei n.º 18/2005, de 18 de Janeiro, consagra a transferência para a Região Autónoma da Madeira das atribuições e competências fiscais que no âmbito da então Direcção de Finanças da Região Autónoma da Madeira e de todos os serviços dela dependentes vinham sendo exercidas no território da região pelo Governo da República, os impostos geridos por aquela entidade da Região Autónoma da Madeira estão fora do âmbito material da arbitragem porquanto a Portaria de Vinculação impõe como limite os impostos administrados pela Autoridade Tributária e Aduaneira.

Assim, só serão arbitráveis aqueles impostos cujos lançamento, liquidação, respectiva cobrança e competência para apreciação graciosa do acto de liquidação que venha a ser emitido, caibam à Autoridade Tributária e Aduaneira. Por outras palavras, não serão arbitráveis aqueles impostos cujos lançamento, liquidação, respectiva cobrança e competência para apreciação graciosa do acto de liquidação que venha a ser emitido, caibam à Direcção Regional dos Assuntos Fiscais da Região Autónoma da Madeira.

JURISPRUDÊNCIA ARBITRAL

Também aqui se pode já encontrar jurisprudência arbitral no sentido que se tem vindo a defender.

Assim, veja-se por exemplo o processo arbitral n.º 89/2012-T[93] no qual a Requerente, Sociedade Gestora de Participações Sociais com sede no Funchal apresentou pedido de constituição do tribunal arbitral e pedido de pronúncia arbitral com vista à anulação ou declaração de nulidade de liquidação adicional de IRC, proferida pela Direcção-Regional dos Assuntos Fiscais, através do Serviço de Finanças do Funchal. Em sede de resposta, a Administração Tributária excepcionou a competência do tribunal arbitral com fundamento na não submissão daquele acto à sua jurisdição. O tribunal arbitral julgou a excepção invocada procedente por duas razões fundamentais:

"– por um lado, o serviço regional fiscal madeirense – a Direcção-Regional dos Assuntos Fiscais – não está enunciado na Portaria nº 112-A/2011, nem sequer o poderia estar

---

[93] Disponível em http://www.caad.org.pt/.

implicitamente, pois que integra uma realidade jurídico-pública diversa do Estado, que é a Região Autónoma da Madeira;
– por outro lado, percebe-se bem que os termos da definição dos serviços que ficam vinculados à competência dos tribunais arbitrais tributários têm uma natureza taxativa, dependendo sempre de uma decisão expressa e explícita a esse respeito (...)."

E ainda:

"A liquidação adicional de IRC em causa pertence ao âmbito da administração da Região Autónoma da Madeira porque o sujeito passivo tem domicílio no Funchal e o IRC é uma receita própria regional nos termos da Lei das Finanças das Regiões Autónomas, Lei nº 13/98, de 24 de fevereiro, que no seu artigo 13º, nº 1, al. a) diz que "Constitui receita de cada Região Autónoma o imposto sobre o rendimento das pessoas colectivas: a) Devido por pessoas colectivas ou equiparadas que tenham sede, direcção efectiva ou estabelecimento estável numa única Região (...)."

No processo referido, a Requerente respondeu à excepção alegada invocando a inconstitucionalidade da exclusão à jurisdição tributária do IRC liquidado pela Região Autónoma da Madeira, uma vez que tal poria em causa a aplicação do princípio da igualdade, porquanto, a seu ver, estar-se-ia a afastar da jurisdição arbitral uma realidade jurídico-tributária relevante perante um tribunal arbitral com vocação nacional. Apreciada esta questão pelo tribunal arbitral constituído, este não entendeu que "tenha sido uma exclusão caprichosa ou desrazoável, antes se pode compreender em motivos atendíveis de opção por um modelo que, estando a ser iniciado, se entendeu prudentemente não dever abranger todas as situações possíveis".

Contudo, tudo o que aqui ficou exposto relativamente aos impostos da Região Autónoma da Madeira tem de ser necessariamente analisado caso a caso.

O teste da exclusão ou da submissão à arbitragem passa por saber se o imposto é ou não gerido pela entidade central. Existem, pois, situações concretas que poderão suscitar dúvidas sobre qual a entidade responsável pela administração do imposto: se a Autoridade Tributária e Aduaneira se a Direcção-Regional dos Assuntos Fiscais.

Pode-se referir, a título exemplificativo o caso submetido a pronúncia arbitral no processo n.º 178/2013-T[94], onde foi apreciada a (i)legalidade de acto

---

[94] Disponível em http://www.caad.org.pt/.

de liquidação de imposto do selo da Verba 28 da TGIS do Código do Imposto do Selo por prédio situado em Portugal continental da propriedade de pessoa colectiva com domicílio fiscal no Funchal – processo este que embora tenha terminado por extinção da instância por inutilidade superveniente da lide, o enquadramento jurídico aí feito pelo tribunal arbitral tem interesse para o que se propõe a analisar.

Comece-se por um breve enquadramento do imposto em causa a fim de bem se compreender a decisão do tribunal arbitral.

A Verba 28 da TGIS do Código do Imposto do Selo, aditada pela Lei n.º 55-A/2012, de 29 de Outubro, veio sujeitar ao imposto do selo, na redacção em vigor na data dos factos:

> *"28 – propriedade, usufruto ou direito de superfície de prédios urbanos cujo valor patrimonial tributário constante da matriz nos termos do Código do Imposto Municipal sobre Imóveis (CIMI), seja igual ou superior a € 1 000 000 – sobre o valor patrimonial tributário utilizado para efeito de IMI:*
> *28.1 – por prédio com afectação habitacional – 1%*
> *28.2 – Por prédio, quando os sujeitos passivos que não sejam pessoas singulares sejam residentes em país, território ou região sujeito a um regime fiscal claramente mais favorável, constante da lista aprovada por portaria do Ministro das Finanças – 7,5%"*

A Lei das Finanças das Regiões Autónomas vigente à data dos factos – 2012 (Lei Orgânica n.º 1/2007, de 19 de Fevereiro) –, determinava no seu artigo 21.º, que é receita das Regiões Autónomas o imposto do selo devido pelos sujeitos passivos referidos no artigo 1.º, n.º 2, do Código do Imposto do Selo, que dispusessem de sede, direcção efectiva, estabelecimento estável ou domicílio nas Regiões Autónomas. Por sua vez, o n.º 2 clarificava que "as receitas de cada Região Autónoma são determinadas, com as necessárias adaptações, nos termos das regras da territorialidade previstas nos n.ºs 1 e 2, do artigo 4.º, do CIS, relativamente aos factos tributários ocorridos nessas Regiões". Já o n.º 4, do artigo 2.º, do Código do Imposto do Selo refere que nestes casos da Verba 28 da TGIS "são sujeitos passivos de imposto os referidos no artigo 8.º do CIMI". Mais, o artigo 4.º, sob a epígrafe "Territorialidade" determina que nas situações previstas na Verba 28 da TGIS do Código do Imposto do Selo é devido sempre que os prédios estejam localizados em território português.

As disposições referidas, conjugadas com o artigo 23.º, n.º 7, do Código do Imposto do Selo, segundo o qual "Tratando-se do imposto devido pelas situações previstas na verba n.º 28 da Tabela Geral, o imposto é liquidado anualmente, em relação a cada prédio urbano, pelos serviços centrais da Autoridade Tributária e Aduaneira", levaram o tribunal arbitral a concluir que a lei considera o prédio em si como facto tributário. Nesses termos, ocorrido que foi o facto tributário em Portugal continental, a competência para a administração, melhor, a competência para a liquidação e cobrança, daquela Verba 28 da TGIS do Código do Imposto do Selo pertencia, e bem, no entender do tribunal, à Autoridade Tributária.

A excepção de incompetência aí alegada pela Autoridade Tributária e Aduaneira foi declarada improcedente, dada a conclusão a que chegou o tribunal arbitral de que, tratando-se de imposto sujeito à administração da Autoridade Tributária e Aduaneira, está, pois, submetido à jurisdição arbitral, por força da Portaria de Vinculação.

2.1.2.2. Derrama Municipal, Imposto do Selo e IUC

Na temática desta delimitação da arbitragem aos impostos administrados pela Autoridade Tributária e Aduaneira, concluiu-se já que se consideram excluídos do âmbito material da arbitragem os impostos administrados pela autoridade fiscal madeirense.

Porém, uma visita mais atenta à jurisprudência arbitral leva a que se conclua que há outras situações cuja problemática da exclusão de determinados impostos à jurisdição arbitral se tem levantado. Fala-se em concreto da derrama municipal, de alguns actos de Imposto do Selo e de actos de Imposto Único de Circulação.

Antes de se analisar a jurisprudência arbitral reafirma-se a conclusão que atrás se alcançou, ou seja, a de que o teste da exclusão ou da submissão à arbitragem passa por saber se o imposto é ou não gerido pela entidade central, isto independentemente do imposto em causa.

JURISPRUDÊNCIA ARBITRAL

Derrama Municipal[95]

A Autoridade Tributária e Aduaneira tem alegado, sucessivamente, a sua ilegitimidade passiva e, consequentemente, a incompetência do tribunal arbi-

---

[95] A derrama é um imposto municipal, que incide sobre o lucro tributável do exercício das pessoas colectivas, antes da dedução de prejuízos fiscais reportáveis, estando a sua taxa dependente da deliberação anual das Assembleias Municipais. Quando seja aplicável o Regime Especial de Tributação dos Grupos de Sociedades (artigos 69.º a 71.º do Código do IRC) a derrama incide sobre o lucro tributável individual de cada uma das sociedades do grupo.

tral para apreciar a legalidade do acto de autoliquidação da derrama municipal. Para tal, argumenta, as mais das vezes, que, assumindo a derrama a natureza de imposto municipal – sendo, portanto, o município o sujeito activo desse imposto – serão os municípios, e não a Autoridade Tributária e Aduaneira, as partes legítimas da demanda. No seu entender, o tribunal arbitral seria incompetente na medida em que os municípios não se encontram vinculados pela Portaria de Vinculação.

Adianta-se, desde já, que os tribunais arbitrais têm consecutivamente julgado improcedentes as excepções alegadas neste âmbito. A título de exemplo, veja-se o decidido no processo arbitral n.º 10/2011-T[96], em que a Requerente peticionou a anulação do acto de liquidação de IRC na parte conexa com os montantes de derrama municipal referentes a um dado ano onde, excepcionada a legitimidade da Autoridade Tributária e Aduaneira e a competência do tribunal arbitral, este veio a considerar que:

"1. A Autoridade Tributária e Aduaneira (doravante AT) é um serviço da administração directa do Estado que tem por missão administrar os impostos, e que para isso prossegue, entre outras atribuições, as de assegurar a liquidação e cobrança de tributos e de outras receitas (...).

2. Cabe, portanto, à AT ser agente dos credores dos impostos e outras receitas do Estado e de outras pessoas colectivas de direito público.

3. A AT não é ela própria credora dessas receitas, limitando-se a agir por conta e no interesse desses credores (...)

(...) 7. É o que sucede no caso subjudice. Não obstante todos os poderes que a Lei das Autarquias Locais (Lei nº 169/99, de 18 de Setembro) e a Lei das Finanças Locais (Lei nº 2/2007, de 15 de Janeiro) atribuem aos Municípios por força da sua posição de credores da derrama municipal, nenhuma daquelas leis afasta a regra de que é a AT que administra esses impostos, especificamente no sentido de protagonizar os momentos decisivos da relação com os contribuintes, incluindo os momentos de subordinação de litígios à adjudicação judicial ou arbitral. O mesmo resulta do artigo 14º da Lei nº 2/2007, 15/1, Lei das Finanças Locais, que comete à AT o papel de interlocutor directo dos contribuintes de derramas."

9. Não parece, pois, aceitável querer-se, por um lado, que seja a AT a desempenhar a maior parte das tarefas administrativas e a interagir em exclusivo com o contribuinte, e pretender, por outro lado, furtar a AT à jurisdição arbitral com o argumento de que não é à AT que cabe aquela administração, ou que não lhe cabe em exclusivo."

---

[96] Disponível em http://www.caad.org.pt/.

Tomando por referência a decisão *supra* citada, o tribunal arbitral constituído no âmbito do processo n.º 200/2013-T[97] vai no mesmo sentido, considerando que:

> *"II.4.4. (...) Ora, a AT é precisamente o serviço da administração directa do Estado que tem por missão administrar os impostos, prosseguindo para isso, entre outras, as atribuições de assegurar a liquidação e cobrança de tributos e de outras receitas, de exercer tarefas inspectivas, de exercer a acção de justiça tributária e representar a Fazenda Pública junto dos órgãos judiciais, e de informar os contribuintes sobre as suas obrigações fiscais (cf. artigos. 1.º e 2.º do Decreto-Lei n.º 118/2011, 15 de Dezembro).*
>
> *II.4.5. É verdade que quanto à derrama municipal a LFL atribui aos municípios, entre outros, o poder de deliberar anualmente o seu lançamento, fixando a respectiva taxa até ao limite legal (artigo. 14.º, n.º1), e de receber o produto da sua cobrança, líquido dos encargos de administração, suportados pela AT (artigo 14º, nº 10, e artigo 13.º, n.º4).*
>
> *Mas não lhes compete receber declarações fiscais, controlar a sua autoliquidação, emitir liquidações substitutivas ou adicionais, cobrar a derrama ou receber e decidir reclamações graciosas relativas à sua liquidação. Os municípios apenas podem deliberar se querem ou não lançá-la e qual a respectiva taxa, dentro do limite legal. No entanto, a partir do momento em que comunicam essa deliberação à AT toda a administração desse imposto local fica fora da sua competência. Nenhuma norma legal comete aos municípios o poder de liquidar e cobrar as derramas."*

Como estes, poder-se-ão encontrar muitos outros processos arbitrais nos quais as excepções alegadas pela Autoridade Tributária e Aduaneira foram declaradas improcedentes, sempre pelo motivo exposto: é efectivamente a Autoridade Tributária e Aduaneira a entidade que administra o imposto, logo, por força da primeira parte do artigo 2.º da Portaria de Vinculação ("... que tenham por objecto a apreciação de pretensões relativas a impostos cuja administração lhes [à Autoridade Tributária e Aduaneira] esteja cometida..."). Podem ser consultados, entre outros, os processos arbitrais n.ºs 19/2011-T; 24/2011-T; 1/2012-T; 5/2012-T; 177/2013-T; 190/2013-T e 192/2013-T[98].

---

[97] Disponível em http://www.caad.org.pt/.
[98] Todos disponíveis em http://www.caad.org.pt/.

Imposto do Selo

No que ao Imposto do Selo respeita, a Administração Tributária tem também procurado escapar-se à jurisdição arbitral. Exemplo disto é o processo arbitral n.º 12/2011-T[99] no qual a Requerente peticionou a declaração de ilegalidade de acto de liquidação de Imposto do Selo relativo a um aumento de capital em numerário. A Administração Tributária, na sua resposta, excepcionou a incompetência do tribunal arbitral e a sua ilegitimidade, por considerar que a (à data) DGCI não é parte da relação jurídico-tributária, logo, por força da Portaria de Vinculação, o tribunal arbitral não teria competência para se pronunciar sobre a relação tributária em causa. Acrescentou ainda que o imposto liquidado se tratava de uma receita consignada ao Instituto de Gestão Financeira e Patrimonial da Justiça, entidade que nem estaria submetida à jurisdição arbitral. Deste modo, os fundamentos das excepções invocadas resumem-se à definição dos titulares da relação jurídico-tributária da qual resultou a liquidação e cobrança do imposto.

O tribunal arbitral, depois de tecidas as devidas considerações e enunciadas a Doutrina e jurisprudência relevantes na matéria, considerando como sujeito passivo o notário e a Requerente como a titular do interesse económico, acabou por concluir que:

> *"Atendendo ao conceito de sujeito activo, nomeadamente nas suas acções de competência tributária e capacidade tributária, somos forçados a concluir que a DGCI é, por expressa consagração legal, o sujeito activo da relação tributária. (...) Assim, tratando o pedido da declaração de ilegalidade de acto de liquidação de um tributo em que a DGCI é o sujeito activo da relação fiscal* [e estando a DGCI vinculada à jurisdição arbitral por força da Portaria de Vinculação], *conclui-se que o tribunal arbitral é competente."*

De acordo com o que se tem defendido, andou mal o Tribunal. Isto porque fez coincidir o conceito de sujeição activa com o de competência para a gestão, ao apontar, erradamente, que a resposta estaria em saber qual o sujeito activo quando, na realidade, a resposta residia em saber qual a entidade com competência para proceder ao lançamento, liquidação, respectiva cobrança e apreciação da reclamação graciosa do acto de liquidação.

Neste sentido foi a decisão arbitral no processo n.º 2/2011 – T[100], onde se considerou que:

---

[99] Disponível em http://www.caad.org.pt/.
[100] Disponível em http://www.caad.org.pt/.

"Aliás, como bem sublinha a requerente, quem tem poder para controlar a liquidação, apreciar reclamações, revisões oficiosas, recursos hierárquicos, intervir nos recursos contenciosos e nas impugnações judiciais é a DGCI (e a DGAIEC) e, em juízo, os representantes da Fazenda Pública, por estas nomeados (...) para além de ser a DGCI que procede às devoluções de imposto indevidamente liquidado e cobrado. Resulta do quadro atrás traçado que o conservador do registo é apenas o sujeito passivo do imposto. E que o titular do interesse económico, que suportou o encargo financeiro, é a ... [Requerente] No que concerne ao sujeito activo é forçoso concluir-se que só poderá ser a DGCI, pois quer o Ministério da Justiça, que o IFFPJ, não dispõem de competências e atribuições nos domínios da administração e controlo dos impostos."

Imposto Único de Circulação

Também no âmbito do IUC têm surgido questões de (in)competência dos tribunais arbitrais tributários, e que têm sido respondidas com referência à locução "impostos cuja administração lhes esteja cometida".

Tome-se por referência a decisão arbitral proferida no âmbito do processo n.º 121/2014-T[101]. Neste processo arbitral a sociedade requerente peticionou, entre outros, a declaração de ilegalidade e consequente anulação dos actos de liquidação oficiosa relativos ao IUC dos anos compreendidos entre 2009 e 2012, respeitantes a trinta veículos. Notificada para responder, a Autoridade Tributária e Aduaneira alegou, como excepção peremptória, que a Requerente reagiu, na verdade, contra "meras notas de cobrança", tomando-as erroneamente como liquidações oficiosas – acrescentando que, para que actos impugnados revestirem a forma de liquidações oficiosas teriam de ter sido gerados e enviados pela Autoridade Tributária e Aduaneira à Requerente, o que não foram. Já em sede de excepção dilatória, e face à tese que havia sustentado, a Autoridade Tributária e Aduaneira alegou que as notas de cobrança não são actos tributários em sentido restrito. Pelo contrário, corresponderiam a meros actos em matéria tributária, razão pela qual a reacção contra tais actos deveria ser a Acção Administrativa Especial, excluída da jurisdição dos tribunais arbitrais. À questão da qualificação dos actos impugnados como "notas de cobrança" respondeu aquele tribunal que:

«*Nestas circunstâncias estamos, inequivocamente, perante liquidações de IUC efectuadas pela AT, levadas à esfera de cognoscibilidade da Requerente por via da sua colocação no*

---

[101] Disponível em http://www.caad.org.pt/.

"sítio" que *"lhe está reservado"* no Portal das Finanças, constituindo actos lesivos que, face ao previsto e estatuído no n.º 2 do artigo 9.º e no n.º 1 do artigo 95.º, ambos da LGT, podem ser impugnados pelos interessados.

A liquidação do imposto em causa, tal, como à data dos factos, se estatuía no n.º 1 do artigo° 16.º do CIUC, era, de resto, da exclusiva competência da Direcção-Geral dos Impostos, hoje Autoridade Tributária e Aduaneira.»

Discordando assim da qualificação dada aos actos pela Administração Tributária, o tribunal concluiu ainda pela sua competência para apreciar a (i)legalidade dos actos em causa, na medida em que:

"O artigo 2.º da referida Portaria [de Vinculação] *determina que os mencionados serviços* [(DGCI e DGAIEC)] *se vinculam à jurisdição dos tribunais arbitrais que funcionam no CAAD que tenham por objecto a apreciação das pretensões relativas a impostos cuja <u>administração lhes esteja cometida</u>, referidas no n.º 1 do artigo 2.º do Decreto-Lei n.º 10/2011, de 20 de Janeiro.*

Fica, desta forma, claro que para apreciar e decidir a excepção de incompetência deste Tribunal é, pois, decisivo o juízo que se fizer relativamente ao problema da administração do IUC, o que significa saber a quem cabe a <u>administração</u> de tal imposto.

Ora, sendo certo que administrar um imposto, no caso do IUC, é, nomeadamente, ser titular da competência para liquidar e cobrar um tributo em causa (Cfr. n.º 3 do artigo° 1.º da LGT), e que o imposto em questão foi liquidado pela Entidade que, para tanto, tinha legalmente competência [a Autoridade Tributária e Aduaneira], *não pode deixar de entender-se que o presente Tribunal é materialmente competente (...)."*

Em jeito de conclusão, dir-se-á que, na sua grande maioria, os tribunais arbitrais têm decidido bem na medida em que só não se têm considerado competentes nas matérias relativas à Região Autónoma da Madeira e nos exactos termos que se referiu em 2.1.2.1..

2.1.2.3. Contribuições e quotizações para a Segurança Social

Chegados a este ponto haverá agora que olhar à questão de saber se as contribuições para a segurança social, quer se tratem das "quotizações" suportadas pelos trabalhadores quer se tratem das contribuições a cargo das entidades empregadoras – designadas por Taxa Social Única –, podem ser susceptíveis de recurso à arbitragem. Adianta-se desde já que a resposta é negativa para ambas, umas porque não são qualificáveis como impostos e outras porque ainda que o sejam se tratam de impostos que não são administrados pela Autoridade Tributária e Aduaneira, estando, portanto, excluído o recurso à arbitragem como forma alternativa de resolução de litígios nos termos da Portaria de Vinculação.

Novamente seguindo de perto SÉRGIO VASQUES[102], a actual Lei de Bases da Segurança Social – a Lei n.º 4/2007, de 16 de Janeiro – decompõe o sistema de segurança social em três sistemas menores: (1) o *sistema de protecção social de cidadania*, o qual visa garantir os "direitos básicos dos cidadãos e a igualdade de oportunidades, bem como promover o bem-estar e a coesão sociais" e que abrange os subsistemas de acção social, de solidariedade e de protecção familiar; (2) o *sistema previdencial*, o qual visa por seu turno garantir, com base num "princípio de solidariedade de base profissional", prestações substitutivas dos rendimentos de trabalho sempre que o trabalho seja perdido em consequência da verificação das eventualidades previstas na lei; e (3) o *sistema complementar*, o qual compreende um regime público de capitalização e os regimes complementares de iniciativa colectiva individual. O *sistema previdencial* é financiado pelas contribuições para a segurança social. Na verdade, as *contribuições para a segurança social* encontram-se disciplinadas pelo Código dos Regimes Contributivos do Sistema Providencial da Segurança Social (Código Contributivo) aprovado pela Lei n.º 110/2009, de 16 de Setembro. Aqui, o legislador define, no artigo 11.º, as contribuições como prestações pecuniárias destinadas ao financiamento do sistema previdencial assentes numa "relação sinalagmática directa entre a obrigação legal de contribuir e o direito às prestações". O Código Contributivo procede, nos seus artigos 44.º e seguintes, à definição da base de incidência das "contribuições" das entidades empregadoras e das "quotizações" devidas pelos trabalhadores dependentes, acolhendo uma noção ampla de remuneração do trabalhador que abrange as mais variadas prestações em dinheiro ou em espécie, remetendo directamente para o Código do IRS em mais que um ponto.

As contribuições para a segurança social suportadas pelos trabalhadores – aquelas que a lei designa por "*quotizações*" – pese embora sejam qualificadas como impostos por parte da Doutrina[103] – representam prestações pecuniárias e coactivas exigidas por uma entidade pública em contrapartida de prestações presumivelmente provocadas ou aproveitadas pelos sujeitos passivos, consti-

---

[102] SÉRGIO VASQUES (2014) 224 e seguintes.
[103] Entre outros, NAZARÉ COSTA CABRAL (2010) *Contribuições para a Segurança Social: Natureza, Aspectos de Regime e de Técnica e Perspectivas de Evolução num Contexto de Incerteza*.

tuindo ao que se julga verdadeiras e modernas *contribuições*, figuras a meio caminho entre as taxas e os impostos, daqui resultando um enquadramento constitucional distinto daquele que aos impostos cabe. Com efeito, e acompanhando novamente SÉRGIO VASQUES[104], não nos sentimos convencidos de que os entorses ao princípio da equivalência justifiquem a atribuição de natureza unilateral às contribuições, ainda que estas sejam figuras tributárias em oscilação permanente entre uma e outra categoria.

Assim, no que em concreto toca às contribuições para a segurança social suportadas pelos trabalhadores, não se tratando, de acordo com o que se defende, de uma realidade subsumível no figurino do imposto, trata-se de uma realidade que, por isso, estará excluída do âmbito material da arbitragem nos termos da Portaria de Vinculação.

Já as contribuições a cargo das entidades empregadoras que a lei designa de *contribuições*, representam, ao que se entende, verdadeiros e próprios impostos, por não lhes corresponder uma qualquer contrapartida efectiva ou presumível, ainda que consignados a funções específicas, como o afirma NUNO SÁ GOMES[105]. Ora, sendo verdadeiros impostos, só não são susceptíveis de recurso à arbitragem na medida em que se tratam de impostos que não são administrados pela Autoridade Tributária e Aduaneira, mas antes pela Segurança Social, nos termos do artigo 20.º, n.º 1, do Código Contributivo, que dispõe que "A gestão do processo de arrecadação e cobrança das contribuições, quotizações e juros de mora compete às instituições de segurança social nos termos das respectivas competências".

Em suma, nem as questões relativas à (i)legalidade de contribuições para a segurança social a cargo das entidades empregadoras nem as relativas à (i)legalidade das "quotizações" para a Segurança Social a cargo dos trabalhadores são arbitráveis. Em rigor, as primeiras, ainda que verdadeiros impostos, tratam-se de impostos administrados por uma entidade que não a Autoridade Tributária e Aduaneira, ao passo que as segundas, ao não preencherem o primeiro requisito de arbitrabilidade exigido pela Portaria de Vinculação – ou seja, porque não se tratam de verdadeiros impostos –, permanecem portanto, fora do âmbito material do arbitrável.

---

[104] Sérgio Vasques (2014) 224 e seguintes.
[105] NUNO SÁ GOMES (2003) *Manual de Direito Fiscal – Vol.* I, 88.

2.2. Reclamação graciosa necessária

Pela leitura da alínea *a)* do artigo 2.º da Portaria de Vinculação conclui-se ainda que no que respeita a actos de autoliquidação, de retenção na fonte e de pagamento por conta, a Administração Tributária só se vinculou à jurisdição arbitral na medida em que tenha havido recurso prévio à via administrativa nos termos e para os efeitos do disposto nos artigos 131.º a 133.º do CPPT[106]. Por outras palavras, condicionou-se, o recurso à arbitragem, a reclamação graciosa necessária[107]. Esta é a "regra" que impera também para o recurso à via judicial. Só uma nota prévia para referir que, em bom rigor, esta "regra" da reclamação graciosa necessária é na verdade uma excepção à regra da impugnabilidade directa dos actos lesivos de direitos ou interesses legalmente protegidos.

A consagração desta "regra" – ou excepção à regra geral – justifica-se na arbitragem do mesmo modo – e, adiante-se, com as mesmas ressalvas – que se justifica para a impugnação judicial. Esta é, de resto, e como se verá, a posição que tem sido adoptada na jurisprudência arbitral.

Com efeito, na "regra" da reclamação graciosa necessária, o princípio constitucional da impugnabilidade dos actos lesivos de direitos ou interesses legalmente protegidos, previsto no artigo 268.º, n.º 4, da CRP, é limitado pelo do acesso aos tribunais e à obtenção de decisões judiciais em prazo razoável, concretizado, por seu turno, nos n.ºs 1 e 4, do artigo 20.º, da CRP.

A este propósito a tese aqui propugnada não é inteiramente coincidente com a de LOPES DE SOUSA que sustenta que a reclamação graciosa necessária dos artigos 131.º a 133.º do CPPT não fere o disposto no artigo 268.º, n.º 4, da CRP, não sendo portanto inconstitucional, porquanto não seriam enquadráveis neste preceito os actos da autoria dos contribuintes como estes uma vez que só seriam lesivos os actos em que a Administração Tributária tivesse intervenção[108].

---

[106] Note-se, porém, que a Administração não limitou a arbitrabilidade de actos de fixação de valores patrimoniais ao esgotamento dos meios administrativos prévios, tal como previsto no artigo 134.º do CPPT. A exigência de recurso prévio à via administrativa limita-se, assim, aos casos em que o sujeito passivo pretenda ver apreciada a (i)legalidade de um acto de autoliquidação, de retenção na fonte ou de pagamento por conta, nos termos dos artigos 131.º a 133.º do CPPT.

[107] Esta reclamação graciosa necessária prevista nos artigos 131.º a 133.º do CPPT pode, porém, ser apresentada num prazo de 2 anos. Trata-se, assim, de um prazo mais alargado que o previsto para as reclamações graciosas "facultativas" que, nos termos do artigo 70.º, n.º 1, do CPPT é de 120 dias.

[108] JORGE LOPES DE SOUSA (2011), *vol. II*, 406.

Com efeito, não se percebe como essa posição se compadece com o disposto na alínea *a)*, do n.º 2, do artigo 95.º, da LGT, que qualifica como lesivos os actos de autoliquidação, de retenção na fonte e de pagamento por conta equiparando-os aos actos de liquidação. Ao que se julga, trata-se de uma limitação de um princípio constitucional por outro.

O que se defende é que se a concretização do princípio da impugnabilidade dos actos lesivos de direitos ou interesses legalmente protegidos apontaria para a inconstitucionalidade de uma regra como esta – que limitasse o acesso dos cidadãos aos tribunais, especialmente se se atender ao facto do artigo 95, n.º 2, alínea *a)*, da LGT qualificar os actos de autoliquidação, de retenção na fonte e de pagamento por conta como actos lesivos e equiparáveis ao acto de liquidação –, a previsão constitucional do acesso aos tribunais e da obtenção de decisões judiciais em prazo razoável impõe que não sejam desperdiçados meios que possam levar à solução graciosa de conflitos, por forma a obstar, assim, a pendências judiciais que poderiam ter tido uma solução administrativa.

Ora, com o previsto na Portaria de Vinculação, a arbitrabilidade dos actos de autoliquidação, de retenção na fonte e de pagamento por conta, está condicionada ao recurso prévio à via administrativa. Mas esta afirmação não poderá ser absoluta.

Na verdade, o que se quer com esta "regra" – aplicável quer para o arbitragem, quer para a impugnação judicial – é que se submetam ao crivo da Administração Tributária todos aqueles actos relativamente aos quais esta entidade ou ainda não se pronunciou ou ainda não teve qualquer intervenção, razão pela qual lhe dever ser dada a oportunidade para se pronunciar antes de uma entidade terceira – o tribunal judicial ou o arbitral – se pronunciar quanto à sua (i) legalidade. Isto significa, de uma outra perspectiva, que esta exigência da reclamação graciosa necessária não se dirige a actos, ainda que de autoliquidação, retenção na fonte ou pagamento por conta, que tenham tido, já, a intervenção da Administração Tributária, porque, neste caso, estes escapam à "regra" sendo, em consequência, directamente arbitráveis como são de resto directamente impugnáveis. Exemplo disto são actos de retenção na fonte em falta notificados pela Autoridade Tributária e Aduaneira aos substitutos tributários ou aos sujeitos passivos, consoante o caso.

A conclusão que se alcança – a de que os actos de autoliquidação, retenção na fonte e pagamento por conta não são directamente arbitráveis na exacta medida (e só nessa medida) em que também não sejam directamente impugnáveis – tem vindo a ser afirmada pela jurisprudência arbitral. Pode ver-se, por todos, o entendimento sufragado pelo tribunal arbitral no âmbito do processo n.º 48/2012-T[109], tendo ficado assente que:

"(...) a referência expressa ao precedente «recurso à via administrativa nos termos dos artigos 131.º a 133.º do Código de Procedimento e Processo Tributário» deve ser interpretada como reportando-se aos casos em que tal recurso é obrigatório, através de reclamação graciosa, que é o meio administrativo indicado naqueles artigos 131.º a 133.º do CPPT, para cujos termos se remete."

2.2.1. Pedido de revisão oficiosa e reclamação graciosa necessária

Questão que se prende com esta é a de saber se onde a lei exige a reclamação graciosa necessária o interprete se pode bastar com a submissão ao entendimento administrativo através de pedido de revisão oficiosa.

Esta temática merece uma análise especial, na medida em que por longos anos, se discutiu na Doutrina e jurisprudência dos tribunais tributários, quais os efeitos da sua interposição e subsequente indeferimento por, entre outras razões, o pedido de revisão oficiosa ter um prazo de apresentação deveras mais alargado do que a reclamação graciosa ou do que o recurso hierárquico. A questão colocava-se, em especial, quanto a actos de autoliquidação, de retenção na fonte e de pagamento por conta. Faça-se, antes de mais, um enquadramento da questão, tal como ela foi abordada nos tribunais tributários.

Ora, o STA pronunciou-se, repetidamente, no sentido da equiparação do pedido de revisão do acto tributário à reclamação graciosa sobre actos de autoliquidação, de retenção na fonte e de pagamento por conta. Veja-se, por todos, o Acórdão do STA de 12 de Julho de 2006, proferido no âmbito do processo n.º 0402/06[110] (as mais das vezes citado pelos tribunais arbitrais), segundo o qual:

"No entanto, não é indiferente para o contribuinte impugnar ou não os actos de liquidação dentro dos respectivos prazos, pois em caso de anulação em processo impugnatório, judicial ou administrativo, pode ser invocada qualquer ilegalidade e há direito a juros indemnizatórios desde a data do pagamento indevido até à emissão da nota de crédito (artigos. 43.º, n.º 1, da LGT e 61.º, n.º 3, do CPPT), enquanto nos casos de revisão oficiosa da liquidação (quando não é feita a pedido do contribuinte, no prazo da reclamação administrativa, situação que é equiparável à de reclamação graciosa) apenas há direito a juros indemnizató-

---

[109] Disponível em http://www.caad.org.pt/.
[110] Acórdão do STA, de 12/07/2006, processo n.º 0402/06, disponível em http://www.dgsi.pt/.

rios nos termos do artigo 43.º, n.º 3, da LGT e a anulação apenas pode ter por fundamento erro imputável aos serviços e duplicação de colecta (artigo 78.º, n.ºs 1 e 6, da LGT).

Essencialmente, o regime do art.º 78.º, quando o pedido de revisão é formulado para além dos prazos de impugnação administrativa e contenciosa, reconduz-se a um meio de restituição do indevidamente pago, com revogação e cessação para o futuro dos efeitos do acto de liquidação, e não a um meio anulatório, com destruição retroactiva dos efeitos do acto.

A esta luz, o meio procedimental de revisão do acto tributário não pode ser considerado como um meio excepcional para reagir contra as consequências de um acto de liquidação, mas sim como um meio alternativo dos meios impugnatórios administrativos e contenciosos (quando for usado em momento em que aqueles ainda podem ser utilizados) ou complementar deles (quando já estiverem esgotados os prazos para utilização dos meios impugnatórios do acto de liquidação).

Trata-se de um regime reforçadamente garantístico, quando comparado com o regime de impugnação de actos administrativos, mas esse reforço encontra explicação na natureza fortemente agressiva da esfera jurídica dos particulares que têm os actos de liquidação de tributos."

É de acompanhar esta jurisprudência corrente do STA que vê no pedido de revisão do acto tributário – meio impugnatório administrativo com prazo mais alargado que os restantes – um mecanismo de abertura da via contenciosa, perfeitamente equiparável à reclamação graciosa necessária.

Com efeito, e no seguimento do que se disse, as reclamações graciosas necessárias, previstas nos artigos 131.º a 133.º do CPPT, justificam-se pela necessidade de uma filtragem administrativa, prévia à via judicial, por estarem em causa actos que não são da autoria da Administração Tributária mas do próprio sujeito passivo e nos quais esta não teve, ainda, qualquer intervenção. Nesse sentido, o pedido de revisão oficiosa serve o propósito dessa filtragem administrativa, porque aí a Administração já terá possibilidade de se pronunciar sobre o acto de autoliquidação, de retenção na fonte ou de pagamento por conta. Excluir a jurisdição arbitral apenas porque o meio utilizado não foi effectivamente uma reclamação graciosa seria violar o princípio da tutela jurisdicional efectiva, tal como consagrado no artigo 20.º da CRP.

E esta admissibilidade vale, por maioria de razão, tanto para o pedido de revisão oficiosa apresentado fora do prazo previsto para a reclamação graciosa necessária (que é de 2 anos nos termos daqueles artigos do CPPT), como para o pedido que é realizado quando ainda era possível a apresentação de reclamação graciosa.

Na medida em que, ainda que se esteja no âmbito da temática de actos de autoliquidação, de retenção na fonte ou de pagamento por conta, se está também no domínio da questão sobre a arbitrabilidade de actos de indeferimento – em concreto, de actos de indeferimento de pedidos de revisão de acto tributário – são de recordar as duas conclusões apuradas a este último propósito[111]:

- Os actos de *indeferimento expresso* de reclamações graciosas, recursos hierárquicos e pedidos de revisão de acto tributário poderão ser apreciados pela jurisdição arbitral, na medida em que eles próprios apreciem a (i)legalidade do acto tributário de primeiro grau que o sujeito passivo, verdadeira e efectivamente, pretende impugnar;
- Perante um *acto tácito de indeferimento* de reclamação graciosa, recurso hierárquico ou pedido de revisão de acto tributário – e em especial neste último – o sujeito passivo deverá trazer ao conhecimento do tribunal arbitral os pressupostos de admissibilidade daqueles meios graciosos para o conhecimento do mérito da sua pretensão, de modo a que o tribunal arbitral possa aferir se a reclamação graciosa, o recurso hierárquico ou pedido de revisão de acto tributário apresentados pelo contribuinte permitiam a emissão de um acto expresso por parte da Administração Tributária que, por sua vez, apreciasse a (i)legalidade do acto tributário de primeiro grau que o sujeito passivo, verdadeira e efectivamente, pretende impugnar. Note-se, só por essa razão, e apenas nessa medida é que se considera aberta a via arbitral.

Sendo então de admitir a abertura à via contenciosa judicial, menos não se poderia equacionar no âmbito do contencioso arbitral. Quer isto dizer, portanto, que tendo sido apresentado pedido de revisão oficiosa de acto tributário, e sendo esse pedido indeferido, o sujeito passivo poderá ainda recorrer à via arbitral.

No que respeita aos *actos de indeferimento expresso* de pedidos de revisão de acto tributário, e à sua equiparação à reclamação graciosa necessária para os efeitos previstos nos artigos 131.º a 133.º do CPPT, a jurisprudência arbitral tem ido no mesmo sentido do STA, conjugando-o ainda com o entendimento que se perfilha, de que será permitida a apreciação da (i)legalidade de acto de indeferimento expresso de pedido de revisão de acto tributário que aprecie, por sua vez, a legalidade daquele acto tributário de primeiro grau.

---

[111] Remete-se a problemática do objecto da acção arbitral poder ou não estar excluído do âmbito material do artigo 2.º, n.º 1, alínea *a)* para os comentários do ponto 1.1..

"(...) não tendo havido prévia reclamação graciosa, a pretensão de declaração directa da ilegalidade do acto de retenção na fonte (sem ser corolário da ilegalidade do acto de indeferimento da revisão oficiosa) está afastada da competência deste Tribunal Arbitral, por a Administração Tributária ter expressamente excluído tais pretensões do âmbito da sua vinculação à jurisdição dos tribunais arbitrais que funcionam no CAAD."[112]

Mas,

"(...) a falta de reclamação graciosa não é obstáculo à apreciação pelos tribunais arbitrais que funcionam no CAAD de pretensões de declaração de ilegalidade de actos de retenção na fonte que seja corolário da ilegalidade de actos de indeferimento de pedidos de revisão oficiosa."[113]

2.2.2. Conclusão

Em suma: decorre da lei a admissibilidade da apreciação de acto de autoliquidação, de retenção na fonte ou de pagamento por conta, de que não tenha havido reclamação graciosa prévia (sendo esta exigida nos termos do CPPT), apenas por via da apreciação do acto de segundo grau (o acto de indeferimento de pedido de revisão oficiosa) que apreciou a legalidade daqueles actos. Recorda-se que este raciocínio só se aplica, ao que se julga, quanto a *actos de indeferimento expresso*.

Já quanto a *actos de indeferimento tácitos* de pedidos de revisão de acto tributário, designadamente quando aquele pedido de revisão é apresentado fora do prazo previsto para a reclamação graciosa necessária – *i.e.*, para além do prazo dos dois e no prazo mais alargado de 3 ou 4 anos admitido pelo artigo 78.º da LGT –, a equiparação entre pedido de revisão de acto tributário e reclamação graciosa necessária, para efeitos dos artigos 131.º a 133.º do CPPT, deverá ser admitida com alguma cautela. Com efeito, e como já se referiu, os actos tácitos de indeferimento, ao contrário dos actos de indeferimento expresso, não chegam a apreciar a (i)legalidade do acto tributário de primeiro grau. O raciocínio aqui terá de ser outro.

Correndo o risco de repetição, mas estando consciente de que esta questão é de extrema relevância e não tem sido abordada pelos tribunais arbitrais com a densidade e delicadeza que merece, recorda-se que perante um acto tácito

---

[112] Decisão arbitral no âmbito do já referido processo n.º 48/2012-T, disponível em http://www.caad.org.pt/.
[113] *Idem.*

de indeferimento, e para que o tribunal possa aferir se o pedido de constituição do tribunal arbitral foi apresentado dentro do prazo, este terá de fazer um juízo sobre o preenchimento dos pressupostos de admissibilidade para o conhecimento do mérito da pretensão. Este juízo, por sua vez, estará facilitado se o sujeito passivo levar ao seu conhecimento esses pressupostos de admissibilidade.

Em concreto, no que respeita ao pedido de revisão de acto tributário apresentado no prazo mais alargado de 4 anos, ao abrigo do artigo 78.º, n.º 4, da LGT, perante um indeferimento tácito, o sujeito passivo deverá, por cautela, reproduzir, no seu pedido de pronúncia arbitral, o pedido de revisão efectuado com fundamento por exemplo em *injustiça grave ou notória*. Caso não se mostrem preenchidos esses pressupostos processuais, o prazo para requerer a constituição do tribunal arbitral terá já decorrido, e o tribunal arbitral não poderá conhecer do pedido.

O que aqui se pretende demonstrar é, por outras palavras, que *um indeferimento tácito de reclamação graciosa necessária só será equiparável a um indeferimento tácito de pedido de revisão de acto tributário apresentado no prazo mais alargado de 4 anos*, quando o tribunal consiga aferir o preenchimento dos pressupostos de admissibilidade para o conhecimento do mérito do pedido de revisão – o que significa que o tribunal terá de se colocar na posição da Administração Tributária e aferir se esta poderia ter conhecido do mérito da pretensão, ainda que não o tenha feito.

Note-se que, pese embora as referências aos prazos para constituição de tribunal arbitral, esta é uma questão que coloca competência material e prazo de caducidade da acção arbitral em estreita ligação, sendo ténue a fronteira entre os dois[114]. Cumpre pois delimitar essa fronteira entre competência material e prazo de caducidade da acção arbitral uma vez que o legislador foi claro ao compartimentar ambas as matérias, tratando do âmbito material da arbitragem no artigo 2.º e do prazo para apresentação do pedido de constituição de tribunal arbitral no seu artigo 10.º.

Quanto à competência ou âmbito material, nos termos da alínea *a)*, do n.º 1, deste artigo 2.º, o objecto da arbitragem é a apreciação da ilegalidade dos *actos de liquidação de tributos, de autoliquidação, de retenção na fonte e de pagamento por conta* – os já denominados actos de primeiro grau.

A este respeito, julga-se que o legislador quis singelamente que o contribuinte não ficasse adstrito em sede de arbitragem tributária à causa de pedir

---

[114] Por essa razão esta temática será anda revisitada nos comentários ao artigo 10.º.

ou à panóplia de vícios apontados no meio gracioso. O legislador quis que esta questão nem sequer fosse tema de discussão.

Contudo, e porque o legislador não quis, como não poderia querer, que o recurso à via administrativa graciosa precludisse o direito ao recurso à via jurisdicional arbitral, fixou a seguinte regra quanto a prazos: o contribuinte pode recorrer à arbitragem logo aquando da notificação dos actos de liquidação de tributos, de autoliquidação, de retenção na fonte e de pagamento por conta ou, tendo recorrido à via administrativa/graciosa, após a notificação da decisão de indeferimento ou da formação de indeferimento tácito.

Assim, uma vez que a decisão de indeferimento é um acto expresso, mas o indeferimento tácito é meramente uma ficção de acto, uma presunção, a competência do tribunal arbitral irá variar consoante se esteja perante um ou outro, nos termos acima descritos. Isto porque, como acima se referiu, perante um indeferimento tácito, o tribunal terá de aferir se os pressupostos de admissibilidade para conhecimento do mérito estão preenchidos – questão que cabe dentro da temática da sua competência, ou dos seus poderes de cognoscibilidade. É apenas perante o reconhecimento dessa competência do tribunal arbitral que lhe será então possível aferir se o pedido foi ou não apresentado dentro do respectivo prazo de caducidade para requerer a constituição do tribunal arbitral.

Sem mais demoras, retiram-se, deste ponto, as seguintes conclusões:

- Por força da alínea *a)* do artigo 2.º da Portaria de Vinculação, o recurso à arbitragem dos actos de autoliquidação, de retenção na fonte e de pagamento por conta está condicionado ao recurso prévio à via administrativa, nos termos e para os efeitos dispostos nos artigos 131.º a 133.º do CPPT;
- A fórmula "nos termos dos artigos 131.º a 133.º do Código de Procedimento e Processo Tributário" deve ser interpretada como reportando-se aos casos em que tal recurso à via administrativa é obrigatório.

Quanto à equiparação do pedido de revisão de acto tributário à reclamação graciosa prevista nos artigos 131.º a 133.º do CPPT:

- O pedido de revisão oficiosa é equiparável à reclamação graciosa necessária, sendo arbitrável o acto de autoliquidação, de retenção na fonte ou de pagamento por conta sobre cuja (i)legalidade do acto de primeiro grau se tenha pronunciado a Administração Tributária, designadamente por via de acto expresso de indeferimento de pedido de revisão oficiosa;

- O acto de autoliquidação, de retenção na fonte ou de pagamento por conta é ainda arbitrável na medida em que, perante um acto tácito de indeferimento de pedido de revisão de acto tributário apresentado fora do prazo previsto para reclamar graciosamente, estejam verificados os pressupostos processuais que admitissem a apreciação do mérito pela Administração Tributária, designadamente, os previstos nos n.ºs 1 e 4, do artigo 78.º, da LGT.

3. Matéria tributável e colectável e fixação de valores patrimoniais

Dispõe a alínea *b)* do artigo 2.º, que os tribunais arbitrais têm competência para se pronunciar sobre a (i)legalidade dos actos tributários que consubstanciem "A declaração de ilegalidade de actos de determinação da matéria tributável quando não dê origem à liquidação de qualquer tributo, de actos de determinação da matéria colectável e de actos de fixação de valores patrimoniais".

São então três as realidades cuja arbitrabilidade está prevista nesta alínea *b)*, a saber:

a. os actos tributários que consubstanciem a declaração de ilegalidade de actos de determinação da matéria tributável quando não dê origem à liquidação de qualquer tributo;
b. os actos de determinação da matéria colectável; e
c. os actos de fixação de valores patrimoniais.

Pela sua simplicidade e semelhança ao processo judicial, começar-se-á por aludir à legitimidade de os tribunais arbitrais poderem decidir sobre os actos de fixação dos valores patrimoniais. Estes actos de fixação de valores patrimoniais, impugnáveis de acordo com o artigo 97.º, n.º 1, alínea *f)*, do CPPT e nos termos do artigo 77.º do Código do IMI, são, também eles, susceptíveis de recurso à arbitragem, nos termos da última parte da alínea *b)*, na exacta medida em que o são nos termos do CPPT, nada se trazendo de novo no regime em análise, pelo menos no que respeita às disposições constantes do RJAT. Isto porque, em bom rigor, o artigo 134.º, n.º 7 do CPPT exige que para impugnação de actos de fixação de valores patrimoniais sejam esgotados os meios graciosos previstos no procedimento de avaliação.

Deste modo, e à semelhança do que se viu *supra* em relação a actos de autoliquidação, de retenção na fonte e de pagamento por conta, a que aludem os artigos 131.º a 133.º do CPPT, o artigo 134.º do CPPT exige o prévio esgotamento de meios graciosos. A propósito dos actos de autoliquidação, de retenção na fonte e de pagamento por conta, concluiu-se no ponto 2.2. da presente anotação que, nos termos da alínea *a)* do artigo 2.º da Portaria de Vinculação, está excluída da jurisdição arbitral a apreciação daqueles actos quando não precedidos de reclamação administrativa necessária, nos termos e para os efeitos dos artigos 131.º a 133.º do CPPT.

Ora, se a Administração teve o cuidado de se referir expressamente aos artigos 131.º a 133.º do CPPT, o mesmo não sucedeu quanto aos actos de fixação de valores patrimoniais e a exigência constante do n.º 7 do artigo 134.º também do CPPT.

Assim, parece ser de concluir que na arbitragem tributária, ao contrário do que sucede na impugnação judicial, o "esgotamento dos meios graciosos previstos no procedimento de avaliação" não é, pois, exigível[115].

Pese embora esta diferença entre a impugnação dos actos de fixação de valores patrimoniais que exige reclamação graciosa necessária e a arbitragem dos mesmos que parece não exigir este requisito, a grande novidade do RJAT está, porém, na primeira parte desta alínea *b)*, ou seja na consagração de uma legitimidade dos tribunais arbitrais analisarem a (i)legalidade de actos cuja sua impugnabilidade, nos termos gerais, não está prevista. Fala-se aqui dos *Relatórios de Inspecção*. Esta é uma inovação do RJAT, ao permitir a impugnação autónoma de actos preparatórios – os *Relatórios de Inspecção* – em termos mais abrangentes que os previstos no CPPT – à luz do princípio da impugnação unitária aí consagrado no artigo 54.º.

No que aqui importa, a arbitragem abriu a possibilidade de impugnabilidade de uma realidade que não era, até 2011, susceptível de sindicância autónoma e directa. De facto, decorre daquela alínea *b)* que são susceptíveis de recurso à arbitragem (1) os actos tributários que consubstanciem a declaração de ilegalidade de actos de determinação da matéria tributável, os quais, na versão introduzida pela Lei n.º 64-B/2011, de 30 de Dezembro, só são arbitráveis unicamente na medida em que não dêem origem à liquidação de qualquer tributo; e (2) os actos de determinação da matéria colectável. Ora, é desde logo nos Relatórios

---

[115] Em sentido contrário, PAULA ROSADO PEREIRA entende que a *ratio* do artigo 134.º impõe que o esgotamento dos meios graciosos seja exigível também para a arbitragem de actos de fixação de valores patrimoniais, escrevendo a este propósito que "The constraint is also applicable to the requests for the declaration of illegality of property valuation referred to in Article 2 (1) (b) of LRTA [(artigo 2.º, n.º 1, alínea *b)* do RJAT)]. Reasons of economy and contentious methods justify that restriction in both cases – in judicial courts and in arbitration courts." Cf. PAULA ROSADO PEREIRA (2015) "The material scope of tax arbitration", 95-96.

de Inspecção, seja ela interna ou externa, por métodos directos ou indirectos, que são efectuadas correcções ou à matéria tributável – lucro tributável no IRC – ou à matéria colectável.

Na vanguarda do que se tem defendido na Doutrina e na jurisprudência relativamente ao afastamento da definitividade e lesividade como condições de impugnabilidade dos actos tributários, o legislador conferiu aos Relatórios de Inspecção – que se materializem em correcções à matéria tributável ou à matéria colectável – legitimidade bastante para os considerar, por si só, e sem necessidade de concretização das correcções em actos de liquidação consequentes, arbitráveis.

Contudo, aqui não se pode deixar de referir que a arbitrabilidade dos Relatórios de Inspecção, de onde decorram alterações à matéria tributável ou alterações à matéria colectável, ficou absolutamente fragilizada pela revogação do artigo 14.º pelo artigo 161.º da Lei n.º 64-B/2011, de 30 de Dezembro.

Entenda-se que originalmente, a par da possibilidade de recurso à arbitragem do Relatório de Inspecção do qual decorressem tão só alterações ou à matéria tributável ou à matéria colectável, o legislador previa a *suspensão do acto consequente do Relatório de Inspecção*, i.e., da liquidação das prestações tributárias cuja fundamentação fosse de parte (ou de todo) do Relatório em discussão. Vale isto por dizer que o sujeito passivo que, por exemplo, fosse notificado do Relatório de Inspecção poderia recorrer à arbitragem tributária, obstando a que fosse emitida a liquidação adicional e, consequentemente, fosse instaurado processo de execução fiscal e prestada a garantia correspondente, em caso de não pagamento. Uma vez resolvida a querela no tribunal arbitral, de duas uma:

a. ou a decisão arbitral era favorável à pretensão do contribuinte, concluindo pela ilegalidade das correcções vertidas no Relatório de Inspecção, e aí a Administração já não emitiria liquidação adicional – ou a liquidação a emitir seria apenas quanto à parte cuja legalidade não foi discutida, ou ainda que o tivesse sido, apenas na parte da pretensão do contribuinte que não procedeu;

b. ou a decisão arbitral era desfavorável à pretensão do contribuinte, concluindo pela legalidade das correcções efectuadas no Relatório de Inspecção, sendo que nesse caso a liquidação adicional teria já vertidas as conclusões do tribunal arbitral relativamente à legalidade daquelas correcções e seria insusceptível de futura litigância, quer pela via graciosa quer pela via judicial ou arbitral. Deste modo, em caso de não pagamento, o sujeito passivo não poderia depois suspender o processo de execução fiscal eventualmente instaurado porquanto a discussão da legalidade da dívida (com fundamento na ilegalidade das correcções apuradas em Relatório de Inspecção) já lhe estava vedada, por força de decisão arbitral "transitada em julgado"[116].

Na redacção actual, revogado que foi, pelo artigo 161.º da Lei n.º 64-B/2011, de 30 de Dezembro, o efeito suspensivo (vertido no anterior artigo 14.º), o sujeito passivo, pese embora mantenha, como se verá, a prorrogativa de discussão do Relatório de Inspecção que fundamenta a liquidação adicional, vai ser desta notificado e, caso não proceda ao seu pagamento, terá que prestar garantia no processo de execução fiscal que vier a ser instaurado. Não se julga ser uma solução que traga ao sistema algo de positivo na medida em que, por um lado, são criados custos de contexto as mais das vezes elevadíssimos aos contribuintes, porquanto terão que prestar garantia, ainda que o que se esteja a discutir na arbitragem seja o Relatório de Inspecção e não o acto de liquidação consequente. Por outro, também não se vislumbram grandes vantagens para a Administração Tributária, na medida em que pode ver a litigância contra si aumentar.

Não obstante se defenda a arbitrabilidade dos Relatórios de Inspecção, não se pode deixar de referir que esta é uma posição minoritária na Doutrina.

Contudo, note-se que abonam em favor deste entendimento não só o que se disse *supra* – sobre a lesividade daqueles actos tributários e o facto de deles decorrerem correcções à matéria tributável ou colectável – mas também a própria letra da lei. Com efeito, se o legislador revogou a alínea *c*) do n.º 1 deste artigo 2.º e o artigo 14.º, deixou porém intacto o n.º 4 do artigo 13.º e, bem assim, o n.º 2 do artigo 24.º.

Assim, no n.º 4 do artigo 13.º pode ler-se que "[a] apresentação dos pedidos de constituição de tribunal arbitral preclude o direito de, com os mesmos fundamentos, reclamar, impugnar, requerer a revisão, incluindo a da matéria colec-

---

[116] Só poderia suspender o processo de execução fiscal caso tivesse fundamento para oposição à execução. Assim, pode até equacionar-se que este regime conferia um certo efeito preclusivo do direito a impugnar na medida em que o sujeito passivo que optasse pela arbitragem para ver apreciada a legalidade das correcções vertidas no Relatório de Inspecção, via precludido o seu direito de impugnar a liquidação adicional com os mesmos fundamentos com que tinha recorrido à arbitragem podendo unicamente impugnar com fundamento noutro qualquer vício.

tável, ou a promoção da revisão oficiosa, ou suscitar pronúncia arbitral sobre os actos objecto desses pedidos *ou sobre os consequentes actos de liquidação*, excepto quando o procedimento arbitral termine antes da data da constituição do tribunal arbitral ou o processo arbitral termine sem uma pronúncia sobre o mérito da causa" (sublinhado e itálico da autora). Por seu turno, o n.º 2 do artigo 24.º dispõe que "[s]em prejuízo dos demais efeitos previstos no Código de Procedimento e de Processo Tributário, a decisão arbitral sobre o mérito da pretensão de que não caiba recurso ou impugnação preclude o direito de, com os mesmos fundamentos, reclamar, impugnar, requerer a revisão ou a promoção da revisão oficiosa, ou suscitar pronúncia arbitral sobre os actos objecto desses pedidos *ou sobre os consequentes actos de liquidação*" (sublinhado e itálico da autora).

Estas disposições vêm, ao que se julga, confirmar a arbitrabilidade dos Relatórios de Inspecção na medida em que na delimitação dos efeitos do pedido de constituição do tribunal arbitral ou os efeitos da decisão arbitral, se manteve em vigor consequência legalmente prevista para os actos de liquidação consequentes. O legislador deixou então claro que no caso de o objecto do pedido de constituição do tribunal arbitral ser o Relatório de Inspecção, está precludido o direito do Requerente poder, em caso de negação do seu pedido, discutir a legalidade do acto de liquidação consequente. Esta referência é, ao que se crê, a prova de que os Relatórios de Inspecção continuam a poder ser objecto de arbitragem.

Uma outra questão que também se coloca é a de saber qual a diferença entre a primeira parte da alínea *b)* – actos tributários que consubstanciem a declaração de ilegalidade de actos de determinação da matéria tributável – e a segunda parte da alínea *b)* – actos de determinação da matéria colectável.

Esta diferença entre a primeira realidade contemplada na alínea *b)* e a segunda não é de todo imediata na medida em que é a primeira vez que o legislador utiliza, em legislação processual, as duas expressões numa mesma norma querendo, ao que se julga, apontar para duas realidades diferentes.

Na verdade, embora as expressões "matéria tributável" e "matéria colectável" não tenham, como se verá, o mesmo alcance, o certo é que quer na LGT quer no CPPT têm sido usadas, ousa-se, como sinónimos.

Veja-se, por exemplo, os artigos 91.º, 92.º e 94.º da LGT. No primeiro preceito o legislador utiliza a expressão "Pedido de Revisão da Matéria Colectável" e logo no n.º 1 refere-se a "solicitar a revisão da matéria tributável", utilização indistinta que, de resto, se repete nos restantes 14 números do preceito. Nesta senda, o artigo seguinte acaba por utilizar a mesma técnica e, sob a epígrafe "Procedimento de Revisão", o legislador utiliza no n.º 1, ambas as expressões indistintamente e no n.º 4, 5 e 6 utiliza unicamente a expressão "matéria tributável". No artigo 94.º constata-se, uma vez mais, a utilização, crê-se, por razões de estilo, de ambas a expressões quer no n.º 1 e quer no n.º 4. Já no CPPT o legislador utilizou, na sua versão original unicamente a expressão "matéria tributável" (*e.g.* n.º 3 do artigo 38.º; n.º 2, do artigo 59.º; n.º 1, do artigo 62.º; n.º 3, do artigo 80.º; artigo 117.º entre tantos outros), tendo em 2008 introduzido a expressão "matéria colectável" ao Código com a inserção do artigo 97.º-A, no seu n.º 1, alínea *b)*.

Se até ao RJAT é certo que, do ponto de vista procedimental/processual, o legislador servia-se de expressões como "matéria colectável" ou "matéria tributável" indistintamente, optando por uma ou outra por razões puramente linguísticas ou de estilo, também é certo que no Código do IRC as duas expressões são utilizadas para definir conceitos bem diferentes que cumpre delimitar a fim de se perceber quais as realidades contempladas nesta alínea *b)*.

Estabelece o artigo 15.º do Código do IRC que a *matéria colectável* se obtém "pela dedução ao lucro tributável determinado nos termos do artigo 17.º e seguintes, dos montantes correspondentes a: 1) Prejuízos fiscais, nos termos do artigo 52.º; 2) Benefícios fiscais eventualmente existentes que consistam em deduções naquele lucro".

Por seu turno, refere o artigo 17.º que o *lucro tributável* é constituído "pela soma algébrica do resultado líquido do período e das variações patrimoniais positivas e negativas verificadas no mesmo período e não reflectidas naquele resultado, determinados com base na contabilidade e eventualmente corrigidos nos termos deste Código".

Assim é certo que, por um lado, matéria tributável em IRC será o lucro tributável, e, por outro lado, matéria colectável é, *grosso modo*, igual ao lucro tributável deduzido de prejuízos fiscais e de benefícios fiscais.

Para o efeito, deverá partir-se de um resultado líquido do exercício, que se trata de um valor contabilístico, ao qual serão somadas as variações patrimoniais positivas e deduzidas as variações patrimoniais negativas. De seguida, haverá que adaptar a realidade ainda contabilística à fiscal, fazendo os ajustamentos constantes do Código do IRC e reflectidos no Quadro 07 da Declaração de Rendimentos Modelo 22, acrescendo ou deduzindo consoante o caso, valores ao resultado contabilístico. Por fim, haverá ou *prejuízo fiscal* caso o resultado seja negativo ou *lucro tributável* caso o resultado seja positivo. Caso haja lucro tributável, a este valor deduzir-se-ão os prejuízos fiscais transitados de anos anteriores e os benefícios fiscais aplicáveis, achando-se, deste modo, a *matéria colectável*.

Uma nota final neste ponto para referir que, um Relatório Inspecção do qual decorram alterações ao lucro tributável quando este seja positivo daria sempre lugar a alterações ao valor da matéria colectável. O mesmo é dizer que a alteração introduzida pelo artigo 160.º da Lei n.º 64-B/2011, de 30 de Dezembro – onde se acrescentou que os actos tributários que consubstanciem a declaração de ilegalidade de actos de determinação da matéria tributável só são recorríveis arbitralmente quando não dê origem à liquidação de qualquer tributo – seria desnecessária na medida em que caso dê lugar à liquidação de qualquer tributo é já aplicável a segunda parte da alínea b), *i.e.*, tratam-se de actos tributários que consubstanciam a declaração de ilegalidade de actos de determinação da matéria colectável. Por outras palavras, os Relatórios de Inspecção dos quais decorrem correcções ao lucro tributável (matéria tributável) se não originarem imposto a pagar são recorríveis pela via arbitral pela primeira parte da alínea b) e caso origem imposto a pagar são recorríveis pela via arbitral pela segunda parte da alínea b) uma vez que originam sempre correcções à matéria colectável.

Conclui-se assim, no que em concreto respeita a esta questão, que na redacção actual do RJAT e ao contrário do disposto no CPPT e do que tem sido defendido, os Relatórios de Inspecção se mantêm *autónoma* e *directamente* sindicáveis[117].

3.1. Limitações impostas pela Portaria de Vinculação

A Portaria de Vinculação, à semelhança do que determinou quanto ao âmbito material da arbitragem previsto na alínea a), do n.º 1, deste artigo 2.º, veio, quanto à alínea b), delimitar também o seu conteúdo, reduzindo portanto o leque de situações que poderão ser submetidas aos tribunais arbitrais.

Ora, decorre da alínea b), do n.º 1, deste artigo 2.º, que são arbitráveis, desde logo, os actos de fixação dos valores patrimoniais, os Relatórios de Inspecção seja ela externa ou interna, por métodos directos ou por métodos indirectos dêem eles ou não lugar a imposto a pagar – dependendo se se está na primeira parte ou na segunda parte da alínea b).

Porém, estabelece o artigo 2.º, na alínea b) desta feita da Portaria de Vinculação, que ficam fora do âmbito da arbitragem tributária, porquanto a Adminis-

---

[117] Posição que já se defendia em SÉRGIO VASQUES/CARLA CASTELO TRINDADE (2013) "Âmbito material da arbitragem Tributária".

tração Tributária excepcionou da sua vinculação "as pretensões relativas a actos de determinação da matéria tributável e os actos de determinação da matéria colectável, ambos por métodos indirectos, incluindo a decisão do procedimento de revisão".

Deste modo, resulta do preceituado que, quando a avaliação da matéria colectável for efectuada pela Administração Tributária por métodos indirectos, nos termos e condições previstos nos artigos 87.º a 89.º da LGT, os sujeitos passivos só poderão recorrer aos meios já disponíveis nos termos gerais designadamente ao procedimento de revisão da matéria colectável previsto no artigo 91.º da LGT.

Compreenda-se em que contexto é que esta limitação foi introduzida.

A Portaria de Vinculação foi aprovada com base na redacção original do RJAT. Através desta – e, defende-se, ainda hoje – eram arbitráveis os chamados actos *preparatórios* do acto tributário (*definitivo*) ou seja os Relatórios de Inspecção. O que se quis com esta limitação foi deixar de fora da arbitragem os actos preparatórios quando a fixação da matéria tributável ou colectável fosse efectuada por métodos indirectos. Tudo porque esta discussão era já permitida pelo procedimento próprio da LGT – revisão da matéria colectável fixada por métodos indirectos. Esta limitação não significa portanto que o acto definitivo de liquidação – oficiosa ou adicional – que resulte da fixação da matéria colectável por métodos indirectos não seja arbitrável. A Administração Tributária não se vinculou à arbitragem quanto às pretensões relativas a actos de determinação da matéria tributável e os actos de determinação da matéria colectável, ambos por métodos indirectos, ou seja, àquelas realidades que são sujeitas aos mecanismos de fixação da matéria tributável previstos no artigo 90.º da LGT e, bem assim, não se vinculou à discussão da decisão do procedimento de revisão a que se refere os artigos 91.º a 94.º. Situação diferente da decisão de determinação da matéria colectável por métodos indirectos ou da decisão que venha a recair sobre o procedimento de revisão da matéria colectável por métodos indirectos é o acto definitivo de liquidação. Este é arbitrável nos termos e para os efeitos do disposto na alínea *a)*, do n.º 1, do artigo 2.º.

Em conclusão, o acto administrativo – definitivo – de liquidação é arbitrável – com as limitações acima expostas – independentemente de resultar da fixação directa ou indirecta da matéria colectável.

Esta conclusão contraria, em completo, aquele que tem sido o sentido das decisões dos tribunais arbitrais.

A título de exemplo refere-se a decisão no âmbito do processo arbitral n.º 70/2012-T[118], no qual a Autoridade Tributária alegou a incompetência do tribunal arbitral em razão da matéria, por considerar que "o acto tributário de liquidação em que a matéria tributável tenha sido determinada com base em avaliação indirecta" (expressão do artigo 86.º, n.º 4, da LGT) está também excluído da competência dos tribunais arbitrais. Na sua óptica, a excepção constante da alínea b) do artigo 2.º da Portaria de Vinculação ("actos de determinação da matéria colectável e actos de determinação da matéria tributável, ambos por métodos indirectos, incluindo a decisão do procedimento de revisão") abrangeria também o acto tributário de liquidação em que a matéria tenha sido determinada com base em métodos indirectos.

Nesse processo, a Requerente respondeu à excepção invocada alegando que se o legislador incluiu na mencionada excepção "a decisão do procedimento de revisão" mas não incorporou o subsequente acto de liquidação foi porque efectivamente não pretendeu abranger este último, mesmo que lhe esteja subjacente um acto de determinação da matéria tributável por métodos indirectos. Tinha razão o Requerente[119].

O tribunal arbitral aí constituído, considerando que a excepção invocada era, na verdade, uma excepção dilatória inominada, e não de incompetência material – uma vez que é o artigo 2.º do Decreto-Lei n.º 10/2011 que define o âmbito material da arbitragem tributária, não tendo a Portaria de Vinculação procedido à sua revogação, mas tão-só ao estabelecimento dos termos de vinculação da Administração – entendeu, mal, que:

> *Tal acto de liquidação substantivamente nada acrescenta, limitando-se a materializar a decisão do procedimento, a concretizar o valor do imposto que deriva aritmeticamente desta decisão e a externa-la, para que esta possa produzir os efeitos jurídicos da relação jurídico-tributária constituída.*

---

[118] Cuja decisão arbitral está disponível em http://www.caad.org.pt/.

[119] No mesmo sentido veja-se Francisco Geraldes Simões (2014) "A arbitrabilidade dos actos de liquidação por métodos indirectos", 16-19, destacando que "[o] RJAT atribuiu aos tribunais arbitrais competência para sindicar autonomamente esses actos, passando assim a constituir um meio de resolução de litígios tributários alternativo ao próprio procedimento administrativo de revisão. Por seu turno, a Portaria, ao excepcionar nesse caso a vinculação da AT à jurisdição arbitral, mais não pretendeu do que impedir que a jurisdição arbitral passasse a constituir um meio de resolução de litígios alternativo ao procedimento de revisão do artigo 91.º da LGT".

Ora, se está vedada a apreciação de pretensões que se refiram à decisão do procedimento de revisão, cujo objecto é o da determinação da matéria tributável por métodos indirectos, e se a causa de pedir da presente acção é precisamente o excesso de quantificação dessa matéria (cerne do próprio procedimento de revisão) então dúvidas não restam de que a apreciação do acto de liquidação, com fundamento nesse excesso de quantificação, está excluída da jurisdição deste tribunal."

Esta conclusão do tribunal arbitral leva portanto à solução de que os actos de liquidação decorrentes da fixação da matéria colectável por métodos indirectos só seriam impugnáveis judicialmente porquanto estariam incluídos na Portaria de Vinculação como uma das excepções, estando, portanto, excluídos do âmbito material da arbitragem. Haveria, assim, uma realidade impugnável maior do que a arbitrável. Todavia, ao que se tem defendido, esta é não só uma conclusão despicienda na medida em que o resultado contrariaria aquela que foi a intenção do legislador, como também, que seria uma solução sem apego no texto da Portaria. A LGT distingue claramente os três momentos: (1) o da fixação da matéria colectável por métodos indirectos (artigo 90.º); (2) o da discussão do resultado da fixação da matéria colectável por métodos indirectos através do pedido de revisão da matéria colectável (artigo 91.º); e (3) o da discussão do acto tributário de liquidação em que a matéria colectável tenha sido determinada por métodos indirectos (artigo 86.º, n.º 4). A Administração Tributária quis deixar de fora da arbitragem os dois primeiros casos não se excluindo à arbitrabilidade quanto ao último. Tudo porque, insista-se, para a discussão daqueles actos – *preparatórios* – havia já procedimentos próprios.

Num outro processo, onde em causa estava a (i)legalidade de liquidação adicional de IRC, derrama, tributações autónomas e juros, quanto às correcções à matéria colectável relativas à violação do princípio da plena concorrência (regime dos preços de transferência), a Autoridade Tributária alegou que aquela matéria não estaria abrangida pela jurisdição arbitral em matéria tributária por haver, em seu entender, uma equiparação necessária entre o regime dos preços de transferência e os métodos indirectos de determinação da matéria colectável (processo arbitral n.º 76/2012-T[120]). Sustentou, aí, que *"a razão que terá presidido à não sujeição à arbitragem em matéria tributária, enquanto forma alternativa de resolução jurisdicional de conflitos no domínio fiscal"* das matérias elencadas na alínea b) do

---

[120] Cuja decisão arbitral está disponível em http://www.caad.org.pt/.

artigo 2.º da Portaria de Vinculação reside *"no facto de as mesmas não respeitarem a correcções meramente aritméticas da matéria tributável resultantes da estrita imposição legal, envolvendo, por consequência, alguma margem de discricionariedade técnica da Administração Tributária".* Porém, o tribunal arbitral não deu, e bem, procedência à excepção invocada pela Autoridade Tributária invocando, desde logo, como princípio geral de interpretação jurídica que "as normas excepcionais não comportam aplicação analógica", nos termos do artigo 11.º do Código Civil (CC), pelo que:

> *"(...) se nas excepções não vem indicada a não vinculação da Autoridade Tributária e Aduaneira quando esteja em causa a apreciação da legalidade de actos que façam aplicação do regime de preços de transferência, a situação terá forçosamente e considerar-se abrangida pela regra do corpo do artigo 2.º da Portaria n.º 112-A/2011."*

Ao fundamento utilizado pela Autoridade Tributária para a exclusão das matérias elencadas na alínea *b)* do artigo 2.º da Portaria de Vinculação, respondeu o tribunal arbitral constituído que:

> *"Por outro lado, a eventual explicação para a opção governamental (...) não estará na existência de uma margem de subjectividade, mas sim no facto de para apreciação dessas questões já se prever no âmbito do procedimento tributário um procedimento especial com características essencialmente semelhantes às que enformam os tribunais arbitrais colectivos no âmbito da arbitragem voluntária, em que é indicado um perito pelo contribuinte e outro pela administração tributária e há intervenção de um terceiro perito independente de nomeação pelas partes (artigos. 91.º a 93.º da LGT)."*

Em conclusão, insiste-se, o acto administrativo – definitivo – de liquidação é arbitrável – com as limitações acima expostas em todo este comentário – independentemente de resultar da fixação directa ou indirecta da matéria colectável[121].

---

[121] Posição idêntica é a defendida por FRANCISCO GERALDES SIMÕES quando afirma que: "(...) do mesmo modo que os actos de liquidação por métodos indirectos podem ser sindicados pelos tribunais tributários estaduais, desde que previamente submetidos à revisão administrativa, nenhuma razão impede que também o sejam pelos tribunais tributários arbitrais. Foi para isso mesmo que foram criados os tribunais tributários arbitrais: para constituírem um meio de resolução jurisdicional de litígios tributários alternativo à jurisdição estadual. A Portaria não visou contrariar esse objectivo supremo e não deixou de vincular a AT à jurisdição

4. Projecto de decisão de liquidação

Na versão originária do regime, na alínea c), do n.º 1, deste artigo 2.º, previa-se ainda a competência dos tribunais arbitrais para a "apreciação de qualquer questão, de facto ou de direito, relativa ao projecto de liquidação, sempre que a lei não assegure a faculdade de deduzir a pretensão" de declaração de ilegalidade de actos de determinação da matéria tributável e colectável, e de actos de fixação de valores patrimoniais.

Esta inovação da versão original do RJAT, que permitia a impugnação autónoma de actos preparatórios em termos mais abrangentes que os previstos no CPPT – dado o princípio da impugnação unitária aí consagrado no artigo 54.º que anteriormente se referiu –, acabou por ser expressamente revogada pelo artigo 161.º da Lei 64-B/2011, de 30 de Dezembro. Refira-se que, do que se conhece da jurisprudência dos tribunais arbitrais, a norma nem chegou a ter expressão prática.

No que concerne às razões subjacentes a esta revogação, pela mesma norma que procedeu também à revogação do artigo 14.º, crê-se que o legislador a revogou porque pretendeu excluir os Relatórios de Inspecção do âmbito material da arbitragem tributária. Contudo, e como se julga ter deixado claro, a arbitrabilidade dos Relatórios de Inspecção não provinha daquela alínea c), mas resultava, como hoje resulta, da alínea b), do n.º 1, do artigo 2.º. Por conseguinte, quer isto dizer que se, efectivamente, a pretensão do legislador, na Lei n.º 64-B/2011, de 30 de Dezembro, foi retirar os Relatórios de Inspecção do âmbito da arbitrabilidade, não o conseguiu. Os Relatórios de Inspecção continuam arbitráveis, se bem que essa arbitrabilidade tenha ficado fragilizada pela revogação do artigo 14.º, pois que com a actual redacção, o sujeito passivo notificado do acto definitivo de liquidação decorrente do Relatório de Inspecção cuja legalidade seja contestada pela arbitragem terá de proceder, ainda assim, ao pagamento ou prestar garantia no processo de execução que vier a ser instaurado.

5. Exclusão da arbitrabilidade de actos em matéria tributária

Cabe agora olhar a uma temática que ainda que em teoria não levante grandes celeumas, tem, do ponto de vista prático, feito correr alguma tinta nos tribunais

---

arbitral sobre os actos de liquidação por métodos indirectos, quer as pretensões se fundem em erro sobre os pressupostos da aplicação desses métodos, quer se fundem em erro sobre a sua quantificação." Cf. FRANCISCO GERALDES SIMÕES (2014) "A arbitrabilidade dos actos de liquidação por métodos indirectos", 16-19.

arbitrais. Trata-se da questão que se prende com a clássica bipartição do acto administrativo em *acto tributário* e em *acto em matéria tributária*

Os actos de liquidação, de autoliquidação, de retenção na fonte, de pagamento por conta, de fixação de valores patrimoniais e de determinação da matéria colectável ou tributável são *actos tributários*. Destes actos distinguem-se os *actos administrativos em matéria tributária*.

Como ensina Casalta Nabais, *actos em matéria tributária* são aqueles actos que integram a categoria dos actos administrativos, incluídos no conceito constante do artigo 148.º do CPA, praticados em sede de relações jurídicas tributárias através dos quais se concluem procedimentos diversos e autónomos do procedimento que termina no acto tributário ou acto de liquidação do imposto[122].

> *"Trata-se, pois, de actos administrativos proferidos em procedimentos especiais, como os de concessão de benefícios fiscais, admissão do pagamento dos impostos em prestações, solicitação da compensação de impostos, inspecção tributária, derrogação administrativa do dever de sigilo bancário, informação vinculativa, avaliação prévia, aplicação da cláusula geral anti-abuso, elisão de presunções, etc., os quais são directamente impugnáveis, por via de regra, nos tribunais tributários, excepto se forem actos administrativos dos membros do Governo, que são impugnados na 2ª Secção do Tribunal Central Administrativo Sul, ou actos administrativos do Conselho de Ministros, que são impugnados na 2ª Secção do Supremo Tribunal Administrativo."*[123]

Os actos tributários *stricto sensu*, aqueles de que se tem vindo a falar, podem ser objecto de impugnação judicial ou, como se viu dos pontos anteriores, de processo arbitral.

Já os actos administrativos em matéria tributária, nos termos do artigo 97.º, n.º 2, do CPPT, só serão sindicáveis por via de acção administrativa especial, regulado nos artigos 50.º e seguintes do CPTA, tratando-se, em rigor, de verdadeiros actos administrativos[124].

---

[122] José Casalta Nabais (2015) 344-346.
[123] José Casalta Nabais (2015) 353.
[124] O n.º 2 do artigo 97.º do CPPT prescreve: "O recurso contencioso dos actos administrativos em matéria tributária, que não comportem a apreciação da legalidade do acto de liquidação, da autoria da administração tributária, compreendendo o governo central, os governos regionais e os seus membros, mesmo quando praticados por delegação, é regulado pelas normas sobre processo nos tribunais administrativos".

A possibilidade de o processo arbitral ser um meio alternativo à acção administrativa especial de impugnação de acto administrativo não está prevista no RJAT, nem tampouco estava prevista na lei de autorização legislativa. Com efeito, o artigo 124.º da Lei n.º 3-B/2010, de 28 de Abril, apenas habilitava o Governo a legislar "no sentido de instituir a arbitragem como forma alternativa de resolução jurisdicional de conflitos em matéria tributária", concebendo-a como "um meio processual alternativo ao processo de impugnação judicial e à acção para o reconhecimento de um direito ou interesse legítimo em matéria tributária". Dito de outro modo, o Governo estava habilitado a gizar a arbitragem como meio alternativo à impugnação judicial e, bem assim, à acção para o reconhecimento de um direito ou interesse legítimo em matéria tributária.

A não alternatividade do processo arbitral tributário à acção administrativa especial significa, então, que não serão sindicáveis, nos termos do RJAT, actos administrativos em matéria tributária[125].

Não significa, porém, que um qualquer acto de liquidação, adicional ou oficiosa, que parta da desconsideração de um determinado benefício fiscal, designadamente, de uma isenção, não seja susceptível de conhecimento pelos tribunais arbitrais tributários. Pelo contrário, o acto cuja (i)legalidade o sujeito passivo pretende ver apreciado é o *acto de liquidação*, adicional ou oficiosa, consequente e posterior, portanto, ao acto de desconsideração da isenção ou ao acto de negação do reconhecimento do benefício fiscal. Deste modo, em casos como o descrito, o tribunal arbitral tem competência para apreciar o acto de liquidação que partiu de um qualquer acto em matéria tributária na medida em que este é um verdadeiro *acto tributário*. Conclusão diferente não se retiraria caso o acto de liquidação consequente – o tal que partiu da desconsideração da isenção ou do acto de negação do reconhecimento do benefício fiscal – fosse sindicado em processo judicial. Aqui seguiria a forma de impugnação judicial e não de acção administrativa especial.

O processo judicial tributário compreende assim, e em rigor, duas realidades distintas: por um lado a possibilidade de impugnação judicial de actos tributários *stricto sensu* e, por outro, a sindicalidade de actos em matéria tributária por via de acção administrativa especial.

[125] Como, de resto, também não são arbitráveis por via da arbitragem administrativa, nos termos do artigo 180.º do CPTA.

6. Conclusão: actos tributários arbitráveis

Analisado que foi o âmbito material da arbitragem tributária, previsto neste artigo 2.º, e adiantadas já as limitações operadas pela Portaria de Vinculação – que serão revisitadas no comentário ao artigo 4.º – cumpre sistematizar quais são, então, os actos tributários arbitráveis.

Do que ficou exposto, o âmbito material da arbitragem poderá ser dividido em duas "zonas": uma em que o arbitrável e o impugnável são efectivamente coincidentes; outra em que o arbitrável vai além do que é impugnável. Acrescem ainda aqueles casos que, como se referiu *supra*, ficaram completamente fora da jurisdição arbitral, designadamente por exclusão da Portaria de Vinculação.

Deste modo, são **simultaneamente arbitráveis e impugnáveis**:

- Actos de liquidação administrativa (seja ela simples, oficiosa ou adicional) de impostos cuja administração seja da competência da Autoridade Tributária e Aduaneira, ainda que decorrentes de actos de fixação da matéria colectável e de actos de fixação da matéria tributável, independentemente desta ser efectuada por métodos directos ou indirectos, desde que, neste último caso, sejam precedidos de procedimento de revisão da matéria colectável especialmente previsto na LGT – ao abrigo da alínea *a)*, do n.º 1, do artigo 2.º, do RJAT, do artigo 1.º e do corpo do artigo 2.º da Portaria de Vinculação;

- Actos de autoliquidação, de retenção na fonte ou de pagamento por conta de impostos administrados pela Autoridade Tributária e Aduaneira, desde que precedidos de reclamação administrativa prévia, nos termos e para os efeitos dos artigos 131.º a 133.º do CPPT, bastando, para o efeito, uma qualquer intervenção por parte da Administração Tributária que sirva a *ratio* de filtragem administrativa daqueles preceitos – ao abrigo do artigos 2.º, n.º 1, alínea *a)* do RJAT, do artigo 1.º e da alínea *a)*, do artigo 2.º, *a contrario*, da Portaria de Vinculação;

- Actos de indeferimento expresso de reclamações graciosas, recursos hierárquicos ou pedidos de revisão oficiosa que apreciem, eles próprios, a (i) legalidade do acto de liquidação, de autoliquidação, de retenção na fonte ou de pagamento por conta – ao abrigo de uma interpretação teleológica da alínea *a)*, do n.º 1, do artigo 2.º, do RJAT e da alínea *a)*, do artigo 2.º, da Portaria de Vinculação, sendo certo que o objecto do processo arbitral é sempre o acto tributário de primeiro grau cuja (i)legalidade o sujeito passivo pretende ver apreciada;

- Actos de fixação de valores patrimoniais, para efeitos de impostos administrados pela Autoridade Tributária e Aduaneira, depois de esgotados os meios graciosos previstos no procedimento de avaliação, conforme dispõe o artigo 134.º do CPPT – ao abrigo da alínea *b)*, do n.º 1, do artigo 2.º, do RJAT, do artigo 1.º e do corpo do artigo 2.º da Portaria de Vinculação (ainda que como se verá, para a arbitragem não seja necessário esse esgotamento dos meios graciosos);
- Actos de liquidação de IVA, impostos especiais sobre o consumo (IEC) e outros impostos indirectos sobre mercadorias que não sejam sujeitas a direitos de importação – ao abrigo da alínea *a)*, do artigo 2.º, do RJAT e da alínea *d)*, do artigo 2.º, *a contrario,* da Portaria de Vinculação[126];
- Pretensões relativas a imposições à exportação instituídas no âmbito da política agrícola comum ou no âmbito de regimes específicos aplicáveis a determinadas mercadorias resultantes de transformação de produtos agrícolas – ao abrigo da alínea *a)*, do n.º 1, do artigo 2.º, do RJAT[127].

Contudo, como se referiu, a arbitragem quis ir mais além da impugnação judicial. Existem por isso determinados actos que são apenas arbitráveis, não sendo susceptíveis de impugnação judicial.

Assim, são **arbitráveis, ainda que não impugnáveis**:

- Actos de fixação da matéria tributável sem recurso a métodos indirectos ou seja, por recurso a métodos directos, quando não dêem origem à liquidação de qualquer imposto cuja administração esteja cometida à Autoridade Tributária e Aduaneira – mormente Relatórios de Inspecção – ao abrigo da primeira parte da alínea *b)*, do n.º 1, do artigo 2.º, do RJAT e da alínea *b)*, do artigo 2.º, *a contrario,* da Portaria de Vinculação (tendo dado lugar a imposto a pagar, serão arbitráveis por via da segunda parte da alínea *b)*, do n.º 1, do artigo 2.º, do RJAT, uma vez que determinaram alterações à matéria colectável e portanto são os que se identificam abaixo);
- Actos de determinação da matéria colectável, sem recurso a métodos indirectos ou seja, por recurso a métodos directos, quando dêem origem à liquidação de qualquer imposto cuja administração esteja cometida à Autoridade Tributária e Aduaneira – mormente Relatórios de Inspecção

---

[126] Sobre estes actos será feita referência no comentário ao artigo 4.º.
[127] Sobre estes actos será feita referência no comentário ao artigo 4.º.

– ao abrigo da alínea *b)*, do n.º 1, do artigo 2.º, do RJAT, do artigo 1.º e da alínea *b)*, do artigo 2.º, *a contrario*, da Portaria de Vinculação;
- Actos de fixação de valores patrimoniais, para efeitos de impostos administrados pela Autoridade Tributária e Aduaneira, mesmo que não tenham sido esgotados os meios graciosos previstos no procedimento de avaliação – ao abrigo da alínea *b)*, do n.º 1, do artigo 2.º, do RJAT, do artigo 1.º e do corpo do artigo 2.º da Portaria de Vinculação e na medida em que a Portaria de Vinculação não obriga à necessidade de ao esgotamento dos meios graciosos, aludindo apenas às reclamações graciosas necessárias constantes dos artigos 131.º a 133.º do CPPT.

Por fim, **não são arbitráveis, mas apenas impugnáveis**

- Vícios próprios de actos de indeferimento de reclamações graciosas, recursos hierárquicos ou pedidos de revisão de acto tributário, por força do artigo 2.º, n.º 1, alínea *a)*, *a contrario*, do RJAT;
- Actos de liquidação, de autoliquidação, de retenção na fonte ou de pagamento por conta de taxas e de contribuições, por força de uma interpretação *a contrario* do corpo do artigo 2.º da Portaria de Vinculação;
- Actos de liquidação, de autoliquidação, de retenção na fonte ou de pagamento por conta de impostos cuja administração não seja da competência da Autoridade Tributária e Aduaneira, designadamente os impostos administrados pela Região Autónoma da Madeira, por força do artigo 1.º da Portaria de Vinculação.

Por fim, deixe-se ainda a nota de que **não são arbitráveis**, assim como também **não são impugnáveis**, pretensões relativas a actos de determinação da matéria colectável e actos de determinação da matéria colectável, ambos por métodos indirectos, na medida em que, para estas, existe um procedimento próprio e especial previsto nos artigos 91.º a 94.º da LGT: o pedido de revisão da matéria tributável.

7. Poderes do tribunal arbitral: apreciação, anulação e condenação

Nas alíneas do n.º 1, do artigo 2.º, o legislador optou por utilizar sempre a expressão "declaração de ilegalidade de actos" o que poderia levar à conclusão de que as decisões arbitrais em matéria tributária limitar-se-iam à apreciação da (i) legalidade sem qualquer produção de efeitos constitutivos ou condenatórios.

Ora, na medida em que uma interpretação literal do preceito referido – desgarrada de todas as restantes normas do RJAT designadamente do artigo 24.º – levaria à exclusão de competências anulatórias e condenatórias dos tribunais arbitrais tributários, impõe-se uma análise cuidada da terminologia utilizada pelo legislador, aliada a uma interpretação teleológica imprescindível. Sem prejuízo da leitura dos fundamentos que de seguida serão elencados, adianta-se, já, que os tribunais arbitrais, para além dos poderes declarativos de apreciação da (i)legalidade, detêm poderes de anulação e de condenação[128].

Quanto aos *poderes de anulação*:

Do artigo 24.º do presente regime consta o elenco de efeitos assacados à decisão arbitral, da qual não caiba recurso ou impugnação, e que, portanto, vincula a Administração Tributária "nos exactos termos da procedência da decisão arbitral a favor do sujeito passivo". Estes são:

a) Praticar o acto tributário legalmente devido em substituição do acto objecto de decisão arbitral;

b) Restabelecer a situação que existiria se o acto objecto da decisão arbitral não tivesse sido praticado, adoptando os actos e operações necessárias para o efeito;

c) Rever os actos tributários que se encontrem numa relação de prejudicialidade ou de dependência com os actos tributários objecto de decisão arbitral, designadamente por se inscreverem no âmbito da mesma relação jurídica de imposto, ainda que correspondentes a obrigações periódicas distintas, alternando-os ou substituindo-os, total ou parcialmente;

d) Liquidar as prestações tributárias em conformidade com a decisão arbitral ou abster-se de as liquidar.

Já nos termos do artigo 100.º da LGT se dispunha que "a administração tributária está obrigada, em caso de procedência total ou parcial de reclamações ou recursos hierárquicos, ou de processo judicial a favor do sujeito passivo, à imediata e plena reconstituição da situação que existiria se não tivesse sido cometida a ilegalidade, compreendendo o pagamento de juros indemnizatórios, nos termos e condições previstos na lei".

Daqui se constata que, afinal, as decisões arbitrais têm, na prática, um efeito constitutivo idêntico ao previsto para as decisões judiciais anulatórias. Se os actos

---

[128] Veja-se também a este propósito JORGE LOPES DE SOUSA (2013) "Comentário ao Regime Jurídico da Arbitragem Tributária", 110-116.

anuláveis, ao contrário dos actos nulos e inexistentes, produzem efeitos até que venham a ser anulados por declaração judicial ou administrativa, a mera declaração de ilegalidade do acto não produz qualquer alteração na ordem jurídica. Já uma decisão judicial (ou, *in casu*, arbitral) que declare que um determinado acto está afectado por vício gerador de anulabilidade tem um efeito constitutivo.

Retenha-se, então, que da interpretação conjunta dos artigos 2.º, n.º 1, e 24.º deste regime, é seguro afirmar que os tribunais arbitrais têm competência para anular um determinado acto tributário submetido a julgamento arbitral.

Por seu turno, quanto aos *poderes de condenação*, a questão aparenta mais complexidade e foi, já por inúmeras vezes, objecto de pronúncia arbitral.

7.1. Decisões arbitrais condenatórias

Como se referiu, o legislador não confere, pelo menos expressamente, poderes condenatórios aos tribunais arbitrais tributários.

Aceitar-se que não os confere de todo, implicaria reconhecer que a concretização dos efeitos das decisões arbitrais em matéria tributária tem que ser fixada judicialmente nos tribunais judiciais tributários. Tal entendimento não pode prevalecer por duas razões fundamentais, uma relativa ao espírito da lei e objectivos do sistema, outra por referência às directrizes que foram dadas ao legislador pela lei da autorização legislativa.

Em primeiro lugar, a introdução desta forma de resolução alternativa de conflitos em matéria fiscal visou, entre outros objectivos, "imprimir uma maior celeridade na resolução de litígios que opõem a administração tributária ao sujeito passivo" e "reduzir a pendência de processos nos tribunais administrativos e fiscais" como se pode ler no preâmbulo do presente diploma. Ora, admitir que a concretização de uma decisão arbitral fique dependente de uma outra decisão de um tribunal judicial não vai ao encontro de nenhum dos dois objectivos apontados: (1) a resolução de litígios fiscais não seria mais célere porque implicaria a intervenção de duas instituições jurisdicionais (tribunais arbitrais e tribunais judiciais); e (2) não se diminuiria o número de processos pendentes nos Tribunais Administrativos e Fiscais, pelo contrário, manter-se-ia o mesmo volume de litigância por ser necessária a sua intervenção para efeitos de condenação em concreto.

Em segundo lugar, perante a autorização legislativa concedida pelo artigo 124.º da Lei n.º 3-B/2010, de 28 de Abril, "o processo arbitral tributário deve constituir um meio processual alternativo ao processo de impugnação judicial...". Ora, se é certo que a impugnação judicial faz parte de um contencioso de mera anulação, também é certo que naquele processo pode o Tribunal Administrativo e Fiscal condenar a Administração Tributária ao pagamento de juros indemnizatórios, bem como ao pagamento de indemnização por garantia indevidamente prestada. É pacífico este entendimento no âmbito da jurisdição judicial tributária, por força dos artigos 61.º, n.º 4, do CPPT que prevê que "se a decisão que reconheceu o direito a juros indemnizatórios for judicial, o prazo de pagamento conta-se a partir do início do prazo para execução espontânea", 171.º do CPPT que, por seu turno, prevê que "a indemnização em caso de garantia bancária ou equivalente indevidamente prestada será requerida no processo em que seja controvertida a legalidade da dívida exequenda" e 43.º, n.º 1, da LGT, onde, por último, se pode ler que "são devidos juros indemnizatórios quando se determine em reclamação graciosa ou impugnação judicial, que houve erro imputável aos serviços de que resulte pagamento da dívida tributária em montante superior ao legalmente devido".

Em suma, como já acima se deixou perceber, crê-se estar ainda no âmbito das competências dos tribunais arbitrais a fixação dos efeitos das suas decisões, nos mesmos termos previstos para a impugnação judicial, designadamente, quanto a condenação em juros indemnizatórios ou a condenação por indemnização por garantia indevida[129] – sendo em torno destes dois que, em concreto, se centra a discussão.

Em boa verdade, e como melhor se verá adiante, o direito do sujeito passivo a juros indemnizatórios e à indemnização por garantia indevidamente prestada, e o direito da Administração Tributária ao pagamento de juros de mora em seu favor, resultam, já, do previsto no artigo 24.º, enquanto efeitos da decisão arbitral de que não caiba recurso ou impugnação. Com efeito, quanto aos juros, resulta desde logo do n.º 5, do artigo 24.º, que "É devido o pagamento de juros, independentemente da sua natureza, nos termos previstos na lei geral tributária e no Código do Procedimento e Processo Tributário." Bem assim, no n.º 2 do mesmo preceito, ao frisar o efeito do caso julgado para o sujeito passivo – que melhor se compreenderá com a anotação ao artigo 24.º – o legislador deixou claro que os efeitos aí previstos são "sem prejuízo dos demais efeitos previstos no Código de Procedimento e Processo Tributário". Considera-se a este propósito que o legislador aqui se está a referir a todos os efeitos que decorrem do CPPT, para o sujeito passivo, e que são aplicáveis após a consolidação na ordem jurídica de

---

[129] JORGE LOPES DE SOUSA (2013), "Comentário ao Regime Jurídico da Arbitragem Tributária", 116.

uma determinada situação jurídico-fiscal, decorrente de uma decisão definitiva seja ela graciosa ou judicial.

Não fosse o legislador ter precavido estas situações no RJAT, sempre se diria que a jurisprudência tem vindo a retirar a mesma conclusão.

Veja-se, a título de exemplo, a decisão arbitral proferida no âmbito do processo n.º 48/2013-T[130], onde se entendeu que:

> *"Embora as alíneas a) e b) do n.º 1 do artigo 2.º do RJAT utilizem a expressão "declaração de ilegalidade" para definir a competência dos tribunais arbitrais que funcionam no CAAD e não façam referência a decisões constitutivas (anulatórias) e condenatórias, deverá entender-se, em sintonia com a referida autorização legislativa, que se compreendem nas suas competências os poderes que em processo de impugnação são atribuídos aos tribunais tributários em relação aos actos cuja apreciação de legalidade se insere nas suas competências.*
>
> *Apesar de o processo de impugnação judicial ser essencialmente um processo de mera anulação (artigos. 99º e 124º do CPPT) pode nele ser proferida condenação da administração tributária no pagamento de juros indemnizatórios e de indemnização de garantia indevida.*
>
> *(...)*
>
> *O pedido de constituição do tribunal arbitral tem como corolário passar a ser no processo arbitral que vai ser discutida a legalidade da dívida exequenda, pelo que, como resulta do teor expresso daquele n.º 1 do referido artigo 171º do CPPT, é também o processo arbitral o adequado para apreciar o pedido de indemnização por garantia indevida."*

Foi também esse o entendimento do tribunal arbitral constituído no âmbito do processo n.º 66/2013-T[131], onde estavam também em causa pedidos de reembolso e condenação no pagamento de juros indemnizatórios. Concluiu aquele tribunal que:

> *"Assim, à semelhança do que sucede nos tribunais tributários em processo de impugnação judicial, este Tribunal é competente para apreciar os pedidos de reembolso da quantia paga e de pagamento de juros indemnizatórios.*

---

[130] Disponível em http://www.caad.org.pt/.
[131] Disponível em http://www.caad.org.pt/.

No caso em apreço, é claro que estes pedidos têm de proceder, já que as liquidações são anuladas e o erro de que enfermam é imputável à Administração Tributária, pelo que o direito a juros indemnizatórios e (sic.) reconhecido pelo artigo 43.º, n.º 1 da LGT".

Como estas, podem ser consultadas inúmeras decisões arbitrais no *site* do CAAD no mesmo sentido.

É, portanto, jurisprudência arbitral fixada o reconhecimento de poderes de constituição (anulação) e condenação aos tribunais arbitrais, o que, contudo, não tem impedido a Administração Tributária de alegar, sem que lhe assista razão, a incompetência daqueles em razão da matéria.

Questão diferente prende-se com os poderes do tribunal na condenação da parte vencida, *maxime* da Administração Tributária, no pagamento de despesas, resultantes da lide, com honorários de mandatários judiciais, as mais das vezes peticionadas pelo contribuinte.

Os tribunais arbitrais tributários têm entendido que a condenação da Administração Tributária no pagamento de despesas, resultantes da lide, com honorários de mandatários judiciais não cabe na sua competência[132]. Consideram, a esse propósito, que – ao contrário da condenação no pagamento de juros indemnizatórios e na indemnização por garantia indevidamente prestada – "não há qualquer suporte legal para incluir nas competências dos tribunais arbitrais que funcionam no CAAD condenações por dívidas de honorários de mandatários"[133]. No âmbito do processo arbitral n.º 276/2013-T, o tribunal considerou ainda que:

> *"Efetivamente, não se prevendo o pagamento de custas de parte na jurisdição arbitral, ao admitir-se a possibilidade de ser pedida, pelos contribuintes, compensação pelos encargos com mandatário, estar-se-ia a discriminar negativamente a AT, na medida em que, nas causas que vença, não se verá compensada pelas correspondentes custas de parte, nem poderá obter a correspondente compensação.*
>
> *Deste modo, dever-se-á entender que, ao optar pela jurisdição arbitral tributária, quer a AT quer o contribuinte, estão a abdicar da compensação devida por despesas abrangidas pelas custas de parte."*

Ora, salvo o devido respeito, este entendimento não pode prevalecer.

---

[132] Vejam-se, entre outros, os processos arbitrais n.º 276/2013-T; 147/2012-T e 117/2013-T, todos disponíveis em http://www.caad.org.pt/.
[133] Processo arbitral n.º 117/2013-T.

Na jurisdição administrativa e fiscal, os tribunais judiciais tributários podem, com base no artigo 2.º do Regulamento das Custas Processuais, condenar a Administração Tributária no pagamento de custas processuais que abrangem, nos termos do n.º 1, do artigo 3.º, daquele diploma, a taxa de justiça, os encargos e as custas de parte. Ao abrigo dos artigos 25.º, n.º 2, alínea *d*), e 26.º, n.º 3, alínea *c*) do Regulamento das Custas Processuais, a parte vencida é condenada ao pagamento, a título de custas de parte, em 50% do somatório das taxas de justiça pagas pela parte vencida e pela parte vencedora, para compensação da parte vencedora face às despesas com honorários de mandatário judicial.

Como melhor se compreenderá em anotação ao artigo 12.º, o processo arbitral tributário, ao invés de adoptar a figura da "taxa de justiça", instituiu a figura da "taxa de arbitragem", estando o seu regime naquele artigo 12.º e ainda no *Regulamento de Custas nos Processo de Arbitragem Tributária* do CAAD (*Regulamento de Custas*)[134]. Veja-se o disposto no artigo 2.º daquele Regulamento:

Artigo 2.º
Definições

1. As custas do processo arbitral, genericamente designadas como taxa de arbitragem, compreendem todas as despesas resultantes da condução do processo arbitral e os honorários dos árbitros.

2. Os eventuais encargos decorrentes da designação de peritos, tradutores, intérpretes e outros encargos com a produção de prova são suportados directamente pelas partes.

Ora, por um lado, o n.º 1 do preceito transcrito estabelece que as custas do processo arbitral compreendem todas as despesas resultantes da condução do processo arbitral. Retira-se desta previsão que a haver o pagamento de despesas com honorários de mandatário judicial da parte vencedora estas nunca poderão ser "suportadas/pagas" pelas custas pagas no CAAD pelo processo arbitral. Por outro, o n.º 2, ao determinar que os encargos decorrentes da designação de peritos, tradutores e intérpretes e ainda outros encargos com a produção de prova são suportados directamente pelas partes não se refere expressamente às despesas com honorários de mandatários judiciais. Esta última constatação revela, ao que se julga, uma clara intenção de não determinar que aquelas despesas com honorários de mandatários tenham de ser suportadas directamente pelas

---

[134] Publicado e disponível em http://www.caad.org.pt/.

partes, sem possibilidade de ressarcimento, designadamente mediante pedido de condenação no pagamento dessas mesmas despesas.

Reconhece-se, porém, que nem o RJAT nem o *Regulamento de Custas* do CAAD regulam esta questão em especial. Contudo, da falta de disposições expressas na matéria não se pode simplesmente retirar a incompetência dos tribunais arbitrais, como ali tem sido defendido.

Com efeito, o artigo 29.º, n.º 1, do RJAT prevê que sejam de aplicação subsidiária, de acordo com a natureza dos casos omissos:

> "*a) As normas de natureza procedimental ou processual dos códigos e demais normas tributárias;*
> *b) As normas sobre a organização e funcionamento da administração tributária;*
> *c) As normas sobre organização e processo nos tribunais administrativos e tributários;*
> *d) O Código do Procedimento Administrativo;*
> *e) O Código de Processo Civil.*"

Pela aplicação subsidiária quer do CPPT, quer do CPTA e, em especial, quer do CPC, o Regulamento de Custas Processuais, aprovado pelo Decreto-Lei n.º 34/2008, de 26 de Fevereiro, é também aplicável. Quer-se com isto dizer, portanto, que, nos termos conjugados dos artigos 3.º, n.º 1, 25.º, n.º 2, alínea *d*), e 26.º, n.º 3, alínea *c*), todos do Regulamento de Custas Processuais, aplicáveis subsidiariamente, com as devidas adaptações, por via do artigo 29.º, n.º 1, do RJAT, o contribuinte, sendo parte vencedora, terá direito a ver a Administração Tributária condenada ao pagamento, a título de custas de parte, de até 50% da taxa de arbitragem paga para compensação das despesas efectuadas com honorários de mandatário judicial. Os tribunais arbitrais têm, pois, competência para o conhecimento deste pedido, nos exactos termos em que o têm os tribunais judiciais tributários.

E não se defenda, como o têm feito os tribunais arbitrais tributários, que "a opção pela jurisdição arbitral implica a renúncia à compensação das despesas cobertas pelas custas de parte"[135], uma vez que tal implicaria admitir que a arbitragem em matéria tributária não pretende ser verdadeiramente alternativa à impugnação judicial. Negar a condenação no pagamento de despesas com honorários de mandatário judicial na arbitragem tributária acaba por desequilibrar a escolha do contribuinte, afastando-o desde método alternativo de resolução de

---

[135] Cf. Processo 276/2013-T, disponível em http://www.caad.org.pt/.

litígios. Além de ser uma solução contrária à justiça, vai contra os objectivos do regime e a intenção do próprio legislador. Esta prática poderá levar a que a arbitragem tributária, ao invés de continuar a registar o crescimento exponencial que tem registado – favorecendo assim a concretização de uma tutela jurisdicional efectiva e o descongestionamento dos tribunais tributários de 1ª instância –, comece a sofrer uma redução do número anual de processos, na medida em que implica, de certa forma, mais custos para os contribuintes. Sabendo o contribuinte de antemão que as despesas por si suportadas com honorários de advogados serão "ressarcidas" no processo judicial, mas não no processo arbitral, dependendo da complexidade do caso e do montante de honorários envolvido, poderá optar pela via judicial unicamente por força deste factor.

Em conclusão, crê-se que os tribunais arbitrais poderão condenar a Administração Tributária ao pagamento de despesas com honorários de mandatário judicial da parte vencedora, que serão de até 50% do valor das custas do processo arbitral. Crê-se no entanto que este valor terá que ser pago pela Administração Tributária ao contribuinte não sendo portanto deduzido/suportado pelas custas pagas ao CAAD pelo processo arbitral na medida em que o *Regulamento de Custas* define exactamente o recorte das custas do processo arbitral não incluindo, nestas, o pagamento de despesas com honorários de mandatário judicial da parte vencedora.

8. Direito constituído e equidade

O n.º 2 deste artigo 2.º dispõe que os tribunais arbitrais tributários decidem apenas de acordo com o direito constituído, estando vedado o recurso à equidade. Nestes termos, a norma afasta a arbitragem tributária da arbitragem administrativa onde o recurso à equidade é permitido, nos termos do artigo 39.º, n.º 1, da LAV de 2011, aplicável à arbitragem administrativa por força do artigo 181.º, n.º 1, do CPTA.

Contudo, a proibição de julgamento segundo a equidade na arbitragem fiscal não choca, muito pelo contrário, foi esta proibição que "salvou" e/ou legitimou o regime. Quer na óptica nacional ao obstar, é certo que a par de outras características, a argumentos de inconstitucionalidade. Quer na óptima internacional ao contribuir para a admissão pelo TJUE da qualificação dos tribunais arbitrais como órgãos jurisdicionais de um Estado-membro para efeitos de Direito Europeu[136].

---

[136] Nos termos do disposto no § 2 do artigo 267.º do Tratado sobre o Funcionamento da União Europeia (TFUE), um órgão jurisdicional de um dos Estados-membros poderá pedir ao

O preâmbulo do RJAT diz a este propósito que "a instituição da arbitragem não significa a desjuridificação do processo tributário, na medida em que é vedado o recurso à equidade". Com efeito, ainda que o legislador tenha pretendido a instituição de um método alternativo de resolução de litígios, mais flexível e menos formal, não se pode olvidar que se tratam aqui de processos de natureza fiscal, onde relevam interesses públicos de elevado grau, e onde estão em causa direitos de natureza indisponível. Na verdade, e como se referiu já em anotação ao artigo 1.º, o estabelecimento desta regra no RJAT está necessariamente ligado à questão da indisponibilidade dos créditos tributários que muita tinta fez correr na Doutrina, inúmeras vezes apontado como obstáculo à consagração de um regime de arbitragem em matéria tributária. Cumpre, por isso, enquadrar a questão.

O princípio da indisponibilidade dos créditos tributários, pese embora não venha expressamente previsto na CRP, apresenta-se como corolário dos princípios constitucionais da legalidade – na vertente de submissão da Administração Tributária às normas legais –, e da igualdade – na vertente do tratamento dos sujeitos passivos de imposto em igual medida sem atentar a razões de justiça do caso concreto –, previstos nos artigos 3.º, n.º 2, 13.º e 266.º, n.º 2, todos da CRP.

É apenas no n.º 2 do artigo 30.º da LGT que é explícita a sua enunciação, ali se dispondo que "o crédito tributário é indisponível, só podendo fixar-se condições para a sua redução ou extinção com respeito pelo princípio da igualdade e da legalidade tributária". Por sua vez, o n.º 3 do preceito, aditado pela Lei n.º 55-A/2010, de 31 de Dezembro, veio reforçar este princípio, dispondo que "o disposto no número anterior prevalece sobre qualquer legislação especial" [137].

TJUE que se pronuncie sobre uma questão prejudicial relativa ao Direito da União Europeia. Contudo, a qualidade de *órgão jurisdicional de um Estado-membro* não vem definida em qualquer tratado da União, tendo o conceito sido interpretado pelo próprio TJUE cuja jurisprudência fixada exige a verificação de um conjunto de factores. Dentro destes critérios salientam-se: a origem legal do órgão que lhe submeteu o pedido, a sua permanência, o carácter obrigatório da sua jurisdição, a natureza contraditória do processo, a aplicação, por esse órgão, das regras de Direito e a sua independência. Assim, no âmbito do processo prejudicial n.º C-377/13 (caso *Ascendi*), o TJUE decidiu-se, em 12 de Junho de 2014, pela qualificação dos tribunais arbitrais tributários portugueses enquanto *órgãos jurisdicionais de um Estado-membro*, na acepção do artigo 267.º do TFUE. Para esta qualificação contribuiu em grande parte o facto de lhes estar vedado o julgamento segundo a equidade. Para maiores desenvolvimentos veja-se o ponto relativo ao reenvio prejudicial na anotação ao artigo 25.º.

[137] Para maiores desenvolvimentos, vejam-se os comentários ao artigo 1.º, precisamente sobre o princípio da indisponibilidade dos créditos tributários.

Refira-se que, a par da maioria da Doutrina, entende-se que aquele artigo 30.º, n.º 2, da LGT, só se pode referir a créditos tributários já consolidados ou concretizados por acto de liquidação. Assim, tudo o que não for objecto de concretização por acto tributário de liquidação mais não é do que um crédito tributário aparente cujo "período de validade" terminará com o prazo de caducidade. Neste sentido a indisponibilidade resume-se a créditos que se tenham concretizado em actos de liquidação de tributos.

Cumpre agora perceber, recordando o que se disse já em anotação ao artigo 1.º, em que medida é que o princípio da indisponibilidade dos créditos tributários se relaciona com a proibição, imposta pelo legislador neste n.º 2, do artigo 2.º, de julgamento segundo a equidade.

O primeiro argumento contra a arbitragem tributária face à consagração do princípio da indisponibilidade dos créditos tributários era o facto de na arbitragem, tal como tradicionalmente ela era entendida, se poder decidir de acordo com a equidade. Ora, sendo a equidade a justiça do caso concreto, ver-se-iam os árbitros a poder decidir de acordo com o que seria mais justo e não obrigatoriamente de acordo com a legalidade. Se assim fosse, a arbitragem em matéria tributária seria inconstitucional porque contrariaria o princípio da igualdade e da legalidade.

Aqui o legislador acabou por contornar liminarmente esta problemática, vedando o julgamento segundo a equidade. Tem-se portanto uma arbitragem com características diferentes daquelas que até então qualificavam este meio alternativo de resolução de litígios. Uma arbitragem sem equidade.

Em boa verdade, a indisponibilidade dos créditos tributários, enquanto corolário do princípio da legalidade[138], só seria posta em causa com a consagração de uma arbitragem tributária que permitisse, a par da arbitragem voluntária e da administrativa, o recurso à equidade. Quer isto dizer, que ao ser vedado o recurso à equidade o legislador quis compatibilizar este regime arbitral com aquele princípio fundamental do direito fiscal.

O Fiscal é, pois, uma área muito especial do Direito, com princípios fundamentais e enformadores muito específicos, que não poderiam, de modo algum, ser postos em causa em prol de um qualquer encontro de vontades entre a Administração Fiscal e o contribuinte. Vedar o recurso à equidade é, portanto,

---

[138] Sobre o princípio da legalidade tributária veja-se a anotação ao artigo 1.º e ainda ANA PAULA DOURADO (2014) *O Princípio da Legalidade Fiscal: Tipicidade, Conceitos Jurídicos Indeterminados e Margem de Livre Apreciação*.

uma solução lógica que – já exigida na autorização legislativa constante do artigo 124.º da Lei n.º 3-B/2010, de 28 de Abril, na sua alínea c), do n.º 4 – seria já de esperar. Com esta norma, e como bem refere Nuno Villa-Lobos:

> "(...) ficam assim afastados receios (...) de que o princípio do pagamento de impostos segundo a real capacidade contributiva de cada um se veja rapidamente suplantado pelo pagamento de acordo com o poder negocial de cada um, tal como manifestado e exercido no âmbito do processo arbitral."[139]

Ao árbitro do tribunal arbitral tributário está assim vedada a criação de uma solução de acordo de vontades, que embora valorada no direito privado não poderia prevalecer neste campo do direito público. Assim sempre se poderá dizer que "a decisão arbitral não é mais que um juízo interpretativo vinculado" como de resto também o é a sentença de um tribunal judicial tributário[140].

---

[139] Nuno Vila-Lobos (2013) "Novas configurações da justiça administrativa e fiscal em Portugal", 371.
[140] Carlos Lobo (2010) "A arbitragem e a fixação da matéria colectável por métodos indirectos", 153.

Artigo 3.º – Cumulação de pedidos, coligação de autores e impugnação judicial

1 – A cumulação de pedidos ainda que relativos a diferentes actos e a coligação de autores são admissíveis quando a procedência dos pedidos dependa essencialmente da apreciação das mesmas circunstâncias de facto e da interpretação e aplicação dos mesmos princípios ou regras de direito.

2 – É possível deduzir pedido de impugnação judicial e pedido de pronúncia arbitral relativamente a um mesmo acto tributário, desde que os respectivos factos e fundamentos sejam diversos.

ANOTAÇÃO
1. Cumulação de pedidos e coligação de autores
   1.1. Contencioso administrativo e contencioso tributário
      1.1.1. Cumulação de pedidos e coligação de autores – tributário
      1.1.2. Cumulação de pedidos e coligação de autores – administrativo
      1.1.3. Cumulação de pedidos e coligação de autores – arbitragem tributária
   1.2. Ilegalidade da cumulação ou coligação e apensação de processos
2. Arbitragem e impugnação simultâneas: litispendência
   2.1. Excepção de litispendência

Este artigo 3.º, sob a epígrafe "Cumulação de pedidos, coligação de autores e impugnação judicial", trata no seu n.º 1 da possibilidade de apresentação de pedido de pronúncia arbitral por um ou vários autores relativamente a um ou a mais pedidos, referentes a um ou a vários actos tributários. Impõe como requisitos de admissibilidade, quer para a cumulação de pedidos quer para a coligação de autores, o facto da questão controvertida depender de circunstâncias factuais idênticas e ainda da aplicação ou dos mesmos princípios ou das mesmas regras de direito.

Já o n.º 2 deste artigo trata da possibilidade, e dos requisitos necessários, à pendência, relativamente ao mesmo acto, de processos no tribunal arbitral e no tribunal judicial. Por outras palavras, trata da destacabilidade do acto tributário e da possibilidade deste ser discutido, ao mesmo tempo, em instâncias diferentes.

Está-se então no âmbito daqueles casos em que no mesmo processo se pretendem ver resolvidas questões que, na sua materialidade, dizem respeito a uma pluralidade de partes ou que se apresentam numa relação de prejudicialidade ou de interconexão. E daqueles casos em que o mesmo acto é discutido em dois tribunais diferentes, o arbitral e o judicial.

1. Cumulação de pedidos e coligação de autores

1.1. Contencioso administrativo e contencioso tributário

Tendo em mente a querela doutrinária e jurisprudencial quanto à interpretação das regras aplicáveis ao procedimento e ao processo tributário constantes do CPPT, e estando a par da solução adoptada na reforma do contencioso administrativo e do sucessivo adiar da adaptação das regras do CPPT ao CPTA, o legislador do RJAT adoptou, uma vez mais inovando sem porém deixar de arriscar, o princípio da livre cumulação de pedidos na arbitragem tributária como instrumento de garantia do direito à tutela jurisdicional efectiva previsto no artigo 20.º da CRP.

Na realidade, a razão de ser destas regras processuais, existentes com maior ou menor amplitude do processo civil ao processo administrativo e tributário, e que permitem a análise de uma só vez de questões que, de outro modo, seriam decididas em instâncias diferentes, tem sido transversalmente ancorada quer no princípio da igualdade – que no que aqui nos importa deve ser assegurado pela Administração Tributária nos termos do artigo 266.º, n.º 2, da CRP e do artigo 55.º da LGT –; quer no princípio do direito à tutela jurisdicional efectiva consagrado no artigo 268.º, n.º 4, da CRP; quer, ainda, no princípio da celeridade da justiça tributária – de acordo com o qual "o direito de impugnar ou de recorrer contenciosamente implica o direito de obter, em prazo razoável, uma decisão que aprecie, com força de caso julgado, a pretensão regularmente deduzida em juízo, e a possibilidade da sua execução" nos termos referidos no artigo 97.º da LGT.

Assim, para melhor se compreender a solução consagrada no n.º 1, cumprirá em primeiro lugar revisitar aquela que foi a evolução desta temática tanto no contencioso administrativo quanto no contencioso tributário.

1.1.1. Cumulação de pedidos e coligação de autores – tributário

Até à entrada em vigor do CPPT, prevista no artigo 4.º do Decreto-lei n.º 433/99, de 26 de Outubro, o direito processual tributário não tinha uma solução própria. De facto, a questão da cumulação de pedidos resolvia-se por aplicação subsidiária do artigo 38.º, n.ºs 1 e 3, da Lei de Processo nos Tribunais Administrativos (LPTA) para os casos de cumulação de impugnações ou de pluralidade de objectos processuais, e pela aplicação subsidiária do § 3.º do artigo 835.º do Código Administrativo de 1940 (CA) e do artigo 470.º do CPC à data vigente, para os casos de cumulação de pedidos. Isto era assim porque nos termos do disposto nas alíneas *b)* e *f)* do artigo 2.º do Código de Processo Tributário (CPT), as normas sobre organização e processo nos tribunais administrativos e fiscais e o CPC eram de aplicação subsidiária ao CPT. Permitia-se, então, a cumulação, no mesmo processo de impugnação judicial, de pedidos que fossem compatíveis e conexos ou dependentes entre si, tal como previa o § 3.º do artigo 835.º do CA e do artigo 470.º do CPC em vigor à data. Permitia-se ainda a cumulação, na mesma impugnação, de actos diferentes mas que estivessem entre si numa relação de dependência ou de conexão, exigindo-se porém no artigo 38.º, n.ºs 1 e 3, da LPTA, que o tribunal fosse competente em razão da matéria e da hierarquia e a impugnação seguisse a mesma forma de processo. Quanto à coligação de autores esta era limitada por um elemento formal que correspondia ao facto de, nos termos do artigo 38.º, n.º 2, da LPTA, os diversos actos objecto de impugnação devessem estar "contidos num único despacho ou outra forma de decisão".

Com a entrada em vigor do CPPT, o legislador estabelece duas novas regras, uma aplicável ao *procedimento tributário*, prevista no artigo 71.º, e, uma outra, aplicável ao *processo tributário*, prevista no artigo 104.º.

Passou a condicionar-se então a possibilidade de cumulação de pedidos relativamente ao mesmo acto ou a actos diferentes, à identidade dos tributos na reclamação graciosa e à identidade da natureza dos tributos na impugnação judicial. Esta particularidade da cumulação processual no contencioso tributário – que reside, precisamente, no sentido e alcance a atribuir ao requisito da identidade dos tributos e da natureza dos tributos – terá sido imposta, como parece defender SÉRGIO GONÇALVES DO CABO[141], pela concretização da ideia veiculada no preâmbulo do Decreto-Lei n.º 433/99, diploma que aprova o CPPT. Refere-se desde logo no preâmbulo que este diploma "não se aplica apenas aos impostos administrados tradicionalmente pela Direcção-Geral dos Impostos (DGCI)" mas também, ao exercício dos direitos tributários em geral, quer pela DGCI, quer por outras entidades públicas, designadamente a DGAIEC, quer por administrações tributárias não dependentes do Ministério das Finanças, como será a Segurança Social.

---

[141] SÉRGIO GONÇALVES DO CABO (2006) "A cumulação processual no contencioso tributário", 923-952.

Assim, tem entendido boa parte da Doutrina[142] e da jurisprudência que, no que em concreto respeita à cumulação de pedidos em reclamação graciosa, a lei permite-a, no artigo 71.º do CPPT, relativamente ao mesmo acto, sendo disto exemplo paradigmático o pedido de anulação do acto de liquidação adicional cumulado com o pedido de condenação da Administração Tributária ao pagamento de juros indemnizatórios. Esta é, aliás, uma possibilidade que decorre da própria LGT quando no seu artigo 43.º refere que "são devidos juros indemnizatórios quando se determine, em reclamação graciosa ou impugnação judicial, que houve erro imputável aos serviços de que resulte pagamento de dívida tributária em montante superior ao legalmente previsto". Uma leitura atenta daquele artigo 71.º do CPPT permite concluir que pode ainda haver cumulação de pedidos relativamente a actos tributários diferentes, desde que relativos ao mesmo imposto. Recorre-se aqui ao seguinte exemplo: o sujeito passivo pode apresentar uma reclamação graciosa relativamente a actos de Imposto do Selo de anos diferentes desde que a questão controvertida seja a mesma, por exemplo a de saber se o sujeito passivo, é proprietário de um imóvel de valor superior a € 1.000.000,00.

No artigo 104.º do CPPT, a propósito da possibilidade de cumulação de pedidos na impugnação judicial, fala-se, não já da identidade de tributos, mas sim na *identidade da natureza dos tributos* em causa na situação controvertida. Esta diferença terminológica, conforme salienta LOPES DE SOUSA, revela uma opção clara do legislador, motivada "por razões práticas de conveniência para a administração tributária (para o contribuinte é que, seguramente, não há conveniência perceptível), ligadas à sua organização interna em que é consabido que é feita especialização de funcionários relativamente a determinado tributo"[143]. Acrescenta LOPES DE SOUSA que terá sido por influência da própria Administração Tributária que "tem enormes possibilidades práticas de determinar o conteúdo [do processo legislativo], inclusivamente adaptando-a às necessidades internas de organização dos serviços"[144] que o legislador do CPPT optou por uma solução no procedimento e por outra no âmbito do processo.

---

[142] Veja-se a este propósito a anotação ao artigo 71.º de Jorge Lopes de Sousa (2011) *vol. I*, 649-651.
[143] JORGE LOPES DE SOUSA (2011) *vol. I*, 650.
[144] JORGE LOPES DE SOUSA (2011) *vol. II*, 181.

Chegados a este ponto, a questão que se coloca é a de saber que concretização dar ao conceito "idêntica natureza de tributos" na acepção do artigo 104.º do CPPT.

O STA por acórdão de 27 de Abril de 2005[145] esclarece que:

"[n]os termos do artigo° 104.º do CPPT, na impugnação judicial podem cumular-se pedidos em caso de identidade de natureza dos tributos. Logo, se os tributos não forem de idêntica natureza não pode haver cumulação de pedidos. Para efeitos desta norma temos de ter em conta uma certa e determinada classificação dos tributos. Essa classificação tem de ser a legal e não qualquer classificação doutrinal. Ora, a classificação dos tributos em razão da natureza dos mesmos é a que os divide em impostos sobre o rendimento, impostos sobre o património e impostos sobre o consumo."

Acompanhando esta posição encontra-se LOPES DE SOUSA[146].

A contrariar esta tese apresenta-se ISABEL MARQUES DA SILVA, em artigo de anotação ao Acórdão do STA de 10 de Março de 2004[147] onde discorda do STA, e de LOPES DE SOUSA, quando estes defendem que impostos da mesma natureza são rendimento, património, ou despesa. No entender da (à data) Autora, a identidade da natureza dos tributos impõe a proibição da cumulação de pedidos relativos a taxas e a impostos. Estes sim são tributos de natureza diferente[148]. Assim, nos termos previstos no CPPT, é condição à cumulação de pedidos, nas palavras de ISABEL MARQUES DA SILVA, a regra das três identidades: a identidade dos fundamentos de facto e de direito invocados, a identidade do tribunal competente para a decisão e a última identidade, a de tributos ou da natureza dos mesmos, que é diferente consoante se esteja no âmbito do procedimento ou do processo.

Desde 2011 que ISABEL MARQUES DA SILVA tem vindo a proferir decisões no STA que confirmam a posição defendida no artigo citado. Esta tem sido, desde então, a posição do STA sobre este tema. A título de exemplo citam-se os processos n.º 0747/12, n.º 0544/14 e n.º 01327/12, respectivamente:

---

[145] Acórdão do STA, de 27-04-2005, processo n.º 1891/03, disponível em http://www.dgsi.pt/.
[146] JORGE LOPES DE SOUSA (2011), *vol. II*, 180 a 187.
[147] ISABEL MARQUES DA SILVA (2004) "Cumulação de impugnações de IVA e de IRS, CTF", 371.
[148] ISABEL MARQUES DA SILVA (2004) 373-374.

«É verdade que as impugnações respeitam a IVA e a IRC, sendo o IVA um imposto sobre a despesa e tratando-se do IRC um imposto sobre o rendimento. Estamos, contudo, em ambos os casos, perante tributos com a natureza de impostos, razão pela qual entendemos não faltar no caso dos autos o requisito da "identidade da natureza dos tributos". É esta, segundo nos parece, a interpretação do artigo 104.º do CPPT que, cabendo na letra da lei, obsta a que a especialidade criada pelo CPPT quanto à cumulação de impugnações (afastando-a do regime do processo administrativo a que antes deste diploma a cumulação de pedidos e de impugnações se sujeitava – cfr. o artigo 38.º, n.ºs 1 e 3 da LPTA e afastando-a da hoje consagrada nos artigos 4.º, n.º 5 e 47.º, n.º 4 do CPTA), restrinja de forma injustificada, e sem que para tal houvesse habilitação na respectiva lei de autorização legislativa (Lei n.º 87-B/98, de 31 de Dezembro), a possibilidade de deduzir cumulativamente impugnações de actos tributários respeitantes a impostos diversos mas assentes em idênticos fundamentos fácticos e jurídicos, a aconselhar, por isso, em prol da racionalidade de meios, da celeridade da decisão e do são objectivo de evitar decisões contraditórias, a sua apreciação na mesma acção.

Ao contrário do que se estabelece no n.º 2 do artigo 71.º do CPPT para a cumulação de pedidos de reclamação administrativa, o legislador não exige no artigo 104.º a "identidade do tributo", exige apenas a identidade "da natureza "destes, o que remeterá para a classificação de tributos, atenta a sua diversa natureza, estabelecida nos números 1 e 2 do artigo 4.º da Lei Geral Tributária.»[149]

"Na sequência do que ficou dito, a questão de saber se no caso existia, ou não, a excepção dilatória da ilegal cumulação de pedidos, não ficou prejudicada. Acresce referir que, derivando as liquidações de IRC e IVA na sua quase totalidade dos mesmos factos elencados no relatório de inspecção, não é, sequer, manifesta nem patente a ilegal cumulação dos pedidos apresentados, pois que a jurisprudência do STA se tem vindo a consolidar no sentido de ser permitida essa cumulação à luz do artigo 104° do CPPT (...)."[150]

"(...) no caso em apreço, as liquidações adicionais em causa decorreram de um mesmo facto, que foi a alteração da matéria tributável, efectuada por métodos indirectos, homologada pelo despacho impugnado. E, por conseguinte, a eventual anulação das liquidações adicionais, na sequência da anulação do referido despacho, decorrem do mesmo fundamento de facto e de Direito e da anulação do mesmo despacho.

Com efeito, o que os recorrentes verdadeiramente questionam e constitui a causa de pedir é a utilização pela Fazenda Pública de métodos indirectos para proceder às correcções da matéria tributável e que originou as liquidações adicionais de IRS e de IVA.

---

[149] Acórdão do STA de 24-10-2012, processo n.º 0747/12, disponível em http://www.dgsi.pt/.
[150] Acórdão do STA de 17-12-2014, processo n.º 0544/14, disponível em http://www.dgsi.pt/.

> *Em face do exposto, tendo presente as circunstâncias concretas que o caso convoca, afigura-se que, por força do princípio pro actione, enquanto corolário do direito à tutela judicial efectiva, na dimensão em que impõe a eliminação de formalismos processuais que afectem desrazoavelmente a protecção judicial dos cidadãos, deve o art. 104º do CPPT ser interpretado no sentido de não constituir obstáculo ao prosseguimento da presente impugnação. É que para além do já sublinhado quanto à identidade de causa de pedir, a verdade é que a proceder a impugnação judicial a consequência será a anulação das correcções e consequentes liquidações pelo facto de se terem baseado em métodos indirectos, o que implicará a elaboração de novo relatório de inspecção. Em face deste circunstancialismo, por exigências de racionalidade de meios, da celeridade da decisão e tendo presente o objectivo de evitar decisões contraditórias, tudo aponta no sentido das liquidações em causa serem analisadas na mesma acção."[151]

Assim, há dois regimes diferentes de cumulação de pedidos no CPPT.

O primeiro, aplicável ao *procedimento tributário* e que dita que no âmbito da reclamação graciosa, só é possível a cumulação de pedidos relativamente a questões que se relacionem com o mesmo tributo, podendo ser relativas ao mesmo acto por exemplo, na mesma reclamação graciosa solicita-se a anulação do acto e a condenação da Administração Tributária ao pagamento de juros indemnizatórios, ou relativas a actos diferentes por exemplo, a apresentação de uma só reclamação graciosa relativa a IRS de anos diferentes.

O segundo regime, aplicável, por seu turno, ao *processo tributário*, no qual não se exige já a identidade de tributos mas sim a identidade da natureza dos tributos e que, além dos exemplos dados para o procedimento, permite ainda que seja apresentada impugnação judicial relativamente a diferentes actos desde que, na tese agora sufragada pelo STA, se tratem de actos relativos a impostos, ou a taxas ou a contribuições abandonando-se portanto a opinião da necessidade de se tratarem de impostos sobre o rendimento, sobre o património, ou sobre a despesa.

Esta interpretação das regras vertidas no CPPT leva à conclusão de não ser possível apresentar impugnação judicial relativamente a um acto de liquidação adicional de IRC e a um acto de liquidação de uma taxa ou de uma contribuição, mesmo sendo segura a relação de dependência existente entre as diferentes liquidações, desde logo mesmo que tenham como pressuposto na mesma correcção.

---

[151] Acórdão do STA de 06-03-2013, processo n.º 01327/12, disponível em http://www.dgsi.pt/.

1.1.2. Cumulação de pedidos e coligação de autores – administrativo

Antes de se passar ao regime previsto para a arbitragem tributária haverá que olhar agora ao regime consagrado no CPTA, no qual se consagrou o princípio da livre cumulação de pedidos e de impugnações, conforme bem explicam Diogo Freitas do Amaral e Mário Aroso de Almeida[152], e o qual, de resto, se julga ter servido de inspiração ao legislador do RJAT. A solução adoptada no contencioso administrativo segue de perto a solução já existente no processo civil no qual se permite, de forma bastante generosa, o litisconsórcio e a coligação de autores e réus, a cumulação de pedidos e apensação de processos, conforme se pode confirmar numa leitura atenta do artigo 36.º do novo CPC – com redacção idêntica ao anterior artigo 30.º – e do artigo 267.º também do CPC – anterior artigo 275.º[153].

Ora, os artigos 4.º, 12.º, 28.º, 47.º e 61.º do CPTA, admitem também com bastante latitude a cumulação de pedidos no mesmo processo, desde logo sempre que "a causa de pedir seja a mesma e única ou os pedidos estejam entre si numa relação de prejudicialidade ou de dependência, nomeadamente por se inscreverem no âmbito da mesma relação jurídica material", conforme se dispõe no artigo 4.º, n.º 1, alínea a), e no artigo 47.º, n.º 1, do CPTA[154].

Admite-se também a cumulação quando, "sendo diferente a causa de pedir, a procedência dos pedidos principais dependa essencialmente da apreciação dos mesmos factos ou da interpretação e aplicação dos mesmos princípios ou regras de direito", conforme o disposto nos artigos 4.º, n.º 1, alínea b), e 47.º, n.º 1, ambos do CPTA.

Admite-se ainda a cumulação de impugnações de actos "que se encontrem entre si colocados numa relação de prejudicialidade ou de dependência, nomeadamente por estarem inseridos no mesmo procedimento ou porque da existência ou validade de um deles depende a validade do outro" desta feita, nos termos dos artigos 4.º, n.º 5, e 47.º, n.º 4, alínea a) do CPTA. Por último, admite-se também a cumulação de pedidos sobre actos "cuja validade possa ser verificada

---

[152] Diogo Freitas do Amaral/Mário Aroso de Almeida (2007) *Grandes Linhas da Reforma do Contencioso Administrativo*, 67-79.
[153] Vejam-se a este propósito as anotações aos artigos 36.º, 37.º e 267.º do novo CPC em José Lebre de Freitas/Isabel Alexandre (2014) *Código de Processo Civil – Anotado*, vol. 1º; e Abílio Neto (2014) *Novo Código de Processo Civil Anotado*.
[154] Vejam-se as anotações aos artigos 4.º, 12.º, 28.º, 47.º e 61.º do CPTA em Mário Aroso de Almeida/Carlos Alberto Fernandes Cadilha (2010) *Comentário ao Código de Processo nos Tribunais Administrativos*.

com base na apreciação das mesmas circunstâncias de facto e dos mesmos fundamentos de direito" conforme artigos 4.º, n.º 5, e 47.º, n.º 4, alínea *b)* do CPTA.

1.1.3. Cumulação de pedidos e coligação de autores – arbitragem tributária

A cumulação de pedidos, ainda que relativos a diferentes actos, e a coligação de autores são admissíveis na arbitragem tributária quando a procedência dos pedidos dependa essencialmente da apreciação das mesmas circunstâncias de facto e da interpretação e aplicação dos mesmos princípios ou regras de direito, não se exigindo, portanto, qualquer requisito que se prenda com a identidade de tributos ou com a identidade da natureza dos mesmos.

Desse modo, são duas as identidades exigidas à cumulação de pedidos e à coligação de autores nos pedidos de pronúncia arbitral:

- o facto da procedência dos pedidos depender essencialmente da apreciação das *mesmas circunstâncias de facto*; e
- o facto de a procedência do pedido de pronúncia arbitral depender, também, da interpretação e aplicação dos *mesmos princípios ou das mesmas regras de direito*.

Denota-se uma forte preocupação do legislador em obstar, na arbitragem tributária, às dificuldades e críticas que, em especial no que toca à cumulação de pedidos, se fazem sentir no procedimento e no processo tributários, afastando-se do regime do CPPT e aproximando-se do regime do contencioso administrativo e, pelo que se referiu *supra*, do próprio processo civil[155]. A manutenção destes dois requisitos é também compreensível na medida em que corresponde à preocupação de assegurar a unidade do objecto processual, entendida como a proibição de cumular pedidos de pronúncia arbitral cuja análise não importe a apreciação dos mesmos factos e a interpretação e aplicação das mesmas normas

---

[155] Refira-se, porém, que, na prática, o regime previsto no RJAT é igual ao previsto no CPPT, quando perfilhado o entendimento de Isabel Marques da Silva, ou seja, o da identidade da natureza dos tributos se reportar à distinção entre impostos, taxas e contribuições. Tudo porque embora o RJAT se refira a "tributos" de um modo geral, a Administração só se vinculou à jurisdição arbitral quanto aos *impostos* administrados pela Autoridade Tributária e Aduaneira, nos termos do corpo do artigo 2.º da Portaria de Vinculação. Deste modo, e se se entende que no processo de impugnação judicial a identidade exigida quanto à natureza do tributo se reporta à diferença entre taxas, contribuições e impostos, o regime é, na prática, idêntico na medida em que só poderão ser objecto de pronúncia arbitral pretensões relativas a impostos.

jurídicas ou dos mesmos princípios de direito. Neste sentido, estão em causa requisitos comuns da cumulação processual no contencioso administrativo e no processo civil. De facto, não faria qualquer sentido, e seria mesmo contrário aos fundamentos da cumulação processual, admitir essa cumulação quando faltasse a unidade da causa de pedir, ou, mesmo com causas de pedir distintas, quando os pedidos não estivessem entre si numa relação de prejudicialidade ou de dependência.

A previsão de uma regra deste género dá conforto à afirmação de que, além dos casos em que possa haver cumulação de pedidos no âmbito do procedimento e do processo tributários – e que, recordam-se, residem na cumulação de pedidos relativamente ao mesmo acto ou relativamente a actos tributários diferentes desde que respeitantes ao mesmo tributo ou a tributos de igual natureza –, a arbitragem tributária permite a cumulação de pedidos relativos a actos diferentes sendo unicamente exigível que a procedência do pedido de pronúncia arbitral, além da apreciação da mesma factualidade (por exemplo, da mesma correcção ou do mesmo relatório de inspecção) dependa também da interpretação e aplicação dos mesmos princípios ou das mesmas regras de direito.

Pelo exposto, pode-se resumir do seguinte modo o regime da cumulação processual na arbitragem tributária:

- admissibilidade da cumulação de pedidos de pronúncia arbitral no mesmo processo sempre que a causa de pedir seja a mesma e única ou os pedidos estejam entre si numa relação de prejudicialidade ou de dependência, designadamente por se inscreverem no âmbito da mesma relação jurídica material; e
- admissibilidade da cumulação de pedidos de pronúncia arbitral, sempre que sendo diferente a causa de pedir, a procedência dos pedidos principais dependa essencialmente da apreciação dos mesmos factos e da interpretação e aplicação dos mesmos princípios ou regras de direito.

Em suma, fazer depender a cumulação processual do preenchimento do requisito da identidade da natureza dos tributos, pelo menos tal como era sufragado STA à data da entrada em vigor do RJAT, tem (ainda que cada vez menos) como consequência, as mais das vezes, sujeitar a processos distintos questões que se apresentam conexionadas, actos tributários em relação de dependência ou prejudicialidade, e relações jurídico-tributárias que importam a apreciação dos mesmos factos e a aplicação das mesmas regras jurídicas, com prejuízo claro para a eficiência processual e para concretização do direito à tutela jurisdicional efectiva, dando muitas vezes lugar à existência de decisões administrativas e judiciais contraditórias. Foi isto que se quis evitar na arbitragem tributária ao acolher de perto a regra existente no processo civil e no contencioso administrativo da livre cumulação de pedidos e de autores. E foi, ao que se julga, também por esta razão que o STA, sensível à tese também defendida por Isabel Marques da Silva, tem vindo a alterar a sua posição quanto à interpretação do artigo 104.º do CPPT, aproximando-se cada vez mais do regime do n.º 1, do artigo 3.º, do RJAT.

Ficou por referir que aquela identidade de situações fácticas ou de questões de direito a apreciar não exige "que haja uma identidade absoluta das situações fácticas, bastando que seja essencialmente idêntica a questão jurídico-fiscal a apreciar e que a situação fáctica seja semelhante nos pontos que relevem para a decisão."[156].

Sobre a admissibilidade de cumulação e coligação na arbitragem tributária, refira-se ainda que, ao que se julga, o artigo 104.º do CPPT será de aplicação subsidiária na parte em que determina como obstáculo à coligação, a incompetência do tribunal. É a parte final daquele preceito que exige, para a cumulação de pedidos e coligação de autores a identidade "do tribunal competente para a decisão". A incompetência do tribunal funciona, assim, como obstáculo à coligação. Esta questão será especialmente relevante na medida em que, como se verá, o artigo 5.º determina que, quando o sujeito passivo opte por não designar árbitro, o tribunal funcione com árbitro único ou com colectivo de três árbitros, consoante o valor da utilidade económica do pedido ultrapasse ou não duas vezes o valor da alçada do Tribunal Central Administrativo (TCA)[157]. Incompe-

---

[156] Jorge Lopes de Sousa (2013) "Comentário ao Regime Jurídico da Arbitragem Tributária", 147.

[157] Estes casos de eventual alteração do valor da utilidade económica do pedido poderão reportar-se, em rigor, a uma de duas situações: *(a)* cumulação inicial entre um pedido que é certo e líquido (a anulação ou declaração de ilegalidade de um dado acto tributário já quantificado) com um pedido genérico, designadamente, com a condenação no pagamento de juros indemnizatórios ou de indemnização por garantia indevidamente prestada em processo de execução fiscal; ou *(b)* cumulação sucessiva de pedidos de pronúncia arbitral. Nas situações referidas em *(a)* julga-se que o valor da utilidade económica do pedido é o determinado por referência ao acto tributário cuja (i)legalidade o sujeito passivo pretende discutir, admitindo-se, então, que o valor da utilidade económica do pedido determinante para a constituição do tribunal colectivo ou singular será a do acto tributário. Tudo porque, em rigor, a procedência daqueles pedidos genéricos (de condenação no pagamento de juros indemnizatórios ou de indemnização por garantia indevida) depende da procedência do

tência do tribunal arbitral poderá ocorrer, note-se, não só por não ser arbitrável o acto tributário em questão (ao abrigo do artigo 2.º do RJAT e da Portaria de Vinculação), ou por ultrapassar o limite dos € 10.000.000 impostos pela Administração (conforme artigo 3.º da Portaria de Vinculação) mas também, em especial no que respeita a cumulações sucessivas, quando a cumulação importe uma alteração da composição do tribunal arbitral que, tendo sido constituído como singular, uma vez que o valor da utilidade económica do pedido era inferior a € 60.000, deveria funcionar, por força da cumulação, como colectivo. Nestas situações, a cumulação não poderá ocorrer.

Questão curiosa é a que será posteriormente abordada em anotação ao artigo 22.º e que diz respeito à possibilidade de prolação de sentenças parciais de mérito. Esta temática, no âmbito da cumulação de pedidos, torna-se especialmente interessante se se pensar que, quando o objecto do processo seja uma cumulação de pedidos e o tribunal arbitral funcione em formação colectiva, será possível que o mesmo tribunal tome várias decisões parciais de mérito, uma sobre cada um dos pedidos em cumulação.

Imagine-se a este propósito que o contribuinte pretende a apreciação de um acto de liquidação adicional de IRC e, bem assim, de um acto de liquidação adicional de IVA. Ora, na deliberação, 2 dos 3 árbitros poderão concordar com a legalidade da liquidação adicional de IRC, e o outro discordar, ocorrendo o contrário quanto à liquidação de IVA. Neste caso, o tribunal arbitral poderá proferir duas sentenças parciais de mérito: uma relativa à liquidação de IRC e outra relativa à liquidação de IVA. A este propósito veja-se a anotação ao artigo 22.º.

No que respeita à coligação em especial, sabe-se que se trata de um dos casos de existência de uma legitimidade plural, e que poderá ocorrer quer do lado activo quer do lado passivo. Na arbitragem em matéria tributária, tenha-se em especial consideração que, na medida em que apenas a DGCI e a DGAIEC, a que corresponde a actual Autoridade Tributária e Aduaneira, se vincularam à jurisdição arbitral através da já referida Portaria de Vinculação, a existir coligação, nos termos acima expressos, esta será sempre do lado activo.

---

pedido de anulação do acto tributário, pelo que a sua concretização e liquidação, a ocorrer, será apenas a final.
Já nas hipóteses referidas em *(b)*, a cumulação nunca poderá determinar a "passagem" de um tribunal singular para um colectivo na medida em que, como se esclareceu, a incompetência do tribunal (singular) funciona como obstáculo à cumulação, por aplicação subsidiária da parte final do artigo 104.º do CPPT.

Da figura da *coligação*, importa distinguir a figura do *litisconsórcio*. Remédio Marques distingue-as, destacando que "[n]o litisconsórcio a pluralidade de partes exprime a existência de *uma relação ou situação material controvertida* e, logo, de *um único pedido formulado* contra ou por vários réus", descrevendo a coligação como *"a existência de várias* (mais do que uma) *relações materiais controvertidas"*, devendo haver, nestes casos, uma pluralidade de pedidos[158]. É frequente dizer-se que, na coligação, à pluralidade subjectiva está também inerente uma pluralidade objectiva.

Ainda uma última nota para referir que se o artigo 20.º trata da modificação objectiva da instância, o legislador não regulou especialmente a *modificação subjectiva da instância*. Ainda que à partida possa parecer um tema meramente teórico, este tem uma vertente prática que se julga bastante importante. Pense-se, por exemplo, em liquidações adicionais exactamente "iguais" emitidas pela Administração Tributária a várias empresas do mesmo sector, por exemplo petrolífero, da distribuição ou energético e um dos sujeitos passivos recorre à arbitragem. A questão que se coloca é a de saber se os outros operadores económicos se poderão juntar àquele que apresentou o pedido de constituição do tribunal arbitral.

Nesta temática incluem-se, entre outros, os casos de litisconsórcio e coligação sucessivos – que na arbitragem tributária poderão ocorrer apenas na parte activa uma vez que a Autoridade Tributária e Aduaneira, a constante parte passiva nos processos arbitrais tributários, é a única entidade vinculada à jurisdição arbitral. Julga-se ser de defender, a este respeito, que aqui deverão aplicar-se as normas previstas no CPPT, mormente, nos artigos 129.º e 130.º e no CPC designadamente, nos artigos 259.º a 262.º, em matéria de modificação subjectiva de instância[159], tomando em consideração, contudo, o especialmente estabelecido neste preceito do RJAT quanto aos requisitos de admissibilidade de coligação.

Do mesmo modo, desta feita por aplicação subsidiária do artigo 127.º, n.º 1, alínea *a)*, 128.º e 129.º, todos do CPPT, por via do artigo 29.º, n.º 1, alínea *a)*, do RJAT, e por o processo arbitral tributário ser um meio alternativo à impugnação judicial, serão ainda de admitir incidentes de assistência que possam vir a ocorrer.

---

[158] João Paulo Remédio Marques (2011) *A Acção Declarativa à Luz do Código Revisto*, 384-385.
[159] Veja-se, a este propósito Jorge Lopes de Sousa (2011), *vol. II*, anotações aos artigos 129.º e 130.º; e José Lebre de Freitas/Isabel Alexandre (2014), *Código de Processo Civil – Anotado*, vol. 1º, anotações aos artigos 259.º a 262.º.

Agora no que toca à comparação da arbitragem administrativa com a tributária, cumpre referir que aquela, ao contrário desta, foi gizada tendo por base a arbitragem voluntária em matéria cível e comercial.

Não se entrará em grandes aprofundamentos sobre esta questão uma vez que o objectivo aqui é apenas chamar a atenção para a diferença fundamental entre os regimes da arbitragem tributária e da administrativa, que tem por fundamento, como se tem vindo a afirmar, o "tipo" de arbitragem que em matéria tributária foi consagrado – um tipo institucional, com competência legalmente atribuída, e cujo processo emergirá de um direito potestativo do contribuinte.

A este propósito refere-se singelamente que a arbitragem administrativa foi arquitectada para ser um "processo das partes e para as partes", com base primordial não na lei, mas na convenção de arbitragem celebrada a qual, contudo, deverá obedecer a determinadas normas legais. Assim, aquela primeira arbitragem em direito público ainda assenta primordialmente no princípio da autonomia da vontade.

Pelo contrário, e como já se sabe, e melhor se compreenderá com a anotação aos restantes artigos, designadamente ao artigo 4.º, a arbitragem em matéria tributária foi instituída enquanto direito potestativo dos contribuintes e a competência do tribunal arbitral está fixada por lei, tendo-se vinculado uma das partes, *in casu* a Autoridade Tributária, por portaria.

Estas diferenças substanciais de regime levam, desde logo, a que a possibilidade de existência de uma pluralidade de partes seja por natureza mais abrangente no caso da arbitragem tributária do que nas restantes. De facto, para existir coligação ou litisconsórcio na arbitragem administrativa, sendo aplicáveis as normas da LAV – por força do artigo 181.º, n.º 1, do CPTA – todas as partes têm que estar, em princípio, vinculadas pela convenção de arbitragem. Quer isto dizer que na arbitragem administrativa, por se estar perante uma competência arbitral que é convencional, o princípio da relatividade das obrigações contratuais impede que exista uma extensão subjectiva da convenção de arbitragem – a não ser, claro está, que haja acordo entre as partes primitivas e o terceiro que pretende coligação ou litisconsórcio no sentido de este último aderir à convenção de arbitragem. No entanto, cumpre deixar claro que esta regra da relatividade das convenções de arbitragem, chame-se assim, terá, segundo tem notado a Doutrina, algumas excepções[160].

---

[160] Em especial, no que toca aos casos de novação subjectiva, extensão ao co-devedor, ao fiador ou a outro garante, veja-se MARIANA FRANÇA GOUVEIA (2014) 152-181.

JURISPRUDÊNCIA ARBITRAL

Na prática do processo arbitral, não são poucas as vezes, por estranho que pareça dada a amplitude do regime na matéria, em que a Autoridade Tributária suscita as questões prévias da ilegalidade da coligação de autores e da cumulação de pedidos. Os tribunais arbitrais tributários, no geral, têm declarado improcedente esta questão prévia suscitada, não desenvolvendo nem aprofundando esta temática. Tendo em conta as amplas possibilidades de coligação e cumulação na arbitragem tributária em comparação ao estabelecido no CPPT concorda-se com esta posição "permissiva" dos tribunais arbitrais.

Refere-se apenas, a título meramente exemplificativo, uma das decisões arbitrais que se debruçou brevemente sobre a questão.

No processo arbitral n.º 53/2013-T[161], dez sociedades anónimas imobiliárias requereram a constituição de tribunal arbitral colectivo, peticionando pronúncia arbitral com vista à declaração da ilegalidade de liquidações de Imposto de Selo, emitidas pela Autoridade Tributária, bem como o reembolso das quantias indevidamente pagas relativamente a essas liquidações, respectivos juros de mora e custas cobrados no âmbito dos processos de execução fiscal instaurados, acrescidos de juros indemnizatórios quanto a esses pagamentos. Tendo a Autoridade Tributária suscitado as questões prévias da ilegalidade da coligação de autores e da ilegalidade da cumulação de pedidos, veio o tribunal arbitral decidir no seguinte sentido:

> *"No caso em apreço, todas as Requerentes são proprietárias de terrenos para construção e pretendem ver apreciada a questão da incidência sobre eles do Imposto do selo previsto na verba n.º 28.1 da Tabela Geral do Imposto do selo (TGIS), aditado pela o (sic.) o artigo 4.º da Lei n.º 55-A/2012, de 29 de Outubro, e no artigo 6.º destra (sic.) mesma Lei, pelo que está em causa a aplicação das mesmas regras de direito.*
>
> *Por outro lado, embora alguns dos terrenos para construção tenham previstas utilizações determinadas e outros não, a generalidade das questões colocadas pelas Requerentes (enquadramento e terrenos para construção no âmbito de incidência da verba n.º 28.1 da TGIS, violação dos princípios da tipicidade qualitativa, da igualdade e da proporcionalidade e a falta de inscrição orçamental para cobrança) são suscitadas em relação a todos os tipos de terrenos para construção.*
>
> *Assim, não pode entender-se que as diferenças de situações fácticas tenham relevo suficiente para afastar as possibilidades de coligação e cumulação."*

---

[161] Cuja decisão pode ser consultada em http://www.caad.org.pt/.

Esta conclusão do tribunal arbitral vem, pois, reforçar a ideia que se enunciou no final do ponto anterior, ao se defender que com a exigência de uma identidade de situações fácticas a apreciar, o legislador não pretendeu impor que essa identidade fosse absoluta, ou seja, que os factos a apreciar fossem exacta e rigorosamente os mesmos. É pois suficiente que, no tocante aos pontos essenciais da discussão de mérito, os factos sejam bastante semelhantes, de forma a que a decisão que se profere para um dos conjuntos factuais, fosse precisamente a mesma a ser proferida para outro.

1.2. Ilegalidade da cumulação ou coligação e apensação de processos

Duas últimas notas, uma para referir que são aplicáveis ao processo arbitral, *ex vi* artigo 29.º, n.º 1, alínea *c)*, do RJAT, como de resto o são já para os casos da coligação ilegal na impugnação judicial, as regras existentes no CPTA para os casos de cumulação ilegal de pedidos ou de coligação de autores; e uma segunda para referir que são aplicáveis ao processo arbitral as regras existentes no CPPT para a apensação de processos desta feita por remissão do artigo 29.º, n.º 1, alínea *a)*, do RJAT.

Quanto à primeira questão concorda-se com LOPES DE SOUSA quando defende que, na medida em que a cumulação e a coligação ilegais não são deficiências ou irregularidades supríveis, não é possível a aplicação do disposto no artigo 110.º, n.º 2, do CPPT[162].

Assim, na ausência de norma expressa no CPPT, deverá recorrer-se ao disposto no CPTA, *maxime*, artigo 47.º, n.º 5 e n.º 6, através dos quais o(s) árbitro(s) deverá(ão) notificar o(s) autor(es) para, no prazo de 10 dias, escolher(em) qual o pedido que quer(em) ver apreciado pelo tribunal arbitral. Por outras palavras, perante a ilegalidade da cumulação de pedidos ou da coligação de autores, por não cumprimento dos requisitos atrás referidos, o tribunal arbitral notifica o(s) sujeito(s) passivo(s) para indicar qual o pedido a manter e/ou qual parte que deverá ficar em juízo.

---

[162] JORGE LOPES DE SOUSA (2011) *vol. II*, 183, explicando que "[n]ão se está, neste caso de cumulação ilegal de impugnações, de uma mera deficiência da petição, pois a irregularidade não é susceptível de ser suprida mantendo os pedidos formulados, mas apenas abdicando de um deles", ou seja, "tendo a supressão da «*deficiência*» de traduzir-se na opção por uma [das pretensões], com sacrifício da outra, não haveria suporte legal [no CPPT], pelo menos seguro, para a possibilidade de apresentação autónoma da impugnação que o impugnante sacrificasse com a entrada reportada à data da primitiva apresentação das impugnações".

Aqui chegados ou há resposta do sujeito passivo ou não há.

São então duas as opções que se colocam neste caso, sendo o tratamento o mesmo quer se esteja no âmbito da cumulação ilegal de pedidos ou de coligação ilegal de autores.

Caso o(s) sujeito(s) passivo(s) respondendo a esta notificação, escolha(m) o pedido ou qual o autor que se mantém em juízo, aquele(s) poderá(ão) continuar a recorrer à via contenciosa ou quanto ao pedido que foi "preterido" ou quanto ao mesmo pedido mas quanto ao autor que foi "excluído". Aqui poderia haver em teoria duas soluções. Uma primeira, em que se aplicaria o disposto no n.º 3, do artigo 24.º, do RJAT e nesta medida os prazos para reclamação, impugnação, revisão ou promoção da revisão oficiosa, revisão da matéria tributável ou para suscitar nova pronúncia arbitral contar-se-iam a partir da notificação da decisão arbitral que "preteriu" o pedido ou "excluiu" o autor. Uma segunda, em que se aplicaria o artigo 47.º, n.º 6, do CPTA, em que deverá ser absolvida a instância relativamente ao pedido "preterido" ou ao autor "excluído" podendo ser apresentadas novas petições no prazo de 1 mês a contar do trânsito em julgado da decisão de absolvição da instância por cumulação ou coligação ilegal. Julga-se que esta será a solução mais acertada na medida em que se evitam manobras dilatórias por parte dos contribuintes de fazerem cumulações de pedidos ou coligações de autores ilegais só por razões de alargamento de prazos. Julga-se ainda, como se terá oportunidade de referir aquando do comentário ao artigo 24.º, n.º 3, que uma cumulação de pedidos ou uma coligação de autores ilegal é um facto imputável ao sujeito passivo para efeitos de interpretação daquela disposição, invalidando-se por isso a possibilidade de aplicação deste preceito[163].

Caso o(s) sujeito(s) passivo(s) não responda à notificação do tribunal arbitral, aí sim, deverá ser absolvida a instância relativamente a todos os pedidos ou autores podendo ser apresentadas novas petições no prazo de 1 mês a contar do trânsito em julgado da decisão de absolvição da instância por cumulação ou

---

[163] A propósito da imputabilidade (ou não) do não conhecimento do mérito de uma dada pretensão ao sujeito passivo, defende-se, em anotação ao artigo 24.º, que, no limite, todas as excepções dilatórias poderiam ser imputáveis ao sujeito passivo, na medida em que terá sido este a não configurar a acção arbitral nos termos legalmente exigidos. Contudo, e porque existem questões discutíveis para as quais não existe posição unânime nem na jurisprudência nem na Doutrina, o "erro" do sujeito passivo, ou a excepção dilatória ocorrida, *in casu*, de cumulação ou coligação ilegal, deverá ser cautelosamente apreciada pelo tribunal arbitral, no sentido de apurar se a questão é dúbia o suficiente para que não se possa considerar como imputável ao sujeito passivo.

coligação ilegal (devidamente adaptados ao processo arbitral), considerando-se porém estas petições apresentadas na data da entrada da primeira para efeitos de tempestividade da sua apresentação. Tudo por aplicação do artigo 47, n.º 6, do CPTA por remissão do artigo 29.º, n.º 1, alínea c).

Por último, quanto à apensação de processos veicula-se a aplicação subsidiária do artigo 105.º do CPPT ao RJAT por força do artigo 29.º, n.º 1, alínea a) do RJAT. Refere então o CPPT que a apensação de processos só é admitida se (1) houver fundamento para a cumulação de pedidos ou para a coligação de autores, (2) o processo se encontrar na mesma fase processual e (3) desde que o juiz entenda não haver prejuízo para o andamento da causa. Adaptando estas regras à arbitragem tributária será possível a apensação de processos arbitrais desde que, cumulativamente:

- fosse possível a cumulação de pedidos ou a coligação de autores nos termos do n.º 1 do artigo em anotação;
- o processo arbitral esteja na mesma fase, ou de procedimento ou de processo;
- o(s) árbitro(s) entenda(m) não haver prejuízo para o andamento da causa em juízo.

Quanto ao primeiro requisito, note-se que, como não poderia deixar de ser, a apensação de processos na medida em que fosse também possível a cumulação e/ou coligação de autores depende, desde logo, da efectiva competência do tribunal arbitral tributário para conhecer de ambos os pedidos, seja ela competência material, seja em razão do valor[164].

Quanto ao segundo requisito, a única particularidade que se apresenta é a de saber quais as fases do processo arbitral.

Ora, como se terá oportunidade de explorar no decorrer da anotação ao RJAT, julga-se haver, unicamente, duas fases: uma procedimental e uma processual. Como melhor se compreenderá da leitura do comentário ao artigo 15.º, o legislador fez questão de distinguir estas duas fases do processo arbitral (em sentido amplo), dispondo-se nesse preceito que "O processo arbitral tem início na data da constituição do tribunal arbitral, nos termos do n.º 8 do artigo 11.º".

---

[164] Como se compreenderá melhor em anotação ao artigo 4.º, a vinculação dos serviços e organismos da Administração Tributária "está limitada a litígios de valor não superior a € 10 000,00", nos termos do artigo 3.º, n.º 1 da Portaria de Vinculação.

Antes da efectiva constituição do tribunal arbitral, está-se ainda na fase procedimental – onde se inclui, por exemplo, o procedimento para designação de árbitros em matéria tributária.

A este propósito reconhece-se, porém, que embora a apensação de processos quando estejam ambos em fase procedimental não levante quaisquer questões, o mesmo não se poderá dizer em relação aos processos que estejam já na fase processual. Com efeito, nos termos do artigo 21.º, a fase processual arbitral deverá terminar, no prazo de 6 meses, com a prolação e notificação às partes da decisão arbitral, contados a partir do momento em que se considera constituído o tribunal arbitral nos termos do artigo 11.º, n.º 8. A apensação de dois ou mais processos já em fase processual enfrentará o obstáculo de, muito provavelmente, o prazo para proferir a decisão nos processos a apensar se encontrarem em momentos distintos, por exemplo, tendo num já decorrido 1 mês e noutro 2 meses. Apensando-se os processos, coloca-se a questão de saber quais os prazos que deverão prevalecer. O do processo que tem já um prazo mais reduzido para proferir a decisão, ou, pelo contrário, o que disponha ainda de um prazo de decisão mais alargado. Na medida em que uma das maiores vantagens da arbitragem tributária é, precisamente, a obtenção de uma decisão, em princípio, no prazo de 6 meses, julga-se que, uma vez apensados os processos, o prazo deverá contar-se a partir da constituição do tribunal arbitral do primeiro processo. Por outras palavras, se no processo **A** o início do processo arbitral tinha ocorrido há já 2 meses, e no processo **B** apenas com um mês, uma vez apensados os processos, a decisão arbitral deverá ser proferida no prazo de 4 meses, contando-se aquele prazo previsto no artigo 21.º desde a data da constituição do tribunal arbitral no processo **A**. Isto, claro, independentemente de o tribunal arbitral poder prorrogar, nos termos do artigo 21.º, por três períodos de 2 meses. Prorrogação que, de resto, tenderá a ser mais do que justificada nestes casos.

Contra a aplicação subsidiária das regras previstas no CPPT para a apensação de processos está Lopes de Sousa, sustentando que "a existência no RJAT de uma norma relativa à cumulação de pedidos e coligação de autores, que é o artigo 3.º, n.º 1, sem concomitante referência à possibilidade de apensação, parece dever ser interpretada como reflexo de uma intenção legislativa de não permitir a apensação, pois ela também não estava prevista na LAV de 1986 nem o está na LAV de 2011."[165]

---

[165] Jorge Lopes de Sousa (2013) "Comentário ao Regime Jurídico da Arbitragem Tributária", 149.

Pelo que já se adiantou no parágrafo anterior, não se pode concordar com este entendimento. Em primeiro lugar porque não se pode retirar de uma omissão legislativa uma proibição – a ser assim, no limite, não existiriam lacunas para integrar nem se remeteria para o direito subsidiário. Em segundo lugar, o argumento de que a apensação não está prevista nas Leis de Arbitragem Voluntária não pode valer desde logo por força dos requisitos transversalmente necessários à apensação de processos. Note-se que o artigo 105.º do CPPT, assim como o artigo 267.º do CPC, exige para a apensação de processos, entre outros requisitos, a verificação dos pressupostos que possibilitam a coligação. Por aí se vê, e pelo que já se disse no ponto 1.1.3. *in fine* – bem a propósito das diferenças entre a arbitragem tributária, por um lado, e a voluntária (em matéria cível e comercial) e a administrativa, por outro – a admissibilidade de apensação de processos na arbitragem voluntária seria extremamente "duvidosa", dadas as dificuldades de coligação existentes, uma vez que se trata de um "tipo" arbitral diferente, onde reinam as convenções de arbitragem. A arbitragem tributária é um direito potestativo dos contribuintes, daí que, como se viu, sejam amplas as possibilidades de coligação. Mais, se a regra na arbitragem é mais permissiva, mais ampla, mais abrangente que a regra na impugnação judicial, não se percebe que se possa dizer que esta permite a apensação de processos e aquela não.

Do exposto, e discordando de LOPES DE SOUSA, conclui-se pela admissibilidade da apensação de processos em arbitragem tributária, por aplicação subsidiária do artigo 105.º do CPPT, por via do artigo 29.º, n.º 1, alínea *a*), do RJAT.

2. Arbitragem e impugnação simultâneas: litispendência

Ao abrigo do n.º 2 do presente artigo é possível, relativamente a um mesmo acto, o sujeito passivo apresentar pedido de impugnação judicial e pedido de pronúncia arbitral, bastando, para o efeito, que os respectivos factos e fundamentos sejam diversos.

Estas situações de pendência simultânea de meios impugnatórios não são novidade no processo tributário. Faz-se aqui referência aos casos de cumulação entre reclamação graciosa e impugnação judicial. Nos termos do artigo 68.º, n.º 2, do CPPT, "não pode ser deduzida reclamação graciosa quando tiver sido apresentada impugnação judicial com o mesmo fundamento". Uma interpretação *a contrario* do preceito leva à conclusão de que é possível a apresentação simultânea de reclamação graciosa e impugnação judicial sobre um mesmo acto tributário, contanto que sejam diferentes os fundamentos invocados em cada uma. Aliás, o disposto no artigo 111.º, n.ºs 3 e 4, do CPPT só o vem confirmar. Permite-se então a interposição de um meio de impugnatório administrativo e uma acção impugnatória judicial sobre o mesmo acto tributário, desde que invocados fundamentos diversos. Contudo, a reclamação graciosa e a impugnação judicial não chegarão a correr em simultâneo, por força do previsto no artigo 111.º, n.ºs 3 e 4, onde o legislador estabeleceu uma preferência pelo processo judicial, determinando a apensação da reclamação graciosa.

Demonstradas as semelhanças da norma contida no n.º 2 do artigo 3.º do RJAT com outras normas do processo tributário, previstas no CPPT, regressa-se agora à análise do ali preceituado.

O disposto neste n.º 2 do artigo 3.º relaciona-se com a destacabilidade dos actos tributários cuja legalidade se pretende discutir, ou seja, o legislador admite que o sujeito passivo como que "divida" o acto tributário, impugnando judicialmente parte dele, e pedindo pronúncia arbitral quanto à outra parte. Para tal é necessário que sejam diferentes os factos e fundamentos apresentados – por exemplo, quanto a um Relatório de Inspecção de IRC, o sujeito passivo discute em sede de impugnação judicial duas das seis correcções do Relatório, discutindo em sede arbitral as outras quatro.

A este propósito nota-se que, por exemplo, RUI DUARTE MORAIS, olha para o preceito com alguma desconfiança, entendendo que a aplicação desta norma poderá levantar questões de "sobreposição" de julgados, podendo ocorrer, designadamente, situações de litispendência, na medida em que se veria um mesmo acto a ser impugnado nos tribunais judiciais tributários e nos tribunais arbitrais tributários, ainda que com diferentes fundamentos[166]. Ora, no sentido de dissipar estas dúvidas de contradição de julgados há que, antes de mais, dissecar o conceito de litispendência, em processo civil e em processo tributário.

No processo civil a litispendência, ou a excepção de litispendência, pressupõe a repetição de uma causa estando a anterior ainda em curso, nos termos do disposto no artigo 580.º, n.º 1, do CPC. A excepção de litispendência, como a do caso julgado, tem por fim evitar que o tribunal seja colocado na alternativa de contradizer ou de reproduzir uma decisão anterior tal como prevê o artigo 580.º, n.º 2, do CPC. Por sua vez, o artigo 581.º enuncia os requisitos da litispendência (e do caso julgado), estabelecendo o que se entende por "repetição da causa"[167].

---

[166] Veja-se RUI DUARTE MORAIS (2014) *Manual de Procedimento e Processo Tributário*, 392-393.
[167] Sem prejuízo da breve exposição que se fará, veja-se a este propósito as anotações aos artigos 580.º e 581.º em Abílio Neto (2014) *Novo Código de Processo Civil Anotado* e ainda as

Artigo 581.º
Requisitos da litispendência e do caso julgado

1 – Repete-se a causa quando se propõe uma acção idêntica a outra quanto aos sujeitos, ao pedido e à causa de pedir.

2 – Há identidade de sujeitos quando as partes são as mesmas sob o ponto de vista da qualidade jurídica.

3 – Há identidade de pedido quando numa e outra causa se pretende obter o mesmo efeito jurídico.

4 – Há identidade de causa de pedir quando a pretensão deduzida nas duas acções procede do mesmo facto jurídico. Nas acções reais a causa de pedir é o facto jurídico de que deriva o direito real; nas acções constitutivas e de anulação é o facto concreto ou a nulidade específica que se invoca para obter o efeito pretendido.

Assim, à semelhança do caso julgado, a litispendência tem limites subjectivos – a identidade das partes sob o ponto de vista da qualidade jurídica –, objectivos – a identidade do pedido e da causa de pedir, nos termos dispostos no artigo 581.º, n.ºs 3 e 4 citados –, e ainda limites temporais – uma vez que a ocorrência de litispendência terá de ser aferida por referência ao momento em que aquela é apreciada – o que significa que, ainda que havendo uma repetição da causa, se a parte activa vier a desistir de uma das acções antes da excepção de litispendência ser apreciada, a situação de litispendência deixa de subsistir.

Na aplicação desta regras ao processo tributário, incluindo o arbitral, surgem, pois, duas questões.

Uma primeira relacionada com a identidade de sujeitos, e uma segunda, mais generalista, sobre a identidade da causa de pedir. Repare-se que a identidade de pedidos não suscita dúvidas uma vez que, tanto na impugnação judicial como no pedido de pronúncia arbitral, o efeito jurídico pretendido é, na formulação dada pelo artigo 581.º, n.º 3, do CPC, por regra, o mesmo: a declaração de ilegalidade do acto tributário que se impugna. Arrisca-se, por isso, a afirmar que a haver cumulação entre impugnação judicial e pedido de pronúncia arbitral, identidade de pedido haverá, tendencialmente, sempre. Resta pois saber se haverá também identidade dos sujeitos e identidade da causa de pedir, dentro dos limi-

---

anotações aos artigos 497.º e 498.º do anterior CPC em António Montalvão Machado/ José Lebre de Freitas/Rui Pinto (2008) *Código de Processo Civil – Anotado, vol. 2º*.

tes temporais já referidos, para se concluir pela existência, ou não, de litispendência na situação em análise.

A primeira questão – *a identidade de sujeitos* – poderá levantar dúvidas na medida que nos processos de impugnação judicial a Administração Tributária intervém por meio do representante da Fazenda Pública – artigo 110.º CPPT: "... o juiz ordena a notificação do representante da Fazenda Pública..." –, enquanto nos processos arbitrais tributários a intervenção passiva é do dirigente máximo do serviço da Administração Tributária. Contudo, tanto o representante da Fazenda Pública, como o dirigente máximo do serviço, actuam sempre em representação da Administração Tributária. Nesse sentido, e seguindo a noção que é dada pelo artigo 581.º, n.º 2, do CPC, "as partes são as mesmas sob o ponto de vista da qualidade jurídica", ou seja, a parte passiva continua a ser a Administração Tributária. Quer isto dizer que, apresentando o mesmo sujeito passivo, quanto a um mesmo acto, pedido de impugnação judicial e pedido de pronúncia arbitral, haverá também identidade de sujeitos.

Analise-se agora a segunda questão – a *identidade da causa de pedir*. Ora, sabe-se já que na impugnação judicial e no pedido de pronúncia arbitral o que está em causa é a impugnação de um acto tributário cujo pedido é, como se viu, o da declaração de ilegalidade com fundamento em qualquer dos vícios previsto no artigo 99.º do CPPT.

Refere este artigo que são fundamentos de impugnação e, adianta-se, de pedido arbitral qualquer ilegalidade, designadamente:

a) Errónea qualificação e quantificação dos rendimentos, lucros, valores patrimoniais e outros factos tributários;
b) Incompetência;
c) Ausência ou vício da fundamentação legalmente exigida;
d) Preterição de outras formalidades legais.

Resulta então do exposto que só não será admitida a pendência simultânea de processos no tribunal arbitral e no tribunal judicial quando, além de haver identidade de sujeitos e identidade de pedidos – que, como se viu, se verifica na maioria dos casos –, exista ainda identidade da causa de pedir. Isto porque o fundamento para a declaração de ilegalidade em ambas as acções é o mesmo. Em ambas se alega a errónea qualificação e quantificação dos rendimentos, lucros, valores patrimoniais e outros factos tributários decorrentes dos mesmos factos ou com a mesma fundamentação de direito; ou, em ambas se alega incompetência; ou, em ambas se arguir a ausência ou vício da fundamentação legalmente exigida decorrentes dos mesmos factos ou com a mesma fundamentação de direito; ou, por último, em ambas se alega a mesma preterição de outras formalidades legais.

Conclui-se então do que ficou para trás que o que se permite pelo n.º 2 do artigo 3.º não atenta contra a proibição de litispendência – transversal a todas as áreas processuais – por poder não se verificar o terceiro requisito daquela excepção, *a identidade da causa de pedir*. Assim, havendo identidade de sujeitos e identidade de pedido, a verificação de litispendência em processos tributários, sejam judiciais ou arbitrais, depende da invocação dos mesmos fundamentos de declaração da ilegalidade do acto que se pretende impugnar.

Independentemente da perspectiva com que se olhe para o preceito em questão, é legítimo questionar se o legislador tomou, aqui, uma boa opção.

Deve-se sempre ter em conta que a arbitragem (tributária ou não) é sempre apresentada como um meio alternativo, e não cumulativo, de resolução jurisdicional de conflitos. É legítimo questionar-se se a permissão de uma efectiva cumulação entre a via arbitral e a via judicial não irá contrariar o espírito da arbitragem, na medida em que se admitem duas instâncias em paralelo para decidir sobre um mesmo acto tributário. Julga-se que a estas preocupações são ultrapassadas pela vantagem de se conseguir, ainda que em instâncias diferentes, que o mesmo acto seja analisado com fundamento diferentes de ilegalidade que não poderão dar lugar a decisões contraditórias.

Outra questão que a este âmbito se poderá colocar é o facto de o legislador não ter assegurado qualquer mecanismo de comunicação entre os dois processos que, recorde-se, poderão estar pendentes em simultâneo.

Já acima se referiu a existência de uma situação semelhante no âmbito do processo tributário: a possibilidade de reclamar graciosamente e impugnar judicialmente por fundamentos diferentes, permitida ao abrigo de uma interpretação *a contrario* do artigo 68.º, n.º 2, do CPPT. Contudo, o legislador no CPPT preocupou-se em regular os efeitos dessa pendência de duas instâncias em simultâneo. De facto, nos termos do artigo 111.º, n.º 3, do CPPT, a reclamação graciosa que tenha sido apresentada previamente à impugnação judicial sobre o mesmo acto deverá "ser apensa à impugnação judicial, no estado em que se encontrar, sendo considerada, para todos os efeitos, no âmbito do processo de impugnação". Ainda, o n.º 4 determina que a mesma apensação terá lugar caso a reclamação graciosa seja posterior à impugnação judicial.

Aqui está o tal mecanismo de comunicação que está em falta no RJAT. É que na hipótese permitida pelos artigos 68.º, n.º 2, e 111.º, n.ºs 3 e 4, ambos do CPPT, estão em causa um meio impugnatório administrativo e um judicial, enquanto que, perante o artigo 3.º, n.º 2, do RJAT, o que se permite é a cumulação de dois meios jurisdicionais, um judicial e um arbitral. O efeito desta interposição simultânea poderá ser um de três: ou (1) os processos correm efectivamente em paralelo, na via judicial e na via arbitral, podendo suceder que um acto seja anulado ou declarado nulo apenas em parte – não ocorrendo, como se viu, qualquer situação de litispendência ou caso julgado na medida em que não haverá identidade da causa de pedir –, ou (2) adoptando uma solução semelhante à prevista no artigo 111.º, n.ºs 3 e 4, do CPPT, o processo de pedido de pronúncia arbitral seria apenso à impugnação judicial, no estado em que se encontrasse, ou (3) em alternativa, seria a impugnação judicial apensa ao pedido de pronúncia arbitral, no estado em que se encontrasse.

Se as soluções (2) e (3) causam estranheza, já a solução (1) – prosseguimento das instâncias em paralelo – parece ser a mais acertada, em especial na medida em que não coloca questões de litispendência ou caso julgado, nem questões de difícil compatibilidade processual entre os processos judiciais e arbitrais.

Para concluir, resta apenas escalpelizar um outro cenário possível. Poder-se-á equacionar, a partir desta norma do artigo 3.º, n.º 2, a possibilidade de dedução simultânea de pedido impugnatório administrativo – reclamação graciosa, recurso hierárquico, pedido de revisão oficiosa – e pedido de pronúncia arbitral, quanto a um mesmo acto tributário mas com fundamentos diferentes?

A resposta é afirmativa, com os limites da cumulação da reclamação graciosa e da impugnação judicial, ou seja, desde que apresentados com fundamentos diferentes, ao abrigo de uma interpretação *a contrario* do artigo 68.º, n.º 2, do CPPT, aplicável subsidiariamente por via do artigo 29.º, n.º 1, alínea *a)* do RJAT.

Não faria sentido permitir-se a "cumulação" entre processo judicial e arbitral e não o fazer relativamente a uma reclamação graciosa, por exemplo. Mais, no caso de "cumulações" entre pedido de pronúncia arbitral e recursos hierárquicos, sempre se poderia aplicar subsidiariamente o disposto nos n.ºs 3, 4 e 5 do artigo 111.º do CPPT, por via do artigo 29.º, n.º 1, alínea *c)*, do RJAT. Ficaria, pois, resolvida a falta de mecanismo de comunicação entre processos – o meio impugnatório administrativo deveria ser apenso ao processo arbitral, no estado em que se encontrasse. Quanto aos pedidos de revisão, seriam de aplicar analogicamente as normas referidas.

2.1. Excepção de litispendência

No ponto anterior chegou-se à conclusão de que o n.º 2 do artigo 3.º, ao permitir a dedução simultânea de pedido de constituição de tribunal arbitral e de impugnação judicial relativamente a um mesmo acto tributário, desde que os respectivos factos e fundamentos sejam diversos, não contribui para um risco de contradição de julgados, ou melhor, não consubstancia um caso típico de litispendência.

Esta conclusão resulta, contudo, da premissa de que a impugnação judicial e o pedido de constituição de tribunal arbitral apresentados quanto a um mesmo acto tributário assentam, efectivamente, em fundamentos diferentes. Poderão, porém, ocorrer casos em que existe uma verdadeira tripla identidade: identidade de sujeitos, identidade de pedidos e identidade de causas de pedir.

Nesses casos, colocam-se então duas questões fundamentais. Uma primeira, de saber se poderá efectivamente ser alegada excepção de litispendência no processo arbitral tributário. Uma segunda, a de saber, na medida em que se admita a alegação da excepção de litispendência no processo arbitral, em qual dos processos pendentes será a Administração Tributária absolvida da instância.

A primeira questão surge, em boa verdade, da análise da jurisprudência arbitral já publicada. A jurisprudência parece ter-se fixado no sentido de que entre processos judiciais e processos arbitrais não pode operar a excepção de litispendência. Nesse sentido, veja-se a decisão proferida no âmbito do processo n.º 110/2013-T[168], tendo o tribunal entendido que:

> *"Ao mesmo resultado se chega se se invocar a conclusão, com a qual se concorda, de que entre os processos arbitrais e os processos judiciais tributários não pode operar a exceção da litispendência (cfr. Processo arbitral n.º 30/2012-T), conclusão esta com apoio nos preceitos do CPC que determinam que a instância arbitral prevalece sempre sobre a instância judicial, sendo aquela causa extintiva desta (vd. mormente artigo 277.º, alínea b), do CPC)."*

Por seu turno, no processo arbitral citado pela decisão transcrita, decidiu-se que:

> *"Sem prejuízo, contudo, daquilo que se acaba de apontar, acrescentar-se-á ainda que se entende que entre processos judiciais e processos arbitrais não será susceptível de operar*

---

[168] Disponível em http://www.caad.org.pt/.

a excepção da litispendência. Com efeito, a existência de uma instância arbitral, implica a pré-existência de uma cláusula arbitral ou de um compromisso arbitral. Ora, tendo em conta o teor do artigo 494.º/j) e do artigo 287.º/b) do Código de Processo Civil, dever-se-á entender que a instância arbitral prevalece sempre sobre a judicial, sendo causa impeditiva ou extintiva daquela, conforme a sua génese ocorra antes ou na pendência da mesma." [169]

Discorda-se desta tese que vem sendo perfilhada pela jurisprudência arbitral. Antes de mais, atente-se aos preceitos do CPC em que se baseia aquele entendimento:

Artigo 277.º
(ex-artigo 287.º)
Causas de Extinção da instância

A instância extingue-se com:
a) O julgamento;
b) O compromisso arbitral; [170]
c) A deserção;
d) A desistência, confissão ou transacção;
e) A impossibilidade ou inutilidade superveniente da lide.

A reforma do CPC veio eliminar a anterior alínea *j)* do artigo 494.º que indicava como excepção dilatória nominada a preterição de tribunal arbitral necessário ou a violação de convenção de arbitragem[171].

Hoje, esta excepção foi inserida no domínio da incompetência absoluta, dispondo-se no artigo 96.º do actual CPC que:

Artigo 96.º
Casos de incompetência absoluta

Determinam a incompetência absoluta do tribunal:
a) A infracção das regras de competência em razão da matéria e da hierarquia e das regras de competência internacional;
b) A preterição de tribunal arbitral[172] (sublinhado da autora)

---

[169] Processo arbitral n.º 30/2012-T, disponível em http://www.caad.org.pt/.
[170] Sublinhado da autora.
[171] A este propósito veja-se, à luz do anterior CPC, António Montalvão Machado/José Lebre de Freitas/Rui Pinto (2008) *Código de Processo Civil – Anotado*, vol. 2º, anotação ao revogado artigo 494.º.
[172] Sublinhado da autora.

Ora, em primeiro lugar, perceba-se que estes preceitos do CPC, e mesmo o anterior 494.º alínea *j)*, foram pensados relativamente à arbitragem voluntária, ou, dito de outro modo, dizem respeito àquelas arbitragens em que a competência do tribunal arbitral tem por base uma convenção de arbitragem. De facto, a alínea *b)* do artigo 277.º do CPC refere-se ao "compromisso arbitral". Recorde-se, a este propósito, que compromisso arbitral é um dos dois tipos de convenção de arbitragem existentes. Assim, "convenção de arbitragem" é um conceito amplo que abrange duas figuras: a cláusula compromissória e o compromisso arbitral. Em termos gerais, a *cláusula compromissória* é aposta num determinado contrato, integrando o seu conteúdo, antecedendo cronologicamente a ocorrência do litígio, aceitando-se a resolução pela via arbitral de um conflito que é apenas eventual. Já o *compromisso arbitral* é um acordo superveniente à ocorrência do conflito, tendo por base sempre um litígio em concreto.

O artigo 280.º do CPC regula o compromisso arbitral acordado já na pendência de um processo judicial[173], sendo, como já se viu, causa de extinção da instância nos termos do artigo 277.º, alínea *b)* também do CPC[174].

Por seu turno, a "preterição de tribunal arbitral", determinativa de incompetência absoluta nos termos do actual artigo 96.º do CPC, poderá ocorrer por força de qualquer um dos dois casos anteriormente previstos no revogado artigo 494.º alínea *j)*, ou seja, por preterição de tribunal arbitral necessário ou por violação de convenção de arbitragem[175].

Os preceitos em análise – em que se baseiam os tribunais arbitrais para suportar o entendimento de que entre processo judicial tributário e processo arbitral

---

[173] Dispõe o artigo 280.º do CPC, sob a epígrafe "Compromisso arbitral":

1 – Em qualquer estado da causa podem as partes acordar em que a decisão de toda ou parte dela seja cometida a um ou mais árbitros da sua escolha.

2 – Lavrado no processo o termo de compromisso arbitral ou junto o respectivo documento, examina-se se o compromisso é válido em atenção ao seu objecto e à qualidade das pessoas; no caso afirmativo, a instância finda e as partes são remetidas para o tribunal arbitral, sendo cada uma delas condenada em metade das custas, salvo acordo expresso em contrário.

3 – No tribunal arbitral não podem as partes invocar actos praticados no processo findo, a não ser aqueles de que tenham feito reserva expressa.

[174] Consulte-se, a este propósito, as anotações ao artigo 277.º de José Lebre de Freitas/Isabel Alexandre (2014) *Código de Processo Civil – Anotado*, vol. 1º; e de Abílio Neto (2014) *Novo Código de Processo Civil Anotado*.

[175] No mesmo sentido, em anotação ao artigo 96.º do actual CPC, José Lebre de Freitas/Isabel Alexandre (2014) *Código de Processo Civil – Anotado*, vol. 1º; e de Abílio Neto (2014) *Novo Código de Processo Civil Anotado*.

tributário não pode ocorrer excepção de litispendência – dizem respeito, pelo que já ficou exposto, a tribunais arbitrais necessários e tribunais arbitrais instituídos com base em convenção de arbitragem (seja na forma de compromisso arbitral ou na forma de cláusula compromissória).

Os tribunais arbitrais tributários não são, como se sabe, nem tribunais arbitrais necessários[176] nem tribunais arbitrais instituídos com base em convenção de arbitragem.

Como melhor se compreenderá da leitura do comentário ao artigo 4.º, a jurisdição arbitral tributária foi gizada enquanto direito potestativo dos contribuintes, tendo a Administração Tributária se vinculado por meio de portaria. Dito de outro modo, estando já vinculada uma das partes – a Administração Tributária – a escolha pela jurisdição arbitral cabe única e exclusivamente ao contribuinte, não se encontrando dependente da celebração de qualquer convenção de arbitragem, seja na modalidade de compromisso arbitral[177], seja na modalidade de cláusula compromissória[178].

Bem se vê que aquelas normas do CPC não têm qualquer aplicação no que respeita à arbitragem em matéria tributária, nem tampouco poderão sustentar o entendimento de que a excepção de litispendência não pode operar entre os processos judiciais tributários e os processos arbitrais tributários.

Por conseguinte, e recuperando os conceitos abordados no ponto anterior, poderá ocorrer excepção de litispendência quando corram, em simultâneo, impugnação judicial e processo arbitral tributário, sobre um mesmo acto tributário, com base nos mesmos fundamentos. Ou, melhor dizendo, haverá litispendência sempre que entre processo de impugnação judicial e processo arbitral

---

[176] Desde logo, ao abrigo do artigo 1.º onde se dispõe que "O presente decreto-lei disciplina a arbitragem tributária como meio alternativo de resolução jurisdicional de conflitos em matéria fiscal"(sublinhado da autora).

[177] A possibilidade de se ter permitido a celebração de compromissos arbitrais para recurso à arbitragem tributária entraria desde logo em contradição com o princípio da indisponibilidade dos créditos tributários, daí que o RJAT tenha previsto no artigo 4.º, n.º 1 que a Administração Tributária se vincula à jurisdição arbitral por portaria do Governo – tema que se explora nos comentários ao artigo 1.º e, bem assim, ao artigo 4.º, para os quais se remete.

[178] A celebração de cláusula compromissória em abstracto nunca seria possível desde logo porque entre Administração Fiscal e contribuintes – ao contrário do que sucede no âmbito do direito privado, mormente do direito comercial, e, bem assim, no domínio do direito administrativo, mormente no que respeita aos contratos públicos – não há um qualquer contrato onde aquela possa ser incluída.

tributário se verifique identidade de sujeitos, identidade de pedidos e identidade de causas de pedir.

Posto isto, resta então aferir em que processo deverá ser alegada a excepção de litispendência – judicial ou arbitral –, e, nesse seguimento, qual dos processos prevalecerá sobre o outro.

A resposta terá de partir, desde logo, da consideração de que a arbitragem tributária é uma *escolha do contribuinte*. O contribuinte ou opta por recorrer à arbitragem em matéria tributária em vez de à impugnação judicial ou opta por impugnar judicialmente "renunciando" assim ao seu direito potestativo de recorrer à via arbitral – repita-se: a análise que ora se faz parte do pressuposto de que há uma tripla identidade de sujeitos, de pedidos e de causa de pedir. Para que fique claro, a única consequência que decorre para o contribuinte de utilização de uma via ao invés da outra é a de ficar impedido de, quanto a um mesmo acto, com o mesmo pedido e idêntica causa de pedir, utilizar a via preterida.

Assim, a solução para a questão de saber em que processo é que deve ser deduzida a litispendência passa, desde logo, pela aplicação subsidiária das normas previstas no CPC, designadamente, no seu artigo 582.º.

Artigo 582.º
Em que acção deve ser deduzida a litispendência

1 – A litispendência deve ser deduzida na acção proposta em segundo lugar.

2 – Considera-se proposta em segundo lugar a acção para a qual o réu foi citado posteriormente.

3 – Se em ambas as acções a citação tiver sido feita no mesmo dia, a ordem das acções é determinada pela entrada das respectivas petições iniciais.

Deste modo, verificada a identidade de sujeitos, pedidos e causa de pedir, a litispendência deverá ser deduzida na acção (judicial ou arbitral) que tiver sido proposta em segundo lugar. Os n.ºs 2 e 3 do artigo 582.º transcrito carecem, porém, de adaptação ao processo arbitral tributário na medida em que não existe, na arbitragem, a figura da citação do réu.

Como é sabido, a citação é o momento pelo qual o réu é chamado ao processo, completando-se assim a relação triangular da instância – autor, réu e tribunal. Assim, o equivalente à citação do réu seria o primeiro momento pelo qual a Administração Tributária é chamada ao processo, tomando conhecimento do pedido.

À primeira vista, esse momento seria o previsto no artigo 13.º, n.º 1, do RJAT, ou seja, aquele em que o CAAD dá conhecimento à Administração Tributária do pedido de constituição do tribunal arbitral para que, se assim o entender, revogar, ratificar, reformar ou converter o acto tributário impugnado pelo contribuinte. Este momento insere-se, porém, ainda na fase do procedimento arbitral.

Já na fase do processo arbitral, o momento teoricamente equivalente seria o previsto no artigo 17.º, n.º 1, em que o presidente do Conselho Deontológico do CAAD notifica o dirigente máximo do serviço da Administração Tributária para apresentação de resposta no prazo de 30 dias.

Este segundo momento, o do artigo 17.º, n.º 1, é, ao que se julga, aquele que se deve considerar equivalente à citação do réu em processo civil, para efeitos de adaptação do artigo 582.º do CPC. Isto porque, na situação prevista no artigo 13.º, n.º 1, a arbitragem está ainda em fase procedimental, ou seja, não há ainda tribunal arbitral constituído nos termos do artigo 11.º, o processo arbitral *stricto sensu* ainda não se iniciou (ao abrigo do artigo 15.º), pelo que não há, ainda, qualquer situação de litispendência[179].

---

[179] Discorda-se assim de LOPES DE SOUSA quando, apesar de considerar o momento a que se refere o artigo 17.º, n.º 1 como equivalente, justifica a sua posição com base no facto de que "na situação prevista no artigo 13.º, n.º 1, do RJAT não é dado ao dirigente máximo do serviço conhecimento do conteúdo do ***pedido de pronúncia arbitral***, mas apenas do ***pedido de constituição do tribunal arbitral***, com identificação do acto cuja declaração de ilegalidade é pedida" (cf.Jorge Lopes de Sousa (2013) "Comentário ao Regime Jurídico da Arbitragem Tributária", 154). Na verdade, e como melhor se verá a propósito das anotações ao artigo 13.º, ainda que a Administração Tributária seja apenas notificada do pedido de constituição do tribunal arbitral, passa a ter, a partir desse momento, acesso à palataforma digital do CAAD, onde poderá desde logo consultar o pedido de pronúncia arbitral. A Administração terá então acesso às pretensões do sujeito passivo, necessárias para o bom exercício da faculdade prevista no artigo 13.º, n.º 1.

Artigo 3.º-A – Prazos

1 – No procedimento arbitral, os prazos contam-se nos termos do Código do Procedimento Administrativo, com as necessárias adaptações.

2 – Os prazos para a prática de actos no processo arbitral contam-se nos termos do Código de Processo Civil.

ALTERAÇÕES LEGISLATIVAS
Aditado pela Lei n.º 66-B/2012, de 31 de Dezembro.

ANOTAÇÃO
1. Procedimento e processo arbitral tributário
2. Contagem de prazos
    2.1. Antes da Lei n.º 66-B/2012, de 31 de Dezembro
    2.2. Contagem de prazos de acordo com as normas em vigor
        2.2.1. Prazo para entrega do pedido de constituição de tribunal arbitral

O presente artigo foi aditado ao RJAT pela Lei n.º 66-B/2012, de 31 de Dezembro, conjuntamente com o artigo 17.º-A, tendo como epígrafe "Férias judiciais". Na versão original do RJAT não havia qualquer indicação a respeito do modo de contagem dos prazos no procedimento e processo arbitrais. Na ausência de norma expressa, entendia-se ser de aplicação subsidiária o disposto no CPPT, por via do artigo 29.º, n.º 1, alínea *a)* do RJAT.

Este artigo 3.º-A vem então ditar o modo de proceder à contagem dos prazos, distinguindo, consoante se esteja no âmbito do procedimento arbitral ou no âmbito do processo arbitral propriamente dito. Começar-se-á a análise deste artigo exactamente por precisar essa distinção para de seguida tratar as regras de contagem de prazos.

1. Procedimento e processo arbitral tributário

Tem sido entendido, no geral, que o processo arbitral tributário em sentido amplo tem duas fases: uma fase procedimental e uma fase processual. Entendimento este que, de resto, tem por suporte a própria letra e sistemática do RJAT.

O legislador teve o cuidado de denominar o Capítulo II do RJAT de "Procedimento Arbitral" e o Capítulo III de "Processo Arbitral", dispondo no artigo 15.º que "O processo arbitral tem início na data da constituição do tribunal arbitral, nos termos do n.º 8 do artigo 11.º". Deste modo, o processo arbitral compreende todos os actos praticados a partir do momento, legalmente estabelecido, de constituição do tribunal arbitral.

Assim, dir-se-á que o processo arbitral tributário em sentido amplo divide-se da seguinte forma:

(i) Uma fase procedimental (ou "procedimento arbitral") que se inicia com o recebimento do pedido de constituição de tribunal arbitral e compreende os actos praticados com vista à constituição do tribunal arbitral que na prática serão: o procedimento de designação de árbitros (artigo 11.º) e a revogação, ratificação, reforma ou conversão, pela Autoridade Tributária, do acto tributário cuja ilegalidade foi suscitada (artigo 13.º, n.º 1);

(ii) Uma fase processual (ou "processo arbitral" propriamente dito) que compreende toda a tramitação subsequente à constituição do tribunal arbitral – momento ditado pelo artigo 15.º por referência ao n.º 8 do artigo 11.º –, tendo em vista a prolação da decisão arbitral, incluindo, designadamente, a resposta da Administração Tributária (artigo 17.º, n.º 1), a reunião do tribunal arbitral (artigo 18.º) e a decisão arbitral (artigos 21.º a 24.º).

2. Contagem de prazos

2.1. Antes da Lei n.º 66-B/2012, de 31 de Dezembro

Como se referiu, este artigo 3.º-A foi aditado ao RJAT pela Lei n.º 66-B/2012, de 31 de Dezembro. Na versão original do RJAT não havia qualquer indicação a respeito do modo de contagem dos prazos. Na ausência de norma expressa, a solução encontrada à data foi o recurso ao disposto no CPPT, por via do artigo 29.º, n.º 1, alínea *a*), do RJAT.

Assim, e na medida em que no contencioso judicial tributário o modo de contagem dos prazos é diferente consoante se esteja no âmbito do procedimento ou no âmbito do processo tributário, também esta distinção foi "importada" para a arbitragem tributária. Por outras palavras, já antes da entrada em vigor deste artigo 3.º-A, a forma de contagem dos prazos no processo arbitral (em sentido amplo) variava consoante se estivesse no âmbito do procedimento arbitral ou no âmbito do processo arbitral (em sentido estrito).

Deste modo, compreenda-se que o legislador, ao não prever qualquer regra especial quanto à contagem de prazos no RJAT quis, ao que se julga, que fossem subsidiariamente aplicáveis as regras previstas no CPPT, cujo artigo 20.º se transcreve:

Artigo 20.º
Contagem dos prazos

1 – Os prazos no procedimento tributário e de impugnação judicial contam-se nos termos do artigo 279.º do Código Civil.

2 – Os prazos para a prática de actos no processo judicial contam-se nos termos do Código de Processo Civil.

Significa isto que o CPPT determina a contagem dos prazos da seguinte forma:

- Os prazos compreendidos no procedimento tributário contam-se nos termos do artigo 279.º do CC, por força da primeira parte, do n.º 1 do artigo 20.º;
- O prazo para entrega da petição inicial de impugnação judicial, por se tratar de um prazo substantivo, conta-se também nos termos do artigo 279.º do CPPT, por força do artigo 20.º, n.º 1, *in fine*;
- Os prazos compreendidos no âmbito do processo tributário contam-se nos termos do CPC, por força do n.º 2 do artigo 20.º.

Ora, o RJAT, à semelhança, de resto, do CPPT e da LGT, não define o momento a partir do qual se considera iniciado o procedimento arbitral. Considera-se, porém, que o prazo para a entrega da petição inicial é um prazo substantivo. Assim, equiparando-se o pedido de constituição de tribunal arbitral à petição inicial de impugnação judicial – e porque a arbitragem tributária foi gizada como meio alternativo à impugnação judicial – o prazo para entrega daquele é também um prazo substantivo. Este entendimento era confirmado, já à data, pela jurisprudência arbitral. Nesse sentido, pode ver-se o decidido no âmbito do processo arbitral n.º 35/2012-T[180]:

> *"Os prazos para a propositura de acções são prazos substantivos, de caducidade, e integram a própria relação jurídica material controvertida. Visam determinar o período para o exercício de um direito e são peremptórios, pois o seu decurso extingue o próprio direito.*
>
> *Antes de a acção dar entrada ainda não há processo. Logo, não há prazos judiciais ou processuais antes de haver processo.*

---

[180] Em decisão arbitral proferida a 11-12-2012, disponível m http://www.caad.org.pt/.

> Com efeito, o prazo judicial ou adjectivo supõe que a acção está em juízo e assinala o lapso de tempo necessário, segundo a lei, para se produzir certo efeito processual ou, de acordo com outra definição, para a prática de um acto judicial. Não é isto que se verifica com o prazo fixado para a propositura de uma acção, quer em tribunais estaduais, quer arbitrais.
>
> Deste modo, a contagem do prazo para deduzir a acção deve observar as regras do artigo 279.º do Código Civil, como de resto prevê expressamente o n.º 1 do artigo 20.º do CPPT, no que se refere à impugnação judicial. Por essa razão, a contagem de tal prazo é corrida e não se suspende durante as férias judiciais, sendo inaplicável o disposto no artigo 144.º do CPC, cujo âmbito se restringe aos prazos judiciais ou adjectivos.
>
> A este respeito, salienta-se que a natureza arbitral deste tribunal e a aplicação do regime de arbitragem tributária não acarretam qualquer modificação relativa à natureza, modalidades e forma de contagem dos prazos, como se extrai da leitura do RJAT, e muito menos no tocante a prazos substantivos, que fazem parte integrante do estatuto material do próprio direito de crédito tributário."

Deste modo, até ao aditamento do artigo 3.º-A, à contagem dos prazos na arbitragem tributária aplicavam-se as seguintes normas, por via do artigo 29.º, n.º 1, alínea *a*), do RJAT[181]:

- Para a contagem do prazo de entrega do pedido de constituição do tribunal arbitral, a que se refere o artigo 10.º do RJAT, o artigo 20.º, n.º 1, *in fine*, do CPPT;
- Para a contagem dos prazos de actos incluídos no Capítulo II do RJAT ("Procedimento arbitral"), à excepção do pedido de constituição de tribunal arbitral, o artigo 20.º, n.º 1, primeira parte do CPPT;
- Para a contagem dos prazos de actos compreendidos no âmbito do processo arbitral, inseridos no Capítulo III do RJAT, o artigo 20.º, n.º 2, do CPPT.

O n.º 1 do artigo 20.º, primeira e segunda partes, remetem para o disposto no artigo 279.º do CC. Significa isto que na contagem dos prazos no procedimento arbitral e no pedido de constituição do tribunal arbitral não se incluía o dia em que ocorria o evento – o chamado dia zero – a partir do qual o prazo começava a correr, de forma contínua, e caso terminasse a um sábado, domingo ou feriado,

---

[181] A aplicação subsidiária, à data, das normas previstas no artigo 20.º do CPPT era, de resto, confirmada no ponto 3.2. da Circular n.º 53/2011 da DGAIEC.

transferia-se o seu termo para o primeiro dia útil seguinte. Insista-se, significava também que seguiam estas regras a entrega do pedido de constituição do tribunal arbitral. Tudo porque se considerava como entrega da petição inicial de impugnação adaptada à arbitragem por aplicação da última parte do mesmo preceito. A conclusão era então a de que os prazos do artigo 10.º do RJAT, se contavam nos termos do artigo 20.º, n.º 1, *in fine*, do CPPT. A este propósito só uma breve nota para referir que colhendo a jurisprudência do STA, se equiparam ao dia em que os tribunais estão encerrados às férias judiciais pelo que, caso o prazo para entrega do pedido de constituição do tribunal arbitral terminasse em férias judiciais, este seria transferido para o primeiro dia útil pós férias[182]. Tratava-se então da aplicação "em bloco" das regras da impugnação judicial à arbitragem tributária.

Já quanto à contagem dos prazos na pendência do processo arbitral, determinava o artigo 20.º, n.º 2, do CPPT subsidiariamente aplicável que a contagem dos prazos era de acordo com o disposto nos artigos 138.º e seguintes do CPC. Como se pode verificar, da leitura do n.º 2 do actual artigo 3.º-A, a solução era, na prática, idêntica à tomada pelo legislador com a Lei n.º 66-B/2012, de 31 de Dezembro, pelo que se remete a determinação da forma de contagem para o ponto seguinte.

2.2. Contagem de prazos de acordo com as normas em vigor

A contagem dos prazos por aplicação subsidiária do artigo 20.º do CPPT acabou por dar origem a alguns constrangimentos de ordem prática designadamente por se tratarem de prazos muito curtos. Impunha-se, assim, uma intervenção legislativa.

Com efeito, se no âmbito do processo arbitral (em sentido estrito) a aplicação das normas previstas nos artigos 138.º e seguintes do CPC levantava apenas a questão da suspensão ou não dos prazos processuais em férias judiciais[183], no âmbito do procedimento arbitral a questão era de maior melindre.

---

[182] Cf. por todos, o Acórdão do STA de 08-10-2014, processo n.º 0548/14, disponível em http://www.dgsi.pt/, onde se pode ler que aquela primeira parte do processo "deve ser interpretada de forma actualista, no sentido de quem, também quando o último dia do prazo caia num sábado transfere-se para o primeiro dia útil [seguinte]".

[183] De facto, como se terá oportunidade de ver em comentário ao artigo 17.º-A e, bem assim, ao artigo 21.º, a aplicação dos artigos 138.º e seguintes do CPC à contagem dos prazos na fase processual arbitral, com a consequente suspensão dos mesmos durante o período de férias judiciais, suscitava, em parte da Doutrina, a questão de saber se o prazo ao dispor do tribunal

Como se terá oportunidade de ver aquando dos comentários aos artigos incluídos no Capítulo II do RJAT, no procedimento arbitral tributário prevêem-se prazos deveras reduzidos para a prática de determinados actos[184]. Além disso, o horário de expediente do CAAD não engloba fins-de-semana e feriados, sendo ainda certo que os árbitros em matéria tributária, não o são em exclusividade de funções. A contagem de forma contínua dos prazos no procedimento arbitral, decorrente do disposto no artigo 279.º do CC aplicável até à intervenção legislativa, acabou por se revelar, com a experiência, se não impraticável, pelo menos de difícil aplicação.

Nesse seguimento, a Lei n.º 66-B/2012, de 31 de Dezembro, veio aditar um artigo 3.º-A ao RJAT, consagrando regras de contagem de prazos das quais resultasse um aumento dos prazos do procedimento sem contudo alterar os inúmeros artigos onde eles são estabelecidos. Introduziu-se então um artigo onde se altera, tão só, a forma de contagem de prazos.

Assim, actualmente, os prazos na arbitragem em matéria tributária contam-se do seguinte modo:

Para a prática de actos do procedimento arbitral, incluídos, como se disse, no Capítulo II do RJAT, o legislador estabeleceu que "No procedimento arbitral, os prazos contam-se nos termos do Código do Procedimento Administrativo, com as necessárias adaptações". Seguem-se então as regras de contagem de prazos previstas para o procedimento administrativo, estabelecidas no artigo 87.º do CPA. Nesse sentido, para a contagem dos prazos no procedimento arbitral tributário não se inclui o dia em que ocorre o evento – é o chamado dia zero – a partir do qual o prazo começa a correr, suspendendo-se aos sábados, domingos e feriados e, caso termine em dia em que o CAAD não se encontre aberto ao público, ou não funcione durante o período normal, transfere-se para o primeiro dia útil seguinte.

Já quanto à contagem dos prazos na pendência do processo arbitral, incluídos desta feita no Capítulo III do RJAT, nos termos do n.º 2 do artigo ora em

arbitral para decidir se suspendia ou não em férias judiciais. Tudo porque, essa parte da Doutrina tinha dúvidas que o conceito de férias judiciais fosse aplicável aos tribunais arbitrais que funcionam sob a égide do CAAD. Questionava-se assim se deveria haver suspensão dos prazos processuais em férias ou se, pelo contrário, se considerava que se estava perante processos urgentes nos termos do CPC. A introdução do artigo do artigo 17.º-A justificou-se, então, para afastar estas dúvidas.

[184] Referem-se, nomeadamente, aos prazos de 5 e 10 dias para notificações do Conselho Deontológico do CAAD às partes previstos no artigo 11.º.

análise "Os prazos para a prática de actos no processo arbitral contam-se nos termos do Código de Processo Civil". Quer isto dizer que a contagem dos prazos segue o disposto nos artigos 138.º e seguintes do CPC. Deste modo os prazos são contínuos, suspendendo-se durante as férias judiciais, e quando o prazo terminar em dia em que os tribunais se encontrem encerrados transfere-se o seu termo para o primeiro dia útil seguinte. Assim, aos prazos adiante referidos para a prática de actos após a constituição do tribunal arbitral, designadamente a resposta/contestação ao pedido de pronúncia arbitral a que se refere o artigo 17.º, deverão ser contados nos termos do artigo° 138.º do CPC, desde logo tendo em consideração a suspensão em férias judiciais que nos termos da Lei n.º 62/2013, de 26 de Agosto, decorrem de 22 de Dezembro a 3 de Janeiro, do Domingo de Ramos à Segunda-feira de Páscoa e de 16 de Julho a 31 de Agosto.

2.2.1. Prazo para entrega do pedido de constituição de tribunal arbitral
O pedido de constituição de tribunal arbitral e o prazo para a sua apresentação vêm previstos no artigo 10.º. Sistematicamente, o preceito insere-se no âmbito do Capítulo II, denominado de "Procedimento arbitral". Não se deverá, porém, retirar a conclusão precipitada de que o acto de entrega do pedido arbitral é um acto procedimental e que como tal segue a forma de contagem prevista no CPA.

Em rigor, o prazo para entrega do pedido de constituição de tribunal arbitral é, como se referiu, um prazo substancial, da mesma forma que o é a entrega de uma qualquer petição inicial, mormente, de impugnação judicial.

Contudo, porque o legislador inseriu sistematicamente o artigo 10.º no âmbito do procedimento arbitral, e porque o artigo 3.º-A não faz referência à entrega do pedido de constituição de tribunal arbitral, parece resultar da lei que o prazo para entrega do pedido de constituição de tribunal arbitral se conta nos termos do artigo 3.º-A, n.º 1, ou seja, seguindo-se as regras de contagem de prazos previstas no CPA. Isto implicaria, desde logo, que os prazos a que se refere o artigo 10.º se suspenderiam aos sábados, domingos e feriados, como acima se referiu. Assim, na prática, o contribuinte disporia de mais do que 90 dias para apresentar o seu pedido de constituição de tribunal arbitral. Este entendimento não pode prevalecer.

Como se disse acima, a *ratio* do n.º 1 do artigo 3.º-A, prende-se com razões de ordem prática, por serem extremamente curtos os prazos previstos no procedimento arbitral – designadamente no artigo 11.º – e com o facto de o horário de expediente do CAAD não englobar fins-de-semana e feriados. Prendeu-se ainda com questões de organização interna da própria Autoridade Tributária e Aduaneira. Bem se vê que a intenção do legislador foi "alargar" os prazos aí previstos. Não se crê, porém, que o legislador tenha querido "alargar" o prazo para recorrer à arbitragem tributária até porque, a ser assim, estar-se-ia a contrariar a lógica de que a arbitragem tributária é um meio alternativo à impugnação judicial.

E mesmo que assim não se entendesse, sempre se diria que, pela natureza do acto de entrega da petição inicial, este nem poderia estar inserido no âmbito do procedimento tributário. De facto, e ao que se julga, o procedimento tributário só se poderá considerar plenamente iniciado, após entrega daquele pedido de constituição de tribunal arbitral pelo contribuinte. Isto, diga-se, independentemente de o legislador ter expressamente previsto o momento a partir do qual se considera iniciado o procedimento, na medida em que esta parece ser a interpretação que resulta do espírito da lei e do sistema.

Assim, se na redacção original do RJAT a questão nem se levantava – porquanto, como se disse acima, os prazos tanto para o procedimento arbitral como para a entrega do pedido arbitral se contavam nos termos do artigo 279.º do CC por remissão do n.º 1 do artigo 20.º do CPPT, primeira e segunda partes, respectivamente – tendo o legislador aditado ao RJAT uma norma especial quanto a prazos, coloca-se agora a questão de saber se o n.º 1 deste artigo 3.º-A se aplica também à contagem do prazo para entrega do pedido de constituição de tribunal arbitral.

Recuperando o que já se disse, não tendo o legislador previsto expressamente a questão da contagem do prazo para entrega do pedido, poderão ser duas as interpretações possíveis.

Uma primeira, mais literal, segundo a qual, pela sistemática da lei, os prazos previstos no artigo 10.º se contam nos termos do CPA por força do n.º 1 do artigo 3.º-A.

Uma segunda, mais teleológica, segundo a qual o prazo para entrega do pedido de constituição de tribunal arbitral é ainda um prazo substantivo, porque não há ainda processo, nem procedimento[185]. Deste modo, e porque, insista-se,

---

[185] Neste sentido, veja-se, a propósito dos processos de contencioso administrativo regulados pelo CPTA, o Acórdão do STA de 30-01-2013, processo n.º 0951/12:

«Com a reforma do Contencioso Administrativo introduzida pela Lei nº 15/2002, de 22 de Fevereiro de 2002, o art. 58º do CPTA, sob a epígrafe "Prazos", estabelece, no seu nº 3, que a «contagem dos prazos referidos no número anterior obedece ao regime aplicável aos prazos para a propositura de acções que se encontram previstos no Código de processo Civil.

o legislador não previu expressamente no artigo 3.º-A, n.º 1, que também o prazo para entrega do pedido de constituição de tribunal arbitral se contava nos termos do CPA, o prazo para aquele acto deve seguir as regras previstas no artigo 279.º do CC, não existindo, aliás, qualquer justificação para que se apliquem as suspensões de prazo previstas no CPA. Assim, a solução passará pelo recurso ao direito subsidiário, *ex vi* artigo 29.º, n.º 1, alínea *a)* do RJAT, mormente, ao artigo 20.º, n.º 1, *in fine*, do CPPT.

Não andou bem o legislador na alteração legislativa introduzida mas não é por isso que se deverá desvirtuar o sistema.

Nesse sentido, a contagem dos prazos previstos no artigo 10.º seguirá, ao que se crê, as regras do artigo 279.º do CC[186].

Este entendimento é, de resto, confirmado pela jurisprudência arbitral tributária. A título de exemplo, veja-se o decidido no processo arbitral n.º 17/2014-T[187], proferida já após o aditamento do artigo 3.º-A ao RJAT, onde o sujeito passivo requereu a constituição do tribunal arbitral ao abrigo das regras de contagem de prazos do CPA, tendo a Administração Tributária alegado excepção dilatória de caducidade do direito de acção. Nas palavras do tribunal arbitral:

> *"Por sua vez, aplicação do disposto no artigo 3.º-A do RJAT, só aparece, portanto, posteriormente à abertura do processo arbitral, com a aceitação do pedido de pronúncia. Até lá não há processo.*

> *Por conseguinte, o referido preceito remete para o nº 4 do art. 144º do CPC, que manda aplicar aos prazos para a propositura de acções previsto nesse Código o regime definido nos números anteriores desse artigo. Em anotação ao art. 58º do CPTA, referem MÁRIO AROSO DE ALMEIDA E CARLOS CADILHA (Cfr. Comentário ao Código de Processo nos Tribunais Administrativos, 3ª ed., Almedina, Coimbra, 2010, 389.) que tendo em conta a referida remissão, "(...) afigura-se que o prazo de impugnação mantém a sua natureza de prazo substantivo, ficando, todavia, sujeito a um novo regime de contagem".»*

E, a respeito dos processos de impugnação judicial, veja-se, por todos, o Acórdão do STA de 07-09-2011, processo n.º 0677/10, tendo-se esclarecido que:

> *"O prazo para deduzir impugnação judicial é um prazo de caducidade e tem natureza substantiva e conforme se estabelece no art. 20.º do CPPT, conta-se de acordo com o disposto no art. 279.º do CCivil e se terminar em período de férias judiciais, o seu termo transfere-se para o primeiro dia útil subsequente a estas."*

[186] Nesse sentido, veja-se Jorge Lopes de Sousa (2013) "Comentário ao Regime Jurídico da Arbitragem Tributária", 174, segundo o qual "[n]o que respeita ao prazo para apresentação do pedido de constituição de tribunal arbitral, previsto no artigo 10.º, sendo anterior ao procedimento, não se aplicará este artigo 3.º-A (do RJAT), mas sim, o regime do artigo 279.º do CC, por remissão do artigo 29.º, n.º 1, alínea a) do RJAT e do artigo 20.º, n.º 1, do CPPT".
[187] Disponível m http://www.caad.org.pt/.

Este é, sem dúvida, o sentido da Jurisprudência sobre a interpretação da aplicação do aludido normativo, conf. P.ºs Arbitrais n.ºs 35/2012-T e 83/2012-T.

A finalidade deste artigo 3.º-A do RJAT destina-se, pois, aos prazos relativos aos atos que tiverem de praticar-se posteriormente à abertura do processo, conferindo mais tempo às partes, designadamente para Resposta e Alegações.

Por outro lado, não se aplicando, pelos fundamentos expressos, o art. 3.º-A do RJAT ao pedido de pronúncia arbitral, como se conta, então, o prazo de 90 dias previsto na alínea a) do n.º 1 do artigo 10.º do RJAT.

E quanto a isso, <u>não restam dúvidas de que se aplicam as regras do artigo 279.º do CC, como expressamente se prevê no artigo 20.º, n.º 1 do CPPT, quer no que se refere ao procedimento tributário, quer à impugnação judicial, que é a natureza de que se reveste o pedido de pronúncia arbitral.</u>

(...)

E esta é a melhor interpretação jurídica do art. 10.º do RJAT, visto que se o legislador pretendesse que o art. [3.º-A] do mesmo RJAT se aplicasse à apresentação da petição de pronúncia arbitral, tê-lo-ia dito – o que não acontece.

Por outro lado, sendo o prazo de impugnação um prazo de ação, substantivo e não judicial, de caducidade, visando, portanto, determinar o período para o exercício de um direito e sendo perentórios como são, extingue-se esse direito com o seu decurso." (sublinhado da autora)

A propósito das normas de contagem de prazos patentes no artigo 279.º do CC, e da entrega de petições iniciais/pedidos de constituição de tribunal arbitral, a Doutrina e a jurisprudência têm entendido que à prática daqueles actos será também aplicável o disposto na parte final da alínea *e*) daqueles preceitos, nos termos da qual "[o] prazo que termine em domingo ou dia feriado transfere-se para o primeiro dia útil; *aos domingos e dias feriados são equiparadas as férias judiciais, se o acto sujeito a prazo tiver de ser praticado em juízo*"[188].

Note-se que tal não significa que o prazo para entrega do pedido de constituição do tribunal arbitral se suspende durante as férias judiciais. Significa apenas que *terminando* o prazo em período de férias judiciais, porque se considera tratar-se de acto que tenha de ser praticado em juízo, transfere-se para o primeiro dia útil seguinte.

---

[188] Refira-se, a propósito desta alínea *e*) do artigo 279.º do CC, que tem-se unanimemente defendido que a primeira parte do preceito "deve ser interpretada de forma actualista, no sentido de quem, também quando o último dia do prazo caia num sábado transfere-se para o primeiro dia útil [seguinte]" (cf. por todos, o Acórdão do STA de 08-10-2014, processo n.º 0548/14, disponível em http://www.dgsi.pt/.

SECÇÃO II – Tribunais arbitrais

Artigo 4.º – Vinculação e funcionamento

1 – A vinculação da administração tributária à jurisdição dos tribunais constituídos nos termos da presente lei depende de portaria dos membros do Governo responsáveis pelas áreas das finanças e da justiça, que estabelece, designadamente, o tipo e o valor máximo dos litígios abrangidos.

2 – Os tribunais arbitrais funcionam no Centro de Arbitragem Administrativa.

ALTERAÇÕES LEGISLATIVAS
Lei n.º 64-B/2011, de 30 de Dezembro

ANOTAÇÃO
1. A Portaria de Vinculação
   1.1. Necessidade e razão de ser
   1.2. Limitações impostas pela Portaria de Vinculação
      1.2.1. Impostos geridos pela Autoridade Tributária
      1.2.2. Limitação do âmbito material da arbitragem
      1.2.3. Limitação da arbitragem em razão do valor
2. Regulamentos do CAAD

Como se referiu em anotação ao artigo 2.º para a qual se remete, em especial para os pontos 2. e 3., a aplicação do regime estabelecido no presente Decreto-lei está condicionada aos termos e condições estabelecidos na Portaria de Vinculação da Administração Tributária à jurisdição arbitral. Com efeito, conforme decorre da conjugação do disposto no n.º 2 e no n.º 1 do presente artigo, os tribunais arbitrais funcionam no CAAD tendo sido condicionada a vinculação da Administração Tributária à jurisdição destes tribunais a portaria dos membros do Governo responsáveis pelas áreas das finanças e da justiça. Ora, foi através da Portaria de Vinculação – Portaria n.º 112-A/2011, de 22 de Março –, que a Administração Tributária, atendendo à especificidade e valor das matérias em causa, se vinculou à jurisdição do CAAD, associando-se a este mecanismo alternativo de resolução de litígios, nos estritos termos e condições aí estabelecidos.

1. A Portaria de Vinculação

1.1. Necessidade e razão de ser

Cumpre, antes de mais, perceber por que razão o legislador instituiu a arbitragem como um direito potestativo dos contribuintes, tendo estabelecido que a vinculação da Administração Tributária à jurisdição arbitral dependeria de portaria dos membros do Governo responsáveis pelas áreas das finanças e da justiça.

A questão está intimamente relacionada com o princípio da indisponibilidade dos créditos tributários tendo, por isso, sido já abordada aquando da anotação ao artigo 1.º. Por essa razão, a análise desta questão limitar-se-á a uma síntese daquilo que já se deixou ali escrito.

Ora, como se referiu, o princípio da indisponibilidade dos créditos tributários, pese embora não venha expressamente previsto na CRP, apresenta-se como corolário dos princípios constitucionais da legalidade – na vertente de submissão da Administração Tributária às normas legais –, e da igualdade – na vertente do tratamento dos sujeitos passivos de imposto em igual medida sem atentar a razões de justiça do caso concreto –, previstos nos artigos 3.º, n.º 2, 13.º e 266.º, n.º 2, todos da CRP.

É no n.º 2 do artigo 30.º da LGT que se dispõe que "o crédito tributário é indisponível, só podendo fixar-se condições para a sua redução ou extinção com respeito pelo princípio da igualdade e da legalidade tributária". A este propósito, defende-se que créditos tributários são todos aqueles já concretizados ou consolidados em actos de liquidação de tributos.

Cumpre agora perceber, recordando o que se disse já em anotação ao artigo 1.º, em que medida é que o respeito por este princípio levou à necessidade de se estabelecer a vinculação da Administração Tributária por meio de portaria.

Ora a arbitragem, tal como tradicionalmente era entendida, dependia de acordo das partes ou seja de convenção arbitral. Assim, se o recurso à arbitragem dependesse da disponibilidade da Administração Tributária em ir ou não a juízo arbitral, estar-se-ia a contrariar uma das premissas do princípio da indisponibilidade dos créditos tributários – era esse o entendimento da Doutrina discordante. Note-se que, no domínio do contencioso tributário, a escolha sobre qual o meio de reacção perante um determinado acto administrativo tributário parte sempre do contribuinte. Deste modo, perante um acto de liquidação ilegal, o contribuinte tem a faculdade de escolher entre apresentar reclamação graciosa ou impugnar directamente o acto por via de impugnação judicial. Nesse sentido, entendia-se que a possibilidade de recurso à arbitragem não poderia ficar nas mãos de uma manifestação de vontade da Administração Tributária. Dito de outro modo, a escolha entre impugnação judicial e processo arbitral teria de partir do contribuinte.

Foi por isto que o legislador obrigou, através do seu artigo 4.º, a que a Administração Tributária se vinculasse, através de portaria, à jurisdição arbitral e não a cada litígio em concreto.

Deste modo, a Administração Tributária está tão vinculada à decisão do contribuinte de recorrer à via judicial ou à via arbitral, como o está quanto à opção do contribuinte de recorrer à via graciosa ou judicial. Quem decide qual o meio de reacção é o contribuinte não se violando portanto o princípio da indisponibilidade dos créditos tributários.

1.2. Limitações impostas pela Portaria de Vinculação

1.2.1. Impostos geridos pela Autoridade Tributária

Refere desde logo o n.º 1 da Portaria, que se vinculam à jurisdição dos tribunais arbitrais que funcionam, conforme obriga o n.º 2 do artigo 4.º, no CAAD, a Direcção-Geral dos Impostos (DGCI) e a Direcção-Geral das Alfândegas e dos Impostos Especiais sobre o Consumo (DGAIEC). Dito de outro modo, dentro do universo da Administração Tributária só a DGCI e a DGAIEC se vincularam à jurisdição dos tribunais arbitrais que funcionam obrigatoriamente sob a alçada do CAAD. Como se referiu no ponto 2. da anotação ao artigo 2.º, a DGCI e a DGAIEC estão hoje extintas, tendo-lhes sucedido a actual Autoridade Tributária e Aduaneira, ao abrigo do artigo 12.º, n.º 2 do Decreto-Lei n.º 118/2011, de 15 de Dezembro. Numa interpretação actualista daquele artigo 1.º da Portaria de Vinculação dir-se-á, então, que só se vincula à jurisdição dos tribunais arbitrais que funcionam no CAAD a Autoridade Tributária e Aduaneira.

Encontram-se também na Portaria de Vinculação limitações aos vários tipos de litígios que podem ser submetidos à arbitragem, ou, na designação que se tem vindo a recorrer, limitações várias ao âmbito material da arbitragem – esta é a função do artigo 2.º da Portaria.

Assim, e tal como se referiu aquando da anotação ao artigo 2.º, importa ter presente que a Autoridade Tributária só se vinculou à jurisdição dos tribunais arbitrais quando a questão controversa seja relativa a impostos – não sendo, como se viu, susceptíveis de recurso à arbitragem, porquanto fogem aos termos de vinculação da Administração, questões relativas a taxas, designadamente taxas de regulação económica, taxas de licença, tarifas aos chamados preços públicos e a contribuições designadamente para a segurança social[189]. Decorre ainda da Portaria que não são susceptíveis de recurso à arbitragem as questões relativas a todos os impostos mas, tão só, aquelas que se prendam com impostos administrados pela actual Autoridade Tributária – ficando então de fora os impostos administrados pela Região Autónoma da Madeira ou administrados por outras entidades que não a Autoridade Tributária e Aduaneira, como por exemplo pelos organismos da Segurança Social. Veja-se a este propósito os comentários ao artigo 2.º.

O que se concluiu então é que fora do âmbito da arbitragem tributária ficaram as questões relativas à (i)legalidade de contribuições para a Segurança Social a cargo das entidades empregadoras e as relativas à (i)legalidade das "quotizações" para a Segurança Social a cargo dos trabalhadores na medida em que as primeiras, ainda que verdadeiros impostos, se tratam de impostos administrados por uma entidade que não a Autoridade Tributária e Aduaneira, e as segundas na medida em que não preenchem desde logo o primeiro requisito de arbitrabilidade imposto pela Portaria de Vinculação, *i.e.*, não consubstanciam verdadeiros impostos.

Ficaram também excluídas da jurisdição arbitral as questões relativas aos impostos cobrados na Região Autónoma da Madeira porquanto a Portaria de Vinculação impõe como limite os impostos geridos pela actual Autoridade Tributária e Aduaneira e o artigo 1.º do Decreto-Lei n.º 18/2005, de 18 de Janeiro, transferiu para a Região Autónoma da Madeira as atribuições e competências fiscais que no âmbito da Direcção-Regional dos Assuntos Fiscais da RAM, e de

---

[189] Sobre a exclusão das taxas e contribuições à jurisdição arbitral veja-se CONCEIÇÃO GAMITO/ TERESA TEIXEIRA MOTTA (2015) "A arbitrabilidade das taxas", referindo, a esse propósito que as razões que *ab initio* justificavam uma menorização dos riscos associados à ideia inovadora e pioneira que era a arbitragem tributária já não se justificam. Com efeito "colhida a experiência de três anos de vigência da arbitragem tributária, a cautelar restrição da possibilidade de recurso à jurisdição arbitral em matéria tributária nos termos em que esta restrição se encontra vertida no artigo 4.º, n.º 1, do RJAT e na Portaria de Vinculação, muito embora compreensível à luz do contexto histórico e económico em que foi instituída a arbitragem tributária em Portugal revela-se agora menos justificada e mais carente de revisão". Concluem as autoras que "de *jure condendo*, outra solução não existirá para a arbitragem tributária, senão promover o alargamento do seu âmbito material, de modo a nele incluir a resolução de taxas e contribuições", entendimento que, de certa forma, não se pode deixar de perfilhar, admitindo porém a necessidade de algumas cautelas na eventual futura previsão da arbitrabilidade de taxas e contribuições.

todos os serviços dela dependentes, vinham sendo exercidas no território da região pelo Governo da República.

Mais uma vez, para uma análise mais pormenorizada das limitações aqui apontadas veja-se o ponto 2., e respectivos subpontos, da anotação ao artigo 2.º.

1.2.2. Limitação do âmbito material da arbitragem

No artigo 2.º da Portaria de Vinculação encontram-se as limitações impostas pela Administração Tributária ao âmbito material da arbitragem recortado no artigo 2.º do RJAT. Por outras palavras, por razões de cautela motivadas pela originalidade e inexperiência do regime, sentiu-se a necessidade de, pelo menos numa primeira fase, delimitar o universo do arbitrável impondo um segundo filtro ao que já decorria do artigo 1.º – só a DGCI e a DGAIEC é que se vincularam – e do corpo do artigo 2.º – só questões relacionadas com os impostos administrados pelas anteriores DGCI e pela DGAIEC é que poderão ser susceptíveis de recurso à arbitragem. Para melhor compreender a questão, atenda-se à letra do preceito:

Artigo 2.º
Objecto da vinculação

Os serviços e organismos referidos no artigo anterior vinculam-se à jurisdição dos tribunais arbitrais que funcionam no CAAD que tenham por objecto a apreciação das pretensões relativas a impostos cuja administração lhes esteja cometida referidas no n.º 1 do artigo 2.º do Decreto-Lei n.º 10/2011, de 20 de Janeiro, com excepção das seguintes:

a) Pretensões relativas à declaração de ilegalidade de actos de autoliquidação, de retenção na fonte e de pagamento por conta que não tenham sido precedidos de recurso à via administrativa nos termos dos artigos 131.º a 133.º do Código de Procedimento e de Processo Tributário;

b) Pretensões relativas a actos de determinação da matéria colectável e actos de determinação da matéria tributável, ambos por métodos indirectos, incluindo a decisão do procedimento de revisão;

c) Pretensões relativas a direitos aduaneiros sobre a importação e demais impostos indirectos que incidam sobre mercadorias sujeitas a direitos de importação; e

d) Pretensões relativas à classificação pautal, origem e valor aduaneiro das mercadorias e a contingentes pautais, ou cuja resolução dependa de análise laboratorial ou de diligências a efectuar por outro Estado membro no âmbito da cooperação administrativa em matéria aduaneira.

Dispõe desde logo a alínea *a)* do artigo 2.º da Portaria de Vinculação que no que respeita a actos de autoliquidação, de retenção na fonte e de pagamento por conta – arbitráveis nos termos da alínea *a)*, do n.º 1, do artigo 2.º do RJAT – a Administração Tributária só se vinculou à arbitragem destes actos na medida em que tenha havido recurso prévio à via administrativa nos termos e para os efeitos do disposto nos artigos 131.º a 133.º do CPPT. Condicionou então o recurso à arbitragem a reclamação graciosa necessária. Assim, e independentemente das considerações tecidas no comentário ao artigo 2.º, no ponto 2.2., é claro que o recurso à arbitragem dos actos de autoliquidação, de retenção na fonte e de pagamento por conta, está condicionado ao recurso prévio à via administrativa nos termos e para os efeitos do disposto nos artigos 131.º a 133.º do CPPT – relembre-se: apenas quando não tenha havido, em todo o processo, qualquer intervenção da Administração Tributária[190].

Decorre por seu turno da alínea *b)* do artigo 2.º da Portaria de Vinculação, à semelhança de resto do que fez a alínea *a)*, do n.º 1, do artigo 2.º do RJAT, uma delimitação ao conteúdo das situações que seriam arbitráveis nos termos da alínea *b)*, do n.º 1, do artigo 2.º do RJAT, reduzindo, uma vez mais, o leque das situações que poderão ser submetidas aos tribunais arbitrais. Teve-se a oportunidade de desenvolver estas matérias no ponto 3. do comentário ao artigo 2.º para o qual se remete.

Ora, como se julga ter deixado claro – em comentário ao artigo 2.º – decorre da alínea *b)*, do n.º 1, do artigo 2.º do RJAT que são arbitráveis, desde logo, os actos de fixação dos valores patrimoniais, os Relatórios de Inspecção, seja ela externa ou interna, por métodos directos desde que, destes decorram alterações à matéria tributável – *grosso modo*, quando das correcções não decorre mais imposto a pagar –, ou alterações à matéria colectável – *grosso modo*, quando das correcções decorre imposto a pagar – e, por último os actos de liquidação ainda que resultantes da fixação por métodos indirectos.

Estabelece a Portaria de Vinculação, desta feita na sua alínea *b)* do artigo 2.º, que ficam fora do âmbito da arbitragem, porquanto a Administração excepcionou da sua vinculação "as pretensões relativas a actos de determinação da maté-

---

[190] A intervenção da Administração Tributária poderá ocorrer, por exemplo, por notificação do substituto tributário ou por o contribuinte, em vez de ter apresentado reclamação graciosa, ter deduzido pedido de revisão de acto tributário. Para um maior desenvolvimento veja-se o ponto 2.2. do comentário ao artigo 2.º.

ria tributável e os actos de determinação da matéria colectável, ambos por métodos indirectos, incluindo a decisão do procedimento de revisão". Deste modo, resulta do previsto na Portaria que quando a avaliação da matéria colectável for efectuada pela Administração Tributária por métodos indirectos, nos termos e condições previstos nos artigos 87.º a 89.º da LGT, os sujeitos passivos só poderão recorrer, quanto a estes actos ditos de *preparatórios,* aos meios já disponíveis nos termos gerais, designadamente ao procedimento de revisão da matéria colectável previsto no artigo 91.º da LGT. Já os actos de liquidação ainda que resultantes da fixação por métodos indirectos são arbitráveis nos termos gerais. Para melhores desenvolvimentos desta matéria leia-se o ponto 3. do comentário ao artigo 2.º.

De notar, contudo, que a Administração não exigiu, na arbitrabilidade de actos de fixação de valores patrimoniais, o prévio esgotamento dos meios graciosos previstos no procedimento de avaliação, como estabelece o artigo 134.º do CPPT a respeito da impugnação judicial. Esta constatação é curiosa, em especial na medida em que a Administração teve o cuidado de, na alínea *a)* do artigo 2.º da Portaria de Vinculação, se referir, expressamente, aos artigos 131.º a 133.º do CPPT os quais, como se viu, prevêem a necessidade de reclamação graciosa prévia quando o sujeito passivo pretenda impugnar judicialmente um acto de autoliquidação, de retenção na fonte ou de pagamento por conta. Já quanto à arbitrabilidade dos actos de fixação de valores patrimoniais não se exige reclamação graciosa prévia, ou melhor, o esgotamento dos meios graciosos previstos no procedimento de avaliação, na medida em que a Portaria de Vinculação se refere, unicamente, aos casos dos artigos 131.º a 133.º do CPPT.

Cumpre por último referir que, no que respeita em concreto às matérias da anterior DGAIEC, as alíneas *c)* e *d)* do artigo 2.º da Portaria de Vinculação, excluem do âmbito da arbitragem:

- as pretensões relativas a direitos aduaneiros sobre a importação;
- as pretensões relativas a demais impostos indirectos que incidam sobre mercadorias sujeitas a direitos de importação;
- as pretensões relativas à classificação pautal;
- as pretensões relativas à classificação de origem;
- as pretensões cuja resolução dependa da análise laboratorial ou de diligências a efectuar por outro Estado-membro no âmbito da cooperação administrativa em matéria aduaneira.

A exclusão destas matérias da arbitragem prende-se, ao que se julga, com razões de ordem prática e bem assim de direito comunitário[191].

De notar que a Portaria de Vinculação não limita a competência dos tribunais arbitrais quanto a actos de liquidação de direitos aduaneiros de efeito equivalente sobre exportação de mercadorias, incluídos no âmbito material da arbitragem tributária pelo disposto no artigo 2.º, n.º 1, alínea a), do RJAT, mediante uma interpretação a contrario do artigo 2.º, alínea c) da Portaria de Vinculação. De referir que a expressão "encargos de efeito equivalente" foi já apreciada pelo Tribunal de Justiça da União Europeia (TJUE), com jurisprudência fixada no Acórdão de 9 de Setembro de 2004, processo C-72/03. Aí se dispõe que qualquer *"encargo pecuniário, ainda que mínimo, unilateralmente imposto, independentemente da sua designação e da sua técnica, e que incide sobre as mercadorias nacionais ou estrangeiras pelo facto de atravessarem a fronteira, quando não é um direito aduaneiro propriamente dito constitui um encargo de efeito equivalente, na acepção do artigo 23º CE (v. acórdãos de 9 de Novembro de 1983, Comissão/Dinamarca, 158/82, Recueil, p. 3573, nº 18; Legros e o, já referido, nº 13; de 22 de Junho de 1994, Deutsches Milch-Kontor, C-426/92, Colect., p. I-2757, nº 50; de 14 de Setembro de 1995, Simitzi, C-485/93 e C-486/93, Colect., p. I-2655, nº 15, e de 17 de Setembro de 1997, UCAL, C-347/95, Colect., p. I-4911, nº 18)".*

JURISPRUDÊNCIA ARBITRAL

Por força da estreita relação existente entre os artigos 2.º e 4.º do RJAT e a Portaria de Vinculação, parte destas limitações introduzidas pela Administração Tributária foram já exploradas no comentário ao artigo 2.º. Para lá se remete uma vez mais a leitura e análise de jurisprudência ali citada[192] (pontos 2. e 3.):

- quanto à temática dos "impostos cuja administração lhes [à DGCI e à DGAIEC – actual Autoridade Tributária e Aduaneira] esteja cometida" (ponto 2.1.2.2.) – Processos n.º 10/2011-T e 200/2013-T (Derrama Municipal), Processo n.º 12/2011-T e 2/2011-T (Imposto de Selo) e Processo n.º 121/2014-T (IUC);
- quanto aos impostos administrados pela Região Autónoma da Madeira (ponto 2.1.2.1.) – Processos n.º 89/2012-T e 178/2013-T;

---

[191] Veja-se a este propósito SÉRGIO BRIGAS AFONSO (2015) "Mercadorias sujeitas a direitos de importação: Restrições no recurso à arbitragem tributária" chamando a atenção para o facto de existirem normas do RJAT que contrariam o Código Aduaneiro Comunitário.
[192] Todos disponíveis em http://www.caad.org.pt/.

- quanto à apreciação da legalidade de actos de autoliquidação, de retenção na fonte e de pagamento por conta (ponto 2.2.) – Processo n.º 48/2012-T;
- quanto à determinação da matéria tributável e colectável com base em métodos indirectos (ponto 3.1.) – Processos n,º 70/2012-T e 76/2012-T.

No que respeita em concreto às exclusões previstas nas alíneas c) e d) daquele artigo 2.º da Portaria de Vinculação, retira-se da análise da jurisprudência arbitral já publicada pelo CAAD que os processos em que aquela primeira alínea está em causa são em muito maior número, inexistindo à data desta publicação, pelo que se conseguiu apurar, decisões em que estejam em causa as pretensões a que alude a alínea d).

Analisem-se agora as duas decisões arbitrais proferidas na temática da exclusão daquela alínea c) do artigo 2.º da Portaria de Vinculação.

No processo n.º 94/2013-T[193], o tribunal arbitral foi chamado a pronunciar-se sobre a (i)legalidade e consequente anulação de liquidações efectuadas pela Alfândega do Aeroporto do Porto, respeitantes a IVA sobre operações de importação de bens, no âmbito de processo de cobrança *a posteriori*. A Autoridade Tributária e Aduaneira excepcionou a incompetência absoluta do tribunal arbitral invocando o artigo 4.º, n.º 1, do RJAT e a exclusão prevista no artigo 2.º, alínea c) da Portaria de Vinculação ("pretensões relativas (...) demais impostos indirectos que incidam sobre mercadorias sujeitas a direitos de importação").

Partindo de duas premissas fundamentais – saber (1) se o IVA na importação incide sobre mercadorias e (2) se as mercadorias estão sujeitas a direitos de importação – o tribunal arbitral deu procedência à excepção invocada com base nos seguintes fundamentos:

> *"(...) o IVA é, sem mais delongas ou jogos de palavras, um imposto indirecto que incide sobre bens (incluindo mercadorias) seja na sua importação, transmissão ou aquisição intracomunitária.*
>
> *(...) Na situação em apreço, não foram devidos direitos de importação porque era aplicável a taxa zero, regime equivalente ao da isenção de imposto. Tal não significa que as mercadorias não estejam sujeitas a direitos de importação, mas tão-só que nesse momento lhes é aplicável um regime de isenção de tais direitos ("taxa zero"), que, aliás, pressupõe que as mesmas [mercadorias] são abrangidas pelo campo de incidência dos direitos aduaneiros*

---

[193] Disponível em http://www.caad.org.pt/.

[já que sempre se diria que para estarem isentas teriam, em primeiro lugar, que estar sujeitas].

(...) Com efeito, a pretensão material deduzida pelo Requerente, objecto do presente processo arbitral, apesar de ter cabimento no artigo 2.º, n.º 1, alínea a) do RJAT, enquadra-se na hipótese de exclusão constante do artigo 2.º, alínea c) da Portaria de Vinculação (...) no segmento referente a «impostos indirectos que incidam sobre mercadorias sujeitas a direitos de importação».[194]

Ainda num outro caso (processo arbitral n.º 115/2012-T[195]), estando em causa a (i)legalidade da imputação de dívida aduaneira objecto de liquidação *a posteriori* praticada pelo Director da Alfândega Marítima de Lisboa, referente a direitos agrícolas adicionais de importação, na sequência de declarações aduaneiras prestadas por essa Alfândega, foi também alegada pela Autoridade Tributária e Aduaneira a excepção de incompetência do tribunal arbitral em razão da matéria. Em causa estava, pois, a exclusão determinada pela primeira parte da alínea c) do artigo 2.º da Portaria de Vinculação ("direitos aduaneiros sobre a importação"). O tribunal arbitral aí constituído entendeu que:

"(...) a matéria em discussão prende-se com a declaração de ilegalidade da liquidação de **direitos de importação adicionais** *(e juros inerentes), previstos no Regulamento (CE) n.º 1484/95, da Comissão, de 28 de Junho de 1995, devidos pela introdução em livre prática de mercadorias do sector da carne de aves de capoeira.*

Tais direitos consubstanciam, sem margem para dúvidas, imposições pecuniárias aduaneiras incidentes sobre mercadorias importadas e, por conseguinte, compreendidas na previsão normativa da alínea c) do artigo 2.º da Portaria de Vinculação que excepciona da competência dos tribunais arbitrais as pretensões relativas a direitos aduaneiros sobre a importação.

---

[194] Para uma análise mais aprofundada da decisão arbitral proferida no processo n.º 94/2013-T, veja-se SÉRGIO BRIGAS AFONSO (2015) "Mercadorias sujeitas a direitos de importação: Restrições no recurso à arbitragem tributária", 26-28, concluindo o autor que relativamente à questão da eventual exclusão dos impostos indirectos quando aplicados na importação de mercadorias, a jurisprudência dos tribunais arbitrais "faz um correcto enquadramento da matéria em causa ao ter decidido que os impostos em causa, quando aplicado na importação de mercadorias, seguem as regras do Direito Aduaneiro, ficando, pois, excluídos da arbitragem tributária por força do disposto na alínea c), do n.º 1, do artigo 2.º, da Portaria de Vinculação. Ou seja, parece-nos que, de facto, a jurisprudência já proferida sobre esta matéria tem razão ao considerar que, quer os IEC, quer o IVA, têm o mesmo facto gerador, ou seja, a importação de mercadorias".
[195] Disponível em http://www.caad.org.pt/.

*De notar que **a apreciação da legalidade da liquidação dos referidos direitos compreende todas as vertentes da incidência**: objectiva, subjectiva, espacial e temporal. (...)*
Dito de outro modo, estando em causa a determinação de quem é o sujeito passivo da dívida aduaneira liquidada, tal questão continua a configurar matéria relativa à legalidade do acto de liquidação dos direitos aduaneiros, excluídos da jurisdição arbitral pela Portaria de Vinculação."

1.2.3. Limitação da arbitragem em razão do valor

O artigo 3.º da Portaria de Vinculação vem estabelecer os "termos da vinculação" ou, melhor dizendo, vem limitar o já limitado, desta feita pelo valor. Assim, este artigo 3.º, que de seguida se transpõe, vem impor, no seu n.º 1, um terceiro filtro. Só aos n.ºs 2 e 3 é que se poderão efectivamente denominar "termos de vinculação".

Artigo 3.º
Termos da vinculação

1 – A vinculação dos serviços e organismos referidos no artigo 1.º está limitada a litígios de valor não superior a € 10 000 000.

2 – Sem prejuízo dos requisitos previstos no Decreto-Lei n.º 10/2011, de 20 de Janeiro, a vinculação dos serviços referidos no artigo 1.º está sujeita às seguintes condições:

a) Nos litígios de valor igual ou superior a € 500 000, o árbitro presidente deve ter exercido funções públicas de magistratura nos tribunais tributários ou possuir o grau de mestre em Direito Fiscal;

b) Nos litígios de valor igual ou superior a € 1 000 000, o árbitro presidente deve ter exercido funções públicas de magistratura nos tribunais tributários ou possuir o grau de doutor em Direito Fiscal.

3 – Em caso de impossibilidade de designar árbitros com as características referidas no número anterior cabe ao presidente do Conselho Deontológico do CAAD a designação do árbitro presidente.

Assim, o n.º 1 consubstancia uma limitação à vinculação da Administração Tributária à jurisdição dos tribunais arbitrais tributários em função do valor: litígios de valor superior a € 10 000 000,00 não se encontram no âmbito da arbitragem tributária por falta de vinculação da Administração, exigível ao abrigo do artigo 4.º do RJAT[196].

---

[196] De notar, porém, que quando esteja em causa um litígio superior àquele limite de € 10.000.000,00, a incompetência em razão do valor não terá as mesmas consequências

Esta regra é portanto uma regra travão.

Uma regra que leva a que se confine aos tribunais judiciais tributários a resolução de litígios de valor muito elevado. Refira-se que a alteração ao n.º 1 do artigo 4.º, pela Lei n.º 64-B/2011, de 30 de Dezembro, e que veio acrescentar à redacção original que a portaria deverá "(...) estabelece[r], designadamente, o tipo e o valor máximo do litígios " tendo sido posterior à publicação da Portaria de Vinculação, nenhum impacto teve nesta limitação.

Em boa verdade, não se compreende bem qual foi o objectivo da alteração introduzida por esta Lei na medida em que veio acrescentar, unicamente, que a Portaria – que, insista-se, tinha sido já objecto de aprovação e publicação – estabelece, designadamente, o tipo e o valor máximo dos litígios abrangidos. A salvar esta alteração, só se vislumbra a possibilidade de o legislador ter tido a intenção de querer confortar o âmbito da Portaria de Vinculação e os seus contornos.

A norma do artigo 4.º conferiu um poder discricionário aos membros do Governo aí indicados, que dele fizeram uso, estabelecendo um valor máximo. Crê-se que a decisão tenha sido acertada dada a ainda tenra idade do instituto da arbitragem tributária e os riscos a ele inerentes. Crê-se ainda que quatro anos passados desde a entrada em vigor deste regime e dadas as provas de sucesso da arbitragem, este limite deveria ou ser retirado ou, pelo menos, aumentado.

Quanto às regras de fixação do valor do litígio, remete-se para as considerações tecidas na anotação aos artigos 10.º (ponto 2.2.) e 12.º (ponto 1.).

Atente-se, porém, a uma questão relevante a este propósito.

previstas no processo judicial tributário e no processo civil. Com efeito, embora o artigo 96.º, alínea *a*) do CPC não inclua, nos casos de incompetência absoluta, a incompetência em função do valor, na medida em que a Administração Tributaria só se vinculou à jurisdição arbitral por via da Portaria de Vinculação é forçoso retirarem-se as mesmas consequências para a ultrapassagem do limite dos € 10.000.000,00, que as retiradas para a incompetência absoluta, *i.e.*, a absolvição da Administração Tributária da instância arbitral. A não ser assim, ter-se-ia de concluir que a apresentação de pedido de constituição de tribunal arbitral com um valor de utilidade económica superior a € 10.000.000 consubstanciaria um caso de incompetência relativa o que, nos termos do artigo 105.º, n.º 3 do CPC, determinaria a remessa para o tribunal competente. Ora, este regime não é, de todo, compatível com a jurisdição arbitral. Veja-se, que a admitir-se a remessa para o tribunal competente poderia vir a verificar-se inútil uma vez que os prazos na arbitragem são diferentes dos previstos para a impugnação judicial, como se viu em comentário ao artigo 10.º. Assim, o sujeito passivo que, estando em tempo, apresentou pedido de constituição de tribunal arbitral – que se revelou incompetente em razão do valor – poderia já não estar em tempo para impugnar judicialmente.

O n.º 1 do artigo 3.º da Portaria admite a vinculação da Administração Tributária apenas a litígios de valor não superior a € 10 000 000. Por seu turno, a alínea *e)*, do n.º 2, do artigo 10.º, do RJAT estabelece que do pedido de constituição de tribunal arbitral deve constar a indicação do valor da utilidade económica do pedido.

A indicação do valor da utilidade económica do pedido segue regras diferentes consoante o sujeito passivo pretenda a discussão da (i)legalidade de actos referidos na alínea *a)* do n.º 1 do artigo 2.º, ou de actos a que respeita a alínea *b)* do n.º 1 do artigo 2.º. Com efeito, dita o artigo 3.º do *Regulamento de Custas nos Processo de Arbitragem Tributária* do CAAD que o valor da causa é determinado nos termos do artigo 97.º-A do CPPT excepto nos casos previstos na alínea *b)* do n.º 1 do artigo 2.º do RJAT.

O valor da utilidade económica do pedido importa, assim, para duas situações: para a determinação da competência do tribunal arbitral, e para a fixação do valor da taxa de arbitragem inicial ou da taxa de arbitragem a pagar. No que respeita à competência do tribunal, o valor da utilidade económica do pedido importa para aferir se um determinado litígio pode ser submetido à jurisdição arbitral, só o podendo ser se o valor for inferior a € 10.000.000,00 de acordo com o artigo 3.º da Portaria de Vinculação. Importará ainda para aferir, nos termos do artigo 5.º, se um tribunal arbitral no qual o sujeito passivo opte por não designar árbitro, há-de funcionar com árbitro único ou com colectivo de três árbitros.

A questão que se coloca é a de saber o que sucederá, então, caso o sujeito passivo cometa um *erro na determinação ou identificação do valor da utilidade económica do pedido*.

Este erro poderá, como se viu, ter consequências a vários níveis. Na anotação a este artigo analisar-se-ão apenas as consequências de um erro na determinação do valor da utilidade económica do pedido que possa influenciar a legalidade da submissão do pedido à jurisdição arbitral[197].

Dito de outro modo, os casos que aqui se pretende abordar são aqueles em que, no limite, o sujeito passivo indica, ou por negligência ou por dolo, um valor inferior a € 10.000.000,00.

Nestes casos, o tribunal arbitral terá desde logo o dever de *ex officio*, corrigir o erro no valor da utilidade económica do pedido. Questiona-se então, o que se

---

[197] As consequências a nível de custas e a nível da composição do tribunal arbitral serão analisadas no âmbito do artigo 10.º e 12.º, para cujos comentários se remete.

seguirá à correcção daquele valor se dessa correcção decorrer um valor superior ao limite de € 10.000.000,00 imposto pela Administração Tributária no artigo 3.º da Portaria. A resposta é muito simples: tem-se, desde logo, um tribunal arbitral incompetente pelo que o processo deverá terminar com uma decisão de incompetência em razão do valor que é, de resto, de conhecimento oficioso.

Não há dúvida de que o tribunal arbitral não é competente para conhecer daquela pretensão e a desculpabilidade ou não do erro – trate-se de erro por negligência ou por dolo – será irrelevante, sendo sempre imputável ao sujeito passivo. O que implica, desde logo, que não seja aplicável o disposto no n.º 3 do artigo 24.º e portanto o sujeito passivo verá a instância dissolvida sem a obtenção de uma decisão de mérito por facto que lhe é imputável. Neste caso, e aplicando o disposto no n.º 4 do artigo 13.º e no n.º 3 do artigo 24.º *a contrario*, o sujeito passivo só poderá recorrer às restantes vias processuais, designadamente à impugnação judicial caso esteja ainda em prazo. O pedido de constituição do tribunal arbitral não interrompe, portanto, os restantes prazos de sindicância do acto.

Outra questão relativa ao valor da utilidade económica do pedido enquanto limite à submissão de uma determinada pretensão à jurisdição arbitral é a que se relaciona com o valor da utilidade económica quando exista cumulação de pedidos. A este propósito, na pendência do processo arbitral n.º 151/2013-T[198], tendo sido excepcionada a incompetência em função do valor da causa pela Autoridade Tributária e Aduaneira, suscitou-se a questão de saber se havendo cumulação de pedidos pelo sujeito passivo, se o limite dos € 10.000.000,00 seria imposto separadamente a cada litígio/acto tributário controvertido ou se valeria o limite para o valor, diga-se, global do litígio.

Adianta-se que a resposta é, claramente, a segunda: o limite consagrado no artigo 3.º, n.º 1, da Portaria de Vinculação reporta-se ao todo, pois "a formulação de pedidos cumulados, que foi opção da Requerente, gera um único litígio de valor global" e "é em relação ao valor dos litígios e não de cada um dos actos que o integram que aquele artigo 3.º, n.º 1, da Portaria 112-A/2011 estabelece o limite à arbitrabilidade, o que se justifica por ser único e global também o interesse público que está em causa no processo".

É que, no entender da aí Requerente, poderiam ser cumulados pedidos de declaração de ilegalidade de um número indeterminado de actos desde que cada um deles não fosse de valor superior a € 10 000 000,00. O tribunal não

---

[198] Disponível em http://www.caad.org.pt/.

admitiu, e bem, o argumento considerando que a sua aceitação "permitiria que num único processo arbitral pudesse estar em causa um valor enorme, contra o que recomenda a prudência, perante a eventualidade de um erro de julgamento lesivo de interesse público e as reduzidas possibilidades de impugnação e recurso das decisões arbitrais".

Aproveitam-se as palavras proferidas nesta decisão arbitral:

> *"(...) a arbitragem tributária pode vir a ser um meio generalizado alternativo de resolução de litígios fiscais, mas, antes de dar provas reiteradas da qualidade e isenção das suas decisões, a necessidade de protecção do interesse público e de assegurar a efectividade dos princípios essenciais da legalidade e da igualdade tributária que o enformam nesta matéria recomenda que se avance com cuidado, sem entusiasmos desmedidos, não deixando ao árbitro dos cidadãos a opção livre e ilimitada por esse meio de resolução de litígios*
>
> *Essa cautela é especialmente aconselhada quando, por razões de celeridade, se optou por restringir os meios de impugnação e recurso das decisões arbitrais e, por isso, é menor do que nos tribunais tributários a viabilidade de correcção de possíveis erros de julgamento que sejam lesivos do interesse público."*

Isto, aliado à (quase) total inexistência de experiências de Direito Comparado, leva a que, para que se possa louvar o legislador português, como já se pode, pela instauração pioneira de um regime de arbitragem tributária, se tenha que acatar, por agora, este terceiro filtro limitador do objecto dos processos arbitrais admitidos pelo RJAT.

O n.º 2 do artigo 3.º da Portaria veio delimitar, ainda, as condições qualitativas na escolha do árbitro nos litígios com valor superior a € 500 000,00 e € 1 000 000,00. A Administração Tributária só se vincula se o árbitro-presidente tiver exercido funções públicas de magistratura nos tribunais tributários ou possuir o grau de mestre em Direito Fiscal (litígios entre os € 500 000,00 e € 1 000 000,00) ou grau de doutor em Direito Fiscal (litígios superiores a € 1 000 000,00). Contudo, o n.º 3 vem logo instituir uma excepção, estabelecendo que "na impossibilidade de designar árbitros com as características referidas no número anterior cabe ao presidente do Conselho Deontológico do CAAD a designação do árbitro presidente".

A Administração Tributária foi muito além do legislador do RJAT, estabelecendo na sua Portaria de Vinculação quem pode presidir os tribunais arbitrais tributários para que a Autoridade Tributária e Aduaneira se vinculasse à jurisdição arbitral. Desde logo, poderá presidir o tribunal arbitral todo e qualquer juiz de tribunais judiciais tributários, tenha ou não sido competente nas suas funções. A este respeito entendem José Miguel Júdice e Rogério Fernandes Ferreira que "Do que se trata aqui é de exigir para tribunais arbitrais o que não se exige para tribunais judiciais; e fazê-lo com base na regra de que um juiz serve para árbitro, por regra, e que um não juiz, por regra, não serve", o que não se coaduna com o sistema de ensino superior pós-Bolonha que hoje vigora[199].

De resto, nota-se que há uma clara preocupação da Administração com o valor dos litígios, demonstrando uma certa desconfiança no regime arbitral tributário, exigindo por isso qualificações acrescidas aos árbitros para aqueles processos de valor mais elevado.

De todo o modo, e tal como se deixou escrito, julga-se que esta cautela, se se justificava no início de um regime novo, ousado e pioneiro, deixa de se justificar quatro anos volvidos com provas de sucesso de idoneidade já dadas.

2. Regulamentos do CAAD

Refere o n.º 2 do artigo em análise que os tribunais arbitrais tributários funcionam no CAAD. Do que se retira que o legislador pretendeu que a arbitragem tributária fosse uma arbitragem institucionalizada, por oposição às arbitragens *ad hoc* e que se passa a distinguir.

Diz-se *arbitragem ad hoc* aquela em que as partes se vinculam a organizar, elas próprias, os termos da arbitragem, não a confiando a nenhuma instituição especializada, desde logo nomeando os árbitros que compõem o tribunal e estabelecendo as regras por que há seguir o processo, ou, na falta de acordo, permitindo aos árbitros essa função.

Por seu turno, fala-se de *arbitragem institucionalizada* quando as partes confiam a organização da arbitragem a uma instituição especializada, isto é, o tribunal arbitral constitui-se sob a égide de uma instituição com carácter permanente, que dispõe de regulamentação própria, especialmente quanto à designação dos árbitros, à gestão financeira dos encargos da arbitragem, trâmites a seguir, etc.

O legislador optou expressa e claramente por uma arbitragem institucionalizada, desde logo submetendo o processo arbitral à organização do CAAD, pessoa colectiva de direito privado sem fins lucrativos conforme se pode ler no

---

[199] José Miguel Júdice/Rogério Fernandes Ferreira (2013), "A arbitragem fiscal: defeitos e virtudes – Liber Amicorum Alberto Xavier", 837.

artigo 2.º do Estatutos do CAAD[200]. Por sua vez, o CAAD funciona sob a égide do Conselho Superior dos Tribunais Administrativos e Fiscais[201].

Se os tribunais arbitrais tributários funcionam no CAAD, sujeitam-se também a toda a regulamentação que nele existia, à data, e à que entretanto foi criada, nomeadamente: o *Código Deontológico* – o qual será objecto de análise em comentário ao artigo 8.º –, o *Regulamento de Custas nos Processos de Arbitragem Tributária* – cujas disposições serão observadas a propósito do artigo 12.º – e o *Regulamento de Selecção de Árbitros em Matéria Tributária* – cujas disposições se dissecarão em anotação ao artigo 6.º.

No entanto, o Regulamento de Arbitragem do CAAD não é aplicável à arbitragem tributária, e por duas razões fundamentais: (1) pelo âmbito do próprio Regulamento e (2) pelo conteúdo do RJAT aqui em análise. Por um lado, no artigo 1.º do Regulamento de Arbitragem, sob a epígrafe "Âmbito de aplicação" pode ler-se que "O presente Regulamento aplica-se às arbitragens em matéria administrativa que decorram sob a égide do Centro de Arbitragem Administrativa". Assim se afigura que, logo à primeira vista, este Regulamento não poderá ser aplicado à arbitragem tributária. Outra conclusão poderia levar a uma difícil compreensão do processo arbitral, desde logo porque este Regulamento estabelece disposições que pouco se coadunam com o regime jurídico em análise – tome-se por exemplo os artigos 17.º ("Contra-interessados") 19.º ("Procedimento Cautelar") 20.º ("Mediação no âmbito do processo arbitral") e 26.º ("Impugnação da decisão arbitral") do Regulamento que estabelecem normas sem aplicação ao processo tributário (artigo 19.º), fora do âmbito previsto no RJAT (artigos 19.º e 20.º) ou com ele em contradição (artigo 26.º).

---

[200] Disponível em http://www.caad.org.pt/.
[201] A natureza institucional da arbitragem em matéria tributária contribuiu em larga medida para o reconhecimento, pelo TJUE, dos tribunais arbitrais tributários portugueses enquanto órgãos jurisdicionais de um Estado-membro na acepção do artigo 267.º do TFUE, ou seja, para efeitos de reenvio prejudicial. Esta foi uma decisão proferida em 12 de Junho de 2014, no processo prejudicial n.º C-377/13 (caso *Ascendi*). Como se referiu anteriormente, a qualidade de *órgão jurisdicional de um Estado-membro* é um conceito do Direito da União Europeia que tem vindo a ser interpretado pelo TJUE, cuja jurisprudência fixada exige a verificação de um certo número de factores, de entre os quais, o *carácter de permanência*. Para maiores desenvolvimentos veja-se o ponto relativo ao reenvio prejudicial na anotação ao artigo 25.º.

Por outro lado, o próprio RJAT é já muito regulador no que respeita ao processo arbitral pelo que, à excepção dos Regulamento de Custas nos Processos de Arbitragem Tributária e Regulamento de Selecção de Árbitros em Matéria Tributária e, claro está, do Código Deontológico do CAAD, é o próprio Regime que regula os trâmites aplicáveis ao processo arbitral tributário, que ficarão esclarecidos após leitura integral das anotações aos artigos subsequentes.

Artigo 5.º – Composição dos tribunais arbitrais
1 – Os tribunais arbitrais funcionam com árbitro singular ou com intervenção do colectivo de três árbitros.
2 – Os tribunais arbitrais funcionam com árbitro singular quando:
a) O valor do pedido de pronúncia não ultrapasse duas vezes o valor da alçada do Tribunal Central Administrativo; e
b) O sujeito passivo opte por não designar árbitro.
3 – Os tribunais arbitrais funcionam com intervenção do colectivo de três árbitros quando:
a) O valor do pedido de pronúncia ultrapasse duas vezes o valor da alçada do Tribunal Central Administrativo; ou
b) O sujeito passivo opte por designar árbitro, independentemente do valor do pedido de pronúncia.

ANOTAÇÃO
A arbitragem tributária foi instituída como um direito potestativo dos sujeitos passivos com os objectivos prementes de, por um lado, imprimir uma maior celeridade na resolução de litígios que opõem a Administração Tributária ao sujeito passivo e de, por outro lado, reduzir a pendência de processos nos tribunais judiciais.

À concretização destes objectivos será importante não só a ausência de formalidades especiais, de acordo com o princípio da autonomia dos árbitros na condução do processo, mas também a estatuição de um limite temporal de 6 meses de duração da fase processual que terminará com a prolação da decisão arbitral e respectiva notificação às partes, com possibilidade de prorrogação que nunca excederá outros 6 meses. Será ainda importante a composição dos tribunais arbitrais e é sobre esta matéria que trata este artigo 5.º.

De acordo com o n.º 1 deste artigo 5.º o tribunal arbitral poderá ser *singular* ou *colectivo*.

Nos casos em que o sujeito passivo opte por designar árbitro, o tribunal arbitral funcionará sempre com um colectivo de três árbitros, cabendo a cada parte a designação de um deles e aos árbitros assim designados a designação do terceiro, que exerce, como se verá no artigo seguinte, as funções de árbitro-presidente (n.º 3, alínea *b)*).

Caso o sujeito passivo não pretenda designar árbitro, o tribunal arbitral funcionará com um árbitro singular nos casos em que o valor do pedido não ultrapasse duas vezes o valor da alçada do TCA, ou seja, € 60.000,00, ou com um colectivo de três árbitros nos restantes casos, cabendo a sua designação, em ambas as situações, ao Conselho Deontológico do CAAD, tudo conforme o n.º 2, alíneas *a)* e *b)* e o n.º 3, alínea *a)* respectivamente[202].

Repare-se que para o funcionamento do tribunal arbitral singular, os requisitos são cumulativos – "*a)* o valor do pedido de pronúncia não ultrapasse duas vezes o valor da alçada do Tribunal Central Administrativo; e *b)* o sujeito passivo opte por não designar árbitro".

Já para o funcionamento de tribunal colectivo os pressupostos são apenas alternativos – "*a)* o valor do pedido de pronúncia ultrapasse duas vezes o valor da alçada do Tribunal Central Administrativo; ou *b)* o sujeito passivo opte por designar árbitro, independentemente do valor do pedido".

Decorre do que ficou dito a existência de dois "tipos" de tribunais arbitrais aos quais se atribui a denominação de "comum" e "especial", mas cujo âmbito de competência e efeitos de instauração do processo e, bem assim, efeitos da pronúncia arbitral são coincidentes. Na terminologia que aqui se irá adoptar "comuns" serão os tribunais arbitrais constituídos sem designação de árbitro pelo sujeito passivo, *i.e.*, a designação do(s) árbitro(s) que compõem o tribunal é da competência do Conselho Deontológico do CAAD; e "especiais" serão aqueles em que o sujeito passivo opte por designar árbitro, sem prejuízo das restantes considerações tecidas de seguida.

Adiantando um pouco o que decorre dos artigos seguintes, o sujeito passivo poderá livremente optar por apresentar um pedido de constituição de tribunal arbitral "comum", o qual funcionará com um árbitro singular nos casos em que o pedido de pronúncia não ultrapasse o valor de € 60.000,00 – duas vezes o valor da alçada do TCA – ou com um colectivo de três árbitros, nos restantes casos. Em ambos os casos, *i.e.*, independentemente de o tribunal comum ser singular ou colectivo, a designação do(s) árbitro(s) cabe ao Conselho Deontológico do CAAD de entre uma lista de árbitros pré aprovada e de acordo com as regras fixadas no *Regulamento de Selecção de Árbitros em Matéria Tributária* do CAAD[203].

---

[202] O valor da alçada dos Tribunais Centrais Administrativos (Sul e Norte) corresponde ao valor da alçada que se encontra estabelecida para a Relação, *i.e.* € 30.000,00, conforme se retira da leitura conjugada do artigo 4.º, n.º 6, do ETAF, aprovado pela Lei n.º 13/2002, de 19 de Fevereiro, e do artigo 44.º da Lei de Organização do Sistema Judiciário (Lei n.º 62/2013, de 26 de Agosto).

[203] Publicado e disponível em http://www.caad.org.pt/.

No pedido de constituição do tribunal arbitral "comum", e de resto à semelhança do que se passa na apresentação da petição inicial de impugnação judicial, o sujeito passivo terá de pagar a taxa de arbitragem inicial nos termos da primeira parte do artigo 10.º, n.º 2, alínea *f*), sendo que as custas – fixadas no *Regulamento das Custas* aprovado pelo CAAD – serão suportadas na medida do decaimento. A este respeito, e sem prejuízo de uma análise mais cuidada aquando da anotação do artigo 12.º, adianta-se que caso o sujeito passivo opte por designar árbitro as custas estarão, tendencialmente, muito perto daquelas que seriam devidas em caso de opção pela solução judicial.

A propósito dos tribunais arbitrais comuns, uma nota para referir que esta dupla possibilidade de composição do tribunal – singular ou colectivo – consoante o valor da utilidade económica do pedido seja inferior ou superior a € 60.000,00, poderá dar origem a situações de incompetência sucessiva. Tudo porque, em teoria, poderão configurar-se situações que, por força de uma alteração no valor da utilidade económica do pedido, já na pendência do processo arbitral, um tribunal arbitral constituído como singular passe a ser, em razão do valor, incompetente para conhecer aquela pretensão do contribuinte. Estas situações serão tratadas na anotação ao artigo 10.º, a propósito da necessidade de indicação do valor da utilidade económica do pedido já no pedido de constituição de tribunal arbitral – precisamente para efeitos de determinação do tribunal competente – pelo se remete para os comentários ali tecidos a este respeito.

Já o tribunal "especial" funcionará sempre com um colectivo de três árbitros, cabendo a cada parte a designação de um deles e aos árbitros assim designados a indicação do terceiro, que exercerá as funções de árbitro-presidente. Esta solução está em clara correspondência, de resto, com o previsto no artigo 10.º, n.º 3, da LAV, aplicável também à arbitragem administrativa por via do artigo 181.º, n.º 1, do CPTA. Os árbitros são designados livremente pelas partes devendo, no entanto, respeitar o preceituado e exigido pelo artigo 7.º, podendo ser, ou não, escolhidos de entre a lista de árbitros em matéria tributária publicada pelo CAAD. Neste pedido de constituição do tribunal arbitral "especial", o sujeito passivo terá de pagar na íntegra a taxa de arbitragem nos termos da segunda parte do artigo 10.º, n.º 2, alínea *f*). Daqui retiram-se então duas conclusões, uma mais directa e que se concretiza no facto de o sujeito passivo ter que pagar neste caso a taxa de arbitragem total aquando da entrega do pedido de constituição do tribunal arbitral, não pagando unicamente, nesta altura, a taxa de arbitragem inicial como se passa no caso dos tribunais comuns. E, uma mais indirecta e que se prende com o facto de as custas – fixadas no *Regulamento das Custas* aprovado pelo CAAD – serem suportadas não na medida do decaimento mas, ao invés, na totalidade, pelo sujeito passivo. Isto significa, portanto que a Administração Tributária, mesmo que venha a ver a sua posição contrariada pela pronúncia arbitral, no todo ou em parte, não incorrerá em qualquer custo.

Em resumo, o sujeito passivo, quando decide optar pelo processo arbitral tributário, enquanto meio jurisdicional alternativo ao processo de impugnação judicial, terá que, de seguida, fazer a opção de designar qual o tribunal que pretende ver constituído, se o comum, se o especial. Neste último caso sabe que não só irá suportar todas as custas do processo independentemente de ganhar ou de perder, mas também que o valor da taxa de arbitragem é substancialmente mais alto que o valor das custas judiciais ou o valor da taxa de arbitragem a pagar no caso de optar pela constituição do tribunal "comum".

Artigo 6.º – Designação dos árbitros

1 – Quando o tribunal arbitral funcione com árbitro singular, o árbitro é designado pelo Conselho Deontológico do Centro de Arbitragem Administrativa, de entre a lista dos árbitros que compõem o Centro de Arbitragem Administrativa.

2 – Quando o tribunal arbitral funcione com intervenção do colectivo, os árbitros são designados:

a) Pelo Conselho Deontológico do Centro de Arbitragem Administrativa, de entre a lista dos árbitros que compõem o Centro de Arbitragem Administrativa; ou

b) Pelas partes, cabendo a designação do terceiro árbitro, que exerce as funções de árbitro-presidente, aos árbitros designados ou, na falta de acordo, ao Conselho Deontológico do Centro de Arbitragem Administrativa, mediante requerimento de um ou de ambos os árbitros.

3 – No caso previsto na alínea *b)* do número anterior, os árbitros podem não constar da lista dos árbitros que compõem o Centro de Arbitragem Administrativa.

ANOTAÇÃO
1. Regulamento de Selecção de Árbitros em Matéria Tributária
2. Designação dos árbitros no "tribunal comum"
3. Designação dos árbitros no "tribunal especial"

A compreensão do disposto neste artigo exige uma leitura integrada do que está previsto nas disposições antecedentes e, bem assim, no *Regulamento de Selecção de Árbitros em Matéria Tributária* do CAAD[204].

Do que se disse no comentário ao artigo anterior, haverá dois tipos distintos de tribunais arbitrais: aqueles em que o sujeito passivo não se arroga da possibilidade de designar o árbitro – que aqui se denominam de tribunais arbitrais "comuns" – e aqueles em que o sujeito passivo manifesta a intenção de ser ele a indicar o árbitro – que aqui se denominam de tribunais arbitrais "especiais".

O presente artigo estabelece quais as regras de designação dos árbitros em função do "tipo" de tribunal em causa.

---

[204] Disponível para consulta em http://www.caad.org.pt/.

Antes porém de se analisarem as diferentes regras existentes para a designação dos árbitros – as quais serão objecto dos pontos 2. e 3. – começar-se-á pela análise do disposto no *Regulamento de Selecção de Árbitros em Matéria Tributária*.

1. Regulamento de Selecção de Árbitros em Matéria Tributária

O Regulamento de Selecção de Árbitros em Matéria Tributária tem como objecto o estabelecimento das regras que devem ser seguidas quer na elaboração da lista de árbitros, a que se refere o artigo 7.º, n.º 4, do RJAT, quer no procedimento de designação dos árbitros, matéria de que se ocupa o artigo agora em anotação.

A fim de melhor compreender a questão em apreço haverá que olhar ao conteúdo do *Regulamento de Selecção de Árbitros em Matéria Tributária*.

Dispõe desde logo a Secção I, sob o título "Elaboração da lista de árbitros", que a lista de árbitros do CAAD é elaborada com base numa consulta preferencialmente anual dirigida a todas as pessoas que, nos termos do artigo 7.º do RJAT, cumpram com os requisitos necessários para poder desempenhar as funções de árbitro. Pode então afirmar-se que, no que em concreto se refere à periodicidade da consulta, se deixou bastante amplitude no artigo 3.º do *Regulamento de Selecção de Árbitros em Matéria Tributária* na medida em que, ao se estabelecer que a lista de árbitros é elaborada com base numa consulta preferencialmente anual, se deixa espaço para que esta consulta ocorra mais do que uma vez num ano ou não ocorra vez nenhuma. Ajusta-se assim a extensão da lista de árbitros às necessidades que se vão fazendo sentir pelo CAAD.

Ainda quanto às regras aplicáveis à elaboração da lista dos árbitros, dita o artigo 4.º do *Regulamento de Selecção de Árbitros em Matéria Tributária*, que cabe à Direcção do CAAD, após pronúncia favorável do Conselho Deontológico, elaborar a referida lista. Isto naturalmente após a consulta pública, através da qual os candidatos a árbitros demonstraram se cumprem ou não com os requisitos de idoneidade e experiência técnica a que se refere o artigo 7.º do RJAT, e, concomitantemente, manifestaram qual a especialidade para a qual se candidataram.

Uma questão que se punha a este propósito era a de saber qual seria a solução adoptada na ordenação dos nomes seleccionados para árbitros na lista. Muito se discutiu sobre se seria uma solução que andaria por uma ordenação alfabética ou por uma ordenação que olhasse, por exemplo, ao número de anos de experiência ou, ainda, por uma solução que primasse os mais velhos em detrimento dos mais novos e ordenasse a lista por ordem cronológica atendendo às datas de nascimento.

Ora, se bem que o RJAT respondia à questão de saber qual a entidade responsável pela elaboração da lista, nada dizia quanto à organização dos vários árbitros já seleccionados, sendo que esta resposta veio a ser dada pelo n.º 2 do artigo 4.º do *Regulamento de Selecção de Árbitros em Matéria Tributária* o qual estabeleceu que "a lista de árbitros é ordenada em função da especialidade manifestada pelos árbitros aquando da consulta pública a que se refere o artigo 3.º, sendo o número de ordem atribuído aleatoriamente por meios informáticos". Na verdade, atendendo às várias soluções possíveis esta é, seguramente, a que menos críticas levanta na medida em que a aleatoriedade da atribuição de um número por via informática obsta a qualquer favorecimento de uns em detrimento de outros. Assim, e pese embora a lista acessível na internet – também em http://www.caad.org.pt/ – esteja ordenada ou por ordem alfabética ou por especialidade a verdade é que cada árbitro tem um número que lhe foi atribuído por ordem sequencial através de meios informáticos.

Agora no que respeita às regras referentes à designação dos árbitros, das quais se ocupa a Secção II, o artigo 5.º daquele Regulamento estabelece um regime regra e um regime excepção. O regime regra determina que os árbitros são designados pelo Conselho Deontológico do CAAD de forma sequencial, tendo em conta a especialidade e o número sequencial atribuído aquando da elaboração da lista. Porém, este regime, dito de regra, o de designação sequencial, é afastado em pelo menos três situações.

Assim, mediante decisão fundamentada, o Conselho Deontológico pode designar um árbitro diferente daquele que decorreria pela ordenação sequencial caso:

- esse árbitro seja mandatário num processo pendente no CAAD;
- a designação do árbitro seja aquela a que se refere o n.º 4 do artigo 11.º do RJAT[205];
- a especificidade da matéria ou facto assim o exija.

A primeira excepção à regra decorreu de uma alteração ao *Regulamento de Selecção de Árbitros em Matéria Tributária*, ocorrida em 21 de Novembro de 2011, e que se compreende tendo em consideração as questões de independência que

---

[205] A referência ao n.º 4 do artigo 11.º não consta do Regulamento, na verdade o *Regulamento* refere ainda o n.º 3 do artigo 11.º, o que, tendo em conta a alteração legislativa levada a cabo pela Lei n.º 66-B/2012, de 31 de Dezembro, deixa de fazer sentido uma vez que o Regulamento deveria ter sido actualizado. Assim, onde se lê n.º 3 deverá ler-se n.º 4 do artigo 11.º.

se poderiam levantar quando a mesma pessoa fosse, simultaneamente, ainda que em processos diferentes, advogado e árbitro de um processo no CAAD.

A segunda situação que justifica que o Conselho Deontológico possa não obedecer à ordem imposta pela organização sequencial prende-se com os casos em que, por inércia da Administração Tributária, o Conselho Deontológico vai substituir-se a esta na designação do árbitro. Nos termos dos artigos 11.º, n.º 3, e 13.º, n.º 1, a Administração Tributária tem 30 dias para designar um árbitro informando, para o efeito, o Presidente do CAAD. No caso de a Administração Tributária não o fazer, o Conselho Deontológico substitui-se a esta e, em 5 dias, deverá designar o árbitro, nos termos do artigo 11.º, n.º 4. Trata-se de uma solução que bem se compreende, designadamente se se tiver em consideração as preocupações do legislador quer no RJAT quer no *Regulamento de Selecção de Árbitros em Matéria Tributária*, ao consagrar um regime de equiparação de meios ao dispor do sujeito passivo e da Administração Tributária. De facto, perante a designação de árbitro pelo sujeito passivo logo no pedido de constituição de tribunal arbitral, e perante a inércia da Administração Tributária, caso o Conselho Deontológico não pudesse não obedecer à lista[206] poder-se-ia chegar a situações de profundo desequilíbrio entre o árbitro escolhido pelo sujeito passivo, que não necessita de constar da lista de árbitros, e o árbitro indicado em nome da Administração Tributária pelo Conselho Deontológico. Recorde-se que se está perante um tribunal especial, ou seja perante um tribunal no qual o sujeito passivo se arrogou da prerrogativa de escolher o árbitro.

Resta então perceber a última situação excepcionada no n.º 2 do artigo 4.º do *Regulamento de Selecção de Árbitros em Matéria Tributária*, cujos fundamentos são análogos aos apontados para a anterior. Assim, quando razões ponderosas ao ponto de prejudicar a qualidade da decisão arbitral se verifiquem, justifica-se que o Conselho Deontológico, naturalmente mediante parecer fundamentado, não tenha que obedecer à ordem imposta pela numeração sequencial. Uma vez feita esta escolha de não obedecer à ordem da lista de árbitros, dispõe o n.º 3 do artigo 4.º do *Regulamento de Selecção de Árbitros em Matéria Tributária* que o Conselho Deontológico deverá retomar, na designação seguinte, a ordem sequencial.

---

[206] Adianta-se, a este propósito, que o "não obedecer à lista" significa, na prática, que o Conselho Deontolgico poderá mesmo designar árbitro que não conste da lista de árbitros que compõem o CAAD. Esta temática será melhor explorada em anotação ao artigo 11.º, para a qual se remete.

Por seu turno, dispõe o artigo 7.º do *Regulamento de Selecção de Árbitros em Matéria Tributária* que "a lista anual de árbitros é publicada no sítio da internet, www.caad.org.pt".

O *Regulamento de Selecção de Árbitros em Matéria Tributária* trata ainda de uma matéria que cumpre ter em atenção, a relativa às regras aplicáveis à designação de árbitros no caso de impedimentos ou de recusas destes, sobre a qual se ocupa o artigo 6.º.

Se um árbitro não pode aceitar a designação num determinado processo porque se encontra impedido – nos termos que terá oportunidade de verificar aquando da análise do artigo 8.º – o Conselho Deontológico distribuirá o processo ao árbitro cujo número sequencial seja o imediatamente a seguir e nomeará o árbitro impedido na designação seguinte.

Já se o árbitro não aceitar a designação do processo por recusa, ou seja, não aceita o processo porque não quer, o Conselho Deontológico distribuirá o processo ao árbitro cujo número sequencial seja o imediatamente a seguir e retomará a ordem sequencial na designação seguinte, ou seja, ao árbitro que recusou não é distribuído novo processo até ser percorrida toda a lista.

Esta solução é, ao que se julga, de aplaudir tendo em conta que no primeiro caso – o do impedimento – o árbitro não aceita o processo por razões que são externas à sua vontade. Nestes casos não seria compreensível que o árbitro impedido tivesse que aguardar que toda a lista fosse percorrida até ser designado novamente. Já nos casos de recusa, a perda do direito à nomeação faz sentido porque, se assim não fosse, os árbitros seriam tentados a recusar os processos, por exemplo, quando o valor do processo que lhes é atribuído fosse mais reduzido, só aceitando quando estivessem perante processos de elevado valor.

2. Designação dos árbitros no "tribunal comum"

De recordar, antes de mais, que por "comuns" se denominam aqueles tribunais em que o sujeito passivo opta por não designar árbitro, sendo o(s) árbitros designado(s) pelo Conselho Deontológico do CAAD, de entre a lista dos árbitros ali publicada, nos termos estabelecidos no *Regulamento de Selecção de Árbitros em Matéria Tributária*.

Existem desde já duas ideias a fixar.

A primeira é a de que só nos tribunais comuns o tribunal pode funcionar com árbitro singular. Dito de outro modo, os tribunais especiais funcionam sempre em colectivo de árbitros enquanto os tribunais comuns podem funcionar em tribunal singular ou colectivo dependendo, como se viu no comentário ao artigo 5.º, do valor da acção.

A segunda é a de que quando se esteja perante tribunais comuns, independentemente do funcionamento ser singular ou colectivo, a forma de designação do(s) árbitro(s) será sempre idêntica: a sua indicação cabe ao Conselho Deontológico de entre a lista dos árbitros que compõem o CAAD.

A primeira solução revela desde logo uma postura bastante cautelosa do legislador que, se por um lado admite que haja tribunais em que cabe às partes a designação dos árbitros, por outro lado não logrou deixar de precaver que, nesses casos, as decisões tivessem que ser tomadas por um colectivo.

A segunda solução também se percebe na medida em que o legislador delegou no Conselho Deontológico do CAAD o controle da designação casuística dos árbitros, estabelecendo uma lista que obedece, como se viu, a várias regras previstas no *Regulamento de Selecção de Árbitros em Matéria Tributária* do CAAD, sendo a própria designação dos árbitros também sujeita às regras previstas no mesmo Regulamento.

3. Designação dos árbitros no "tribunal especial"

Por "especial" denominam-se aqui aqueles tribunais em que as partes têm a possibilidade de designar os árbitros, porque o sujeito passivo assim optou, cabendo àqueles a designação do terceiro árbitro ou, na falta de acordo, ao próprio Conselho Deontológico do CAAD, constando os árbitros da lista de árbitros publicada ou não.

Também aqui há duas ideias a fixar.

A primeira é a de que, como se referiu, os tribunais especiais funcionam sempre em colectivo, o que se compreende na medida em que sendo os árbitros indicados pelas partes, e não tendo estes que constar da lista de árbitros aprovada pelo CAAD, a colectividade assegura a idoneidade da decisão e a igualdade das partes.

A segunda ideia prende-se, uma vez mais, com a função do Conselho Deontológico do CAAD enquanto entidade capaz de se substituir às partes em caso de não haver acordo. Neste caso, o Conselho Deontológico do CAAD substituiu-se aos árbitros designados pelas partes na designação do árbitro-presidente caso aqueles não cheguem a acordo, ao abrigo do disposto na parte final da alínea *b)* do n.º 2 do artigo 6.º. O prazo previsto para essa designação será matéria sobre a qual versará o comentário ao artigo 11.º, n.º 6. Esta solução, de substituição pelo Conselho Deontológico na designação do terceiro árbitro, afasta-se da solução prevista no artigo 10.º, n.º 3, da LAV, e que é, de resto, a solução a aplicável à arbitragem administrativa *ad hoc* por via do artigo 181.º, n.º 1, do CPTA, e que se concretiza no recurso aos tribunais judiciais para esta designação.

Para concluir, no âmbito da designação de árbitros no tribunal especial, coloca-se ainda uma questão: a de saber quais as regras aplicáveis à designação de árbitros no caso de impedimentos ou de recusa dos árbitros designados pelas partes. De facto, se no âmbito do tribunal arbitral comum o artigo 6.º do *Regulamento de Selecção de Árbitros em Matéria Tributária* do CAAD trata desta questão, aquele *Regulamento* não será de aplicar no âmbito a constituição do tribunal arbitral especial. O disposto no artigo 9.º, n.ºs 2 e 3, do RJAT será, ao que se julga, aplicável por analogia aos casos de impedimento ou rejeição da designação de árbitro seleccionado pelas partes, uma vez que o RJAT não regula esta matéria e o *Regulamento para Selecção de Árbitros em Matéria Tributária* não poderá ser aplicado quando o sujeito passivo tenha optado pela designação do árbitro. Porém, para uma melhor análise da questão sugere-se a leitura do ponto 4. do comentário ao artigo 8.º e do ponto 2. da anotação ao artigo 9.º *infra*. Assim, de acordo com n.º 2 do artigo 9.º, a substituição será feita de acordo com as regras aplicáveis à indicação do árbitro substituído, regra, de resto, idêntica à prevista para a arbitragem voluntária e administrativa, constante do artigo 16.º, n.º 1, da LAV, ou, ouvidos os restantes árbitros e não havendo oposição das partes, a alteração da composição (total) do tribunal arbitral.

Artigo 7.º – Requisitos de designação dos árbitros

1 – Os árbitros são escolhidos de entre pessoas de comprovada capacidade técnica, idoneidade moral e sentido de interesse público.

2 – Os árbitros devem ser juristas com pelo menos 10 anos de comprovada experiência profissional na área do direito tributário, designadamente através do exercício de funções públicas, da magistratura, da advocacia, da consultoria e jurisconsultoria, da docência no ensino superior ou da investigação, de serviço na administração tributária, ou de trabalhos científicos relevantes nesse domínio.

3 – Sem prejuízo do disposto no número anterior, nas questões que exijam um conhecimento especializado de outras áreas, pode ser designado como árbitro não presidente um licenciado em Economia ou Gestão, observando-se, com as necessárias adaptações, o disposto nos números 1 e 2.

4 – A lista dos árbitros que compõem o Centro de Arbitragem Administrativa é elaborada nos termos do presente decreto-lei e dos Estatutos e Regulamento do Centro de Arbitragem Administrativa.

5 – Os magistrados jubilados podem exercer funções de árbitro em matéria tributária, devendo, para o efeito, fazer uma declaração de renúncia à condição de jubilados ou solicitar suspensão temporária dessa condição, por um período mínimo de um ano, renovável, aplicando-se em tais casos o regime geral da aposentação pública.

ALTERAÇÕES LEGISLATIVAS
Lei n.º 20/2012, de 14 de Maio, que procede à primeira alteração da Lei n.º 64-B/2011, de 30 de Dezembro.

ANOTAÇÃO
1. Requisitos necessários à condição de árbitro
2. Arbitros não juristas e o árbitro-presidente
    2.1. Requisitos do árbitro-presidente introduzidos na Portaria de Vinculação
3. Lista de árbitros do CAAD
4. Magistrados jubilados

O presente artigo trata dos requisitos necessários à elegibilidade de um determinado profissional como árbitro.

As preocupações do legislador com as garantias de isenção, de independência e de rigor na decisão arbitral obrigaram a que o regime fosse tanto ou mais exigente, no que se refere aos requisitos de admissão a árbitro, do que, por exemplo, o regime existente para os magistrados judiciais ou para a obtenção do grau de especialista atribuído pela Ordem dos Advogados. Com efeito, atenta a função jurisdicional a desempenhar pelos tribunais arbitrais e, bem assim, o interesse público da matéria em causa, as precauções manifestadas pelo legislador no presente artigo são compreensíveis.

Uma das manifestações desta preocupação vislumbra-se, desde logo, no facto de o legislador ter estabelecido que os requisitos necessários à elegibilidade de um determinado profissional como árbitro são transversais aos dois tipos de tribunais especiais e comuns, na terminologia que se adoptou[207]. Isto significa que os requisitos a que os árbitros devem obedecer não são diferentes em função do tipo de tribunal, em boa verdade independentemente da opção do sujeito passivo quanto à forma de designação dos árbitros, estes devem ser escolhidos tendo em consideração os requisitos que são estabelecidos neste artigo e aprofundados, como se viu no ponto 1. do comentário ao artigo anterior, no *Regulamento de Selecção de Árbitros em Matéria Tributária*.

Vejam-se então quais são os requisitos exigidos para a inclusão de um determinado profissional como árbitro na lista de árbitros do CAAD – isto no caso regra dos tribunais comuns – ou à escolha de um determinado profissional como árbitro – no caso concreto dos tribunais especiais[208].

1. Requisitos necessários à condição de árbitro

Indica desde logo o n.º 1 deste preceito que "os árbitros são escolhidos de entre pessoas de comprovada capacidade técnica, idoneidade moral e sentido de interesse público". Estes três requisitos, pese embora consubstanciem, por defini-

---

[207] Denominam-se "especiais" aqueles tribunais arbitrais em que os árbitros são designados pelas partes, cabendo a estes últimos a designação do árbitro-presidente; denominam-se "comuns" aqueles tribunais em que a designação do(s) árbitro(s) cabe exclusivamente ao Conselho Deontológico do CAAD, de entre os árbitros constantes da lista publicada.

[208] De recordar que optando o sujeito passivo por designar, ele próprio, o "seu" árbitro, poderá escolhe-lo de entre os profissionais constantes da lista de árbitros que compõem o CAAD ou não, sendo o mesmo aplicável à designação de árbitro pela Administração Tributária.

ção, conceitos indeterminados, são pontualmente concretizados no decorrer do restante corpo do artigo.

O primeiro requisito, que se prende com o facto de os árbitros terem que ser escolhidos "de entre pessoas de *comprovada capacidade técnica* na área do direito tributário", é concretizado logo pelo n.º 2 deste artigo 7.º. Assim, para efeitos do RJAT consideram-se pessoas de comprovada capacidade técnica os juristas com pelo menos 10 anos de comprovada experiência profissional na área do direito tributário.

O RJAT, ao estabelecer, no seu artigo 7.º, n.º 2, 10 anos de experiência como o barómetro necessário à comprovada experiência técnica, não foi inovador. Seguiu, sim, de perto os requisitos exigidos no concurso para juiz do STA. Com efeito, desde 1 de Janeiro de 2004 – a data da entrada em vigor do novo ETAF – ficou aberta a possibilidade de se apresentarem a concurso para juiz, juristas com um mínimo de 10 anos de comprovada experiência profissional, na área do direito público, experiência essa adquirida através do exercício de funções públicas, da advocacia, da docência no ensino superior ou da investigação, ou ainda ao serviço da própria Administração Pública.

Ora, como se pode ver do restante corpo do n.º 2, os 10 anos como limite temporal mínimo à elevada experiência técnica no caso dos árbitros, terão que ser comprovados "através do exercício de funções públicas, da magistratura, da advocacia, da consultoria e jurisconsultoria, da docência no ensino superior ou da investigação, de serviço na administração tributária, ou de trabalhos científicos relevantes nesse domínio".

Esta exigência entende-se tendo em conta as funções jurisdicionais que vão ser exercidas por estes juízes-árbitros que, pese embora não togados, vão decidir questões que estariam, via de regra, reservadas aos tribunais judiciais. São as preocupações do legislador com as garantias de isenção, de independência e de rigor na decisão arbitral que obrigaram ao estabelecimento de um regime que acaba por ser ainda mais exigente do que o regime geral de ingresso nas magistraturas judiciais, estabelecido na Lei n.º 2/2008, de 14 de Janeiro. Em boa verdade, o artigo 5.º da Lei n.º 2/2008, de 14 de Janeiro, estabelece um período mínimo de experiência de apenas 5 anos, sendo este período unicamente exigível para os candidatos que optem pela via profissional para a admissão a concurso.

Assim, não há dúvida que regime estabelecido neste artigo seguiu de perto o regime existente para os candidatos a juiz no STA sendo que, curiosamente, 10 anos é também o número mínimo de anos para a Ordem dos Advogados atribuir o grau de especialista. Com efeito, conforme se pode ler no artigo 3.º do

Regulamento n.º 204/2006, OA (2.ª Série), de 30 de Outubro, da Ordem dos Advogados – o qual define o regime de atribuição do título de advogado especialista e as áreas de prática consideradas especialidades – "podem adquirir o título de advogado especialista os advogados com inscrição em vigor na Ordem dos Advogados, ininterrupta há mais de dez anos, com igual período mínimo de exercício efectivo da advocacia na área da especialidade invocada e a quem seja reconhecida competência específica, teórica e prática".

Os restantes dois requisitos referidos no n.º 1, e que são, a *idoneidade moral* e o *sentido de interesse público*, enquanto conceitos indeterminados, são verificados casuisticamente pelo Conselho Deontológico do CAAD que, como se referiu aquando da análise ao *Regulamento de Selecção de Árbitros em Matéria Tributária* efectuada no ponto 1. do artigo anterior, controla o processo de elaboração da lista de árbitros do tribunal arbitral comum e, no caso do tribunal especial, verifica que os árbitros designados pelas partes cumprem com os requisitos estabelecidos neste artigo 7.º.

2. Arbitros não juristas e o árbitro-presidente

Refere o n.º 3 deste artigo 7.º que quando as questões em juízo no processo arbitral o justifiquem, ou seja, quando exijam um conhecimento especializado de outras áreas que não o direito tributário pode ser designado como árbitro não--presidente um licenciado em Economia ou Gestão.

Daqui podem retirar-se duas conclusões interessantes e, uma vez mais, reveladoras do carácter inovador do RJAT.

Uma primeira que se prende com o facto de na arbitragem tributária poderem ser árbitros pessoas não licenciadas em Direito desde que, do ponto de vista técnico, a decisão exija um conhecimento diferente do direito tributário. Por exemplo, quando se levantem questões contabilísticas, prudenciais ou de auditoria que justifiquem a intervenção de um decisor não jurista, o RJAT abre as portas a que possa fazer parte do colectivo de árbitros um licenciado em Economia ou Gestão[209]. Trata-se de um romper com o regime até hoje existente que prevê que para exercer a função de juiz (togado) se tivesse a licenciatura em Direito.

---

[209] Sobre a participação de licenciados em Economia no âmbito da arbitragem em matéria tributária veja-se Rui Leão Martinho (2014) "Os economistas e a arbitragem tributária", 38-39.

A segunda conclusão que se alvitra é a de que estes árbitros não juristas só poderão intervir enquanto árbitros não-presidentes e num tribunal colectivo.

Apoia-se aqui, e uma vez mais, a opção exercida pelo legislador em privilegiar a boa decisão em detrimento do, até então, monopólio dos juristas no desempenho de funções jurisdicionais. Com efeito, e quem trabalha na área do direito tributário facilmente admite, o conhecimento necessário à resolução de certas questões ultrapassa, ou melhor, extravasa algumas vezes o conhecimento que é exigível a um jurista, por excelente que seja. De facto, reconhecendo-se a complexidade técnica de algumas matérias e a incapacidade de, muitas vezes, os juristas atendendo à sua formação, as resolverem sem auxílio de outros técnicos não juristas, estabeleceu-se um regime que garante o equilíbrio, permitindo por um lado a possibilidade de haver um árbitro, em três, que não seja jurista, sendo que este último, não poderá exercer as funções de árbitro-presidente.

Esta proibição legal, concretizada no impedimento de o árbitro-presidente ser um não jurista, é compreensível na medida em que é, em princípio, àquele que cumpre redigir a decisão arbitral. Ora, não há dúvidas que a decisão arbitral é uma sentença jurisdicional a qual, em casos especialmente previstos no RJAT, mormente no artigo 25.º e no artigo 27.º, é recorrível, afigurando-se prudente esta preocupação do legislador em garantir que o árbitro-presidente seja um licenciado em Direito.

Por último cumpre ainda tentar entender qual a razão pela qual se fixaram como licenciaturas elegíveis para a função de árbitro, além da de Direito, apenas as de Gestão e de Economia. O legislador podia, por exemplo, ter optado por um regime semelhante ao que existe para a candidatura a Revisor Oficial de Contas. Com efeito, nos termos do artigo 124.º do Estatuto da Ordem dos Revisores Oficiais de Contas aprovado pelo Decreto-lei n.º 487/99, de 16 de Novembro, na redacção conferida pelo Decreto-lei n.º 224/2008, de 20 de Novembro, um dos requisitos para a candidatura à Ordem dos Revisores Oficiais de Contas é o de "possuir licenciatura na área da auditoria, da contabilidade, do direito, da economia ou da gestão, ou noutras áreas que venham a ser aprovadas por portaria do ministro da tutela do ensino superior ouvida a Ordem, ou grau académico numa dessas áreas que, nos termos da lei, seja equivalente a licenciatura ou reconhecido como licenciatura". A eleição das licenciaturas de Economia ou Gestão deveu-se, crê-se, ao facto de ambas terem no plano curricular várias cadeiras de Direito assegurando-se assim alguma jurisdicionalidade à função de árbitro mesmo quando exercida por um não jurista.

2.1. Requisitos do árbitro-presidente introduzidos na Portaria de Vinculação

Perante um tribunal colectivo, o árbitro-presidente é designado pelo Conselho Deontológico do CAAD – quando o tribunal funcione enquanto tribunal arbitral comum, *i.e.*, sempre que o sujeito passivo não opte por designar árbitro, nos termos do artigo 6.º, n.º 2, alínea *a*) – ou pelos dois árbitros designados pelas partes – quando o tribunal funcione enquanto tribunal arbitral especial, *i.e.*, sempre que o sujeito passivo manifeste a intenção de designar árbitro, nos termos do artigo 6.º, n.º 2, alínea *b*). É ao árbitro-presidente que compete, em princípio, a redacção da decisão arbitral, razão pela qual, de uma interpretação *a contrario* do n.º 3 do artigo 7.º em análise, o legislador determinou, como acima se referiu, que o árbitro-presidente terá que ser, necessariamente, um licenciado em Direito. É só porque será ao árbitro-presidente que compete a redacção da decisão que se justifica que este seja o árbitro melhor remunerado em comparação com os restantes árbitros do colectivo.

No âmbito da temática em análise, falta apenas relembrar o que se apontou em anotação ao artigo 4.º, a propósito das limitações introduzidas pela Portaria de Vinculação. Determina o artigo 3.º, n.º 2 daquela portaria que, sem prejuízo dos requisitos previstos no RJAT neste artigo 7.º, a vinculação da Administração Tributária está condicionada a: "a) Nos litígios de valor igual ou superior a € 500.000, o árbitro presidente deve ter exercido funções públicas de magistratura nos tribunais tributários ou possuir o grau de mestre em Direito Fiscal; b) Nos litígios de valor igual ou superior a € 1.000.000, o árbitro presidente deve ter exercido funções públicas de magistratura nos tribunais tributários ou possuir o grau de doutor em Direito Fiscal".

Da leitura do citado preceito resulta que, na verdade, a Administração Tributária veio estabelecer dois novos requisitos a cumular aos estabelecidos pelo legislador no RJAT. Isto porque, se nos termos do artigo 4.º, n.º 1, como se viu, a Administração só se vincula à jurisdição arbitral nos termos da que veio a ser a Portaria de Vinculação, não se pode se não concluir que estas condições vinculativas são, de facto, verdadeiros requisitos.

Contudo, e por fim, cumpre lembrar que ao abrigo do n.º 3 daquele artigo 3.º da Portaria de Vinculação "na impossibilidade de designar árbitros com as características referidas no número anterior cabe ao presidente do Conselho Deontológico do CAAD a designação do árbitro-presidente".

3. Lista de árbitros do CAAD

O último número deste artigo, ao qual se fez referência já no comentário ao artigo 6.º, deixa claro que a lista dos árbitros que compõem o CAAD é elaborada nos termos previstos no RJAT e dos Estatutos e Regulamento do CAAD. As regras previstas, a este propósito, no *Regulamento de Selecção de Árbitros em Matéria Tributária*, foram já objecto de análise conjuntamente com o artigo 6.º, para cujos comentários se remete.

4. Magistrados jubilados

A Lei n.º 20/2012, de 14 de Maio[210], veio aditar um n.º 5 a este artigo 7.º, no sentido de regular a situação dos magistrados jubilados que pretendam exercer funções de árbitros.

Nos termos deste n.º 5, os magistrados jubilados poderão exercer funções de árbitro tributário na medida em que façam "declaração de renúncia à condição de jubilados" ou solicitem "a suspensão temporária dessa condição, por um período mínimo de um ano, renovável". Acrescenta ainda aquele n.º 5 que o magistrado jubilado que renunciar ou solicitar suspensão temporária da condição de jubilado fica sujeito ao regime geral da aposentação pública.

A primeira parte deste preceito, que reconhece no RJAT a possibilidade de os magistrados jubilados exercerem funções de árbitros e que não constava do diploma original pese embora constasse já da Portaria de Vinculação, não é mais do que uma forma de legitimar a arbitragem, garantindo a idoneidade dos árbitros. Não é demais relembrar que a arbitragem vale na medida do valor dos árbitros e das suas decisões, pelo que não é de estranhar que o legislador tenha sentido a necessidade de "interligar" a arbitragem com as magistraturas, admitindo as candidaturas a árbitros de magistrados jubilados. Verdade seja dita que o processo para admissão às magistraturas tributárias é, já por si, complexo, o que significa que, em princípio, um magistrado jubilado, julgador que foi, é pessoa idónea para exercer a profissão de árbitro tributário.

Não podendo, contudo, beneficiar de ambos os estatutos simultaneamente, os magistrados jubilados terão de renunciar ou suspender essa sua qualidade para que lhes seja atribuído o estatuto de árbitro em matéria tributária.

---

[210] Que procedeu à primeira alteração à Lei do Orçamento do Estado para 2012.

Artigo 8.º – Impedimentos dos árbitros

1 – Constituem casos de impedimento do exercício da função de árbitro os enunciados no n.º 1 do artigo 44.º do Código do Procedimento Administrativo, observadas as necessárias adaptações, bem como os casos em que, nos dois anos anteriores ao da sua indicação como árbitro:

a) A pessoa designada tenha sido dirigente, funcionário ou agente da administração tributária, membro de órgãos sociais, trabalhador, mandatário, auditor ou consultor do sujeito passivo que seja parte no processo, de entidade que se encontre com aquele em relação de domínio, tal como esta é definida no Código das Sociedades Comerciais, ou de pessoa ou entidade que tenha interesse próprio na procedência da pretensão;

b) A pessoa designada tenha sido trabalhador, colaborador, membro, associado ou sócio de entidade que tenha prestado serviços de auditoria, consultoria e jurisconsultoria ou advocacia ao sujeito passivo.

2 – A pessoa designada para exercer funções de árbitro deve rejeitar a designação quando ocorra circunstância pela qual possa razoavelmente suspeitar-se da sua imparcialidade e independência.

3 – Cabe ao Conselho Deontológico do Centro de Arbitragem Administrativa exonerar o árbitro ou árbitros em caso de incumprimento dos requisitos previstos nos números anteriores.

ANOTAÇÃO
1. Impedimentos previstos no artigo 44.º do CPA
2. Impedimentos originais previstos nas alíneas *a)* e *b)* do n.º 1 do artigo 8.º
    2.1. Impedimentos da alínea *a)*
    2.2. Impedimentos da alínea *b)*
3. Impedimentos originais do Regulamento de Selecção de Árbitros
4. Rejeição e exoneração previstas nos n.ºs 2 e 3
    4.1. Rejeição da designação de árbitro
    4.2. Substituição de árbitro decorrente de rejeição ou exoneração
    4.3. Actos practicados por árbitro impedido
5. Afastamentos, recusas, inacção e incapacitação de árbitros
    5.1. Motivos gerais de afastamento de um árbitro
    5.2. Recusas
    5.3. Inacção ou incapacitação de um árbitro
    5.4. Designação do árbitro substituto

O artigo agora em anotação trata dos impedimentos do exercício da função de árbitro. O aqui disposto aplica-se a todos aqueles que, pese embora preencham os requisitos necessários ao exercício da função de árbitro previstos no artigo 7.º, estão impossibilitados de exercer a sua função.

Os impedimentos são um corolário do princípio constitucional da imparcialidade inserido no artigo 266.º, n.º 2 da CRP e concretizam-se, em termos muito genéricos, na proibição para os órgãos e agentes da Administração tomarem decisões, de forma directa ou indirecta, sobre assuntos em que estejam pessoalmente interessados, ou de celebrarem ou tomarem parte em contratos celebrados com a Administração.

Em anotação ao artigo 266.º da CRP, Gomes Canotilho e Vital Moreira observam que

"[o princípio da imparcialidade] *respeita essencialmente às relações entre a Administração pública e os particulares, podendo circunscrever-se a dois aspectos fundamentais: (a) o primeiro, relacionado com os princípios constitucionais consagrados no n.º 1, consiste em que, no conflito entre o interesse público e os interesses particulares, a Administração deve proceder com isenção na determinação da prevalência do interesse público, de modo a não sacrificar desnecessária e desproporcionadamente os interesses particulares (imparcialidade na aplicação do princípio da proporcionalidade); (b) o segundo refere-se à actuação da Administração em face dos vários cidadãos, exigindo-se igualdade de tratamento dos interesses dos cidadãos através de um critério uniforme de prossecução do interesse público.*"[211]

São, em geral, apontadas ao princípio da imparcialidade uma vertente negativa e uma vertente positiva[212].

Na sua vertente negativa, o princípio da imparcialidade impõe à Administração a proibição de actuar de acordo com objectivos ou interesses que não correspondam à satisfação do interesse público[213], que, segundo a lei, lhe compete prosseguir. No plano da vertente positiva, impõe-se à Administração a pon-

---

[211] Gomes Canotilho/Vital Moreira (2014) *Constituição da República Portuguesa – Anotada*, vol. II, 802.

[212] A este propósito vejam-se: J. M. Sérvulo Correia (1982) *Noções de Direito Administrativo*, vol. I, 251-256; Diogo Freitas do Amaral (2006) *Curso de Direito Administrativo*, vol. II, 139 e seguintes; e, por último, Maria Teresa de Melo Ribeiro (1996) *O princípio da imparcialidade da Administração Pública*, 155 e seguintes.

[213] Sobre o conceito de "interesse público" veja-se Jorge Miranda/Rui Medeiros (2007) *Constituição Portuguesa Anotada, tomo III*, anotação ao artigo 266.º.

deração exaustiva dos interesses juridicamente protegidos presentes no caso a conformar.

Tendo em consideração que os árbitros irão exercer funções jurisdicionais sendo equiparados, no que em concreto se refere aos impedimentos, a agentes da Administração Pública, são então dois os tipos de impedimentos previstos neste artigo: os originais, previstos nas alíneas *a)* a *b)* do n.º 1 e bem assim, como se verá no *Regulamento de Selecção de Árbitros em Matéria Tributária*; e os remissivos, previstos, por seu turno, no corpo do n.º 1 do artigo.

Olhe-se em primeiro lugar a estes e só de seguida àqueles.

O n.º 2 do preceito estabelece o dever de rejeição por parte da pessoa designada como árbitro que se encontre em qualquer das condições elencadas no artigo 44.º do CPA ou nas alíneas *a)* e *b)* do n.º 1 deste artigo 8.º. Já o n.º 3 consagra a possibilidade legal de o Conselho Deontológico do CAAD poder, em caso de não rejeição por parte da(s) pessoa(s) designada(s) como árbitro(s), proceder à sua exoneração. Tratar-se-á desta temática quer no comentário ao n.º 2 quer no comentário ao n.º 3 deste artigo 8.º.

Por fim, analisar-se-á ainda o reforço levado a cabo pelo CAAD nesta matéria, através do seu *Código Deontológico*, onde se estabelece o regime de recusas e o regime de afastamento por inacção ou incapacitação dos árbitros nos tribunais arbitrais.

1. Impedimentos previstos no artigo 44.º do CPA

No corpo do n.º 1 do artigo 8.º o legislador estabeleceu como impedimentos do exercício da função de árbitro os enunciados no n.º 1 do artigo 44.º do CPA, observadas as necessárias adaptações.

A Lei n.º 4/2015, de 7 de Janeiro, procedeu à revogação do anterior CPA – aprovado pelo Decreto-lei n.º 442/91, de 15 de Novembro – e aprovou o novo CPA. O artigo 44.º do anterior CPA, sob Secção denominada "Garantias de imparcialidade", e com a epígrafe "Casos de impedimento", encontra parcial correspondência no artigo 69.º do novo CPA. Deste modo, a remissão feita por este n.º 1 do artigo 8.º para o CPA deve ter-se por feita para o artigo 69.º, n.º 1 do novo CPA.

Artigo 69.º
Casos de Impedimento

1 – Salvo o disposto no n.º 2, os titulares de órgãos da Administração Pública e os respectivos agentes, bem como quaisquer outras entidades que, independentemente da sua natu-

reza, se encontrem no exercício de poderes públicos, não podem intervir em procedimento administrativo ou em acto ou contrato de direito público ou provado da Administração Pública, nos seguintes casos:

a) Quando nele tenha interesse, por si, como representante ou como gestor de negócios de outra pessoa;

b) Quando, por si ou como representante de outra pessoa, nele tenha interesse o seu cônjuge, algum parente ou afim em linha recta ou até ao 2.º grau da linha colateral, bem como qualquer pessoa com quem viva em economia comum;

c) Quando, por si ou como representante de outra pessoa, tenha interesse em questão semelhante à que deva ser decidida, ou quando tal situação se verifique em relação a pessoa abrangida pela alínea anterior;

d) Quando tenha intervindo no procedimento como perito ou mandatário ou haja dado parecer sobre questão a resolver;

e) Quando tenha intervindo no procedimento como perito ou mandatário o seu cônjuge, parente ou afim em linha recta ou até ao 2.º grau da linha colateral, bem como qualquer pessoa com quem viva em economia comum;

f) Quando se trate de recurso de decisão proferida por si, ou com a sua intervenção, ou proferida por qualquer das pessoas referidas na alínea b) ou com intervenção destas.

No que releva para a aplicação dos casos de impedimento à arbitragem tributária, o actual preceito difere do anterior apenas pela eliminação da então alínea *f)* que previa um caso de impedimento quando contra o titular de órgão da Administração Pública, seu cônjuge ou parente em linha recta, estivesse intentada acção judicial proposta por interessado ou pelo respectivo cônjuge.

Ora, os impedimentos aplicáveis aos órgãos da Administração Pública que estão taxativamente elencados no artigo 69.º do novo CPA são, por remissão legal, aplicáveis ao exercício da função de árbitro. Assim, a referência feita, no corpo do n.º 1 do artigo 69.º do CPA, aos titulares de órgãos da Administração Pública e respectivos agentes, haverá que ser tida como realizada, para este propósito, aos árbitros designados pelas partes na sua intervenção em procedimento ou processo arbitral, aplicando-se depois, *mutatis mutandis* as alíneas *a)* a *f)* do restante n.º 1 daquele artigo 69.º do novo CPA. Julga-se ser esta a intenção do legislador quando, ao remeter para aquele preceito, teve a cautela de incluir a expressão "observadas as necessárias adaptações". Outra leitura que não esta levaria a concluir que os impedimentos estabelecidos no artigo 69.º do CPA só seriam aplicáveis às pessoas designadas como árbitros que também fossem agentes da Administração Pública. Defende-se a primeira leitura, mais abrangente, e que veicula o entendimento de que os impedimentos estabelecidos no artigo 69.º são aplicáveis a todas as pessoas designadas como árbitros independentemente de se tratarem ou não de agentes da Administração Pública.

Deste modo, com os impedimentos remissivos, a pessoa designada ou a designar como árbitro fica proibida de actuar, não por razões concretas que se prendam ao próprio cargo que desempenha na sua vida profissional – essas prendem-se, como se verá no ponto seguinte, com os impedimentos denominados "originais" – mas por razões abstractas que respeitam à própria pessoa que ocupa um determinado cargo e aos interesses que ela possa ter naquela decisão. Com efeito, o impedimento em causa funciona de forma abstracta, impondo a observância do princípio da transparência, e obstando a que se criem situações em que haja risco ou quebra do dever de imparcialidade. Isto significa que basta que se verifique uma das situações previstas no artigo 69.º do CPA para que haja impedimento porque, ainda que em abstracto, a decisão do árbitro pode não ser parcial[214]. Em conclusão, os impedimentos remissivos prendem-se com razões abstractas relacionadas com os interesses que uma determinada pessoa possa ter no caso em juízo no tribunal arbitral e os impedimentos originais prendem-se com razões concretas do cargo desempenhado pela pessoa a designar como árbitro na sua vida profissional.

2. Impedimentos originais previstos nas alíneas *a*) e *b*) do n.º 1 do artigo 8.º

2.1. Impedimentos da alínea *a*)

Como se teve a oportunidade de referir são dois os tipos de impedimentos previstos neste artigo: os "originais", previstos nas alíneas *a*) e *b*) do n.º 1, e os "remissivos" previstos no corpo do n.º 1 do artigo, os quais foram objecto de análise no ponto anterior.

Cumpre agora analisar os impedimentos originais do RJAT que constam nas alíneas *a*) e *b*) do artigo 8.º.

Refere-se na alínea *a*) do preceito que quem, nos dois anos anteriores ao da sua indicação como árbitro, tenha sido dirigente, funcionário ou agente da Administração Tributária não pode desempenhar a função de árbitro. Refere-se também que quem, nos dois anos anteriores ao da sua indicação como árbitro, tenha sido membro de órgãos sociais, trabalhador, mandatário, auditor ou con-

---

[214] Em Acórdão do STA de 25 de Março de 2009 proferido no processo n.º 055/09 disponível em http://www.dgsi.pt/ tratou-se esta questão.

sultor do sujeito passivo que seja parte no processo, de entidade que se encontre com aquele em relação de domínio, tal como esta é definida no Código das Sociedades Comerciais, ou de pessoa ou entidade que tenha interesse próprio na procedência da pretensão também não pode desempenhar a função de árbitro.

Existem, pois, duas situações distintas na alínea *a*).

Uma primeira em que não importa a situação concreta para a qual o árbitro está a ser designado porquanto o impedimento é anterior ao caso em discussão no processo de arbitragem. De facto, a lei deixa claro que qualquer pessoa que tenha sido dirigente, funcionário ou agente da Administração Tributária nos dois anos anteriores à designação, não pode ser árbitro em qualquer processo de arbitragem. Trata-se portanto de um impedimento *absoluto* na medida em que, quem se encontre na situação prevista nesta primeira parte da alínea *a)*, *i.e.*, quem, nos dois últimos anos, tenha sido dirigente, funcionário ou agente da Administração Tributária, *não pode ser árbitro em nenhum processo de arbitragem* independentemente do sujeito passivo demandante. Bem se entende este impedimento porquanto em contencioso tributário, e a arbitragem tributária não é excepção, o demandado é sempre o mesmo, o Estado representado pela Autoridade Tributária. Por conseguinte, para garantir independência e isenção na decisão, não faria sentido admitir que um funcionário da Autoridade Tributária ou quem tenha estado nos últimos dois anos em estreita relação com a Administração Tributária pudesse ser árbitro ao mesmo tempo que, na sua vida profissional, mantém ou manteve há menos de dois anos vínculo com Administração[215].

Uma outra situação prevista também na alínea *a)* é aquela que se concretiza na proibição legal de desempenhar a função de árbitro quem, nos dois anos anteriores ao da sua indicação como árbitro tenha sido membro de órgão social, trabalhador, mandatário, auditor ou consultor do sujeito passivo que seja parte no processo, de entidade que se encontre com aquele em relação de domínio, tal como esta é definida no Código das Sociedades Comerciais, ou de pessoa ou entidade que tenha interesse próprio na procedência da pretensão. Aqui haverá que olhar ao caso concreto que irá ser discutido em processo arbitral, averiguar qual a entidade demandante e aferir se o árbitro a designar é ou foi, nos dois últimos anos, membro dos seus órgãos sociais, ou seu trabalhador, ou seu man-

---

[215] Estarão por exemplo impedidos quem nos últimos dois anos tenha sido titular de cargo político ou membro do Ministério das Finanças, e, bem assim, os respectivos adjuntos, assessores, secretários, funcionários, agentes ou outros contratados dos respectivos gabinetes ou serviços.

datário, ou seu auditor ou seu consultor. A lei vai ainda mais longe e refere que haverá que averiguar no caso concreto se, pese embora não haja qualquer relação entre o árbitro a designar e o sujeito passivo demandante, aquele é ou foi membro de órgãos sociais de uma qualquer empresa que tenha relação de domínio com o sujeito passivo demandante, é ou foi trabalhador de uma qualquer empresa que tenha relação de domínio com o sujeito passivo demandante ou é ou foi mandatário, consultor ou auditor de uma qualquer empresa com a qual o sujeito passivo demandante tenha relação de domínio. Em caso afirmativo, o árbitro estará impedido em relação àquele processo em concreto.

Por relação de domínio deverá, para estes efeitos, atender-se ao previsto nos artigos 486.º e 483.º do Código das Sociedades Comerciais. Dispõe o primeiro preceito que se considera que duas sociedades estão em relação de domínio quando uma delas, dita dominante, pode exercer, directamente ou por sociedades ou pessoas que preencham os requisitos indicados no artigo 483.º, n.º 2, uma influência dominante sobre a outra, dita dependente. Adianta ainda que se presume que uma sociedade é dependente de outra se esta, directa ou indirectamente: a) detém uma participação maioritária no capital; b) dispõe de mais de metade dos votos; ou c) tem a possibilidade de designar mais de metade dos membros do órgão de administração ou do órgão de fiscalização. Já o artigo 483.º estabelece no seu n.º 1 que uma sociedade está em relação de simples participação com outra quando uma delas é titular de quotas ou acções da outra em montante igual ou superior a 10% do capital desta, mas entre ambas, não existe nenhuma das outras relações previstas no artigo 482.º, referindo-se no n.º 2 do mesmo preceito legal que à titularidade de quotas ou acções por uma sociedade equipara-se, para efeito do montante igual ou superior a 10% do capital, a titularidade de quotas ou acções por uma outra sociedade que dela seja dependente, directa ou indirectamente, ou com ela esteja em relação de grupo, e de acções de que uma pessoa seja titular por conta de qualquer dessas sociedades.

A segunda parte da alínea *a)* concretiza, então, um impedimento *relativo* na medida em que haverá que olhar ao caso concreto e averiguar se se está perante uma das situações referidas na lei. Em teoria todas as pessoas que preencham os requisitos previstos no artigo 7.º e no *Regulamento de Selecção de Árbitros em Matéria Tributária* poderão ser designadas como árbitros excepto se no caso concreto se encontrem em alguns das hipóteses referenciadas na segunda parte da alínea *a)*. Será então possível a situação na qual uma determinada pessoa está impedida de ser designada como árbitro num determinado processo, não estando, porém, impossibilitada de ser árbitro num outro processo no qual, sendo outro o demandante, não se verifica nenhuma das situações previstas na segunda parte desta alínea *a)* do n.º 1 do artigo 8.º.

2.2. Impedimentos da alínea *b)*

À semelhança do que sucede nos impedimentos estabelecidos na alínea *a)*, também os previstos na alínea *b)* consubstanciam impedimentos *relativos* na medida em que haverá que olhar ao caso concreto e averiguar se a pessoa designada como árbitro é ou foi, nos últimos dois anos trabalhador ou colaborador ou membro ou associado ou sócio de entidade que tenha prestado serviços de auditoria, consultoria e jurisconsultoria ou advocacia ao sujeito passivo demandante. Tentou-se aqui "fechar o círculo" estabelecendo que se considera haver impedimento quando uma pessoa que, pese embora não tenha, ela própria, qualquer relação directa ou indirecta com o sujeito passivo demandante, a empresa, sociedade de auditoria ou consultoria, ou escritório de advogados para o qual trabalha, foi prestadora de serviços desse sujeito passivo. Com efeito, os conflitos de interesses que poderiam existir nestas situações são totalmente salvaguardados pela concretização legal deste impedimento, evitando-se possíveis intervenções ou entorses que poderiam reflectir-se na decisão tomada por um árbitro que se encontrasse nesta situação.

3. Impedimentos originais do Regulamento de Selecção de Árbitros

Existe, ao que se julga, um outro impedimento, também relativo, estabelecido *ex novo* pelo n.º 2 do artigo 5.º do *Regulamento de Selecção de Árbitros em Matéria Tributária* do CAAD.

Como se afirmou aquando do comentário ao artigo 6.º, o artigo 5.º do *Regulamento de Selecção de Árbitros em Matéria Tributária* trata das regras referentes à designação dos árbitros nos tribunais arbitrais comuns, estabelecendo, como se viu, um regime regra e um regime excepção. O regime regra determina que os árbitros são designados pelo Conselho Deontológico de forma sequencial tendo em conta a especialidade e o número sequencial atribuído aquando da elaboração da lista, sendo esta regra de designação sequencial afastada em pelo menos três situações, a saber: quando (1) esse árbitro seja mandatário num processo pendente no CAAD; (2) caso a designação do árbitro seja aquela a que se refere o n.º 3 do artigo 11.º do RJAT; e (3) caso a especificidade da matéria ou facto assim o exija.

É aquela primeira excepção – que o árbitro seja mandatário em processo pendente no CAAD – que se crê consubstanciar um impedimento *ex novo* criado pelo CAAD estabelecido por via de uma alteração ao *Regulamento de Selecção de Árbitros em Matéria Tributária,* efectuada em 21 de Novembro de 2011, e que levanta dúvidas quer quanto à sua interpretação quer quanto à sua legalidade.

Ao permitir-se que o Conselho Deontológico, nos casos em que o árbitro a designar seja mandatário num processo pendente no CAAD, designe um outro árbitro em sua substituição, que seria o que se seguiria pela ordem sequencial, está, em boa verdade, a criar-se um novo impedimento. Está, pois, a dizer-se que quando o árbitro a designar seja mandatário num processo pendente no CAAD aquele, naquele caso concreto e em outros que se sigam, está impedido de ser árbitro no processo, pelo menos até deixar de ser mandatário no processo ali pendente.

Ora, se por um lado se compreende a intenção do CAAD no estabelecimento desta regra porquanto, em teoria, bem se percebe as questões de independência que se poderiam levantar quando a mesma pessoa é, simultaneamente, ainda que em processos diferentes, advogado e árbitro de um processo no CAAD, podem levantar-se dúvidas que o CAAD tenha competência e legitimidade legal para ir além do legislador do RJAT e estabelecer regras que materialmente consubstanciam verdadeiros impedimentos relativos.

E mais, é de questionar o que sucederá se a situação for ao contrário.

Não se compreende bem o que sucederá se uma pessoa que já aceitou, porque não tinha qualquer impedimento, a designação como árbitro num determinado processo pendente no CAAD venha, posteriormente, vir a ser mandatário num outro processo arbitral. A regra do n.º 2 do artigo 5 é clara e parece só funcionar quando o árbitro é já advogado e não quando o advogado já é árbitro na medida em que se lê que "Em casos excepcionais, designadamente nos casos em que o árbitro que figure na ordem sequencial da lista seja mandatário em qualquer outro processo arbitral tributário pendente no CAAD (...) o Conselho Deontológico, mediante decisão fundamentada, pode designar o árbitro fora da ordem sequencial". No entanto, uma interpretação que redundasse na conclusão de que um árbitro pode ser advogado porque o processo em que é mandatário entrou em data posterior ao processo em que é árbitro contrariaria, ao que se julga, a intenção da disposição do n.º 2 do artigo 5.º. O mesmo é dizer que um advogado não pode litigar no CAAD e ser árbitro ao mesmo tempo independentemente do processo em que é mandatário ter entrado antes ou depois da designação como árbitro. A única particularidade é que no primeiro, em que o processo em que é mandatário entrou antes, o seu impedimento é anterior á sua designação e no segundo, em que o processo em que é mandatário é posterior à designação como árbitro, o seu impedimento é superveniente.

Ser mandatário significa portanto constar de procuração junta ao processo ainda que, na prática, possa não ter intervindo no processo não tendo por exemplo assinado o pedido de constituição de tribunal arbitral.

Em resumo, no que em concreto respeita aos impedimentos de mandatários há então três crivos (ou testes) impostos pela alínea *a*) e pela alínea *b*).

A primeira pergunta é a de saber, nos últimos dois anos aquele advogado prestou ou não serviços de consultoria jurídica ou praticou actos próprios de advogado àquela entidade demandante. Se sim, está impedido de ser designado como árbitro não se passando ao segundo teste. Se não, passa-se para o segundo teste.

O segundo teste consiste em saber se nos últimos dois anos aquele advogado foi associado ou sócio de algum escritório que tivesse prestado serviços de consultoria jurídica ou praticado actos próprios de advogado àquela entidade demandante. Se sim, está impedido de ser designado como árbitro não se passando ao terceiro teste. Se não, passa-se para o terceiro teste.

Este último teste concretizar-se-á na questão de saber se na data da aceitação da designação como árbitro aquele advogado consta ou não de alguma procuração em processo pendente no CAAD. Se sim, está impedido de ser designado como árbitro.

Repare-se que neste último caso, e ao que se crê, não basta, para haver impedimento, que associados ou sócios do mesmo escritório do advogado cujo impedimento se aprecia, tenham processos pendentes no CAAD. O advogado terá que constar da procuração ou então praticar actos próprios de advogado para que, em concreto, haja impedimento.

4. Rejeição e exoneração previstas nos n.ºs 2 e 3

Dispõe o n.º 2 deste artigo 8.º que "a pessoa designada para exercer funções de árbitro deve rejeitar a designação quando ocorra circunstância pela qual possa razoavelmente suspeitar-se da sua imparcialidade e independência", dispondo por seu turno o n.º 3 que quando a pessoa designada não rejeite a designação "cabe ao Conselho Deontológico do CAAD exonerar o árbitro ou árbitros em caso de incumprimento dos requisitos previstos nos números anteriores".

Do estabelecido nestes preceitos, há três questões que se colocam. Uma primeira no que respeita à rejeição da designação de árbitro indicado pelas partes. Uma segunda referente à substituição de árbitro impedido que recusou a designação ou foi posteriormente exonerado pelo Conselho Deontológico. Uma terceira relacionada com os actos praticados por árbitros impedidos.

4.1. Rejeição da designação de árbitro

A primeira questão que se coloca respeita à rejeição por um árbitro da sua designação, tenha essa designação sido indicada por uma das partes, pelos outros árbitros ou pelo Conselho Deontológico.

Uma melhor compreensão da temática poderá passar pela leitura dos comentários ao artigo 10.º, na parte que respeita aos elementos que deverão constar do pedido de constituição do tribunal arbitral.

Ver-se-á, a propósito do n.º 2, alínea c), do artigo 10.º, que no seu pedido de constituição do tribunal arbitral, o sujeito passivo indica, ou melhor, anexa o pedido de pronúncia arbitral que deverá incluir, este último, a exposição das questões de facto e de direito que o fundamentam. Assim, o *pedido de pronúncia arbitral* corresponde, materialmente, à *petição inicial da arbitragem*.

Em bom rigor, o pedido de *constituição* do tribunal arbitral é um requerimento electrónico disponível no sítio de Internet do CAAD (em http://www.caad.org.pt/). No preenchimento deste requerimento electrónico o sujeito passivo terá de indicar uma série de elementos, constantes das alíneas do n.º 2 do artigo 10.º, e anexar, como se referiu, o *pedido de pronúncia arbitral*.

A relevância do pedido de pronúncia arbitral para efeitos de impedimentos e de rejeição pelo árbitro designado prende-se com o facto de para a verificação de alguns dos impedimentos descritos nos pontos anteriores os árbitros terem de ter um certo nível de conhecimento da questão que o sujeito passivo pretende discutir.

Como se verá adiante, para agilizar o exercício do "direito ao arrependimento" da Administração Tributária, a que alude o artigo 13.º, à Administração Tributária será enviada cópia do pedido de constituição de tribunal arbitral – que, em rigor, contém apenas a informação sumária inserida pelo contribuinte no requerimento electrónico e o número de documentos anexos, sem contudo disponibilizar o conteúdo destes últimos –, sendo depois disponibilizado o acesso à plataforma digital de processos do CAAD, onde poderá, aí sim, consultar o pedido de pronúncia arbitral.

Os potenciais árbitros não terão, porém, acesso ao *pedido de pronúncia do tribunal arbitral*. Na prática, o que os árbitros a designar irão receber para efeitos da aceitação (ou não aceitação) é a informação sumariada do sujeito passivo que vem impugnar um determinado acto, a identificação desse acto, o montante em causa, o comprovativo de pagamento da taxa de arbitragem e o número de documentos anexados pelo sujeito passivo no seu requerimento inicial. O que recebem é então o pedido de constituição do tribunal arbitral e não o pedido de pronúncia. Antes da aceitação da designação como árbitro este(s) não têm, pois, acesso à verdadeira pretensão do contribuinte ficando, ao que se julga, tolhida a aceitação "consciente" da designação. Os árbitros só tomarão conhecimento do pedido de pronúncia arbitral mais tarde, após a constituição do tribunal arbitral.

Poderá, por conseguinte, suceder que os elementos formalmente constantes do pedido de constituição do tribunal arbitral não sejam suficientes para determinar se existe ou não uma qualquer situação de impedimento. A nível procedimental, esta prática significa que perante um eventual impedimento, que só o conhecimento do pedido de pronúncia arbitral poderia descortinar, e, por exemplo, numa situação em que os árbitros são designados pelo Conselho Deontológico, terão de ser as partes a pronunciar-se em sentido desfavorável àquela designação. Em prol da celeridade, bastaria que os árbitros tivessem acesso ao pedido de pronúncia arbitral aquando da designação para que se pudessem evitar situações de recusa da designação pelas partes.

Admite-se, contudo, que existem prós e contras à solução apontada. Optou-se, com esta prática, por privilegiar a segurança do contribuinte, não divulgando o verdadeiro conteúdo do seu *pedido de pronúncia arbitral* se não quando já se encontre constituído um tribunal arbitral para resolução do litígio em concreto. Isto pese embora na prática a Administração Tributária tenha, logo aquando da notificação da tal informação sumariada, acesso à plataforma digital onde consta o pedido de pronúncia arbitral.

4.2. Substituição de árbitro decorrente de rejeição ou exoneração

A segunda questão a abordar, e que foi já introduzida na anotação ao artigo 6.º, prende-se com o seguinte: como se viu, o legislador consagrou neste artigo 8.º, n.ºs 1 e 2 uma série de fundamentos de impedimento e rejeição da designação de árbitro. Referiu-se também que o CAAD veio complementar as disposições do RJAT no que toca à elaboração da lista de árbitros e ao modo de designação dos mesmos no seu *Regulamento de Selecção de Árbitros em Matéria Tributária*. Aí se dispõe, no artigo 6.º que se um árbitro não puder aceitar a designação num determinado processo porque se encontra impedido, o Conselho Deontológico distribuirá o processo ao árbitro cujo número sequencial seja o imediatamente a seguir e designará o árbitro impedido na designação seguinte. Já se o árbitro não aceitar a designação do processo por recusa, o Conselho Deontológico distribuirá o processo ao árbitro cujo número sequencial seja o imediatamente a seguir e retomará a ordem sequencial na designação seguinte, ou seja, ao árbitro que recusou não será distribuído novo processo. Este preceito esclarece, pois, como substituir o árbitro impedido ou que rejeitou a sua designação, nos casos em que esse processo de designação foi, ele próprio, submetido às regras do *Regulamento de Selecção de Árbitros em Matéria Tributária*.

Ainda que o artigo 2.º do *Regulamento* não faça distinção entre a designação de árbitros para composição de tribunal comum (artigo 6.º, n.º 1 e n.º 2, alínea *a)* do RJAT) e a designação de árbitros pelas partes para composição de tribunal especial (alínea *b)* do n.º 2 do artigo 6.º do RJAT), referindo-se ao artigo 6.º do RJAT no seu todo, não se admite a aplicação das regras previstas no artigo 6.º do *Regulamento de Selecção de Árbitros em Matéria Tributária* quando estejam em causa tribunais arbitrais especiais. As normas relativas à designação de árbitros nos tribunais especiais são as constantes dos artigos 6.º e 11.º, n.ºs 2 a 7, do RJAT, que estabelecem um procedimento de designação de árbitros radicalmente diferente. Com efeito, no caso dos tribunais especiais a designação dos árbitros baseia-se numa declaração de vontade das partes, accionada pelo direito de opção do sujeito passivo por esta "modalidade" de designação que, como se referiu, até lhe implica custos mais elevados, dada a obrigação de pagamento da taxa de arbitragem na totalidade e independentemente do vencimento.

Posto isto, fica por esclarecer qual o procedimento a seguir no caso de haver designação de árbitro pelas partes e (1) esse árbitro rejeitar a designação, ou (2) o Conselho Deontológico do CAAD exonerar o(s) árbitro(s) por incumprimento dos requisitos previstos nos n.ºs 1 e 2 do artigo 8.º do RJAT.

Ora, excluindo-se a aplicação das normas constantes do *Regulamento de Selecção de Árbitros em Matéria Tributária*, a solução terá de ser encontrada no RJAT ou no direito subsidiário, aplicável por via do artigo 29.º, n.º 1. Na verdade, o RJAT resolve logo a questão. Veja-se que os n.ºs 2 e 3 do artigo 9.º estabelecem as regras para designação do árbitro substituto quando ocorra impossibilidade superveniente do cumprimento da obrigação por causa imputável a árbitro, que deverá ser substituído, como melhor se compreenderá da anotação àquele preceito. Assim, a previsão da norma daquele n.º 2 do artigo 9.º consubstancia uma situação bastante semelhante à ora em análise. Por um lado, pode-se afirmar que os impedimentos e fundamentos de rejeição previstos no artigo 8.º são impossibilidades (legais) de cumprir a função de árbitro. Só não serão supervenientes ou por causa que lhe seja imputável. Por outro lado, o preceito é o único do RJAT que regula um procedimento de substituição do árbitro.

Nesse sentido, a solução consagrada no artigo 9.º, n.ºs 2 e 3 é, ao que se julga, de aplicação analógica. Assim, quando se verifique impedimento de árbitro designado pelas partes, ou quando esse árbitro rejeite a sua designação, nos termos deste artigo 8.º, por analogia com o regime do artigo 9.º, n.ºs 2 e 3, o árbitro será substituído de acordo com as regras aplicáveis à indicação do árbitro substituído ou, ouvidos os restantes árbitros e não havendo oposição das partes, será alterada a composição do tribunal.

O que aqui se defende vale, por maioria de razão, para os casos em que seja o Conselho Deontológico a exonerar o árbitro impedido ou que devia ter rejeitado e não o fez, quando esse árbitro tenha sido designado pelas partes.

4.3. Actos practicados por árbitro impedido

Relacionada com o facto de, mais uma vez, o legislador ter atribuído ao Conselho Deontológico as funções de vigilante da legalidade e do rigor do espírito ínsito no RJAT, ao consagrar que é a este órgão que compete a exoneração dos árbitros impedidos, surge a adiantada terceira questão: a de saber qual a sanção cominada para os actos que tenham a intervenção de árbitros impedidos, incluindo-se aqui os árbitros que deveriam ter rejeitado a designação, porque *a priori*, ocorrera circunstância pela qual se pudesse razoavelmente suspeitar da sua imparcialidade e independência, e não o fizeram.

Julga-se que no que respeita à declaração de revogação de acto praticado por árbitro impedido pode haver duas soluções que serão diferentes em função do momento da aferição da ilegalidade por impedimento.

Ou o Conselho Deontológico do CAAD declara a exoneração *antes da prolação da sentença arbitral*, e aí ao que se julga deverá ser aplicado, analogicamente, o regime previsto no artigo 9.º para os casos de impossibilidade superveniente e de incumprimento dos deveres dos árbitros. Refere este preceito, no seu n.º 2 e 3 que a impossibilidade superveniente do cumprimento da obrigação por causa imputável ao árbitro importa a substituição deste de acordo com as regras aplicáveis à indicação do árbitro substituído. Refere ainda este preceito que ouvidos os restantes árbitros e não havendo oposição das partes, poderá haver a alteração da composição do tribunal e que, no caso de se verificar a substituição de árbitro, o tribunal arbitral decide se algum acto processual deve ser repetido em face da nova composição do tribunal, tendo em conta o estado do processo. A aplicação analógica do artigo 9.º, designadamente do n.º 2, ao que se julga, levará, no caso de árbitros exonerados que tivessem sido designados pelo Conselho Deontológico, à aplicação, também analógica, do artigo 6.º do *Regulamento de Selecção de Árbitros em Matéria Tributária* do CAAD, já mencionado.

Ou o Conselho Deontológico *não declara a exoneração antes da prolação da sentença arbitral* e a decisão arbitral, ferida de ilegalidade por ter sido praticada por árbitro impedido, é impugnável nos termos dos artigos 27.º e 28.º. Com efeito, estabelece este último preceito, no seu n.º 1, alínea c) que a decisão arbitral é impugnável "por pronúncia indevida". Já o artigo 27.º prevê que a decisão arbitral possa ser anulada pelo TCA, devendo o respectivo pedido de impugnação, acompanhado de cópia do processo arbitral, ser deduzido no prazo de 15 dias, contado da notificação da decisão arbitral ou da notificação prevista no artigo 23.º, no caso de decisão arbitral emitida por tribunal colectivo cuja intervenção tenha sido requerida nos termos da alínea b) do n.º 2 do artigo 6.º. Ora, como melhor se compreenderá da anotação ao artigo 28.º, julga ser de se incluir no conceito de pronúncia indevida não só o clássico excesso de pronúncia, mas ainda as situações de incompetência e irregularidade de constituição ou composição do tribunal arbitral – inserindo-se nesta última o caso acima descrito.

5. Afastamentos, recusas, inacção e incapacitação de árbitros

O funcionamento dos tribunais arbitrais tributários tal como gizado no RJAT implica, como se referiu, que sejam aplicáveis ao processo arbitral tributário disposições normativas próprias do CAAD. Como se viu o *Regulamento de Selecção de Árbitros em Matéria Tributária* complementa as disposições do RJAT no que concerne à designação de árbitros pelo Conselho Deontológico e à elaboração da lista de árbitros. Na anotação ao artigo 12.º, ver-se-á, ainda, que o *Regulamento de Custas nos Processos de Arbitragem Tributária* define as taxas de arbitragem aplicáveis aos processos em questão. De seguida, será feita referência, embora não na totalidade do seu conteúdo, a um outro normativo, o *Código Deontológico* do CAAD.

O *Código Deontológico* pretende estabelecer regras deontológicas gerais sob as quais se devem pautar as condutas e o exercício da profissão dos árbitros designados para constituir um tribunal arbitral que funcione no CAAD – sejam tribunais arbitrais tributários ou administrativos[216]. Desde logo, no seu artigo 1.º estabelece-se que "Os árbitros designados para constituir um tribunal arbitral

---

[216] No Centro de Arbitragem Administrativa (CAAD) funcionam dois tipos de arbitragem institucionalizada: arbitragem administrativa e arbitragem tributária.

que funcione sob a égide do Centro de Arbitragem Administrativa (CAAD), devem julgar com estrita independência, imparcialidade, isenção e objectividade, bem como respeitar, e fazer respeitar, o prestígio da arbitragem como meio justo e célere na resolução de litígios."

No âmbito do artigo do RJAT, importa olhar ao disposto nos artigos 5.º a 8.º daquele *Código Deontológico*, na medida em que se encontram em estreita ligação com o regime dos impedimentos *supra* exposto e comentado.

5.1. Motivos gerais de afastamento de um árbitro

No artigo 5.º, sob a epígrafe "Motivos gerais para o afastamento de um árbitro", permite-se que qualquer uma das partes, mediante comunicação prévia à outra parte, ao árbitro visado e, no caso de tribunal colectivo, aos outros árbitros, solicite ao Presidente do Conselho Deontológico o afastamento de um determinado árbitro com fundamento no disposto nas alíneas do preceito, a saber:

> *"a) Em circunstâncias que suscitem dúvidas fundadas quanto à sua independência, imparcialidade e/ou isenção;*
>
> *b) no facto de o árbitro ter demonstrado não possuir as competências mínimas necessárias ao desempenho das suas funções;*
>
> *c) No facto de o árbitro se mostrar física ou mentalmente incapaz de conduzir os procedimentos arbitrais ou de existirem dúvidas fundadas quanto à sua capacidade para o fazer;*
>
> *d) No facto de o árbitro, por outros motivos, se ter recusado ou ter falhado na condução adequada dos procedimentos ou na sua condução diligente, dentro dos prazos regulamentarmente razoáveis."*

Na alínea *e)* prevê-se a condenação em multa por litigância de má-fé, pelo Presidente do Conselho Deontológico, da parte que não logre provar o fundamento de afastamento alegado.

Depreende-se, do exposto, que, além dos casos em que o Conselho Deontológico pode exonerar um determinado árbitro, e das possibilidades de rejeição da designação de um árbitro pelo próprio, o *Código Deontológico* permite ainda que possam ser as partes a requerer o afastamento, desde que alegados e provados os fundamentos elencados no preceito citado.

5.2. Recusas

A par daquele artigo 5.º, o artigo 6.º do *Código Deontológico* admite ainda que qualquer uma das partes recuse a designação de um árbitro. Adianta-se que se defende que este procedimento de recusa é de aplicar quer o árbitro tenha sido designado pelo Conselho Deontológico do CAAD, quer por uma das partes, ou seja, quer se esteja perante um tribunal arbitral comum ou quer se esteja perante um tribunal especial, respectivamente.

Os motivos para a recusa de um árbitro são essencialmente os previstos no artigo 8.º, n.º 2 para a rejeição de designação de um árbitro pelo próprio, estabelecendo-se no n.º 1 do artigo 6.º do *Código Deontológico* que "um árbitro pode ser recusado caso existam circunstâncias que suscitem sérias dúvidas quanto à sua independência, imparcialidade, isenção e/ou competência". Sem prejuízo da leitura atenta de todos os números daquele artigo, dê-se destaque a alguns preceitos.

Antes de mais, estabelece-se, à semelhança do que previu o legislador na LAV, que o árbitro tem o dever de informar o CAAD, as partes e os restantes árbitros em caso de tribunal arbitral colectivo, de qualquer facto, circunstância ou relação susceptível de originar dúvidas fundadas a respeito da sua independência, imparcialidade ou isenção. Esse dever passa a existir com o "convite" para exercer as funções de árbitro num determinado processo e mantém-se até a extinção do poder jurisdicional arbitral (n.ºs 4 e 8 do artigo 6.º do *Código Deontológico*). A inspiração para estes preceitos foi retirada, ao que se julga, dos n.ºs 1 e 2 do artigo 13.º da LAV a qual tem precisamente a epígrafe de "fundamentos de recusa". O n.º 5 vem enumerar, exemplificativamente, alguns factos ou circunstâncias consideradas abrangidas pelo dever de revelação e que, no fundo, poderão ser reconduzidas a alguns casos de impedimento de exercício da função de árbitro, por remissão do artigo 8.º, n.º 1 do RJAT para o n.º 1 do artigo 44.º do CPA, actual artigo 69.º, n.º 1 do novo CPA. O n.º 6 determina que "Havendo dúvida quanto à relevância de qualquer facto, circunstância e/ou relação, prevalece sempre o dever de revelação", sanando-se deste modo eventuais dúvidas que surgiram no âmbito da arbitragem voluntária sobre esta questão. Por forma a evitar situações de abuso de direito, na modalidade de *venire contra factum proprium*, o CAAD estabeleceu ainda que "uma parte só pode recusar um árbitro que haja designado ou em cuja designação haja participado com fundamento numa causa de impedimento ou escusa de que só tenha tomado conhecimento após essa mesma designação". Este preceito teve por inspiração, ao que se crê, o artigo 13.º, n.º 2, 2ª parte da LAV. Por fim, refira-se que a competência para declarar a admissibilidade da recusa e para decidir do mérito desse pedido cabe ao Conselho Deontológico, sendo necessária produção de prova sumária pela parte, tudo conforme o n.ºs 2 e 11 do artigo 6.º do *Código Deontológico*.

Por seu turno, o artigo 7.º do *Código Deontológico* regula a tramitação do processo de recusa de um árbitro.

A parte que pretenda recusar a designação de um árbitro pelo Conselho Deontológico deverá comunica-lo por escrito, ao Conselho, expondo os factos, circunstâncias ou relações que fundamentam o pedido, no prazo máximo de 5 dias úteis contados da data de recepção da notificação de aceitação do encargo pelo árbitro, sob pena de preclusão, conforme o n.º 1 e o n.º 2, 1ª parte ambos do artigo 7.º do *Código Deontológico*. Se o conhecimento do facto, circunstância ou relação que fundamente a recusa for posterior, o prazo conta-se a partir do conhecimento daqueles pela parte. O CAAD notifica a parte contrária, o árbitro recusado e os restantes árbitros no caso de tribunal colectivo, também no prazo de 5 dias, para que possam apresentar as respectivas alegações que serão também àqueles notificadas, tudo conforme o n.º 2, 2ª parte, o n.º 3 e o n.º 4 respectivamente. A decisão de mérito sobre o pedido de recusa de árbitro, necessariamente fundamentada, é proferida no prazo máximo de 15 dias úteis conforme dispõe o n.º 5. A parte final do n.º 5 refere ainda que as decisões do Conselho Deontológico sobre recusas de árbitros só poderão ser impugnadas "com o recurso da decisão final". Ora, como melhor se verá adiante, no comentário aos artigos 25.º e seguintes do RJAT, a decisão arbitral em matéria tributária é, salvo raras excepções que aqui não têm aplicação, irrecorrível. Contudo, adiante-se que se defende a inclusão no conceito de "pronúncia indevida" – fundamento de impugnação da decisão arbitral nos termos do artigo 28.º, n.º 1 alínea *c*) –, das situações de irregular ou ilegal composição do tribunal arbitral.

Para finalizar, admite-se que o árbitro recusado renuncie voluntariamente ao exercício das suas funções, sem que, no entanto, tal implique a aceitação da validade das razões em que se fundou a recusa, ao abrigo do n.º 6 daquele artigo 7.º do *Código Deontológico*.

5.3. Inacção ou incapacitação de um árbitro

O último preceito do *Código Deontológico* objecto de análise é o artigo 8.º, que regula os casos de "inacção e incapacidade do árbitro".

"Quanto um árbitro ficar incapacitado, *de jure* ou *de facto*, para o desempenho das suas funções, o seu mandato termina com a verificação do facto determinante dessa incapacidade, desde que reconhecido pelo Conselho Deontológico", é o que se pode ler do n.º 1 daquele artigo 8.º. Daqui importa retirar, em primeiro lugar, que o conceito de "incapacidade" aí previsto deverá ser concretizado em função do CC (*"de jure"*), e ainda como abrangendo outras situações factuais em que o árbitro deixe de estar em situação de exercer adequadamente o mandato (*"de facto"*). Neste último grupo, utilizando o exemplo de José Miguel Júdice, estarão os casos em que o árbitro emigre para país distante e os custos da sua participação nos trabalhos se tornem demasiado elevados[217]. Um outro exemplo é quando razões de saúde não permitem que o árbitro designado continue no exercício de funções. A situação deverá, contudo, ser analisada de um ponto de vista objectivo, pois que para o subjectivo existe já todo o regime de impedimentos, rejeições e exonerações previsto no RJAT, e ainda o de afastamentos e recusas apontado no *Código Deontológico*.

O n.º 2 do preceito trata das ditas "inacções", isto é, "situações – infelizmente existentes – em que os árbitros ou algum deles não desempenham com zelo exigível as funções que aceitaram e, com isso, retardam o tempo razoável para que as partes obtenham a sentença final"[218]. Nestes casos, o(s) árbitro(s) poderá ser responsabilizado pelas suas inacções. Por inacção, o mandato de um árbitro poderá cessar "a) quando o árbitro se demita das suas funções", ou "b) quando, a pedido de uma ou ambas as partes, o Presidente do Conselho Deontológico decida pôr fim às funções do árbitro". Aqui, e mais uma vez, o Presidente do Conselho Deontológico do CAAD assume o papel conferido aos tribunais judiciais no âmbito da arbitragem em matéria cível e comercial e da arbitragem administrativa, conforme decorre do preceito equivalente previsto no artigo 15.º, n.º 3 da LAV, aplicável à arbitragem administrativa por via do artigo 181.º, n.º 1, do CPTA.

5.4. Designação do árbitro substituto

Para concluir esta análise de preceitos relativos a afastamentos de árbitros em matéria tributária, não poderia deixar de se referir que o artigo 9.º do *Código Deontológico* estabelece o modo de substituição dos árbitros do CAAD nas situações de falecimento, renúncia justificada ou aceitação pelo Presidente do Conselho Deontológico do pedido de recusa apresentado. Na medida em que aquele artigo estatui regras idênticas às previstas no artigo 9.º, remete-se a análise dessas mesmas regras para a anotação deste artigo.

---

[217] Armindo Ribeiro Mendes e outros (2012) *Lei de Arbitragem Voluntária Anotada*, 37.
[218] Armindo Ribeiro Mendes e outros (2012) *ibidem*.

Artigo 9.º – Deveres dos árbitros

1 – Os árbitros estão sujeitos aos princípios da imparcialidade e da independência, bem como ao dever de sigilo fiscal nos mesmos termos em que este é imposto aos dirigentes, funcionários e agentes da administração tributária.

2 – A impossibilidade superveniente do cumprimento da obrigação por causa imputável ao árbitro importa a substituição deste de acordo com as regras aplicáveis à indicação do árbitro substituído ou, ouvidos os restantes árbitros e não havendo oposição das partes, a alteração da composição do tribunal.

3 – No caso de se verificar a substituição de árbitro, o tribunal arbitral decide se algum acto processual deve ser repetido em face da nova composição do tribunal, tendo em conta o estado do processo.

ANOTAÇÃO
1. Deveres dos árbitros
2. Regras de substituição dos árbitros
3. Princípio da economia processual e aproveitamento dos actos

Este preceito trata, no seu n.º 1, dos deveres impostos às pessoas designadas como árbitros, quer o sejam num tribunal comum quer o sejam num tribunal especial[219]. Deste modo, e como se verá, os deveres impostos aos árbitros designados para decidirem questões em matéria tributária não dependem do tipo de tribunal em causa e são deveres comuns àqueles que são impostos aos dirigentes, funcionários e agentes da Administração Tributária. Escalpelizar-se-á, no ponto 1. do presente comentário, a que deveres estão então obrigados os árbitros de um tribunal arbitral em matéria tributária.

Neste artigo estão também previstas as regras da substituição dos árbitros em caso de ocorrência de um facto impeditivo do cumprimento de um qualquer dever previsto no n.º 1. Esta é a questão que ocupará o ponto 2..

---

[219] Do que ficou exposto em comentário ao artigo 6.º, denominam-se "especiais" os tribunais arbitrais em que os árbitros são designados pelas partes, cabendo a estes últimos a designação do árbitro-presidente; e "comuns" serão aqueles tribunais em que a designação do(s) árbitro(s) cabe exclusivamente ao Conselho Deontológico do CAAD.

Já no ponto 3. comentar-se-á o estabelecido no n.º 3 do presente artigo e que diz respeito ao aproveitamento pelo tribunal arbitral dos actos já praticados, estabelecendo-se, à semelhança do que sucede no Processo Civil e no Processo Tributário, um princípio de aproveitamento dos actos já praticados.

1. Deveres dos árbitros

Da leitura do n.º 1 depreende-se que são três os deveres impostos aos árbitros em matéria tributária, a saber:

- o respeito pelo princípio da imparcialidade;
- o respeito pelo princípio da independência; e
- a obrigação de sigilo fiscal nos mesmos termos em que este dever é imposto aos dirigentes, funcionários e agentes da administração tributária.

Olhe-se a cada um individualmente.

O *princípio da imparcialidade* está previsto no artigo 266.º, n.º 2 da CRP. Dispõe o texto constitucional a este propósito que "os órgãos e agentes administrativos estão subordinados à Constituição e à lei e devem actuar, no exercício das suas funções, com respeito pelos princípios da igualdade, da proporcionalidade, da justiça, da imparcialidade e da boa-fé.".

Como referem JORGE MIRANDA e RUI MEDEIROS, "[a] imparcialidade não é condição suficiente mas é condição necessária de uma actuação conforme à lei e ao Direito, por parte da Administração Pública", estando-lhe inerente a ideia de processo equitativo[220]. Os Professores observam ainda que:

> *"(...) o princípio da imparcialidade impõe, por um lado, à Administração Pública, na prossecução dos específicos interesses públicos legalmente definidos, um tratamento equitativo de todas as partes envolvidas, impedindo os seus órgãos ou agentes de favorecer amigos e/ou prejudicar inimigos, bem como proibindo-os de intervir em procedimentos onde se pode suspeitar que tenham comportamentos de favorecimento ou de prejuízo, concretamente procedimentos onde possam ter interesses pessoais ou familiares (garantias de imparcialidade do procedimento); de outro, o princípio impõe à Administração Pública que pondere todos os interesses envolvidos na decisão, não deixando interesses por analisar, impondo ainda, nessa ponderação, a utilização de critérios objectivamente válidos, de tudo dando completo esclarecimento através da fundamentação expressa da decisão. O uso de critérios objecti-*

---

[220] JORGE MIRANDA/RUI MEDEIROS (2007) *tomo III*, 565.

vamente válidos na decisão faz coincidir, nesta parte, o princípio da imparcialidade com o princípio da igualdade." [221]

Assim, se no n.º 1 do artigo 8.º se consagrou que "constituem impedimentos do exercício da função de árbitro os enunciados no n.º 1 do artigo 44.º do CPA [artigo 69.º do novo CPA[222]] observadas as necessárias adaptações", no n.º 1 do artigo 9.º reforçou-se que é um dever do árbitro não impedido respeitar o princípio da imparcialidade.

O respeito pelo princípio da imparcialidade implica, desde logo, que perante a existência de um impedimento, a pessoa designada ou a designar como árbitro fique proibida de actuar não por razões concretas que se prendam com o próprio cargo que desempenha na sua vida profissional, mas por razões abstractas que respeitam à própria pessoa que ocupa um determinado cargo e aos interesses que ela possa ter naquela decisão, tal como se referiu em anotação ao artigo 8.º para a qual se remete.

O impedimento em causa funciona, assim, de forma abstracta, impondo a observância do princípio da transparência e impedindo que se criem situações em que haja risco ou quebra efectiva do dever de imparcialidade.

No caso deste artigo 9.º, o árbitro já foi designado, tendo portanto passado pelo crivo do artigo 8.º, ou seja, não é um árbitro impedido *a priori*. O que este artigo 9.º vem determinar é que o árbitro seja imparcial no desemprenho das suas funções, *maxime* na tomada de decisão. Deste modo, e seguindo a boa doutrina de GOMES CANOTILHO e VITAL MOREIRA, no conflito entre o interesse público e os interesses particulares, deve o árbitro actuar com isenção na determinação da prevalência do interesse público. O mesmo é dizer que, se é certo que nos termos do artigo 8.º o perigo da verificação abstracta de alguma das situações

---

[221] JORGE MIRANDA/RUI MEDEIROS (2007) *tomo III*, 566. No mesmo sentido, veja-se ainda GOMES CANOTILHO/VITAL MOREIRA (2014) vol. II, 802, dando ênfase isenção com que a Administração deve proceder "na determinação da prevalência do interesse público, de modo a não sacrificar desnecessária e desproporcionalmente os interesses particulares (imparcialidade na aplicação do princípio da proporcionalidade)".

[222] A Lei n.º 4/2015, de 7 de Janeiro, procedeu à revogação do anterior CPA – aprovado pelo Decreto-lei n.º 442/91, de 15 de Novembro – e aprovou o novo CPA. O artigo 44.º do anterior CPA, sob Secção denominada "garantias de imparcialidade", e com a epígrafe "casos de impedimento", encontra parcial correspondência no artigo 69.º do novo. Deste modo, a remissão feita por este n.º 1 do artigo 8.º do RJAT para o CPA deve ter-se por feita para o artigo 69.º, n.º 1 do novo CPA.

previstas no artigo 69.º do CPA, e que potencialmente podem consubstanciar a violação do princípio da imparcialidade, é fundamento para haver impedimento da pessoa a designar como árbitro; é também certo que nos termos do artigo 9.º a pessoa designada como árbitro está obrigada, no decorrer do procedimento e do processo arbitral e, consequentemente, na tomada de decisão arbitral, e em respeito pelo princípio da imparcialidade, a ser isento e rigoroso na defesa do interesse público que aqui está em causa[223].

Um outro dever imposto no n.º 1 do artigo 9.º é o respeito pelo *princípio da independência*. É importante não confundir os princípios da independência e da imparcialidade. Enquanto a independência é uma situação de facto objectivamente apreciável, a imparcialidade tem um carácter subjectivo. Poderá contudo dizer-se que o princípio da independência não é um fim em si mesmo, mas sim um instrumento para alcançar o princípio da imparcialidade. Com efeito, uma pessoa designada como árbitro que não seja independente não poderá, ao que se crê, tomar decisões imparciais. Julga-se que o legislador quis deixar claro que, pese embora admita, por exemplo, juízes jubilados, ex-funcionários da Administração Tributária, advogados ou consultores, como árbitros em matéria tributária, estes têm que, no desempenho das suas funções, ser independentes da Administração, dos interesses do escritório de advogados, da empresa de consultoria a que pertencem, etc..

Por último, e como não podia deixar de ser, o legislador obrigou a que, à semelhança do que sucede no caso dos dirigentes, funcionários e agentes da Administração Tributária, os árbitros designados respeitem o *dever de sigilo fiscal*. Veja-se primeiro o que se deve entender, em termos muito genéricos, por sigilo fiscal, para depois se compreender porque é que o legislador se sentiu obrigado

---

[223] Conjugando os deveres de imparcialidade e independência previstos neste artigo 9.º, com os requisitos dos árbitros elencados no artigo 7.º e com os impedimentos consagrados no artigo 8.º, para cujas anotações se remete, cessa, pois, qualquer suspeição sobre a idoneidade e competência dos árbitros em matéria tributária. Como escreveu BENJAMIM SILVA RODRIGUES, "(...) a designação dos árbitros está sujeita a requisitos que constituem índice credível, segundo a experiência comum, de competência técnica (artigoº 7.º do mesmo diploma), não podendo dizer-se que ela não esteja a par com a dos juízes fiscais. Depois, ainda, porque os árbitros estão sujeitos a um leque alargado de impedimentos e de deveres (artigoºs 8.º e 9.º do mesmo diploma) que garantem o exercício do poder jurisdicional de acordo com o figurino constitucional de órgão independente, isento e imparcial." Cf. BENJAMIM SILVA RODRIGUES (2014) "Sobre os tribunais fiscais e os tribunais arbitrais tributários", 12-13.

a dizer que este dever deverá ser imposto aos árbitros, nos termos em que o é aos dirigentes, funcionários e agentes da Administração Tributária.

O dever de sigilo fiscal é regulado pelos artigos 26.º, n.º 1 da CRP, 64.º da LGT e 22.º do Regime Complementar do Procedimento de Inspecção Tributária (RCPIT). Muito brevemente, ainda que no anterior CPT, o artigo 17.º definisse o sigilo fiscal como "a confidencialidade dos dados relativos à situação tributária dos contribuintes" e o Regime Jurídico das Infracções Fiscais não Aduaneiras estabelecesse que "o dever geral de sigilo sobre a situação tributária dos contribuintes é inviolável, determinando a lei os casos em que a divulgação do segredo fiscal é legítima" (artigo 27.º, n.º 1), actualmente, é à LGT que cabe esta definição. Estabelece-se assim no n.º 1 do artigo 64.º que "os dirigentes, funcionários e agentes da administração tributária estão obrigados a guardar sigilo sobre os dados recolhidos sobre a situação tributária dos contribuintes e os elementos de natureza pessoal que obtenham no procedimento (...)". O n.º 2 daquele artigo elenca quais as situações em que cessa o dever de sigilo, sendo que o n.º 3 acaba por estabelecer que o dever de sigilo se comunica a quem, nos termos dispostos nas alíneas *a)* a *c)* do n.º 2, obtenha elementos protegidos pelo sigilo fiscal.

Muito se tem dito a propósito do sigilo fiscal imposto aos funcionários da Administração Tributária, referindo desde logo em tempos idos PAMPLONA CORTE-REAL, BACELAR GOUVEIA e J. CARDOSO DA COSTA que "O sigilo fiscal convoca, como seu fundamento, diferentes tutelas jurídicas: da intimidade da vida privada, da protecção dos dados pessoais e da correcta utilização da informática no âmbito de tais dados, bem como da protecção da confiança na Administração fiscal por parte dos contribuintes e de terceiros com eles relacionados para efeitos tributários"[224]. Numa outra perspectiva, LEITE DE CAMPOS, BENJAMIM SILVA RODRIGUES e LOPES DE SOUSA afirmam que a fundamentação primeira do dever de confidencialidade relativamente à informação sobre a situação tributária dos contribuintes e os elementos de natureza pessoal se encontra no próprio direito à reserva da intimidade da vida privada, garantido pelo n.º 1 do artigo 26.º da CRP[225]. Ora, dispõe a este propósito a CRP que "a todos são reconhecidos os direitos à identidade pessoal, ao desenvolvimento da personalidade, à capacidade civil, à cidadania, ao bom nome e reputação, à imagem, à palavra, à reserva da intimidade da vida privada e familiar e à protecção legal

---

[224] PAMPLONA CORTE-REAL/BACELAR GOUVEIA/J. CARDOSO DA COSTA (1992) "Breves reflexões em matéria de confidencialidade fiscal".

[225] DIOGO LEITE DE CAMPOS/BENJAMIM RODRIGUES/JORGE LOPES DE SOUSA (2012) 597.

contra quaisquer formas de discriminação". Por último refere-se no artigo 22.º do RCPIT que "o procedimento de inspecção tributária é sigiloso, devendo os funcionários que nele intervenham guardar rigoroso sigilo sobre os factos relativos à situação tributária do sujeito passivo, ou de quaisquer entidades, e outros elementos de natureza pessoal ou confidencial de que tenham conhecimento no exercício das suas funções".

Deste modo, pese embora em matéria relativa a elementos detidos pela Administração Pública no geral o princípio seja o do livre acesso, em determinadas áreas sensíveis como é a da situação tributária, vigora o princípio inverso, o da proibição de acesso ou o dever de sigilo. Este dever porém só é, como se viu, imposto aos funcionários da administração fiscal – ou a outros que tenham contacto com informações abrangidas pelo sigilo – sendo agora também impostos aos árbitros designados para decidir questões em matéria tributária.

2. Regras de substituição dos árbitros

Neste artigo estão também previstas as regras da substituição dos árbitros em caso de ocorrência de um facto que impeça o cumprimento de um qualquer dever previsto no n.º 1, ou seja, que impeça que o árbitro actue e decida de acordo com os princípios da imparcialidade, da independência e do sigilo fiscal.

Retenha-se, desde já, a seguinte ideia: o facto que impede o cumprimento de um dos três deveres acima referidos tem que ocorrer após a designação do árbitro. Em boa verdade, se o facto é anterior à designação, então o árbitro foi irregularmente designado porquanto se tratava, nos termos do artigo 8.º, de um árbitro *a priori* impedido. Nesta situação, em que o facto ocorreu anteriormente à designação, está-se pois no campo dos impedimentos e não propriamente no campo da violação de deveres de árbitros não impedidos. Porém, em comentário ao artigo 8.º, defendeu-se que caso o Conselho Deontológico do CAAD declare a exoneração do árbitro impedido antes da prolação da sentença arbitral se deverá aplicar, analogicamente, o regime aqui estabelecido. Veja-se este propósito, o comentário ao artigo 8.º.

Conclui-se aquando do comentário ao referido artigo 8.º que a propósito dos impedimentos estes podiam verificar-se antes da designação – em particular quanto aos impedimentos a que se refere o artigo 69.º do CPA, e as alíneas *a*) e *b*) do n.º 1 do artigo 8.º e que são os impedimentos que se denominaram de originais – ou, num caso muito particular, após a designação – em especial quanto ao impedimento criado pelo artigo 5.º, n.º 2, 1.ª parte do *Regulamento de Selecção de Árbitros* quando após a designação como árbitro este requeira a constituição de um tribunal arbitral.

Todavia, nestas três situações está-se perante impedimentos e não perante violação de deveres do artigo 9.º. Isto não significa que quer num quer noutro caso o árbitro impedido ou inadimplente não deva ser substituído.

Nestes termos, impossibilidade superveniente do cumprimento da obrigação – quer porque há impedimento superveniente quer porque há violação dos deveres acima descritos – importa a uma de duas situações: ou à substituição deste, de acordo com as regras aplicáveis à indicação do árbitro substituído; ou, ouvidos os restantes árbitros e não havendo oposição das partes, à alteração da composição do tribunal.

Entenda-se, em primeiro lugar, o que o legislador quis dizer com "as regras aplicáveis à indicação do árbitro substituído" para depois se tentar compreender o que se pretende na última parte do artigo.

Caso ocorra o incumprimento de um dos três deveres previstos no n.º 1 do presente artigo, o árbitro "inadimplente" deverá afastar-se e renunciar à designação. Não o fazendo, caberá ao Conselho Deontológico do CAAD a exoneração do árbitro incumpridor por aplicação analógica do disposto no n.º 3 do artigo 8.º.

Porém, independentemente da substituição ser espontânea ou provocada, aplicar-se-ão à designação do novo árbitro as regras que tenham sido aplicadas à designação do árbitro substituído, ou seja, as regras previstas nos artigos 6.º e 11.º. Assim, caso se esteja perante um tribunal singular o árbitro deverá ser designado de entre a lista de árbitros do CAAD. Se, pelo contrário, se estiver perante um tribunal colectivo as regras serão diferentes em função de se tratar de um tribunal especial ou de um tribunal comum. Caso se trate de um tribunal especial, caberá à parte que designou o árbitro substituído a designação de um nome alternativo ou, no caso de o árbitro substituído se tratar do árbitro-presidente, caberá aos dois árbitros designados das partes o entendimento relativamente a um terceiro nome, conforme o disposto nos artigos 6.º, n.º 2, alínea *b)* e 11.º, n.ºs 2 a 7. Caso se trate de um tribunal comum, caberá ao Conselho Deontológico do CAAD a designação do árbitro para substituir o árbitro "inadimplente", aplicando-se o disposto nos artigos 6.º, n.º 2, alínea *a)* e 11.º, n.º 1.

Perceba-se agora a outra opção prevista neste n.º 2 do artigo 8.º.

Em alternativa à substituição do árbitro de acordo com as regras previstas no artigo 6.º e no artigo 11.º, para cujos comentários se remete, poderá haver alteração da composição do tribunal desde que, ouvidos os restantes árbitros, não haja oposição das partes.

Esta solução merece atenção unicamente para referir que se trata de uma alternativa que só existe para os tribunais colectivos, quer pela letra da lei – ao referir "ouvidos os restantes árbitros" no plural – quer, naturalmente, por definição. Em bom rigor, quando o tribunal é singular há, forçosamente, uma alteração da composição do tribunal na medida em que a substituição do árbitro único levará, automaticamente, à composição de um tribunal novo. Neste ponto há porém que ter a seguinte cautela. Quando se diz que há um tribunal novo tal não significa que quer para efeitos procedimentais, quer para efeitos processuais designadamente no que toca à data da constituição do tribunal arbitral e ao prazo para prolação da sentença que haja juridicamente um novo tribunal e que consequentemente todos os actos procedimentais e processuais tenham que ser repetidos. Isto porque como se verá, o n.º 3 deste artigo responde claramente a esta questão consagrando um princípio de aproveitamento dos actos.

No que toca aos tribunais colectivos, podem, em alternativa à substituição de um árbitro por outro mantendo-se os restantes, decidir-se então pela substituição de todos os árbitros, havendo, neste caso, alteração da composição do tribunal arbitral.

Nesta temática há ainda que destacar dois pontos de especial relevância.

Um primeiro para dizer que perante as duas vias possíveis – a da substituição e a da alteração da composição do tribunal – qualquer uma das partes ou dos árbitros pode tomar a iniciativa de propor uma ou outra soluções. Sabe-se porém que ou há acordo entre as partes e os árbitros para se optar pela última hipótese, ou ficar-se-ão pela primeira, *i.e.* pela substituição do árbitro "inadimplente".

Um segundo para referir que o prazo para a tomada de decisão será o prazo de 10 dias previsto no artigo 11.º, n.ºs 5 e 6 para o sujeito passivo designar o "seu" árbitro, ou para a Administração Tributária designar o "dela" ou, ainda, para os dois árbitros designados indicarem o terceiro. Tudo por força da remissão do n.º 2 do artigo 9.º. Isto no caso de o tribunal ser um tribunal especial. Caso se trate de um tribunal comum julga-se que o prazo deverá ser o mesmo, *i.e.*, 10 dias, na medida em que nos termos do n.º 1, alínea *a)* do artigo 11.º não está fixado qualquer prazo. Chega-se a esta conclusão por aplicação à substituição de árbitro no tribunal comum exactamente da mesma regra que se defende para a substituição de árbitro no tribunal especial.

A fechar este ponto surge a dúvida de saber o que sucederá em caso de violação dos deveres estabelecidos no n.º 1 deste artigo por um árbitro que não renuncie espontaneamente à designação e, bem assim, o Conselho Deontológico não declare a exoneração antes da prolação da sentença arbitral.

Nestes casos entende-se que a decisão arbitral é ferida, como se viu na anotação ao artigo anterior, de ilegalidade, por ter sido praticada por árbitro que incumpriu os deveres legalmente estabelecidos no n.º 1. A decisão arbitral será, portanto, impugnável nos termos dos artigos 27.º e 28.º. Com efeito, estabelece este último preceito, no seu n.º 1, alínea c) que a decisão arbitral é impugnável por "pronúncia indevida". Já o artigo 27.º prevê que a decisão arbitral possa ser anulada pelo TCA, devendo o respectivo pedido de impugnação, acompanhado de cópia do processo arbitral, ser deduzido no prazo de 15 dias, contado da notificação da decisão arbitral ou da notificação prevista no artigo 23.º, no caso de decisão arbitral emitida por tribunal colectivo cuja intervenção tenha sido requerida nos termos da alínea b) do n.º 2 do artigo 6.º. Ora, como melhor se compreenderá da leitura da anotação ao artigo 28.º, julga-se ser de incluir no conceito de "pronúncia indevida" não só o clássico excesso de pronúncia, mas também as situações de incompetência e irregularidade de constituição ou composição do tribunal arbitral – inserindo-se nesta última o caso acima descrito.

Por último, deixar só a nota de que este n.º 2 é deveras semelhante ao previsto no artigo 16.º, n.º 1 da LAV, onde se dispõe que "em todos os casos em que, por qualquer razão, cessem as funções de um árbitro, é designado um árbitro substituto, de acordo com as regras aplicadas à designação do árbitro substituído, sem prejuízo de as partes poderem acordar em que a substituição do árbitro se faça de outro modo ou prescindirem da sua substituição". Sabe-se que o preceito da LAV teve por fonte, entre outras, o artigo 15.º da Lei-Modelo da UNCITRAL sobre Arbitragem Comercial Internacional, embora tenha estatuído soluções bem mais abrangentes[226].

3. Princípio da economia processual e aproveitamento dos actos

Chegados à situação em que o árbitro designado incumpriu com algum dos três deveres a que se refere o n.º 1 deste artigo, e em que ou se optou pela designa-

---

[226] Assim, no artigo 15.º da Lei-Modelo da UNCITRAL pode ler-se que: "Quando o mandato de um árbitro terminar, nos termos dos artigos 13.º e 14.º, ou quando este se demitir das suas funções por qualquer outra razão, ou quando o seu mandato for revogado por acordo das partes, ou em qualquer outro caso em que seja posto fim ao seu mandato, será designado um árbitro substituto, de acordo com as regras aplicadas à nomeação do árbitro substituído".

ção de um novo árbitro para o lugar do árbitro substituído, ou se optou pela alteração da composição do tribunal, resta perceber o que sucederá aos actos já praticados pelo tribunal composto pelo árbitro substituído. É disto que trata este n.º 3.

Refere este preceito que no caso de se verificar a substituição de árbitro, o tribunal arbitral decide se algum acto processual deve ser repetido em face da sua nova composição, tendo em conta o estado do processo.

Da letra da lei podem retirar-se duas interpretações distintas, diametralmente opostas.

A lei refere a expressão "no caso de se verificar a substituição de árbitro" o que poderá levar à conclusão que só haverá aproveitamento dos actos praticados – corolário do princípio da economia processual tão defendido em Processo Civil e tantas vezes presente no Processo Tributário – na primeira hipótese do n.º 2 do artigo 9.º. Por outras palavras, apenas no caso de haver substituição de um único árbitro é que haveria repetição dos actos que o tribunal achasse por conveniente, tendo em especial consideração o estado do processo. O mesmo seria dizer que todos os actos processuais praticados no âmbito do procedimento e processo arbitral seriam inválidos caso a opção seguida fosse a prevista na última parte do n.º 2 deste preceito, ou seja, caso tenha havido a alteração da composição do tribunal no seu todo.

Ora, pese embora a lei refira de facto "no caso de se verificar a substituição de árbitro" também refere que "o tribunal arbitral decide se algum acto processual deve ser repetido *em face da nova composição do tribunal*" o que pode levar a uma outra solução, bem diferente desta, e que será a de se defender que haverá a regra do aproveitamento dos actos praticados nas duas hipóteses previstas no n.º 2 do artigo 9.º. Assim, quer haja substituição de um único árbitro, que de resto existe sempre nos casos de o tribunal ser singular, quer haja alteração da composição do tribunal arbitral, poderá haver repetição dos actos que o tribunal ache por conveniente, tendo em especial consideração o estado do processo.

Aferir qual a solução mais acertada, de entre as duas que aqui se expuseram, poderá partir também de uma análise de disposições normativas análogas, previstas noutros regimes arbitrais. Recorra-se mais uma vez à LAV, na medida em que esta se aplica também a uma área de arbitragem em direito público: a arbitragem administrativa. O artigo 16.º, n.º 2 da LAV é, pois, normativamente idêntico ao 9.º, n.º 3 do RJAT ("o tribunal arbitral decide, tendo em conta o estado do processo, se algum acto processual deve ser repetido face à nova composição do tribunal arbitral"). Em comentário ao referido preceito, JOSÉ MIGUEL

Júdice entende que a norma "apenas se aplicará na hipótese de substituição de um árbitro e tem como razão aumentar a eficácia do processo arbitral"[227]. José Miguel Júdice parece, pois, ser da opinião de que a expressão do princípio do aproveitamento dos actos aqui transposto, não poderá prevalecer quando tenha havido alteração da composição do tribunal arbitral no seu todo, ou quando, funcionando o tribunal com árbitro único, este tenha sido substituído.

Por outro lado, indica aquele mesmo autor que a fonte do preceito da LAV é a *Section 27 (4)* do *Arbitration Act* inglês segundo o qual: *"The tribunal (when reconstituted) shall determine wheter and if so to what extent the previous proceedings should stand. This does not affect any right of a party to challenge those procedings on any ground which had arisen before the arbitrator ceased to hold office"*. Se bem que esta fonte pouco esclareça, não se pode deixar de notar que, a par dos preceitos portugueses, a decisão sobre aproveitamento dos actos é conferida *ao tribunal arbitral reconstituído*. Ora um substituto de árbitro único – compondo, portanto, um novo tribunal singular – não deixa de ser o tribunal arbitral reconstituído. Fará sentido não poder ser ele competente para declarar o aproveitamento de actos prévios à sua "entrada"? No limite, ocorreriam situações como entrega de peças processuais exactamente iguais, ou o proferimento de decisões interlocutórias (por exemplo, sobre competência) no mesmo sentido das anteriores, cenários que em nada contribuiriam, desde logo, para um dos objectivos primordiais da arbitragem tributária: a celeridade.

Acresce que, em princípio, não haverá justificação para que se repitam actos escritos e, mesmo os orais, só na medida em que não existam gravações, excepção feita para as decisões interlocutórias, uma vez que o novo tribunal arbitral poderá ter uma interpretação diferente das disposições normativas que motivaram aquela decisão, algo que só o "novo" tribunal arbitral poderá ditar.

O espírito da lei, os seus princípios enformadores – com destaque para o princípio da economia processual – e mesmo uma interpretação declarativa lata da norma, não permite que se exclua da previsão do artigo 9.º, n.º 3 os casos em que todos os árbitros são substituídos, havendo total recomposição do tribunal arbitral, nem os casos em que é substituído o árbitro único.

Pelo exposto, é de defender a aplicação deste n.º 3 do artigo 9.º a todos os casos em que ocorra recomposição do tribunal arbitral, seja aquela uma aplicação directa, nos casos do artigo 9.º, n.º 2 por violação dos deveres impostos

---

[227] Armindo Ribeiro Mendes e outros (2012) 38.

pelo 9.º, n.º 1, ou por analogia, nos casos, já referidos *supra*, de impedimento, rejeição ou exoneração do árbitro, conforme o disposto no artigo 8.º. Tudo independentemente de se tratar de um tribunal comum singular ou colectivo ou de um tribunal especial. Prevalece portanto o princípio da economia processual e do aproveitamento dos actos já praticados perante o(s) árbitro(s) substituído(s) ou o tribunal substituído.

Uma última nota para afirmar então que como decorrência desta conclusão, quando se diz que há um tribunal novo no caso de substituição de árbitro no tribunal singular ou no caso de alteração da composição do tribunal nos tribunais colectivos, tal não significa que, quer para efeitos procedimentais, quer para efeitos processuais designadamente no que toca à data da constituição do tribunal arbitral e ao prazo para prolação da sentença, haja juridicamente um novo tribunal. Tal não significa, no limite, que a data para a duração máxima da fase processual que termina com a prolação da decisão arbitral e que começou a correr aquando da constituição do "primeiro" tribunal se reinicie. Pode no entanto haver motivo para prorrogação do prazo por um ou dois períodos de 2 meses. Este é então um daqueles casos que se julga desde logo justificada a prorrogação do prazo.

CAPÍTULO II – Procedimento arbitral

SECÇÃO I – Constituição de tribunal arbitral

Artigo 10.º – Pedido de constituição de tribunal arbitral

1 – O pedido de constituição de tribunal arbitral é apresentado:

a) No prazo de 90 dias, contado a partir dos factos previstos nos n.ºs 1 e 2 do artigo 102.º do Código de Procedimento e de Processo Tributário, quanto aos actos susceptíveis de impugnação autónoma e, bem assim, da notificação da decisão ou do termo do prazo legal de decisão do recurso hierárquico;

b) No prazo de 30 dias, contado a partir da notificação dos actos previstos nas alíneas *b)* e *c)* do artigo 2.º, nos restantes casos.

2 – O pedido de constituição de tribunal arbitral é feito mediante requerimento enviado por via electrónica ao presidente do Centro de Arbitragem Administrativa do qual deve constar:

a) A identificação do sujeito passivo, incluindo o número de identificação fiscal, e do serviço periférico local do seu domicílio ou sede ou, no caso de coligação de sujeitos passivos, do serviço periférico local do domicílio ou sede do sujeito identificado em primeiro lugar no pedido;

b) A identificação do acto ou actos tributários objecto do pedido de pronúncia arbitral;

c) A identificação do pedido de pronúncia arbitral, constituindo fundamentos deste pedido os previstos no artigo 99.º do Código de Procedimento e de Processo Tributário e, bem assim, a exposição das questões de facto e de direito objecto do referido pedido de pronúncia arbitral;

d) Os elementos de prova dos factos indicados e a indicação dos meios de prova a produzir;

e) A indicação do valor da utilidade económica do pedido;

f) O comprovativo do pagamento da taxa de arbitragem inicial, nos casos em que o sujeito passivo não tenha optado por designar árbitro ou comprovativo do pagamento da taxa de arbitragem, caso o sujeito passivo manifeste a intenção de designar o árbitro;

g) A intenção de designar árbitro nos termos da alínea *b)* do n.º 2 do artigo 6.º.

3 – O presidente do Centro de Arbitragem Administrativa deve, no prazo de dois dias a contar da recepção do pedido de constituição de tri-

bunal arbitral, dar conhecimento do pedido, por via electrónica, à administração tributária.

ANOTAÇÃO
1. Prazos para a constituição do tribunal arbitral
    1.1. Alínea a) do n.º 1 do artigo 10.º
        1.1.1. Indeferimento tácito e caducidade do direito de acção
    1.2. Alínea b) do n.º 1 do artigo 10.º
    1.3. Contagem do prazo para requerer a constituição do tribunal arbitral
2. Pedido de constituição do tribunal arbitral
    2.1. Legitimidade, impulso e patrocínio
    2.2. Requisitos
        2.2.1. Alterações ao valor da utilidade económica do pedido
3. Conhecimento do pedido pela Autoridade Tributária

O presente artigo regula essencialmente duas matérias que importam ao pedido de constituição de tribunal arbitral, a saber, o "quando" e o "como".

No seu primeiro número vêm previstos os prazos em que deve ser apresentado o pedido de constituição do tribunal arbitral e que diferem, como se terá oportunidade de ver, consoante se esteja na zona coincidente entre o impugnável e o arbitrável – alínea a) do n.º 1 – ou na "zona nova" da arbitragem, e que, na sua grande maioria, não tem correspondência no CPPT, *maxime*, na impugnação judicial – alínea b) do n.º 1. Desta matéria dar-se-á conta no ponto 1..

Já no segundo e terceiro números, o legislador estabeleceu as regras necessárias à apresentação formal do pedido de constituição do tribunal arbitral, consagrando o "como" daquele requerimento inicial. É precisamente sobre estas regras que versarão os pontos 2. e 3. do presente comentário.

1. Prazos para a constituição do tribunal arbitral

No comentário ao artigo 2.º recortou-se aquele que, ao que se crê, é o âmbito material da arbitragem tributária. De seguida, ainda em comentário ao artigo 2.º, delimitaram-se aqueles actos que, embora abstractamente arbitráveis nos termos do RJAT, ficariam excluídos da jurisdição arbitral por força das excepções constantes da Portaria de Vinculação. Esta matéria foi, por isso, depois retomada na anotação ao artigo 4.º. Para maiores desenvolvimentos recorra-se então aos comentários aos dois artigos.

É, pois, da conjugação do artigo 2.º com a Portaria de Vinculação a que alude o artigo 4.º, que resulta o âmbito material da arbitragem tributária, *i.e.*, as matérias para as quais os tribunais arbitrais tributários estão habilitados a decidir.

Definido o âmbito material da arbitragem, chegou-se então à conclusão de que era possível identificar três "zonas" distintas: (1) uma zona de coincidência entre o arbitrável e o impugnável; (2) uma zona de pura arbitrabilidade, onde o legislador permitiu a apreciação arbitral de actos que não são, na sua grande maioria, impugnáveis nos termos do CPPT; e (3) uma zona em que é mais o impugnável do que o arbitrável, tendo-se excluído da jurisdição arbitral a apreciação de certos actos que, em rigor, podem ser impugnados judicialmente.

O artigo 10.º, n.º 1 ora em análise, não trata, pois, de questões de competência. Refere-se única e exclusivamente a questões de prazos, ou numa outra prespectiva, à caducidade do direito de requerer a constituição do tribunal arbitral. Compreenda-se, portanto, que só após a passagem pelo crivo do artigo 2.º, conjugado com a Portaria de Vinculação, é que se chega a este ponto, em que cumpre aferir se o sujeito passivo que pretenda ver apreciado pela via arbitral um determinado acto, está ainda em tempo de o fazer, ou melhor, tem ainda o direito de o fazer.

Sucede, contudo, que os prazos definidos neste n.º 1 do artigo 10.º seguem a mesma lógica que foi seguida no artigo 2.º. Dito de outro modo, a alínea *a)* do n.º 1 do artigo 10.º atribuiu um prazo de caducidade do direito de acção de 90 dias para as situações previstas na alínea *a)* do n.º 1 do artigo 2.º; enquanto que a alínea *b)* do n.º 1 deste artigo 10.º determina um prazo de caducidade do direito de acção de 30 dias para as situações previstas na alínea *b)* do n.º 1 do artigo 2.º[228].

Assim, dir-se-á que, em princípio a alínea *a)* do n.º 1 do artigo 10.º determina prazos de caducidade do direito de requerer a constituição do tribunal arbitral para aquelas situações em que o arbitrável é também impugnável. Por seu turno, a alínea *b)* do n.º 1 do artigo 10.º estabelece os prazos de caducidade para as situações em que o arbitrável vai além do impugnável.

1.1. Alínea *a)* do n.º 1 do artigo 10.º

Em matéria de prazos, dispõe o artigo 10.º, n.º 1, na sua alínea *a)*, que o pedido de constituição do tribunal arbitral deve ser apresentado:

---

[228] De notar que a referência à alínea *c)* do n.º 1 do artigo 2.º, na alínea *b)* do n.º 1 do artigo 10.º perdeu qualquer sentido útil com a revogação daquele primeiro preceito.

- no prazo de 90 dias a contar dos *factos previstos nos n.ºs 1 e 2 do artigo 102.º do CPPT*;
- no prazo de 90 dias a contar da *notificação da decisão expressa do recurso hierárquico*;
- no prazo de 90 dias a contar do *termo do prazo legal de decisão de recurso hierárquico*.

Certo é que o prazo é sempre o mesmo – 90 dias –, sendo contado a partir da notificação do facto ou do conhecimento, consoante o caso.

O prazo previsto neste n.º 1 é aplicável aos casos em que o pedido de pronúncia arbitral tenha como objecto as situações previstas no artigo 2.º, n.º 1, alínea *a)* ou seja, a apreciação pelos tribunais arbitrais de actos de liquidação, de autoliquidação, de retenção na fonte ou de pagamento por conta.

Insista-se, porém, que o artigo 10.º, n.º 1, alínea *a)* ora em análise não pretende, pela remissão que faz para o artigo 102.º do CPPT, definir a competência material dos tribunais arbitrais. Essa ficou já definida no artigo 2.º, conjugado com a Portaria de Vinculação. Aqui pretende-se saber, apenas, o "quando" da apresentação do pedido de constituição do tribunal arbitral, e, portanto, o legislador ao remeter para o artigo 102.º do CPPT limitou-se unicamente a estabelecer o momento a partir do qual se iniciará a contagem do prazo de 90 dias. E esse momento de início de contagem de prazo, o *dies a quo*, será, em regra, igual na impugnação judicial e na arbitragem ainda que como se verá o prazo possa ser diferente.

Recorde-se, então, do que ficou dito em comentário ao artigo 2.º, n.º 1, alínea *a)*, quais são as pretensões que, tendo em conta as limitações constantes da Portaria de Vinculação, são susceptíveis de apreciação arbitral e que, de resto, correspondem à zona de coincidência entre o arbitrável e o impugnável.

Ora, são simultaneamente arbitráveis e impugnáveis:

- Actos de liquidação administrativa (seja ela simples, oficiosa ou adicional) de impostos cuja administração seja da competência da Autoridade Tributária e Aduaneira, ainda que decorrentes de actos de fixação da matéria colectável e de actos de fixação da matéria tributável, independentemente desta ser efectuada por métodos directos ou indirectos, desde que, neste último caso, sejam precedidos de procedimento de revisão da matéria colectável especialmente previsto na LGT – ao abrigo da alínea *a)*, do n.º 1, do artigo 2.º, do RJAT, do artigo 1.º e do corpo do artigo 2.º da Portaria de Vinculação;

- Actos de autoliquidação, de retenção na fonte ou de pagamento por conta de impostos administrados pela Autoridade Tributária e Aduaneira, desde que precedidos de reclamação administrativa prévia, nos termos e para os efeitos dos artigos 131.º a 133.º do CPPT – ao abrigo do artigos 2.º, n.º 1, alínea a) do RJAT, do artigo 1.º e da alínea a), do artigo 2.º, a contrario, da Portaria de Vinculação;
- Actos de indeferimento expresso de reclamações graciosas, recursos hierárquicos ou pedidos de revisão oficiosa que apreciem, eles próprios, a (i) legalidade do acto de liquidação, de autoliquidação, de retenção na fonte ou de pagamento por conta – ao abrigo de uma interpretação teleológica da alínea a), do n.º 1, do artigo 2.º, do RJAT e da alínea a), do artigo 2.º, da Portaria de Vinculação, sendo certo que o objecto do processo arbitral é sempre o acto tributário de primeiro grau cuja (i)legalidade o sujeito passivo pretende ver apreciada;
- Actos de liquidação de direitos aduaneiros e encargos de efeito equivalente sobre exportação de mercadorias – ao abrigo da alínea a), do n.º 1, do artigo 2.º, do RJAT e da alínea c), do artigo 2.º, a contrario, da Portaria de Vinculação;
- Actos de liquidação de IVA, IEC e outros impostos indirectos sobre mercadorias que não sejam sujeitos a direitos de importação – ao abrigo da alínea a), do artigo 2.º, do RJAT e da alínea d), do artigo 2.º, a contrario, da Portaria de Vinculação;
- Pretensões relativas a imposições à exportação instituídas no âmbito da política agrícola comum ou no âmbito de regimes específicos aplicáveis a determinadas mercadorias resultantes de transformação de produtos agrícolas – ao abrigo da alínea a), do n.º 1, do artigo 2.º, do RJAT.

O artigo 10.º, n.º 1 vem então definir quer os prazos, quer os factos a partir dos quais se irá iniciar a contagem dos diferentes prazos, deixando-se claro, por exemplo, que pode ser apresentado pedido de pronúncia arbitral contra uma liquidação adicional anteriormente reclamada, no prazo de 90 dias a contar da notificação da decisão de indeferimento expresso dessa reclamação prévia.

Ora, se na primeira situação da alínea a) do n.º 1 deste artigo, o legislador estabeleceu que o pedido de pronúncia arbitral deve ser apresentado no prazo de 90 dias contados dos factos previstos nos n.ºs 1 e 2 do artigo 102.º do CPPT, haverá então que perceber quais são os factos elencados nestes preceitos do CPPT.

Contudo, é importante notar, antes de mais, que a Lei n.º 82-E/2014, de 31 de Dezembro, veio revogar aquele n.º 2 do artigo 102.º do CPPT.

Antes dessa revogação, o n.º 2 do artigo 102.º do CPPT estabelecia um prazo de apenas 15 dias para impugnar judicialmente quando se estivesse perante um acto de indeferimento expresso de reclamação graciosa. Este prazo opunha--se ao de 3 meses fixado quando se estivesse perante um indeferimento tácito daquele meio gracioso, desta feita por decorrência da alínea *d)* do n.º 1 do artigo 102.º do CPPT. Refira-se, porém, que ainda antes desta revogação, o prazo para requerer a constituição do tribunal arbitral perante indeferimento expresso de reclamação graciosa, era, já, de 90 dias. Este era, então, um daqueles casos em que a arbitragem se tornava um meio mais apelativo dado o facto de o prazo para requerer a constituição do tribunal arbitral ser maior – 90 dias *vs* 15 dias – e tudo pese embora a arbitragem tivesse sido gizada para ser um meio alternativo à impugnação judicial. Neste sentido, e também porque há muito que a comunidade jurídica reivindicava a incongruência do prazo para impugnação judicial perante indeferimento tácito – 3 meses – e perante indeferimento expresso – 15 dias – houve necessidade de se proceder a uma intervenção legislativa no sentido de uniformizar, no CPPT, os prazos para impugnação judicial[229]. Deste modo, o legislador veio aproximar a solução judicial à arbitral. Hoje, os prazos para se pedir a apreciação da (i)legalidade de um acto tributário de liquidação, de autoliquidação, de retenção na fonte ou de pagamento por conta, perante indeferimento de reclamação graciosa, seja ele expresso ou tácito, são idênticos: 90 dias para se requerer a constituição do tribunal arbitral e 3 meses para se impugnar judicialmente. O *dies a quo* também é idêntico já que a alínea *a)* do n.º 1 do artigo 10.º remete para o n.º 1 do artigo 102.º do CPPT[230].

---

[229] Era entendimento praticamente unânime na Doutrina, a incoerência da diferença substancial entre os prazos de caducidade do direito de acção perante um indeferimento tácito e perante um indeferimento expresso de reclamação graciosa, especialmente pelo facto de, neste último caso, o prazo ser extremamente mais curto. Note-se que, enquanto nos casos de indeferimento tácito de reclamação graciosa a Administração Tributária não contra--argumentou a pretensão do contribuinte, ou melhor, não se pronunciou sobre a ilegalidade suscitada, já nos casos de indeferimento expresso houve uma tomada de decisão por parte da Administração, o que implica, desde logo, que na petição inicial de impugnação judicial o contribuinte tenha a necessidade de rebater os seus argumentos. Por isso, a existir diferença de prazo ela deveria privilegiar o indeferimento expresso e não o tácito.

[230] Com a revogação do n.º 2 do artigo 102.º do CPPT, restam então os factos a que se refere o n.º 1. Esta foi, de resto, mais uma das clarificações que o legislador podia ter perfeitamente realizado no RJAT que, desde 2012, não sofre qualquer alteração.

Antes de se explorar as diversas alíneas do n.º 1 do artigo 102.º do CPPT, insista-se na ideia de que a alínea *a)* do n.º 1 deste artigo 10.º do RJAT, remete apenas para os *factos* discriminados naquele preceito do CPPT. Ou seja, esta remissão não permite a aplicação dos n.ºs 3 e 4 daquele artigo 102.º do CPPT, nos termos dos quais "se o fundamento for a nulidade, a impugnação pode ser deduzida a todo o tempo" e "o disposto neste artigo não prejudica outros prazos especiais fixados neste Código ou noutras leis tributárias", respectivamente[231]. Por outras palavras, o legislador não quis, no RJAT, que as regras de contagem de prazos para requerer a constituição do tribunal arbitral fossem as mesmas que as da impugnação judicial. A remissão para o 102.º do CPPT é assim unicamente para os *factos* elencados nas alíneas do n.º 1[232].

Dispõe então o n.º 1 do artigo 102.º do CPPT que a impugnação judicial – e, *in casu*, o pedido de constituição do tribunal arbitral – pode ser apresentada(o), no prazo de 90 dias, *a contar*:

a) do termo do prazo para pagamento voluntário das prestações tributárias legalmente notificadas ao contribuinte;

b) da notificação dos restantes actos tributários, mesmo quando não dêem origem a qualquer liquidação;

c) da citação dos responsáveis subsidiários em processo de execução fiscal;

d) da formação da presunção de indeferimento tácito;

e) da notificação dos restantes actos que possam ser objecto de impugnação autónoma nos termos deste Código;

f) do conhecimento dos actos lesivos dos interesses legalmente protegidos não abrangidos nas alíneas anteriores.

---

[231] A propósito das consequências da não aplicabilidade à arbitragem tributária do n.º 4 do artigo 102.º do CPPT veja-se o que se refere já abaixo a respeito da impugnabilidade quer pela via arbitral quer pela via judicial de uma liquidação de IRS.

[232] A compreensão desta ideia é importante também pelo facto de o artigo 102.º ser um preceito pensado para o processo judicial tributário, ou melhor, para a impugnação judicial. Com efeito, ainda que o próprio corpo do n.º 1 do artigo 102.º se refira também apenas aos *factos* elencados nas alíneas, das alíneas do n.º 1 retira-se muitas vezes a conclusão precipitada da impugnabilidade judicial dos actos ali descritos. Contudo, e à semelhança, de resto, do que se passa na arbitragem tributária, no confronto entre o artigo 2.º n.º 1 e o artigo 10.º n.º 1, ambos do RJAT, não é aquele artigo 102.º n.º 1 do CPPT que delimita o âmbito material da impugnação judicial. O artigo 102.º do CPPT pretende, tão somente, indicar o momento a partir do qual se contam os prazos para as impugnações judiciais pretendidas pelo sujeito passivo.

Desta remissão do RJAT para os factos elencados no n.º 1 do artigo 102.º do CPPT decorre, desde logo, que o sujeito passivo pode apresentar o pedido de pronúncia arbitral nos 90 dias seguintes ao *termo do prazo de pagamento voluntário das prestações tributárias que lhe sejam validamente* notificadas, conforme prevê o artigo 102.º, n.º 1, alínea *a)* do CPPT.

O termo do prazo de pagamento voluntário é aquele que está fixado na liquidação do imposto ou, supletivamente, o prazo de 30 dias estabelecido no artigo 85.º, n.º 1, do CPPT.

No IRC, o imposto é pago, em regra, por autoliquidação, até ao último dia útil do mês de Maio do ano seguinte àquele a que respeitam os rendimentos, tal como consta do artigo 120.º, n.º 1 do Código do IRC, tratando os restantes números deste artigo dos casos de excepção a esta regra. Uma nota para referir que quando a liquidação é efectuada pelos serviços o prazo aplicável para o pagamento voluntário, disposto no artigo 110.º, n.º 1 do Código do IRC, é de 30 dias. Este prazo de 30 dias é, de resto, o prazo supletivo de pagamento previsto no n.º 2 do artigo 85.º do CPPT.

Já o IRS, por exemplo, é pago, em regra, até dia 31 de Agosto ou até 31 de Dezembro conforme se pode retirar da leitura dos recentes artigos 97.º e 77.º, alíneas *a)* e *c)* todos do Código do IRS.

No caso concreto do IRS cumpre deixar aqui uma nota.

Até 1 de Janeiro de 2015, ainda que a alínea *a)* do n.º 1 do artigo 102.º do CPPT determinasse que o prazo de caducidade do direito de acção se contava no termos do prazo para pagamento voluntário, o artigo 140.º, n.º 4, alínea *a)* do Código do IRS, norma especial, dispunha que os prazos para reclamação e impugnação se contavam "a partir dos 30 dias seguintes ao da notificação da liquidação". Isto independentemente do prazo para pagamento voluntário. Esta norma especial prevalecia, claro está, sobre aquele alínea *a)* do n.º 1 do artigo 102.º CPPT, para efeitos de impugnação judicial, por força do tal n.º 4 do artigo 102.º do CPPT nos termos do qual, como se referiu, "o disposto neste artigo não prejudica outros prazos especiais fixados neste Código ou noutras leis tributárias".

Defendeu-se a este propósito, que a norma especial constante do Código do IRS não era aplicável à contagem do prazo para requerer a constituição de tribunal arbitral, na medida em que a remissão operada pela alínea *a)* do n.º 1 do artigo 10.º era, única e exclusivamente, para os n.ºs 1 e 2 do artigo 102.º do CPPT. Nesse sentido, não haveria porque aceitar que, por força do n.º 4 do artigo 102.º do CPPT não aplicável à arbitragem, a especialidade da alínea *a)* do n.º 4 do artigo 140.º do Código do IRS fosse aplicável[233].

Hoje, porém, a questão já não se coloca na medida em que, por força do artigo 16.º da citada Lei n.º 82-E/2014, de 31 de Dezembro, aquele n.º 4 do artigo 140.º foi revogado. Deste modo, mesmo para quem defendia que o prazo para requerer a constituição de tribunal arbitral para apreciação da (i)legalidade do acto de liquidação de IRS se contava a partir dos 30 dias seguintes ao da notificação da liquidação, como dispunha a revogada alínea *a)* do n.º 4 do artigo 140.º do Código do IRS[234], terá hoje que aceitar que os 90 dias se contam a partir do termo do prazo para pagamento voluntário do imposto.

Outra questão que aqui merece destaque é o facto de, no que diz respeito a actos de liquidação, o início do prazo para requerer a constituição de tribunal arbitral ser diferente consoante decorra ou não imposto a pagar.

Assim, se da liquidação de imposto decorrer valor a pagar, a contagem do prazo para requerer a constituição do tribunal arbitral inicia-se a partir do termo

---

[233] Posição que se defendeu em "Os prazos na arbitragem tributária" *in* Revista de Arbitragem Tributária, n.º 2, 29-32. A questão da discussão por impugnação judicial ou pela via arbitral da liquidação de IRS foi ali amplamente explorada. Chegou-se à conclusão que a inaplicabilidade da norma especial do artigo 140.º n.º 4 do Código de IRS implicava, desde logo, que caso estivesse em causa a contestação da legalidade de uma *liquidação de IRS da qual resultasse imposto a pagar*, o termo do prazo inicial, *i.e.*, a data a partir da qual se contaria o prazo para apresentar impugnação judicial ou pedido de constituição de tribunal arbitral, poderia ser diferente. Para tal, bastava que o prazo limite para pagamento voluntário constante da liquidação de IRS fosse diferente do prazo supletivo de 30 dias. Teoricamente, poderia haver um prazo maior para requerer a constituição do tribunal arbitral do que para propor impugnação judicial. Tudo porque, em bom rigor, os 90 dias para se requerer a constituição do tribunal arbitral só começavam a contar-se – como, de resto, se passa actualmente –a partir do termo do prazo para pagamento voluntário da liquidação de IRS, que pode, em teoria, ser superior a 30 dias. Já os 3 meses para ser proposta impugnação judicial começavam a contar-se a partir dos 30 dias seguintes à notificação da liquidação, por força do artigo 140.º, n.º 4, alínea *a)* do Código do IRS, *ex vi* n.º 4 do artigo 102.º do CPPT. Por outro lado, se *da liquidação de IRS não houvesse lugar ao pagamento de imposto*, haveria uma diminuição do prazo para apresentação do pedido de constituição do tribunal arbitral, em comparação com o prazo para apresentação de impugnação judicial na medida em que os 90 dias para se requerer a constituição do tribunal arbitral se contavam da notificação da liquidação e os 3 meses para a apresentação da impugnação judicial se contavam 30 dias a partir da notificação.

[234] Propugnando, à data, pela aplicação da regra especial prevista no artigo 140.º, n.º 4, alínea *a)* do Código do IRS, veja-se Serena Cabrito Neto (2013) "A articulação dos prazos de impugnação do RJAT, do CPPT e do Código do IRS", 30-31.

do prazo para pagamento voluntário do imposto, conforme o disposto neste artigo 10.º, n.º 1, alínea *a)*, conjugado com o artigo 102.º, n.º 1, alínea *a)* do CPPT. Já se da liquidação de imposto não houver lugar à obrigação de pagamento de qualquer quantia, os 90 dias para se requerer a constituição do tribunal arbitral contam-se nos termos deste artigo 10.º, n.º 1, alínea *a)*, conjugado, desta feita, com o artigo 102.º, n.º 1, alínea *b)* do CPPT (*notificação dos restantes actos tributários, mesmo quando não dêem origem a qualquer liquidação*) ou seja, iniciam-se com a notificação da liquidação.

Pode, também, ser apresentado pedido de pronúncia arbitral nos 90 dias seguintes à *citação, na sequência de reversão do processo de execução fiscal, dos responsáveis subsidiários* nos termos do artigo 102.º, n.º 1, alínea *c)* do CPPT. Conclui-se então que, tal como previsto nos artigos 22.º, n.º 4, 23.º, n.º 1 e n.º 4, ambos da LGT, os responsáveis subsidiários podem também recorrer à arbitragem tributária sendo-lhes aplicada a regra de legitimidade prevista no artigo 9.º, n.º 3, do CPPT de harmonia com o previsto no artigo 29.º, n.º 1, alínea *a)* do RJAT[235].

Pode igualmente ser apresentado pedido de pronúncia arbitral nos 90 dias seguintes à *formação da presunção de indeferimento tácito* nos termos da alínea *d)*, do n.º 1 do artigo 102.º, do CPPT. Nos termos do disposto na mais recente versão do artigo 57.º da LGT, na redacção que lhe foi conferida pela Lei n.º 64-B/2011, de 30 de Dezembro, o procedimento tributário deve estar decidido no prazo de 4 meses. Deste modo, caso não seja proferida decisão expressa pelo órgão competente no prazo de 4 meses, por exemplo no âmbito da reclamação graciosa apresentada, o sujeito passivo dispõe de 90 dias para apresentar o pedido de pronúncia arbitral ou a petição de impugnação judicial. Sobre esta questão do prazo para requerer a constituição do tribunal arbitral contado após a formação da presunção de indeferimento tácito, seja de reclamação graciosa, de recurso hierárquico ou de pedido de revisão oficiosa, mas em especial quanto a este último, é importante notar que tem sido uma temática frequentemente discutida no âmbito dos tribunais arbitrais. Trata-se, de facto, de uma situação de algum melindre, pelo que deixa-se a sua análise mais aprofundada para o ponto

---

[235] A este propósito, e como se verá abaixo a propósito da legitimidade para recorrer à via arbitral, deixa-se a ressalva de que tem-se feito unicamente referência à figura do contribuinte ou do sujeito passivo enquanto parte legítima para requerer a constituição do tribunal arbitral apenas para facilitação de leitura. Estas referências deverão, porém, ser entendidas como efectuadas não só para o contribuinte ou para o sujeito passivo, mas também para o substituto ou responsável tributário.

1.3., sem prejuízo das considerações já tecidas a este propósito em comentário ao artigo 2.º.

Refira-se, contudo que nem sempre o prazo de indeferimento tácito no âmbito do contencioso tributário é o estabelecido na regra geral da LGT, *i.e.* de 4 meses. Existem várias situações em que o prazo legalmente estabelecido para o serviço da Administração decidir é mais reduzido mas que não são arbitráveis pelo que não irão ser objecto de análise[236].

Existe porém um caso arbitrável em que o prazo para a formação do indeferimento tácito é inferior a 4 meses. Trata-se do caso do prazo legal para decisão do recurso hierárquico previsto no CPPT, no artigo 66.º, n.º 5, que estabelece um prazo de 60 dias para a Administração Tributária decidir do recurso hierárquico. Neste caso o legislador tratou autonomamente na parte final daquela alínea *a)*, do n.º 1, do artigo 10.º, na medida em que a sua previsão não estava expressamente prevista no artigo 102.º n.º 1 ou n.º 2 como estava a decisão expressa da reclamação graciosa. Deste modo, e por razões de segurança julga-se que o legislador teve necessidade de individualizar a possibilidade de apresentação de pedido de constituição arbitral no prazo de 90 dias quando se estivesse perante uma decisão expressa ou tácita de um recurso hierárquico não fosse ser entendido que a sua não individualização significava uma não arbitrabilidade, confundindo-se, uma vez mais, âmbito material com momento a partir do qual se conta o prazo para apresentar pedido de constituição de tribunal arbitral. Assim, a susceptibilidade de apresentação de pedido de pronúncia arbitral no prazo de 90 dias a contar do termo do prazo legal de decisão do recurso hierárquico, que, como se viu, é de 60 dias e não de 4 meses como estabelece a regra gera da LGT, está assegurada nesta última parte da alínea *a)*, do n.º 1, do artigo 10.º. De referir,

---

[236] Fala-se aqui nos casos das reclamações das taxas das autarquias locais cujo prazo legal de decisão, e consequentemente de formação do indeferimento tácito, é de 60 dias de acordo com o artigo 16.º, n.º 4 do Regime Geral das Taxas das Autarquias Locais, aprovado por meio da Lei n.º 53-E/2006, de 29 de Dezembro. Este exemplo não é porém aplicável à arbitragem tributária porquanto, como se viu, a Portaria de Vinculação circunscreve a arbitragem aos impostos administrados pela DGCI e pela DGAIEC (actual Autoridade Tributária e Aduaneira), ficando de fora do arbitrável, desde logo, as taxas sejam elas cobradas pela administração central sejam elas cobradas pela administração local.
Faz-se aqui também referência aos casos dos pedidos de correcção de inscrições matriciais, estabelecidos no artigo 134.º, n.º 3 do CPPT, em que o prazo legal de decisão é de 90 dias. Nestes casos não há possibilidade de recurso aos tribunais arbitrais na medida em que nos termos do artigo 2.º, n.º 1, alínea b) só são arbitráveis os actos de fixação de valores patrimoniais.

a terminar, que nos termos do artigo 2.º só é susceptível de recurso à arbitragem a decisão, expressa ou tácita, de recursos hierárquicos que versem sobre actos incluíveis no âmbito material da arbitragem. Assim, se não estiverem previstos no artigo 2.º porque, por exemplo são relativos a taxas ou a pedidos de reconhecimento de benefícios fiscais, pese embora se trate de decisões de recurso hierárquico, não são arbitráveis.

Por último, a remissão desta alínea *a)* do n.º 1 para os factos previstos no n.º 1 do artigo 102.º do CPPT leva ainda à conclusão de que pode igualmente ser apresentado pedido de pronúncia arbitral nos 90 dias seguintes à notificação dos *restantes actos que possam ser objecto de impugnação autónoma, nos termos do CPPT* (102.º, n.º 1, alínea *e)* do CPPT), e ao *conhecimento dos actos lesivos dos interesses legalmente protegidos não abrangidos nas alíneas anteriores* (102.º, n.º 1, alínea *f)* do CPPT). Estes actos serão, por exemplo os actos de decisão expressa de indeferimento da reclamação graciosa de actos de liquidação no geral, e nos casos de autoliquidação, de retenção na fonte ou de pagamento por conta nos quais, como se viu, o prazo para apresentar o pedido de pronúncia arbitral é de 90 dias sendo a reclamação graciosa necessária nos termos da Portaria de Vinculação[237].

A finalizar, destaca-se o facto de com a distinção entre âmbito material da arbitragem – que responde à questão de "Quais os actos arbitráveis?" – e o momento a partir do qual se inicia o prazo de 90 dias para apresentar o pedido de constituição do tribunal arbitral – que responde à questão "Em que prazo?" – o legislador deixou, ao que se julga, um claro acolhimento da mais recente jurisprudência, pretendendo acabar, crê-se, com as querelas doutrinárias existentes em torno da questão de saber se, perante uma decisão expressa de reclamação graciosa, de recurso hierárquico ou de pedido de revisão oficiosa o contribuinte impugna o acto de liquidação anteriormente reclamado, recorrido ou revisto ou a própria decisão de reclamação, de recurso ou de pedido de revisão oficioso. Admite portanto, nas palavras do Acórdão do STA de 18 de Maio de 2011, proferido no âmbito do processo n.º 0156/11[238], que "o objecto real da impugnação [arbitragem] é o acto de liquidação e não o acto que decidiu a reclamação,

---

[237] Revogado que está o n.º 2 do artigo 102.º do CPPT, efectuado pela Lei 82-E/2014, de 31 de Dezembro o indeferimento expresso de reclamação graciosa cabe, como se referiu acima, tanto na alínea e) como na alínea f) do n.º 1 do artigo 102.º do CPPT. Deste modo, com a revogação do n.º 2 do artigo 102.º do CPPT, deixa de fazer sentido a remissão operada pelo n.º 1 do artigo 10.º do RJAT para aquele preceito.

[238] Acórdão do STA, de 18-05-2011, disponível em http://www.dgsi.pt/.

pelo que são os vícios daquela e não deste despacho que estão verdadeiramente em crise" e que "a impugnação não está, por isso, limitada pelos fundamentos invocados na reclamação graciosa, podendo ter como fundamento qualquer ilegalidade do acto tributário". Este entendimento é, ao que se julga, aquele que melhor se coaduna com a intenção real do legislador ao tratar no artigo 2.º de quais os actos arbitráveis nada dizendo quanto aos indeferimentos dos meios graciosos muito menos se expressos se tácitos e no artigo 10.º do prazo para requerer a constituição do tribunal arbitral; posição que, de resto, já se defendeu em comentário ao artigo 2.º[239].

1.1.1. Indeferimento tácito e caducidade do direito de acção

O "quando" da apresentação do pedido de constituição do tribunal arbitral que aqui se tem vindo a analisar não está isento de questões controvertidas. Com efeito, os prazos de caducidade impostos para apresentação do pedido de constituição do tribunal arbitral têm sido repetidamente objecto de pronúncia nos tribunais arbitrais, prendendo-se a sua discussão, as mais das vezes, com uma única temática: a controvérsia da apreciação dos actos de indeferimento de procedimentos administrativos a que o sujeito passivo tenha recorrido previamente, em especial, pedidos de revisão oficiosa. O tema foi amplamente desenvolvido no comentário ao artigo 2.º, sendo porém importante revisitá-lo, agora numa outra perspectiva.

Referiu-se, a este propósito, que a apreciação arbitral de actos de *segundo* ou *terceiro graus* – actos de indeferimento de reclamações graciosas, recursos hierárquicos ou pedidos de revisão de acto tributário – ou a apreciação de actos de *primeiro grau* – actos de liquidação, de autoliquidação, de retenção na fonte ou de pagamento por conta – quando precedidos de actos de indeferimento, levantava algumas dúvidas quer no domínio da competência material, quer no domínio dos prazos de caducidade de apresentação de pedido de constituição do tribunal arbitral.

Como se tem dito, o legislador arbitral quis compartimentar questões de competência e questões de prazos.

Quanto à competência, o legislador recortou o âmbito material da arbitragem tributária no artigo 2.º, tendo a Administração excepcionado a arbitrabilidade de alguns actos através da Portaria de Vinculação. No que respeita à alínea

---

[239] Para uma abordagem mais profunda da questão veja-se o ponto 1.1. da anotação ao artigo 2.º, sem prejuízo do que *infra* se analisará a respeito dos prazos.

a) do n.º 1 do artigo 2.º, o objecto da arbitragem é *grosso modo* a apreciação da ilegalidade dos *actos de liquidação de tributos, de autoliquidação, de retenção na fonte e de pagamento por conta* – os tais de primeiro grau.

Quanto a prazos, deixou-se claro no ponto anterior que a lei permite que o sujeito passivo requeira a constituição do tribunal arbitral, relativamente àqueles actos delimitados no artigo 2.º, n.º 1, alínea *a)* com as limitações impostas pela Portaria de Vinculação, até *90 dias após a notificação do acto tributário de primeiro grau* ou até *90 dias após a formação do acto de segundo ou terceiro grau* (seja ele expresso ou tácito), ao abrigo do n.º 1 do artigo 10.º, alínea *a)*.

Note-se, contudo, que questões de competência e de prazos estão intimamente ligadas em determinados casos, principalmente no que respeita à apresentação de pedido de constituição de tribunal arbitral no prazo de 90 dias após a formação de *indeferimento tácito*.

Recupere-se então aquilo que foi defendido, a este propósito, aquando da anotação ao artigo 2.º.

No que se refere à competência material, concluiu-se, antes de mais, que os tribunais arbitrais *não têm competência* para conhecer de *vícios próprios de actos de segundo ou terceiro graus* – actos de indeferimento de reclamações graciosas, recursos hierárquicos e/ou pedidos de revisão oficiosa cujo fundamento não se prenda com a ilegalidade do acto de "primeiro grau". Referiu-se então a esse propósito, que os actos de indeferimento expresso de um meio gracioso só são arbitráveis na medida em que comportem, eles próprios, a apreciação da (i) legalidade do acto de primeiro grau que o contribuinte pretende efectivamente impugnar. Dito de outro modo, se um acto de *indeferimento expresso* conheceu da (i)legalidade do acto de liquidação, de autoliquidação, de retenção na fonte ou de pagamento por conta – aquele que o sujeito passivo pretende verdadeiramente ver submetido à arbitragem –, trata-se então de um acto para o qual os tribunais arbitrais têm competência. A questão de competência material termina com essa premissa. Passado esse crivo, imposto pelo artigo 2.º, resta saber se o sujeito passivo está ainda em prazo para requerer a constituição do tribunal arbitral, ao abrigo do disposto no n.º 1, alínea *a)* deste artigo 10.º. Aqui, no que respeita aos prazos, não há qualquer questão discutível.

Quanto aos *actos de indeferimento tácito*, no que respeita à competência material ou à arbitrabilidade, demonstrou-se que aqueles *não são arbitráveis*, na medida em que, tratando-se de meras ficções de acto, nunca poderiam "conhecer da (i) legalidade do acto de primeiro grau". O acto tributário a ser apreciado em acção arbitral será, sempre, o acto de liquidação, de autoliquidação, de retenção na fonte ou de pagamento por conta impugnado administrativamente pelo contribuinte, sem que para tal tenha obtido resposta por parte da Administração. Porém, o artigo 10.º, ao remeter para os factos elencados nas alíneas do n.º 1 do artigo 102.º do CPPT, permite que o sujeito passivo requeira a constituição do tribunal arbitral para ver apreciado o acto de primeiro grau, no prazo de *90 dias a contar da data de formação do indeferimento tácito*. Esta é uma questão que respeita à caducidade do direito de acção. Isto não significa que o pedido deixe de ser o da anulação ou declaração de ilegalidade do acto de liquidação, de autoliquidação, de retenção na fonte ou de pagamento por conta.

É, pois, quanto à contagem dos prazos para requerer a constituição do tribunal arbitral após a formação daquele acto *silent* que questões de competência e de prazos se interligam. Tudo porque, no que respeita aos *actos de indeferimento tácito*, para que o tribunal arbitral possa aferir se o pedido de constituição de tribunal arbitral foi realizado dentro do prazo de caducidade, o próprio tribunal arbitral terá de apreciar:

(1) se o pedido de reclamação graciosa, recurso hierárquico ou pedido de revisão oficiosa *cumpre os pressupostos de admissibilidade legalmente exigidos para o conhecimento do mérito da pretensão;*
(2) se se verificou, de facto, o indeferimento tácito.

Só após a análise destas duas matérias é que o tribunal estará capaz para decidir se o pedido de constituição do tribunal arbitral foi apresentado dentro do prazo ou se, por outro lado, há caducidade do direito à acção.

Quanto ao *primeiro teste*, e que respeita ao controle dos fundamentos para apresentação dos meios graciosos, a questão toma especial relevância se se pensar no pedido de revisão de acto tributário. Isto porque o artigo 78.º, n.º 1 da LGT permite a revisão dos actos tributários por iniciativa do sujeito passivo, no prazo de reclamação graciosa, com fundamento em qualquer ilegalidade mas admite ainda a revisão por iniciativa da própria Administração Tributária, *no prazo de 4 anos* após a liquidação *ou a todo o tempo* se o tributo ainda não tiver sido pago, com fundamento em erro imputável aos serviços. Por seu turno, o n.º 4 daquele artigo 78.º da LGT prevê que o dirigente máximo do serviço possa autorizar "excepcionalmente, nos *três anos posteriores* ao do acto tributário a revisão da matéria tributável apurada com fundamento em injustiça grave ou notória". Deste modo, o pedido de revisão de acto tributário poderá ter um prazo de caducidade muito mais alargado que os restantes meios graciosos administrativos, nomeadamente, do que a reclamação graciosa e o recurso hierárquico. Contudo, como se vê, os n.ºs 1 e 4 do artigo 78.º da LGT exigem pressupostos que não são exigidos nem para reclamar graciosamente nem para recorrer hierarquicamente.

Consequentemente, no caso de apresentação de pedido de pronúncia arbitral de actos de indeferimento tácito de pedidos de revisão oficiosa, caberá ao tribunal arbitral controlar a verificação de todos estes pressupostos além dos pressupostos do indeferimento tácito *stricto sensu*. Tudo porque não houve decisão administrativa que se pronunciasse sobre esta questão.

E é o que tem sido feito, nem sempre, porém, retirando as conclusões certas.

Veja-se, a este propósito, a decisão arbitral proferida no âmbito do processo n.º 188/2013-T[240]:

- O sujeito passivo veio requerer a declaração de ilegalidade da liquidação de IRC referente ao ano de 2009 por vícios de violação de lei;
- Havia sido pedida a revisão oficiosa de acto tributário, que deu entrada no Serviço de Finanças a 27 de Dezembro de 2012;
- À data de apresentação do pedido de constituição do tribunal arbitral (26 de Julho de 2013) o sujeito passivo não tinha sido notificado de qualquer resposta da Administração Tributária ao pedido de revisão oficiosa;
- Formou-se, portanto, presunção de indeferimento tácito do pedido de revisão oficiosa a 27 de Abril de 2013, nos termos do artigo 57.º, n.ºs 1 e 5 da LGT.

Perante o cenário acima exposto, o tribunal arbitral teceu as seguintes considerações:

"29. Ora, tendo sido ultrapassado o prazo para impugnação directa da liquidação ou da autoliquidação, o que coloca a possibilidade de o Tribunal Arbitral apreciar a legalidade da mesma na dependência de interposição e decisão desfavorável de um meio de defesa gracioso; não fazendo a Requerente, no seu pedido, a mínima referência a este meio de defesa gracioso [o pedido de revisão oficiosa]; e sendo o âmbito dos poderes de cognição do Tribunal limitados pelo pedido, haverá que concluir, no caso vertente, que o Tribunal não poderá sindicar a legalidade do acto de liquidação como corolário da ilegalidade do acto de indeferimento tácito do pedido de revisão do acto tributário.

30. Mas se admitirmos, como hipótese de interpretação do direito, que a omissão de qualquer referência, no pedido da Requerente, à existência de um indeferimento de um

---

[240] Disponível em http://www.caad.org.pt/.

pedido de revisão do acto tributário substanciaria uma mera deficiência de formulação do pedido, suprível pelo Tribunal, uma segunda dificuldade se coloca: É que a Requerente tão-pouco invoca ou procura demonstrar os fundamentos que poderiam estear uma eventual ilegalidade do acto de indeferimento tácito do pedido de revisão do acto tributário;
(...)
38. Não suscitando a Requerente a questão da "injustiça grave ou notória" do acto de liquidação, também ao tribunal não cabe pronunciar-se sobre ela.

39. Mas se não pode pronunciar-se sobre a existência de uma injustiça grave ou notória do acto de liquidação atacado, por esta questão não ter sido suscitada e não terem sido oferecidos os argumentos que ao Tribunal caberia analisar, o Tribunal também não pode pronunciar-se sobre a legalidade do acto primário de liquidação, por razões de intempestividade.

40. Assim sendo, não estão verificados os pressupostos processuais para que o Tribunal possa conhecer o pedido de pronúncia arbitral formulado pela Requerente.

41. As partes foram notificadas de que o tribunal entendia não se verificarem os pressupostos processuais para se proceder ao conhecimento do pedido, e a Requerente e a Requerida vieram pronunciar-se conforme consta dos respetivos requerimentos junto aos autos, nada aduzindo, porém, quanto à questão (do não conhecimento do pedido) para que tinham sido expressamente notificadas."

Já o tribunal arbitral constituído no âmbito do processo n.º 237/2014-T[241] entendeu que:

"(...) a solução da questão da competência deste Tribunal Arbitral por referência ao conteúdo do ato de indeferimento do pedido de revisão oficiosa <u>depende da análise do ato de indeferimento do pedido de revisão oficiosa</u>.

Ora, no caso concreto, o ato [tácito] de indeferimento do pedido de revisão oficiosa é, originariamente, um <u>ato silente</u>, na medida em que foi apenas por efeito da passagem do tempo que se ficcionou a existência de um indeferimento tácito.

Ulteriormente e já na pendência deste processo arbitral, é proferido ato expresso a indeferir o pedido formulado por <u>extemporaneidade.</u>

Ou seja: ainda que se pudesse presumir uma <u>apreciação de mérito</u> denegatória do pedido de anulação por ilegalidade, tal presunção foi afastada ou ilidida com a pronúncia expressa nos termos em que o foi.

Por isso [porque a Administração acabou por proferir decisão expressa de indeferimento por extemporaneidade] é que o pedido de pronúncia arbitral formu-

---

[241] Disponível em http://www.caad.org.pt/.

lado está fora do âmbito de competência material do CAAD estabelecida no RJAT e na Portaria (nº 112-A/2011, de 22-3) de vinculação à arbitragem da Autoridade Tributária e Aduaneira (AT)." (sublinhado da autora)

Retomando o que acima se entendeu, isto significa que, na medida em que se admite que o indeferimento do pedido de revisão oficiosa – mesmo aquele em que o prazo poderá ser de 4 anos – reabre a via contenciosa[242] – seja ela judicial ou arbitral – quando esse indeferimento *não seja expresso*, o tribunal arbitral terá, forçosamente, que avaliar se estavam pelo menos preenchidos os pressupostos processuais exigidos por aqueles n.ºs 1 e 4 do artigo 78.º da LGT para que a Administração Tributária conhecesse do mérito da causa. A não ser assim, cair-se-ia na situação caricata de se permitir ao sujeito passivo a apresentação de um pedido de revisão de acto tributário num prazo muito mais alargado – de 3 ou de 4 anos, como se viu – sem sequer ter que provar erro imputável aos serviços ou injustiça grave ou notória, bastando-lhe a falta de qualquer resposta por parte da Administração Tributária para que decorridos 4 anos (no extremo), a via contenciosa se considerasse reaberta.

O tribunal arbitral apreciar a verificação dos pressupostos para a aceitação do pedido de revisão oficiosa não significa porém a exigibilidade de o contribuinte ter que *provar* em sede arbitral o que tenha logrado provar já em sede administrativa. Resta é saber se em sede administrativa tal fundamentação e prova foram efectuadas. Não significa portanto, ao contrário do que parece ter sido decidido no processo n.º 188/2013-T que acima se transcreveu, que a causa de pedir da acção arbitral tenha que incluir a causa de pedir do meio gracioso anterior, neste caso, da revisão oficiosa.

Contudo, compreenda-se que para fundamentar a *tempestividade da acção arbitral* o contribuinte deverá, à cautela, alegar e provar:

---

[242] Neste sentido, poderão citar-se os acórdãos do STA de 06-07-2005, proc. n.º 0560/05, e de 22-06-2005, proc. n.º 0322/05, nos quais se afirma que "a revisão do acto tributário, ainda que impulsionada pelo contribuinte, dentro do prazo de revisão, caso se verifiquem os respectivos pressupostos legais, conduz à abertura da via contenciosa. No mesmo sentido poderá ser citado também o acórdão do TCA Sul, de 25-11-2009, proc. n.º 2842/09, o qual decidiu que:

"não obstante a revisão do acto tributário a pedido do contribuinte, com fundamento em erro imputável aos serviços, tenha a natureza de meio administrativo, e não contencioso, (...), ele abre o acesso à via contenciosa, pois a decisão que recair sobre o pedido de revisão é directamente impugnável".

(1) o fundamento legal para a utilização do meio gracioso previamente intentado e relativamente ao qual a Administração Tributária não se pronunciou;
(2) a existência de um indeferimento tácito pelo facto de a Administração Tributária, pese embora tivesse em condições para decidir, não tenha decidido;
(3) o facto de estar ainda no prazo de 90 dias contados da formação daquele acto *silent*.

No entanto, entende-se que a *prova* do que se individualizou em (1) poderá ser feita por mera "reprodução" ou remissão daquele que foi, *e.g.*, o pedido de revisão oficiosa apresentado pelo sujeito passivo.

E ainda que não seja o próprio sujeito passivo a fazê-lo, a omissão será sanável na medida em que a Administração Tributária deverá remeter ao tribunal arbitral cópia do processo administrativo, dentro do prazo de apresentação da sua resposta, nos termos do disposto no artigo 17.º, n.º 2 do RJAT. O tribunal arbitral terá, assim, conhecimento do procedimento administrativo, o que lhe permite o conhecimento do fundamento legal para a utilização do meio gracioso intentado relativamente ao qual a Administração Tributária não se pronunciou. Em alternativa, sempre se dirá que o tribunal arbitral poderá convidar as partes, *in casu* o sujeito passivo, a sanar o vício.

Em suma, a conclusão a que se chega é a de que, perante um *indeferimento tácito* de reclamação graciosa, recurso hierárquico ou pedido de revisão de acto tributário, o sujeito passivo que pretenda recorrer à via arbitral, não deverá apenas alegar, no seu pedido de pronúncia arbitral, a (i)legalidade do acto tributário de primeiro grau, mas também, e à cautela, e em especial no que respeita ao pedido de revisão de acto tributário, deverá cuidar de provar a verificação dos pressupostos processuais que permitiam o conhecimento do mérito da pretensão pela Administração Tributária. Caso não o faça, o sujeito passivo correrá o risco de ver proferida decisão arbitral que, sem conhecer do mérito da pretensão, verifique a caducidade do seu direito de acção, *in casu*, arbitral ainda que como se viu não se concorde com esta tese.

O que *supra* se defende, diz então respeito ao *primeiro teste*, aquele de saber se a reclamação graciosa, o recurso hierárquico ou o pedido de revisão oficiosa cumpre os pressupostos de admissibilidade legalmente exigidos para o conhecimento do mérito da pretensão.

O *segundo teste*, que deverá ser analisado pelo tribunal arbitral, prende-se com a *verificação de uma efectiva formação da presunção de indeferimento tácito*.

Nos termos do artigo 57.º, n.º 1 da LGT, "[o] procedimento tributário deve ser concluído no prazo de quatro meses, devendo a administração tributária e os contribuintes abster-se da prática de actos inúteis ou dilatórios". Acrescenta o n.º 4 daquele preceito que "[s]em prejuízo do princípio da celeridade e diligência, o incumprimento do prazo referido no n.º 1, contado a partir da entrada da petição do contribuinte no serviço competente da administração tributária, faz presumir o seu indeferimento para efeitos de recurso hierárquico, recurso contencioso ou impugnação judicial".

Contudo, sobre o órgão competente para a decisão do meio gracioso só existe um dever de decisão na medida em que este esteja capaz de decidir do mesmo, *maxime* quando tenha efectivo conhecimento da apresentação do meio gracioso em causa.

A este propósito faz-se referência aos casos em que o contribuinte, por ignorância da orgânica da Administração Tributária, apresenta um determinado meio gracioso, *e.g.*, um recurso hierárquico, numa entidade que, embora pertencente à Administração Tributária, não é a entidade competente para aquela decisão.

A este propósito, estabelecem os n.ºs 1 e 2 do artigo 61.º da LGT que "[a] incompetência no procedimento deve ser conhecida oficiosamente pela administração tributária e pode ser arguida pelos interessados" e, portanto, "[o] órgão da administração tributária material ou territorialmente incompetente é obrigado a enviar as peças do procedimento para o órgão da administração tributária competente no prazo de quarenta e oito horas após a declaração de incompetência, considerando-se o requerimento apresentado na data do primeiro registo do processo".

A entidade ou órgão da Administração Tributária material ou territorialmente competente para conhecer do meio gracioso interposto está, assim, obrigada ao seu reenvio à entidade ou órgão legalmente competente. Poderá, porém, suceder que a entidade competente não proceda ao reenvio legalmente imposto. Perante uma situação deste tipo, não choca que o contribuinte, inadvertido de que o meio gracioso foi apresentado em entidade incompetente para a sua decisão, admita que, passado o prazo legalmente imposto para a tomada de decisão por parte da Administração Tributária, considere que se formou um acto tácito de indeferimento, requerendo, então, a constituição do tribunal arbitral.

Nestes casos, uma de duas interpretações é possível: ou (1) o tribunal arbitral considera que não se formou ainda o indeferimento tácito, porque o órgão competente obrigado à decisão não estava ainda em condições de decidir por desconhecimento da interposição/apresentação do meio gracioso; ou (2) o tribunal arbitral considera que já se formou a presunção de indeferimento tácito porquanto o prazo de 48 horas do n.º 2 do artigo 61.º da LGT tem um efeito cominatório.

Pela primeira interpretação, o pedido de constituição do tribunal arbitral será ainda *extemporâneo* porquanto o prazo dos 90 dias previsto no artigo 10.º, n.º 1, alínea *a*) não começou ainda a decorrer. Pela segunda interpretação, o pedido de constituição de tribunal arbitral é tempestivo e, por conseguinte, deverá ser aceite.

A primeira interpretação parece ter mais suporte legal, tendo em conta as disposições acima transcritas. Neste sentido, escrevem LEITE DE CAMPOS, BENJAMIM SILVA RODRIGUES e LOPES DE SOUSA que, pese embora o teor do artigo 61.º *in fine* da LGT, que prevê que o requerimento se considere apresentado na data do primeiro registo do processo, o prazo para indeferimento tácito só começa efectivamente a contar na data de entrada no serviço competente[243]. Ser o pedido extemporâneo significa que o tribunal não o deverá aceitar porque não começou ainda a correr o prazo para propor a acção arbitral. Não significa portanto que o sujeito passivo viu o seu prazo de reacção ultrapassado. O tribunal deverá portanto notificar a Administração Tributária para nos termos do n.º 2 do artigo 61.º da LGT " (...) enviar as peças do procedimento para o órgão da administração tributária competente no prazo de quarenta e oito horas após a declaração de incompetência", devendo de seguida proferir uma decisão na qual se declara a caducidade da acção arbitral por extemporaneidade.

Posto isto, e em conclusão, recordem-se então os "testes" ou, se assim se quiser, os "passos", que deverão ser seguidos pelo tribunal arbitral, perante um pedido de constituição de tribunal arbitral que seja apresentado após um indeferimento tácito de um determinado meio gracioso:

(1) Aferir se o acto tributário que o sujeito passivo pretende efectivamente impugnar é um acto arbitrável nos termos do artigo 2.º, n.º 1, do RJAT, tendo em conta as limitações impostas pela Portaria de Vinculação – questão que respeita unicamente à competência do tribunal arbitral. Caso a resposta seja negativa, o tribunal arbitral é materialmente incompetente para conhecer da pretensão. Caso a resposta seja positiva, passa-se ao *teste* seguinte;

---

[243] DIOGO LEITE DE CAMPOS/BENJAMIM RODRIGUES/JORGE LOPES DE SOUSA (2012) 534.

(2) Aferir se a reclamação graciosa, o recurso hierárquico ou o pedido de revisão oficiosa ao qual o contribuinte não obteve resposta por parte da Administração, cumpre os pressupostos de admissibilidade legalmente exigidos para o conhecimento do mérito da pretensão pela Administração, em especial no que respeita ao pedido de revisão oficiosa na medida em que prevê prazos mais alargados do que os restantes, permitindo a reabertura da via contenciosa – questão que respeita quer à competência quer ao prazo de caducidade do direito de acção. Caso a resposta seja negativa, o tribunal arbitral é materialmente incompetente para conhecer da decisão porque não está já em prazo de conhecer directamente do acto de primeiro grau. Caso a resposta seja positiva, passa-se ao *teste* seguinte;

(3) Aferir se houve, já, a formação de presunção de indeferimento tácito, nos termos da lei – questão que respeita unicamente a prazos. Caso a resposta seja negativa, o pedido de constituição de tribunal arbitral poderá ser extemporâneo. Caso a resposta seja positiva, passa-se ao último *teste*;

(4) Aferir se, formado o indeferimento tácito, o sujeito passivo está ainda dentro do prazo dos 90 dias impostos pela alínea *a)* do n.º 1 do artigo 10.º – questão que respeita unicamente a prazos. Para tal é necessário recorrer, designadamente, às regras fixadas no artigo 279.º do CC consoante se desenvolve no ponto 1.3. abaixo. Caso a resposta seja negativa, não deve ser dada procedência ao pedido de pronúncia arbitral por caducidade do direito de requerer a constituição do tribunal arbitral. Caso a resposta seja positiva, a pretensão do contribuinte deve ser apreciada em sede arbitral.

1.2. Alínea *b)* do n.º 1 do artigo 10.º

Dispõe o n.º 1 deste artigo 10.º, na sua alínea *b)*, que o pedido de constituição do tribunal arbitral deve ser apresentado no *prazo de 30 dias* contados a partir da notificação dos actos previstos nas alíneas *b)* e *c)* do n.º 1 do artigo 2.º.

No que se refere à alínea *c)* do n.º 1 do artigo 2.º esta referência deixa de fazer sentido porquanto esta alínea foi revogada pelo artigo 161.º da Lei n.º 64-B/2011, de 30 de Dezembro, não tendo porém este artigo sido actualizado em função desta alteração legislativa.

Não há dúvida, porém, que, quanto aos actos arbitráveis nos termos da alínea *b)* do n.º 1 do artigo 2.º, o legislador do RJAT deixou claro que o prazo para apresentação do pedido de pronúncia arbitral é de apenas 30 dias.

Como se teve já oportunidade de referir, a alínea *b)* do n.º 1 do artigo 2.º, necessariamente conjugada com a limitações constantes da Portaria de Vinculação, consiste numa zona em que na sua primeira parte a arbitrabilidade vai além da impugnabilidade. Dito de outro modo, os actos a que se refere a primeira parte da alínea *b)* do n.º 1 do artigo 2.º são actos que, embora arbitráveis, não são impugnáveis judicialmente, nos termos do CPPT.

Recordando o que se disse na anotação ao artigo 2.º, são então arbitráveis, ainda que não impugnáveis:

- Actos de fixação da matéria tributável sem recurso a métodos indirectos ou seja, por recurso a métodos directos, quando não dêem origem à liquidação de qualquer imposto cuja administração esteja cometida à Autoridade Tributária e Aduaneira – mormente Relatórios de Inspecção – ao abrigo da primeira parte da alínea *b)*, do n.º 1, do artigo 2.º, do RJAT e da alínea *b)*, do artigo 2.º, *a contrario*, da Portaria de Vinculação (isto porque se derem lugar a imposto a pagar, serão arbitráveis por via da segunda parte da alínea *b)*, do n.º 1, do artigo 2.º, do RJAT, porque determinaram alterações à matéria colectável e portanto são os que se identificam abaixo);
- Actos de determinação da matéria colectável, sem recurso a métodos indirectos ou seja, por recurso a métodos directos, quando dêem origem à liquidação de qualquer imposto cuja administração esteja cometida à Autoridade Tributária e Aduaneira – mormente Relatórios de Inspecção – ao abrigo da alínea *b)*, do n.º 1, do artigo 2.º, do RJAT, do artigo 1.º e da alínea *b)*, do artigo 2.º, *a contrario*, da Portaria de Vinculação.

A alínea *b)* do n.º 1 do artigo 2.º *in fine* faz ainda referência a um acto que se situa ainda na zona de coincidência entre o impugnável e o arbitrável. Fala-se, a este propósito dos:

- Actos de fixação de valores patrimoniais para efeitos de impostos administrados pela Autoridade Tributária e Aduaneira – ao abrigo da alínea *b)*, do n.º 1, do artigo 2.º, do RJAT, do artigo 1.º e do corpo do artigo 2.º da Portaria de Vinculação[244].

---

[244] Sobre a questão do esgotamento dos meios graciosos previstos no procedimento de avaliação, da sua exigibilidade para impugnar e da sua inexigência para requerer a constituição do tribunal arbitral veja-se o ponto 3. do comentário ao artigo 2.º.

Olhe-se agora ao prazo de 30 dias estabelecido pela alínea *b)* do n.º 1 do artigo 10.º para requerer a constituição do tribunal arbitral.

Ora, a fixação deste prazo, claramente mais reduzido que o prazo geral de 90 dias estabelecido na alínea *a)*, justifica-se na medida em que, inicialmente, o legislador previa no artigo 14.º (entretanto revogado) que os pedidos de constituição de tribunal arbitral apresentados com a vista à obtenção das pronúncias previstas nas alíneas *b)* e *c)* do artigo 2.º tivessem efeito suspensivo da liquidação das prestações tributárias correspondentes às questões suscitadas quanto à parte controvertida. Nesta medida, tratava-se de um prazo suficientemente lato para assegurar que o sujeito passivo ponderasse o recurso à arbitragem, mas suficientemente cauteloso para assegurar que, entre a notificação, por exemplo do Relatório de Inspecção, e a decisão do sujeito passivo de recorrer à arbitragem, a Administração Tributária não praticasse o acto consequente, isto é, não emitisse a liquidação adicional.

Perante a revogação do artigo 14.º operada pelo artigo 161.º da Lei n.º 64-B/2011, de 30 de Dezembro, o efeito suspensivo da liquidação que era assegurado pelo RJAT deixou de existir, o que significa que deixaram de haver razões para manter esta diferença tão substancial de prazos.

1.3. Contagem do prazo para requerer a constituição do tribunal arbitral

Anteriormente viu-se que o prazo para requerer a constituição do tribunal arbitral é de 90 ou 30 dias, consoante se esteja perante as situações previstas na alínea *a)* ou na alínea *b)* do n.º 1 do artigo 2.º, respectivamente.

Importa, porém, saber que regras segue a contagem dos prazos previstos no n.º 1 deste artigo 10.º. Esta é uma matéria que foi já explorada no comentário ao artigo 3.º-A, preceito que trata, precisamente, da contagem de prazos na arbitragem tributária. Porém, trata-se de uma matéria que se deverá retomar no comentário a este artigo.

Referiu-se então que até a entrada em vigor da Lei n.º 66-B/2012, de 31 de Dezembro, que veio aditar ao RJAT o artigo 3.º-A, não existia qualquer norma expressa que determinasse a forma de contagem dos prazos na arbitragem tributária.

A solução encontrada à data foi o recurso ao disposto no CPPT, enquanto direito subsidiariamente aplicável. Assim, à contagem dos prazos na arbitragem tributária aplicavam-se as seguintes normas, por via do artigo 29.º, n.º 1, alínea *a)* do RJAT:

- Para a contagem do prazo de entrega do pedido de constituição do tribunal arbitral, a que se refere o artigo 10.º do RJAT, o artigo 20.º, n.º 1, *in fine*, do CPPT, o que determinava a contagem dos prazos nos termos do artigo 279.º do CC;
- Para a contagem dos prazos de actos incluídos no Capítulo II do RJAT ("Procedimento arbitral"), à excepção do pedido de constituição de tribunal arbitral, o artigo 20.º, n.º 1, primeira parte, do CPPT, o que determinava a contagem dos prazos também nos termos do artigo 279.º do CC;
- Para a contagem dos prazos de actos compreendidos no âmbito do processo arbitral, inseridos no Capítulo III do RJAT, o artigo 20.º, n.º 2, do CPPT, o que determinava a contagem dos prazos nos termos dos artigos 138.º e seguintes do CPC.

A partir da Lei n.º 66-B/2012, de 31 de Dezembro, o artigo 3.º-A, passou então a determinar que "no procedimento arbitral, os prazos contam-se nos termos do Código do Procedimento Administrativo, com as necessárias adaptações"; e que "os prazos para a prática de actos no processo arbitral contam-se nos termos do Código de Processo Civil".

Ora, o pedido de constituição de tribunal arbitral e o prazo para a sua apresentação vêm previstos neste artigo 10.º, sistematicamente inserido no Capítulo II, denominado de "Procedimento arbitral". À primeira vista, poderia retirar-se a conclusão, precipitada é certo, de que o acto de entrega do pedido arbitral é ainda um acto procedimental.

Contudo, e em bom rigor, o prazo para entrega do pedido de constituição de tribunal arbitral é um prazo substantivo, da mesma forma que o é a entrega de uma qualquer petição inicial, mormente, de impugnação judicial.

Deste modo, uma interpretação literal dos artigos 3.º-A e 10.º, a este respeito, é de rejeitar.

De recordar, como se referiu em comentário ao artigo 3.º-A que a razão de ser do novo preceito, se prende com razões de ordem prática, por serem extremamente curtos os prazos previstos no procedimento arbitral, designadamente no artigo 11.º.

Assim, segundo uma interpretação teleológica, e porque, insista-se, o prazo para entrega do pedido de constituição de tribunal arbitral é ainda um prazo substantivo, *a contagem dos prazos previstos neste artigo 10.º segue as regras previstas no artigo 279.º do CC*. À mesma solução se chegaria por aplicação subsidiária do artigo 20.º, n.º 1, *in fine* do CPPT, *ex vi* artigo 29.º, n.º 1, alínea *a*)[245].

Significa isto que na contagem dos prazos para entrega do pedido de constituição do tribunal arbitral não se incluí o dia em que ocorre o evento – o chamado dia zero – a partir do qual o prazo começa a correr, de forma contínua, e caso termine a um sábado, domingo ou feriado, transfere-se o seu termo para o primeiro dia útil seguinte[246].

De referir ainda que tem sido entendimento unânime na Doutrina e jurisprudência que à entrega do pedido de constituição de tribunal arbitral, à semelhança da entrega da petição inicial de impugnação judicial, é também aplicável o disposto na parte final da alínea *e*) do artigo 279.º do CC, nos termos da qual "[o] prazo que termine em domingo ou dia feriado transfere-se para o primeiro dia útil; *aos domingos e dias feriados são equiparadas as férias judiciais, se o acto sujeito a prazo tiver de ser praticado em juízo*". Isto mais não significa do que, *terminando* o prazo em período de férias judiciais, porque se considera tratar-se de um acto que tenha de ser praticado em juízo, o termo do prazo para entrega do pedido de constituição de tribunal arbitral se transfere para o primeiro dia útil posterior às férias.

Assim, no âmbito do processo n.º 314/2014-T[247], o tribunal arbitral julgou procedente a excepção de caducidade do direito de acção invocada pela Administração Tributária, considerando que:

"*50 – O prazo de 90 dias para apresentação do pedido de constituição do tribunal arbitral, previsto na alínea a) do n.º 1 do art. 10.º do RJAT, na medida em que não consubstancia, nem um prazo de procedimento, nem processual a que aludem, respectivamente, os n.ºs 1 e 2 do art. 3.º-A do aludido RJAT, aditado pela Lei n.º 66-B/2012, de 31 de Dezembro, é disciplinado pelo disposto no CPPT. Com efeito,*

---

[245] No mesmo sentido, veja-se Jorge Lopes de Sousa (2013) "Comentário ao Regime Jurídico da Arbitragem Tributária", 174, segundo o qual "[n]o que concerne ao prazo para apresentação do pedido de constituição de tribunal arbitral, previsto no artigo 10.º, sendo anterior ao procedimento, não se aplicará este artigo 3.º-A (do RJAT), mas sim, o regime do artigo 279.º do Código Civil, por remissão do artigo 29.º, n.º 1, alínea a) do RJAT e do artigo 20.º, n.º 1, do CPPT".
[246] Sobre a contagem do prazo para entrega do pedido de constituição de tribunal arbitral, consulte-se também a anotação ao artigo 3.º-A.
[247] Disponível em http://www.caad.org.pt/.

51 – *Resulta explicitamente do disposto no mencionado art. 3.º-A, n.ºs 1 e 2 que aos prazos atinentes ao procedimento arbitral é aplicável o Código do Procedimento Administrativo e, aos prazos de natureza processual ou judicial, inscritos no quadro do processo tributário, é aplicável o Código de Processo Civil, não sendo, assim, tais normas aplicáveis à contagem do prazo relativo ao pedido de constituição do tribunal arbitral. Na verdade,*

52 – *O prazo para a apresentação do pedido de constituição de tribunal arbitral reporta-se a um momento anterior à existência do processo, situando-se fora e aquém do procedimento e, necessariamente, do processo arbitral, cujo início ocorre, face ao disposto no art. 15.º do RJAT, na data da constituição do tribunal arbitral.*

53 – *Dispõe o n.º 1 do artigo 20.º do CPPT, aplicável subsidiariamente ao processo arbitral tributário por força do disposto na alínea a) do n.º 1 do artigo 29.º do RJAT, que "Os prazos do procedimento tributário e de impugnação judicial contam-se nos termos do artigo 279.º do Código Civil."*

2. Pedido de constituição do tribunal arbitral

2.1. Legitimidade, impulso e patrocínio

A arbitragem tributária foi formulada de modo a constituir um direito potestativo dos contribuintes. Nesse sentido, o desencadeamento do processo arbitral em sentido amplo, abrangendo, portanto, o procedimento arbitral, que se inicia precisamente com o pedido ora em análise, está dependente de um "impulso" do interessado. Este "impulso" ou iniciativa se assim se preferir corresponde, nada mais nada menos que o pedido de constituição do tribunal arbitral, efectuado mediante requerimento enviado por via electrónica ao presidente do CAAD – através do seu sítio de internet em http://www.caad.org.pt/ – do qual devem constar os elementos referidos nas alíneas *a)* a *g)* do n.º 2 do artigo 10.º.

Cumpre antes de mais perceber que, na medida em que a arbitragem é um meio alternativo à impugnação judicial, a legitimidade para requerer a constituição do tribunal arbitral será a prevista no artigo 9.º do CPPT *ex vi* artigo 29.º, n.º 1, alínea *a)* do RJAT.

ARTIGO 9.º
Legitimidade

1 – Têm legitimidade no procedimento tributário, além da administração tributária, os contribuintes, incluindo substitutos e responsáveis, outros obrigados tributários, as partes dos contratos fiscais e quaisquer outras pessoas que provem interesse legalmente protegido.

2 – A legitimidade dos responsáveis solidários resulta da exigência em relação a eles do cumprimento da obrigação tributária ou de quaisquer deveres tributários, ainda que em conjunto com o devedor principal.

3 – A legitimidade dos responsáveis subsidiários resulta de ter sido contra eles ordenada a reversão da execução fiscal ou requerida qualquer providência cautelar de garantia dos créditos tributários.

4 – Têm legitimidade no processo judicial tributário, além das entidades referidas nos números anteriores, o Ministério Público e o representante da Fazenda Pública.

Contudo, e como já se referiu acima, por razões de facilitação de leitura far-se-á referência unicamente à figura do *contribuinte* e ou do *sujeito passivo* enquanto parte legítima para o impulso processual. Todavia, esta referência deverá ser sempre entendida como efectuada não só para o contribuinte ou sujeito passivo mas, também, para o substituto ou responsável tributário.

O requerente, *i.e.*, a parte legítima activa no processo arbitral tributário será, assim, o contribuinte, o sujeito passivo, o substituto ou o responsável tributário. Poderão ainda existir casos de legitimidade plural na apresentação do pedido de constituição de tribunal arbitral. Fazem-se aqui referência aos casos de coligação e litisconsórcio. Como se esclareceu em anotação ao artigo 3.º, o *litisconsórcio* distingue-se da *coligação* por naquele existir uma única relação ou situação material controvertida, enquanto que na coligação, à existência de uma pluralidade subjectiva alia-se uma pluralidade objectiva, *i.e.*, há também uma pluralidade de pedidos.

A este propósito note-se que, pelo menos em contencioso tributário, a coligação é, por regra, sempre voluntária. Pelo contrário, o litisconsórcio poderá ser *voluntário* ou *necessário*, sendo que a preterição deste último constituiu excepção dilatória que deverá ser suprida pelo chamamento da parte em falta através do incidente de intervenção principal provocada previsto nos artigos 316.º e seguintes do CPC. Como ensina Remédio Marques, "[o] litisconsórcio necessário é aquela situação de pluralidade de partes (com *unicidade de relação material controvertida*) que é imposta às próprias partes" sendo que "essa imposição pode resultar da lei (*litisconsórcio necessário legal*), de *convenção das próprias partes* (*litisconsórcio necessário convencional*) ou da natureza da própria relação material controvertida (*litisconsórcio necessário natural*)"[248]. Caso típico de litisconsórcio necessário é

---

[248] João Paulo Remédio Marques (2011) *A Acção Declarativa à Luz do Código Revisto*, 386-396.

aquele que vem previsto no artigo 34.º, n.º 1, do CPC, nos termos do qual "devem ser propostas por ambos os cônjuges, ou por um deles com o consentimento do outro, as acções de que possa resultar a perda ou a oneração de bens que só por ambos possam ser alienados ou a perda de direitos que só por ambos possam ser exercidos, incluindo as acções que tenham por objecto, directa ou indirectamente, a casa de morada de família". Contudo, sem que se perceba plenamente o porquê, o n.º 5 do artigo 16.º da LGT, sob a epígrafe "Capacidade tributária", estabelece que "qualquer dos cônjuges pode praticar todos os acto relativos à situação tributária do agregado familiar e ainda os relativos aos bens ou interesses de outro cônjuge, desde que este os conheça e não lhes tenha expressamente oposto". A este respeito, notam Leite de Campos, Benjamim Silva Rodrigues e Lopes de Sousa que o ali preceituado poderá levantar algumas dúvidas na medida em que "é difícil distinguir quais são os actos relativos à situação tributária do agregado familiar e os relativos aos bens ou interesses do outro cônjuge" e ainda "levanta objecções a possibilidade de qualquer dos cônjuges, mesmo quando não disponha de poderes de administração, poder praticar actos relativos aos bens e interesses do outro cônjuge" consubstanciando, assim, uma "interferência nos poderes de administração do outro cônjuge [que] violará o disposto no regime de bens, sem justificação suficiente"[249].

Será então legítimo questionar se no conceito de "actos relativos à situação tributária do agregado familiar" se deverão incluir impugnações judiciais ou acções arbitrais. A jurisprudência parece perfilhar o entendimento de que, por força do n.º 6 do artigo 16.º da LGT, segundo o qual "o conhecimento e a ausência de oposição expressa [do cônjuge] referidas no número anterior presumem-se, até prova em contrário", na falta de oposição expressa do outro, um dos cônjuges terá capacidade tributária para, por si só, participar do procedimento tributário, sem necessidade de fazer intervir o outro[250].

Posto isto, perante a apresentação de um pedido de constituição de tribunal arbitral por um dos cônjuges sem a intervenção do outro o tribunal deverá, à cautela, convidar o Requerente a suprir esta, eventual, irregularidade e, consequentemente, proceder à notificação do cônjuge "ausente" informando-o do processo, a fim de evitar que esta discussão se possa colocar.

---

[249] Diogo Leite de Campos/Benjamim Silva Rodrigues/Jorge Lopes de Sousa (2012) 177.
[250] Veja-se, a este propósito o Acórdão do TCA Norte de 20-10-2011, processo n.º 00342//05.9BEPRT, disponível em http://www.dgsi.pt/.

O sujeito passivo pode estar ou não representado por mandatário judicial. A constituição de mandatário judicial, ou o patrocínio judiciário, poderá ser, em alguns casos, obrigatório. Quando seja obrigatório, o patrocínio judiciário é pressuposto processual e a sua falta consubstancia uma excepção dilatória[251].

Ora, a exigência de constituição de mandatário judicial depende, desde logo, do valor da acção. Esta regra decorre da aplicação subsidiária do disposto no artigo 6.º do CPPT que, sob a epígrafe "Mandato judicial", refere no seu n.º 1 que "é obrigatória a constituição de advogado nas causas judiciais cujo valor exceda o dobro da alçada do tribunal tributário de 1.ª instância, bem como nos processos da competência do Tribunal Central Administrativo e do Supremo Tribunal Administrativo", na redacção que lhe foi dada pela Lei n.º 82-B/2014, de 31 de Dezembro. Dispõe o artigo 105.º da LGT, na redacção que lhe foi dada pela Lei n.º 82-B/2014, de 31 de Dezembro, que a alçada dos tribunais tributários corresponde àquela que se encontra estabelecida para os tribunais judiciais de 1ª instância[252]. Assim, se nos termos do disposto no artigo 44.º, n.º 1 da Lei de Organização do Sistema Judiciário – Lei n.º 62/2013, de 26 de Agosto – a alçada dos tribunais judiciais de 1.ª instância em processo civil é de € 5.000,00, o dobro desse valor ascenderá a € 10.000,00.

Assim, à semelhança da regra aplicável à impugnação judicial, também na arbitragem haverá a obrigatoriedade de constituição de advogado nos processos cujo valor ultrapasse € 10.000,00. Na falta de constituição de advogado nos processos em que esta é obrigatória aplicar-se-á, julga-se, o disposto no artigo 41.º do CPC com as devidas adaptações. Tratando-se de uma excepção dilatória, a sua apreciação e o convite ao aperfeiçoamento – que se materializa, neste caso, na notificação da obrigação de constituição de mandatário – é da competência do tribunal arbitral. É porém importante compreender que a regra do artigo 41.º do CPC foi pensada para os processos judiciais onde existe, na maioria dos casos, uma fase de saneamento e instrução prévia ao julgamento. Deste modo, a prática do CAAD tem ido no sentido de, logo aquando do recebimento do pedido

---

[251] Vejam-se a este propósito os comentários ao artigo 18.º, neste caso, quanto à questão da preterição de mandatário judicial enquanto excepção dilatória.

[252] O legislador, embora tenho alterado o disposto no artigo 105.º da LGT, não procedeu à correspondente alteração ao artigo 6.º do ETAF, continuando o n.º 2 daquele artigo a dispor que "A alçada dos tribunais tributários de corresponde a um quarto da que se encontra estabelecida para os tribunais judiciais de 1.ª instância". O disposto no artigo 105.º da LGT prevalece, porém, sobre o inalterado artigo 6.º, n.º 2 do ETAF – cuja reforma se avizinha e na qual, certamente, será corrigida a discrepância.

de constituição de tribunal arbitral, notificar oficiosamente a parte em falta para constituir advogado dentro de prazo certo.

Refira-se, contudo, que a não constituição de advogado pelo sujeito passivo, antes da constituição do tribunal arbitral não poderá, porém, determinar, como acontece no processo civil, a absolvição da instância, na medida em que não existe, ainda, tribunal arbitral constituído. De facto, só um tribunal arbitral constituído tem competência para declarar a absolvição da instância. Acresce que, a falta de constituição de mandatário judicial quando esta seja obrigatória não é motivo de recusa pela secretaria, *in casu*, pelo CAAD. Deste modo, em respeito pelo princípio da economia processual e dos princípios da colaboração e da boa-fé processuais, ao que se crê a parte notificada pelo CAAD da necessidade de constituição de mandatário deverá providenciar pela sanação desse vício, sendo certo que, não o fazendo, poderá ainda fazê-lo após a constituição do tribunal arbitral, que terá de notificar a parte para essa constituição, ao abrigo do artigo 41.º do CPC, com as devidas adaptações.

Uma última nota para referir que a Lei de Acesso ao Direito e aos Tribunais (Lei n.º 34/2004, de 29 de Julho) é aplicável à arbitragem tributária, podendo o sujeito passivo que preencha os requisitos consagrados na lei, requerer o *apoio judiciário* que inclui, entre outras prerrogativas, a nomeação e o pagamento da compensação de mandatário nos termos do disposto nas alíneas a) e b) do n.º 1 do artigo 16.º[253].

2.2. Requisitos

Para que não se confundam conceitos, insista-se que o pedido de constituição do tribunal arbitral é, na prática, um requerimento electrónico disponível no sítio do CAAD (http://www.caad.org.pt/). A utilização da aplicação informática do CAAD, para envio do pedido de constituição do tribunal arbitral pressupõe o registo prévio na página oficial daquele Centro de Arbitragem. Em boa verdade, a informatização deste requerimento veio facilitar, em muito, o cumprimento dos requisitos – enunciados no n.º 2 do artigo 10.º e que de seguida se elucidará – na medida em que o formulário *on-line* exige o preenchimento de determinados campos, designadamente os que aqui serão referidos[254].

---

[253] Sobre esta matéria veja-se o ponto 6. da anotação ao artigo 12.º.

[254] Para informações mais pormenorizadas deste requerimento electrónico veja-se Nuno Villa-Lobos/Mónica Brito Vieira (2013) *Guia da Arbitragem Tributária*, 63-80.

Refere-se desde logo na alínea *a)* que do pedido deve constar a identificação do sujeito passivo, incluindo o número de identificação fiscal, e do serviço periférico local do seu domicílio ou sede ou, no caso de coligação de sujeitos passivos – possível, como se viu, nos termos do n.º 1 do artigo 3.º – deve constar a identificação do serviço periférico local do domicílio ou sede do sujeito identificado em primeiro lugar no pedido.

Deve ainda identificar-se, nos termos da alínea *b)*, qual o acto ou actos tributários objecto do pedido de pronúncia arbitral[255]. De facto, como se julga ter deixado claro mesmo quando ao processo arbitral tenha antecedido um procedimento administrativo – seja ele uma reclamação graciosa, um recurso hierárquico, um pedido de revisão oficioso ou outro –, o acto tributário objecto do pedido de pronúncia arbitral é o acto de anteriormente reclamado, recorrido ou revisto e não a própria decisão de reclamação, de recurso ou de pedido de revisão. Trata-se do reflexo da posição sufragada pelo STA no já referido Acórdão de 18 de Maio de 2011, proferido no âmbito do processo n.º 0156/11, no qual se afirmou que "o objecto real da impugnação é o acto de liquidação e não o acto que decidiu a reclamação, pelo que são os vícios daquela e não deste despacho que estão verdadeiramente em crise" e que "a impugnação não está, por isso, limitada pelos fundamentos invocados na reclamação graciosa, podendo ter como fundamento qualquer ilegalidade do acto tributário", a que já se aludiu.

Além da identificação do acto, ou actos, objecto do pedido de pronúncia arbitral, dispõe a alínea *c)* que deve ainda ser identificado o pedido de pronúncia arbitral, constituindo fundamentos deste pedido os previstos no artigo 99.º do CPPT e, bem assim, a exposição das questões de facto e de direito objecto do referido pedido de pronúncia arbitral. Vejam-se em primeiro lugar os fundamentos do pedido de pronúncia para mais tarde se descortinar a razão de ser da necessidade de, no requerimento de apresentação do pedido de pronúncia arbitral, constar a exposição das questões de facto e de direito objecto do referido pedido.

Nos termos do disposto no artigo 99.º do CPPT são fundamentos da impugnação, e, defende-se, por remissão expressa da alínea *c)* do n.º 2 deste artigo 10.º, do pedido de pronúncia arbitral, qualquer ilegalidade, designadamente, a erró-

---

[255] Para este efeito, é de relembrar o referido na anotação ao n.º 1, e às alíneas *a)* e *b)* do artigo 2.º segundo as quais podem ser submetidos à arbitragem, *grosso o modo*, os actos de liquidação – seja ela simples, oficiosa ou adicional –, os actos de autoliquidação, de retenção na fonte e de pagamento por conta e os actos de determinação da matéria colectável, tributável ou de fixação de valores patrimoniais por métodos directos.

nea qualificação e quantificação dos rendimentos, lucros, valores patrimoniais e outros factos tributários; a incompetência; a ausência ou vício da fundamentação legalmente exigida; e a preterição de outras formalidades legais. A bem da economia da presente anotação e tendo em especial consideração a aplicação directa do disposto no artigo 99.º CPPT à arbitragem, remete-se para a jurisprudência e Doutrina que se têm debruçado sobre este preceito[256].

À primeira vista, poderia concluir-se que o pedido de constituição do tribunal arbitral e o pedido de pronúncia arbitral se confundem, por se encontrarem intrinsecamente ligados, o que significaria que o pedido de constituição do tribunal arbitral seria já a petição inicial da arbitragem em sentido material. Contudo, a prática veio demonstrar que esse entendimento não pode, de todo, prevalecer. É, portanto, necessário reter que pedido de constituição do tribunal arbitral e pedido de pronúncia arbitral são coisas distintas. Como acima se referiu, o *pedido de constituição do tribunal arbitral* materializa-se no preenchimento de um requerimento electrónico que será dirigido ao presidente do CAAD. Desse requerimento electrónico deve constar obrigatoriamente, entre outros elementos elencados nas alíneas do n.º 2 do artigo 10.º, o pedido de pronúncia arbitral. Esse *pedido de pronúncia arbitral* é, este sim, a verdadeira petição inicial em sentido material, sendo, *inclusive*, essa, a designação utilizada no formulário *on-line* quando se solicita ao utilizador que anexe o pedido de pronúncia arbitral[257]. Assim, o pedido de pronúncia arbitral é um documento autónomo que deve ser anexado electronicamente, claro está, ao pedido de constituição do tribunal arbitral. É do pedido de pronúncia arbitral porém que devem então constar as questões de facto e de direito que o fundamentam, não fosse esse pedido uma verdadeira petição inicial. A petição inicial da arbitragem, onde constam os fundamentos de facto e de direito que motivam a pretensão do sujeito passivo, onde consta o pedido e a causa de pedir, é, portanto, anexa ao pedido de constituição de tribunal arbitral.

A questão que se coloca agora é a de saber quais dos intervenientes é que têm acesso ao *pedido de constituição do tribunal arbitral* e ou ao *pedido de pronúncia*.

Recorde-se que uma vez entregue o primeiro, o qual tem em anexo o segundo, quer o(s) árbitro(s) a designar, quer a Administração Tributária deveriam ter acesso a ambos os documentos. Aqueles para efeitos de aferição de compati-

---

[256] Veja-se, nomeadamente Jorge Lopes de Sousa (2011) *vol. II*, 107-130.
[257] Como se pode ver da reprodução disponibilizada pelo CAAD em Nuno Villa-Lobos/ Mónica Brito Vieira (2013) 77.

bilidades e impedimentos e esta para efeitos de análise do acto tributário em discussão e de possível ponderação da sua manutenção na ordem jurídica.

Isto não significa, porém, que os "potenciais" árbitros tenham acesso ao pedido de pronúncia arbitral antes de aceitarem a designação. Em bom rigor, o que o n.º 3 do artigo 10.º determina é que o presidente do CAAD dê conhecimento à Administração do pedido de *constituição do tribunal arbitral*, nada se dizendo quanto à notificação dos árbitros. Na prática, o que os árbitros a designar irão receber para efeitos da aceitação (ou não aceitação) é a informação sumariada do sujeito passivo que vem impugnar um determinado acto, a identificação desse acto, o montante em causa, o comprovativo de pagamento da taxa de arbitragem e o número de documentos anexados pelo sujeito passivo no seu requerimento inicial. O que recebem é então o pedido de constituição do tribunal arbitral e não o pedido de pronúncia. Antes da aceitação da designação como árbitro este(s) não têm, pois, acesso à verdadeira pretensão do contribuinte ficando, ao que se julga, tolhida a aceitação "consciente" da designação isto porque aquando da tomada de decisão – de aceitação ou de rejeição – tudo porque ao não terem acesso à causa de pedir e respectivos fundamentos não conseguem saber, por exemplo, se já se pronunciaram publicamente a favor ou contra algum dos argumentos invocados pelo sujeito passivo. Esta questão toma especial relevância ao se pensar na panóplia de incompatibilidades ou impedimentos a que os árbitros estão adstritos para efeitos do artigo 8.º. Como esta matéria foi já objecto de análise aquando do comentário a este artigo é para lá que se remete. No caso dos árbitros, poderá *inclusive* suceder que os elementos formalmente constantes do pedido de constituição do tribunal arbitral não sejam suficientes para determinar se existe ou não uma qualquer situação de impedimento.

Admite-se, contudo, que existem prós e contras à solução apontada. O legislador optou, assim, por privilegiar a segurança do contribuinte, não divulgando o verdadeiro conteúdo do seu *pedido de pronúncia arbitral* se não quando já se encontre constituído um tribunal arbitral para resolução do litígio em concreto.

No caso da Administração Tributária, e pese embora esta seja unicamente notificada do pedido de constituição do tribunal arbitral a verdade é que na prática com esta notificação a Administração Tributária tem automaticamente acesso à plataforma do CAAD onde é disponibilizado o pedido de pronúncia arbitral e, bem assim, os respectivos documentos.

Em boa verdade, esta prática implica que haja o conhecimento antecipado pela Administração Tributária dos argumentos de facto e de direito que constituem o pedido e a causa de pedir e que servem de fundamento à pretensão do sujeito passivo. Por um lado pode questionar-se o sentido desta antecipação, porquanto o sujeito passivo está a mostrar à Administração Tributária quais os fundamentos de facto e de direito que o movem. Pode haver quem considere que estrategicamente o sujeito passivo fica desprotegido porquanto não há ainda tribunal arbitral constituído – e não é este requerimento que despoleta a sua constituição mas sim a notificação às partes dos árbitros designados, e na medida em que estas não se oponham no prazo de 10 dias, de acordo com o disposto no artigo 11.º, n.º 8. Por outro lado esta obrigação percebe-se à luz do disposto no artigo 13.º e pode resumir-se na faculdade de, no prazo de 30 dias a contar do conhecimento do requerimento de constituição do tribunal arbitral, o dirigente máximo do serviço da Administração Tributária poder, caso considere adequado, repor a legalidade procedendo à revogação, ratificação, reforma ou conversão do acto tributário cuja ilegalidade está a ser suscitada praticando, quando necessário, o acto substitutivo. Arrisca-se a afirmar que este mecanismo de antecipação dos argumentos de facto e de direito que fundamentam o pedido sem que a instância esteja constituída consubstancia uma segunda oportunidade para a Administração Tributária olhar para o acto tributário sob o ponto de vista dos argumentos aduzidos pelo sujeito passivo e, caso considere adequado, e ainda numa fase pré contenciosa, repor a legalidade, indo no todo ou em parte ao encontro da pretensão do sujeito passivo. Quanto ao desenvolvimento desta questão do "direito ao arrependimento" da Administração Tributária antes da constituição do tribunal arbitral vejam-se também os comentários ao artigo 13.º.

Além do pedido de pronúncia arbitral, insista-se, uma verdadeira petição inicial em sentido material, o sujeito passivo deve ainda juntar, nesta fase, os *elementos de prova dos factos indicados* e, bem assim, proceder à *indicação dos meios de prova a produzir*, nos termos da alínea d), devendo ainda indicar *o valor da utilidade económica do pedido*, tal como disposto na alínea e).

A indicação do valor da utilidade económica do pedido segue regras diferentes consoante o sujeito passivo pretenda a discussão da (i)legalidade de actos referidos na alínea a) do n.º 1 do artigo 2.º, ou de actos a que respeita a alínea b) do n.º 1 do artigo 2.º. Com efeito, dita o artigo 3.º do *Regulamento de Custas nos Processo de Arbitragem Tributária* do CAAD (*Regulamento de Custas*) que o valor da causa é determinado nos termos do artigo 97.º-A do CPPT, excepto nos casos previstos na alínea b) do n.º 1 do artigo 2.º do RJAT[258].

---

[258] O n.º 3 do artigo 3.º do *Regulamento de Custas* faz ainda referência à alínea c) do n.º 1 do artigo 2.º do RJAT, revogada pelo artigo 161.º da Lei n.º 64-B/2011, de 30 de Dezembro. Em boa

Pelo exposto, quando o acto cuja (i)legalidade se pretende discutir é um acto de liquidação, de autoliquidação, de retenção na fonte ou de pagamento por conta, o valor da utilidade económica do pedido é o valor da importância cuja anulação se pretende, nos termos da alínea *a*) do n.º 1 do artigo 97.º-A do CPPT *ex vi* artigo 3.º, n.º 2 do *Regulamento de Custas*. Se o acto cuja (i)legalidade se pretende ver arbitralmente apreciada for um acto de fixação de valores patrimoniais ou de determinação da matéria colectável ou tributável, o valor da utilidade económica do pedido é o valor da liquidação a que o sujeito passivo pretende obstar, ao abrigo do disposto no n.º 3 do artigo 3.º do *Regulamento de Custas*[259].

Esta indicação do valor da utilidade económica do pedido irá ser importante para dois aspectos.

Um primeiro, para aferir a competência do tribunal, ou seja, para no caso de o sujeito passivo não optar por designar árbitro nos termos da alínea *b*) do n.º 2 do artigo 6.º aferir da necessidade de tribunal colectivo ou singular. Um segundo, para pautar o valor a pagar a título de taxa de arbitragem inicial ou de taxa de arbitragem conforme se terá oportunidade de observar em anotação ao artigo 12.º.

Note-se, porém, que o facto de valor da utilidade económica do pedido importar não só à competência do tribunal arbitral, singular ou colectivo, como à fixação das custas de arbitragem, poderá levantar algumas dúvidas e problemas de ordem prática, relacionadas com eventuais alterações àquele valor. A complexidade da temática merece, porém, uma análise separada, a qual será objecto do ponto seguinte.

---

verdade, o CAAD poderia ter aproveitado as alterações introduzidas a diversas disposições regulamentares em 3 de Setembro de 2012, para eliminar também a referência à alínea *c*) do artigo 2.º, n.º 1 do RJAT no artigo 3.º do *Regulamento de Custas*.

[259] Seguindo-se as normas do artigo 97.º-A, n.º 1 do CPPT, o valor da utilidade económica do pedido nos casos referidos na alínea *b*) do n.º 1 do artigo 2.º do RJAT seria, em rigor, o correspondente ao valor contestado. Compreenda-se que os valores são, de facto diferentes. Uma coisa é o valor que resulta, *e.g.*, da determinação da matéria tributável; coisa diversa é o valor da liquidação que decorrerá dessa determinação na medida em que, como se sabe, a liquidação é operação através da qual se aplica a taxa de imposto à matéria tributável, apurando-se então o valor devido pelo contribuinte. Deste modo, para os casos previstos na alínea *b*) do n.º 1 do artigo 2.º do RJAT, o valor da utilidade económica do pedido é o da liquidação a que o sujeito passivo, no todo ou em parte, pretende obstar, *i.e.* do futuro acto de liquidação.

Por último, o sujeito passivo deverá neste requerimento deixar logo claro se opta pela constituição do tribunal arbitral *especial*[260], manifestando desde logo a intenção de designar árbitro nos termos da alínea *b)* do n.º 2 do artigo 6.º – e indicando-o efectivamente, nos termos do disposto no artigo 11.º, n.º 2 –, ou se, pelo contrário, opta pelo tribunal arbitral *comum*, o que sucederá caso nada diga a este respeito no requerimento. É perante o exercício, ou não, desta opção que o sujeito passivo fica obrigado a entregar o comprovativo do pagamento da taxa de arbitragem, caso o sujeito passivo manifeste a intenção de designar o árbitro, ou a entregar o comprovativo do pagamento da taxa de arbitragem inicial – que corresponde a 50% da taxa de arbitragem –, nos casos em que o sujeito passivo não tenha optado por designar árbitro. Estas regras resultam de uma leitura conjugada não só do disposto na alínea *g)* e *f)* deste n.º 2 do artigo 10.º mas também do previsto nos artigos 6.º e 12.º do RJAT e do *Regulamento de Custas* – e que melhor se compreenderão no comentário ao artigo 12.º.

A respeito dos requisitos do pedido de constituição do tribunal arbitral, elencados nas alíneas do n.º 2 do artigo 10.º, compreenda-se que uma coisa é a verificação dos pressupostos legalmente exigidos, outra é o conhecimento e verificação legal do conteúdo substancial ou material dos elementos elencados nas alíneas.

Ora, para a verificação dos pressupostos exigidos nas alíneas do n.º 2 do artigo 10.º é competente o CAAD. Significa isto que o CAAD deve verificar se o sujeito passivo entregou, anexou ou preencheu, consoante o caso, todos os elementos legalmente exigíveis.

Contudo, é ao tribunal arbitral constituído que compete a avaliação e o conhecimento substancial ou material do pedido e dos elementos dele constantes. A questão coloca-se em especial no que respeita aos documentos probatórios anexos ao pedido. Recorra-se a um exemplo prático para melhor compreender a questão.

---

[260] Recorde-se que, em anotação ao artigo 5.º, se defendeu a divisão dos tribunais arbitrais em tribunais arbitrais *comuns* e *especiais*, sendo *comuns* aqueles que são constituídos ao abrigo do n.º 1 e da alínea *a)* do n.º 2 do artigo 6.º – ou seja, em que a designação do(s) árbitro(s) compete ao Conselho Deontológico, de entre a lista de árbitros que compõem o CAAD –; e *especiais* aqueles que são constituídos nos termos da alínea *b)* do n.º 2 do artigo 6.º – ou seja, em que a designação dos dois primeiros árbitros, por opção do sujeito passivo, compete às partes, cabendo a designação do árbitro-presidente aos dois primeiros.

Caso 1: O sujeito passivo indica anexar 3 documentos, anexando, porém, apenas 2.

Caso 2: O sujeito passivo refere no seu pedido de pronúncia arbitral que o acto tributário contestado é um acto de liquidação de IMI no valor de € 2.000,000,00 e anexa um documento de IMT no valor de € 400.00,00.

No *caso 1*, o CAAD tem competência para notificar o sujeito passivo, advertindo-o de que, embora tenha pretendido anexar 3 documentos, anexou apenas 2.

No *caso 2*, uma vez que o CAAD não pode conhecer do conteúdo do pedido de pronúncia arbitral, nem tampouco, dos documentos probatórios anexos ao pedido, só o tribunal arbitral poderá dar conta do (eventual) erro material em causa e, se assim o entender, convidar a parte a corrigi-lo.

Em suma, o CAAD não pode aceder aos documentos anexados pelo sujeito passivo. Só tomará conhecimento da informação sumária que o sujeito passivo preencheu *on-line* nos respectivos campos do requerimento de constituição de tribunal arbitral. Assim, o conhecimento de eventuais erros materiais do pedido de pronúncia arbitral compete única e exclusivamente ao tribunal arbitral constituído. Sendo que a desculpabilidade ou não do erro, ou a sanabilidade ou não do vício, deverá ser analisada casuisticamente em função do tribunal poder, ou não, qualificar o erro como um erro material para efeitos civis[261].

2.2.1. Alterações ao valor da utilidade económica do pedido

Como se referiu acima, o sujeito passivo terá de indicar logo no pedido de constituição de tribunal arbitral, o valor da utilidade económica do seu pedido da pronúncia arbitral. Referiu-se também que esta indicação do valor da utilidade económica do pedido é importante para aferir: (1) a competência do tribunal arbitral e (2) o valor a pagar a título de taxa de arbitragem inicial ou de taxa de arbitragem.

A competência do tribunal arbitral em função do valor foi já objecto de análise no comentário ao artigo 5.º. Ali esclareceu-se, então, que os tribunais arbitrais poderão funcionar com árbitro singular ou com a intervenção de um

---

[261] Nos termos gerais de Direito há erro material quando existe uma divergência entre o que foi escrito e aquilo que se queria ter escrito, entre a vontade real e a declarada. No caso específico da junção de documentos, o erro consiste em se inserir no requerimento electrónico, um documento que não se queria ter inserido, nem tampouco o que se identificou no pedido de pronúncia arbitral.

colectivo de três árbitros, nos termos do n.º 1 do artigo 5.º. Quando o sujeito passivo opte por designar árbitro, o que o faz também no requerimento de constituição de tribunal arbitral, como se viu no ponto anterior, o tribunal funciona sempre em colectivo, conforme o disposto na alínea b) do n.º 3 do artigo 5.º. Será então apenas quando o sujeito passivo não exerça essa prorrogativa que o tribunal arbitral poderá funcionar como tribunal singular, e apenas na medida em que o valor do pedido não ultrapasse duas vezes o valor da alçada do TCA, i.e., não ultrapasse € 60.000,00, nos termos do disposto no artigo 5.º, n.º 2. Nos restantes casos, ou seja, quando o sujeito passivo não designe árbitro e o valor do pedido ultrapasse duas vezes o valor da alçada do TCA, o tribunal arbitral funciona como tribunal colectivo, competindo a designação de todos os seus árbitros ao Conselho Deontológico do CAAD, ao abrigo do disposto na alínea a) do n.º 3 do artigo 5.º e no artigo 6.º, n.º 2, alínea a).

Deste modo, constata-se que a relevância do valor da utilidade económica do pedido para aferir se o tribunal arbitral há-de funcionar como singular ou como colectivo, será apenas nos casos em que o sujeito passivo opte por não designar árbitro, ou seja, naqueles casos em que se está perante o que se denominou de "tribunal comum".

Quanto às custas, ou melhor, quanto à fixação da taxa de arbitragem, ver-se-á em anotação ao artigo 12.º que, nos termos dos artigos 4.º e 5.º da Tabela I e II do *Regulamento de Custas*, o valor da taxa de arbitragem inicial ou da taxa de arbitragem a pagar variará consoante o intervalo ou "escalão" correspondente ao valor da utilidade económica do pedido. Com efeito, nos termos do n.º 1 do artigo 3.º do *Regulamento de Custas*, a taxa de arbitragem é calculada em função do valor da causa e do modo de designação do(s) árbitro(s). Para um maior desenvolvimento nesta matéria vejam-se os comentários ao artigo 12.º.

Esclareceu-se ainda no ponto anterior, que a determinação do valor da utilidade económica do pedido segue as regras previstas no artigo 97.º-A do CPPT – quando se trate da impugnação de actos de liquidação, de autoliquidação, de retenção na fonte ou de pagamento por conta –, ou no artigo 3.º, n.º 3 do *Regulamento de Custas* – quando se trate de acto de fixação de valores patrimoniais ou de determinação da matéria colectável ou tributável.

Feita esta introdução, a questão que aqui será analisada prende-se com eventuais alterações ao valor da utilidade económica do pedido que possam surgir na pendência do processo arbitral ou mesmo aquando do proferimento da decisão arbitral, aludindo-se ainda às situações em que houve um erro na determinação do valor pelo sujeito passivo. Essas alterações poderão, portanto, ter consequências ao nível da competência dos tribunais arbitrais comuns – podendo determinar que um tribunal arbitral singular que era *a priori* competente deixe de o ser, e *vice-versa* – e ao nível das custas – na medida em que o sujeito passivo pagou uma taxa de arbitragem ou uma taxa de arbitragem inicial que, a final, poderá não corresponder ao valor efectivamente devido tendo em consideração o pedido. Os efeitos da alteração do valor da utilidade económica do pedido não são, contudo, idênticos para questões de competência e para questões de custas. Afigura-se, por isso, pertinente um tratamento separado de ambas as questões.

Antes, porém, delimitem-se os casos em que poderá equacionar-se uma alteração ao valor da utilidade económica do pedido e que, ao que se julga, são três.

Assim, a alteração do valor da utilidade económica do pedido poderá resultar, em teoria, de:

(1) *Alteração objectiva sucessiva da instância*, i.e., alteração do objecto do processo arbitral já após a constituição do tribunal arbitral, incluindo-se aqui os casos de *redução do objecto* – ou porque *(a)* o sujeito passivo desistiu de parte do pedido ou de um dos pedidos em cumulação; ou porque *(b)* a Administração Tributária revogou parte do acto cuja legalidade se discutia ou um dos actos em cumulação[262] – e os casos de *ampliação do objecto* por cumulação sucessiva;

(2) *Cumulação inicial em que um dos pedidos é genérico*. Aqui referem-se aquelas situações em que o sujeito passivo cumula, com o pedido de anulação de um determinado acto tributário que é certo e líquido, um outro pedido que, sendo genérico, não está ainda liquidado nem foi quantificado pelo sujeito passivo. Exemplos destes pedidos genéricos são o pedido de condenação em indemnização por garantia indevidamente prestada em processo de execução fiscal e o pedido de condenação no pagamento de juros indemnizatórios;

(3) *Erro na determinação e/ou indicação do valor da utilidade económica do pedido*. Aqui é especialmente de recordar que, sendo o valor indicado pelo sujeito passivo logo no pedido de constituição do tribunal arbitral, será então este que determinará, nos tribunais arbitrais ditos comuns, a formação singular ou colectiva do tribunal.

---

[262] Situação que poderá ocorrer por força do "direito ao arrependimento" previsto no artigo 13.º n.º 1 para cujos comentários se remete.

Perante estas três situações, distingam-se primeiro as consequências práticas que, ao que se julga, deverão decorrer, ao nível da competência para depois se analisarem as que decorrerão ao nível das custas do processo arbitral.

Consequências ao nível da competência, i.e., no que respeita à composição singular ou colectiva do tribunal

A presente análise irá então incidir sobre aquelas situações em que uma potencial alteração do valor da utilidade económica do pedido poderá determinar a incompetência do tribunal arbitral comum, constituído como singular ou como colectivo, na medida em que, daquela alteração, resulte um valor superior ou inferior a duas vezes o valor da alçada do TCA, *i.e.*, a € 60.000,00.

Perante uma alteração objectiva sucessiva da instância, a resposta à questão colocada será desde logo diferente consoante se esteja perante aqueles casos referidos de redução do objecto ou de ampliação do mesmo por cumulação sucessiva.

Nos casos de *redução do objecto do processo* por força de *(a)* desistência de parte do pedido ou desistência de um dos pedidos em cumulação por parte do sujeito passivo; ou de *(b)* revogação de parte do acto ou de um dos actos cuja legalidade se discute por parte da Administração Tributária, a solução passa pela aplicação subsidiária dos critérios de fixação do valor da causa constantes do CPC. Com efeito, não há dúvida de que os artigos 296.º e seguintes do CPC poderão, em determinados casos, complementar aquela disposição, a título de direito subsidiariamente aplicável.

Ora, nos termos do artigo 299.º, n.º 1, do CPC, "[n]a determinação do valor da causa, deve atender-se ao momento em que a acção é proposta (...)". Deste modo, ainda que de uma eventual redução do objecto do processo pudesse resultar, em teoria, uma incompetência *a posteriori* do tribunal arbitral colectivo, sendo então competente um tribunal singular, na medida em que o momento atendível para determinação do valor da causa é o momento em que o pedido de constituição do tribunal arbitral é entregue, a alteração para menos do valor da utilidade económica do pedido é irrelevante. À mesma conclusão se chegaria por aplicação da máxima *a maiori, ad minus*. Tudo porque, em bom rigor, a exigência do tribunal colectivo nos processos em que o valor da causa ultrapasse os € 60.000,00 legalmente impostos, prende-se com razões de segurança jurídica e de atribuir mais confiança às decisões em que o valor é mais elevado e, por conseguinte, está inerente um maior risco.

Já nos casos de *ampliação do objecto do processo*, mormente por *cumulação sucessiva* a solução passa necessariamente por outra ordem de raciocínio. Repare-se, desde logo, que nestes casos, a haver implicações ao nível da competência, não se estará perante uma alteração "de mais para menos", mas sim o inverso. Com efeito, uma ampliação do objecto do processo poderá determinar, caso a cumulação dos pedidos venha a ultrapassar duas vezes a alçada do TCA, uma incompetência do tribunal singular, sendo competente, na verdade, um tribunal colectivo. Neste caso, a regra do 299.º do CPC não poderá prevalecer, até por uma razão muito simples: a incompetência do tribunal arbitral funciona, como se viu em anotação ao artigo 3.º para onde se remete, como obstáculo à cumulação (e à coligação).

Assim, nestes casos não haverá sequer uma alteração do valor da utilidade económica do pedido, desde logo porque a ampliação não será possível.

O segundo grupo de casos que acima se identificou, diz respeito à cumulação inicial de pedidos em que um desses pedidos é genérico, ou seja, incerto e ilíquido. A este propósito identificaram-se como exemplos os casos em que o sujeito passivo cumula, com a anulação ou declaração de ilegalidade de um dado acto tributário, um pedido de condenação por garantia indevidamente prestada ou pedido de condenação no pagamento de juros indemnizatórios.

Repare-se que nestes casos o valor da utilidade económica do pedido indicado pelo sujeito passivo no pedido de constituição do tribunal arbitral será determinado, as mais das vezes, apenas por referência ao acto tributário cuja (i)legalidade o contribuinte pretende ver apreciada. Essa determinação seguirá então as regras previstas no n.º 1 do artigo 97.º-A do CPPT ou do n.º 3 do artigo 3.º do *Regulamento de Custas*, que se identificaram no ponto anterior. A indemnização por garantia indevidamente prestada e, bem assim, os juros indemnizatórios devidos, não são, na sua grande maioria se não mesmo na totalidade dos casos, quantificados pelo sujeito passivo. Será então aquando da decisão, e na medida em que o tribunal arbitral dê procedência ao pedido de anulação do acto tributário, claro está, que os pedidos serão tornados certos e líquidos.

Pelo exposto, ainda que a competência de um determinado tribunal singular resultasse, em teoria, apenas de "parte" do pedido do contribuinte – aquele que é certo e líquido –, podendo a condenação no pagamento de juros indemnizatórios ou de indemnização por garantia indevidamente prestada em processo de execução fiscal determinar, em abstracto, que fosse competente um tribunal colectivo, não se pode, em bom rigor, identificar aqui uma incompetência *a posteriori* do tribunal arbitral. Esta conclusão resulta também da aplicação a estes casos da regra do artigo 299.º, n.º 1, do CPC, através da qual "[n]a determinação do valor da causa, deve atender-se ao momento em que a acção é proposta (...)".

Chega-se assim ao terceiro grupo de casos, aqueles em que o sujeito passivo comete um *erro na determinação ou identificação do valor da utilidade económica do pedido*. Esta questão revela-se, na verdade, mais melindrosa que as anteriores, na medida em que a solução não se encontra na lei, nem no RJAT, nem nos artigos 296.º e seguintes do CPC, nem no próprio artigo 97.º-A do CPPT.

No limite, o que poderá suceder nestes casos é que o sujeito passivo indique, ou por *negligência* ou por *dolo*, um valor inferior a duas vezes a alçada do TCA, *i.e.*, inferior a € 60.000,00.

Certo é, porém, que, ao contrário do que se defendeu para o primeiro grupo de situações, não se pode aqui permitir que o valor indicado erroneamente pelo sujeito passivo fixe definitivamente a competência do tribunal, singular ou colectivo. O tribunal arbitral terá, por conseguinte, o dever de *ex officio*, corrigir o erro no valor da utilidade económica do pedido. Questiona-se então, o que se seguirá à correcção daquele valor se dessa correcção decorrer a incompetência de um tribunal singular ou de um tribunal colectivo, determinando, por esta razão, a competência do tribunal sob a outra forma de composição. Julga-se que, antes de mais, o tribunal deverá, casuisticamente, aferir a desculpabilidade do erro. Depois, deverão distinguir-se as seguintes situações: ou *(a)* o sujeito passivo indicou, erradamente, um valor inferior a € 60.000,00, sendo superior o valor real, de acordo com o disposto no artigo 97.º-A do CPPT ou no n.º 3 do artigo 3.º do *Regulamento de Custas*, o que determina, portanto que um tribunal constituído como singular, deveria, na verdade ser um tribunal colectivo; ou *(b)* o sujeito passivo indicou, erradamente, um valor superior a € 60.000,00, sendo inferior o valor real, o que determina que um tribunal constituído como colectivo deveria, na verdade, ter sido constituído como singular.

Insista-se, antes de mais, que nas situações que ora se questionam, está-se sempre perante tribunais arbitrais comuns, ou seja, perante tribunais em que o sujeito passivo optou por não designar árbitro, na medida em que só nestes o valor da utilidade económica do pedido é determinante para aferir se a composição do tribunal segue a forma singular ou colectiva.

Em qualquer uma das situações, *(a)* ou *(b)*, resulta, em rigor, uma incompetência sucessiva do tribunal arbitral. Resta saber se este vício será ou não sanável.

Nas situações identificadas em *(a)*, o vício será sanável, ao que se crê, na medida em que o Conselho Deontológico poderá facilmente designar os dois árbitros em falta para composição do colectivo. Não há, pois, razão para que não se mantenha a instância arbitral.

Nas situações identificadas em *(b)* poder-se-ia dizer, à primeira vista, que uma manutenção da instância arbitral seria impraticável, na medida em que a "passagem" de um tribunal colectivo para um tribunal singular implicaria uma "divisão" do tribunal arbitral ou, no limite, uma "escolha" sobre qual dos três árbitros se mantém, formando então o tribunal singular. A incompetência não poderia ser, seguindo-se este entendimento, suprida, o que implicaria o proferimento de uma decisão de incompetência pelo tribunal, com os efeitos previstos no n.º 3 do artigo 24.º.

Contudo, se acima se defendeu, a propósito da redução do objecto do processo, a aplicação da máxima *a maiori, ad minus*, julga-se que, também aqui, terá aplicação essa máxima. Com efeito, na medida em que o julgamento arbitral perante tribunal colectivo só trará mais garantias a qualquer uma das partes e atribuirá maior legitimidade à decisão arbitral proferida. Pelo exposto, defende-se esta última solução segundo a qual o tribunal arbitral colectivo mantém-se competente para decidir.

Consequências ao nível das custas, i.e., taxa de arbitragem a pagar pelo sujeito passivo
Questão diferente da que se analisou acima é saber quais as consequências de uma potencial alteração no valor da utilidade económica do pedido ao nível das custas do processo, ou melhor, ao nível da taxa de arbitragem a pagar pelo sujeito passivo. Isto, independentemente das considerações acima tecidas sobre a eventual incompetência do tribunal arbitral já constituído. Dito de outro modo, a alteração do valor da utilidade económica do pedido, ainda que não implique uma suposta alteração da competência do tribunal, poderá determinar uma alteração no valor da taxa de arbitragem. Tudo porque, como se pode confirmar do disposto nas Tabelas I e II do *Regulamento de Custas*, o valor da taxa de arbitragem ou taxa de arbitragem inicial a liquidar está dividida por intervalos de valor, ou por "escalões". A questão que ora se coloca poderá *inclusive* ocorrer quer perante tribunais arbitrais comuns, quer perante tribunais arbitrais especiais.

O primeiro grupo de casos que se identificou *supra* diz respeito a potenciais alterações objectivas sucessivas da instância, sendo também diferente a solução encontrada consoante se esteja perante uma redução ou uma ampliação do objecto do processo arbitral.

Nos casos de *redução do objecto do processo* referidos, a solução será diferente em função da *razão* da redução. Entenda-se que conforme se deixou exposto são duas a causas para haver redução do pedido. Uma "imputável" ao sujeito passivo que desistiu de parte do pedido ou de um dos pedidos em cumulação. Outra "não imputável" ao sujeito passivo e que sucederá nos casos em que a Administração Tributária revogou parte do acto cuja legalidade se discutia ou um dos actos em cumulação[263].

No primeiro caso a solução será idêntica à que se apontou quanto à competência. Assim, por força do disposto no artigo 299.º, n.º 1, do CPC, ainda que de uma eventual redução do objecto do processo resulte, em abstracto, uma redução da taxa de arbitragem a pagar pelo contribuinte, na medida em que o momento atendível para determinação do valor da causa é o momento em que o pedido de constituição do tribunal arbitral é entregue, a alteração para menos do valor da utilidade económica do pedido é irrelevante. E é irrelevante desde logo porque o motivo da redução é alheio à Administração Tributária. Até porque, nos termos do artigo 4.º, n.º 6 do *Regulamento de Custas*, "[p]ara além dos casos expressamente previstos neste regulamento, não há lugar a reembolso, devolução ou compensação, a qualquer título".

No segundo caso, nem o RJAT nem o *Regulamento de Custas* indicam, de acordo com o que se pensa, qual o procedimento a adoptar nestas situações. A este propósito chama-se uma vez mais à colação o disposto no artigo 4.º, n.º 6 do *Regulamento de Custas*, segundo o qual não há lugar a reembolso, devolução ou compensação a qualquer título para além dos casos previstos naquele *Regulamento*. Parece então que a lei determina que o sujeito passivo não terá direito ao reembolso da quantia paga em excesso independentemente da razão de ser da redução do pedido. Porém, crê-se que a ser esta a solução legal ela seria incoerente. Na verdade, se se defende, como se verá já de seguida, que quando o sujeito passivo indique, por erro, um valor inferior ao que resultaria da aplicação das regras do artigo 97.º-A, n.º 1 do CPPT ou do n.º 3 do artigo 3.º do *Regulamento de Custas*, pagando por isso menos taxa de arbitragem, terá, uma vez corrigido o erro pelo tribunal, que liquidar a taxa de arbitragem remanescente, não se pode agora defender que, quando o sujeito passivo pague e a Administração Tributária reduza o objecto do pedido reduzindo-se, consequentemente, o valor da utilidade económica do mesmo, não haja lugar ao reembolso ou devolução desse excesso. Assim, julga-se que o tribunal arbitral deverá oficiosamente proceder notificação do CAAD para a devolução da taxa de arbitragem ou taxa de arbitra-

---

[263] Situação que poderá ocorrer por força do "direito ao arrependimento" previsto no artigo 13.º n.º 1 para cujos comentários se remete.

gem inicial paga em excesso devendo o *Regulamento de Custas* ser ajustado para o efeito[264].

Já nos casos de *ampliação do objecto do processo*, mormente por *cumulação sucessiva* admissível apenas na medida em que não implique a incompetência do tribunal arbitral, é de aplicar subsidiariamente o disposto no artigo 306.º do CPC, por via do disposto no artigo 29.º, n.º 1, alínea *e*) do RJAT. Nos termos do n.º 1 daquele preceito do CPC, "[o] valor da causa é fixado no despacho saneador, salvo nos processos a que se refere o n.º 4 do artigo 299.º e naqueles em que não haja lugar a despacho saneador, sendo então fixado na sentença" (sublinhado da autora). Neste sentido, o tribunal arbitral há-de determinar, a final, na decisão, a taxa de arbitragem respectiva, devendo o sujeito passivo liquidar o remanescente resultante da alteração, para mais, do valor da utilidade económica do pedido.

O segundo grupo de casos, como se viu, diz respeito à cumulação inicial de um pedido certo e líquido (a anulação ou declaração de ilegalidade de um determinado acto tributário) com um pedido genérico, não quantificado, mormente com um pedido de condenação na indemnização por garantia indevidamente prestada em processo de execução fiscal ou com um pedido de condenação no pagamento de juros indemnizatórios. Aqui a consequência decorrente de uma decisão que dê procedência àqueles pedidos genéricos é idêntica à solução encontrada para as questões de competência.

Assim, e porque ao que se conseguiu apurar a prática demonstra que, como não poderia deixar de ser, mesmo na decisão final, os tribunais arbitrais se limitam também a uma condenação genérica, sem determinação do *quantum* indemnizatório ou do *quantum* dos juros a pagar pela Administração Tributária, destas cumulações não decorre, desde logo, uma verdadeira alteração no valor da uti-

---

[264] Esta questão toma particular importância se se pensar que nos tribunais arbitrais especiais o sujeito passivo paga, logo na apresentação do pedido de constituição de tribunal arbitral, a totalidade da taxa de arbitragem. Mais ainda, nestes casos em que o sujeito passivo optou por designar árbitro as custas do processo arbitral são suportadas na totalidade pelo sujeito passivo e não na medida do decaimento. Posto isto, não se compreenderia que o sujeito passivo não pudesse ser reembolsado das quantias pagas quando, por força da revogação, ratificação, reforma ou conversão do ou de um dos actos tributários em discussão pela Administração Tributária, o objecto do pedido arbitral fosse reduzido, diminuindo-se, bem assim, o valor da sua utilidade económica e, consequentemente, o valor da taxa de arbitragem que, em rigor, deveria ter sido paga.

lidade económica do pedido pelo que não decorre, também, qualquer alteração na taxa de arbitragem já liquidada pelo sujeito passivo.

Por fim, o terceiro grupo de casos, como se referiu, pretende-se com as situações em que o sujeito passivo comete um *erro na determinação ou identificação do valor da utilidade económica do pedido*. Contudo, de relembrar que esta questão se distingue da questão de saber se o erro implicaria, em teoria, uma incompetência do tribunal arbitral singular ou colectivo já constituído.

Porém, à semelhança do que se viu anteriormente, certo é que o tribunal arbitral terá de corrigir oficiosamente o erro na determinação ou indicação do valor da utilidade económica do pedido, isto, insista-se, independentemente das conclusões que se retiram perante a eventual necessidade de alteração da composição do tribunal. As consequências no que respeita às custas serão diferentes consoante *(a)* o sujeito passivo tenha indicado, erradamente, um valor inferior ao valor que decorria da lei, o que significa que liquidou uma taxa de arbitragem ou taxa de arbitragem inicial inferior à que era legalmente devida; ou *(b)* o sujeito passivo tenha indicado, erradamente, um valor superior ao valor que decorria da lei, o que significa que liquidou uma taxa de arbitragem superior à legalmente devida.

Nas situações referidas em *(a)*, o tribunal arbitral corrige o erro e determina, por despacho, em decisão interlocutória, ou mesmo em decisão final, que o sujeito passivo liquide a taxa de arbitragem (subsequente) em falta.

Nas situações referidas em *(b)*, o sujeito passivo indicou, por erro, um valor de utilidade económica do pedido superior àquele que resulta dos termos legais. Na medida em que o valor indicado conste de um "escalão" de taxa de arbitragem ou de taxa de arbitragem inicial também superior, o sujeito passivo pagou, então, mais do que aquilo que legalmente era devido.

Nem o RJAT nem o *Regulamento de Custas* indicam qual o procedimento a adoptar nestes casos. Acresce que, como se referiu acima, nos termos do artigo 4.º, n.º 6 do *Regulamento de Custas*, não há lugar a reembolso, devolução ou compensação a qualquer título para além dos casos previstos naquele *Regulamento*. Deste modo, a lei determina que o sujeito passivo não terá direito ao reembolso da quantia paga em excesso.

A solução legal afigura-se, ao que se crê, incoerente. Na verdade, se se defendeu que quando o sujeito passivo indique, por erro, um valor inferior ao que resultaria da aplicação das regras do artigo 97.º-A, n.º 1 do CPPT ou do n.º 3 do artigo 3.º do *Regulamento de Custas*, pagando por isso menos taxa de arbitragem, terá de, uma vez corrigido o erro pelo tribunal, liquidar a taxa de arbitragem remanescente, não se pode agora defender que, quando o sujeito passivo pague em excesso, não haja lugar ao reembolso ou devolução desse excesso. A solução do *Regulamento de Custas* é ainda mais incoerente se se pensar na solução encontrada no mesmo *Regulamento* para os casos em que o procedimento arbitral cessa antes da constituição do tribunal. Como refere o artigo 3.º-A do *Regulamento de Custas* "cessando o procedimento por qualquer motivo antes de ser constituído o tribunal arbitral, o requerente é reembolsado da taxa de arbitragem paga, deduzindo-se um valor para efeitos de cobrança de encargos administrativos e de processamento, afixar pelo Presidente do CAAD, dentro de (...) [certos] limites". Ora, esta solução, de devolução da taxa de arbitragem pese embora não na integralidade, deveria ter sido adoptada também para os casos em que o sujeito passivo indique, por erro, um valor superior ao que resultaria da aplicação das regras do artigo 97.º-A, n.º 1 do CPPT ou do n.º 3 do artigo 3.º do *Regulamento de Custas*, pagando por isso uma taxa de arbitragem superior ao estabelecido legalmente. Assim, e à semelhança do que se propugnou quanto às questões de competência, julga-se que o tribunal arbitral deverá casuisticamente, avaliar o erro em causa, no sentido de apurar a sua desculpabilidade. Se o erro for desculpável, e por isso o sujeito passivo tenha pago uma taxa de arbitragem superior à devida, este deverá ter direito à devolução da taxa de arbitragem ou taxa de arbitragem inicial paga em excesso devendo o *Regulamento de Custas* ser ajustado para o efeito.

Assim, sintetizando as soluções que acima se defenderam para as várias questões existentes nesta temática, olhe-se ao esquema sumariado que se segue:

Alteração objectiva sucessiva da instância	
Competência, i.e., composição colectiva ou singular do tribunal arbitral	*Custas, i.e., Taxa de arbitragem ou taxa inicial de arbitragem*
Redução do objecto do processo: Nos termos do artigo 299.º, n.º 1, do CPC, na determinação do valor da causa deve atender-se ao momento em que acção é proposta. A alteração da utilidade económica o pedido quando já se encontre constituído o tribunal arbitral é, por isso, irrelevante. À mesma conclusão se chega pela máxima *a maiori, ad minus*, sendo o tribunal colectivo competente para todas as decisões em que seria competente o tribunal singular.	*Redução do objecto do processo*. É necessário distinguir consoante a redução ocorra por: a. *Por desistência do sujeito passivo*: nos termos do artigo 299.º, n.º 1, do CPC, na determinação do valor da causa deve atender-se ao momento em que a acção é proposta. A alteração do valor por força da redução do objecto é, portanto, irrelevante. Acresce que, nos termos do artigo 4.º, n.º 6 do *Regulamento de Custas*, só haverá lugar a reembolso ou devolução nos termos dispostos naquele *Regulamento*, onde não se prevê a presente hipótese. b. *Por uso da faculdade prevista no artigo 13.º, n.º 1 pela Administração Tributária*: a solução legal aponta para que não haja devolução das quantias pagas em excesso pelo sujeito passivo, por força do artigo 4.º, n.º 6 do *Regulamento de Custas*. Não se vislumbra qualquer coerência numa solução deste género, pelo que se defende a devolução das quantias pagas em excesso pelo sujeito passivo, a título de taxa de arbitragem ou taxa de arbitragem inicial, devendo o *Regulamento de Custas* ser ajustado para o efeito.
Ampliação do objecto do processo/cumulação sucessiva: a incompetência do tribunal é, desde logo, um dos obstáculos à cumulação. Se o sujeito passivo pretender cumular, após constituição do tribunal arbitral, um pedido de cuja cumulação resulte a incompetência do tribunal (*in casu* porque "passaria" de singular para colectivo) então há um obstáculo à cumulação pelo que esta não poderá verificar-se. Não chega a haver, pois, alteração do valor da utilidade económica do pedido.	*Ampliação do objecto do processo/cumulação sucessiva da qual não resulte a incompetência do tribunal arbitral:* o valor da causa é fixado a final, nos termos do artigo 306.º do CPC. Se da alteração do valor da utilidade económica do pedido (que resulta da soma do valor das impugnações, nos termos do n.º 3 do artigo 97.º-A do CPPT) resultar mais taxa de arbitragem a pagar, o tribunal arbitral deve providenciar para que o sujeito passivo pague o remanescente.

Cumulação inicial entre pedido de anulação de acto tributário (cujo valor é determinado pelas regras do artigo 97.º-A, n.º 1, do CPPT ou do n.º 3 do artigo 3.º do *Regulamento de Custas*) e um pedido genérico, mormente, um pedido de condenação no pagamento de indemnização por garantia indevidamente prestada em processo de execução fiscal ou um pedido de condenação ao pagamento de juros indemnizatórios

Competência, i.e., composição colectiva ou singular do tribunal arbitral	*Custas, i.e., Taxa de arbitragem ou taxa inicial de arbitragem*
O valor do pedido de constituição do tribunal arbitral é o valor do pedido de anulação do acto tributário, que é certo e líquido. Se o tribunal arbitral der razão ao contribuinte, anulando o acto tributário cuja ilegalidade foi suscitada, condenará, como demonstra a prática, genericamente no pagamento de indemnização por garantia indevida ou juros indemnizatórios, sem contudo concretizar o *quantum*. Em rigor, não chega a haver alteração do valor da causa, pelo que não se coloca qualquer questão de competência do tribunal arbitral em função do valor.	Se o valor da utilidade económica do pedido é o valor do pedido de anulação do acto tributário, fixado nos termos do artigo 97.º-A, n.º 1, do CPPT ou do artigo 3.º, n.º 3 do *Regulamento de Custas*, e se o pedido de condenação no pagamento de indemnização por garantia indevida ou de juros indemnizatórios não é concretizado, ou melhor, tornado certo e líquido, não há, em rigor, alteração do valor. Por conseguinte, não há também qualquer alteração na taxa de arbitragem devida.

Erro na determinação ou na indicação do valor da utilidade económica do pedido pelo sujeito passivo

Competência, i.e., composição colectiva ou singular do tribunal arbitral	*Custas, i.e., Taxa de arbitragem ou taxa inicial de arbitragem*
O tribunal arbitral deverá corrigir oficiosamente o valor, devendo ainda aferir a desculpabilidade do erro.	O tribunal arbitral deverá corrigir oficiosamente o valor e, bem assim, aferir a desculpabilidade do erro.
Indicação de valor inferior ao que resultaria da lei: quando o valor inicial seja inferior a € 60.000,00, e o valor corrigido ultrapasse os € 60.000,00, há um vício de incompetência do tribunal arbitral que, tendo sido constituído como singular, deveria ter sido constituído como colectivo. O vício é sanável mediante designação dos restantes dos árbitros pelo Conselho Deontológico, na medida em que se está sempre perante tribunais arbitrais comuns, *i.e.*, naqueles casos em que o sujeito passivo optou por não designar árbitro, cabendo a designação do(s) árbitro(s) ao Conselho Deontológico do CAAD.	*Indicação de valor inferior ao que resultaria da lei:* o tribunal deverá corrigir o erro assim que se aperceba do mesmo, podendo fazê-lo por despacho, decisão interlocutória ou mesmo na decisão final, providenciando para que o sujeito passivo liquide a taxa de arbitragem ou taxa de arbitragem inicial em falta.

Indicação de valor superior ao que resultaria da lei; quando o valor inicial ultrapasse os € 60.000,00, e o valor corrigido seja inferior a € 60.000,00, há um vício de incompetência do tribunal arbitral que, tendo sido constituído como tribunal colectivo, poderia, na verdade, ser constituído com árbitro único. Seguindo a máxima *a maiori, ad minus*, o vício é sanável na medida em que o tribunal arbitral colectivo pode decidir de questões da competência do tribunal singular, conferindo-lhes, aliás, maior segurança.	*Indicação de valor superior ao que resultaria da lei:* a solução legal aponta para que não haja devolução das quantias pagas em excesso pelo sujeito passivo, por força do artigo 4.º, n.º 6 do *Regulamento de Custas*. Não se vislumbra qualquer coerência numa solução deste género, pelo que se defende a devolução das quantias pagas em excesso pelo sujeito passivo, a título de taxa de arbitragem ou taxa de arbitragem inicial, devendo o *Regulamento de Custas* ser ajustado para o efeito.

3. Conhecimento do pedido pela Autoridade Tributária

Uma vez remetido este requerimento inicial para o presidente do CAAD, este deve, no prazo de 2 dias a contar da recepção do pedido de constituição de tribunal arbitral, dar conhecimento do pedido, também por via electrónica, à Administração Tributária, nos termos do n.º 3 deste artigo 10.º ora em análise. Por seu turno, a Administração Tributária conforme se adiantou e melhor se compreenderá em anotação ao artigo 13.º, terá 30 dias para o analisar e proceder à revogação, ratificação, reforma ou conversão do acto tributário cuja legalidade está a ser suscitada, praticando, quando necessário, o acto substitutivo, nos termos do disposto no artigo 13.º; ou para apresentar resposta e, caso queira, prova adicional, tal com previsto no artigo 17.º. Decorre ainda do artigo 13.º, desta feita do seu n.º 3, que, caso a Administração Tributária opte por apresentar resposta, não utilizando a faculdade prevista no artigo 13.º, n.º 1, ficará impossibilitada de praticar novo acto tributário relativamente ao mesmo sujeito passivo ou obrigado tributário, sobre idêntico imposto e período de tributação, excepto com fundamento em factos novos.

Artigo 11.º – Procedimento de designação dos árbitros

1 – Nos casos previstos no n.º 1 e na alínea *a*) do n.º 2 do artigo 6.º, o Conselho Deontológico do Centro de Arbitragem Administrativa:

a) Designa o árbitro ou árbitros;

b) Notifica as partes dessa designação, observado o disposto no n.º 1 do artigo 13.º;

c) Comunica às partes a constituição do tribunal arbitral, decorridos 10 dias a contar da notificação da designação dos árbitros, se a tal designação as partes não se opuserem.

2 – Nos casos previstos na alínea *b*) do n.º 2 do artigo 6.º, o sujeito passivo indica o árbitro por si designado no requerimento do pedido de constituição de tribunal arbitral.

3 – O dirigente máximo do serviço de administração tributária indica o árbitro por si designado no prazo previsto no n.º 1 do artigo 13.º.

4 – Em caso de incumprimento do prazo referido no número anterior, o Conselho Deontológico do Centro de Arbitragem Administrativa substitui-se à administração tributária na designação de árbitro, dispondo do prazo de cinco dias para a notificar, por via electrónica, do árbitro nomeado.

5 – O presidente do Centro de Arbitragem Administrativa notifica o sujeito passivo do árbitro já designado no prazo de cinco dias a contar da recepção da notificação referida no n.º 2, ou da designação a que se refere o número anterior.

6 – Após a designação dos árbitros o presidente do Centro de Arbitragem Administrativa notifica, por via electrónica, os árbitros designados para, no prazo de 10 dias, designarem o terceiro árbitro.

7 – Designado o terceiro árbitro, o presidente do Centro de Arbitragem Administrativa informa as partes dessa designação e notifica-as da constituição do tribunal arbitral, 10 dias após a comunicação da designação, se a tal constituição as partes não se opuserem, desde que decorrido o prazo previsto no n.º 1 do artigo 13.º.

8 – O tribunal arbitral considera-se constituído no termo do prazo referido na notificação prevista na alínea *c*) do n.º 1 ou no número anterior, consoante o caso.

ALTERAÇÕES LEGISLATIVAS
Lei n.º 66-B/2012, de 31 de Dezembro

ANOTAÇÃO
1. Designação dos árbitros nos tribunais "comuns"
2. Designação dos árbitros nos tribunais "especiais"
    2.1. Designação do árbitro "do" sujeito passivo
    2.2. Designação do árbitro "da" Autoridade Tributária
        2.2.1. Designação pelo dirigente máximo do serviço
        2.2.2. Designação pelo Conselho Deontológico do CAAD
    2.3. Designação do terceiro árbitro
3. Constituição do tribunal arbitral

Este artigo trata da fixação das regras relativas ao procedimento da designação dos árbitros que, adiante-se, diferem em função de se estar perante um tribunal comum, existente nos casos previstos no n.º 1 e na alínea *a)* do n.º 2 do artigo 6.º, ou perante um tribunal especial existente, por seu turno, nos casos previstos na alínea *b)* do n.º 2 do artigo 6.º.

No n.º 1 estabeleceram-se as regras de designação de árbitros nos tribunais comuns – *i.e.*, aqueles em que o sujeito passivo não optou por designar árbitro – e que se aplicam quer se esteja perante tribunal singular ou colectivo.

Por sua vez, os n.ºs 2 a 7 deste preceito prendem-se com o caso de se estar perante um tribunal especial – *i.e.*, quando o sujeito passivo optou por designar, ele próprio, árbitro –, e tratam de fixar as regras relativas à designação dos árbitros pelas partes, nos n.ºs 2 a 5, e à designação do terceiro árbitro nos n.ºs 6 e 7.

Por último, o n.º 8 estabelece o momento a partir do qual o tribunal arbitral se considera constituído, momento este que dita o fim do procedimento arbitral e o início do processo arbitral tal como prevê o artigo 15.º para cujo comentário se remete.

Observar-se-ão em primeiro lugar as regras aplicáveis à designação dos árbitros nos tribunais comuns, para de seguida se analisar aquelas aplicáveis à designação dos árbitros nos tribunais especiais.

1. Designação dos árbitros nos tribunais "comuns"

Refere a este propósito o n.º 1 que nos casos em que as partes não manifestem a intenção de designar árbitro – intenção esta que é (ou não) revelada no requerimento para constituição de tribunal arbitral enviado nos termos do artigo 10.º – o Conselho Deontológico do CAAD designa o árbitro, ou árbitros, consoante se esteja perante um tribunal singular ou colectivo.

Como se viu em anotação ao artigo 5.º, caso o sujeito passivo não pretenda designar árbitro, o tribunal arbitral funcionará com árbitro único nos casos em que o valor do pedido não ultrapasse duas vezes o valor da alçada do TCA, ou seja, € 60 000,00, e com um colectivo de três árbitros nos restantes casos, cabendo a designação de todos os árbitros, em ambas as situações, ao Conselho Deontológico do CAAD, tal como prevê o artigo 6.º e a alínea *a)* do n.º 1 do artigo 11.º.

Referiu-se também, desta feita em anotação ao artigo 6.º, n.º 2, alínea *a)*, que o Conselho Deontológico designa o(s) árbitro(s) de entre a lista de árbitros que compõem o CAAD e que quer a elaboração da lista, quer a designação dos árbitros, está sujeita também ao normativo estabelecido no *Regulamento de Selecção de Árbitros em Matéria Tributária*.

Uma vez recebido o requerimento para constituição de tribunal arbitral e designado o árbitro ou os árbitros que o compõem, o Conselho Deontológico notifica as partes dessa designação, nos termos da alínea *b)* do n.º 1 do artigo 11.º, observado o disposto no n.º 1 do artigo 13.º – ou seja, tendo sido dada a possibilidade à Administração Tributária de, no prazo de 30 a contar do conhecimento do pedido de constituição do tribunal arbitral, proceder à revogação, ratificação, reforma ou conversão do acto tributário cuja ilegalidade foi suscitada. Esta possibilidade essa será melhor explorada adiante, em anotação ao artigo 13.º.

A notificação às partes dos árbitros designados servirá para lhes dar a conhecer o árbitro, ou colectivo de árbitros, designados pelo Conselho Deontológico do CAAD, permitindo assim que estas se oponham a essa designação, nos termos do artigo 8.º e do *Código Deontológico* do CAAD, a que já se aludiu em anotação ao artigo 8.º. Retira-se, portanto, da alínea *c)* do n.º 1 ora em análise que a regra é a da aceitação tácita da designação do(s) árbitro(s) já que caso "a tal designação as partes não se opuserem" no prazo de 10 dias, o Conselho Deontológico comunica a constituição do tribunal arbitral. As partes dispõem, então, de 10 dias para rejeitar a designação de árbitro, através de requerimento dirigido ao Conselho Deontológico. Contudo, é importante conjugar esta alínea *c)* do n.º 1 do artigo 11.º com o n.º 1 do artigo 13.º, onde na parte final se dispõe que só decorrido o prazo de 30 dias de que dispõe a Autoridade Tributária para revogar, ratificar, reformar ou converter o acto que se pretende discutir arbitralmente, é que se vai iniciar a contagem do prazo de 10 dias para que o Conselho Deontológico comunique a constituição do tribunal.

2. Designação dos árbitros nos tribunais "especiais"

Os números 2 a 7 deste preceito tratam então da fixação das regras relativas à designação dos árbitros no caso de se estar perante um tribunal arbitral especial – *i.e.*, no caso de o sujeito passivo ter optado por designar árbitro.

2.1. Designação do árbitro "do" sujeito passivo

Nos termos do n.º 2, quando o sujeito passivo tenha intenção de designar árbitro, ou seja, nos casos da alínea *b)* do n.º 2 do artigo 6.º, indica-o no requerimento do pedido de constituição do tribunal arbitral, o que, em bom rigor, já resultava da alínea *g)* do n.º 2 do artigo 10.º. O preceito não suscita dificuldades de interpretação. O sujeito passivo, quando pretenda designar árbitro, fá-lo, logo no pedido de constituição arbitral.

A indicação do árbitro pelo sujeito passivo será notificada à Administração Tributária, juntamente com o pedido referido, no prazo de 2 dias estabelecido no artigo 10.º, n.º 3.

De notar, a este propósito, que a Lei n.º 66-B/2012, de 31 de Dezembro, alterou substancialmente o procedimento de designação de árbitros em matéria tributária, maioritariamente por razões de ordem prática e em prol do princípio da economia processual. Uma dessas alterações foi, precisamente, o momento de escolha do árbitro pelo sujeito passivo.

Originalmente, o legislador havia previsto que cabia ao dirigente máximo do serviço a escolha do árbitro da Administração Tributária em primeiro lugar. Tratava-se, pois, de um privilégio que era atribuído à Administração Tributária, especialmente atendendo ao facto de, cada vez mais, o Direito Fiscal e a fiscalidade serem campos onde a especialização é absolutamente relevante e o facto de haver, dentro da comunidade de fiscalistas, posições assumidas publicamente e que, tendencialmente, apontarão para a inclinação técnica da pessoa em causa. Neste anterior "modelo", o sujeito passivo, no pedido de constituição de tribunal arbitral, apresentava apenas a sua *intenção* de designar árbitro, só indicando efectivamente o seu nome após a designação pela Administração Tributária. Hoje, como se vê, as posições inverteram-se, o que só se compreende pela eliminação de um acto procedimental e, consequentemente, pela "suposta" diminuição do prazo entre a entrega do pedido de constituição do tribunal arbitral e da constituição do mesmo. O requerimento mediante o qual o sujeito passivo indicava o "seu" árbitro está, pois, incluído no pedido de constituição do tribunal arbitral.

2.2. Designação do árbitro "da" Autoridade Tributária

2.2.1. Designação pelo dirigente máximo do serviço

O sujeito passivo indica o árbitro por si designado logo no pedido de constituição do tribunal arbitral, como se viu no ponto anterior.

Cabe depois ao dirigente máximo do serviço indicar o árbitro designado pela Administração Tributária. Perceba-se que, cronologicamente, o procedimento funciona do seguinte modo:

- o sujeito passivo entregou ao presidente do CAAD o pedido de constituição do tribunal arbitral, com a indicação do "seu" árbitro[265];
- o presidente do CAAD, por seu turno, notificou a Administração Tributária no prazo máximo de dois dias a contar da recepção do referido requerimento (artigo 10.º, n.º 3);
- A partir dessa notificação, a Administração passa a saber se o tribunal arbitral vai assumir a forma de tribunal arbitral comum ou tribunal arbitral especial;
- Sabe, neste último caso, também, qual o árbitro designado pelo sujeito passivo;
- É, pois, altura de a Administração Tributária designar o "seu" árbitro.

Posto isto, dispõe o n.º 3 que o dirigente máximo do serviço deverá indicar o árbitro por si designado no prazo previsto no n.º 1 do artigo 13.º – 30 dias.

Na versão originária do RJAT, o prazo previsto para a designação de árbitro pela Administração Tributária era de 10 dias. A Lei n.º 66-B/2012, de 31 de Dezembro, veio aumentar esse prazo – 10 dias *vs* 30 dias – remetendo para o prazo previsto no artigo 13.º, para revogar, ratificar, reformar ou converter o acto tributário. A alteração legislativa é compreensível e de louvar. Com efeito, o prazo de 10 dias anteriormente previsto – se bem que, por ser mais curto, à primeira vista fosse mais compatível com o procedimento de designação de árbitro no seu todo – colocava dificuldades de ordem prática, na medida em que mesmo após ter designado árbitro, a Administração Tributária mantinha a faculdade de revogar, ratificar, reformar ou converter o acto tributário cuja (i) legalidade o sujeito passivo pretendia ver apreciada. Ao estabelecer que o prazo

---

[265] Entrega essa que se sabe já ser formalmente realizada mediante o preenchimento de um formulário *on-line* no próprio sítio de internet do CAAD.

é idêntico, tanto para a designação de árbitro como para o "direito ao arrependimento" a que alude o artigo 13.º, o legislador quis evitar estas situações. Mais considerações a propósito desta matéria e das alterações legislativas ocorridas serão tecidas no comentário ao artigo 13.º para o qual se remete.

O dirigente máximo do serviço não terá, porém, que designar obrigatoriamente um árbitro que conste da lista de árbitros que compõem o CAAD. Na verdade, ao abrigo do disposto no artigo 6.º, n.º 3, os árbitros designados pelas partes podem não constar da lista de árbitros que compõem o CAAD. Assim, quando o árbitro designado pela Administração Tributária não conste da lista do CAAD, deverá ainda assim respeitar os requisitos constantes do artigo 7.º não devendo ainda encontrar-se impedido nos termos e para os efeitos do artigo 8.º.

O n.º 5 estabelece que, designado o árbitro pela Administração Tributária, o presidente do CAAD deverá notificar o sujeito passivo do árbitro designado, no prazo de 5 dias a contar da recepção da notificação do dirigente máximo do serviço.

2.2.2. Designação pelo Conselho Deontológico do CAAD

O n.º 4 deste artigo 11.º trata ainda da designação do árbitro "da" Administração Tributária mas referindo-se aos casos em que é o Conselho Deontológico do CAAD que assume esta demanda. Entenda-se, portanto, em que situação é que o Conselho Deontológico se substitui à Administração Tributária, indicando o árbitro "da" parte.

Essa substituição ocorre caso o dirigente máximo do serviço, ou em quem ele delegar esta competência, não designe no prazo de 10 dias o árbitro "da" Administração Tributária, *i.e.*, incumpra com o previsto no n.º 3. Assim, a prorrogativa de designar um dos árbitros que compõem o colectivo deixa de ser da Administração Tributária e passa a ser do Conselho Deontológico do CAAD que, em substituição daquela, procederá à designação do árbitro "da" parte. O Conselho Deontológico dispõe, para o efeito, do prazo de 5 dias para a notificar, por via electrónica, do árbitro designado. No mesmo prazo, deverá também notificar o sujeito passivo dessa designação, ao abrigo do disposto no n.º 5.

Entende-se, a este propósito, que a situação que justifica que o Conselho Deontológico se substitua à Administração Tributária na designação do árbitro se prende com o reconhecimento do legislador que a sua inércia não poderia obstar à constituição do tribunal arbitral. Caso não tivesse sido pensado um qualquer mecanismo de substituição da Administração Tributária na designação do "seu" árbitro, poder-se-ia chegar à situação em que, no limite, caberia a esta a aceitação ou não da opção exercida pelo sujeito passivo de recorrer à jurisdição arbitral. Tudo porque, se sem a designação do "seu" árbitro não houvesse tribunal arbitral a Administração Tributária afastaria a arbitragem com um mero "veto de gaveta". Ora, sendo a opção pela via arbitral um direito potestativo do sujeito passivo – entre outras opções ao seu dispor mas tão legítima quanto as outras, designadamente a graciosa ou a judicial –, o legislador, com cautela entendível, previu que coubesse ao Conselho Deontológico substituir-se à Administração Tributária na designação do "seu" árbitro quando esta não o faça no prazo de 30 dias a contar da notificação do requerimento de constituição do tribunal arbitral.

A este respeito viu-se, aquando da anotação ao artigo 6.º e da análise que se realizou ao *Regulamento de Selecção de Árbitros em Matéria Tributária*, que no que toca às regras referentes à designação dos árbitros, o artigo 5.º daquele *Regulamento* estabelece um regime regra e um regime excepção. O regime regra estabelece que os árbitros são designados pelo Conselho Deontológico de forma sequencial tendo em conta a especialidade e o número sequencial atribuído aquando da elaboração da lista. Esta regra de designação sequencial é afastada, como se referiu, em pelo menos três situações. Assim, mediante decisão fundamentada, o Conselho Deontológico poderá designar um árbitro diferente daquele que decorreria pela ordenação sequencial caso: (1) esse árbitro seja mandatário num processo pendente no CAAD; (2) caso a especificidade da matéria ou facto assim o exija e, em último lugar, no caso agora em análise (3) caso a designação do árbitro seja aquela a que se refere este n.º 4 do artigo 11.º.

O que justifica que o Conselho Deontológico possa não seguir a ordem sequencial quando se substitui à Administração Tributária é, ao que se julga, a consagração de um regime de equiparação de meios ao dispor do sujeito passivo e da Administração Tributária. De facto, perante a intenção de designar árbitro pelo sujeito passivo e perante a inércia da Administração Tributária, caso o Conselho Deontológico não pudesse não obedecer à ordem sequencial da lista poder-se-ia chegar a situações de profundo desequilíbrio. Acresce que, ao que se julga, o Conselho Deontológico não tem, sequer, que designar árbitro que conste da lista de árbitros que compõem o CAAD. Chega-se a esta conclusão quer por falta de imposição do contrário, quer pelo facto dessa prorrogativa ser também concedida à Administração Tributária, ao abrigo do artigo 6.º, n.º 3, como se viu no ponto anterior.

Deste modo, se o Conselho Deontológico irá substituir a Administração Tributária na designação do "seu" árbitro, admite-se que as regras que se aplicam à designação de árbitro pelo dirigente máximo do serviço são também aplicáveis à designação de árbitro pelo Conselho Deontológico por inércia da Administração Tributária.

Refira-se ainda que com esta solução evitou-se a necessidade de recorrer ao tribunal judicial tributário para designação do árbitro em falta, solução que está prevista para a arbitragem voluntária *ad hoc* em matéria cível, comercial e administrativa, conforme o disposto no artigo 10.º, n.º 4, 1ª parte da LAV. Uma solução deste género seria profundamente desaconselhável na arbitragem tributária pelas razões de celeridade e de eficácia do mecanismo arbitral que, neste ponto, dispensam apresentações.

2.3. Designação do terceiro árbitro

A designação do terceiro árbitro é uma matéria que é tratada nos números 6 e 7 deste artigo 11.º.

Determina desde logo o n.º 6 que, após designação dos primeiros dois árbitros pelas partes, o presidente do CAAD deverá notificar por via electrónica os árbitros designados, por parte da Administração Tributária – tenha a sua designação sido feita por esta ou pelo Conselho Deontológico do CAAD em sua substituição – e por parte do sujeito passivo para, no prazo de 10 dias, designarem o terceiro árbitro.

Assim, a regra que aqui se estabelece é a de que a cabe aos árbitros indicados pelas partes a designação do terceiro árbitro no prazo máximo de 10 dias. Por força do n.º 3 do artigo 6.º, o terceiro árbitro designado poderá não pertencer à lista de árbitros que compõem o CAAD.

Porém, questiona-se o que sucederá caso o árbitro designado pela Administração Tributária e o árbitro designado pelo sujeito passivo não chegarem a acordo.

A solução consta da alínea *b)* do n.º 2 do artigo 6.º que estabelece que na falta de acordo quanto à designação do terceiro árbitro caberá a sua designação ao próprio Conselho Deontológico do CAAD. Existem, neste caso, duas notas importantes.

A primeira é a de que no caso de o Conselho Deontológico ter que se substituir aos dois árbitros já designados pelas partes na designação do terceiro, aquele pode escolher para terceiro árbitro um que não conste da lista de árbitros que compõem o CAAD. Tudo porque, à semelhança do que acima se defendeu o Conselho Deontológico, quando se substituiu à Administração Tributária na designação do "seu" árbitro, terá as mesmas prorrogativas, ou seguirá as mesmas regras, aplicáveis à designação que não ocorreu. Também agora é de defender o mesmo. Dito de outro modo, se os árbitros designados pelas partes (ou pelo sujeito passivo e pelo Conselho Deontológico no caso analisado no ponto anterior), podem designar árbitro que não conste da lista de árbitros do CAAD, também o Conselho Deontológico, em substituição daqueles, poderá designar árbitro exterior à lista[266].

E uma segunda ideia que se prende, uma vez mais com a função do Conselho Deontológico enquanto entidade idónea para se substituir às partes em caso de não haver acordo, muito à semelhança do papel atribuído ao tribunal judicial no âmbito da arbitragem voluntária *ad hoc* em matéria cível, comercial ou administrativa. Neste caso, o Conselho Deontológico substitui-se aos árbitros designados pelas partes na designação do árbitro-presidente, caso aqueles não cheguem a acordo.

Sobre esta matéria, resta saber qual o prazo ao dispor do Conselho Deontológico para se substituir aos árbitros designados pelas partes na designação do terceiro árbitro. Aqui julga-se ser de aplicar analogicamente a regra prevista no n.º 4 do artigo 11.º nos termos do qual o prazo ao dispor do Conselho Deontológico é o de 5 dias. Assim, defende-se que, à semelhança do que sucede para os casos em que o Conselho Deontológico se substitui à Administração Tributária na designação do "seu" árbitro, e no qual este dispõe de 5 dias para, por via electrónica, notificar o árbitro designado, também aqui o prazo deve ser o mesmo.

Por último, refere o n.º 7 que, designado o terceiro árbitro, o presidente do CAAD notifica ambas as partes dessa designação. Se no prazo de 10 dias as partes não se opuserem à designação do terceiro árbitro – que exercerá as funções de árbitro-presidente –, o tribunal arbitral considera-se constituído. À semelhança do que se viu quanto à alínea *c*) do n.º 1, a regra é a da aceitação tácita das partes.

3. Constituição do tribunal arbitral

Finalmente, o n.º 8 estabelece o momento a partir do qual o tribunal arbitral se considera constituído, e que varia em função do "tipo" de tribunal em causa ou, dito de outro modo, em função do procedimento de designação de árbitros em causa.

---

[266] Destaca-se, aqui uma outra característica dos tribunais arbitrais especiais por oposição aos comuns. Com efeito, nos tribunais arbitrais que se denominaram de "especiais" são-no não só pelo facto de a designação dos dois primeiros árbitros que compõem o colectivo caber às partes, sendo o terceiro designado pelos dois primeiros, mas também pelo facto de ser possível a designação de pessoa que não conste da lista de árbitros que compõem o CAAD. Para o efeito, basta que o potencial árbitro cumpra os requisitos constantes do artigo 7.º e que não se encontre impedido nos termos e para os efeitos do artigo 8.º.

Nesse sentido, o preceito em análise prevê a constituição do tribunal arbitral no termo do prazo de 10 dias disponível para as partes se oporem à designação dos árbitros realizada pelo Conselho Deontológico, referida na alínea *c*) do n.º 1 – quando o tribunal funcione como tribunal arbitral comum – ou, no termo do prazo, também de 10 dias, disponível para as partes impugnarem a designação do terceiro árbitro, referida no n.º 7 – quando o tribunal funcione como tribunal arbitral especial.

Este é o momento que dita o fim do procedimento arbitral e o início do processo arbitral tal como prevê o artigo 15.º para cuja anotação se remete.

Tribunais Arbitrais Comuns
Procedimento para a designação de árbitros e "direito ao arrependimento"

```
┌─────────────────────────────────────┐
│ O sujeito passivo dispõe de 90 ou 30 dias │
│ para requerer a constituição do tribunal │
│ arbitral (artigo 10.º, n.º 1)       │
└─────────────────────────────────────┘
                  │
                  ▼
┌─────────────────────────────────────┐
│ CAAD tem 2 dias para notificar a    │
│ Administração Tributária do pedido de │
│ constituição do tribunal arbitral. A │
│ Administração passa a ter acesso à plataforma │
│ digital do CAAD                     │
└─────────────────────────────────────┘
                  │
                  ▼
┌─────────────────────────────────────┐
│ CAAD designa os árbitros que irão   │
│ compor o tribunal arbitral          │
└─────────────────────────────────────┘
                  │
                  ▼
┌─────────────────────────────────────┐
│ Administração Tributária tem 30 dias │
│ para exercer o seu "direito ao      │
│ arrependimento"                     │
└─────────────────────────────────────┘
           │                    │
           ▼                    ▼
┌──────────────────────┐  ┌──────────────────────┐
│ Administração revoga,│  │ Administração mantém │
│ rectifica, reforma ou│  │ o acto (sendo certo  │
│ converte, total ou   │  │ que a falta de       │
│ parcialmente, o acto │  │ resposta equivale à  │
│                      │  │ não alteração)       │
└──────────────────────┘  └──────────────────────┘
           │                    │
           ▼                    ▼
┌──────────────────────┐  ┌──────────────────────┐
│ Sujeito passivo é    │  │ CAAD notifica as     │
│ notificado para, em  │  │ partes da designação │
│ 10 dias, se pronunciar│ │ do(s) árbitro(s)     │
│ se pretende ou não   │  │                      │
│ prosseguir com o     │  │                      │
│ procedimento arbitral│  │                      │
└──────────────────────┘  └──────────────────────┘
     │            │              │
     ▼            ▼              ▼
┌──────────┐ ┌──────────┐ ┌──────────────────┐
│Se declarar│ │Se não    │ │Se a tal designação│
│que já não │ │responder │ │as partes não se  │
│tem interesse│ │ou declarar│ │opuserem o CAAD  │
│em manter, o│ │que mantém │ │notifica-as da    │
│procedimento│ │o interesse,│ │constituição do   │
│termina e o │ │o procedimento│ │tribunal arbitral│
│tribunal não│ │prossegue  │ │                  │
│se constitui│ │relativamente│ │                │
│           │ │ao "novo" acto│ │                │
└──────────┘ └──────────┘ └──────────────────┘
```

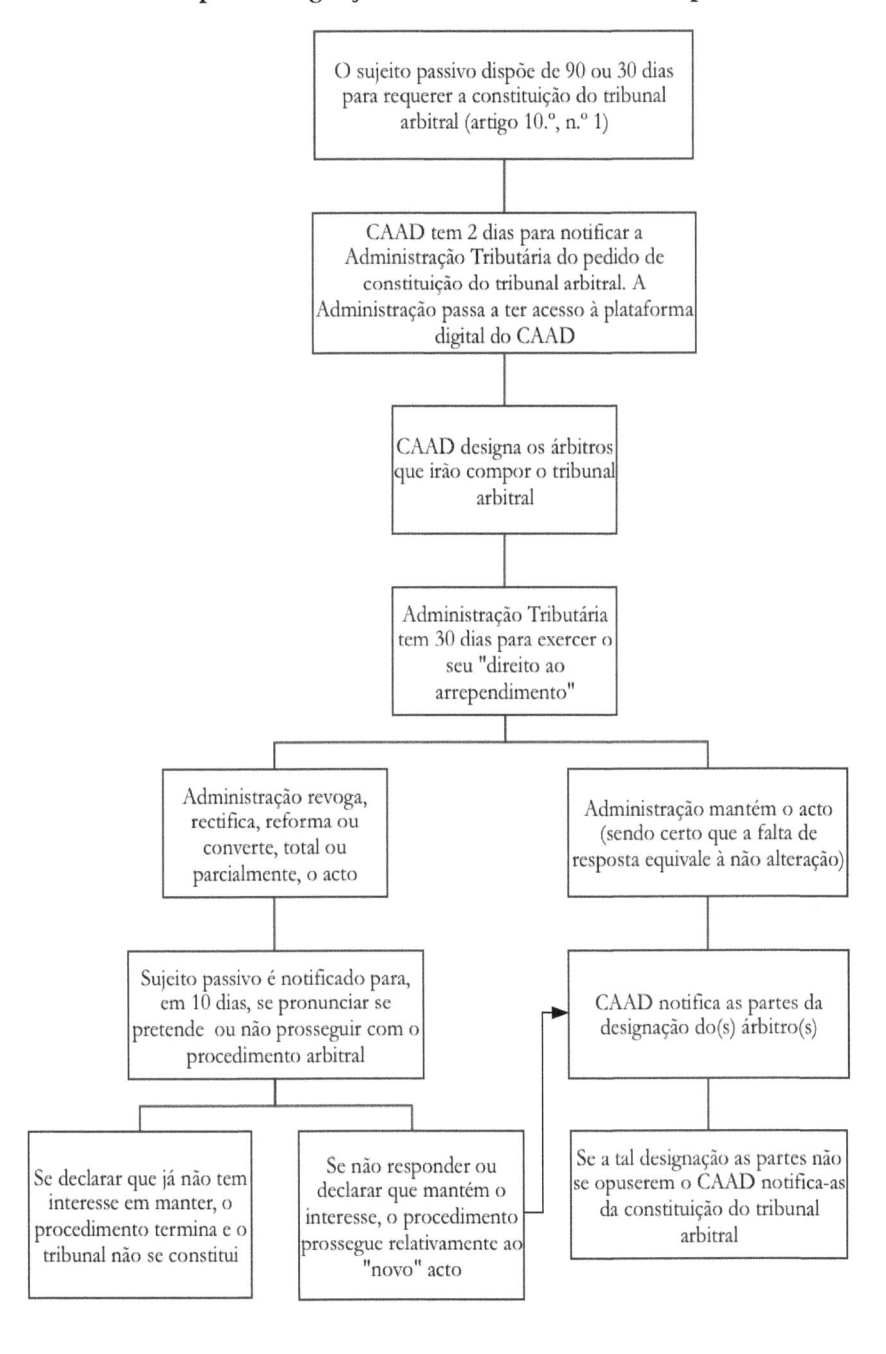

Tribunais Arbitrais Especiais
Procedimento para a designação de árbitros e "direito ao arrependimento"

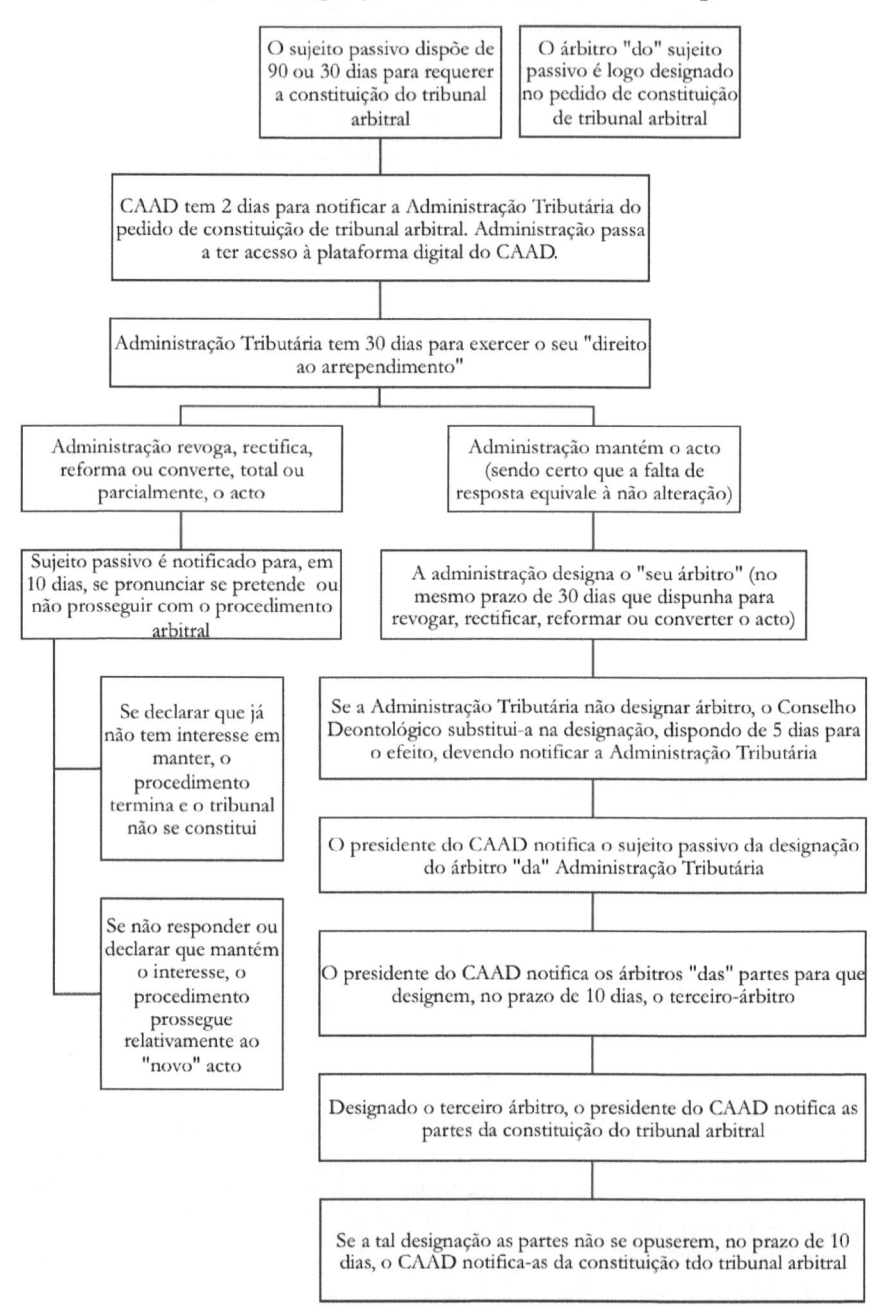

```
┌─────────────────────────────┐  ┌─────────────────────────────┐
│ O sujeito passivo dispõe de │  │ O árbitro "do" sujeito       │
│ 90 ou 30 dias para requerer │  │ passivo é logo designado     │
│ a constituição do tribunal  │  │ no pedido de constituição    │
│         arbitral            │  │ de tribunal arbitral         │
└─────────────────────────────┘  └─────────────────────────────┘
                    │
┌──────────────────────────────────────────────────────────────┐
│ CAAD tem 2 dias para notificar a Administração Tributária do │
│ pedido de constituição de tribunal arbitral. Administração   │
│ passa a ter acesso à plataforma digital do CAAD.             │
└──────────────────────────────────────────────────────────────┘
                    │
┌──────────────────────────────────────────────────────────────┐
│ Administração Tributária tem 30 dias para exercer o seu      │
│                 "direito ao arrependimento"                  │
└──────────────────────────────────────────────────────────────┘
          │                                     │
┌─────────────────────────┐      ┌────────────────────────────┐
│ Administração revoga,   │      │ Administração mantém o acto│
│ rectifica, reforma ou   │      │ (sendo certo que a falta de│
│ converte, total ou      │      │ resposta equivale à não    │
│ parcialmente, o acto    │      │ alteração)                 │
└─────────────────────────┘      └────────────────────────────┘
          │                                     │
┌─────────────────────────┐      ┌────────────────────────────┐
│ Sujeito passivo é       │      │ A administração designa o  │
│ notificado para, em 10  │      │ "seu árbitro" (no mesmo    │
│ dias, se pronunciar se  │      │ prazo de 30 dias que       │
│ pretende ou não         │      │ dispunha para revogar,     │
│ prosseguir com o        │      │ rectificar, reformar ou    │
│ procedimento arbitral   │      │ converter o acto)          │
└─────────────────────────┘      └────────────────────────────┘
       │         │                              │
┌──────────────┐ │               ┌────────────────────────────┐
│ Se declarar  │ │               │ Se a Administração         │
│ que já não   │ │               │ Tributária não designar    │
│ tem interesse│ │               │ árbitro, o Conselho        │
│ em manter, o │ │               │ Deontológico substitui-a na│
│ procedimento │ │               │ designação, dispondo de 5  │
│ termina e o  │ │               │ dias para o efeito, devendo│
│ tribunal não │ │               │ notificar a Administração  │
│ se constitui │ │               │ Tributária                 │
└──────────────┘ │               └────────────────────────────┘
                 │                              │
                 │               ┌────────────────────────────┐
                 │               │ O presidente do CAAD       │
                 │               │ notifica o sujeito passivo │
                 │               │ da designação do árbitro   │
                 │               │ "da" Administração         │
                 │               │ Tributária                 │
                 │               └────────────────────────────┘
                 │                              │
┌──────────────┐ │               ┌────────────────────────────┐
│ Se não       │ │               │ O presidente do CAAD       │
│ responder ou │ │               │ notifica os árbitros "das" │
│ declarar que │ │               │ partes para que designem,  │
│ mantém o     │─┘               │ no prazo de 10 dias, o     │
│ interesse, o │                 │ terceiro-árbitro           │
│ procedimento │                 └────────────────────────────┘
│ prossegue    │                              │
│ relativamente│                 ┌────────────────────────────┐
│ ao "novo"    │                 │ Designado o terceiro       │
│ acto         │                 │ árbitro, o presidente do   │
└──────────────┘                 │ CAAD notifica as partes da │
                                 │ constituição do tribunal   │
                                 │ arbitral                   │
                                 └────────────────────────────┘
                                              │
                                 ┌────────────────────────────┐
                                 │ Se a tal designação as     │
                                 │ partes não se opuserem, no │
                                 │ prazo de 10 dias, o CAAD   │
                                 │ notifica-as da constituição│
                                 │ tdo tribunal arbitral      │
                                 └────────────────────────────┘
```

Artigo 12.º – Taxa de arbitragem

1 – Pela constituição de tribunal arbitral é devida taxa de arbitragem, cujo valor, fórmula de cálculo, base de incidência objectiva e montantes mínimo e máximo são definidos nos termos de Regulamento de Custas a aprovar, para o efeito, pelo Centro de Arbitragem Administrativa.

2 – Nos casos em que o sujeito passivo não designa árbitro, previstos no n.º 1 e na alínea *a*) do n.º 2 do artigo 6.º, o sujeito passivo paga, na data do envio do pedido de constituição do tribunal arbitral, a taxa de arbitragem inicial, devendo a fixação do montante e a eventual repartição pelas partes das custas directamente resultantes do processo arbitral ser efectuada na decisão arbitral que vier a ser proferida pelo tribunal arbitral.

3 – Nos casos em que o sujeito passivo manifesta a intenção de designar árbitro, nos termos da alínea *b*) do n.º 2 do artigo 6.º, o sujeito passivo paga, na data do envio do pedido de constituição do tribunal arbitral, a taxa de arbitragem pela totalidade.

4 – A falta de pagamento atempada da taxa de arbitragem inicial ou da taxa de arbitragem é causa impeditiva da constituição do tribunal arbitral.

ANOTAÇÃO
1. Regras gerais aplicáveis às custas do processo arbitral
2. Taxa de arbitragem nos tribunais comuns
3. Taxa de arbitragem nos tribunais especiais
4. Falta de pagamento da taxa de arbitragem/taxa de arbitragem inicial
5. Alterações ao valor da causa – Custas
6. Aplicabilidade da "Lei de Acesso ao Direito e aos Tribunais"

O presente artigo regula a fixação da taxa de arbitragem tributária e a data em que a mesma deve ser paga. Quer o valor da taxa quer a data de pagamento são, como se verá, diferentes em função do tribunal em causa ser comum ou especial[267]. Trata-se ainda neste preceito das consequências do não pagamento da taxa de arbitragem.

---

[267] Recorda-se que aqui se denominam de *especiais* aqueles tribunais arbitrais em que o sujeito passivo optou por designar árbitro, e por *comuns* aqueles em que o sujeito passivo não exerceu essa prorrogativa, cabendo a designação do(s) árbitro(s) ao Conselho Deontológico de entre a lista de árbitros que compõem o CAAD.

Aquele que poderá ser entendido por muitos como o núcleo principal das questões relacionadas com a taxa de arbitragem e que reside, ao que se julga, nas questões relativas ao valor das custas devidas pela instauração de um processo arbitral, pela fórmula de cálculo das referidas custas e pela sua base de incidência objectiva, não é definido no presente artigo, nem tão pouco, em qualquer outro preceito do RJAT. Em boa verdade, esta é uma matéria regulada pelo Regulamento de Custas a aprovar, nos termos da lei, pelo CAAD, para o qual o n.º 1 deste artigo remete.

O *Regulamento de Custas nos Processos de Arbitragem Tributária* (*Regulamento de Custas*) foi, de facto, aprovado pelo CAAD e está disponível para consulta no seu sítio da internet em http://www.caad.org.pt/. Já foram feitas várias referências ao *Regulamento de Custas* em anotações anteriores.

Por razões de facilidade de exposição adopta-se um método de tratamento individualizado das regras aplicáveis à taxa de arbitragem devida num processo arbitral que corra termos num tribunal comum, por um lado, e num tribunal arbitral especial, por outro.

Assim, no ponto 2. serão exploradas as regras relativas à taxa de arbitragem devida num processo arbitral que corra termos num tribunal arbitral comum; e no ponto 3. as regras relativas taxa de arbitragem devida num processo arbitral que corra termos num tribunal especial. Em ambos os casos conjugar-se-á o disposto neste artigo 12.º com o preceituado no *Regulamento de Custas*.

Tratar-se-á ainda na presente anotação de tentar perceber a regra prevista no n.º 4 do presente artigo, ou seja, quais as consequências assacadas pelo legislador no caso de não pagamento da taxa de arbitragem, sendo que neste caso não existem diferenças dependentes do "tipo" de tribunal em causa. Esta é uma questão da qual se ocupará o ponto 4..

No ponto 5. será feita referência a um conjunto de situações que, em boa verdade, foram já objecto de análise nos comentários ao artigo 10.º e que se prendem com a alteração do valor da utilidade económica do pedido e as suas consequências, *in casu*, ao nível das custas do processo arbitral.

Por último, pelo seu interesse e importância, será analisada no ponto 6., a questão da aplicabilidade, ou não, do regime de acesso ao direito e aos tribunais – em especial na modalidade de apoio judiciário – à arbitragem em matéria tributária institucionalizada no CAAD.

De todo o modo, começa-se, no ponto 1., por analisar as regras gerais aplicáveis à taxa de arbitragem devida num processo arbitral e que são, na sua grande maioria, definidas pelo *Regulamento de Custas* nos seus artigos 1 a 3.º-A.

1. Regras gerais aplicáveis às custas do processo arbitral

Nos termos do disposto no n.º 1 deste artigo 12.º, pela constituição do tribunal arbitral é devida uma taxa de arbitragem. Adianta ainda este preceito, que caberá ao *Regulamento de Custas* do CAAD definir o valor da taxa de arbitragem, a fórmula de cálculo, a base de incidência objectiva e o montante mínimo e máximo.

O *Regulamento de Custas*, definindo desde logo no seu artigo 1.º o seu âmbito de aplicação e objecto, em consonância, de resto, com o disposto no n.º 1 do artigo 12.º do RJAT, avança, desta feita no seu artigo 2.º, com algumas definições que serão de capital importância em todo o regime das custas nos processos arbitrais.

Assim, refere-se desde logo que "as custas do processo arbitral, genericamente designadas como taxa de arbitragem, compreendem todas as despesas resultantes da condução do processo arbitral e os honorários dos árbitros". Daqui retira-se, então, que terminologicamente é indiferente a referência a "custas do processo arbitral" ou a "taxa de arbitragem" porquanto, nos termos do *Regulamento de Custas,* são verdadeiros sinónimos. Mais, ambas as expressões – *i.e.*, as custas do processo arbitral ou a taxa de arbitragem – compreendem todas as *despesas resultantes da condução do processo arbitral e os honorários dos árbitros*. Isto significa portanto que nos termos do *Regulamento* a taxa de arbitragem serve unicamente dois propósitos. Pagar (ao ou) aos árbitros e ressarcir o CAAD, enquanto única entidade que conduz o processo arbitral, das despesas incorridas com a gestão do processo. Esta alocação/consignação de receitas significa portanto que não podem as custas da arbitragem servir para cobrir outros custos que não estes. Não são portanto as quantias pagas a título de taxa de arbitragem que vão servir para pagar designadamente despesas com os honorários de advogados no caso de o sujeito passivo vencer o pleito. A esta questão voltar-se-á mais tarde.

Mas diferente da questão de saber se as custas do processo arbitral ou a taxa de arbitragem podem servir para pagar honorários de advogados é a questão que se tratou já na anotação ao artigo 2.º a propósito dos poderes de condenação (do ou) dos árbitros no processo arbitral. A este propósito, os tribunais arbitrais tributários têm entendido que a condenação da Administração Tributária no pagamento de despesas, resultantes da lide, com honorários de mandatários judiciais não cabe na sua competência[268]. Consideram, a esse propósito, que – ao contrário da condenação no pagamento de juros indemnizatórios e na indem-

---

[268] Vejam-se, entre outros, os processos arbitrais n.º 276/2013-T; 147/2012-T e 117/2013-T, todos disponíveis em http://www.caad.org.pt/.

nização por garantia indevidamente prestada – "não há qualquer suporte legal para incluir nas competências dos tribunais arbitrais que funcionam no CAAD condenações por dívidas de honorários de mandatários"[269]. Não pôde contudo deixar de se discordar com aquela que tem sido a posição dos tribunais arbitrais na medida em que na jurisdição administrativa e fiscal, os tribunais judiciais tributários podem, com base no artigo 2.º do Regulamento das Custas Processuais, condenar a Administração Tributária no pagamento de custas processuais. E estas abrangem, nos termos do n.º 1, do artigo 3.º, daquele diploma, a taxa de justiça, os encargos e as custas de parte. Ao abrigo dos artigos 25.º, n.º 2, alínea *d*), e 26.º, n.º 3, alínea *c*) do Regulamento das Custas Processuais, a parte vencida é condenada ao pagamento, a título de custas de parte, em 50% do somatório das taxas de justiça pagas pela parte vencida e pela parte vencedora, para compensação da parte vencedora face às despesas com honorários de mandatário judicial.

Ora, se por um lado, o n.º 1 do artigo 2.º do *Regulamento das Custas* estabelece que as custas do processo arbitral compreendem todas as despesas resultantes da condução do processo arbitral. Por outro lado, o n.º 2, ao determinar que os encargos decorrentes da designação de peritos, tradutores e intérpretes e ainda outros encargos com a produção de prova são suportados directamente pelas partes não se refere expressamente às despesas com honorários de mandatários judiciais. Esta última constatação revela, ao que se julga, uma clara intenção de não determinar que aquelas despesas com honorários de mandatários tenham de ser suportadas directamente pelas partes, sem possibilidade de ressarcimento, designadamente mediante pedido de condenação no pagamento dessas mesmas despesas.

Reconhece-se, porém, que nem o RJAT nem o *Regulamento de Custas* do CAAD regulam esta questão em especial. Contudo, da falta de disposições expressas na matéria não se pode simplesmente retirar a incompetência dos tribunais arbitrais, como ali tem sido defendido.

O artigo 29.º, n.º 1, do RJAT prevê que sejam de aplicação subsidiária, de acordo com a natureza dos casos omissos:

> *"a) As normas de natureza procedimental ou processual dos códigos e demais normas tributárias;*
>
> *b) As normas sobre a organização e funcionamento da administração tributária;*

---

[269] Processo arbitral n.º 117/2013-T.

c) As normas sobre organização e processo nos tribunais administrativos e tributários;
d) O Código do Procedimento Administrativo;
e) O Código de Processo Civil."

Pela aplicação subsidiária quer do CPPT, quer do CPTA e, em especial, quer do CPC, o Regulamento de Custas Processuais, aprovado pelo Decreto-Lei n.º 34/2008, de 26 de Fevereiro, é também aplicável. Quer-se com isto dizer, portanto, que, nos termos conjugados dos artigos 3.º, n.º 1, 25.º, n.º 2, alínea *d)*, e 26.º, n.º 3, alínea *c)*, todos do Regulamento de Custas Processuais, aplicáveis subsidiariamente, com as devidas adaptações, por via do artigo 29.º, n.º 1, do RJAT, o Requerente, sendo parte vencedora, terá direito a ver a Administração Tributária condenada ao pagamento, a título de custas de parte, em 50% da taxa de arbitragem paga para compensação das despesas efectuadas com honorários de mandatário judicial sempre que seja apresentada a nota justificativa de honorários. Os tribunais arbitrais têm, pois, competência para o conhecimento deste pedido, nos exactos termos em que o têm os tribunais judiciais tributários.

E não se defenda, como o têm feito os tribunais arbitrais tributários, que "a opção pela jurisdição arbitral implica a renúncia à compensação das despesas cobertas pelas custas de parte"[270], uma vez que tal implicaria admitir que a arbitragem em matéria tributária não pretende ser verdadeiramente alternativa à impugnação judicial. Negar a condenação no pagamento de despesas com honorários de mandatário judicial na arbitragem tributária acaba por desequilibrar a escolha do contribuinte, afastando-o desde método alternativo de resolução de litígios. Além de ser uma solução contrária à justiça, vai contra os objectivos do regime que, recorde-se, na versão inicial do *Regulamento das Custas* chegava mesmo a por como limite máximo das custas da arbitragem nos tribunais comuns o valor máximo que decorresse do Regulamento das Custas Processuais. Hoje, aceitando-se que as custas nos processos arbitrais comuns são, as mais das vezes, mais elevadas do que as que seriam devidas nos tribunais judiciais, mitigando-se a alternatividade da arbitragem em face da via judicial, não pode contudo aceitar-se que nesta via o contribuinte possa ser ressarcido dos honorários que pagou para ver o seu direito reconhecido e naquela via não. Com efeito, sabendo o contribuinte de antemão que as despesas por si suportadas com honorários de advogados serão "ressarcidas" no processo judicial, mas

---

[270] Cf. Processo 276/2013-T, disponível em http://www.caad.org.pt/.

não no processo arbitral, dependendo da complexidade do caso e do montante de honorários envolvidos, poderá optar pela via judicial unicamente por força deste factor. E esta consequência é que, ao que se crê, não é de aceitar.

O artigo 3.º do *Regulamento de Custas*, fixa a fórmula de cálculo da *taxa de arbitragem*. A este propósito, dispõe desde logo o seu n.º 1 que a taxa de arbitragem é calculada em função de dois critérios: do *valor da causa* e, bem assim, do *modo de designação do árbitro*.

Deixa-se o modo de designação do árbitro para os dois pontos seguintes porquanto, como se referiu, serão tratadas de forma autónoma as regras relativas às custas do processo arbitral em tribunais comuns e em tribunais especiais. Olhe-se agora para o critério do valor da causa como elemento da forma de cálculo da taxa de arbitragem tributária.

Dita o artigo 3.º do *Regulamento de Custas* que o valor da causa é determinado nos termos do artigo 97.º-A do CPPT excepto nos casos previstos na alínea *b)* do n.º 1 do artigo 2.º do RJAT. Nestes casos, o valor da causa será o da liquidação a que o sujeito passivo, no todo ou em parte, pretende obstar, como afirma expressamente o n.º 3 do artigo 3.º do *Regulamento de Custas*. A este propósito, uma nota só para referir que ainda que o n.º 3 se refira também à alínea *c)* do n.º 1 do artigo 2.º do RJAT esta referência não faz mais sentido porquanto o artigo 161.º da Lei n.º 64-B/2011, de 30 de Dezembro, como se sabe, procedeu à sua revogação[271]. Do exposto, resulta que as regras previstas no artigo 97.º-A do CPPT serão aplicáveis apenas aos casos a que refere a alínea *a)* do n.º 1 do artigo 2.º do RJAT, ou seja, quando o sujeito passivo pretenda discutir a (i)legalidade de actos de liquidação, de autoliquidação, de retenção na fonte ou de pagamentos por conta.

Como se teve oportunidade de observar nos termos da alínea *e)* do n.º 2 do artigo 10.º, o sujeito passivo deve, aquando da entrega do requerimento de pedido de constituição de tribunal arbitral proceder à indicação, entre outros elementos, do *valor da utilidade económica do pedido*. A indicação do valor da utilidade económica do pedido segue, ao que se crê, as regras previstas no artigo 97.º-A do CPPT por aplicação do disposto no artigo 29.º, n.º 1, alínea *a)* e, bem assim, por indicação expressa do disposto neste n.º 2 do artigo 3.º do *Regulamento de Custas*. É com base naquela indicação, a efectuar pelo sujeito passivo, que se irá aferir, por um lado, da necessidade de tribunal colectivo ou singular – no

---

[271] O CAAD poderia, em boa verdade, ter aproveitado as alterações introduzidas a diversas disposições regulamentares em 3 de Setembro de 2012, para eliminar também a referência à alínea *c)* do artigo 2.º, n.º 1 do RJAT no artigo 3.º do *Regulamento de Custas*.

caso de o sujeito passivo não optar por designar árbitro nos termos da alínea *b)* do n.º 2 do artigo 6.º – e, por outro, de qual o valor a pagar a título de taxa de arbitragem inicial, ou de taxa de arbitragem, conforme se terá oportunidade de observar nos pontos 2. e 3..

Artigo 97.º-A
Valor da Causa

1 – Os valores atendíveis, para efeitos de custas ou outros previstos na lei, para as acções que decorram nos tribunais tributários, são os seguintes:

a) Quando seja impugnada a liquidação, o da importância cuja anulação se pretende;

b) Quando se impugne o acto e fixação da matéria colectável, o valor contestado;

c) Quando se impugne o acto de fixação dos valores patrimoniais, o valor contestado;

d) No recurso contencioso do indeferimento total ou parcial ou da revogação de isenções ou outros benefícios fiscais, o do valor da isenção ou benefício;

e) No contencioso associado à execução fiscal, o valor correspondente ao montante da dívida exequenda ou da parte restante, quando haja anulação parcial, excepto nos casos de compensação, penhora ou venda de vens ou direitos, em que corresponde ao valor dos mesmos, se inferior.

2 – Nos casos não previstos nos números anteriores, o valor é fixado pelo juiz, tendo em conta a complexidade do processo e a condição económica do impugnante, tendo como limite máximo o valor da alçada da 1.ª instância dos tribunais judiciais.

3 – Quando haja apensação de impugnações ou execuções, o valor é o correspondente à soma dos pedidos.

Assim, na arbitragem em matéria tributária o valor da utilidade económica do pedido segue regras diferentes em função de se estar perante um processo arbitral cujo objecto se situa na zona de coincidência entre o arbitrável e o impugnável – nos casos previstos na alínea *a)* do n.º 1 do artigo 2.º e, bem assim, no caso de actos de fixação de valores patrimoniais – ou perante um processo cujo objecto se situa na "zona nova" da arbitragem – ou seja, nos casos previstos na primeira parte da alínea *b)* do n.º 1 do artigo 2.º.

Ora naqueles primeiros casos, de coincidência entre o arbitrável e o impugnável, concluiu-se, em comentário ao artigo 10.º, que o valor da utilidade económica do pedido é, na arbitragem, o mesmo que na impugnação judicial, ou seja, o estabelecido no artigo 97.º-A do CPPT. Para este efeito, e sem prejuízo de uma leitura atenta do texto do artigo 97.º-A do CPPT, pode afirmar-se, sucintamente, que quando o acto cuja legalidade se pretende discutir seja uma liquidação, autoliquidação, retenção na fonte ou pagamento por conta, o valor da utilidade económica do pedido será o da importância cuja anulação se pretende.

Já nos casos da alínea b) do n.º 1 do artigo 2.º, não se seguirá o regime previsto no CPPT, como se referiu, mas sim as novas regras estabelecidas no n.º 3 deste artigo 3.º do *Regulamento de Custas*. Assim, nos pedidos de pronúncia arbitral sobre a (i)legalidade de actos de fixação de valores patrimoniais, ou de actos de determinação da matéria colectável ou da matéria tributável, o valor da causa será não o valor contestado – que resultaria caso se aplicasse o disposto no artigo 97.º-A do CPPT – mas sim o valor da futura liquidação à qual o sujeito passivo pretende obstar. Compreenda-se que os valores são, de facto diferentes. Uma coisa é o valor que resulta, *e.g.* da determinação da matéria tributável; coisa diversa é o valor da liquidação que decorrerá dessa determinação na medida em que, como se sabe, a liquidação é operação através da qual se aplica a taxa de imposto à matéria tributável, apurando-se então o valor devido pelo contribuinte. Deste modo, para os casos previstos na alínea b) do n.º 1 do artigo 2.º, o valor da utilidade económica do pedido é o da liquidação a que o sujeito passivo, no todo ou em parte, pretende obstar, *i.e.* do futuro acto de liquidação[272].

Ainda uma breve nota ao artigo 3.º-A do *Regulamento das Custas* o qual, sob a epígrafe "Devolução da taxa de arbitragem", estabelece que quando o procedimento arbitral termina, por algum motivo, antes de ser constituído o tribunal arbitral, o sujeito passivo é reembolsado da taxa de arbitragem paga. Ao montante a devolver ao sujeito passivo – isto é, ao montante da taxa de arbitragem inicial, caso se esteja perante um tribunal arbitral comum, ou ao montante da taxa de arbitragem, caso se esteja perante um tribunal arbitral especial – será deduzido um valor para efeito da cobrança de encargos administrativos e de processamento. Este valor, pese embora seja fixado caso a caso pelo Presidente do CAAD, tem limites máximos em função do tipo de tribunal em causa e o valor da utilidade económica do pedido. Assim, caso se esteja perante um tribunal comum o valor devido pode ser fixado pelo Presidente do CAAD até ao valor de 1 Unidade de Conta (UC), nos casos em que o valor da utilidade económica do pedido seja até € 60.000,00 *inclusive*, ou de 1 a 2 UC, nos casos em que o valor

---

[272] Sem prejuízo da leitura do comentário ao artigo 2.º, defendeu-se que daqui resulta, desde logo, a arbitrabilidade imediata e autónoma dos Relatórios de Inspecção, que pese embora tenha sido fragilizada com a revogação do artigo 14.º, se manteve. Para melhor compreender a questão veja-se a anotação ao artigo 2.º e, bem assim, Sérgio Vasques/Carla Castelo Trindade (2013) "Âmbito material da arbitragem Tributária".

da utilidade económica do pedido seja superior a € 60.000,00, ao abrigo do estabelecido na alínea *a*). Já no caso de um tribunal especial, o valor devido pode ser fixado pelo Presidente do CAAD até ao valor de 2 UC, nos casos em que o valor da utilidade económica do pedido seja até € 60.000,00 *inclusive*, ou de 2 a 4 UC, nos casos em que o valor da utilidade económica do pedido seja superior a € 60.000,00[273].

2. Taxa de arbitragem nos tribunais comuns

Analisem-se agora as regras aplicáveis ao apuramento da taxa de arbitragem devida num processo arbitral nos casos de designação do(s) árbitro(s) pelo CAAD.

Refere a este propósito o n.º 2 do artigo 12.º que nos casos em que o sujeito passivo não designa árbitro, previstos no n.º 1 e na alínea *a*) do n.º 2 do artigo 6.º, ou seja, nos casos em que se esteja perante tribunais arbitrais comuns, o sujeito passivo paga, na data do envio do pedido de constituição do tribunal arbitral, a *taxa de arbitragem inicial*.

Assim, aquando da entrega do requerimento do pedido de constituição do tribunal arbitral comum, e à semelhança do que se passa na apresentação da petição inicial de impugnação judicial, o sujeito passivo terá de pagar a taxa de arbitragem inicial, nos termos da primeira parte do artigo 10.º, n.º 2, alínea *f*).

Refere ainda o n.º 2 do artigo 12.º que a fixação do montante, e a eventual repartição pelas partes das custas directamente resultantes do processo arbitral, será efectuada na decisão que vier a ser proferida pelo tribunal arbitral. A este propósito remete-se para o disposto no n.º 4 do artigo 22.º, o qual, sob a epígrafe "Deliberação, conteúdo e forma", estabelece que da decisão arbitral proferida pelo tribunal arbitral consta a fixação do montante e a repartição pelas partes das custas directamente resultantes do processo, quando o tribunal tenha sido constituído nos termos previstos no n.º 1 e na alínea *a*) do n.º 2 do artigo 6.º. O disposto nestes dois preceitos indica, assim, que as custas de um processo que corra termos num tribunal arbitral comum deverão ser suportadas na medida do decaimento. Esta é, de todo o modo, solução idêntica à do processo judicial.

Também próxima da solução adoptada quanto às custas judiciais está o valor devido, a título de custas, por um processo que corra termos num tribunal

---

[273] Uma nota para referir que o valor da Unidade de Conta é o de € 102,00 consoante se definiu no Decreto-lei n.º 34/2008, de 28 de Fevereiro cuja alteração mais recente foi introduzida pela Lei n.º 72/2014, de 2 de Setembro.

comum. Aqui, caberá analisar o artigo 4.º do *Regulamento de Custas* que fixa a taxa de arbitragem devida nesses casos, cuja última redacção data de 3 de Setembro de 2012.

Refira-se, desde já, que é de lamentar que a nova redacção tenha retirado do artigo 4.º do *Regulamento de Custas* o disposto no anterior n.º 6, de onde resultava que "O montante das custas finais fixado nos termos do n.º 4 não deve ser superior àquele que resultaria da aplicação do Regulamento das Custas Processuais". Esta regra, constante da versão originária do *Regulamento de Custas* consubstanciava um forte argumento a favor da consagração da arbitragem como verdadeiro e efectivo meio de resolução de litígios *alternativo* à impugnação judicial. Na sua vigência, o sujeito passivo sabia que, independentemente do valor que iria ser fixado a título de custas na arbitragem tributária, aquele nunca seria maior do que o que pagaria caso tivesse optado pela via judicial.

Actualmente, o artigo 4.º não estabelece nenhum limite máximo do montante de custas a pagar, consagrando porém um limite mínimo no seu n.º 1. Ali se dispõe que embora a taxa de arbitragem seja definida em função do valor da causa, esta está limitada a um mínimo de € 306,00, remetendo-se para a Tabela I anexa ao Regulamento.

É de resto nesta Tabela I que se pode encontrar o valor da taxa de arbitragem e que é fixada nos seguintes termos:

Valor dos processos		Taxa de Arbitragem Inicial (50% da taxa de arbitragem; artigos 2.º, n.º 2 e 4.º, n.º 2 do Regulamento de Custas)	Taxa de Arbitragem (artigo 2.º, n.º 1 do Regulamento de Custas)
De	Até		
–	€ 2.000,00	€ 153,00	€ 306,00
€ 2.000,01	€ 8.000,00	€ 306,00	€ 612,00
€ 8.000,01	€ 16.000,00	€ 459,00	€ 918,00
€ 16.000,01	€ 24.000,00	€ 612,00	€ 1.224,00
€ 24.000,01	€ 30.000,00	€ 765,00	€ 1.530,00
€ 30.000,00	€ 40.000,00	€ 918,00	€ 1.836,00
€ 40.000,01	€ 60.000,00	€ 1.071,00	€ 2.142,00

TAXA DE ARBITRAGEM ART. 12.º

Valor dos processos		Taxa de Arbitragem Inicial (50% da taxa de arbitragem; artigos 2.º, n.º 2 e 4.º, n.º 2 do Regulamento de Custas)	Taxa de Arbitragem (artigo 2.º, n.º 1 do Regulamento de Custas)
De	Até		
€ 60.000,01	€ 80.000,00	€ 1.224,00	€ 2.448,00
€ 80.000,01	€ 100.000,00	€ 1.377,00	€ 2.754,00
€ 100.000,01	€ 150.000,00	€ 1.530,00	€ 3.060,00
€ 150.000,01	€ 200.000,00	€ 1.836,00	€ 3.672,00
€ 200.000,01	€ 250.000,00	€ 2.142,00	€ 4.284,00
€ 250.000,01	€ 275.000,00	€ 2.448,00	€ 4.896,00
Para valores superiores a € 275.000,00, o valor da taxa de arbitragem acresce, a final, por cada € 25.000,00 ou fracção, € 306,00. Consequentemente, ao valor da Taxa de Arbitragem Inicial, acresce, por cada € 25.000,00 ou fracção, € 153,00, ou seja, 50%.			

No entanto, quando o sujeito passivo submeta o pedido de constituição de tribunal arbitral sem optar por designar árbitro, pagará apenas a taxa de arbitragem inicial, nos termos da alínea *f)* do n.º 2 do artigo 10.º. Dita então o n.º 2 do artigo 4.º do *Regulamento de Custas* que a "taxa de arbitragem inicial corresponde a 50% da taxa de arbitragem resultante da Tabela I anexa" e é paga por transferência bancária para a conta do CAAD. O valor remanescente – e que corresponde à outra metade da taxa de arbitragem – deverá ser pago pelo sujeito passivo também por transferência bancária para a conta do CAAD antes da data fixada pelo tribunal arbitral, na reunião referida no artigo 18.º, para a emissão da decisão arbitral, conforme o disposto no n.º 3 daquele artigo 4.º. Aqui tem-se entendido que caso o tribunal dispense a reunião a que se refere o artigo 18.º, e uma vez que nesse despacho deverá ser fixada a data em que irá ser proferida a decisão arbitral, deve fixar-se também que a taxa de arbitragem subsequente deverá ser liquidada até essa data.

A "conta final", por seu turno, é enviada às partes após o trânsito em julgado da decisão e, na hipótese de não ter sido realizado pagamento prévio pela parte vencida, ou seja, na hipótese de o sujeito passivo ser a parte vencedora, a Administração Tributária terá um prazo de 30 dias para efectuar o pagamento das custas em que foi condenada, após o que, e se for esse o caso, o CAAD reembolsará o sujeito passivo no montante que lhe for devido. O n.º 6 vem, por seu turno, esclarecer que não há lugar a reembolso, devolução ou compensação em qualquer outro caso que não o previsto naquele artigo 4.º do *Regulamento de Custas*.

As normas vertidas nos n.ºs 3 e 5 daquele artigo 4.º também não constavam da versão inicial do *Regulamento de Custas*, passando a aplicar-se aos pedidos de constituição de tribunal arbitral instaurados a partir de 30 de Novembro de 2011. Na sua versão original, o sujeito passivo pagava apenas a taxa de arbitragem inicial e só da fixação do montante final das custas em sentença arbitral resultaria então o acerto – ficando vencido o sujeito passivo, este era condenado no pagamento da parte da taxa em falta; ficando vencida a Autoridade Tributária, era notificada do valor da taxa de arbitragem a que tinha sido condenada, ressarcindo-se o sujeito passivo dos montantes já adiantados a título inicial. Este era de resto, e ao que se crê, um sistema mais coerente e prático, designadamente na óptica do sujeito passivo que não tinha que adiantar a totalidade da taxa de arbitragem, mas, tão só, metade desta.

Por último, o n.º 4 deste artigo 4.º limita-se a replicar a regra que já decorre do também n.º 4 do artigo 22.º segundo a qual a fixação do montante das custas finais do processo arbitral, e a eventual repartição pelas partes, é efectuada na decisão que vier a ser proferida pelo tribunal arbitral, tal como disposto no n.º 2 do artigo 12.º.

3. Taxa de arbitragem nos tribunais especiais

Cumpre agora analisar as regras aplicáveis ao apuramento da taxa de arbitragem devida num processo arbitral que corra termos num tribunal especial – *i.e.* quando o sujeito passivo optou por designar árbitro no pedido de constituição do tribunal arbitral – e que são bem diferentes daquelas que se trataram no ponto anterior.

Refere a este propósito o n.º 3 do artigo 12.º que nos casos em que o sujeito passivo manifesta a intenção de designar árbitro, nos termos da alínea *b)* do n.º 2 do artigo 6.º, ou seja, nos casos em que o processo corre termos num tribunal arbitral especial, o sujeito passivo paga, na data do envio do pedido de constituição do tribunal arbitral, a taxa de arbitragem pela totalidade.

Como se viu, o tribunal arbitral que se denominou de especial, funcionará sempre com um colectivo de três árbitros, cabendo a cada parte a designação de um deles e aos árbitros indicados a designação do terceiro árbitro, que exerce as funções de árbitro-presidente. Além da possibilidade de designação dos árbitros, uma outra particularidade dos tribunais arbitrais especiais, e que os distingue dos comuns, é o facto de o sujeito passivo ter que pagar a taxa de arbitragem na sua totalidade e independentemente do decaimento. Isto significa portanto que a Administração Tributária, mesmo que venha a ver a sua posição contrariada pela pronúncia arbitral, no todo ou em parte, não incorrerá em qualquer custo. Para compreender esta regra há que compreender que a par da opção tribunal especial, o sujeito passivo pode sempre optar pelo tribunal comum, vendo-se, neste caso, sujeito a regras muito semelhantes às que estaria sujeito caso a opção tivesse sido pelo tribunal judicial. Está então assegurado o direito constitucional de acesso à justiça. A arbitragem tributária podia-se ter ficado por aqui. Porém, quis-se ir mais além e permitir uma opção em que coubesse ao sujeito passivo a escolha "daquele" árbitro. Daquela pessoa que no seu entender é a mais competente para proferir a decisão de direito em causa. Ora, admitir isto e permitir-se que fosse a Administração Tributária, no limite o erário público, a, mesmo em caso de decaimento, suportar o custo deste "privilégio" seria, ao que se crê bastante injusto. Apoia-se a opção do legislador que, além de inovadora, permite um verdadeiro equilíbrio de poderes, não acarretando, no entanto, qualquer acréscimo de custo para o erário público. Com efeito, ao caber ao sujeito passivo o suporte da totalidade das custas do processo, permite-se uma equiparação de armas entre os sujeitos passivos e a Administração Tributária, reforçada ainda pelo facto de, como se verá, de acordo com o Regulamento das Custas a remuneração dos árbitros ser toda igual.

Para efeitos de fixação do montante devido a título de taxa de arbitragem no caso dos tribunais especiais haverá que olhar ao preceituado no artigo 5.º do *Regulamento de Custas* e, bem assim, na Tabela II anexa ao referido Regulamento.

Aquele preceito prevê que a taxa de arbitragem em caso de designação de árbitro pelo sujeito passivo depende do valor da causa e está limitada ao mínimo de € 6.000,00 (seis mil euros) e ao máximo de € 120.000,00 (cento e vinte mil euros)[274].

Uma nota para referir que, da comparação entre a taxa de arbitragem devida caso o processo arbitral corra termos no tribunal comum, e a taxa de arbitragem devida caso o processo arbitral corra termos no tribunal especial, conclui-se, inevitavelmente, que existe uma enorme discrepância de valores, sendo este último muito mais oneroso do que aquele. Indica então a Tabela II anexa ao *Regulamento de Custas* o seguinte:

---

[274] Antes das alterações introduzidas a 3 de Setembro de 2012, o mínimo determinado pelo *Regulamento de Custas* era de € 12.000,00.

Valor dos processos		Taxa de Arbitragem
De	Até	(artigo 5.º, n.º 2 do Regulamento de Custas)
–	€ 60.000,00	€ 6.000,00
€ 60.000,01	€ 250.000,00	€ 12.000,00
€ 250.000,01	€ 500.000,00	€ 24.000,00
€ 500.000,01	€ 750.000,00	€ 36.000,00
€ 750.000,01	€ 1.000.000,00	€ 48.000,00
€ 1.000.000,01	€ 2.500.000,00	€ 60.000,00
€ 2.500.000,01	€ 5.000.000,00	€ 80.000,00
€ 5.000.000,01	€ 7.500.000,00	€ 100.000,00
€ 7.500.000,01	€ 10.000.000,00	€ 120.000,00

Refira-se, contudo, que esta Tabela II apenas é aplicável aos processos que deram entrada no CAAD a partir de 3 de Setembro de 2012, que é a data correspondente à última alteração ao *Regulamento de Custas*.

Por último, e no seguimento do que se referia também no n.º 3 do artigo 12.º do RJAT, o n.º 2 do artigo 5.º do *Regulamento de Custas* determina que a taxa de arbitragem é integralmente suportada pelo sujeito passivo e paga, na sua totalidade, por transferência bancária para a conta do CAAD antes de formulado o pedido de constituição do tribunal arbitral, nos termos da alínea *f)* do n.º 2 do artigo 10.º.

4. Falta de pagamento da taxa de arbitragem/taxa de arbitragem inicial

Por último caberá ter atenção ao referido no n.º 4 do artigo 12.º ora em análise, e que se prende com a consequência existente em caso de não pagamento da taxa de arbitragem inicial ou da taxa de arbitragem.

A este propósito, o n.º 4 deste artigo 12.º prevê que a falta de pagamento atempada da taxa de arbitragem inicial – no caso de se estar perante um processo que corra termos no tribunal arbitral comum – ou da taxa de arbitragem – no caso de se estar perante um tribunal arbitral especial – é causa impeditiva da constituição do tribunal arbitral. Esta solução é, de resto, semelhante à existente nos processos judiciais.

Assim, nos termos do disposto nos artigos 558.º, alínea *f*) e 207.º, n.º 1, ambos do CPC, a secretaria deve recusar a petição inicial que não se mostre acompanhada do documento comprovativo do prévio pagamento da taxa de justiça devida ou da concessão de apoio judiciário, naquela modalidade, devendo ser também recusada a distribuição da petição inicial que não se mostre acompanhada de igual documento. Mais se acrescenta que, nos casos em que a petição inicial, não obstante não vir acompanhada daquele documento comprovativo do pagamento da taxa de justiça ou da concessão de apoio judiciário, foi distribuída, deve o juiz do processo, logo que a falta for detectada, mandar notificar os autores para, no prazo de 10 dias, juntarem o documento comprovativo do pagamento da taxa de justiça devida ou da concessão do apoio judiciário, naquela modalidade, sob pena de a instância se extinguir.

Regra semelhante a esta é a que está prevista no artigo 10.º, n.º 2, alínea *f*) quando conjugado com o n.º 4 deste artigo 12.º. Como se referiu aquando da anotação ao artigo 10.º, é no pedido de constituição do tribunal arbitral que o sujeito passivo terá de pagar na íntegra a taxa de arbitragem – no caso de o tribunal ser especial – ou a taxa de arbitragem inicial – nos casos do tribunal comum. A falta de pagamento atempado da taxa de arbitragem ou da taxa de arbitragem inicial obsta à constituição do tribunal arbitral, ou, nos termos da lei, "é causa impeditiva" dessa constituição, cabendo ao CAAD a verificação do pagamento[275].

5. Alterações ao valor da causa – Custas

O valor da utilidade económica do pedido corresponde, *grosso modo*, ao valor da causa e segue, como se viu, as regras previstas no artigo 97.º-A do CPPT, nos casos previstos na alínea *a*) do n.º 1 do artigo 2.º do RJAT, e o previsto no n.º 3 do artigo 3.º do *Regulamento de Custas* nos casos previstos na alínea *b*) do n.º 1 do artigo 2.º do RJAT.

---

[275] Já quando o sujeito passivo não constitua mandatário nos casos em que este é obrigatório, e ainda que o CAAD possa advertir o sujeito passivo da falta de patrocínio judiciário, não poderá recusar o pedido, como se referiu em anotação ao artigo 10.º. Tudo porque, o patrocínio judiciário, quando seja obrigatório, é excepção dilatória que poderá dar lugar, caso não seja suprida, a absolvição da Administração da instância. Contudo, só um tribunal arbitral plena e efectivamente constituído poderá retirar essa consequência. Conclui-se assim que ao contrário do que sucede no caso de não constituição de mandatário judicial quando este seja obrigatório, neste caso do não pagamento da taxa de arbitragem ou taxa de arbitragem inicial o CAAD pode mesmo rejeitar o pedido de constituição de tribunal arbitral.

Nos termos do artigo 10.º, n.º 2, alínea *e*) do RJAT, o sujeito passivo deve indicar logo no pedido de constituição de tribunal arbitral, qual o valor da utilidade económica do pedido. Este valor será importante, como se tem dito, para aferir quer a competência do tribunal arbitral – nos termos do artigo 5.º – quer o valor a pagar a título de taxa de arbitragem – nos termos do *Regulamento de Custas* e do artigo 12.º que acima se enunciaram.

Deste modo, a taxa de arbitragem ou taxa de arbitragem inicial a pagar pelo sujeito passivo será calculada tendo por base o valor por aquele indicado no pedido de constituição do tribunal arbitral.

Coloca-se então a questão de saber quais as consequências decorrentes de uma eventual alteração do valor da utilidade económica do pedido – e em que medida é que essa alteração efectivamente ocorre – no que respeita às custas no processo arbitral[276]. A questão que agora se analisará respeita então àqueles casos em que o sujeito passivo pagou uma taxa de arbitragem ou taxa de arbitragem inicial que, a final, poderá não corresponder ao efectivo valor devido, tendo em consideração o pedido e as regras de fixação do seu valor de utilidade económica.

Em teoria, poderá ocorrer uma alteração ao valor da utilidade económica do pedido após a constituição do tribunal arbitral, em três situações distintas, a saber:

(1) *Alteração objectiva sucessiva da instância, i.e.*, alteração do objecto do processo arbitral já após a constituição do tribunal arbitral, incluindo-se aqui os casos de *redução do objecto* – ou porque *(a)* o sujeito passivo desistiu de parte do pedido ou de um dos pedidos em cumulação; ou porque *(b)* a Administração Tributária revogou parte do acto cuja legalidade se discutia ou um dos actos em cumulação – e os casos de *ampliação do objecto* por cumulação sucessiva;

(2) *Cumulação inicial em que um dos pedidos é genérico*. Aqui fala-se de situações em que o sujeito passivo cumula, com o pedido de anulação de um determinado acto tributário que é certo e líquido, um outro pedido que, sendo genérico, não está ainda liquidado nem foi quantificado pelo sujeito passivo. Exemplos destes pedidos genéricos são o pedido de

---

[276] Esta problemática foi já analisada em comentário ao artigo 10.º, n.º 2, sendo importante revisitá-la agora a propósito das consequências ao nível das custas. Para maiores desenvolvimentos veja-se o ponto 2.2.1. da anotação ao artigo 10.º.

condenação em indemnização por garantia indevidamente prestada em processo de execução fiscal e o pedido de condenação no pagamento de juros indemnizatórios;
(3) *Erro na determinação e/ou indicação do valor da utilidade económica do pedido.* Aqui vale a pena recordar que, sendo o valor indicado pelo sujeito passivo logo no pedido de constituição do tribunal arbitral, será então este que determinará, nos tribunais arbitrais ditos comuns, a formação singular ou colectiva do tribunal.

Na medida em que a taxa de arbitragem ou taxa de arbitragem inicial a liquidar está dividida por intervalos de valor, ou por "escalões"[277], uma alteração no valor da utilidade económica do pedido, para mais ou para menos, poderá determinar, à primeira vista, uma alteração no valor de taxa de arbitragem liquidado ou a liquidar[278].

O primeiro grupo de casos que se identificou *supra* diz respeito a potenciais alterações objectivas sucessivas da instância, sendo diferente a solução encontrada consoante se esteja perante uma *redução* ou uma *ampliação* do objecto do processo arbitral.

Nos casos de *redução do objecto do processo* as consequências serão diferentes consoante a redução ocorra por força de *(a)* desistência de parte do pedido ou desistência de um dos pedidos em cumulação por parte do sujeito passivo; ou de *(b)* revogação de parte do acto ou de um dos actos cuja legalidade se discute por parte da Administração Tributária.

Nas situações referidas em *(a)*, ou seja, naquelas em que a redução do objecto do processo é "imputável" ao sujeito passivo, a solução passa pela aplicação subsidiária dos critérios de fixação do valor da causa constantes do CPC. Deste modo, por força do disposto no artigo 299.º, n.º 1, do CPC, nos termos do qual "[n]a determinação do valor da causa, deve atender-se ao momento em que a acção é proposta (...)", ainda que de uma eventual redução do objecto do

---

[277] Cf. Tabelas I e II do *Regulamento de Custas* acima parcialmente reproduzidas.
[278] Esta questão poderá colocar-se quer se esteja perante tribunais arbitrais comuns, quer se esteja perante tribunais arbitrais especiais. De facto, quer a Tabela I quer a Tabela II estão divididas pelos ditos intervalos ou "escalões" de valor do pedido. Nesse sentido, e na medida em que aqui apenas se analisam as consequências decorrentes ao nível das custas do processo arbitral, as soluções apontadas não dizem respeito a eventuais alterações à composição dos tribunais arbitrais comuns, de singular para colectivo, questão que foi analisada nas anotações aos artigos 5.º e 10.º, para as quais se remete.

processo resulte, em abstracto, uma redução da taxa de arbitragem legalmente devida, a alteração do valor da utilidade económica do pedido é, pois, irrelevante. Acresce que o artigo 4.º, n.º 6 do *Regulamento de Custas* determina que "[p]ara além dos casos expressamente previstos neste regulamento, não há lugar a reembolso, devolução ou compensação, a qualquer título". Assim, não haverá lugar a reembolso ou devolução de qualquer espécie.

Nas situações referidas em *(b)*, porque a redução do objecto do processo arbitral "não é imputável" ao sujeito passivo uma vez que aquela só ocorreu por uso do "direito ao arrependimento" previsto no artigo 13.º, n.º 1, por parte da Administração Tributária, nem o RJAT, nem o *Regulamento de Custas* indicam, de acordo com o que se pensa, qual o procedimento a adoptar. Aliás, o artigo 4.º, n.º 6 do *Regulamento de Custas*, determina que não há lugar a reembolso, devolução ou compensação a qualquer título para além dos casos previstos naquele *Regulamento*. A lei parece então apontar para a inexistência de um direito ao reembolso da quantia paga em excesso, independentemente da razão de ser da redução do pedido. Contudo, a ser esta a solução legal ela seria, ao que se julga, incoerente. Efectivamente, e como se tem defendido, não fará sentido defender-se que o sujeito passivo seja obrigado a suportar uma taxa de arbitragem superior quando parte do acto ou um dos actos cuja (i)legalidade ele pretendia ver apreciada foi revogado, ratificado, reformado ou convertido pela Administração Tributária que, de certa forma, assumiu a ilegalidade apontada pelo sujeito passivo. Acresce que, seria incoerente defender-se, como se verá já de seguida, que quando o sujeito passivo indique, por erro, um valor inferior ao que resultaria da aplicação das regras do artigo 97.º-A, n.º 1 do CPPT ou do n.º 3 do artigo 3.º do *Regulamento de Custas*, pagando por isso menos taxa de arbitragem, terá, uma vez corrigido o erro pelo tribunal, que liquidar a taxa de arbitragem remanescente, mas admitir-se que, quando o sujeito passivo pague e a Administração Tributária reduza o objecto do pedido reduzindo-se, consequentemente, o valor da utilidade económica do mesmo, não haja lugar ao reembolso ou devolução desse excesso. Assim, julga-se que o tribunal arbitral deverá oficiosamente proceder notificação do CAAD para a devolução da taxa de arbitragem ou taxa de arbitragem inicial paga em excesso devendo o *Regulamento de Custas* ser ajustado para o efeito[279].

---

[279] Esta questão toma particular importância se se pensar que nos tribunais arbitrais especiais o sujeito passivo paga, logo na apresentação do pedido de constituição de tribunal arbitral, a totalidade da taxa de arbitragem. Mais ainda, as custas do processo arbitral, nestes casos em

Por seu turno, nos casos de *ampliação do objecto do processo*, mormente por *cumulação sucessiva* a solução passa necessariamente por outra ordem de raciocínio. Atente-se, desde logo, que da cumulação sucessiva não poderá resultar uma incompetência do tribunal arbitral[280]. Se a cumulação sucessiva não determinar a incompetência do tribunal arbitral, será admissível e terá então consequências ao nível das custas, por dali resultar uma alteração ao valor da utilidade económica do pedido. Isto porque, nos termos do artigo 306.º, n.º 1 do CPC, aplicável subsidiariamente *ex vi* artigo 29.º, n.º 1, alínea *e*), "[o] valor da causa é fixado no despacho saneador, salvo nos processos a que se refere o n.º 4 do artigo 299.º e naqueles em que não haja lugar a despacho saneador, sendo então fixado na sentença" (sublinhado da autora). Assim, o tribunal arbitral há-de fixar, a final, na sua decisão, a taxa de arbitragem legalmente devida, devendo o sujeito passivo liquidar o valor remanescente resultante da alteração, para mais, do valor da utilidade económica do pedido.

O segundo grupo de casos, como se viu, diz respeito à *cumulação inicial de um pedido certo e líquido* (a anulação ou declaração de ilegalidade de um determinado acto tributário) *com um pedido genérico,* não quantificado, mormente com um pedido de condenação na indemnização por garantia indevidamente prestada em processo de execução fiscal ou com um pedido de condenação no pagamento de juros indemnizatórios. Nestes casos, a prática demonstra que, mesmo na decisão final, os tribunais arbitrais limitam-se também a uma condenação genérica, sem determinação do *quantum* indemnizatório ou do *quantum* dos juros a pagar pela Administração Tributária. Significa isto que da decisão sobre o pedido genérico cumulado não decorre, em rigor, uma verdadeira alteração

---

que o sujeito passivo optou por designar árbitro, são suportadas na totalidade pelo sujeito passivo e não na medida do decaimento. Posto isto, não se compreenderia que o sujeito passivo não pudesse ser reembolsado das quantias pagas quando, por força da revogação, ratificação, reforma ou conversão do ou de um dos actos tributários em discussão pela Administração Tributária, o objecto do pedido arbitral fosse reduzido, diminuindo-se, bem assim, o valor da sua utilidade económica e, consequentemente, o valor da taxa de arbitragem que, em rigor, deveria ter sido paga.

[280] Com efeito, a incompetência do tribunal arbitral é obstáculo à cumulação sucessiva de pedidos. Veja-se a este propósito a anotação ao artigo 3.º e ao artigo 10.º. Uma cumulação que não implique a incompetência do tribunal arbitral será, por exemplo, aquela em que a soma das impugnações pretendidas pelo sujeito passivo não ultrapasse o dobro da alçada do TCA, nos termos do artigo 5.º, n.º 2, quando o tribunal tenha sido constituído como tribunal singular.

no valor da utilidade económica do pedido pelo que não decorre, também, qualquer alteração na taxa de arbitragem já liquidada pelo sujeito passivo.

Por fim, o terceiro grupo de casos prende-se com as situações em que o sujeito passivo comete um *erro na determinação ou identificação do valor da utilidade económica do pedido*. A solução para este grupo de situações não se encontra nem no RJAT, nem no *Regulamento de Custas,* nem nos artigos 296.º e seguintes do CPC, nem no artigo 97.º-A do CPPT. O que poderá ocorrer nestes casos é o sujeito passivo indicar, ou por *negligência* ou por *dolo,* um valor inferior àquele que resultava da aplicação dos critérios determinativos constantes ou do artigo 97.º-A do CPPT, nos casos do artigo 2.º, n.º 1, alínea *a),* ou do n.º 3 do artigo 3.º do *Regulamento de Custas,* nos casos do artigo 2.º, n.º 1, alínea *b*). Certo é, porém, que o tribunal terá, desde logo, o dever de *ex officio* corrigir o erro do sujeito passivo e aferir a desculpabilidade do erro.

As consequências da correcção do erro pelo tribunal arbitral, no que respeita às custas, serão diferentes consoante *(a)* o sujeito passivo tenha indicado, erradamente, um valor inferior ao valor que decorria da lei, o que significa que liquidou uma taxa de arbitragem ou taxa de arbitragem inicial inferior à que era legalmente devida; ou *(b)* o sujeito passivo tenha indicado, erradamente, um valor superior ao valor que decorria da lei, o que significa que liquidou uma taxa de arbitragem superior à legalmente devida.

Nas situações referidas em *(a),* o tribunal arbitral, após corrigir o erro, determina, por despacho, por decisão interlocutória, ou mesmo na decisão final, que o sujeito passivo liquide a taxa de arbitragem remanescente em falta.

Nas situações referidas em *(b),* o sujeito passivo indicou, por erro, um valor de utilidade económica do pedido superior àquele que resulta dos termos legais. Na medida em o valor indicado conste de um intervalo ou "escalão" de taxa de arbitragem ou de taxa de arbitragem inicial também superior, o sujeito passivo pagou, então, mais do que aquilo que legalmente era devido. Nos termos do artigo 4.º, n.º 6 do *Regulamento de Custas,* não há lugar a reembolso, devolução ou compensação a qualquer título para além dos casos previstos naquele *Regulamento.* A lei determina, assim, que o sujeito passivo não terá direito ao reembolso da quantia paga em excesso. Nestes casos, e como se defendeu já, a solução legal afigura-se, incoerente. Na verdade, se se defendeu que quando o sujeito passivo indique, por erro, um valor inferior ao que resultaria da aplicação das regras legais pagando por isso menos taxa de arbitragem, terá que, uma vez corrigido o erro pelo tribunal, liquidar a taxa de arbitragem remanescente, não se pode agora defender que, quando o sujeito passivo pague em excesso, não haja lugar ao reembolso ou devolução desse excesso. A solução do *Regulamento de Custas* é ainda mais incoerente se se pensar na solução encontrada no mesmo *Regulamento* para os casos em que o procedimento arbitral cessa antes da constituição do tribunal. Como refere o artigo 3.º-A do *Regulamento de Custas* "cessando o procedimento por qualquer motivo antes de ser constituído o tribunal arbitral, o requerente é reembolsado da taxa de arbitragem paga, deduzindo-se um valor para efeitos de cobrança de encargos administrativos e de processamento, a fixar pelo Presidente do CAAD, dentro de (...) [certos] limites".

Esta solução, de devolução da taxa de arbitragem pese embora não na integralidade, deveria ter sido adoptada também para os casos em que o sujeito passivo indique, por erro, um valor superior ao que resultaria da aplicação das regras do artigo 97.º-A, n.º 1 do CPPT, pagando por isso uma taxa de arbitragem superior ao estabelecido legalmente. Deste modo, e na medida em que o tribunal declare o erro como desculpável, o sujeito passivo deverá ter direito à devolução da taxa de arbitragem ou taxa de arbitragem inicial paga em excesso, defendendo-se uma alteração do *Regulamento de Custas* neste mesmo sentido.

6. Aplicabilidade da "Lei de Acesso ao Direito e aos Tribunais"

Neste ponto 6. averiguar-se-á em que medida é que a Lei de Acesso ao Direito e aos Tribunais – Lei n.º 34/2004, de 29 de Julho, na redacção dada pela sua última alteração efectuada pela Lei 47/2007, de 28 de Agosto – é, ou não, aplicável à arbitragem tributária institucionalizada no CAAD. Cumpre, antes de mais, fazer uma breve introdução à lei em questão e aos direitos que nela vêm previstos.

Ora, a Lei n.º 34/2004, de 29 de Julho, veio alterar o regime de acesso ao direito e aos tribunais, por força da transposição para a ordem jurídica nacional da Directiva n.º 2003/8/CE, do Conselho, de 27 de Janeiro, relativa à melhoria do acesso à justiça nos litígios transfronteiriços, constituindo, actualmente, o principal diploma regulador da matéria do acesso ao direito e aos tribunais, enquanto concretização actualista do direito à tutela jurisdicional efectiva, consagrado no artigo 20.º da CRP. Nesse sentido, logo no n.º 1 do artigo 1.º daquele diploma, o legislador deixou claro que "o sistema de acesso ao direito e aos tribunais destina-se a assegurar que a ninguém seja dificultado ou impedido, em razão da sua condição social ou cultural, ou por insuficiência de meios económicos, o conhecimento, o exercício ou a defesa dos seus direitos". Concretizando esses objectivos, o legislador desenvolveu acções e mecanismos de informação e protecção jurídicas. Por seu turno, pode ler-se no n.º 1 do artigo 6.º da referida Lei que "a protecção jurídica reveste as modalidades de consulta jurídica e de apoio judiciário", e no n.º 2 que a protecção jurídica poderá ser concedida "para questões ou causas judiciais concretas ou susceptíveis de concretização em que o utente tenha um interesse próprio e que versem sobre direitos directamente lesados ou ameaçados de lesão". Adianta-se que a expressão "para questões ou causas judiciais" deve ser alvo de uma interpretação extensiva, na medida em que abarcará não apenas as questões ou causas judiciais, mas sim questões ou causas jurisdicionais. O procedimento a seguir para se requerer a protecção jurídica é depois regulado pelos artigos 19.º e seguintes daquele diploma.

A modalidade de *apoio judiciário* inclui, entre outras prerrogativas, a dispensa de taxa de justiça e demais encargos com o processo, bem como a nomeação e pagamento da compensação de patrono, nos termos do disposto nas alíneas *a)* e *b)* do n.º 1 do artigo 16.º. Ora, no sentido de apurar se esta modalidade de apoio judiciário é aplicável, ou não, aos processos arbitrais tributários em funcionamento no CAAD, cumpre olhar para o disposto no artigo 17.º, precisamente sob a epígrafe "âmbito de aplicação".

Na versão originária do diploma, o n.º 1 do artigo 17.º estabelecia que o regime de apoio judiciário se aplicava apenas nos tribunais – leia-se, judiciais (em sentido amplo)[281] – e nos julgados de paz, sem qualquer referência aos tribunais arbitrais. Contudo, e para bem do bom funcionamento do Estado de Direito democrático, a Lei n.º 47/2007, de 28 de Agosto, veio proceder a uma série de alterações legislativas, ficando então consagrado naquele n.º 1 do artigo 17.º que "O regime de apoio judiciário aplica-se em todos os tribunais, qualquer que seja a forma do processo, nos julgados de paz *e noutras estruturas de resolução alternativa de litígios a definir por portaria* do membro do Governo responsável pela área

---

[281] Tribunais judiciais poderão ser entendidos em sentido estrito ou em sentido amplo. Os tribunais judiciais *stricto sensu* "são os tribunais comuns em matéria cível e criminal e exercem jurisdição em todas as áreas não atribuídas a outras ordens judiciais", ou seja, de competência residual, e que vêm previstos nos artigos 209.º, n.º 1, alínea *a)*, 210.º e 211.º da CRP. O conceito de tribunais judiciais *lato sensu* abrange, contudo, todos os tribunais de todas as ordens judiciais. Há quem se refira aos tribunais judiciais *lato sensu* como *tribunais estaduais*. Nos presentes comentários não se utiliza essa designação na medida em que os tribunais arbitrais são também, ao que se julga, tribunais estaduais, em especial se se tiver em conta os tribunais arbitrais tributários com natureza institucional nos quais o impulso processual é accionado pelo exercício de um direito potestativo do sujeito passivo. Deste modo, opor os tribunais arbitrais a tribunais estaduais como que poderia desprestigiar os primeiros. Pelo exposto, dir-se-á, então, que à jurisdição arbitral se opõe a jurisdição judicial em sentido amplo, incluindo-se, nesta última, não só a jurisdição dos tribunais judiciais *stricto sensu* (artigo 211.º da CRP), mas também a dos tribunais administrativos e fiscais (artigo 212.º CRP).

da justiça" (itálico da autora). Esta alteração legislativa não só é de louvar como era necessária uma vez que, cada vez mais, os meios alternativos de resolução de litígios são meios mais adequados à solução de conflitos do que os próprios tribunais judiciais. Disto dá conta, e com toda a razão, MARIA DA CONCEIÇÃO OLIVEIRA, enfatizando que:

> *"Na visão actual, os tribunais já não são encarados como sendo a "via principal" (...). A ideia chave é que para o conflito há que encontrar, de entre os meios disponíveis, o meio mais ajustado, de acordo com a natureza do litígio em mãos, e os critérios eleitos, sejam estes meios a justiça tradicional, a arbitragem, a mediação ou outro."*[282]

Efectivamente, na medida em que os meios alternativos de resolução de conflitos – com destaque para a arbitragem, no geral – são, progressivamente, mais ajustados à solução de determinados litígios, pouco sentido faria configurar-se a insuficiência de meios económicos como impedimento do acesso à justiça nesses meios – podendo até constituir uma eventual violação do princípio da tutela jurisdicional efectiva e do princípio da igualdade constitucionalmente consagrados.

Se, como se viu, o legislador "abraçou" os meios alternativos de resolução de litígios, admitindo a atribuição de apoio judiciário nesse âmbito, ficou por conta da Administração, a definição de quais as estruturas de resolução alternativa de litígios onde aquele se aplicaria.

Foi através da Portaria n.º 10/2008, de 3 de Janeiro, que se regulamentou aquela Lei n.º 34/2004, definindo-se, entre outros aspectos, quais as estruturas de resolução alternativa de litígios em que se aplica o regime do apoio judiciário. O artigo 9.º da Portaria n.º 10/2008 remeteu a indicação para lista, constante do Anexo I, onde consta, desde a alteração introduzida pela Portaria n.º 654/2010, de 11 de Agosto, uma alínea *p)* que refere, precisamente, o CAAD. Alcança-se, então, a resposta à questão suscitada. Se é certo que o aditamento daquela alínea *p)*, em 2010, foi pensado para incluir os processos de arbitragem administrativa em funcionamento no CAAD – uma vez que à data o RJAT ainda não se encon-

---

[282] MARIA DA CONCEIÇÃO OLIVEIRA *"Mediação e Arbitragem no Roteiro da "Boa Administração" in Mais Justiça Administrativa e Fiscal* Coimbra: Coimbra Editora, 2010, 65-66, cit. por CLÁUDIA SOFIA MELO FIGUEIRAS (2013) "Arbitragem: a descoberta de um novo paradigma de justiça tributária?", 100, nota 46.

trava em vigor – certo é, também, que actualmente, no CAAD, funcionam não só arbitragens administrativas mas também as tributárias.

Conclui-se, pois, que o sistema de acesso ao direito e aos tribunais, na sua modalidade de apoio judiciário, aplica-se nos tribunais tributários a funcionar no CAAD, podendo os contribuintes, mediante o preenchimento dos requisitos e o seguimento do procedimento disposto na Lei n.º 34/2004, de 29 de Julho, requerer o apoio judiciário que inclui, entre outros benefícios, a isenção de pagamento da taxa de arbitragem.

SECÇÃO II – Efeitos da constituição de tribunal arbitral

Artigo 13.º – Efeitos do pedido de constituição de tribunal arbitral

1 – Nos pedidos de constituição de tribunais arbitrais que tenham por objecto a apreciação da legalidade dos actos tributários previstos no artigo 2.º, o dirigente máximo do serviço da administração tributária pode, no prazo de 30 dias a contar do conhecimento do pedido de constituição do tribunal arbitral, proceder à revogação, ratificação, reforma ou conversão do acto tributário cuja ilegalidade foi suscitada, praticando, quando necessário, acto tributário substitutivo, devendo notificar o presidente do Centro de Arbitragem Administrativa (CAAD) da sua decisão, iniciando-se então a contagem do prazo referido na alínea c) do n.º 1 do artigo 11.º.

(Lei 66-B/2012, de 31 de Dezembro e Lei 64-B/2011, de 30 de Dezembro)

2 – Quando o acto tributário objecto do pedido de pronúncia arbitral seja, nos termos do número anterior, total ou parcialmente, alterado ou substituído por outro, o dirigente máximo do serviço da administração tributária procede à notificação do sujeito passivo para, no prazo de 10 dias, se pronunciar, prosseguindo o procedimento relativamente a esse último acto se o sujeito passivo nada disser ou declarar que mantém o seu interesse.

3 – Findo o prazo previsto no n.º 1, a administração tributária fica impossibilitada de praticar novo acto tributário relativamente ao mesmo sujeito passivo ou obrigado tributário, imposto e período de tributação, a não ser com fundamento em factos novos.

4 – A apresentação dos pedidos de constituição de tribunal arbitral preclude o direito de, com os mesmos fundamentos, reclamar, impugnar, requerer a revisão, incluindo a da matéria colectável, ou a promoção da revisão oficiosa, ou suscitar pronúncia arbitral sobre os actos objecto desses pedidos ou sobre os consequentes actos de liquidação, excepto quando o procedimento arbitral termine antes da data da constituição do tribunal arbitral ou o processo arbitral termine sem uma pronúncia sobre o mérito da causa.

5 – Salvo quando a lei dispuser de outro modo, são atribuídos à apresentação do pedido de constituição de tribunal arbitral os efeitos da apresentação de impugnação judicial, nomeadamente no que se refere à

suspensão do processo de execução fiscal e à suspensão e interrupção dos prazos de caducidade e de prescrição da prestação tributária.

ALTERAÇÕES LEGISLATIVAS
Lei n.º 64-B/2011, de 30 de Dezembro;
Lei n.º 66-B/2012, de 31 de Dezembro.

ANOTAÇÃO
1. Prazo para o "arrependimento" da Autoridade Tributária
   1.1. Conteúdo da notificação do CAAD à Autoridade Tributária
   1.2. Anteriores versões do RJAT
   1.3. Revogação, ratificação, reforma ou conversão do acto tributário
   1.4. Efeitos para o procedimento/processo arbitral
2. Efeitos para o futuro da apresentação de pedido arbitral
   2.1. Efeitos para Administração Tributária
   2.2. Efeitos para o Requerente
   2.3. Efeitos externos

O presente artigo trata, como refere a epígrafe, dos efeitos decorrentes da apresentação de pedido de constituição do tribunal arbitral pelo sujeito passivo.

Nos termos do disposto no artigo 10.º, o pedido de constituição de tribunal arbitral apresentado pelo contribuinte é notificado pelo CAAD, por via electrónica, à Administração Tributária.

Da leitura dos cinco números deste preceito retira-se que, actualmente, até à constituição do tribunal arbitral – que ocorre aquando da notificação às partes dos árbitros nos termos do artigo 11.º – a administração tem um "prazo para o arrependimento", *i.e.* tem um prazo para revogar, rectificar, reformar ou converter o acto tributário que se irá discutir no processo arbitral. Esta é uma matéria regulada pelos n.ºs 1 e 2 do artigo agora em anotação e a qual ocupará os pontos 1.1. a 1.3..

Após a apresentação de pedido de constituição do tribunal arbitral, e nos casos em que a Administração Tributária não use da faculdade prevista no n.º 1, são três os tipos de efeitos que se podem assacar e que estão, por seu turno, previstos nos n.ºs 3, 4 e 5 deste artigo 13.º.

O n.º 3 trata dos efeitos da apresentação do pedido de constituição do tribunal arbitral para a Administração Tributária que, no que em concreto se refere ao acto tributário em discussão no processo arbitral, ficará impossibilitada de o alterar, a menos que o faça com base em factos novos. Esta é uma questão se analisará no ponto 2.1..

O n.º 4 trata dos efeitos dali decorrentes para o sujeito passivo o qual, salvo duas excepções, ficará absolutamente impedido de, através de outros meios contenciosos, reagir contra o acto tributário objecto do processo arbitral. Tratar-se-á com maior acuidade desta matéria no ponto 2.2..

Por último, o n.º 5 prevê um terceiro efeito, que será objecto de análise no ponto 3., e que se prende com a eficácia externa da apresentação de pedido de constituição do tribunal arbitral, designadamente no que em concreto respeita a um eventual processo de execução fiscal, aos prazos de caducidade e aos prazos de prescrição.

1. Prazo para o "arrependimento" da Autoridade Tributária

1.1. Conteúdo da notificação do CAAD à Autoridade Tributária

Refere o n.º 1 deste artigo 13.º que nos pedidos de constituição de tribunais arbitrais que tenham por objecto a apreciação da legalidade dos actos tributários previstos no artigo 2.º, o dirigente máximo do serviço da Administração Tributária pode, *no prazo de 30 dias* a contar do conhecimento do pedido de constituição do tribunal arbitral, proceder à *revogação, ratificação, reforma ou conversão do acto tributário* cuja ilegalidade foi suscitada, praticando, se assim o entender, o acto tributário necessário. Por outras palavras, a Administração Tributária, uma vez notificada pelo CAAD, no prazo de 2 dias, do pedido de constituição de tribunal arbitral apresentado pelo sujeito passivo, poderá "corrigir", caso entenda necessário, o acto tributário em discussão, dispondo de 30 dias para o efeito[283].

Recorde-se, em primeiro lugar, que o *pedido de constituição do tribunal arbitral* e o *pedido de pronúncia arbitral* são realidades distintas. Aquele primeiro é, na prática, um requerimento electrónico disponível no sítio de internet do CAAD, enquanto o segundo é, em rigor, uma petição inicial em sentido material. O *pedido de pronúncia arbitral* é, em rigor, um documento autónomo que é anexo ao pedido de constituição de tribunal arbitral e do qual devem constar, naturalmente, as razões de facto e de direito que fundamentam a pretensão do sujeito passivo[284].

---

[283] Cf. artigo 10.º, n.º 3, do RJAT
[284] Esta temática foi já abordada aquando da anotação ao artigo 10.º, n.º 2, para cujos comentários se remete.

Segundo o disposto na alínea *a)* do n.º 2 do artigo 10.º, do pedido de constituição de tribunal arbitral deve constar a identificação do sujeito passivo, incluindo o número de identificação fiscal, e do serviço periférico local do seu domicílio ou sede ou, no caso de coligação de sujeitos passivos, a identificação do serviço periférico local do domicílio ou sede do sujeito identificado em primeiro lugar no pedido. Já nos termos da alínea *b)*, deve identificar-se qual o acto ou actos tributários objecto do pedido de pronúncia arbitral. Ou seja, o sujeito passivo deve referir se está a recorrer à arbitragem para a discussão da legalidade de actos de liquidação seja ela "simples", oficiosa ou adicional, de actos de autoliquidação, de retenção na fonte e de pagamento por conta e de actos de determinação da matéria colectável, tributável ou de fixação de valores patrimoniais por métodos directos. Além da identificação do acto, ou actos, objecto do pedido de pronúncia arbitral dispõe a alínea *c)* do mesmo n.º 2 do artigo 10.º que deve ainda ser identificado o pedido de pronúncia arbitral, constituindo fundamentos deste pedido os previstos no artigo 99.º do CPPT e, bem assim, a exposição das questões de facto e de direito objecto do referido pedido.

A questão que ora se coloca é a de saber se, antes da constituição do tribunal arbitral, a Administração Tributária tem apenas acesso ao pedido de constituição de tribunal arbitral, ou se, ao invés, tem também acesso ao pedido de pronúncia. Esta questão foi já analisada aquando da anotação ao artigo 10.º, sendo porém pertinente revisita-la agora, a propósito do "direito ao arrependimento" da Administração Tributária.

Nos termos do n.º 3 do artigo 10.º, o presidente do CAAD "deve, no prazo de dois dias a contar da recepção do pedido de constituição de tribunal arbitral, dar conhecimento do pedido, por via electrónica à administração tributária". Esta disposição normativa determina, assim, que a Administração Tributária seja apenas notificada do *pedido de constituição do tribunal arbitral*. A ser assim, a Administração Tributária teria apenas acesso aos elementos indicados pelo contribuinte, por exigência das alíneas do n.º 2 do artigo 10.º, o que em nada contribuiria para uma boa utilização do "direito ao arrependimento" a que alude o n.º 1 do artigo 13.º ora em análise.

Contudo, na prática, após a notificação pelo CAAD do pedido de constituição do tribunal arbitral, a Administração Tributária passa a ter acesso à plataforma digital do CAAD onde lhe é disponibilizada a consulta do *pedido de pronúncia arbitral* que contém as razões de facto e de direito que sustentam a pretensão do contribuinte e, bem assim, os respectivos documentos anexos a título de prova documental. Isto tudo, note-se, quando ainda nem sequer está efectivamente constituído tribunal arbitral – na medida em que este só se constitui, como se referiu em comentário ao artigo 11.º, e melhor se verá nos pontos abaixo, após o decurso do prazo para o exercício do "direito ao arrependimento", independentemente de se estar perante tribunal arbitral comum ou especial[285] –, ou seja, está-se ainda no âmbito do procedimento arbitral[286].

Deste modo, na medida em que a Administração Tributária terá depois acesso à "petição inicial" do sujeito passivo, torna-se desnecessário o estabelecido na Circular n.º 53/2011 Série II, de 1 de Julho, emitida pela anterior DGAIEC, proferida portanto quando ainda não havia "prática" na arbitragem. Refere-se naquela instrução administrativa que a notificação da Administração Tributária é acompanhada por "um resumo do pedido e, sempre que possível, do documento (ofício ou folha de rosto no caso de documentos extensos) que notificou o sujeito passivo/representante legal ou mandatário judicial, do acto objecto do pedido". Perante aquela que se veio a revelar a prática, um "resumo do pedido" torna-se, pois, desnecessário uma vez que a Administração Tributária passa automaticamente a ter acesso ao pedido do contribuinte a partir da plataforma digital do CAAD.

O acesso da Administração Tributária à verdadeira pretensão do contribuinte representa, em boa verdade, uma antecipação das razões de facto e de direito que fundamentam o pedido e que constituem, em rigor, o pedido e a causa de pedir da acção arbitral. Esta antecipação pode ser vista quer como uma vantagem quer como uma fragilidade da arbitragem.

Por um lado, poderá ser vista como uma fragilidade da arbitragem na medida em que o sujeito passivo fica "demasiado exposto", *i.e.*, estrategicamente desprotegido, perante a Administração Tributária, numa altura em que o tribunal arbitral não está sequer constituído.

Por outro lado, esta antecipação será uma vantagem, ao que se julga, na medida em que, nos termos do n.º 1 do artigo agora em anotação, a Administração poderá, no prazo de 30 dias a contar da notificação do pedido de constituição de tribunal arbitral, e caso considere adequado, proceder à revogação,

---

[285] Denominando-se de "especiais" aqueles tribunais em que o sujeito passivo optou por designar árbitro, sendo automaticamente concedida igual prorrogativa à Administração Tributária; e de "comuns" aqueles tribunais em que o sujeito passivo optou por deixar a designação dos árbitros na exclusiva competência do Conselho Deontológico do CAAD.
[286] Cf. artigos 15.º, 11.º, n.º 8 e 13.º, n.º 1 do RJAT.

ratificação, reforma ou conversão do acto tributário cuja ilegalidade está a ser suscitada, praticando, quando necessário, o acto substitutivo.

Há, deste modo, uma *quasi* via graciosa pré-processo arbitral que justifica o "levantar do véu" dos argumentos de facto e de direito do sujeito passivo. Aliás, a prática tem demonstrado que a Administração Tributária tem aproveitado esta "segunda oportunidade" para, com a cautela que a caracteriza, olhar para o acto tributário sob o ponto de vista dos argumentos deduzidos pelo sujeito passivo e repor a legalidade quando o ache acertado, sendo vários casos em que, no todo ou em parte, a Administração foi ao encontro da pretensão do sujeito passivo, evitando-se então litigância desnecessária, com o reconhecimento prévio do vencimento dos argumentos do sujeito passivo[287]. A importância desta questão foi mesmo reconhecida nas Leis do Orçamento do Estado para 2012 e para 2013 na medida em que o "prazo para o arrependimento" – que na redacção original deste n.º 1 era de 8 dias – foi sucessivamente alargado[288].

Assim, independentemente de se estar perante um tribunal especial ou perante um tribunal comum, o "direito ao arrependimento" da Administração Tributária terá que ocorrer antes da constituição do tribunal arbitral. Mas nem sempre foi assim. Começou por ser na sua redacção original, deixou de o ser com as alterações introduzidas pela Lei do Orçamento do Estado para 2012 (Lei n.º 64-B/2011, de 30 de Dezembro) e voltou a ser com o Orçamento do Estado para 2013 (Lei n.º 66-B/2012, de 31 de Dezembro).

1.2. Anteriores versões do RJAT

Na redacção original do RJAT, o legislador estabeleceu que o tribunal arbitral se considerava constituído na data da reunião a que se refere o artigo 18.º, nos termos do disposto do então artigo 11., n.º 1, alínea *c*). Dispunha o n.º 8 do mesmo artigo que, independentemente de se estar perante tribunais arbitrais comuns

---

[287] Segundo dados oficiais do CAAD, até final de Abril de 2015, dos 1000 processos que deram entrada no CAAD, a Administração Tributária fez uso da faculdade prevista neste artigo 13.º, n.º 1 em 9,7% dos casos.

[288] O prazo para o exercício do "direito ao arrependimento" pela Administração Tributária foi alargado para 20 dias – pelas alterações introduzidas pelo artigo 160.º da Lei n.º 64-B/2011, de 30 de Dezembro – e mais tarde para 30 dias – pelas alterações introduzidas pela Lei n.º 66-B/2012, de 31 de Dezembro. Refira-se, porém, que estas alterações a nível do prazo para uso do "direito ao arrependimento" da Administração Tributária estão também em estreita conexão com o problema da articulação desta faculdade com o procedimento de designação de árbitros nos tribunais especiais previsto nos n.ºs 2 a 7 do artigo 11.º.

ou especiais, o "direito ao arrependimento" da Administração Tributária, na altura com um prazo de 8 dias, teria que ocorrer antes da constituição do tribunal arbitral.

Com a alteração introduzida pela Lei n.º 64-B/2011, de 30 de Dezembro, à redacção do n.º 1 do artigo 13.º esta matéria tornou-se deveras complexa. Como o prazo para a realização da primeira reunião – de 15 dias – só começava a contar a partir da data em que a Administração Tributária notificava o CAAD da sua decisão, na prática, a alteração legislativa introduzida por aquela lei, veio, no caso dos tribunais arbitrais comuns, atrasar o início da data da constituição do tribunal arbitral. Em rigor, o prazo de constituição do tribunal arbitral – que era de 20 dias na anterior redacção do n.º 1 do artigo 13.º – passou a ser, em 2012, de 35 dias, porquanto a notificação da decisão da Administração Tributária passou a ser suspensiva do prazo de marcação da data da reunião de constituição do tribunal arbitral. Mas se assim era para o tribunal dito comum, colocava-se a questão de saber o que sucedia quando se estivesse perante um tribunal arbitral especial. Isto porque, se a alteração introduzida pelo artigo 160.º da Lei n.º 64-B/2011, de 30 de Dezembro, só conferia o efeito suspensivo do prazo para a realização da reunião no caso de se estar perante um tribunal comum, i.e. com árbitro(s) a ser designado(s) unicamente pelo Conselho Deontológico, restava saber o que sucederia nos casos do tribunal especial, ou seja naqueles cujos dois primeiros árbitros eram designados pelas partes, cabendo a indicação do terceiro aos primeiros designados[289]. A sequência cronológica durante 2012 ficou algo confusa, como se pode ver de seguida:

- o sujeito passivo entregava, por via electrónica, ao CAAD o pedido de constituição do tribunal arbitral;
- o CAAD dispunha de 2 dias para notificar a Administração Tributária do requerimento ou pedido de constituição do tribunal arbitral (que inclui o pedido de pronúncia arbitral);
- a Administração Tributária dispunha:
  - de 10 dias, a contar da recepção do requerimento, para notificar o presidente do CAAD da indicação de um dos árbitros do tribunal arbitral, efectuada pelo dirigente máximo do serviço;
  mas dispunha também

---

[289] Veja-se, a este propósito, Sérgio Vasques/Carla Castelo Trindade (2013) "Os efeitos do pedido de constituição do Tribunal Arbitral Tributário".

- de 20 dias, a contar da notificação do requerimento, para decidir se alterava ou mantinha a situação jurídica do sujeito passivo, sendo que este prazo não era suspensivo daquele;
- Em caso de incumprimento do prazo dos 10 dias o Conselho Deontológico do CAAD dispunha:
  - de 5 dias para, em substituição da Administração Tributária, designar o árbitro;
  - de outros 5 dias para notificar o sujeito passivo do árbitro já designado.

Abra-se aqui um breve parêntesis. Era precisamente nesta altura que terminava o prazo dos 20 dias para o "arrependimento" da Administração Tributária, ou seja, era aqui que terminava o prazo ao seu dispor para alterar, ou não, a situação jurídico-tributária do sujeito passivo e, consequentemente, notificar o presidente do CAAD da sua decisão. Ora, era no mínimo estranho, já à data se defendia, que o prazo ao dispor da Administração Tributária para o "arrependimento" terminasse depois do prazo que esta dispunha para designar o "seu" árbitro e, bem assim, do prazo que o Conselho Deontológico do CAAD dispunha para se substituir à Administração na designação do "seu" árbitro[290]. Com efeito, apelidou-se várias vezes esta substituição da Administração Tributária como uma sanção do legislador àquela atitude inerte desta entidade ao não designar árbitro. Porém, como se vê, com a alteração legislativa introduzida pela Lei n.º 64-B/2012, de 30 de Dezembro, a não designação do árbitro num prazo de 10 dias poderia dever-se, não à inércia da Administração Tributária, mas sim à utilização por esta de uma prerrogativa legalmente prevista que é a de poder revogar, ratificar, reformar ou converter o acto tributário objecto do requerimento apresentado pelo sujeito passivo, no prazo, à data, de 20 dias.

Defendeu-se, perante aquela redacção, que restava ao legislador uma de duas soluções: (1) ou conferia à notificação da Administração Tributária o efeito suspensivo do prazo ao dispor desta para a designação do árbitro – como o fez quanto à marcação da reunião no caso de processo que corra termos perante um tribunal comum –; (2) ou alargava o prazo ao dispor da Administração Tributá-

---

[290] Também a este propósito, SÉRGIO VASQUES/CARLA CASTELO TRINDADE (2013) "Os efeitos do pedido de constituição do Tribunal Arbitral Tributário".

ria para a designação do árbitro para 20 dias, por forma o igualar ao prazo para "arrependimento"[291].

O legislador seguiu ambas as soluções na n.º Lei 66-B/2012, de 31 de Dezembro (Lei do Orçamento do Estado para 2013), ao passar a assegurar, por um lado, no n.º 7 do artigo 11.º que, nos casos da alínea b) do n.º 2 do artigo 6.º, o tribunal arbitral especial não se considerará constituído antes de decorrido o prazo – agora de 30 dias – para o "arrependimento" da Administração Tributária; e, por outro, igualando, no n.º 3 do mesmo preceito, o prazo para designação de árbitro ao prazo para o "arrependimento"[292].

Em suma, no caso dos tribunais arbitrais que se denominaram de comuns – os do n.º 1 e da alínea a) do n.º 2 do artigo 6.º – o tribunal arbitral não poderá considerar-se constituído antes de decorrido o prazo para o "arrependimento" da Administração Tributária, por imposição do disposto na parte final do n.º 1 do artigo 13.º. Já no caso dos tribunais ditos especiais – os da alínea b) do n.º 2 do artigo 6.º –, o direito ao "arrependimento" da Administração Tributária ocorre sempre antes do tribunal se considerar constituído uma vez que a sua constituição depende do decurso daquele prazo, tal como prevê o n.º 7 do artigo 11.º.

1.3. Revogação, ratificação, reforma ou conversão do acto tributário

O n.º 1 do artigo 13.º admite que nos pedidos de constituição de tribunais arbitrais que tenham por objecto a apreciação da legalidade dos actos tributários previstos no artigo 2.º, o dirigente máximo do serviço da Administração Tributária possa, no prazo de 30 dias a contar do conhecimento do pedido de constituição do tribunal arbitral, proceder à revogação, ratificação, reforma ou conversão do acto tributário cuja ilegalidade foi suscitada praticando, quando necessário, o acto tributário substitutivo.

A Administração Tributária pode, portanto, ao abrigo do n.º 1 deste artigo 13.º, revogar, ratificar, reformar ou converter o acto tributário objecto do pedido de pronúncia arbitral, devendo notificar o presidente do CAAD da sua decisão. Sobre este dever de notificação refira-se, antes de mais, que caso a Administração Tributária não notifique o CAAD da sua decisão, no prazo de 30 dias, tal não implica uma paralisação do procedimento. Dito de outro modo, se a Admi-

---

[291] Ainda a este propósito, SÉRGIO VASQUES/CARLA CASTELO TRINDADE (2013) "Os efeitos do pedido de constituição do Tribunal Arbitral Tributário".
[292] De acordo com a nova redacção: "o dirigente máximo do serviço da administração tributária indica o árbitro por si designado no prazo previsto no n.º 1 do artigo 13.º".

nistração Tributária nada disser, naquele prazo de 30 dias previsto no n.º 1 – ou, caso se esteja perante um tribunal arbitral especial, se limite a designar o "seu" árbitro – admite-se, tacitamente, que o acto tributário que o sujeito passivo pretende ver discutido em sede arbitral se mantém, ou seja, que a Administração não revogou, rectificou, reformou ou converteu o acto.

No que respeita à decisão a tomar por parte da Administração Tributária, haverá desde logo que perceber que as figuras da revogação, da ratificação, da reforma e da conversão não são originais do Direito Tributário, sendo sim figuras cuja delimitação dogmática foi – mais do que o é nos nossos dias – bastante discutida no âmbito do Direito Administrativo. Assim, o recorte destes figurinos deverá ser completado com a vasta Doutrina administrativa que existe sobre esta matéria. Delimitem-se, sucintamente, os conceitos referidos.

Refere desde logo o n.º 1 do artigo 79.º da LGT, sob a epígrafe "Revogação, ratificação, reforma, conversão e rectificação", que "o acto decisório pode revogar total ou parcialmente acto anterior ou reformá-lo, ratificá-lo ou convertê-lo nos prazos da sua revisão".

No ensinamento do professor MARCELO CAETANO, a *ratificação*[293] "é o acto administrativo pelo qual o órgão competente decide sanar um acto anulável anteriormente praticado suprindo a ilegalidade que o vicia (...) Competência para ratificar tem-na, em princípio, quem a tenha para revogar"[294]. Do Direito Administrativo herdou-se a expressão *ratificação-sanação* para denominar os casos em que esta figura tem lugar[295].

Reforma por seu turno é entendida por SÉRVULO CORREIA como "o acto administrativo pelo qual se conserva de um acto anterior a parte não afectada

---

[293] Da *ratificação* deve distinguir-se a *rectificação*. A figura da *rectificação* pretende apenas a correcção de um erro ocorrido na declaração de vontade, ou seja, pretende corrigir a divergência existente entre a vontade real e a vontade declarada. A rectificação encontra-se frequentemente associada a erros de cálculo, erros de escrita ou lapsos manifestos (cf. artigo 79.º, n.º 1, da LGT).

[294] Citado por JOSÉ MANUEL SANTOS BOTELHO/AMÉRICO PIRES ESTEVES/JOSÉ CÂNDIDO DE PINHO (2002) *Código do Procedimento Administrativo Anotado e Comentado*, 869.

[295] Neste sentido, veja-se Sérvulo Correia (1982) *Noções de Direito Administrativo, volume I*, 505-508, distinguindo entre ratificação-sanação (a acima referida), ratificação- confirmação (usada para designar actos confirmativos) e ratificação-verificação (usada a propósito dos casos em que um determinado acto administrativo é necessário para confirmar o preenchimento dos pressupostos de uma norma que, *e.g.*, legitimou o exercício excepcional de uma data competência).

pela ilegalidade"²⁹⁶. Deste modo, a reforma acaba por ser, na verdade, uma revogação parcial do acto porque revogar parte do acto implica, desde logo, manter a parte restante, aquela que não está ferida de ilegalidade. Já LEITE DE CAMPOS, BENJAMIM SILVA RODRIGUES e LOPES DE SOUSA entendem que "[a] reforma tem em vista a sanação de um vício de violação de lei (e não um vício formal ou procedimental, como a ratificação-sanação) que afecta o acto reformado, mantendo o seu conteúdo válido e eliminando ou substituindo a parte afectada pela ilegalidade" ²⁹⁷.

Já por *conversão* entende R. PARADA, autor espanhol, como "a técnica, mediante a qual, um acto inválido pode produzir efeitos válidos distintos dos previstos pelo seu autor"²⁹⁸. Isto significa que a conversão é o acto através do qual se aproveitam elementos válidos de um acto ilegal, compondo-se com estes um novo acto substitutivo daquele. Dito de outro modo, conversão é a "substituição de um acto que está afectado por um vício de violação de lei por um outro acto de tipo diferente, que não enferme do vício que afectava o acto anterior" ²⁹⁹.

Ora, perante o exposto não há dúvidas que a ratificação, a reforma e a conversão do acto tributário exigem actos substitutivos e só são possíveis relativamente a actos existentes, que não já desaparecidos da ordem jurídica mercê de anulação contenciosa, já que tais figuras pressupõem o aproveitamento de elementos válidos de um ilegal para com eles se compor um outro acto que seja legal, pressupondo consequentemente o tal acto substitutivo.

Já a *revogação*, enquanto acto destinado a fazer cessar os efeitos do acto administrativo anterior, pressupõe a extinção dos efeitos jurídicos produzidos pelo acto revogado, não pressupondo obrigatoriamente a produção, neste caso, pela Administração Tributária, de um acto administrativo substitutivo³⁰⁰.

---

²⁹⁶ SÉRVULO CORREIA (1982) 509.
²⁹⁷ DIOGO LEITE DE CAMPOS/BENJAMIM SILVA RODRIGUES/JORGE LOPES DE SOUSA (2012), 727.
²⁹⁸ Citado por JOSÉ MANUEL SANTOS BOTELHO/AMÉRICO PIRES ESTEVES/JOSÉ CÂNDIDO DE PINHO (2002) 869. Por seu turno, SÉRVULO CORREIA define *conversão* como o "*acto administrativo pelo qual se aproveitam elementos válidos de um acto ilegal para com eles se compor um acto de tipo diferente que seja legal*", destancando que a conversão não será possível sempre que o novo acto obedeça a um processo de formação diferente do acto inválido ou tiver objecto ou fins incompatíveis com aquele (cf. SÉRVULO CORREIA (1982), 510-511).
²⁹⁹ DIOGO LEITE DE CAMPOS/BENJAMIM SILVA RODRIGUES/JORGE LOPES DE SOUSA (2012), 727.
³⁰⁰ Em sentido idêntico, veja-se SÉRVULO CORREIA, "*Revogação é o acto administrativo que tem por pressuposto um anterior acto administrativo e por conteúdo a destruição dos efeitos jurídicos deste*

Deste modo, poderá existir uma situação em que o acto tributário é pura e simplesmente expurgado da ordem jurídica – por revogação – não havendo, portanto, necessidade de a Administração Tributária praticar um acto substitutivo daquele, pese embora, como melhor se verá em anotação ao artigo 24.º, tenha necessidade de ajustar a sua actuação em conformidade com a revogação efectuada. Refere-se, a título de exemplo, o facto de, no caso a Administração Tributária revogar uma liquidação adicional por considerar que a mesma é ilegal, ter que, em consonância, extinguir o eventual processo de execução fiscal que tenha sido instaurado e, eventualmente, ressarcir o sujeito passivo em caso de prestação de garantia, neste caso, indevida[301].

Por outro lado, o acto tributário pode ser só parcialmente revogado, por ratificação, reforma ou conversão. Nestes casos haverá a necessidade de a Administração Tributária emitir um acto substitutivo daquele que inicialmente praticou, havendo então que proceder à notificação do sujeito passivo para, no prazo de 10 dias, se pronunciar se quer ou não prosseguir com o procedimento arbitral já iniciado, o qual seguirá a tramitação subsequente em caso de silêncio do sujeito passivo, tal como dispõe o n.º 2 do artigo 13.º. Esta temática será objecto do ponto seguinte.

1.4. Efeitos para o procedimento/processo arbitral

O n.º 2 deste preceito refere que quando o acto tributário objecto do pedido de pronúncia arbitral seja, nos termos do disposto número anterior, total ou parcialmente, alterado ou substituído por outro – por revogação, ratificação, reforma ou conversão o dirigente máximo do serviço – a Administração Tributária procede à notificação do sujeito passivo para, no prazo de 10 dias, se pronunciar se quer ou não prosseguir com o procedimento arbitral. Em caso de silêncio do sujeito passivo considera-se que este mantém o interesse no seu

---

[revogação anulatória ou *ex-tunc*] *ou a cessação dos mesmos para o futuro* [revogação extintiva ou *ex-nunc*]", pertencendo à categoria dos actos secundários. Com a revogação não se confundem a anulação em acção administrativa especial (*in casu*, em impugnação judicial) nem a caducidade, que se verifica pelo decurso do prazo de vigência fixado no próprio acto administrativo, ou pelo esgotamento dos pressupostos do acto (cf. Sérvulo Correia (1982) 471-477.

[301] Robin de Andrade, refere, e bem, que a competência para a revogação dos actos administrativos poderá advir de três fundamentos diferentes: ou (1) do exercício da competência dispositiva do órgão revogante, ou (2) da faculdade de autocontrolo da legalidade por parte do autor do acto revogando; ou (3) da faculdade de superintendência de um órgão sobre outro (citado por Sérvulo Correia (1982), 481-482.

prosseguimento, seguindo-se a tramitação normal do procedimento, nos termos referidos no artigo 11.º[302].

Não há dúvidas que se está, uma vez mais, perante a consagração do princípio da economia processual, deixando-se claro na lei que, em caso de silêncio do sujeito passivo, se considera ter havido modificação objectiva da instância, não se seguindo, neste caso, a regra. Assim, considera-se que só existe extinção da instância por inutilidade ou impossibilidade da lide, a qual se consubstancia, no caso em concreto, na extinção do objecto da relação jurídica e que pressupõe a absolvição da Administração Tributária do pedido deduzido pelo sujeito passivo, se houver declaração expressa do sujeito passivo. Deste modo, ou (1) o sujeito passivo declara expressamente que não pretende prosseguir com o processo arbitral, ou (2) o sujeito passivo declara pretender prosseguir com o processo arbitral ou, surtindo o mesmo efeito, nada diz. A pergunta que se pode colocar a este propósito é a de saber qual será então a tramitação procedimental e/ou processual a seguir nestas duas hipóteses.

Caso o *sujeito passivo declare expressamente que não pretende prosseguir com o procedimento arbitral* este considerar-se-á extinto, sendo no entanto devidas custas conforme dispõe a este propósito artigo 3.º-A do *Regulamento de Custas* do CAAD. Este preceito, sob a epígrafe "devolução da taxa de arbitragem", estabelece que quando o procedimento arbitral termina por algum motivo antes de ser constituído o tribunal o sujeito passivo é reembolsado da taxa de arbitragem paga. Ao montante a devolver ao sujeito passivo, isto é, ao montante da taxa de arbitragem inicial caso o processo corra perante um tribunal arbitral comum, ou ao montante da taxa de arbitragem caso se esteja perante um tribunal arbitral especial, será deduzido um valor para efeito da cobrança de encargos administrativos e de processamento. Este valor, pese embora seja fixado caso a caso pelo Presidente do CAAD, tem limites máximos em função do tipo de tribunal em causa e em função do valor da utilidade económica do pedido. Assim, caso se esteja perante um tribunal comum, o valor devido pode ser fixado pelo Presidente do CAAD até ao valor de 1 UC, nos casos em que o valor da utilidade económica do pedido seja até € 60.000,00, ou de 1 a 2 UC, nos casos em que o valor da utilidade económica do pedido seja superior a € 60.000,00. Já perante um tribunal especial o valor devido pode ser fixado pelo Presidente do CAAD até ao valor de 2 UC, nos casos em que o valor da utilidade económica do pedido

---

[302] Vejam-se, a este propósito, os esquemas disponibilizados no final da anotação ao artigo 11.º.

seja até € 60.000,00, ou de 2 a 4 UC, nos casos em que o valor da utilidade económica do pedido seja superior a € 60.000,00[303].

A segunda hipótese a ter em consideração é aquela em que *o sujeito passivo, tácita ou expressamente, declara que quer prosseguir com o procedimento arbitral* independentemente da ratificação, reforma ou conversão por revogação parcial.

Quando o sujeito passivo *declare expressamente* que quer prosseguir com o procedimento arbitral, esta declaração deverá conter os elementos de facto e de direito que julgue convenientes à adaptação do requerimento do pedido de constituição de tribunal arbitral, já entregue nos termos do artigo 10.º, ao novo acto tributário que vai estar em discussão. Certo é que, independentemente de se tratar de uma declaração tácita ou expressa, os eventuais vícios ou irregularidades decorrentes do prosseguimento do processo, após parcial revogação do acto, deverão ser sanados, ao que se julga, preferencialmente, no decorrer da reunião a que se refere o artigo 18.º, quando esta tenha lugar, ou até à prolação da decisão arbitral, *e.g.* por despacho, ao abrigo do princípio da livre condução do processo consagrado no artigo 19.º. Esta solução evita que se volte ao início na tramitação processual constante do artigo 10.º e 11.º evitando assim repetição de actos procedimentais que são aproveitáveis, sempre em prol do princípio da economia processual[304].

2. Efeitos para o futuro da apresentação de pedido arbitral

Como se referiu inicialmente, a apresentação de pedido de constituição de tribunal arbitral origina três tipos de efeitos. Por um lado, efeitos para a Administração Tributária, quando não goze do seu "direito ao arrependimento" facultado no n.º 1 deste artigo 13.º, e que vêm previstos no n.º 3. Por outro, efeitos para o sujeito passivo, estabelecidos no n.º 4. Por último, efeitos para um eventual processo de execução fiscal que tenha sido instaurado, designadamente quanto

---

[303] O valor da Unidade de Conta é o de € 102,00 consoante se definiu no Decreto-lei n.º 34/2008, de 28 de Fevereiro cuja alteração mais recente foi introduzida pela Lei n.º 72/2014, de 2 de Setembro.

[304] Note-se, porém, que por força da ratificação, revogação, reforma ou conversão, o valor da utilidade económica do pedido poderá não ser já aquele apontado pelo sujeito passivo no pedido de constituição do tribunal arbitral, ao abrigo do artigo 10.º, n.º 2, alínea *e*). Esta alteração do valor da utilidade económica do pedido será então determinante a nível de competência e a nível de custas, como se esclareceu em anotação ao artigo 10.º para cujos comentários se remete.

aos prazos de caducidade e prescrição, a que se refere o n.º 5, a estes chamou-se de *efeitos externos*.

Olhe-se então, por esta ordem, a cada um dos três tipos de efeitos para o futuro, decorrentes da apresentação de pedido de constituição de tribunal arbitral.

2.1. Efeitos para Administração Tributária

Dispõe o n.º 3 do artigo 13.º que findo o prazo dos 30 dias previsto no n.º 1, a Administração Tributária fica impossibilitada de praticar novo acto tributário relativamente ao mesmo sujeito passivo ou obrigado tributário, imposto e período de tributação, a não ser com fundamento em factos novos. Esta é, de resto, uma obrigação da Administração Tributária e, reflexamente, um direito do sujeito passivo que se encontra também consagrado no artigo 24.º. De facto, dispõe este preceito, sob a epígrafe "Efeitos da decisão arbitral de que não caiba recurso ou impugnação", no seu n.º 4, que "a decisão arbitral preclude o direito de a Administração Tributária praticar novo acto tributário relativamente ao mesmo sujeito passivo ou obrigado tributário e período de tributação, salvo nos casos em que este se fundamente em factos novos diferentes dos que motivaram a decisão arbitral". Esta última regra é, como se terá oportunidade de explorar em sede própria, uma decorrência da regra agora em análise[305].

A *ratio* de ambas as normas parece ser a mesma: a *segurança jurídica* do sujeito passivo. Em bom rigor, deixou-se clara no RJAT aquela máxima que tem vindo a ser bastante defendida pelos contribuintes relativamente ao facto de a Administração Tributária não poder, relativamente ao mesmo sujeito passivo ou obrigado tributário, imposto e período de tributação emitir os actos tributários que bem lhe aprouver, tendo como único limite o prazo dos 4 anos da caducidade do direito à liquidação. Porém, esta tem sido prática corrente da Administração Tributária. De facto, quem está habituado a estas lides deve ter-se deparado já com várias liquidações adicionais de um mesmo sujeito passivo relativas ao mesmo imposto e ao mesmo ano. Esta situação, que muitas vezes gera uma sucessão infindável de actos tributários – umas vezes chamados de liquidações adicionais, outras de reliquidações, outras de demonstrações de acertos de conta mas cujo âmbito material é, exactamente, o mesmo e que só têm é nomes diferentes – gera, não só uma insegurança bastante elevada para o sujeito passivo, mas

---

[305] Cf. anotação ao artigo 24.º.

também, uma grande confusão nos tribunais portugueses. Em boa verdade, e independente do que se tem defendido na Doutrina e na consultoria fiscal, a prática corrente da Administração Tributária tem sido a que acima se referiu. Ora, por cautela, os sujeitos passivos acabam por recorrer contenciosamente das sucessivas liquidações, as mais das vezes, em processos diferentes gerando litigância excessiva e desnecessária e, bem assim, dando azo à existência de decisões contraditórias.

Em face do exposto, apoia-se a opção do legislador do RJAT por, seguramente contra a corrente, deixar claro uma regra que prevê que a Administração Tributária tem uma só oportunidade para definir a situação jurídico-tributária do contribuinte. Esta oportunidade, concretizada na data em que emite o acto tributário, é reforçada por aquele que se denominou de "direito ao arrependimento" e que deve ser exercido no prazo de 30 dias. Assim, e uma vez mais, a Administração Tributária tem a hipótese de, olhando aos argumentos do sujeito passivo, decidir se, ainda assim, quer manter o acto tributário em questão ou, pelo contrário, pretende alterá-lo nos termos acima previstos. Após este período o acto tributário cristaliza-se na ordem jurídica, não sendo alterável por iniciativa da Administração Tributária a menos que ocorram factos novos.

Quanto à excepção a esta regra, a de ser permitido à Administração Tributária a prática de um novo acto tributário relativamente ao mesmo sujeito passivo ou obrigado tributário, imposto e período de tributação, dita a última parte do n.º 3 que aquela depende da existência de *factos novos*. Os factos têm de ser, logicamente, cronologicamente supervenientes relativamente ao acto tributário.

Factos novos não são factos que já existiam mas que não eram conhecidos pela Administração Tributária. A imposição consagrada pelo n.º 3 é a de que os factos que fundamentam um desvio à regra da não alteração da situação jurídico-tributária do contribuinte terem que ocorrer em data posterior ao acto tributário em discussão, não podendo vir a Administração Tributária defender que não os conhecia nem os podia conhecer na data em que emitiu o acto em apreciação. Por outras palavras, a expressão "factos novos" reporta-se a *factos objectivamente supervenientes*[306]. Denomina-se de superveniência objectiva a situação em que o facto novo ocorreu temporalmente depois do evento de referência; e de superveniência subjectiva quando o facto é novo apenas em relação à parte. Veja-se,

---

[306] Em sentido contrário, veja-se JORGE LOPES DE SOUSA (2013) "Comentário ao Regime Jurídico da Arbitragem Tributária", 177, para quem a superveniência subjectiva dos "factos novos" é suficiente.

a título de exemplo, o Acórdão do Supremo Tribunal de Justiça, proferido a 22 de Setembro de 2009, processo n.º 161/05.2TBVLG.S1, segundo o qual "se ocorridos posteriormente aos prazos de apresentação dos articulados ordinários, a superveniência é objectiva; mas será subjectiva se já tinham ocorrido mas a parte os desconhecia"[307].

Em face de todo o exposto, não restam dúvidas que a apresentação de pedido de constituição de tribunal arbitral preclude o direito de a Administração Tributária emitir novo acto tributário, sob qualquer nome, a menos que este tenha como fundamento factos que só tenham ocorrido em data posterior a essa emissão[308].

2.2. Efeitos para o Requerente

A apresentação do pedido de constituição de tribunal arbitral preclude o direito de, com os mesmos fundamentos, reclamar, impugnar, requerer a revisão, incluindo a da matéria colectável, ou a promoção da revisão oficiosa, ou suscitar pronúncia arbitral sobre os actos objecto desses pedidos, ou sobre os consequentes actos de liquidação, excepto quando o procedimento arbitral termine antes da data da constituição do tribunal arbitral, ou o processo arbitral termine sem uma pronúncia sobre o mérito da causa.

Esta é a regra consagrada no n.º 4 do artigo 13.º e que será agora objecto de análise.

Se o legislador teve a preocupação de garantir a segurança jurídica dos sujeitos passivos através da consagração da regra prevista no n.º 3, teve também a preocupação de garantir uma regra de proibição de litispendência relativamente a qualquer outro meio gracioso ou judicial desde que se trate do mesmo acto objecto desse pedido ou de actos de liquidação consequentes e os fundamentos sejam os mesmos. Assim, uma vez decidido pela arbitragem, o sujeito passivo *não poderá então recorrer a qualquer outro meio alternativo*, seja ele gracioso ou judicial, salvo três excepções e que, em rigor, respeitam, em regra, a momentos distintos do processo arbitral *lato sensu*:

---

[307] Acórdão do Supremo Tribunal de Justiça, de 22/09/2009, processo n.º 161/05.2TBVLG.S1, disponível em http://www.dgsi.pt/.
[308] A este propósito veja-se ainda a anotação ao artigo 20.º onde o legislador consagra a existência de um acto tributário novo, emitido, devido à existência de factos novos, como fundamento de alteração objectiva da instância.

(1) Quando, nos termos do artigo 3.º, n.º 2, o sujeito passivo apresente impugnação judicial *com fundamentos diferentes*. Esta não é, em bom rigor, uma excepção, mas, ao que se julga, a regra contrária à estabelecida na primeira parte deste artigo 13.º, n.º 4. Do que se deixou exposto na anotação àquele artigo 3.º, crê-se que se o sujeito passivo poderá apresentar impugnação judicial com fundamentos diferentes poderá, bem assim, reclamar, recorrer ou requerer a revisão, incluindo a da matéria colectável ou a promoção da revisão oficiosa[309];

(2) Quando o procedimento arbitral termine antes da constituição do tribunal arbitral. Será o caso de a Administração Tributária fazer uso da prerrogativa prevista no n.º 1 deste artigo 13.º e o sujeito passivo declarar não pretender prosseguir com o procedimento, nos termos acima expostos. Será também o caso de o sujeito passivo desistir do pedido antes da notificação às partes da constituição do tribunal arbitral a que aludem os n.ºs 1, alínea *c*) e 7 do artigo 11.º, consoante o caso. Será ainda o caso de o sujeito passivo não liquidar a taxa de arbitragem ou taxa de arbitragem inicial exigível, sendo a falta de pagamento causa impeditiva da constituição do tribunal arbitral, nos termos do disposto no n.º 4 do artigo 12.º;

(3) Quando o processo arbitral termine sem uma pronúncia sobre o mérito da causa. Nestes casos, ao contrário dos anteriores, o tribunal arbitral chegou a constituir-se, iniciando-se o processo arbitral, nos termos do artigo 15.º, que terminou, porém, com uma decisão de forma proferida pelo tribunal. Aqui, das duas uma: ou *(a)* o tribunal arbitral não conheceu do mérito por causa não imputável ao sujeito passivo; ou *(b)* o tribunal arbitral não conheceu do mérito por causa imputável ao sujeito passivo. No primeiro caso, a regra aplicável é a prevista no n.º 3 do artigo 24.º.

À "excepção" elencada em (1) olhou-se, como se referiu, aquando da anotação ao artigo 3.º, n.º 2 para a qual se remete. Trata-se, na verdade, da utilização de um outro meio gracioso ou judicial com fundamentos diversos e que pode, *inclusive*, ser *simultânea* à utilização da via graciosa e, portanto, de uma eventual ocorrência de *excepção de litispendência*.

---

[309] Veja-se, a este propósito o que se escreveu no ponto 2. da anotação ao artigo 3.º.

As excepções elencadas em (2) e (3), por seu turno, vêm previstas na parte final do n.º 4 do artigo 13.º ora em análise. Aquela disposição permite, deste modo, que possa ser apresentada impugnação judicial, reclamação graciosa, ou pedido de revisão, com os mesmos fundamentos que o pedido de constituição do tribunal arbitral, sempre que o procedimento arbitral termine antes da data de constituição do tribunal arbitral ou o processo arbitral termine sem a pronúncia sobre o mérito da causa. Estes casos consubstanciam, na verdade, situações em que o sujeito passivo pretende utilizar um meio gracioso, judicial ou arbitral para ver apreciado um determinado acto tributário, com os mesmos fundamentos de (i)legalidade, *posteriormente* a ter pedido a constituição de tribunal arbitral, e tendo o procedimento ou o processo arbitral terminado por uma das razões acima elencadas. Deste modo, tratando-se dos mesmos sujeitos, de um mesmo pedido e de uma idêntica causa de pedir, em procedimento (administrativo) ou processo (arbitral ou judicial) posterior, está-se perante eventuais *excepções de caso julgado*.

O caso julgado é o efeito mais importante das decisões jurisdicionais que sejam insusceptíveis de recurso ordinário – por a parte ter deixado decorrer o prazo para a interposição de recurso, por a acção não comportar recurso ordinário, ou por as partes terem renunciado ao recurso ou terem dele desistido – ou de reclamação. O efeito de caso julgado consiste na insusceptibilidade de substituição ou modificação da decisão por qualquer tribunal, incluindo o tribunal que a tenha proferido. O resultado do conflito expresso na decisão torna-se indiscutível[310].

O caso julgado pode ser material ou formal.

Haverá *caso julgado formal*, só vinculando no próprio processo em que a decisão foi proferida, quando a questão decidida tenha carácter processual. Neste caso, o juiz não poderá, na mesma acção, alterar a decisão proferida, mas nada obsta a que a mesma questão processual seja decidida, numa outra acção, de forma diferente pelo mesmo tribunal ou por outro.

No entanto, haverá *caso julgado material* sempre que a questão decidida diga respeito à relação material controvertida, ou seja, ao mérito da causa. O caso julgado material tem força obrigatória dentro e fora do processo, impedindo assim que o mesmo tribunal, ou outro tribunal (ou outra qualquer entidade administrativa), possa decidir de modo diferente a mesma pretensão. Este efeito obsta,

---

[310] João Paulo Remédio Marques (2011) *A Acção Declarativa à Luz do Código Revisto*, 670.

como é sabido, a que uma decisão anteriormente proferida e transitada seja modificada por uma segunda decisão em processo posterior – garantia de imodificabilidade e irrepetibilidade das decisões transitadas enquanto expressão do princípio da certeza e segurança jurídicas.

A excepção de caso julgado pressupõe, como se sabe, a repetição de uma causa depois de uma primeira causa ter sido já decidida por sentença transitada em julgado, nos termos do disposto na parte final do artigo 580.º, n.º 1, do CPC, e tem por fim evitar que o tribunal seja colocado na alternativa de contradizer ou de reproduzir uma decisão anterior[311].

O artigo 581.º enuncia os requisitos do caso julgado, estabelecendo o que se entende por "repetição da causa"[312].

Artigo 581.º
Requisitos da litispendência e do caso julgado

1 – Repete-se a causa quando se propõe uma acção idêntica a outra quanto aos sujeitos, ao pedido e à causa de pedir.

2 – Há identidade de sujeitos quando as partes são as mesmas sob o ponto de vista da qualidade jurídica.

3 – Há identidade de pedido quando numa e outra causa se pretende obter o mesmo efeito jurídico.

4 – Há identidade de causa de pedir quando a pretensão deduzida nas duas acções procede do mesmo facto jurídico. Nas acções reais a causa de pedir é o facto jurídico de que deriva o direito real; nas acções constitutivas e de anulação é o facto concreto ou a nulidade específica que se invoca para obter o efeito pretendido.

Assim, o caso julgado tem limites subjectivos – a identidade das partes sob o ponto de vista da qualidade jurídica –, objectivos – a identidade do pedido e da causa de pedir, nos termos dispostos no artigo 581.º, n.ºs 3 e 4 citados – e, ainda, limites temporais – uma vez que a ocorrência de caso julgado terá de ser aferida por referência ao momento em que aquele é apreciado.

---

[311] Veja-se o artigo 580.º, n.º 2 do CPC.
[312] Veja-se a este propósito as anotações aos artigos 580.º e 581.º em Abílio Neto (2014) *Novo Código de Processo Civil Anotado* e ainda as anotações aos artigos 497.º e 498.º do anterior CPC em António Montalvão Machado/José Lebre de Freitas/Rui Pinto (2008) *Código de Processo Civil – Anotado, vol. 2º*.

Note-se, contudo, que, no que respeita à arbitragem, só se poderá concluir pela existência de caso julgado quando haja já tribunal arbitral constituído. Assim, desde logo se conclui que, nos casos elencados acima em (2), aqueles em que o procedimento arbitral termina sem que se constitua tribunal arbitral, do término do procedimento não decorrerá um qualquer efeito de caso julgado, desde logo porque nem há uma qualquer decisão à qual atribuir esse efeito.

Assim, dos casos ora em análise, só fazem caso julgado aqueles referidos acima em (3), ou seja, aqueles em que o processo arbitral termina com uma decisão do tribunal arbitral que não conheceu do mérito da causa independentemente deste ser imputável ou não ao sujeito passivo. Tratando-se de decisões de forma, no seguimento do que acima se disse, aquela decisão do tribunal arbitral que não se pronunciou sobre o mérito da causa faz, então, caso julgado formal.

Posto isto, cumpre agora concretizar as consequências que se podem assacar *(a)* do término do procedimento sem constituição de tribunal arbitral, e *(b)* do caso julgado formal da decisão do tribunal arbitral que não conheceu do mérito da causa.

Nos casos referidos em (2), em que o procedimento termine sem que tenha havido constituição do tribunal arbitral, porque a Administração Tributária fez uso do seu "direito ao arrependimento" previsto no artigo 13.º, n.º 1, o sujeito passivo poderá reclamar, impugnar, requerer a revisão oficiosa, ou até suscitar nova pronúncia arbitral, *inclusive com os mesmos fundamentos*. Trata-se, como se viu, de uma excepção à regra prevista na 1ª parte do n.º 4 do artigo 13.º. Nestes casos, na medida em que a Administração Tributária revogou, rectificou, reformou ou converteu o acto tributário que o sujeito passivo pretendia discutir, *os prazos recomeçam a contar-se*, como se ocorresse uma interrupção. Tudo porque, em rigor, há um novo acto tributário. À mesma conclusão se chegaria por aplicação analógica da norma prevista no n.º 3 do artigo 24.º.

Nos restantes casos em que o procedimento termine sem que tenha havido constituição do tribunal arbitral, e que se podem resumir, na verdade, aos casos em que a falta de constituição é imputável ao sujeito passivo, este só poderá reclamar, impugnar, requerer a revisão oficiosa, ou até suscitar nova pronúncia arbitral, *com os mesmos fundamentos se ainda estiver em tempo*, na medida em que não há qualquer regra que preveja a interrupção ou suspensão dos prazos para interposição dos meios referidos, não sendo analogicamente aplicável aquela norma do n.º 3 do artigo 24.º. Independentemente da questão dos prazos, esta permissão decorre, como se referiu, de uma excepção à regra prevista na 1ª parte do n.º 4 do artigo 13.º.

Nos casos referidos em (3), por força da norma constante do n.º 3 do artigo 24.º, as consequências serão diferentes consoante o não conhecimento do mérito pelo tribunal arbitral seja ou não imputável ao sujeito passivo[313].

Com efeito, o artigo 24.º, sob a epígrafe "Efeitos da decisão arbitral de que não caiba recurso ou impugnação", dita no seu n.º 3 que "quando a decisão arbitral ponha termo ao processo sem conhecer do mérito da pretensão por facto não imputável ao sujeito passivo, os prazos para reclamação, impugnação, promoção da revisão oficiosa, revisão da matéria tributável ou para suscitar nova pronúncia arbitral dos actos objectos da pretensão arbitral deduzida contam-se a partir da notificação da decisão arbitral". Assim, se o não conhecimento do mérito for imputável ao sujeito passivo este só poderá reclamar, impugnar, requerer a revisão oficiosa, ou até suscitar nova pronúncia arbitral, *com os mesmos fundamentos se ainda estiver em tempo*.

Já se o não conhecimento do mérito não for imputável ao sujeito passivo os prazos para reclamar, impugnar, promover a revisão oficiosa, revisão da matéria tributável ou para suscitar nova pronúncia arbitral dos actos objectos da pretensão arbitral deduzida, *contam-se a partir da notificação da decisão arbitral*. E poderá utilizar qualquer um desses meios *com os mesmos fundamentos* utilizados no "primeiro" processo arbitral. Tudo porque, insista-se, aquela decisão arbitral faz caso julgado meramente formal.

2.3. Efeitos externos

Salvo quando a lei dispuser de outro modo, são atribuídos à apresentação do pedido de constituição de tribunal arbitral os efeitos da apresentação de impugnação judicial, designadamente no que se refere à suspensão do processo de execução fiscal e à suspensão e interrupção dos prazos de caducidade e de prescrição da prestação tributária[314]. É este o conteúdo do disposto no último

---

[313] Sobre a questão a imputabilidade ou não do não conhecimento do mérito da causa ao sujeito passivo, veja-se a anotação ao n.º 3 do artigo 24.º.

[314] Saliente-se desde já que de uma interpretação rápida deste n.º 5 só pode decorrer que pese embora a arbitragem seja um meio alternativo à impugnação judicial há alguns casos em que esta tem efeitos diferentes daquela. Um exemplo era desde logo o efeito suspensivo do acto de liquidação atribuído aos casos em que o procedimento arbitral fosse com fundamento na alínea *b)* do n.º 1 do artigo 2.º e que era atribuído pelo agora revogado artigo 14.º. Outros exemplos foram sendo (e serão) referidos nas várias anotações aos diferentes artigos. Julga-se porém que são bem maiores os casos em que há uma equiparação de efeitos do que os que há um afastamento.

número do artigo 13.º. São estes efeitos que se denominaram de externos, por contraposição àqueles que são aplicáveis ao sujeito passivo e à Administração Tributária.

Uma breve nota para referir que o legislador deixa claro, através da utilização do advérbio "nomeadamente" que a atribuição à arbitragem de efeitos análogos aos da impugnação judicial sucede nos casos da suspensão do processo de execução fiscal, suspensão e interrupção dos prazos de caducidade e prescrição, mas pode suceder em muitos outros casos.

Olhe-se primeiro àqueles para de seguida se tentar exemplificar estes outros casos.

A suspensão do processo de execução fiscal e a suspensão e interrupção dos prazos de caducidade e de prescrição da prestação tributária estão previstos na arbitragem em termos análogos aos previstos para a impugnação judicial. O mesmo é dizer que a apresentação de pedido de constituição de tribunal arbitral tem os mesmos efeitos que a apresentação de impugnação judicial.

Ora, nos termos do artigo 88.º do CPPT, findo o prazo para pagamento voluntário, é extraída certidão de dívida que servirá de base à instauração de eventual processo de execução fiscal, independentemente de o acto tributário em questão ter sido impugnado pela via administrativa, judicial ou arbitral.

Em matéria de suspensão de processo de execução fiscal, é o disposto nos artigos 103.º, n.ºs 4 e 5 e 169.º do CPPT que regula a possibilidade de efeito suspensivo da apresentação de impugnação judicial, designadamente por prestação de garantia pelo sujeito passivo.

Artigo 103.º
Apresentação. Local. Efeito suspensivo

(...)

4 – A impugnação tem efeito suspensivo quando, a requerimento do contribuinte, for prestada garantia adequada, no prazo de 10 dias após a notificação para o efeito pelo tribunal, com respeito pelos critérios e termos referidos nos n.ºs 1 a 6 e 10 do artigo 199.º.

5 – Caso haja garantia prestada nos termos da alínea f) do artigo 69.º, esta mantém-se, independentemente de requerimento ou despacho, sem prejuízo de poder haver lugar a notificação para o seu reforço.

(...)

Como se pode ver, nos termos do disposto no n.º 4 do artigo 103.º do CPPT adaptado à arbitragem, o sujeito passivo que requeira a constituição do tribunal arbitral ao abrigo dos artigos 2.º e 10.º do RJAT, pode peticionar a suspensão do processo de execução fiscal prestando, para o efeito, garantia, com respeito pelos critérios e termos referidos nos n.ºs 1 a 6 e 10 do artigo 199.º também do CPPT. O tribunal arbitral deverá, então, notificar o sujeito passivo para o efeito. Só assim não ocorrerá quando já tenha sido prestada garantia com a apresentação de reclamação graciosa, que se mantém, sem prejuízo da possibilidade de um eventual reforço[315]; ou quando o sujeito passivo tenha prestado garantia após o termo do prazo para pagamento voluntário mas antes da apresentação do pedido de constituição de tribunal arbitral, nos termos do n.º 2 do artigo 169.º abaixo transcrito.

As normas ora em análise devem ser complementadas com o disposto no artigo 52.º, n.º 4 da LGT, nos termos do qual a "administração tributária pode, a requerimento do executado, isentá-lo da prestação de garantia nos casos de a sua prestação lhe causar prejuízo irreparável ou manifesta falta de meios económicos revelada pela insuficiência de bens penhoráveis para o pagamento da dívida exequenda e acrescido, desde que em qualquer dos casos a insuficiência ou inexistência de bens não seja da responsabilidade do executado".

Artigo 169.º
Suspensão da execução. Garantias

1 – A execução fica suspensa até à decisão do pleito em caso de reclamação graciosa, a impugnação judicial ou recurso judicial que tenham por objecto a legalidade da dívida exequenda, bem como durante os procedimentos de resolução de diferendos no quadro da Convenção de Arbitragem n.º 90/436/CEE, de 23 de Julho, relativa à eliminação da dupla tributação em caso de correcção de lucros entre empresas associadas de diferentes Estados membros, desde que tenha sido constituída garantia nos termos do artigo 195.º ou prestada nos termos do artigo 199.º ou a penhora garanta a totalidade da quantia exequenda e do acrescido, o que será informado no processo pelo funcionário competente.

2 – A execução fica igualmente suspensa, desde que, após o termo do prazo de pagamento voluntário, seja prestada garantia antes da apresentação do meio gracioso ou judicial correspondente, acompanhada de requerimento em que conste a natureza da dívida, o período a que respeita e a entidade que praticou o acto, bem como a indicação da intenção de apresentar meio gracioso ou judicial para discussão da legalidade ou da exigibilidade da dívida exequenda.

---

[315] Neste sentido veja-se JORGE LOPES DE SOUSA (2011) *vol. II*, 176.

3 – O requerimento a que se refere o número anterior dá início a um procedimento, que é extinto se, no prazo legal, não for apresentado o correspondente meio processual e comunicado esse facto ao órgão competente para a execução.

4 – Extinto o procedimento referido no número anterior, aplica-se o disposto no n.º 2 do artigo 200.º

5 – A execução fica ainda suspensa até à decisão que venha a ser proferida no âmbito dos procedimentos a que se referem os artigos 90.º e 90.º-A.

6 – Se não houver garantia constituída ou prestada, nem penhora, ou os bens penhorados não garantirem a dívida exequenda e acrescido, é disponibilizado no portal das finanças na Internet, mediante acesso restrito ao executado, ou através do órgão da execução fiscal, a informação relativa aos montantes da dívida exequenda e acrescido, bem como da garantia a prestar, apenas se suspendendo a execução quando da sua efectiva prestação.

7 – Caso no prazo de 15 dias, a contar da apresentação de qualquer dos meios de reacção previstos neste artigo, não tenha sido apresentada garantia idónea ou requerida a sua dispensa, procede-se de imediato à penhora.

8 – Quando a garantia constituída nos termos do artigo 195.º, ou prestada nos termos do artigo 199.º, se tornar insuficiente é ordenada a notificação do executado dessa insuficiência e da obrigação de reforço ou prestação de nova garantia idónea no prazo de 15 dias, sob pena de ser levantada a suspensão da execução.

9 – O executado que não der conhecimento da existência de processo que justifique a suspensão da execução responderá pelas custas relativas ao processado posterior à penhora.

10 – Se for apresentada oposição à execução, aplica-se o disposto nos n.ºs 1 a 7.

11 – O disposto no presente artigo não se aplica às dívidas de recursos próprios comunitários.

12 – Considera-se que têm a situação tributária regularizada os contribuintes que obtenham a suspensão do processo de execução fiscal nos termos do presente artigo, sem prejuízo do disposto quanto à dispensa de garantia.

13 – O valor da garantia é o que consta da citação, nos casos em que seja apresentada nos 30 dias posteriores à citação.

É ainda referido que a apresentação do pedido de constituição do tribunal arbitral tem os mesmos efeitos da apresentação de impugnação judicial quanto à suspensão e interrupção dos prazos de caducidade e de prescrição da prestação tributária. Isto significa que se aplicarão, a este propósito, os regimes previstos designadamente nos artigos 46.º e 49.º da LGT.

Artigo 46.º
Suspensão do prazo de caducidade

1 – O prazo de caducidade suspende-se com a notificação ao contribuinte, nos termos legais, da ordem de serviço ou despacho no início da acção de inspecção externa, cessando, no entanto, esse efeito, contando-se o prazo desde o seu início, caso a duração da inspecção externa tenha ultrapassado o prazo de seis meses após a notificação.

2 – O prazo de caducidade suspende-se ainda:

a) Em caso de litígio judicial de cuja resolução dependa a liquidação do tributo, desde o seu início até ao trânsito em julgado da decisão;

b) Em caso de benefícios fiscais de natureza contratual, desde o início até à resolução do contrato ou durante o decurso do prazo dos benefícios;

c) Em caso de benefícios fiscais de natureza condicionada, desde a apresentação da declaração até ao termo do prazo legal do cumprimento da condição;

d) Em caso de o direito à liquidação resultar de reclamação ou impugnação, a partir da sua apresentação até à decisão.

e) Com a apresentação do pedido de revisão da matéria colectável, até à notificação da respectiva decisão.

3 – Em caso de aplicação de sanções da perda de benefícios fiscais de qualquer natureza, o prazo de caducidade suspende-se desde o início do respectivo procedimento criminal, fiscal ou contra-ordenacional até ao trânsito em julgado da decisão final.

O artigo em questão, vem então alargar o prazo de caducidade do direito à liquidação, estabelecendo períodos de suspensão, ou seja, durante os quais o prazo de caducidade não se conta, reiniciando-se a sua contagem, onde parou, uma vez cessada a causa de suspensão[316].

São, assim, causas de suspensão do prazo de caducidade do direito à liquidação os previstos no artigo 46.º da LGT.

Decorre do n.º 1 do artigo 46.º que a notificação ao contribuinte da ordem de serviço ou do despacho de início da acção de inspecção externa, suspende o prazo de caducidade do direito à liquidação. O ali disposto prevalece, assim, sobre o artigo 36.º do RCPIT, onde vem prevista a possibilidade de prorrogação do prazo para realização de inspecção externa, nos termos ali dispostos. Tudo

---

[316] Nos termos do artigo 45.º, n.º 1, da LGT, "[o] direito de liquidar os tributos caduca se a liquidação não for validamente notificada ao contribuinte no prazo de quatro anos, quando a lei não fixar outro".

porque, a parte final n.º1 do artigo 46.º estabelece que a causa de suspensão da caducidade cessa, contando-se o prazo desde o início da acção inspectiva, caso a duração da inspecção externa tenha ultrapassado o prazo de 6 meses, contados desde a notificação da ordem de serviço ou do despacho que a determinou. Dito de outro modo "[s]e, na sequência da notificação, a inspecção externa não está concluída no prazo de seis meses ou não vem a realizar-se, então não se suspenderá o prazo de caducidade, contando-se o prazo como se contaria se tal notificação não tivesse sido efectuada"[317].

Veja-se, a este propósito, o decidido no processo arbitral n.º 71/2014-T[318]:

> *"Numa acção inspectiva externa determinada em 21 de Setembro de 2012 mas iniciada apenas em 2 de Abril de 2013 e terminada em 23 de Julho de 2013, foi proferido Relatório definitivo em 28 de Agosto de 2013, notificado à Requerente através de ofício registado em 29 de Agosto de 2013, contendo proposta de correcção da matéria colectável que esteve na base da liquidação adicional efectuada em 29 de Novembro de 2013.*
>
> *(...)*
>
> *Assim, considera-se que a nova liquidação é uma liquidação adicional (nº 2 do artigo 31º do CIMT), que corrigiu um erro cometido na liquidação inicial, caso em que a liquidação de IMT só pode ser feita até decorridos quatro anos contados da liquidação a corrigir de acordo com o art. 31º, nº 3, do CIMT.*
>
> *Verificando-se que a liquidação inicial foi efectuada em 5 de Fevereiro de 2009, a liquidação adicional – apenas em Agosto de 2013 – foi realizada depois do prazo de quatro anos previsto no artigo 31º do CIMT.*
>
> *E, como o termo desse prazo de quatro anos se verificou em 5 de Fevereiro de 2013, antes do início da inspecção tributária externa, ocorrido apenas em 2 de Abril, não houve lugar a suspensão do prazo de caducidade nos termos do artigo 46º da LGT, verificando-se a caducidade do direito a liquidação do IMT."*

No que respeita às implicações para o contencioso arbitral desta "equiparação" de efeitos entre a impugnação judicial e a arbitragem no que toca à suspensão do prazo de caducidade haverá ainda que olhar para o RJAT antes e depois da revogação do artigo 14.º.

Previa-se no regime original da arbitragem, anterior às alterações introduzidas no final de 2011, que os pedidos de constituição de tribunal arbitral que

---

[317] DIOGO LEITE DE CAMPOS/BENJAMIM SILVA RODRIGUES/JORGE LOPES DE SOUSA (2012) 385.
[318] Disponível em http://www.caad.org.pt/.

tivessem como fundamento a tal alínea *b)* do n.º 1 do artigo 2.º e, bem assim, a alínea *c)* do mesmo artigo, hoje revogada, tinham, nos termos do artigo 14.º, efeito suspensivo automático. Este efeito automático era atribuído quer à própria liquidação das prestações tributárias correspondentes às questões suscitadas quanto à parte controvertida, quer aos prazos de caducidade do direito à liquidação e de prescrição da prestação tributária. O efeito suspensivo mantinha-se até à data da comunicação da decisão arbitral, excepto no caso de recurso interposto pelo sujeito passivo dessa decisão, conforme previa o artigo 26.º, n.º 2. Porém, pelo artigo 160.º da Lei n.º 64-B/2011, de 30 de Dezembro, quer a alínea *c)* do n.º 1 do artigo 2.º, quer o artigo 14.º foram revogados, sem contudo ter sido eliminada, como era esperado, no n.º 2 do artigo 26.º a referência ao artigo 14.º.

Deste modo, antes da revogação do artigo 14.º a "equiparação" de efeitos queria dizer na arbitragem exactamente o mesmo que na impugnação judicial. Ou seja a suspensão do prazo de caducidade do direito à liquidação só ocorria para aqueles casos em que, pela decisão arbitral ou judicial, o direito à liquidação fosse renovado.

No RJAT pós-2011, a referência à suspensão do prazo de caducidade do direito à liquidação tem, na arbitragem, um sentido que, ao que se crê, vai além do da impugnação judicial. Tudo porque quando o acto que irá ser objecto de recurso à arbitragem é um acto diferente e, ao que se julga, prévio à liquidação – caso típico será o recurso à arbitragem dos actos referidos na alínea *b)* do n.º 1 do artigo 2.º (actos prévios à liquidação) e para cuja anotação se remete – a caducidade do direito à liquidação está suspensa por aplicação do disposto na alínea *d)* do n.º 2 do artigo 46.º da LGT, ao determinar que "o prazo de caducidade se suspende ainda (...) em caso de o direito à liquidação resultar de [decisão arbitral], a partir da sua apresentação até à decisão".

A propósito desta alínea *d)* do n.º 2, entendem Diogo Leite de Campos, Benjamim Silva Rodrigues e Jorge Lopes de Sousa que "(...) a referência ao direito de liquidação resultante de reclamação graciosa ou impugnação judicial [ou, adaptando-se, de processo arbitral] parece ter de reportar-se aos casos em que é apresentada uma dessas formas de impugnação e, na sequência de anulação administrativa ou judicial [ou arbitral], há possibilidade de praticar um novo acto de liquidação sem incompatibilidade com o decidido"[319]. Isto significa

---

[319] Diogo Leite de Campos/Benjamim Silva Rodrigues/Jorge Lopes de Sousa (2012) 387.

que, pelo menos no processo judicial tributário, haveria que proceder a uma interpretação restritiva do preceito, no sentido de ali só se incluírem os casos em que há um direito de liquidação renovado na sequência de uma reclamação graciosa ou de uma impugnação judicial, no entender dos autores. Esta interpretação restritiva decorre, desde logo, do facto de na impugnação judicial não ser possível a discussão autónoma de actos prévios à liquidação, em especial, de relatórios de inspecção.

Contudo, não obstante o legislador ter revogado o artigo 14.º, não há dúvidas que, no recurso à arbitragem relativamente a actos referidos na alínea *b)* do n.º 1 do artigo 2.º (actos prévios à liquidação), o prazo de caducidade do direito à liquidação está suspenso pela apresentação do pedido de constituição do tribunal arbitral por intermédio de uma "nova" interpretação do disposto na alínea *d)* do n.º 2 do artigo 46.º da LGT. Assim, na medida em que na arbitragem, ao contrário do que se passa na impugnação judicial, podem discutir-se actos prévios à liquidação, uma interpretação declarativa daquela alínea *d)* do n.º 2 do artigo 46.º da LGT é possível na jurisdição arbitral. Dito de outro modo, no domínio do processo tributário arbitral os casos em que o *direito à liquidação resulta de decisão arbitral* são, precisamente, aqueles casos em que, pretendendo o sujeito passivo discutir, *e.g.*, a (i)legalidade de um acto de determinação da matéria tributável ou colectável, mormente, de um Relatório de Inspecção, o tribunal arbitral não dá razão ao sujeito passivo. Neste caso a Administração Tributária poderá praticar o acto de liquidação correspondente estando, portanto, até à data da decisão, suspenso o direito à liquidação. A Administração Tributária estará sempre em tempo de praticar o acto de liquidação na medida em que, ao abrigo daquela alínea *d)* do n.º 2 do artigo 46.º da LGT, o prazo de caducidade do direito à liquidação se suspendeu com a entrada do requerimento de constituição do tribunal arbitral, até à data em que foi proferida a decisão arbitral.

Quanto à prescrição da prestação tributária, compreenda-se que este "é um instituto abrangido pelas garantias dos contribuintes a que se refere o n.º 2 do artigo 103.º da Constituição" o que significa que "obedece aos princípios da legalidade tributária e da reserva de lei formal da Assembleia da República (salvo autorização conferida ao Governo) e da tipicidade, estando vedada a integração analógica em tudo o que interfira com a conformação do instituto, por decorrência do afirmado, em matéria de inadmissibilidade de impostos retroactivos, pelo n.º 3 do mesmo artigo e ainda por força do disposto no n.º 4 do artigo 11.º da LGT"³²⁰.

No que respeita à interrupção e suspensão do prazo de prescrição da prestação tributária, veja-se o disposto no artigo 49.º da LGT.

Artigo 49.º
Interrupção e suspensão da prescrição

1 – A citação, a reclamação, o recurso hierárquico, a impugnação e o pedido de revisão oficiosa da liquidação do tributo interrompem a prescrição.

2 – (revogado)

3 – Sem prejuízo do disposto no número seguinte, a interrupção tem lugar uma única vez, com o facto que se verificar em primeiro lugar.

4 – O prazo de prescrição legal suspende-se em virtude de pagamento de prestações legalmente autorizadas, ou enquanto não houver decisão definitiva ou passada em julgado, que puser termo ao processo, nos casos de reclamação, impugnação, recurso ou oposição, quando determinem a suspensão da cobrança da dívida.

5 – O prazo de prescrição legal suspende-se, ainda, desde a instauração de inquérito criminal até ao arquivamento ou trânsito em julgado da sentença.

A este propósito importa notar que a *interrupção* do prazo, ao contrário da *suspensão*, inutiliza todo o tempo decorrido anteriormente, ou seja, o prazo de prescrição recomeça a contar-se desde o seu início. Adaptando-se o preceito à arbitragem tributária, nos termos do n.º 1 do artigo 49.º da LGT, aplicável por remissão do n.º 5 do artigo 13.º do RJAT, o pedido de constituição de tribunal arbitral *interrompe* o prazo de prescrição.

Os efeitos da apresentação de impugnação judicial no que respeita à prescrição equiparam-se, em bloco, aos efeitos da apresentação do pedido de constituição de tribunal arbitral.

Deste modo, não há, aqui qualquer questão como a que se colocou acima a propósito da caducidade.

---

³²⁰ Diogo Leite de Campos/Benjamim Silva Rodrigues/Jorge Lopes de Sousa (2012) 406.

Artigo 14.º – Efeito suspensivo do pedido de constituição do tribunal arbitral

(revogado pelo artigo 161.º da Lei n.º 64-B/2011, de 30 de Dezembro)
Os pedidos de constituição de tribunal arbitral apresentados com a vista à obtenção das pronúncias previstas nas alíneas b) e c) do artigo 2.º têm efeito suspensivo:
a) Da liquidação das prestações tributárias correspondentes às questões suscitadas quanto à parte controvertida;
b) Dos prazos de caducidade do direito à liquidação e de prescrição da prestação tributária até à data da comunicação da decisão arbitral, excepto no caso de recurso interposto pelo sujeito passivo.

ANOTAÇÃO

O legislador previa, na redacção original do RJAT, que os pedidos de constituição de tribunal arbitral que tivessem fundamento na alínea *b)* do n.º 1 do artigo 2.º, e bem assim na alínea *c)* do mesmo artigo, tinham, nos termos deste revogado artigo 14.º, efeito suspensivo automático, quer da própria liquidação das prestações tributárias correspondentes às questões suscitadas quanto à parte controvertida, quer dos prazos de caducidade do direito à liquidação e de prescrição da prestação tributária.

O efeito suspensivo da liquidação das prestações tributárias e dos prazos de caducidade e de prescrição mantinha-se até à data da comunicação da decisão arbitral, excepto no caso de recurso interposto pelo sujeito passivo, conforme o disposto no artigo 26.º, n.º 2.

O artigo 161.º da Lei do Orçamento do Estado para 2012 (Lei n.º 64-B/2011, de 30 de Dezembro) veio revogar quer a alínea *c)* do artigo 2.º, quer este artigo 14.º. Contudo, e estranhamente, não foi alterado o n.º 2 do artigo 26.º a fim de eliminar, como seria de esperar, a referência ao artigo 14.º agora revogado. Aquela parte do n.º 2 do artigo 26.º deve porém ter-se por tacitamente derrogada. A este propósito remete-se para as considerações tecidas no último ponto do comentário ao artigo anterior e, bem assim, na anotação ao n.º 1 do artigo 2.º.

CAPÍTULO III – Processo arbitral

SECÇÃO I – Disposições gerais

Artigo 15.º – Início do processo arbitral
O processo arbitral tem início na data da constituição do tribunal arbitral, nos termos do n.º 8 do artigo 11.º.

ANOTAÇÃO
Nos termos deste preceito, o processo arbitral inicia-se com a constituição do tribunal arbitral. A constituição do tribunal arbitral ocorre, ao abrigo do n.º 8 do artigo 11.º, no termo do prazo referido na notificação prevista na alínea c) do n.º 1 ou no n.º 7, consoante se esteja perante um tribunal arbitral comum, ou um tribunal arbitral especial[321]. O mesmo é dizer que a constituição do tribunal arbitral ocorre uma vez decorrido o prazo de 10 dias após a comunicação às partes dos árbitros que constituem o tribunal arbitral, se a tal as partes não se opuserem.

Chegados a este artigo terminou o procedimento arbitral e iniciou-se o processo arbitral em sentido estrito. O legislador sentiu a necessidade de deixar bem claro o momento a partir do qual se inicia o processo arbitral e, consequentemente, termina o procedimento. Trata-se de uma distinção cuja relevância foi sendo analisada, a par e passo, nos comentários ao Capítulo II. Assim, destacam-se aqui as temáticas que parecem mais relevantes, deixando para trás tantas outras que se foi tendo oportunidade de abordar.

Esta preocupação do legislador é bastante relevante em primeiro lugar por uma questão de forma de contagem dos prazos.

Com efeito, uma questão que se coloca a respeito dos prazos na arbitragem é a de saber como é que se deve proceder à contagem dos prazos, desde logo porque no contencioso tributário a sua forma de contagem é diferente caso se esteja no âmbito do procedimento ou no âmbito do processo tributário. É no artigo

---

[321] Na terminologia que aqui se tem vindo a adoptar, denominam-se "especiais" aqueles tribunais arbitrais em que os árbitros são designados pelas partes, cabendo a estes últimos a designação do árbitro-presidente; denominam-se "comuns" aqueles tribunais em que a designação do(s) árbitro(s) cabe exclusivamente ao Conselho Deontológico do CAAD, de entre os árbitros constantes da lista publicada.

3.º-A que se estabelecem as regras de contagem de prazos no procedimento e processo arbitrais tributários pelo que para maiores desenvolvimentos sobre questões de contagem de prazos remete-se para os comentários ali tecidos.

Recorda-se, porém, do que ali ficou escrito, que para a prática de actos do procedimento arbitral, incluídos, no Capítulo II do RJAT, o legislador estabeleceu que "No procedimento arbitral, os prazos contam-se nos termos do Código do Procedimento Administrativo, com as necessárias adaptações". Seguem-se então as regras de contagem de prazos previstas para o procedimento administrativo, estabelecidas no artigo 87.º do CPA. Nesse sentido, para a contagem dos prazos no procedimento arbitral tributário não se inclui o dia em que ocorre o evento – é o chamado dia zero – a partir do qual o prazo começa a correr, suspendendo-se aos sábados, domingos e feriados e, caso termine em dia em que o CAAD não se encontre aberto ao público, ou não funcione durante o período normal, transfere-se para o primeiro dia útil seguinte.

O prazo para a entrega do pedido de constituição de tribunal arbitral não se considera, porém, um prazo procedimental como se referiu. Com efeito, ainda que o artigo 10.º esteja inserido no capítulo "Procedimento Arbitral", a contagem do prazo de 90 ou 30 dias para requerer a constituição de tribunal arbitral segue as regras previstas no artigo 279.º do CC, na medida em que se trata ainda de um prazo substantivo. Para melhor compreender a questão veja-se a anotação ao artigo 3.º-A e, bem assim, os comentários tecidos a esse propósito na anotação ao artigo 10.º.

Já quanto à contagem dos prazos na pendência do processo arbitral, incluídos desta feita no Capítulo III do RJAT, nos termos do n.º 2 do artigo 3.º-A "Os prazos para a prática de actos no processo arbitral contam-se nos termos do Código de Processo Civil". Quer isto dizer que a contagem dos prazos segue o disposto nos artigos 138.º e seguintes do CPC. Deste modo os prazos são contínuos, suspendendo-se durante as férias judiciais, e quando o prazo terminar em dia em que os tribunais se encontrem encerrados transfere-se o seu termo para o primeiro dia útil seguinte. Assim, aos prazos adiante referidos para a prática de actos após a constituição do tribunal arbitral, designadamente a resposta/contestação ao pedido de pronúncia arbitral a que se refere o artigo 18.º, deverão ser contados nos termos do artigoº 138.º do CPC, desde logo, tendo em consideração a suspensão em férias judiciais que nos termos da Lei n.º 62/2013, de 26 de Agosto, decorrem de 22 de Dezembro a 3 de Janeiro, do Domingo de Ramos à Segunda-feira de Páscoa e de 16 de Julho a 31 de Agosto.

A distinção entre as fases procedimental e processual é também relevante quanto aos próprios efeitos. Esta temática foi já referida aquando da anotação ao artigo 13.º e será ainda abordada na anotação ao artigo 24.º, prendendo-se, essencialmente, com os efeitos de um procedimento arbitral que termine sem a constituição do tribunal arbitral e com os efeitos da decisão arbitral que não se pronuncie sobre o mérito da causa[322].

Por último, destaque-se uma questão que será relevante aquando da anotação ao artigo 21.º e que se prende com o prazo ao dispor do tribunal arbitral para a prolação da sentença. Com efeito, conforme se pode ler daquele preceito, a sentença arbitral deve ser emitida e notificada às partes no prazo de 6 meses a contar, precisamente, da constituição do tribunal arbitral. Sabe-se assim que a *fase processual* não pode, salvo a excepção prevista no n.º 2 do referido artigo 21.º, durar mais do que 6 meses. Isto não significa porém que o prazo que o tribunal tem para proferir a sentença arbitral seja de 6 meses[323].

---

[322] Vejam-se a este propósito os artigos 13.º, n.º 4 e 24.º, n.º 3 e respectivas anotações.
[323] Veja-se a este propósito a anotação ao artigo 21.º.

Artigo 16.º – Princípios processuais

Constituem princípios do processo arbitral:

a) O contraditório, assegurado, designadamente, através da faculdade conferida às partes de se pronunciarem sobre quaisquer questões de facto ou de direito suscitadas no processo;

b) A igualdade das partes, concretizado pelo reconhecimento do mesmo estatuto substancial às partes, designadamente para efeitos do exercício de faculdades e do uso de meios de defesa;

c) A autonomia do tribunal arbitral na condução do processo e na determinação das regras a observar com vista à obtenção, em prazo razoável, de uma pronúncia de mérito sobre as pretensões formuladas;

d) A oralidade e a imediação, como princípios operativos da discussão das matérias de facto e de direito;

e) A livre apreciação dos factos e a livre determinação das diligências de produção de prova necessárias, de acordo com as regras da experiência e a livre convicção dos árbitros;

f) A cooperação e boa-fé processual, aplicável aos árbitros, às partes e aos mandatários;

g) A publicidade, assegurando-se a divulgação das decisões arbitrais devidamente expurgadas de quaisquer elementos susceptíveis de identificar a pessoa ou pessoas a que dizem respeito.

ANOTAÇÃO
1. Princípios comuns ao procedimento e ao processo tributário
    1.1. Princípio do contraditório
    1.2. Princípio da igualdade
    1.3. Princípio da cooperação e da boa-fé processual
2. Princípios originais no processo arbitral
3. Jurisprudência

O artigo agora em análise procede ao elenco dos princípios orientadores do processo arbitral.

Há princípios, como o do contraditório, o da igualdade das partes e o da cooperação e boa-fé, que são comuns ao procedimento e ao processo tributários judicial e arbitral. Outros há que, pela especialidade da jurisdição arbitral, são próprios do processo arbitral, como o princípio da autonomia do tribunal arbitral na condução do processo e na determinação das regras a observar com vista à obtenção, em prazo razoável, de uma pronúncia de mérito sobre as pretensões formuladas; o princípio da oralidade e da imediação, como princípios operativos da discussão das matérias de facto e de direito; e o princípio da livre apreciação dos factos e a livre determinação das diligências de produção de prova necessárias, de acordo com as regras de experiência e a livre convicção dos árbitros.

Olhe-se em primeiro lugar para os princípios que são comuns ao processo e ao procedimento tributários para depois nos se olhar àqueles que são os princípios originais da arbitragem tributária[324].

É importante reter, no entanto, que este artigo 16.º não esgota o rol de princípios aplicáveis ao processo arbitral tributário. Com efeito, o artigo 19.º enuncia o princípio da livre condução do processo e no n.º 2 do artigo 29.º são também referidos os princípios da celeridade e da simplificação e informalidade processuais.

1. Princípios comuns ao procedimento e ao processo tributário

Os princípios que pautam o processo e o procedimento tributário estão elencados quer na LGT, quer no CPPT, quer, por aplicação subsidiária, no CPTA e mesmo no CPC.

A LGT dedica-se à enumeração dos princípios do procedimento tributário no seu artigo 55.º ao referir que "a administração tributária exerce as suas atribuições na prossecução do interesse público, de acordo com os princípios da *legalidade*, da *igualdade*, da proporcionalidade, da *justiça*, da *imparcialidade* e da *celeridade*, no respeito pelas garantias dos contribuintes e demais obrigados tributários"[325]. Ainda, no artigo 56.º, consagra-se o *princípio da decisão* como prin-

---

[324] Quando se denominam os princípios em questão de "originais", o que se pretende é clarificar a sua originalidade em face dos processos judiciais. Tal não significa, porém, que esses princípios não venham também previstos noutros normativos portugueses que prevêem outros tipos de arbitragem, mormente, na LAV.

[325] Em primeiro lugar, "[t]oda a actividade da administração tributária deve subordinar-se ao interesse público que, relativamente ao sistema fiscal, consiste, em primeira linha, na obtenção de receitas para satisfação das necessidades financeiras do Estado e outras entidades (art. 103.º, n.º 1, da CRP)". Essa prossecução do interesse público subordina-se aos princípios da legalidade (concretizado pelo artigo 3.º do CPA), da igualdade (artigo 6.º do CPA), da proporcionalidade (artigo 7.º do CPA), da justiça e imparcialidade (artigo 8.º do CPA) e ainda da celeridade (concretizado pelo artigo 57.º da LGT). Note-se que "os referidos princípios, embora tenham um campo de aplicação privilegiado no domínio do poder discricionário, deverão ser aplicados também, pelo menos, em todos os casos em que há alguma margem

cípio orientador do procedimento tributário; no artigo 58.º trata-se do *princípio do inquisitório*[326]; no artigo 59.º do *princípio da colaboração* e no artigo 60.º do *princípio da participação*. Em suma, e sem prejuízo de uma referência futura a alguns destes princípios aquando da análise dos princípios do processo arbitral, da leitura de todos os artigos da LGT acima referidos decorrem imposições e limites para a Administração Tributária e, correlativamente, direitos para os contribuintes. Com efeito, estes são princípios do *procedimento tributário*, ou seja, são princípios que devem ser aplicados à Administração Tributária enquanto entidade decisora, e não enquanto parte, e que, *mutatis mutandis*, servirão de barómetro na interpretação dos princípios estabelecidos neste artigo 16.º ora em análise.

Por seu turno, o CPPT trata dos princípios aplicáveis ao procedimento tributário: no artigo 45.º onde consagra o *princípio do contraditório*; no artigo 46.º no

---

de livre apreciação da administração, pois tratar-se-á também de casos em que os parâmetros a considerar na actuação administrativa nã estão integralmente determinados na lei", sendo certo que "na aplicação da legalidade, tanto pela administração como pelos tribunais, não pode ser encarada isoladamente cada norma que enquadra uma determinada actuação administrativa, antes terá de se atender à globalidade do sistema jurídico, com primazia para o direito constitucional", cf. DIOGO LEITE DE CAMPOS/BENJAMIM RODRIGUES/JORGE LOPES DE SOUSA (2012) 445-451.

[326] O princípio do inquisitório encontra justificação na obrigação de prossecução do interesse público a que está adstrita a administração, nos termos dos artigos 266.º, n.º 1 da CRP e 55.º da LGT, sendo ainda corolário do dever de imparcialidade que norteia a actividade pública. No entanto, Diogo Leite de Campos, Benjamim Silva Rodrigues e Jorge Lopes de Sousa chamam a atenção para o facto de o princípio do inquisitório previsto para o procedimento tributário no artigo 58.º da LGT não atribuir à administração tributária uma liberdade tão ampla quanto a que é conferida à administração no seio do procedimento administrativo (artigo 58.º do CPA), "designadamente no que concerne a poder-se decidir coisa diferente da que foi pedida, nos casos em que o procedimento tributário se origina por iniciativa do particular", cf. DIOGO LEITE DE CAMPOS/BENJAMIM RODRIGUES/JORGE LOPES DE SOUSA (2012) 487-488.
O princípio do inquisitório é também princípio estruturante da actuação do tribunal arbitral que, ao abrigo do artigo 99.º da LGT, *ex vi* artigo 29.º, n.º 1, do RJAT, determina que o tribunal arbitral "deve realizar ou ordenar oficiosamente todas as diligências que se lhe afigurem úteis para conhecer a verdade relativamente aos factos alegados ou de que oficiosamente possa conhecer". O tribunal arbitral está, assim, obrigado ao princípio da descoberta da verdade material, por força do princípio da legalidade e do interesse público inerente às questões fiscais. Esta é uma matéria que se torna especialmente relevante quando contraposta ao dever de fundamentação dos actos imposto à Administração Tributária e que será abordada aquando da anotação ao artigo 22.º, a propósito dos poderes/deveres de cognição do tribunal arbitral.

qual prevê o *princípio da proporcionalidade*[327]; no artigo 47.º onde prevê o *princípio do duplo grau de decisão*[328] e nos artigos 48.º e 49.º onde se consagra o *princípio da cooperação*[329].

Como se referiu, quer os princípios estabelecidos na LGT – principalmente o do inquisitório estabelecido no seu artigo 48.º –, quer os princípios estabelecidos no CPPT, quer a própria CRP – no seu n.º 2 do artigo 266.º –, impõem que a Administração Tributária, enquanto entidade à qual cabe dirigir e realizar todas as diligências necessárias à satisfação do interesse público e à descoberta da verdade material, actue com respeito pelo princípio da igualdade, da proporcionalidade, da justiça, da imparcialidade e da boa-fé.

Deste modo, e tendo sempre em consideração que os princípios estabelecidos para o procedimento tributário auxiliam-nos na interpretação de alguns dos princípios processuais estabelecidos para a arbitragem, olhe-se então àqueles que foram "escolhidos" pelo legislador como princípios orientadores do processo arbitral e que são comuns ao procedimento e ao processo tributário judicial.

1.1. Princípio do contraditório

Refere a alínea *a)* deste artigo 16.º que constitui princípio do processo arbitral tributário o *princípio do contraditório*, assegurado, designadamente, através da

---

[327] "O princípio da proporcionalidade obriga a administração tributária a abster-se da imposição aos contribuintes de obrigações procedimentais que sejam desnecessárias ou inadequadas à satisfação dos fins que aquela visa prosseguir ou que vão além do que seja necessário e adequado" o que significa que "[a] colaboração que a administração pode impor aos contribuintes e outros orbrigados tributários deve ser adequada e proporcional aos objectivos a atingir, como está mesmo expressamente previsto no n.º 2 do artigo 63.º da LGT, relativamente aos deveres de cooperação com acções de fiscalização" (cf. Jorge Lopes de Sousa (2011) *vol. I*, 449). O princípio da proporcionalidade divide-se, como se sabe, em três corolários ou vertentes: necessidade, adequação e proporcionalidade *stricto sensu*. O respeito pelo princípio implica, portanto, a necessidade do meio, a sua adequação ao fim previsto e a proporcionalidade do meio em função do resultado ou do interesse maior que se visa proteger.

[328] O duplo grau de decisão previsto no artigo 47.º do CPPT consubstancia uma restrição ao princípio da decisão, enunciado no artigo 56.º da LGT, proibindo-se naquele primeiro preceito que uma mesma pretensão seja apreciada por mais do que dois órgãos da mesma Administração Tributária, visando a máxima eficiência da actuação administrativa. Assim, como nota Lopes de Sousa, esta restrição do direito de acesso à justiça justifica-se por razões de interesse público (Cf. Jorge Lopes de Sousa (2011) *vol. I*, 451-453).

[329] Princípio que é ainda concretizado e enunciado no artigo 59.º da LGT e nos artigos 11.º e 60.º do CPA.

faculdade conferida às partes de se pronunciarem sobre quaisquer questões de facto ou de direito suscitadas no processo.

No CPPT o princípio do contraditório está previsto no artigo 45.º, cujo n.º 1 enuncia que "o procedimento tributário segue o princípio do contraditório, participando o contribuinte, nos termos da lei, na formação da decisão", dispondo-se no n.º 2 que "o contribuinte é ouvido oralmente ou por escrito, conforme o objectivo do procedimento" e no n.º 3 que "no caso de audiência oral, as declarações do contribuinte serão reduzidas a termo". Este princípio basilar de todo e qualquer processo, é também enunciado no n.º 3 do artigo 3.º CPC, segundo o qual "O juiz deve observar e fazer cumprir, ao longo de todo o processo, o princípio do contraditório, não lhe sendo lícito, salvo caso de manifesta desnecessidade, decidir questões de direito ou de facto, mesmo que de conhecimento oficioso, sem que as partes tenham tido a possibilidade de sobre elas se pronunciarem". No âmbito da arbitragem administrativa, por remissão do artigo 181.º, n.º 1, do CPTA, o contraditório vem também elencado como princípio fundamental no artigo 30.º, n.º 1, alínea *c)* da LAV.

O princípio do contraditório é, como se sabe, uma decorrência natural do princípio constitucional da participação, previsto no n.º 5 do artigo 267.º da CRP, no qual se estabelece que os cidadãos têm o direito de participar na formação das decisões e deliberações que lhes dizem respeito. Este princípio da participação é também consagrado na própria LGT a qual, exactamente sob a epígrafe "princípio da participação" prescreve no artigo 60.º um extenso rol de direitos dos contribuintes à participação em todas as decisões que sejam susceptíveis de introduzir alterações na sua esfera jurídico-tributária.

Sem pretender aprofundar demasiado a concretização deste princípio, é de destacar, porém que o contraditório deve existir a todos os níveis, seja quanto aos factos, seja quanto ao direito. Seguindo a boa doutrina de LEBRE DE FREITAS, poderá delimitar-se um contraditório no plano da alegação que "exige que os factos alegados por uma [das partes] (como causa de pedir ou fundamento de excepção), possam pela outra ser contraditados (por impugnação ou por excepção), sendo assim concedida a ambas, em igualdade, a faculdade de sobre todos eles se pronunciarem"; e um contraditório para a prova que "exige *a)* que às partes seja, em igualdade, facultada a proposição de todos os meios probatórios potencialmente relevantes para o apuramento da realidade dos factos (principais ou instrumentais) da causa; *b)* que lhes seja concedido fazê-lo até ao momento em que melhor possam decidir da sua conveniência (...); *c)* que a produção ou admissão da prova tenha lugar com audiência contraditória de ambas as partes; *d)* que estas possam pronunciar-se sobre a apreciação das provas produzidas por si, pelo adversário ou pelo tribunal"[330].

Certo é que, independentemente da inúmera Doutrina existente sobre a matéria, quer no âmbito do processo tributário, quer no âmbito do processo administrativo e do processo civil, no que em concreto se refere ao princípio do contraditório na vertente da arbitragem tributária, o legislador foi claro na sua concretização.

Cabe ao tribunal arbitral assegurar que às partes é conferida a possibilidade de se pronunciarem sobre todas as questões de facto ou de direito suscitadas no processo que poderão, obviamente, influenciar a decisão final relativamente à questão controvertida. Estão protegidos pelo princípio do contraditório quer a Administração Tributária, quer o contribuinte, sendo que, no decorrer do processo arbitral dever-lhes-á ser concedido o direito de se pronunciarem, caso entendam conveniente, sobre qualquer questão que, no entender do tribunal, possa vir a influenciar a sua posição na decisão final. Nas palavras de MARIANA FRANÇA GOUVEIA, "o que importa é que ambas as partes tenham a possibilidade de influenciar a decisão, quer em matéria de facto, quer em matéria de prova, quer em matéria de direito"[331].

No entanto, em caso de manifesta desnecessidade, poderá ser dispensada a observância deste princípio. De facto, ainda que as situações de dispensa por manifesta desnecessidade não tenham sido expressamente contempladas pelo legislador no RJAT, a excepção deverá ser permitida por aplicação subsidiária daquele n.º 3 do artigo 3.º do CPC já referido, ao abrigo do artigo 29.º, n.º 1, alínea *e)* do RJAT.

A concretização deste princípio é especialmente relevante, desde logo se se tiver em consideração que, como se verá, todo o processo arbitral se baseia numa lógica de livre condução do processo e, consequentemente, de grande informalidade. Assim, e independentemente de se tratar de um processo cuja tramitação é definida pelo próprio tribunal, deverá ser sempre assegurado às partes o direito de se pronunciarem sobre todas as questões, assumam elas a natureza de questões de facto ou de questões de direito, sob pena de ser impugnável a decisão arbitral, nos termos dos artigos 27.º e 28.º, n.º 1, alínea *d)*.

Com efeito, como se terá oportunidade de analisar no comentário ao artigo 28.º para o qual se remete, um dos fundamentos para a decisão arbitral ser anu-

---

[330] JOSÉ LEBRE DE FREITAS (2013) *Introdução ao Processo Civil*, 129.
[331] MARIANA FRANÇA GOUVEIA (2014), 154.

lável por impugnação é, precisamente, o de ter havido, no decorrer do processo arbitral, violação do princípio do contraditório. A sanção então prevista para a violação do princípio consagrado nesta alínea *a)* demonstra amplamente a importância conferida pelo legislador ao respeito pelo contraditório.

1.2. Princípio da igualdade

Um outro princípio de capital importância é o princípio da igualdade das partes, previsto na alínea *b)* do artigo 16.º. A este propósito pode ler-se nesta alínea *b)* que constitui princípio do processo arbitral o princípio da "igualdade das partes concretizado pelo reconhecimento do mesmo estatuto substancial às partes, designadamente para efeitos do exercício de faculdades e do uso de meios de defesa".

Referiu-se já que é a própria CRP, no seu n.º 2 do artigo 266.º, que impõe à Administração Tributária, enquanto entidade à qual cabe dirigir e realizar todas as diligências necessárias à satisfação do interesse público e à descoberta da verdade material no âmbito do procedimento administrativo-tributário, que actue com o respeito pelo princípio da igualdade, da proporcionalidade, da justiça, da imparcialidade e da boa-fé.

A LGT, por seu turno, estabelece no seu artigo 55.º que "a administração tributária exerce as suas atribuições na prossecução do interesse público, de acordo com os princípios da legalidade, da igualdade, da proporcionalidade, da justiça, da imparcialidade e da celeridade, no respeito pelas garantias dos contribuintes e demais obrigados tributários"[332].

---

[332] Nos termos do artigo 6.º do CPA, "[n]as suas relações com os particulares, a Administração Pública deve reger-se pelo princípio da igualdade, não podendo privilegiar, beneficiar, prejudicar, privar de qualquer direito ou isentar de qualquer dever ninguém em razão de ascendência, sexo, raça, língua, território de origem, religião, convicções políticas ou ideológicas, instrução, situação económica, condição social ou orientação sexual".
Assim, o princípio da igualdade exige que a Administração Tributária não actue discricionariamente, mas não exige que que aquela mantenha indefinidamente a mesma interpretação das normas tributárias, como esclarecem Leite de Campos, Benjamim Silva Rodrigues e Lopes de Sousa. Neste sentido "se, depois da aplicação uniforme, durante um determinado período de tempo, de uma mesma interpretação da lei, nas suas relações com os administrados, a administração se convence que é correcta uma outra interpretação, o princípio da igualdade não obsta a que passe a adoptar na sua prática esta nova interpretação" desde que generalizada, solução que, de resto, vem prevista no artigo 68.º, n.º 4, alínea *b)*, da LGT, cf. Diogo Leite de Campos/Benjamim Silva Rodrigues/Jorge Lopes de Sousa (2012), 447-448.

Porém, e independentemente do acima exposto, crê-se que a alínea *b)* ora em análise pressupõe a consagração do princípio da igualdade numa vertente mais estrita, *i.e.*, na vertente da igualdade das partes.

Com efeito, o legislador determinou que o processo arbitral é orientado pelo princípio da igualdade de partes e que este deve ser entendido, unicamente, como o reconhecimento a ambas as partes, isto é, à Autoridade Tributária e ao sujeito passivo, do mesmo estatuto substancial. Esta igualdade substancial vem também enunciada no artigo 4.º do CPC, nos termos do qual o tribunal deve assegurar a igualdade das partes "designadamente no exercício de faculdades, no uso de meios de defesa e na aplicação de cominações ou de sanções processuais".

Adianta ainda o legislador que o reconhecimento à Autoridade Tributária e ao sujeito passivo do mesmo estatuto substancial (de partes) é efectuado, entre outras concretizações, através do exercício de faculdades e do uso de meios de defesa. O mesmo é dizer, que a ambas as partes deve ser assegurado, no processo arbitral tributário, os mesmos mecanismos de defesa, designadamente a nível de prazos de resposta e de meios periciais e de defesa ao seu dispor. Fala-se, pois, de uma igualdade de meios processuais, já enunciada na LGT enquanto princípio do processo tributário judicial, em concreto no seu artigo 98.º, estabelecendo-se que "As partes dispõem no processo tributário de iguais faculdades e meios defesa".

A este respeito pode afirmar-se que todo o sistema da arbitragem tributária está gizado em respeito estrito por este princípio, como de resto se foi tendo oportunidade de por várias vezes o verificar, designadamente quando no artigo 6.º se fez referência à escolha dos árbitros no tribunal especial, e no artigo 12.º se escreveu quanto à obrigatoriedade do contribuinte suportar todas as custas do processo que corra termos em tribunal especial independentemente do resultado da acção. Sem prejuízo da leitura dos comentários àqueles preceitos, para os quais se remete, entende-se que quer o artigo 6.º quer o artigo 12.º comportam manifestações claras e inequívocas da grande preocupação do legislador, procurando assegurar um equilíbrio entre as partes em concretização deste princípio da igualdade processual.

Assim, o que dita esta alínea *b)* não é que as partes devem ter, por princípio, o mesmo estatuto substancial, porquanto este decorre já da forma como o RJAT foi desenhado, mas sim que cabe ao tribunal arbitral, em cada caso concreto, assegurar a concretização prática deste postulado e, bem assim, verificar se está a ser contrariado este princípio da igualdade de partes, designadamente por haver um desequilíbrio entre os meios e faculdades ao dispor da Administração Tributária e os meios e faculdades ao dispor do sujeito passivo.

O desrespeito pelo princípio da igualdade é, à semelhança, de resto, do desrespeito pelo princípio do contraditório, fundamento para a impugnação da decisão arbitral. Vale assim, a este propósito, o que se disse no ponto anterior e, inevitavelmente, o que se dirá no comentário à alínea *d)* do n.º 1 do artigo 28.º para o qual de remete.

1.3. Princípio da cooperação e da boa-fé processual

O princípio que ora se comenta é, ao contrário dos anteriores, dirigido quer às partes, quer aos árbitros, quer aos próprios mandatários nos processos arbitrais.

Com efeito, a todos os intervenientes do processo arbitral é imposto, por esta alínea *f)*, o respeito pelo princípio da cooperação e pelo princípio da boa-fé processual. Parecem ser, na verdade, dois os princípios em causa nesta alínea *f)* mas, como se verá, um é decorrente do outro.

Relembrando uma vez mais, resulta da LGT – em concreto do princípio do inquisitório estabelecido no artigo 48.º –, e da própria CRP pelo previsto no seu n.º 2 do artigo 266.º, que é imposto à Administração Tributária, enquanto entidade à qual cabe dirigir e realizar todas as diligências necessárias à satisfação do interesse público e à descoberta da verdade material, que esta actue com o respeito do princípio da igualdade, da proporcionalidade, da justiça, da imparcialidade e da boa-fé. Também o CPPT, quando trata dos princípios aplicáveis ao procedimento tributário, consagra no seu artigo 49.º o princípio da cooperação[333].

Muito se tem escrito quer sobre o princípio da boa-fé quer sobre o princípio da cooperação. Assim, porque não seria inovador e porque não parece profícua uma reprodução da discussão teórica sobre estes princípios, limita-se o presente comentário a salientar o que se afigura especial para o caso concreto da arbitragem tributária, sendo certo que o conteúdo destes princípios poderá ser sempre preenchido por recurso aos artigos 7.º e 8.º do novo CPC, subsidiariamente aplicáveis por via da alínea *e)* do n.º 1 do artigo 29.º do RJAT.

Deste modo, no que à arbitragem tributária importa, dos princípios da cooperação e da boa-fé decorre, por um lado, que caberá aos árbitros esclarecer as partes, e consequentemente os mandatários destas, sobre a necessidade de

---

[333] Sobre o princípio da cooperação veja-se JORGE LOPES DE SOUSA (2011) *vol. I*, anotação ao artigo 49.º, 453-456.

apresentação de declarações, requerimentos ou outras peças que o tribunal arbitral entenda por convenientes. Caber-lhes-á, ainda, esclarecer as partes sobre a prática de quaisquer outros actos necessários ao exercício dos seus direitos, incluindo a correcção dos erros ou omissões manifestas que se observem. Por outro lado, as partes deverão cooperar de boa-fé no decorrer do processo, esclarecendo, de modo completo e verdadeiro, os factos de que tenham conhecimento e, bem assim, oferecendo os meios de prova a que tenham acesso. Entende-se ainda que quer as partes, quer os árbitros, quer os mandatários, estão sujeitos a um dever de colaboração recíproco, sendo que se presume a boa-fé da actuação de todos os intervenientes.

Um exemplo de concretização do princípio da cooperação dos árbitros para com as partes, *maxime* para com o sujeito passivo, será aquele já identificado aquando da anotação ao artigo 2.º, a propósito da correcção oficiosa de peças processuais. Referiu-se, ali, que o objecto do pedido de pronúncia arbitral, independentemente deste ter sido proposto após emissão de acto de indeferimento expresso, é sempre a apreciação do acto tributário de primeiro grau, *i.e.*, o acto de liquidação, de autoliquidação, de retenção na fonte ou de pagamento por conta. Deste modo, caso o sujeito passivo aponte, erradamente, como objecto da sua acção arbitral o acto de segundo ou terceiro grau – o de indeferimento expresso de reclamação graciosa, de recurso hierárquico ou de pedido de revisão oficiosa – o tribunal arbitral deverá, ao abrigo do princípio da cooperação e, bem assim, ao abrigo do princípio da materialidade subjacente, atender à verdadeira pretensão do sujeito passivo e corrigir oficiosamente o *erro*.

Uma questão curiosa na análise desta alínea é a de saber qual a sanção aplicável em caso de incumprimento destes princípios da boa-fé e da cooperação. A questão é pertinente, desde logo porque o artigo 28.º só consagra como fundamento para a impugnação da decisão arbitral o desrespeito pelos princípios do contraditório e da igualdade. Assim, e partindo do pressuposto que na fixação do sentido e alcance do artigo 28.º o legislador consagrou as soluções mais acertadas e soube exprimir o seu pensamento em termos adequados – conforme prescreve o n.º 3 do artigo 9.º do CC –, e atendendo ao facto de o elenco daquele preceito ser taxativo, o desrespeito por estes princípios consagrados nesta alínea *f*), e em rigor pelos consagrados nas alíneas *c*) a *g*), dará apenas lugar a meras irregularidades arguíveis durante o processo mas sanáveis aquando da prolação da decisão arbitral.

2. Princípios originais no processo arbitral

Das alíneas *c)* a *e)* e na alínea *g)* constam aqueles princípios enformadores da arbitragem tributária que são originais, ou melhor, especiais, do próprio processo arbitral por comparação ao processo tributário judicial.

Refere a alínea *c)* que é princípio do processo arbitral o *princípio da autonomia do tribunal arbitral na condução do processo e na determinação das regras a observar com vista à obtenção, em prazo razoável, de uma pronúncia de mérito sobre as pretensões formuladas*. Este princípio é posteriormente concretizado pelo artigo 18.º, para cujos comentários se remete. Naquele artigo 18.º dispõe-se, então, que uma vez apresentada a resposta ao requerimento de constituição de tribunal arbitral pela Administração Tributária, o tribunal promoverá, caso entenda haver necessidade, reunião com as partes para concretamente, e entre outros assuntos, tratar da definição da tramitação processual a adoptar em função das circunstâncias do caso e da complexidade do processo. No que em concreto respeita à obtenção da decisão em prazo razoável, esta está pautada pelo preceituado no artigo 21.º que prevê um limite de duração da fase processual, que terminará com a prolação da decisão arbitral e respectiva notificação às partes, de 6 meses, eventualmente prorrogável por períodos sucessivos de 2 meses, os quais não poderão ultrapassar outros 6 meses. De referir que este princípio está em clara sintonia, ainda que consagrado com maior amplitude, com o princípio da adequação formal e com o dever de gestão processual do processo civil, consagrados nos artigos 547.º e 6.º do novo CPC, respectivamente.

Por outro lado, já na arbitragem administrativa, a autonomia do tribunal arbitral na condução do processo tem contornos diferentes. Com efeito, o artigo 181.º, n.º 1, do CPTA estabelece o regime aplicável à arbitragem administrativa por remissão para as regras estabelecidas na LAV. Ora, sendo a arbitragem voluntária configurada como um processo de partes e para as partes, não estranha que o artigo 30.º, n.ºs 2 e 3 da LAV preveja que esse poder do tribunal arbitral de "conduzir a arbitragem do modo que considerar apropriado, definindo as regras processuais que entender adequadas" só ganhe força na impossibilidade de acordo entre as partes sobre as regras processuais a observar na arbitragem – acordo esse que poderia ocorrer até à aceitação do primeiro árbitro, ao abrigo do referido n.º 2 do artigo 30.º da LAV.

Passando agora à alínea *d)* do artigo 16.º, esta prevê como princípios orientadores do processo arbitral a *oralidade e a imediação*, enquanto princípios operativos da discussão das matérias de facto e de direito. Aqui, e ao contrário do processo judicial tributário, consagra-se como princípio, que a discussão das matérias de facto e de direito ocorrerá oralmente. É também em concretização deste princípio que o atrás referido artigo 18.º refere que será naquela reunião tida entre o tribunal arbitral e as partes que este deverá ouvi-las quanto a eventuais excepções que seja necessário apreciar e decidir antes de conhecer do pedido e, bem assim, convidar as partes a corrigir as suas peças processuais, quando necessário. Dispõe-se ainda no mesmo preceito que é nesta reunião que deve ser comunicada às partes uma data para as alegações orais, caso sejam necessárias. Quanto a esta questão, e como se terá oportunidade de ver, a prática tem demonstrado que os tribunais arbitrais têm dado às partes a opção de fazerem alegações orais ou escritas. Mas quando há alegações orais estas são efectuadas nesta reunião a que se refere o artigo 18.º. Nota-se assim que, à excepção do pedido de constituição de tribunal arbitral – que segue por escrito como se teve oportunidade de referir aquando da anotação ao artigo 10.º – e da resposta da Administração Tributária –, nos termos do previsto no artigo 17.º também será apresentada por escrito –, os restantes actos processuais e eventuais diligências processuais serão, por princípio, e caso o tribunal assim o entenda, orais. Pese embora a importância conferida pelo legislador ao princípio da oralidade, não será de aceitar que a observância extrema deste princípio ponha em causa a célere tramitação do processo arbitral ou a perfeita compreensão do mérito da causa. De facto, como bem refere LOPES DE SOUSA:

> "o princípio da oralidade não é um fim em si mesmo, justificando-se por razões de simplificação e celeridade, devendo ceder quando o tribunal arbitral entender, ao abrigo da sua autonomia na condução do processo que lhe garante o artigo 16.º, alínea c), do RJAT, que, nomeadamente nos casos em que tenham de ser apreciadas questões complexas, que é mais conveniente a prática de atos por escrito. Por outro lado, a prática de atos por escrito poderá beneficiar a celeridade, designadamente nos casos em que haja dificuldade em encontrar disponibilidade das agendas de todos os árbitros e dos representantes das partes para a realização das reuniões imprescindíveis para a prática de atos orais."[334]

Um outro princípio também previsto neste artigo 16.º, desta feita na alínea e), é o da *livre apreciação dos factos e da livre determinação das diligências de produção de prova necessárias, de acordo com as regras da experiência e a livre convicção dos árbitros aplicável* que se dirige, como se percebe, à actuação do tribunal arbitral. Assim,

---

[334] JORGE LOPES DE SOUSA (2013) "Comentário ao Regime Jurídico da Arbitragem Tributária", 187.

o tribunal arbitral, adstrito que está ao cumprimento do princípio da legalidade, é livre de estabelecer na referida reunião prevista no artigo 18.º, as diligências de prova que entender necessárias à correcta aplicação do direito e à correcta compreensão da questão controvertida, sendo também livre na apreciação dos factos em discussão. Este princípio é, de certa forma, uma variante do princípio do inquisitório, consagrado no n.º 1 do artigo 99.º da LGT e no artigo 607.º, n.º 1 do CPC, na sua dimensão de livre apreciação de prova. Expressão deste princípio pode ainda ser encontrada no n.º 4 do artigo 30.º da LAV, enquanto princípio fundamental também da arbitragem administrativa, por remissão do artigo 181.º, n.º 1, do CPTA.

No que diz especial respeito à matéria de facto, importa salientar que, ao abrigo deste princípio estabelecido no artigo 16.º, alínea e), o tribunal não tem que se pronunciar sobre tudo o que foi alegado pelas partes, cabendo-lhe, sim, o dever de seleccionar os factos que importam para a decisão e distinguir a matéria provada da não provada. Esta conclusão decorre também do artigo 123.º, n.º 2, do CPPT e do já atrás referido artigo 607.º, n.º 2, 3 e 4 do CPC, aplicáveis por intermédio do artigo 29.º, n.º 1, alíneas a) e e), do RJAT. Deste modo, os factos pertinentes para o julgamento da causa são escolhidos e recortados em função da sua relevância jurídica, a qual é estabelecida em atenção às várias soluções plausíveis da(s) questão(ões) de Direito, tudo de acordo com o artigo 596.º do CPC, aplicável por intermédio do artigo 29.º, n.º 1, alínea e).

Por último, a alínea g) prevê a submissão do processo arbitral ao *princípio da publicidade* das decisões arbitrais, porquanto se pode ler que este princípio é assegurado pela divulgação das decisões arbitrais devidamente expurgadas de quaisquer elementos susceptíveis de identificar a pessoa ou pessoas a que dizem respeito. Trata-se de um princípio de profunda importância, desde logo se se compreender que a publicidade traz a transparência absolutamente necessária ao regime da arbitragem tributária. Em rigor, seguindo de perto a expressão utilizada no n.º 4 do artigo 64.º da LGT, desde que as decisões arbitrais sejam devidamente expurgadas de quaisquer elementos susceptíveis de identificar a(s) pessoa(s) a que dizem respeito, a sua divulgação é obrigatória e tem sido cumprida pelo CAAD, conforme se pode verificar na consulta ao seu sítio de internet em: http://www.caad.org.pt/.

O facto de as decisões arbitrais terem de eliminar quaisquer elementos susceptíveis de identificar a(s) pessoa(s) a que dizem respeito prende-se, ao que se crê, com o dever de *sigilo fiscal* a que os árbitros e, bem assim, o CAAD, estão obrigados. Com efeito, como se referiu em anotação ao artigo 9.º, o legislador obrigou a que, à semelhança do que sucede no caso dos dirigentes, funcionários e agentes da Administração Tributária, os árbitros designados respeitem o dever de sigilo fiscal. Assim, nos termos do disposto no n.º 1 do artigo 64.º, "os dirigentes, funcionários e agentes da administração tributária estão obrigados a guardar sigilo sobre os dados recolhidos sobre a situação tributária dos contribuintes e os elementos de natureza pessoal que obtenham no procedimento (...)". O n.º 2 daquele artigo elenca, então, quais as situações em que cessa o dever de sigilo, sendo que o n.º 3 acaba por estabelecer que o dever de sigilo se comunica a quem, nos termos dispostos nas alíneas *a)* a *c)* do n.º 2, obtenha elementos protegidos pelo sigilo fiscal. O dever de sigilo está, de resto, salvaguardado pelo direito fundamental à reserva da intimidade da vida privada, consagrado no artigo 26.º, n.º 1 da CRP, pelo que sempre se diria que a necessidade de expurgar os elementos identificativos das partes das decisões arbitrais publicadas sempre decorreria daquele preceito constitucional[335].

A respeito da publicidade das decisões arbitrais, cumpre chamar a atenção para o facto de aqui, e uma vez mais, o legislador se ter afastado, e com toda a razão, do regime da arbitragem administrativa, outra realidade de arbitragem em direito público existente em Portugal e a qual se tem referido pela necessidade de destacar as diferenças face à arbitragem tributária. De facto, remetendo o artigo 181.º, n.º 1, do CPTA para os termos e disposições previstos na LAV, por força do artigo 30.º, n.º 6 deste último diploma, as decisões arbitrais em matéria administrativa poderão não ser públicas se as partes a isso se opuserem. Esta não imposição de publicação das decisões arbitrais administrativas causou estranheza na Doutrina e tem sido criticada por diversas vezes. A bem ver, numa arbitragem de direito público, seja ela administrativa ou tributária, o objecto da causa será sempre, directa ou implicitamente, algo de interesse público, porquanto uma das partes é constante: a Administração. Nesse sentido, partilha-se da mesma opinião que Isabel Celeste Fonseca quando sustenta que "importa assegurar transparência, estabelecendo a obrigação de *publicação* de decisões arbitrais"[336], referindo-se em especial a alguns domínios da contratação pública. Defende-se, neste sentido, que em qualquer arbitragem de direito público,

---

[335] Sobre o dever de sigilo fiscal veja-se ainda a anotação ao artigo 9.º, n.º 1.
[336] Isabel Celeste Fonseca (2013) "Arbitragem Administrativa: Uma Realidade com Futuro?", 177.

sempre que uma das partes seja a Administração na qualidade de ente público, deve ser imposta a publicação da decisão que venha a ser proferida[337].

A finalizar cumpre revisitar uma questão que se tratou já no ponto 1.3. e que se prende com a sanção aplicável em caso de incumprimento destes princípios estabelecidos nas alíneas *c)*, *d)*, *e)* e *g)* deste artigo 16.º, na medida em que o artigo 28.º só consagra como fundamento para a impugnação da decisão o desrespeito pelo princípio do contraditório e da igualdade, estabelecidos como se viu nas alíneas *a)* e *b)* do artigo 16.º. Assim, recuperando o argumento acima exposto, partindo do pressuposto que na fixação do sentido e alcance do artigo 28.º o legislador soube exprimir o seu pensamento em termos adequados – conforme prescreve o n.º 3 do artigo 9.º do CC –, e atendendo ao facto de o elenco daquele preceito ser taxativo, o desrespeito pelos princípios consagrados nestas alíneas, e, bem assim, do consagrado na alínea *f)*, dará apenas lugar a meras irregularidades arguíveis durante o processo mas sanáveis se essa arguição não ocorrer antes da prolação da decisão arbitral.

3. Jurisprudência

Na jurisprudência arbitral publicada encontram-se já algumas referências aos princípios aqui enunciados, isto é, decisões em que, de alguma forma, a observância destes princípios é patente.

Nesse sentido, e a título de exemplo, no que respeita ao princípio do contraditório pode ver-se a decisão proferida no âmbito do processo arbitral n.º 12/2011-T[338], onde o tribunal arbitral aí constituído permitiu a dedução, pela Requerente, de uma espécie de réplica em resposta às excepções invocadas pela Autoridade Tributária e Aduaneira. Pode ler-se na referida decisão que "[a]

---

[337] A respeito da publicidade das decisões arbitrais em matéria tributária, refere ainda, e bem, João Taborda da Gama que: "(...) a arbitragem tributária, com a publicação imediata de todas as decisões, representa uma revolução no acesso ao direito fiscal e pode devolver à jurisprudência um papel importante nas fileiras das fontes de direito. A inadmissível demora na decisão da primeira instância fiscal é acompanhada da não publicação das suas decisões. Isto quer dizer que as primeiras decisões publicitadas são as dos TCAs ou do STA – na prática, temos decisões sobre normas que estavam em vigor há mais de dez anos (...) [sendo] sempre ilógico que a decisão de um tribunal, judicial ou arbitral, seja secreta. É, além disso, democrática e constitucionalmente ilegítimo o segredo de atos arbitrais que, no âmbito da função jurisdicional, dirimam um litígio em que, direta ou indiretamente, esteja em causa o interesse público." Cf. João Taborda da Gama (2014) "As virtudes escondidas da arbitragem fiscal", 11.
[338] Disponível em http://www.caad.org.pt/.

Requerente apresentou oposição escrita às excepções invocadas pela Requerida, pronunciando-se por escrito, sobre as excepções invocadas pela Requerida na contestação, oposição admitida em obediência ao princípio do contraditório (al. a) do artigo 16.º do RJAT)" (sublinhado da autora).

A figura da réplica (ou resposta às excepções) não está expressamente prevista no RJAT pelo que ao tribunal arbitral seria permitido desconsiderar este terceiro articulado, sendo certo que por concretização do princípio do contraditório a Requerente poderia sempre responder às excepções invocadas em sede de reunião, a que alude o artigo 18.º.

No âmbito do processo n.º 21/2012-T[339] o respeito pelo princípio do contraditório foi também uma preocupação patente do tribunal arbitral. A requerente, tendo sido confrontada com uma questão prévia suscitada pela Autoridade Tributária e Aduaneira de inarbitrabilidade de vícios de liquidação pela primeira invocados, apresentou, pouco antes da reunião do tribunal arbitral a que se refere o artigo 18.º, um articulado de resposta. Já em sede de reunião, "a Autoridade Tributária e Aduaneira requereu que, dada a insuficiência do prazo conferido desde o despacho do Árbitro Presidente [que deu entrada do articulado de resposta da Requerente] (...), lhe fosse concedido prazo para exame do articulado apresentado o qual lhe foi concedido". A Requerida (AT) acabou por treplicar, alegando, entre outras, a inadmissibilidade do articulado apresentado pela Requerente. O tribunal arbitral reuniu em segunda sessão da reunião a que diz respeito o artigo 18.º "onde foi proferido o despacho que decidiu admitir o articulado de resposta à questão prévia, junto pela Requerente e, bem assim, o articulado subsequente apresentado pela Requerida, ao abrigo do exercício do direito ao contraditório" (sublinhado da autora).

Ainda a propósito do princípio do contraditório, recomenda-se a leitura da jurisprudência enunciada no comentário ao artigo 28.º, em especial do Acórdão do TCA Sul, de 25 de Janeiro de 2015[340], no qual, em sede de acção de impugnação, aquele Tribunal anulou a decisão arbitral proferida com fundamento em violação do princípio do contraditório. No processo arbitral cuja decisão foi impugnada, as partes foram notificadas de despacho do tribunal arbitral que determinava que o prazo para alegações finais escritas iniciava-se com a última diligência probatória a realizar no processo. Sucedeu, porém, que essa última

---

[339] Disponível em http://www.caad.org.pt/.
[340] Acórdão do TCA Sul, de 25-01-2015, processo n.º 06208/12, disponível em http://www.dgsi.pt/.

diligência probatória não foi notificada às partes. Em consequência, as partes não só não puderam exercer o contraditório sobre a prova, como não puderam alegar, na medida em que não tinham tido conhecimento do início do respectivo prazo. Perante esta factualidade o TCA Sul decidiu que:

> *"A falta de notificação do Ofício n.º 77 192, de 9 de Outubro de 2012 [a última diligência probatória], na medida em que não permitiu a possibilidade de as partes argumentarem sobre a força probatória do mesmo constitui preterição do princípio do contraditório. Por outro lado, uma vez que o início da fase das alegações estava dependente do conhecimento das partes da última diligência de prova, o direito de alegarem sobre a matéria de facto e de direito da causa, não lhes foi assegurado, o que consubstancia também ofensa ao princípio do contraditório.*
> *A omissão da notificação em causa constitui formalidade cuja observância influi no exame e decisão da causa, dado que preclude o direito das partes de se pronunciarem sobre os meios de prova da mesma (artigo 195.º/1, do CPC), pelo que forçoso se torna concluir que tal preterição consubstancia nulidade processual, cuja verificação inquina a sentença arbitral impugnada.*
> *(...) Nesta medida, impõe-se julgar procedente a impugnação, e determinar a anulação da decisão arbitral[341], ordenando a devolução do processo para que o tribunal arbitral reforme a decisão em consonância com o julgado anulatório do TCA."*[342]

De facto, a decisão não poderia ter sido outra. O princípio do contraditório é um dos pilares do processo justo e equitativo e que tem de ser tido em especial conta em todos os processos – sejam eles judiciais ou arbitrais.

O princípio da autonomia do tribunal arbitral na condução do processo e na determinação das regras a observar tem estado também bem patente em alguns processos arbitrais tributários. Das muitas decisões existentes em que se dispensou a realização da reunião a que se refere o artigo 18.º, salienta-se, unicamente para efeitos exemplificativos, a proferida no âmbito do processo arbitral n.º 93/2014-T[343] na qual foi dispensada a realização da reunião do tribunal arbi-

---

[341] Decisão arbitral tomada no âmbito do processo arbitral n.º 68/2012-T, disponível em http://www.caad.org.pt/.
[342] No já referido Acórdão do TCA Sul de 25-01-2015, processo n.º 06208/12, disponível em http://www.dgsi.pt/.
[343] Disponível em http://www.caad.org.pt/.

tral "por não ter utilidade", prosseguindo o processo com alegações escritas de ambas as partes, fazendo-se uso daquele poder conferido ao tribunal arbitral.

No processo arbitral n.º 5/2012-T[344] encontram-se também referências a estes princípios. Tendo sido suscitada pela Autoridade Tributária a intervenção principal provocada dos municípios beneficiários da derrama municipal, por estar em causa a adaptação de regras do processo civil e a sua aplicabilidade, ou a necessidade dessa aplicação, ao processo arbitral tributário, o tribunal arbitral veio a entender que:

> «Com efeito, não se pode em altura alguma deixar de ter presente que nos situamos no âmbito da jurisdição arbitral. Uma jurisdição arbitral específica, é certo, mas inquestionavelmente arbitral.
>
> <u>Neste âmbito vigora, plenamente, o princípio da livre condução do processo pelos árbitros, conforme resulta do artigo 16.º/1/c) da LAT,</u> não sendo, portanto, de aplicação automática qualquer norma de natureza processual que não as que, expressamente, resultem daquela lei.
>
> Não quer, evidentemente, o que vem de se dizer significar que as normas processuais ordinárias não contenham conteúdos normativos directamente transponíveis para o processo arbitral, mas tal transposição é sempre, e em qualquer caso, mediada pelo prudente critério dos árbitros, sempre "com vista à obtenção, em prazo razoável, de uma pronúncia de mérito sobre as pretensões formuladas." (artigo 16.º/1/c) da LAT).» (sublinhado da autora)

Neste mesmo processo fez-se *jus* ainda a um outro princípio, o princípio da livre determinação das diligências de produção de prova necessárias. Desse modo, o tribunal arbitral indeferiu a produção de prova testemunhal por entendê-la, *in casu* como "processualmente inútil, e como tal, inadmissível".

O princípio da livre apreciação dos factos e da livre determinação das diligências de produção de prova necessárias foi também objecto de apreciação em sede arbitral no âmbito do processo n.º 8/2012-T, onde o tribunal arbitral considerou que[345]:

> "O Tribunal julga a matéria de facto de acordo com o princípio da livre apreciação da prova em relação àquelas que não tenham valor legalmente tabelado, consagrado no artigoº 655.º do Código de Processo Civil [actual artigo 607.º no novo CPC], aplicável ao

---

[344] Disponível em http://www.caad.org.pt/.
[345] Disponível em http://www.caad.org.pt/.

processo arbitral por força do disposto nos artigo°s 29.°, n.° 1, alínea e), do DL. N.° 10/2011, e tendo em conta regras estabelecidas, em processo tributário, nos artigo° 110.°, n.° 7, e 115.° do Código de Procedimento e de Processo Tributário (CPPT). Em relação às provas de valor tabelado, categoria em que se inserem os documentos autênticos, seguir-se-á a regra estabelecida na lei para esse tipo de provas, sendo a daqueles fixada no artigo° 371.°, n.°1, do Código Civil.

O Tribunal entende o princípio da livre apreciação das provas de valor não tabelado no sentido de vinculação legal institucional às regras objectivas da técnica, da ciência, da razão ou da experiência comum."

Artigo 17.º – Tramitação

1 – Recebida a notificação da constituição do tribunal arbitral a enviar pelo Presidente do Conselho Deontológico no termo do prazo previsto no n.º 8 do artigo 11.º, o tribunal arbitral constituído notifica o dirigente máximo do serviço da administração tributária para, no prazo de 30 dias, apresentar resposta e, caso queira, solicitar a produção de prova adicional.

2 – A administração tributária remete ao tribunal arbitral cópia do processo administrativo dentro do prazo de apresentação da resposta, aplicando-se, na falta de remessa, o disposto no n.º 5 do artigo 110.º do Código de Procedimento e de Processo Tributário.

ALTERAÇÕES LEGISLATIVAS
Lei n.º 66-B/2012, de 31 de Dezembro.

ANOTAÇÃO
1. A tramitação procedimental e a tramitação processual
2. Convite ao aperfeiçoamento e indeferimento liminar
3. Direito de defesa da Autoridade Tributária
    3.1. Não apresentação de defesa pela Autoridade Tributária
4. Remessa da cópia do processo administrativo para o tribunal arbitral

É neste preceito que se estabelece a tramitação do processo arbitral tributário.

Antes, porém, de se analisarem os trâmites do *processo arbitral* previstos neste artigo, revisitar-se-á sucintamente a tramitação do *procedimento arbitral* que ficou para trás, porquanto, só assim, se conseguirá uma visão integrada de todo o cronograma.

Na anotação a este artigo, tratar-se-á ainda de perceber a diferença entre a falta de notificação para exercício do direito de defesa e a falta de apresentação de defesa em si mesma.

Por fim, olhar-se-á ao disposto no n.º 2 deste artigo 17.º e que diz respeito à remessa pela Administração Tributária do procedimento administrativo que previamente tenha existido.

1. A tramitação procedimental e a tramitação processual

Decorre do disposto no artigo 15.º que o procedimento arbitral tributário termina, porque se inicia o processo arbitral tributário, com a constituição definitiva do tribunal arbitral, que ocorre uma vez decorrido o prazo de 10 dias após notificação dessa constituição às partes, sem que estas se tenham oposto, nos termos do n.º 8 do artigo 11.º. A regra é a mesma independentemente de se estar perante um tribunal comum ou perante um tribunal especial[346].

Nas anotações aos artigos inseridos no Capítulo II do RJAT, viu-se porém que a sequência cronológica do procedimento será diferente consoante se esteja perante um tribunal arbitral comum ou perante um tribunal arbitral especial.

Assim, *perante um tribunal arbitral comum*, a tramitação ainda no âmbito do procedimento arbitral será, de forma geral, a seguinte:

- O sujeito passivo entrega, por via electrónica ao CAAD o pedido de constituição do tribunal arbitral nos termos do artigo 10.º;
- Após a recepção do requerimento o CAAD:
  - dispõe de 2 dias para notificar a Administração Tributária do pedido de constituição de tribunal arbitral – sendo que, em rigor, a Administração Tributária vai ter acesso ao pedido de pronúncia arbitral, verdadeira petição inicial da arbitragem tributária –, nos termos do n.º 3 também do artigo 10.º;
  - o Conselho Deontológico do CAAD designa o árbitro ou árbitros para o processo nos termos do disposto no n.º 1 do artigo 11.º – ainda que, em rigor, só após o decurso do prazo de 30 dias previstos no artigo 13.º para a Administração Tributária poder rever o acto tributário objecto do pedido de pronúncia arbitral é que o Conselho Deontológico do CAAD irá notificar as partes da designação do árbitro ou árbitros (como se vê abaixo);
- Após conhecimento do pedido de constituição de tribunal arbitral a Administração Tributária:
  - dispõe de 30 dias para decidir se quer ou não alterar a situação jurídico tributária do sujeito passivo nos termos do artigo 13.º e;
  - notifica o CAAD da sua decisão, nos termos do mesmo preceito;
- Só após a recepção da notificação que contém a decisão da Administração Tributária é que o CAAD;

---

[346] Na terminologia que aqui se tem vindo a adoptar, *comuns* são aqueles tribunais arbitrais em que a denominação do(s) árbitro(s) compete ao Conselho Deontológico do CAAD, de entre os árbitros constantes da lista de árbitros que compõem o CAAD; e *especiais* são aqueles outros em que os primeiros dois árbitros são designados pelas partes sendo o terceiro, árbitro-presidente, designado por aqueles primeiros.

- notifica as partes da designação dos árbitros, de acordo com o disposto no n.º 1, alínea b) do artigo 11.º;
- Se no prazo de 10 dias a contar da notificação da designação dos árbitros as partes a tal não se opuserem, o CAAD comunica a constituição do tribunal arbitral, nos termos do n.º 1, alínea c) e do n.º 8 do artigo 11.º.

É aqui que o tribunal arbitral comum, já constituído, vai olhar ao pedido de constituição do tribunal arbitral – que contém, como se referiu nos comentários ao artigo 10.º, o pedido de pronúncia arbitral, isto é a "petição inicial" entregue pelo sujeito passivo – e notificar, por despacho, a Administração Tributária, na pessoa do dirigente máximo do serviço, para que esta apresente, querendo, a sua defesa.

Entenda-se que o conteúdo desta notificação não é a apresentação à Administração Tributária dos argumentos deduzidos pelo sujeito passivo no requerimento de constituição do tribunal arbitral na medida em que a Administração Tributária teve já, por força da notificação a que diz respeito o n.º 3 do artigo 10.º, acesso à "petição inicial" através do acesso à plataforma *on-line* do CAAD. O conteúdo da notificação a que se refere o artigo 17.º, n.º 1 é sim o de informar a Administração Tributária de que pode, num prazo não superior a 30 dias, exercer o seu *direito de defesa*. Dito de outro modo, deverá decorrer desta notificação que a Administração Tributária poderá, num prazo não superior a 30 dias, apresentar *resposta aos argumentos aduzidos pelo sujeito passivo* na petição inicial e, se assim entender, solicitar a produção de prova.

Caso se esteja *perante um tribunal arbitral especial* a sequência do procedimento arbitral será, por seu turno, a seguinte:

- O sujeito passivo entrega, por via electrónica ao CAAD o pedido de constituição do tribunal arbitral conforme dispõe o artigo 10.º, indicando desde logo o árbitro por si designado, nos termos do n.º 2 do artigo 11.º;
- O CAAD dispõe de 2 dias para notificar a Administração Tributária da recepção do pedido de constituição de tribunal arbitral, conforme prevê o n.º 3 do artigo 10.º;
- A Administração Tributária dispõe de 30 dias, a contar do conhecimento do pedido de constituição do tribunal arbitral, para:
  - Decidir se altera ou mantém a situação jurídica do sujeito passivo nos termos do disposto no artigo 13.º, n.º 1;
  e, caso não use o seu "direito ao arrependimento" quanto a todo(s) o(s) acto(s) tributário(s);

- Indicar o árbitro designado pelo dirigente máximo do serviço, ao abrigo do artigo 11.º, n.º 3;
- Não ocorrendo revogação, ratificação, reforma ou conversão do acto cuja ilegalidade foi suscitada, e em caso de incumprimento do prazo dos 30 dias para indicação do árbitro, o Conselho Deontológico do CAAD dispõe:
  - de 5 dias para, em substituição da Administração Tributária, designar o árbitro, de acordo com o preceituado no n.º 4 do artigo 11.º;
  - de outros 5 dias para notificar o sujeito passivo do árbitro já designado, prazo esse também previsto no artigo 11.º, no seu n.º 5;
- Designados os árbitros "das partes", o árbitro-presidente deverá ser por eles designado no prazo de 10 dias, conforme o disposto no n.º 6 do artigo 11.º;
- Uma vez designado o terceiro-árbitro, o CAAD notifica as partes dessa designação;
- Se no prazo de 10 dias a contar da notificação da designação dos árbitros as partes a tal não se opuserem, o CAAD comunica a constituição do tribunal arbitral, nos termos do n.ºs 7 e do n.º 8 do artigo 11.º[347].

À semelhança do que se passa no tribunal comum, é também apenas após a constituição do tribunal arbitral especial que os árbitros que o integram irão olhar para requerimento de pedido de constituição do tribunal arbitral entregue pelo sujeito passivo e notificar a Administração Tributária, na pessoa do dirigente máximo do serviço, para, querendo, apresentar defesa. Desta noti-

---

[347] Esclareceu-se, em comentário ao artigo 13.º, que durante o ano de 2012 a sequência cronológica do procedimento no âmbito dos tribunais arbitrais que se denominaram de especiais ficou no mínimo estranha, fruto das alterações legislativas introduzidas pela Lei do Orçamento do Estado para 2012, uma vez que o prazo ao dispor da Administração Tributária para o "arrependimento" terminava depois do prazo que esta dispunha para designar o "seu" árbitro, e ao mesmo tempo do prazo que o Conselho Deontológico do CAAD dispunha para se substituir a esta na designação. A situação encontra-se hoje esclarecida, com as alterações introduzidas pela Lei n.º 66-B/2012, de 31 de Dezembro (Lei do Orçamento do Estado para 2013), através das quais se passou a assegurar, por um lado, no n.º 7 do artigo 11.º que, nos casos da alínea *b)* do n.º 2 do artigo 6.º, o tribunal "especial" não se considerará constituído antes de decorrido o prazo, agora de 30 dias, para o "arrependimento" da Administração Tributária; e, por outro, igualando, no n.º 3 do mesmo preceito, o prazo para designação de árbitro ao prazo para o "arrependimento" – de acordo com a nova redacção "o dirigente máximo do serviço da administração tributária indica o árbitro por si designado no prazo previsto no n.º 1 do artigo 13.º".

ficação deverá assim decorrer que a Administração Tributária poderá, num prazo não superior a 30 dias, apresentar resposta aos argumentos aduzidos pelo sujeito passivo na petição inicial, ou melhor, no pedido de pronúncia arbitral, e, se entender necessária, solicitar a produção de prova.

2. Convite ao aperfeiçoamento e indeferimento liminar

Referiu-se já que na versão original do RJAT, a constituição do tribunal arbitral ocorria apenas com a reunião a que se refere o artigo 18.º. Com a redacção conferida pela Lei n.º 66-B/2012, de 31 de Dezembro, o tribunal arbitral passou a considerar-se constituído logo no termo do prazo referido na notificação da designação dos árbitros, tal como dispõe o artigo 11.º. Ora, o preceituado neste artigo 17.º só tem, pois, aplicação após a constituição do tribunal arbitral, dispondo desde logo o n.º 1 que é por iniciativa do tribunal arbitral constituído que se dá cumprimento à notificação do dirigente máximo do serviço da Administração Tributária para, no prazo de 30 dias, apresentar a sua resposta. Esta matéria do direito de resposta da Administração Tributária será objecto do ponto seguinte.

Como melhor se verá adiante, pese embora a alínea *c)* do n.º 1 do artigo 18.º preveja que a reunião do tribunal arbitral com as partes possa também servir para que este as convide a corrigir as suas peças processuais, o certo é que, na prática, o aperfeiçoamento é feito antes da eventual realização da reunião, servindo esta, como se verá, para outros propósitos que não o do aperfeiçoamento de peças processuais. Quer isto dizer que, a partir do momento em que o tribunal arbitral tem acesso ao pedido de pronúncia, e nele existindo deficiências ou irregularidades sanáveis, o tribunal arbitral está em condições de notificar as partes, em rigor, neste caso, o sujeito passivo, para sanar as deficiências ou irregularidades de que possam padecer. A prática processual demonstra que quanto mais cedo forem corrigidas as peças, melhor. De facto, a correcção de uma petição inicial, por exemplo, implica que seja dada a outra parte a oportunidade de contraditório sobre o aperfeiçoamento; em prol do princípio da economia processual revela-se muito mais vantajoso que as correcções ou aperfeiçoamentos ocorram antes mesmo da apresentação da contestação ou resposta.

O que aqui se defende é que, recebida a notificação da constituição do tribunal arbitral a enviar pelo Presidente do Conselho Deontológico e, bem assim, conferido que seja aos árbitros o acesso ao pedido de pronúncia arbitral apresentado pelo sujeito passivo ou após apresentação da resposta pela Administração Tributária, consoante os casos, deve o tribunal arbitral convidar as partes ao aperfeiçoamento da(s) peça(s) deficiente(s) ou irregular(es) – através do *convite ao aperfeiçoamento* – ou, em casos mais extremos, rejeitar esse pedido – designadamente através da figura do *indeferimento liminar*.

Em boa verdade, a admissibilidade da figura do indeferimento liminar no processo arbitral tributário é concretização do princípio da economia processual, na sua vertente da proibição da prática de actos inúteis. Com efeito, de nada servirá notificar-se a Administração Tributária, na pessoa do dirigente máximo do serviço, para apresentar resposta a um requerimento que *ab initio* é manifestamente inepto.

Por conseguinte, o indeferimento liminar do pedido de pronúncia arbitral é, ao que se julga, possível, de harmonia com o preceituado no artigo 89.º do CPTA[348], subsidiariamente aplicável à arbitragem tributária por via da alínea *c)* do n.º 1 do artigo 29.º do RJAT[349].

Assim, deverá ser liminarmente indeferido pelo tribunal arbitral, o pedido de pronúncia arbitral em que seja *manifesta*: a ineptidão do pedido (artigo 89.º, n.º 1, alínea *a)* do CPTA)[350]; a falta de personalidade ou capacidade judiciária do autor (artigo 89.º, n.º 1, alínea *b)* do CPTA); a inimpugnabilidade do acto impug-

---

[348] A figura do indeferimento liminar é *inclusive* admitida no âmbito do processo judicial tributário. Neste sentido, veja-se, a título de exemplo, o Acórdão do STA de 17-12-2014, processo n.º 0990/14, onde tendo o sujeito passivo apresentado recurso do indeferimento liminar, por manifesto erro na forma do processo na medida em que "O recorrente não pretende discutir a legalidade do acto de liquidação mas, num prazo mais longo que o legal, reagir contra a execução fiscal", o STA, negando provimento ao recurso, entendeu que:

> "Sendo o processo de impugnação um processo em que, por determinação legal é apresentado ao juiz para despacho liminar – art.º 110.º, n.º 1 do Código de Procedimento e Processo Tributário – e, verificando-se que ocorre na presente situação, de forma evidente, a excepção dilatória de erro na forma de processo, impõe-se o indeferimento liminar da petição inicial como acto judicial de gestão inicial do processo – art.º 590.º do Código de Processo Civil, aqui aplicável ex vi do art.º 2.º do Código de Procedimento e Processo Tributário."

[349] Segue-se de perto Jorge Lopes de Sousa (2013) "Comentário ao Regime Jurídico da Arbitragem Tributária", 193-194.

[350] Nos termos do artigo 186.º, n.º 2, do CPC, subsidiariamente aplicável, o pedido será inepto: "*a)* Quando falte ou seja ininteligível a indicação do pedido ou da causa de pedir; *b)* Quando o pedido esteja em contradição com a causa de pedir; *c)* Quando se cumulem causas de pedir ou pedidos substancialmente incompatíveis.".

Certo é, porém, que o n.º 3 daquele artigo 186.º do CPC é, bem assim aplicável nestes casos, ali se dispondo que "Se o réu contestar, apesar de arguir a ineptidão com fundamento na alínea a) do número anterior, a arguição não é julgada procedente quando, ouvido o autor, se verificar que o réu interpretou convenientemente a petição inicial".

Veja-se a este propósito José Lebre de Freitas/Isabel Alexandre (2014) *Código de Processo Civil – Anotado*, vol. 1º, anotação ao artigo 186.º do CPC.

nado (artigo 89.º, n.º 1, alínea *c*) do CPTA); a ilegitimidade do requerente ou do demandado (artigo 89.º, n.º 1, alínea *d*) do CPTA); a caducidade do direito de apresentar "pedido de constituição do tribunal arbitral" (artigo 89.º, n.º 1, alínea *h*) do CPTA); a ocorrência de litispendência ou caso julgado (artigo 89.º, n.º 1, alínea *i*) do CPTA).

Compreenda-se que se está aqui perante situações limite, ou seja, situações em que o aproveitamento da petição inicial, *in casu*, do pedido de pronúncia arbitral é impossível. Dito de outro modo, o indeferimento liminar só será possível quando a improcedência da pretensão do sujeito passivo seja de tal forma evidente, manifesta e indiscutível ao ponto de ser inútil qualquer produção ou apreciação de prova ou qualquer discussão sobre, *e.g.*, a excepção dilatória ocorrida[351].

No que respeita à ineptidão do pedido, julga-se, porém, que esta deverá ser especialmente manifesta. Dir-se-á até, que na maioria dos casos, por força do princípio da economia processual na vertente do aproveitamento dos actos, o tribunal arbitral deverá, na maioria dos casos, convidar o sujeito passivo ao aperfeiçoamento da peça, nos termos acima enunciados.

Contudo, na medida em que está consagrada, na arbitragem tributária, uma regra da irrecorribilidade das decisões arbitrais, o tribunal arbitral proferirá despacho de indeferimento liminar, cuja consequência é a absolvição da Administração Tributária da instância, que deverá, ao que se julga, ser notificado às partes para sobre ele se pronunciarem, ao abrigo do respeito pelo princípio do contraditório. Esta solução parece ser a mais adequada ao caso, especialmente pelo facto de a violação do princípio do contraditório ser, como se viu, um dos fundamentos de impugnação da decisão arbitral. Deste modo, ao possibilitar-se ao sujeito passivo a pronúncia sobre o indeferimento liminar, garante-se, de certa forma, que este não irá impugnar o despacho de indeferimento.

---

[351] Exemplos destas situações-limite serão, desde logo, o pedido de constituição de tribunal arbitral para apreciação de um acto de liquidação no valor de € 12.000.000 – sendo que, como se viu, a Administração Tributária só se vinculou à apreciação de actos cujo valor não ultrapasse os € 10.000.000, nos termos do artigo 3.º da Portaria de Vinculação –; o pedido de constituição de tribunal arbitral para reconhecimento de um direito ou interesse legalmente protegido; um pedido apresentado indiscutivelmente fora do prazo legal – *e.g.* 10 anos após a notificação do acto de liquidação.

3. Direito de defesa da Autoridade Tributária

Este direito de defesa que é assegurado à Administração Tributária é, como se teve oportunidade de ver aquando da anotação à alínea *a)* do artigo anterior para a qual se remete, uma decorrência clara do princípio do contraditório. Refere então aquela alínea *a)* do artigo 16.º que constitui princípio do processo arbitral o princípio do contraditório, assegurado, designadamente, através da faculdade conferida às partes de se pronunciarem sobre quaisquer questões de facto ou de direito suscitadas no processo. Cabe então ao tribunal assegurar que às partes é conferida a possibilidade de se pronunciarem sobre todas as questões de facto ou de direito suscitadas que poderão, obviamente, influenciar a decisão final relativamente à questão controvertida. Assim, é claro que se o sujeito passivo apresentou "petição inicial" deverá ser dada à Administração Tributária a possibilidade de se defender, sob pena de violação do princípio do contraditório e, consequentemente, poder ser impugnada a decisão arbitral com esse mesmo fundamento.

Com efeito, como se referiu em comentário ao artigo 16.º, o respeito pelo princípio do contraditório é tão relevante ao ponto de, como se terá oportunidade de analisar aquando do artigo 28.º para cuja anotação se remete, um dos fundamentos para a acção de impugnação da decisão arbitral ser, precisamente, o de ter havido, no decorrer do processo arbitral, violação daquele princípio. Desta ideia decorre que caso o tribunal arbitral não notifique a Administração Tributária para apresentar resposta ao requerimento de constituição do tribunal arbitral, haverá uma clara violação do princípio do contraditório e, consequentemente, fundamento para impugnação da decisão arbitral que vier a ser proferida, nos termos do artigo 28.º.

A "resposta" da Administração Tributária assemelha-se, assim, à contestação no processo de impugnação judicial. Deste modo, a Administração Tributária poderá defender-se por impugnação, *i.e.*, contradizendo os factos articulados no pedido de pronúncia arbitral (impugnação de facto) ou afirmando que desses factos não decorre o efeito jurídico pretendido pelo sujeito passivo (impugnação de direito); ou por excepção, *i.e.*, alegando factos que obstem à apreciação do mérito da acção arbitral, por ser impeditivos, extintivos ou modificativos do direito subjacente à pretensão do requerente[352].

---

[352] Cf. artigo 571.º do CPC.

Ser-lhe-á ainda aplicável o disposto no n.º 7 do artigo 110.º do CPPT nos termos do qual "o juiz aprecia livremente a falta de contestação especificada dos factos". Esta norma pretende afastar o ónus de impugnação previsto no artigo 574.º do CPC, onde se estabelece que "ao contestar, o réu deve tomar posição definida perante os factos que constituem a causa de pedir invocada pelo autor" (n.º 1) sob pena de se considerarem admitidos os factos não impugnados (n.º 2). Este ónus de impugnação não existe no processo tributário judicial, razão pela qual não existe também no processo arbitral. Exponente máximo da inexistência deste ónus de impugnação é o que se refere de seguida.

A não apresentação de defesa pela Administração Tributária não tem qualquer cominação legal, como se verá no ponto seguinte.

Não obstante, em prol do princípio da colaboração, julga-se que a Administração Tributária deverá cuidar de especificar separadamente as excepções deduzidas, ainda que não se aplique a sanção prevista na segunda parte da alínea *c)* do artigo 572.º do CPC[353].

Por fim julga-se que, também no processo arbitral tributário se aplica o princípio da concentração da defesa consagrado no artigo 573.º do CPC. Assim, o dirigente máximo do serviço deverá juntar, na sua resposta, todas as excepções, incidentes e meios de defesa que disponha para obstar à procedência do pedido de pronúncia arbitral[354].

3.1. Não apresentação de defesa pela Autoridade Tributária

Diferente porém da falta de notificação pelo tribunal arbitral para apresentação da defesa é a não apresentação de defesa em si mesma.

Imagine-se que a Administração Tributária, deliberadamente ou por inércia, *não apresenta resposta*. Neste caso aplicar-se-á o disposto no artigo 19.º, n.º 1 que refere que "a falta de (...) defesa não obstam ao prosseguimento do processo e à consequente emissão da decisão arbitral, com base na prova produzida". De

---

[353] Nos termos do artigo 572.º alínea *c)* do CPC, na contestação o réu deve "expor os factos essenciais em que se baseiam as excepções deduzidas, especificando-as separadamente, sob pena de os respectivos factos não se considerarem admitidos por acordo por falta de impugnação" por parte do autor. Esta cominação não poderá, contudo, ser aplicada ao processo tributário.

[354] No mesmo sentido, referindo-se ao processo de impugnação judicial, refere Lopes de Sousa (2011) *vol. II*, 236 que "Depois desse momento, para além de questões de conhecimento oficioso, apenas podem ser deduzidas excepções, incidentes e meios de defesa que sejam supervenientes", ao abrigo do artigo 573.º, n.º 2 do CPC.

resto, como também se pode ler da parte final daquele preceito, esta cominação legal de desconsideração processual da falta de apresentação de defesa por parte da Administração Tributária é uma decorrência clara do *princípio da livre apreciação da prova e da autonomia do tribunal arbitral na condução do processo*, já abordado no artigo anterior.

A solução arbitral segue de perto a solução adoptada no caso do processo judicial tributário e nas arbitragens em matéria cível, comercial e administrativa. Dispõe para este efeito o n.º 6 do artigo 110.º do CPPT que "a falta de contestação não representa a confissão dos factos articulados pelo impugnante" sendo que neste caso o "juiz aprecia livremente a falta de contestação especificada dos factos". Por seu turno, nos termos do disposto no n.º 2 do artigo 35.º da LAV, "se o demandado não apresentar a sua contestação (...) o tribunal arbitral prossegue o processo arbitral, sem considerar esta omissão, em si mesma, como uma aceitação das alegações do demandante".

4. Remessa da cópia do processo administrativo para o tribunal arbitral

Refere a este propósito o n.º 2 do artigo 17.º que a Administração Tributária deverá, nos mesmos 30 dias que dispõe para o exercício de defesa, remeter ao tribunal arbitral cópia do processo administrativo[355]. Esta remessa é tanto mais importante quanto maior for o "historial" do procedimento administrativo. Naturalmente que perante um caso em que prévio ao acto que se contesta, houve uma inspecção tributária, seguida da emissão de uma liquidação adicional, que por sua vez foi seguida da apresentação de uma reclamação graciosa à qual se obteve um indeferimento, seja ele total ou parcial, tendo depois sido apresentado recurso hierárquico pelo sujeito passivo, a remessa ao tribunal arbitral do processo administrativo é fundamental para que este possa estar munido de toda a informação necessária à boa decisão.

O legislador, atento, deixou claro que caso a Administração Tributária não proceda à referida remessa do processo administrativo aplicar-se-á *ope legis* o disposto no n.º 5 do artigo 110.º do CPPT. O mesmo é dizer que os árbitros pode-

---

[355] Por oposição ao disposto no artigo 110.º, n.º 4, do CPPT (relativo à impugnação judicial) e nos artigos 8.º, n.º 3 e 84.º do CPTA (relativos à acção administrativa especial) onde se exige a remessa do processo administrativo original. A remessa do procedimento administrativo original coloca, em boa verdade, algumas dificuldades de ordem prática, sendo que a mera remessa de cópia do processo arbitral é suficiente para assegurar o dever de informação a que está submetida a Administração Tributária.

rão a todo o tempo ordenar ao serviço periférico local a remessa da cópia do processo administrativo independentemente de ter havido defesa por parte da Administração Tributária[356].

---

[356] A este propósito, refere JORGE LOPES DE SOUSA (2011) *vol. II*, 237 que não se prevendo um regime especial para o não acatamento da ordem de envio do processo administrativo "deverá aplicar-se subsidiariamente o regime previsto no artigo 84.º, n.ºs 4 a 6 do CPTA", o que significa que o tribunal arbitral poderá aplicar sanções pecuniárias compulsórias, ao abrigo do artigo 169.º do CPTA, sem prejuízo do apuramento de eventual responsabilidade civil, disciplinar e/ou criminal a que haja lugar. Mais relevante será o facto de a falta de envio do processo administrativo não obstar ao prosseguimento do processo e determinar que os factos alegados pelo requerente se considerem provados, se aquela falta tiver tornado a prova impossível ou de dificuldade considerável, nos termos do artigo 84.º, n.º 5 do CPTA.

Artigo 17.º-A – Férias Judiciais

O prazo processual, estabelecido por lei ou fixado por despacho arbitral, suspende-se durante as férias judiciais, nos termos do artigo 144.º do Código de Processo Civil, com as necessárias adaptações.

ALTERAÇÕES LEGISLATIVAS
Aditado pela Lei n.º 66-B/2012, de 31 de Dezembro.

ANOTAÇÃO
Este artigo não constava da redacção original do diploma, tendo sido aditado pela Lei n.º 66-B/2012, de 31 de Dezembro, juntamente com o artigo 3.º-A.

Antes de mais, uma chamada de atenção para o facto de a remissão para o artigo 144.º do CPC estar desactualizada. Com a entrada em vigor do novo CPC, pela Lei n.º 41/2013, de 26 de Junho, ao ex-artigo 144.º corresponde o actual 138.º, cujo conteúdo é, todavia, idêntico.

O conteúdo normativo do preceito, em rigor, nada traz de novo ao n.º 2 do artigo 3.º-A. Com efeito, a suspensão dos prazos no processo arbitral *stricto sensu* durante as férias judiciais resulta já da aplicação dos artigos 138.º e seguintes do CPC.

O legislador quis aqui, ao que se julga, reforçar a ideia da suspensão do prazo processual em férias judiciais, por, talvez, subsistirem dúvidas quanto à aplicação das regras judiciais às arbitragens a funcionar no CAAD. Isto porque, ao que sabe, parte da Doutrina tinha dúvidas de que o próprio conceito de *férias judiciais* fosse aplicável aos tribunais arbitrais tributários que funcionam sob a égide do CAAD. Questionava-se, assim, se da aplicação das regras constates dos artigos 138.º e seguintes do CPC deveria resultar uma suspensão dos prazos processuais em férias ou se, ao invés, se considerava que se estava perante processos urgentes por força da máxima de celeridade com que se rege o processo arbitral tributário.

Dúvidas houvesse na redacção original do RJAT, certo é que hoje, os prazos no processo arbitral seguem as regras do CPC, reforçando este artigo 17.º-A a ideia de que o conceito de *férias judiciais* é também aplicável aos processos arbitrais tributários.

Recordem-se então quais as regras de contagem de prazos no processo arbitral.

Os prazos contam-se de modo contínuo, suspendendo-se durante as férias judiciais e, terminando em dia em que os tribunais se encontrem encerrados, o seu termo transfere-se para o primeiro dia útil seguinte. Ao abrigo da Lei n.º 62/2013, de 26 de Agosto, vigoram três períodos de férias judiciais: de 22 de Dezembro a 3 de Janeiro; do Domingo de Ramos à Segunda-feira de Páscoa; e de 16 de Julho a 31 de Agosto. A suspensão implica que, iniciando-se um período de férias judiciais, a contagem pára onde ficou, retomando-se uma vez terminado o período de férias.

Note-se, porém, que a segunda parte do n.º 1 do artigo 138.º do CPC determina que os prazos iguais ou superiores a 6 meses não se suspendem durante as férias judiciais. Esta regra é particularmente importante na arbitragem tributária uma vez que no artigo 21.º do RJAT se dispõe que a "decisão arbitral deve ser emitida e notificada às partes no prazo de seis meses a contar da data do início do processo arbitral".

Haverá quem defenda que, por força o n.º 1 do artigo 21.º do RJAT, o prazo para decidir é de 6 meses e, como tal, ao abrigo do artigo 138.º do CPC, não se suspende durante as férias judiciais.

Esta interpretação não é, ao que se julga, a mais correcta. Com efeito, como melhor se verá adiante, o prazo previsto no artigo 21.º não é, em rigor, um prazo peremptório para decidir mas sim um prazo de duração da fase processual, *i.e.*, o prazo máximo que deverá decorrer entre a constituição do tribunal arbitral e a data da prolação e notificação da decisão. Nesse sentido, este prazo de duração da fase processual da acção arbitral não se suspende, na medida em que se trata de um prazo igual ou superior a 6 meses.

Questão diferente é o prazo que o tribunal arbitral tem, efectivamente, ao seu dispor para decidir. Esse prazo nunca poderia ser o previsto no artigo 21.º. De facto, se o processo arbitral se inicia com a constituição do tribunal arbitral – nos termos do artigo 15.º –, se a Administração Tributária tem 30 dias para apresentar a sua resposta – nos termos do artigo 17.º –, se poderá eventualmente realizar-se reunião do tribunal arbitral – nos termos do artigo 18.º – e se as partes poderão ainda dispor de prazo para apresentarem alegações escritas, só depois de realizados todos estes actos processuais é que o tribunal estará munido de todos os elementos necessários à prolação de uma decisão sobre a causa. Por conseguinte, o prazo para decidir será sempre inferior a 6 meses. Dir-se-á até que, por força da aplicação subsidiária do disposto no artigo 21.º, alínea *b*) do CPPT, o prazo para decidir será de 20 dias ou, no máximo, de 30 dias caso se utilize subsidiariamente a regra do artigo 607.º, n.º 1 do CPC. Deste modo, o prazo para prolação da decisão é um prazo inferior a 6 meses e, por força do artigo 138.º do CPC, suspende-se em férias judiciais, nos termos acima expostos.

Artigo 18.º – Primeira reunião do tribunal arbitral

1 – Apresentada a resposta, o tribunal arbitral promove uma primeira reunião com as partes para:

a) Definir a tramitação processual a adoptar em função das circunstâncias do caso e da complexidade do processo;

b) Ouvir as partes quanto a eventuais excepções que seja necessário apreciar e decidir antes de conhecer do pedido; e

c) Convidar as partes a corrigir as suas peças processuais, quando necessário.

2 – Na reunião referida no número anterior, deve ainda ser comunicada às partes uma data para as alegações orais, caso sejam necessárias, bem como a data para a decisão arbitral, tendo em conta o disposto no artigo 21.º.

ANOTAÇÃO
1. Não exercício do direito de resposta pela Autoridade Tributária
2. Âmbito da reunião do tribunal arbitral
    2.1. Definição da tramitação do processo arbitral
    2.2. Conhecimento prévio de eventuais excepções
    2.3. Correcção de peças processuais
    2.4. Alegações e data para a prolação da sentença
3. Dispensa da reunião do artigo 18.º

Este artigo concretiza o âmbito da primeira reunião do tribunal arbitral.

Nos termos do artigo 11.º, para cujos comentários se remete, o tribunal arbitral constitui-se no termo do prazo referido na notificação da designação dos árbitros que o compõem. Uma vez constituído o tribunal arbitral este irá notificar a Administração Tributária a fim de esta apresentar, querendo, a sua defesa, num prazo máximo de 30 dias. Esta tramitação foi analisada no comentário ao artigo anterior.

Uma vez recebida a resposta da Administração Tributária, ou tendo decorrido o prazo dos 30 dias, o tribunal arbitral pode promover a reunião a que se refere este artigo 18.º para, com as partes, definir a tramitação processual a adoptar; ouvi-las quanto a eventuais excepções que seja necessário apreciar e decidir antes de conhecer do pedido; e convidá-las, quando necessário, a corrigir as suas peças processuais conforme o disposto no n.º 1 deste artigo 18.º.

Ao abrigo do n.º 2, no decorrer desta reunião as partes são convidadas a, querendo, apresentarem as suas alegações orais. Pode também ser fixada data para a sua apresentação escrita. É também nesta reunião que é fixada a data para a decisão arbitral, tendo em conta o disposto no artigo 21.º.

Esclareça-se, em primeiro lugar, que por força das sucessivas alterações legislativas, designadamente por o tribunal arbitral se considerar já constituído antes mesmo da notificação à Administração Tributária para apresentação de resposta, esta "primeira reunião do tribunal arbitral" que servia precisamente para se considerar constituído o tribunal, passou a ser, em rigor, a "única reunião do tribunal arbitral". Pode no entanto não haver a realização, de todo, de qualquer reunião, sobre esta prorrogativa falar-se-á abaixo.

1. Não exercício do direito de resposta pela Autoridade Tributária

O disposto no n.º 1 do artigo 18.º determina que "apresentada a resposta, o tribunal arbitral promove uma primeira reunião com as partes".

Perante este normativo, cumpre, antes de mais esclarecer o que sucede caso não haja, por parte da Administração Tributária, exercício do seu direito de defesa. Numa outra perspectiva, importa saber se a falta de resposta por parte da Administração Tributária poderá ou não implicar a não realização da reunião do tribunal arbitral.

Referiu-se no comentário ao artigo anterior que a Administração Tributária pode não apresentar resposta, seja deliberadamente seja por inércia, não tendo esta não apresentação de resposta qualquer efeito cominativo no processo. Nestes casos, como se viu, será aplicável o disposto no artigo 19.º, n.º 1 que refere que "a falta de (...) defesa não obstam ao prosseguimento do processo e à consequente emissão da decisão arbitral, com base na prova produzida". De resto, como também se pode ler na parte final daquele preceito, esta consequência legal de desconsideração processual da falta de apresentação de defesa por parte da Administração Tributária é uma decorrência clara do já abordado no artigo 16.º, princípio da livre apreciação da prova e da autonomia do tribunal na condução do processo arbitral.

Assim sendo, o prazo para a realização desta reunião será o prazo da recepção, por parte do tribunal arbitral da defesa apresentada. Caso não seja apresentada defesa, no prazo máximo de 30 dias fixado pelo tribunal arbitral nos termos do n.º 1 do artigo 17.º, acrescido, ao que se crê, de um prazo de 10 dias para acautelar eventuais atrasos de notificações, o tribunal deverá marcar esta reunião. Deverá, entenda-se, sempre que haja razões que o justifiquem. A esta questão voltar-se-á mais à frente.

Deste modo, bem se vê que a apresentação de resposta pela Administração Tributária não é condição para a realização da reunião do tribunal arbitral.

2. Âmbito da reunião do tribunal arbitral

O âmbito ou o fim da reunião do tribunal arbitral com as partes encontra-se elencado nas alíneas do n.º 1 do presente artigo – definir a tramitação processual a adoptar; ouvir as partes quanto a eventuais excepções que seja necessário apreciar e decidir antes de conhecer do pedido; e convidar as partes a corrigir as suas peças processuais, quando necessário –, ao que acresce ainda a comunicação às partes de uma data para as alegações orais, estabelecida no n.º 2.

Saliente-se, porém, que, como acima se esclareceu, a prática demonstra que, frequentemente, esta "primeira reunião do tribunal arbitral" é, materialmente, uma sessão de julgamento.

2.1. Definição da tramitação do processo arbitral

Refere a alínea *a)* do n.º 1 que nesta reunião irá ser definida a tramitação processual a adoptar em função das circunstâncias do caso e da complexidade do processo.

O processo arbitral baseia-se numa lógica de livre condução do processo, conforme estabelece indiscutivelmente o artigo 19.º, e, consequentemente, de grande informalidade. Acresce ainda que, nos termos desta alínea *a)* do artigo 18.º, n.º 1, a definição da tramitação processual é alterável e ajustável caso a caso. Sabe-se também que quer o disposto nesta alínea *a)* do n.º 1 do artigo 18.º, quer o disposto no artigo 19.º, se ancoram no princípio previsto na alínea *c)* do artigo 16.º – o princípio da "autonomia do tribunal arbitral na condução do processo e na determinação das regras a observar com vista à obtenção, em prazo razoável, de uma pronúncia de mérito sobre as pretensões formuladas".

Como se viu nos comentários à alínea *c)* do artigo 16.º, o princípio da autonomia do tribunal arbitral na condução do processo e na determinação das regras a observar com vista à obtenção, em prazo razoável, de uma pronúncia de mérito sobre as pretensões formuladas é um princípio estruturante do processo arbitral. No que em concreto respeita à obtenção da decisão em prazo razoável, esta está pautada pelo preceituado no artigo 21.º, que prevê que a decisão arbitral deverá ser emitida e notificada às partes no prazo máximo de 6 meses, o que significa que a fase processual arbitral não poderá durar mais do que aquele período de tempo, eventualmente prorrogável por três períodos sucessivos de 2 meses.

De todo o modo, e independentemente da liberdade, quase plena, conferida ao tribunal arbitral, não pode descurar-se o preceituado no já analisado artigo 16.º no qual são concretizados, além do princípio da autonomia do tribunal arbitral, outros princípios balizadores do processo arbitral.

Assim, e independentemente da tramitação do processo ser definida pelo próprio tribunal arbitral em função das circunstâncias do caso e da complexidade do processo em discussão, deverá ser sempre assegurado às partes o direito de se pronunciarem sobre todas as questões, assumam elas a natureza de questões de facto ou de questões de direito, sob pena de violação do princípio do contraditório, enunciado na alínea a) do artigo 16.º. Deverá também ser assegurado o cumprimento do princípio da igualdade de partes estabelecido também no artigo 16.º desta feita na sua alínea b). O desrespeito, pelo tribunal arbitral destes dois princípios redundará no facto de a decisão final que vier a ser proferida pelo tribunal se revelar impugnável nos termos da alínea d) do n.º 1 do artigo 28.º. Com efeito, como se terá oportunidade de analisar na anotação ao artigo 28.º para cujos comentários se remete, um dos fundamentos para a decisão arbitral ser impugnável é, precisamente, o de ter havido, no decorrer do processo arbitral, violação dos princípios do contraditório e da igualdade[357].

Importa contudo relembrar que o processo arbitral tributário é também pautado pela observância dos princípios da celeridade e da simplificação e informalidade processuais, referidos, de certa forma, no preâmbulo do RJAT, bem como no n.º 2 do artigo 29.º. Por conseguinte, na definição da tramitação a adoptar, o tribunal arbitral deverá também ter em conta – não fosse o processo arbitral um processo fundamentalmente mais célere, simples e informal – a celeridade, a simplicidade e a informalidade processuais.

2.2. Conhecimento prévio de eventuais excepções

A alínea b) deste n.º 1 do artigo 18.º estabelece que é também nesta reunião que cabe ouvir as partes quanto a eventuais excepções que seja necessário apreciar e decidir antes de conhecer do mérito do pedido.

---

[357] Salientam-se como limites à liberdade de definição da tramitação processual unicamente os referidos nas alíneas a) e b) do artigo 16.º precisamente porquanto, nos termos do previsto no artigo 28.º, n.º 1, são os únicos cuja violação redunda na impugnabilidade da decisão arbitral. Sobre os restantes princípios veja-se a anotação ao artigo 16.º.

A este propósito, haverá que ter em consideração a diferenciação entre excepções dilatórias e peremptórias, recorrendo-se então ao preceituado no artigo 576.º do CPC.

Artigo 576.º
Excepções dilatórias e peremptórias – Noção

1. As excepções são dilatórias ou peremptórias.
2. As excepções dilatórias obstam a que o tribunal conheça do mérito da causa e dão lugar à absolvição da instância ou à remessa do processo para outro tribunal.
3. As peremptórias importam a absolvição total ou parcial do pedido e consistem na invocação de factos que impedem, modificam ou extinguem o efeito jurídico dos factos articulados pelo autor.

Em face do exposto, quando o legislador do RJAT afirma que nesta reunião cabe ouvir as partes quanto a eventuais excepções que seja necessário apreciar e decidir antes de conhecer do pedido está a referir-se às excepções dilatórias. De facto, são estas que obstam a que o tribunal conheça o mérito da causa e, consequentemente, dão lugar à absolvição da instância ou à remessa para outro tribunal conforme dispõe o artigo 576.º, n.º 2 do CPC aplicável subsidiariamente *ex vi* artigo 29.º, n.º 1, alínea *e)*.

O artigo 577.º do CPC, aplicável à arbitragem, elenca, a título exemplificativo, algumas situações que se têm por excepções dilatórias nominadas. Assim:

Artigo 577.º
Excepções dilatórias

São dilatórias, entre outras, as excepções seguintes:
a) A incompetência, quer absoluta quer relativa, do tribunal;
b) A nulidade de todo o processo;
c) A falta de personalidade ou de capacidade judiciária de alguma das partes;
d) A falta de autorização ou deliberação que o autor devesse obter;
e) A ilegitimidade de alguma das partes;
f) A coligação de autores ou réus quando entre os pedidos não exista a conexão exigida no artigo 36.º;
g) A pluralidade subjectiva subsidiária, fora dos casos previstos no artigo 39.º;
h) A falta de constituição de advogado por parte do autor, nos processos a que se refere o n.º 1 do artigo 40.º, e a falta, insuficiência ou irregularidade de mandato judicial por parte do mandatário que propôs a acção;
i) A litispendência ou o caso julgado

Naturalmente que a aplicação à arbitragem do previsto neste artigo tem que ser adaptada. Porém não pode deixar de se referir que a concretização, na anotação a este artigo, de cada um dos tipos de excepções dilatórias a que se refere o artigo 577.º do CPC implicaria uma réplica de grande parte do que se disse ou se irá dizer nos comentários aos artigos específicos de cada matéria. Assim, ir-se-á singelamente remeter para o comentário a cada artigo sob pena de se tornar prolixa a compreensão desta anotação.

Ora, o tribunal arbitral deve abster-se de conhecer o pedido e, consequentemente, absolver a Administração Tributária da instância, caso julgue procedente a excepção de incompetência absoluta do tribunal arbitral o que sucederá, desde logo, sempre que o acto recorrível não caiba na estatuição das alíneas *a)* e *b)* do n.º 1 do artigo 2.º do RJAT conjugadas com o artigo 2.º da Portaria de Vinculação[358]. Da adaptação do preceito à arbitragem, julga-se que haverá também incompetência absoluta nos casos de incompetência em razão do valor, *i.e.*, naqueles casos em que o valor da utilidade económica do pedido ultrapasse os € 10.000.000, em conformidade com o disposto no artigo 3.º da Portaria de Vinculação. Salienta-se a este propósito que não poderá existir incompetência em razão da hierarquia na medida em que os tribunais arbitrais não estão divididos por instâncias. Os tribunais arbitrais são, em rigor, tribunais de 1ª instância, inexistindo tribunais arbitrais tributários de 2ª ou 3ª instância. Também não poderá ocorrer incompetência em razão do território uma vez que os tribunais arbitrais tributários funcionam sob a égide do CAAD, com sede única em Lisboa. Nos comentários efectuados aos artigos 2.º e 4.º foram sendo referidos os vários casos que podem redundar em incompetência dos tribunais arbitrais.

Com efeito, embora o artigo 96.º, alínea *a)* do CPC delimite os casos de incompetência absoluta à "infracção das regras de competência em razão da matéria e da hierarquia e das regras de competência internacional", na medida em que a Administração Tributária só se vinculou à jurisdição arbitral por via da Portaria, ao abrigo do artigo 4.º, n.º 1 do RJAT, é forçoso concluir-se que o desrespeito pelas disposições patentes na Portaria de Vinculação consubstancia, na arbitragem tributária, também uma incompetência absoluta. A não ser assim, ter-se-ia de concluir que a apresentação de pedido de constituição de tribunal arbitral com um valor de utilidade económica superior a € 10.000.000 consubstanciaria um caso de incompetência relativa o que, nos termos do artigo 105.º, n.º

---

[358] Cf. artigo 278.º, n.º 1, alínea *a)* do CPC, aplicável *ex vi* artigo 29.º, n.º 1, alínea *e)* do RJAT.

3 do CPC, determinaria a remessa para o tribunal competente. Ora, este regime não é, de todo, compatível com a jurisdição arbitral. Veja-se, que a admitir-se a remessa para o tribunal competente poderia vir a verificar-se inútil uma vez que os prazos na arbitragem são diferentes dos previstos para a impugnação judicial, como se viu em comentário ao artigo 10.º do RJAT. Assim, o sujeito passivo que, estando em tempo, apresentou pedido de constituição de tribunal arbitral – que se revelou incompetente em razão do valor – poderia já não estar em tempo para impugnar judicialmente.

Em suma, conclui-se que na arbitragem a incompetência em razão do valor é absoluta, por não serem compatíveis, na prática, as consequências do regime de arguição da incompetência relativa, tal como vêm previstos no CPC. Para maiores desenvolvimentos leiam-se as anotações a estes preceitos.

O tribunal deverá também absolver a Administração Tributária da instância quando entenda que alguma das partes é destituída de personalidade judiciária ou que, sendo incapaz, não está devidamente representada ou autorizada ou quando considere ilegítima alguma das partes ou, ainda, quando julgue procedente alguma outra excepção dilatória (inominada)[359]. A legitimidade e a falta de constituição de advogado nos processos em que esta é obrigatória foi objecto de análise na anotação ao artigo 10.º. Remete-se assim para os comentários ali tecidos.

Uma nota apenas quanto à legitimidade para referir que, no que respeita à preterição de litisconsórcio necessário, *e.g.*, no caso de acções que devam ser propostas por ambos os cônjuges, o tribunal deverá convidar as partes a suprir a excepção dilatória, designadamente através do incidente de intervenção principal provocada, previsto nos artigos 316.º e seguintes do CPC, aplicáveis subsidiariamente por via do artigo 29.º, n.º 1, do RJAT[360]. Isto pese embora o que se referiu a este propósito no ponto 2.1. do artigo 10.º aquando da análise da *legitimidade plural*.

As excepções de litispendência e de caso julgado foram também objecto de análise aquando das anotações aos artigos 3.º, n.º 2 e 13.º, n.º 4 e 24.º para cujos comentários se remete.

---

[359] Cf. alíneas *b)* a *e)* do n.º 1 do artigo 278.º do CPC, aplicável *ex vi* artigo 29.º, n.º 1, alínea *e)* do RJAT.
[360] Neste sentido, o n.º 1 do artigo 316.º do CPC estabelece que "[o]correndo preterição de litisconsórcio necessário, qualquer das partes pode chamar a juízo o interessado com legitimidade para intervir na causa, seja como seu associado, seja como associado da parte contrária".

No que respeita à coligação de autores, e às exigências de conexão, haverá que adaptar a excepção à arbitragem e olhar ao artigo 3.º onde o legislador consagrou a possibilidade de cumulação de pedidos e de coligação de autores e os respectivos pressupostos e obstáculos. Remete-se, assim, para os comentários ao artigo 3.º, n.º 1.

Estas são, então, algumas das excepções que poderão ocorrer, sendo certo que não são originais nem do processo tributário, nem do processo arbitral, estando consagradas, como se viu, no CPC, aplicável subsidiariamente em qualquer dos casos.

Sobre o regime de arguição de eventuais excepções dilatórias, crê-se que estas não necessitam impreterivelmente de ser alegadas pela Administração Tributária, nem tampouco resultar da sua resposta. Recorre-se aqui, e uma vez mais, ao princípio da livre condução do processo e ao princípio da autonomia do tribunal na condução do processo, podendo, ao que se julga, o próprio tribunal arbitral alegar a excepção dilatória e absolver a instância caso no processo em causa se verifiquem algumas das circunstâncias acima referidas. O que se quer com isto dizer é que também na arbitragem as excepções dilatórias são de conhecimento oficioso, aplicando-se subsidiariamente, por via do artigo 29.º, n.º 1, alínea e) do RJAT, o disposto no artigo 578.º do CPC. Mais ainda, defende-se que todas as excepções dilatórias poderão ser, na arbitragem, de conhecimento oficioso[361].

De todo modo, em respeito pelo princípio do contraditório, deve ser sempre dado às partes o direito de se pronunciarem quanto à eventual excepção, alegada pela contraparte ou conhecida pelo tribunal arbitral. Ao utilizar a palavra "ouvir", o legislador parece querer determinar que esta "audição" só poderá ser oral. Este entendimento da obrigatoriedade da audição quanto a excepções ser

---

[361] O conhecimento oficioso das excepções dilatórias é concretização do princípio da oficiosidade, enquanto corolário do princípio do inquisitório ou da investigação. Como melhor se compreenderá da leitura da anotação ao artigo 22.º, a propósito dos poderes cognoscitivos do tribunal arbitral, o tribunal não está limitado, pelo menos no que respeita às excepções dilatórias, àquelas que são alegadas pelas partes. Não ocorrerá, desde modo, vício de nulidade da sentença por excesso de pronúncia ou, na expressão utilizada pelo legislador no RJAT, pronúncia indevida (cf. artigo 28.º, n.º 1, alínea c). Destaque-se, porém, que a oficiosidade de determinadas matérias não implica que às partes não deva ser dado o direito de se pronunciarem sobre a questão, em respeito pelo princípio do contraditório, na vertente de proibição de decisões surpresa. Assim, mesmo quando o tribunal conheça oficiosamente de uma excepção dilatória, porque o pode, deverá dar às partes oportunidade para se pronunciarem sobre a excepção suscitada.

oral não prevalece, nem em teoria, nem na prática. Sobre esta matéria veja-se o disposto no ponto seguinte da presente anotação.

Por fim, é importante esclarecer que o legislador, ao prever nesta alínea *b*) do n.º 1 do artigo 18.º que o tribunal deve ouvir as partes quanto às excepções e questões prévias invocadas e delas *decidir* antes de conhecer do pedido, veio permitir que também na arbitragem poderão existir decisões interlocutórias escritas. Esta possibilidade de pluralidade de decisões, ainda que interlocutórias, comina com a previsão, no artigo 22.º, n.º 1, da possibilidade de haver a prolação de várias sentenças parciais de mérito.

A decisão interlocutória não será, tendencialmente, de mérito, mas sim meramente formal – desde logo fazendo, em princípio, caso julgado formal no processo arbitral em que é proferida[362]. Contudo, deve ter-se em atenção que se o legislador deixou pressuposta esta possibilidade quanto à decisão de excepções e questões prévias, sempre se dirá que a figura da decisão interlocutória deve também ter o seu lugar quanto a quaisquer outras questões que possam de alguma forma interferir na marcha do processo, designadamente, quanto à definição da própria tramitação processual a adoptar, a que se fez referência no ponto anterior.

A título de exemplo[363], consulte-se a decisão interlocutória proferida no âmbito do processo arbitral n.º 33/2012-T[364]. Aí, o tribunal apreciou e decidiu (interlocutoriamente) as questões prévias invocadas (quanto a alterações à causa de pedir) e excepções de incompetência e de intempestividade do pedido de pronúncia arbitral, bem como decidiu quanto à necessidade de inquirição de uma testemunha arrolada – ao abrigo, claro está, do princípio da livre determinação das diligências de produção de prova necessárias, previsto na alínea *e*) do

---

[362] Referem-se aqui os casos em que, por exemplo, o sujeito passivo apresenta uma cumulação entre os pedidos A, B e C; invocada pela Administração Tributária uma excepção de incompetência relativamente a algum dos pedidos (*e.g.* o pedido C), se o tribunal arbitral julgar a excepção procedente, o processo quanto ao pedido C termina, fazendo a decisão (interlocutória) de incompetência caso julgado formal.

[363] De lamentar que sejam raras as decisões interlocutórias que possam ser consultadas no *site* do CAAD. Na prática as decisões interlocutórias estão apenas disponíveis na plataforma digital interna cujo acesso está limitado apenas às partes e aos árbitros que compõem o tribunal. Se bem que a lei não exija a publicidade das decisões e despachos interlocutórios proferidos pelo tribunal arbitral a possibilidade da sua consulta poderia contribuir, ao que se julga, para a criação de verdadeiras posições jurisprudenciais sobre matérias menos relacionadas com o mérito e mais relacionadas com questões processuais.

[364] Disponível em http://www.caad.org.pt/.

artigo 16.º –, tendo ainda aproveitado o acto para determinar a realização de alegações orais – a que alude o n.º 2 do artigo 18.º que adiante se analisará. Poder-se-á mesmo dizer que, naquele processo em específico, esta decisão interlocutória teve um papel deveras semelhante, a um verdadeiro despacho saneador.

Uma última nota para lembrar uma posição que se defendeu em anotação ao artigo 17.º. Aí fez-se notar que, ao que se julga, a figura do indeferimento liminar poderá ter aplicação também no processo arbitral tributário. Claro que, a nível temporal, a possibilidade de indeferimento liminar ocorre antes do momento em que se realizaria a reunião do tribunal arbitral a que alude este artigo 18.º. Entende-se então que o indeferimento liminar poderá ocorrer, de harmonia com o preceituado no artigo 89.º do CPTA – subsidiariamente aplicável por via do artigo 29.º, n.º 1, alínea *c*) do RJAT. Por remissão para aquele preceito do CPTA, referiram-se ainda, enquanto fundamento de indeferimento liminar, algumas situações que se afiguram verdadeiras excepções dilatórias de conhecimento oficioso – a saber: a manifesta falta de personalidade ou capacidade judiciária do autor (artigo 89.º, n.º 1, alínea *b*) do CPTA); a manifesta inimpugnabilidade do acto impugnado (artigo 89.º, n.º 1, alínea *c*) do CPTA); a manifesta ilegitimidade do requerente ou do demandado (artigo 89.º, n.º 1, alínea *d*) do CPTA); a manifesta caducidade do direito de apresentar pedido de constituição do tribunal arbitral (artigo 89.º, n.º 1, alínea *h*) do CPTA); a manifesta ocorrência de litispendência ou caso julgado (artigo 89.º, n.º 1, alínea *i*) do CPTA). O que se pretende agora é deixar claro que aquelas excepções que poderão fundamentar um indeferimento liminar antes da reunião do tribunal arbitral a que se refere o artigo ora em análise, terão de ocorrer de forma *absolutamente manifesta* tendo sempre que ser dada às partes o direito ao contraditório.

2.3. Correcção de peças processuais

A última alínea do n.º 1 prevê que nesta reunião o tribunal convide as partes a corrigirem, caso queriam e o tribunal veja nisso vantagem, as suas peças processuais. Recorde-se que até esta fase, em princípio, mas não obrigatoriamente, foi apresentada uma peça processual por cada uma das partes: pelo sujeito passivo foi apresentado o pedido de constituição de tribunal arbitral, que inclui o pedido de pronúncia arbitral e pela Administração Tributária foi (ou não) apresentada resposta. Uma nota para referir que, como se defendeu anteriormente em anotação ao artigo 17.º, se julga que este convite ao aperfeiçoamento não tem forçosamente de ocorrer única e exclusivamente na "primeira" reunião do tribunal arbitral. Em prol do princípio da economia processual, o tribunal arbitral, constituído que está e recebido que foi o requerimento inicial da arbitragem, poderá, desde logo, convidar o sujeito passivo ao aperfeiçoamento, mesmo antes da reunião a que alude o artigo agora em análise. Poderá ainda, caso seja necessário, convidar a Administração Tributária ao aperfeiçoamento da sua resposta.

2.4. Alegações e data para a prolação da sentença

Refere-se também na primeira parte do n.º 2 que desta reunião deverá decorrer o prazo ao dispor das partes para eventual apresentação de alegações finais.

A este propósito cumpre perceber que a alínea *d)* do artigo 16.º prevê, como princípio orientador do processo arbitral, a oralidade e a imediação, enquanto princípios operativos da discussão das matérias de facto e de direito. Aqui, e ao contrário do processo judicial tributário, consagra-se no processo arbitral, como princípio, que a discussão das matérias de facto e de direito ocorrerá oralmente. Por conseguinte, é em concretização deste princípio que o atrás enunciado n.º 2 do artigo 18.º refere que é nesta reunião que deve ser comunicada às partes uma data para as alegações orais, caso sejam necessárias.

Como bem se pôde notar, à excepção do pedido de constituição de tribunal arbitral – que segue por escrito, como se teve oportunidade de referir aquando da anotação ao artigo 10.º – e da resposta da Administração Tributária – que nos termos do previsto no artigo 17.º será também apresentada por escrito – os restantes actos processuais e eventuais diligências serão, tendencialmente, orais.

No entanto, e como se adiantou em comentário ao artigo 16.º, o princípio da oralidade justifica-se pelas razões de celeridade que regem o processo arbitral. Quer isto dizer que, a observância daquele princípio não poderá ser levada ao extremo, *i.e.* ao ponto de pôr em causa a célere tramitação do processo. Deste modo, a prática de actos por escrito não se deve ter por globalmente excluída. Se a regra é, sem sombra de dúvida, a da oralidade, a prática de actos por escritos poderá apresentar-se como vantajosa designadamente em determinados casos em que a complexidade das situações a apreciar a torna mais conveniente[365].

A propósito da dispensa da oralidade de determinados actos, uma nota quanto às alegações finais para referir que, quando, havendo reunião a que se refere este artigo 18.º, o tribunal arbitral determine, por acordo das partes, que as alegações sejam oferecidas por escrito, o prazo a conferir deverá, ao que se crê e por razões de cumprimento do princípio do contraditório, ser sucessivo.

---

[365] No mesmo sentido veja-se Jorge Lopes de Sousa (2013) "Comentário ao Regime Jurídico da Arbitragem Tributária", 187.

Ou seja, para que a Administração Tributária apresente as suas alegações, terá de ter tido previamente acesso às alegações do sujeito passivo, tudo em respeito, insista-se, pelo princípio do contraditório. Compreenda-se a este propósito que a haver alegações orais elas são sucessivas. Daí que se deva manter a mesma regra no caso destas serem exercidas por escrito. Deste modo, na prática, o tribunal arbitral deverá conferir um determinado prazo ao sujeito passivo para apresentar as suas alegações e um prazo idêntico para que a Administração Tributária que apresente as suas, sendo que este último prazo se conta a partir da apresentação das alegações finais do sujeito passivo[366]. O prazo para apresentar alegações finais escritas poderá variar consoante a complexidade do caso em concreto. Julga-se, porém, que o prazo deverá ser entre os 5 e os 10 dias para cada parte, tornando-se desnecessário qualquer prazo superior[367].

Por último o n.º 2 do artigo 18.º postula que é também nesta reunião que o tribunal arbitral informa as partes da data em que pretende emitir a decisão arbitral tendo em conta os prazos previstos no artigo 21.º para cujos comentários se remete. Caso se esteja perante um tribunal comum[368] o valor remanescente da taxa de arbitragem – e que corresponde à outra metade da taxa de arbitragem – deverá ser pago pelo sujeito passivo também por transferência bancária para a conta do CAAD antes da data fixada pelo tribunal arbitral, na reunião referida no artigo 18.º, para a emissão da decisão arbitral, conforme o disposto no n.º 3 do artigo 4.º do *Regulamento de Custas*. Aqui tem-se entendido que caso o tribunal dispense a reunião a que se refere o artigo 18.º e uma vez que nesse despacho deverá fixar a data em que irá ser proferida a decisão arbitral, a taxa

---

[366] Recorde-se que o prazo para apresentar alegações finais escritas é um prazo processual pelo que a sua contagem se faz nos termos dos artigos 138.º e seguintes do CPC, por força do artigo 3.º-A, n.º 2 do RJAT.

[367] Note-se que um prazo de 10 dias poderá ser já excessivo, na medida em que os 10 dias do sujeito passivo terá para alegar, serão os mesmos 10 dias que a Administração Tributária terá para apresentar as suas alegações, o que implica quase 1 mês de prazo processual. Tendo em conta que a fase processual arbitral não poderá durar mais do que 6 meses, eventualmente prorrogáveis por três períodos sucessivos de 2 meses, o prazo conferido às partes para apresentarem as suas alegações por escrito deverá ser bem calculado pelo tribunal arbitral.

[368] Na terminologia que aqui se tem vindo a adoptar, denominam-se "especiais" aqueles tribunais arbitrais em que os árbitros são designados pelas partes, cabendo a estes últimos a designação do árbitro-presidente; denominam-se "comuns" aqueles tribunais em que a designação do(s) árbitro(s) cabe exclusivamente ao Conselho Deontológico do CAAD, de entre os árbitros constantes da lista publicada.

de arbitragem subsequente deverá ser paga até à data marcada para a prolação da sentença. Sobre a dispensa da reunião do artigo 18.º veja-se o ponto seguinte.

3. Dispensa da reunião do artigo 18.º

Como se referiu, a reunião do tribunal arbitral poderá ser dispensada, ao abrigo dos princípios da autonomia do tribunal arbitral na condução do processo, da celeridade, da simplificação e informalidade processuais previstos no artigo 19.º, n.º 2, e, bem assim, no artigo 29.º, n.º 2.

Com efeito, e como se adiantou em comentário ao artigo 16.º, o princípio da oralidade justifica-se pelas razões de celeridade que regem o processo arbitral. Quer isto dizer que a observância daquele princípio não poderá ser levada ao extremo, *i.e.* ao ponto de pôr em causa a célere tramitação do processo. Deste modo, a prática de actos por escrito não se deve ter por globalmente excluída podendo, ao invés, ser preferível em prol de uma decisão mais célere.

Nestes termos o tribunal arbitral poderá dispensar a reunião do artigo 18.º, notificando as partes, quando:

1. não haja prova testemunhal a produzir devido ao facto de as partes não terem arrolado testemunhas;
2. pese embora as partes tenham arrolado testemunhas, os factos alegados pelas partes para prova testemunhal estão já provados documentalmente ou não são susceptíveis de prova testemunhal;
3. não foi requerida prova pericial;
4. não foram alegadas excepções;
5. pese embora tenham sido alegadas excepções o tribunal arbitral considere que estas podem ser decididas por despacho dando às partes prazo de resposta por escrito;
6. o tribunal não vislumbra qualquer outra utilidade em realizar a reunião do artigo 18.º.

Caso a reunião a que se refere o artigo 18.º seja dispensada o processo deverá prosseguir com alegações escritas por um período não superior a 10 dias que, como se viu, será sucessivo. Deverá ainda o tribunal arbitral indicar a data para prolação da decisão arbitral, devendo até essa data ser paga a taxa arbitral subsequente nos termos acima descritos nos casos de tribunais comuns.

Artigo 19.º – Princípio da livre condução do processo

1 – A falta de comparência de qualquer das partes a acto processual, a inexistência de defesa ou a falta de produção de qualquer prova solicitada não obstam ao prosseguimento do processo e à consequente emissão de decisão arbitral com base na prova produzida, de acordo com o princípio da livre apreciação de prova e da autonomia do tribunal arbitral na condução do processo.

2 – Sem prejuízo do disposto no número anterior, o tribunal arbitral pode permitir a prática de acto omitido ou a repetição de acto ao qual a parte não tenha comparecido, bem como o respectivo adiamento.

ANOTAÇÃO

O processo arbitral baseia-se numa lógica de livre condução do processo e, consequentemente, de grande informalidade.

O princípio da autonomia do tribunal arbitral na condução do processo e na determinação das regras a observar com vista à obtenção, em prazo razoável, de uma pronúncia de mérito sobre as pretensões formuladas, é um princípio estruturante do processo arbitral, nos termos da alínea c) do artigo 16.º, para cujos comentários se remete.

Acresce que, ao abrigo da alínea a) do n.º 1 do artigo 18.º, a definição da tramitação processual é alterável e ajustável caso a caso[369].

Em rigor, quer o disposto na alínea a) do n.º 1 do artigo 18.º, quer o disposto neste artigo 19.º, se ancoram no princípio previsto na alínea c) do artigo 16.º – o da autonomia do tribunal arbitral na condução do processo e na determinação das regras a observar com vista à obtenção, em prazo razoável, de uma pronúncia de mérito sobre as pretensões formuladas.

Refere-se então no n.º 1 deste artigo 19.º, que nem a falta de comparência de qualquer das partes a um acto processual, nem a inexistência de defesa ou a falta de produção de qualquer prova solicitada, obstam ao prosseguimento do processo e à consequente emissão de decisão arbitral com base na prova produzida, de acordo com o princípio da livre apreciação de prova e da autonomia do tribunal arbitral na condução do processo.

Em anotação ao artigo 17.º, concluiu-se que a não apresentação de defesa pela Administração Tributária, quer se trate ou não de uma não-apresentação

---

[369] Cf. anotação ao artigo 18.º.

deliberada, não tem qualquer efeito processual – ponto 3. da anotação ao artigo 17.º. Em boa verdade, aplicar-se-á o disposto neste artigo 19.º, n.º 1 que refere que "a falta de (...) defesa não obstam ao prosseguimento do processo e à consequente emissão da decisão arbitral, com base na prova produzida". De resto, como também se pode ler da parte final deste preceito, esta cominação legal de desconsideração processual da falta de apresentação de defesa por parte da Administração Tributária é uma clara decorrência do já abordado princípio da autonomia do tribunal arbitral na condução do processo previsto no artigo 16.º alínea c). Neste âmbito, a solução arbitral segue de perto a solução adoptada pelo legislador para o processo judicial tributário. Dispõe para este efeito o n.º 6 do artigo 110.º do CPPT que "a falta de contestação não representa a confissão dos factos articulados pelo impugnante", sendo que neste caso o "juiz aprecia livremente a falta de contestação especificada dos factos".

Por outro lado, o n.º 1 do artigo 19.º veicula ainda a concretização de um outro princípio, também previsto no já referido artigo 16.º, desta feita na sua alínea e). Faz-se referência ao princípio da livre apreciação dos factos e da livre determinação das diligências de produção de prova necessárias, de acordo com as regras da experiência e a livre convicção dos árbitros. Assim, o tribunal arbitral, adstrito que está ao cumprimento do princípio da legalidade, é livre de estabelecer na referida reunião prevista no artigo 18.º, as diligências de prova que entender necessárias à correcta aplicação do direito e à correcta compreensão da questão controvertida, sendo também livre na apreciação dos factos em discussão. Quer isto dizer que o que se prevê na parte final deste n.º 1 é que a falta de produção de qualquer prova solicitada não prejudicará uma tomada de posição por parte do tribunal, sempre com base neste princípio da livre apreciação de prova.

Porém, e sem prejuízo desta desconsideração processual da falta de comparência ou da falta de produção de prova, o tribunal arbitral pode permitir, caso entenda necessário, a prática de acto omitido ou a repetição de acto ao qual a parte não tenha comparecido, bem como o respectivo adiamento, nos termos do n.º 2 deste artigo 19.º. Este poder do tribunal arbitral, de permitir (ou não) a prática de acto omitido, ou a repetição de acto ao qual a parte não tenha comparecido, ou o adiamento do mesmo, não pode, ao que se julga, prejudicar a prolação da decisão em prazo razoável, ou melhor nos prazos definidos no artigo 21.º que impõem um limite temporal de 6 meses de duração da fase processual que terminará com a prolação da decisão arbitral e respectiva notificação às partes. A este propósito, e sem prejuízo dos comentários ao artigo 21.º para os quais se remete, insista-se que a fase processual arbitral, que terminará com a prolação e notificação às partes da decisão arbitral, deverá decorrer num prazo máximo de 6 meses, eventualmente prorrogáveis por três períodos sucessivos de 2.

Em suma, defende-se que o preceituado neste n.º 2 do artigo 19.º consubstancia um verdadeiro poder do tribunal arbitral, não havendo, portanto, violação do princípio do contraditório caso o tribunal se decida pela não permissão da prática de acto omitido, ou pela não repetição de acto ao qual a parte não tenha comparecido, ou pelo seu não adiamento, devendo o tribunal respeitar, porém, as normas imperativas impostas pelo legislador, numa lógica de "será permitido tudo o que não for proibido".

Este princípio está também intimamente ligado com o princípio da investigação ou do inquisitório, no sentido de que esta "livre condução do processo" está, de certa forma, limitada pelo dever do tribunal de realizar todas as diligências necessárias à descoberta da verdade material, dentro dos seus poderes legais. Sobre esta temática, remete-se para a anotação ao artigo 22.º, na parte que respeita aos poderes cognoscitivos do tribunal arbitral.

Artigo 20.º – Modificação objectiva da instância

1 – A substituição na pendência do processo dos actos objecto de pedido de decisão arbitral com fundamento em factos novos implica a modificação objectiva da instância.

2 – No caso a que se refere o número anterior, o dirigente máximo do serviço da administração tributária notifica o tribunal arbitral da emissão do novo acto para que o processo possa prosseguir nesses termos, observando-se, quando aplicável, o disposto no artigo 64.º do Código de Processo nos Tribunais Administrativos.

ANOTAÇÃO
1. Substituição do acto com base em factos novos
    1.1. Alteração do valor da utilidade económica do pedido
2. Notificação do tribunal arbitral

Para bem compreender o artigo em análise, importa revisitar aquilo que se esclareceu nos comentários ao artigo 13.º, para os quais desde já se remete.

Nos termos do n.º 1 do artigo 13.º a Administração Tributária dispõe de um prazo – de 30 dias – para sanar os eventuais vícios do acto tributário controvertido. O n.º 3 daquele preceito, por seu turno, dispõe que findo aquele prazo para aquele que se denominou de "direito ao arrependimento", a Administração Tributária fica impossibilitada de praticar novo acto tributário relativamente ao mesmo sujeito passivo ou obrigado tributário, imposto e período de tributação, *salvo com fundamento em factos novos*.

O legislador veio prever, no n.º 1 deste artigo 20.º, a consequência processual destes casos a que alude a parte final do n.º 3 do artigo 13.º. Dito de outro modo, o legislador do RJAT vem agora prever que quando haja emissão de um acto tributário, *com base em factos novos*, que substitua o acto objecto do pedido, haverá uma alteração objectiva da instância.

O n.º 2 deste artigo 20.º determina então que em caso de modificação objectiva da instância a Administração Tributária, na pessoa do dirigente máximo do serviço, deverá notificar o tribunal arbitral da emissão do novo acto para que o processo possa prosseguir nesses termos, observando-se, quando aplicável, o disposto no artigo 64.º do CPTA.

1. Substituição do acto com base em factos novos

Como se referiu, caso a Administração Tributária não use do seu "direito ao arrependimento" previsto no n.º 1 do artigo 13.º, fica impossibilitada de praticar novo acto tributário relativamente ao mesmo sujeito passivo ou obrigado tributário, imposto e período de tributação, a não ser com fundamento em factos novos.

Ora, só é permitida a prática de um novo acto tributário, relativamente ao mesmo sujeito passivo ou obrigado tributário, imposto e período de tributação, com base, diz a última parte do n.º 3 do artigo 13.º, na existência de factos novos. *Factos novos* não são factos que já existiam mas que não eram conhecidos pela Administração Tributária, mas sim *factos objectivamente supervenientes* relativamente ao acto tributário[370]. A imposição consagrada pelo n.º 3 é a de que os factos que fundamentam um desvio à regra da não alteração da situação jurídico-tributária do contribuinte terem que ocorrer em data posterior ao acto tributário em discussão, não podendo a Administração Tributária vir defender que não os conhecia, nem os podia conhecer, na data em que emitiu o acto em apreciação. Por outras palavras, o que aqui está em causa é a superveniência *objectiva* dos factos[371].

Esta obrigação da Administração Tributária, que de resto é, reflexamente, um direito do sujeito passivo, encontra-se também consagrada no artigo 24.º. Com efeito, dispõe este preceito, sob a epígrafe "Efeitos da decisão arbitral de que não caiba recurso ou impugnação", no seu n.º 4, que "a decisão arbitral preclude o direito de a Administração Tributária praticar novo acto tributário relativamente ao mesmo sujeito passivo ou obrigado tributário e período de tributação, salvo nos casos em que este se fundamente em factos novos diferentes dos que motivaram a decisão arbitral". Esta última regra é, como se terá oportunidade de explorar aquando da anotação ao n.º 4 do artigo 24.º, uma decorrência da regra agora em análise.

Abra-se aqui um parêntesis para se olhar uma questão de absoluta relevância.

---

[370] Denomina-se de superveniência objectiva a situação em que o facto novo ocorreu temporalmente depois do evento de referência; e de superveniência subjectiva quando o facto é novo apenas em relação à parte. Veja-se, a título de exemplo, o Acórdão do Supremo Tribunal de Justiça, proferido a 22-09-2009, processo n.º 161/05.2TBVLG.S1, segundo o qual *"se ocorridos posteriormente aos prazos de apresentação dos articulados ordinários, a superveniência é objectiva; mas será subjectiva se já tinham ocorrido mas a parte os desconhecia"* (disponível em http://www.dgsi.pt/).

[371] Em sentido contrário, veja-se Jorge Lopes de Sousa (2013) "Comentário ao Regime Jurídico da Arbitragem Tributária", 177, para quem a superveniência subjectiva dos "factos novos" é suficiente.

A aplicação do artigo 13.º, do artigo 20.º ou do artigo 24.º é diferente.

Ora, nos termos do artigo 13.º a Administração Tributária pode, se assim o entender, proceder à revogação, ratificação, reforma ou conversão do acto tributário controvertido. Caso o faça, o sujeito passivo pode manter a instância caso o ache pertinente ou nada diga, prosseguindo-se deste modo o procedimento, podendo também declarar que não quer prosseguir com o procedimento. A acção arbitral está, assim, ainda na fase do *procedimento*, dado que o processo propriamente dito só se inicia com a constituição do tribunal arbitral que só ocorrerá, quer se esteja perante um tribunal especial, quer se esteja perante um tribunal comum, após este "direito ao arrependimento" a que se refere o artigo 13.º[372].

No artigo 20.º a acção está já na fase *processual*, pós "audição prévia" da Administração Tributária e pós "não arrependimento" da mesma. Nesta altura, a Administração Tributária poderá emitir um novo acto apenas com base em factos novos, excepção que decorre da parte final do n.º 3 do artigo 13.º. Este novo acto vai ser então o acto objecto de discussão na arbitragem, enxertando-se na fase em que ocorrer a substituição, aplicando-se todavia, e como se verá adiante, o disposto no artigo 64.º do CPTA.

No artigo 24.º, por seu turno, a acção arbitral já terminou, o que significa que se está numa fase já pós-processual, *i.e.*, pós emissão da decisão arbitral. Assim, os casos a que se refere o n.º 4 do artigo 24.º são aqueles em que a substituição do acto controvertido ocorre após a decisão arbitral, quando já não existe tribunal arbitral. Ora, neste caso a emissão de acto substitutivo, que também só é legal se efectuada com base em factos novos, abrirá um novo contencioso tributário, desde que o sujeito passivo assim o entenda. Esta questão será desenvolvida em sede própria, na anotação ao artigo 24.º, para onde se remete.

No entanto, se a aplicação das regras acima referidas tem "momentos" diferentes, a sua *ratio* parece ser a mesma: a segurança jurídica do sujeito passivo. Em bom rigor, deixou-se clara no RJAT a máxima que tem vindo a ser insistentemente defendida pelos sujeitos passivos e que se prende com o facto de a Administração Tributária não poder, relativamente ao mesmo sujeito passivo ou obrigado tributário, imposto e período de tributação emitir os actos tributários que lhe aprouver tendo como único limite o prazo dos 4 anos do direito à liquidação. Esta posição da Administração Tributária gera uma sucessão infindável de actos tributários (umas vezes chamados de liquidações adicionais, outras de reliqui-

---

[372] Cf. artigos 15.º e 11.º, n.º 8 do RJAT.

dações, outras de demonstrações de acertos de conta mas cujo âmbito material é exactamente o mesmo e que só têm é nomes diferentes); uma insegurança bastante elevada para o sujeito passivo; e, bem assim, uma grande confusão nos tribunais portugueses. Em boa verdade, e independente do que se tem defendido na Doutrina e na consultoria, a prática corrente da Administração Tributária tem sido a que acima se referiu e, por cautela, os sujeitos passivos acabam por recorrer contenciosamente das sucessivas (re)liquidações, as mais das vezes em processos diferentes, gerando então litigância excessiva e desnecessária e, bem assim, dando azo à existência de decisões contraditórias.

É exactamente para evitar esta litigância excessiva, desnecessária e contraproducente que o legislador do RJAT previu como regra, no seu n.º 1, a manutenção da instância já constituída no caso de substituição, na pendência do processo, dos actos objecto de pedido de decisão arbitral com fundamento em factos novos. Por outras palavras, uma vez emitido um novo acto tributário – que substitua o acto tributário controvertido – não há lugar à absolvição da instância mas, sim, à alteração objectiva da instância. Neste caso é, naturalmente, substituído o acto objecto do pedido devendo também ser feitas as necessárias adaptações no processo arbitral designadamente no que toca a valor do processo e ao estado da tramitação do mesmo. Tudo, claro está, desde que desta alteração objectiva da instância não venha a ocorrer uma excepção dilatória insuprível e que, aí sim, dará forçosamente lugar à absolvição da instância.

Perante a alteração objectiva da instância caberá ao tribunal arbitral praticar ou pedir a repetição dos actos que achar convenientes, conforme decorre da aplicação do princípio da livre condução do processo previsto no artigo 19.º, e ainda do previsto na parte final do n.º 2 deste artigo 20.º. Ver-se-á, porém, que, por aplicação do disposto no artigo 64.º do CPTA, o tribunal terá que facultar ao sujeito passivo a possibilidade de este poder alegar novos fundamentos e oferecer diferentes meios de prova sob pena de violação do princípio do contraditório. Esta é uma questão que será analisada no ponto 2. *infra*.

Apoia-se a opção do legislador ao prever esta regra do n.º 1 do artigo 20.º. A alternativa à modificação objectiva da instância seria considerar que da emissão do novo acto decorreria, sem qualquer outro motivo, uma absolvição da instância por inutilidade superveniente da lide arbitral, porquanto o acto originalmente controvertido desaparecera.

Deste modo, por força do n.º 1 do artigo 20.º, a substituição, na pendência do processo, dos actos objecto de pedido de pronúncia arbitral com fundamento em factos novos dará lugar à modificação objectiva da instância.

1.1. Alteração do valor da utilidade económica do pedido

Como se julga ter deixado claro, a substituição na pendência do processo do(s) acto(s) objecto do pedido de pronúncia arbitral com fundamento em factos novos não determina, por si só, a absolvição de instância, mas sim a sua modificação objectiva sucessiva.

Casos haverá, porém, em que da substituição do acto objecto do processo poderá decorrer uma excepção dilatória insuprível que, essa sim, determina a absolvição da instância. Tratam-se dos casos de alteração do valor da utilidade económica do pedido a que se fez referência aquando da anotação ao artigo 10.º e que cumpre agora revisitar.

Deste modo, compreenda-se desde já que a alteração do objecto do processo arbitral, pós constituição do tribunal e, portanto, já na pendência do processo propriamente dito, determinará, em princípio, uma alteração ao valor da utilidade económica do pedido. Valor esse que, indicado *ab initio* pelo sujeito passivo no seu pedido de constituição de tribunal arbitral, será determinante para dois efeitos[373].

Por um lado, quando o sujeito passivo opte por não designar árbitro, o valor da utilidade económica do pedido interessa à forma de composição do tribunal arbitral comum, *i.e.*, para saber se o tribunal há-de funcionar com árbitro único ou com colectivo de três árbitros. Funcionará como tribunal singular quando o pedido não ultrapasse duas vezes o valor da alçada do TCA, ou seja, € 60.000,00 – nos termos do artigo 5.º, n.º 2 – e como tribunal colectivo nos restantes casos – ao abrigo do artigo 5.º, n.º 3, alínea *a*).

Por outro lado, o valor da utilidade económica do pedido interessa à fixação das custas do processo arbitral. No que respeita às custas do processo arbitral veja-se a anotação ao artigo 12.º onde consta também uma análise do *Regulamento de Custas* do CAAD.

A situação que importa agora analisar é a que se prende com o facto de a substituição do acto objecto do pedido, ao abrigo da excepção prevista no n.º 4 do artigo 13.º, poder determinar a incompetência do tribunal arbitral comum, singular ou colectivo, por força da consequente alteração no valor da utilidade económica do pedido. Dito de outro modo, o que sucederá se, constituindo-se o tribunal como tribunal arbitral comum, da substituição do acto objecto do processo, *com base em factos novos* pela Administração Tributária, determinar uma

---

[373] Cf. artigo 10.º, n.º 2, alínea *e*).

alteração do valor da utilidade económica do pedido, para mais, ou para menos, de € 60.000,00.

Deste modo, quando da substituição do acto decorra uma *alteração para menos* do valor da utilidade económica do pedido, que seja determinativa da incompetência do tribunal arbitral colectivo em prol do singular, seguindo-se a máxima *a maiori ad minus*, o tribunal arbitral colectivo manterá a competência para decidir. Tudo porque, em bom rigor, a exigência do tribunal colectivo nos processos em que o valor da causa ultrapasse os € 60.000,00 legalmente impostos, prende-se com razões de segurança jurídica.

Já, quando da substituição do acto decorra uma *alteração para mais* do valor, determinativa da incompetência do tribunal arbitral singular, que deveria, na verdade, ser colectivo, tendo em consideração que se está ainda no âmbito dos tribunais arbitrais comuns, em que o árbitros são todos designados pelo Conselho Deontológico do CAAD, julga-se que em prol do princípio da economia processual e do máximo aproveitamento dos actos, o árbitro único deverá oficiosamente requerer ao Conselho a designação dos restantes árbitros necessários à composição colectiva. A alternativa seria a admitir-se a procedência da excepção dilatória de incompetência, proferindo-se uma decisão de forma que absolvesse a Administração Tributária da instância arbitral. Para quem defenda esta segunda interpretação, sempre se dirá que, na medida em que a incompetência do tribunal arbitral não ocorreu por causa imputável ao sujeito passivo, será aplicável a norma constante do n.º 3 do artigo 24.º, para cujos comentários se remete.

2. Notificação do tribunal arbitral

O n.º 2 do artigo 20.º dispõe que, havendo substituição dos actos objecto de pedido de pronúncia arbitral, na pendência do processo, com fundamentos em factos novos, o dirigente máximo do serviço da Administração Tributária deverá notificar o tribunal arbitral da emissão deste novo acto substitutivo para que o processo possa prosseguir nesses termos.

Trata-se, aqui, de uma obrigatoriedade da Administração Tributária que assume, ao que se julga, forma de *condição de eficácia do acto substitutivo*. O legislador deixou bem claro que a Administração Tributária é obrigada a notificar o tribunal arbitral caso emita um novo acto que substitua o acto controvertido. Assim, esta substituição só é eficaz para o contribuinte quando for dele conhecida e, bem assim, quando for conhecida do próprio tribunal arbitral. Ora, é à Administração Tributária que cabe dar cumprimento a esta obrigação de conhecimento, porquanto é ela a autora do acto, logo, será ela que, nos termos legais, terá a obrigação de dar conhecimento ao tribunal arbitral sob pena da substituição ser ineficaz.

Por último, refere-se ainda no n.º 2 do artigo 20.º que nestes casos de modificação objectiva da instância, se deverá observar o disposto no artigo 64.º do CPTA, "quando aplicável.".

Artigo 64.º
Revogação do acto impugnado com efeitos retroactivos

1 – Quando, na pendência do processo, seja proferido acto revogatório com efeitos retroactivos do acto impugnado, acompanhado de nova regulação da situação, pode o autor requerer que o processo prossiga contra o novo acto, com a faculdade de alegação de novos fundamentos e do oferecimento de diferentes meios de prova.

2 – O requerimento a que se refere o número anterior deve ser apresentado no prazo de impugnação do acto revogatório e antes do trânsito em julgado da decisão que julgue extinta a instância.

3 – O disposto no n.º 1 é aplicável a todos os casos em que o acto impugnado seja, total ou parcialmente, alterado ou substituído por outro com os mesmos efeitos, e ainda no caso de o acto revogatório já ter sido praticado no momento em que o processo foi intentado, sem que o autor disso tivesse ou devesse ter conhecimento.

Esta remissão do legislador tem, ao que se crê, dois efeitos úteis.

Um primeiro, relativamente ao facto de com esta remissão se impor ao tribunal arbitral a obrigatoriedade de dar ao sujeito passivo, à semelhança do que prescreve o artigo 64.º, n.º 1 do CPTA, a faculdade de este poder alegar novos fundamentos e oferecer diferentes meios de prova sob pena de violação do princípio do contraditório.

Um segundo, que se prende com o facto de ser aplicável a regra da modificação objectiva da instância em todos os casos em que o acto controvertido seja, total ou parcialmente, alterado ou substituído por outro com os mesmos efeitos, e ainda nos casos de emanação de acto revogatório. Esta regra tem aplicação independentemente do acto substituto já ter sido praticado no momento em que o processo arbitral foi intentado sem que o sujeito passivo disso tivesse, ou devesse ter, conhecimento. Este segundo ponto resulta, pois, da aplicação do n.º 3 do artigo 64.º do CPTA.

De facto, não há dúvidas que a modificação objectiva da instância é obrigatória, não fazendo sentido que o sujeito passivo tivesse que entregar requerimento algum para manifestar o que decorre, *ope legis*, do n.º 1 deste artigo 20.º.

SECÇÃO II – Decisão arbitral

Artigo 21.º – Prazo

1 – A decisão arbitral deve ser emitida e notificada às partes no prazo de seis meses a contar da data do início do processo arbitral.

2 – O tribunal arbitral pode determinar a prorrogação do prazo referido no número anterior por sucessivos períodos de dois meses, com o limite de seis meses, comunicando às partes essa prorrogação e os motivos que a fundamentam.

ANOTAÇÃO
1. Prazo de 6 meses para a duração da fase processual
    1.1. Incumprimento do prazo para a prolação da decisão arbitral
2. Prorrogação do prazo para a prolação da decisão arbitral

A arbitragem tributária foi instituída, como se sabe, enquanto direito potestativo dos sujeitos passivos com os objectivos prementes de, por um lado, imprimir uma maior celeridade na resolução de litígios que opõem a Administração Tributária aos contribuintes e, por outro, reduzir a pendência de processos nos tribunais judiciais. Julga-se que o alcance destes objectivos assumidos no preâmbulo do RJAT se baseia em três pilares.

O primeiro será a forma de constituição e o modo de composição dos tribunais arbitrais, órgãos competentes para proferir pronúncia arbitral, estabelecidos nos artigos 5.º e 6.º para cujos comentários se remete. O segundo terá sido o estabelecimento da ausência de formalidades especiais, de acordo com o princípio da autonomia dos árbitros na condução do processo previsto e regulado, por seu turno, nos artigos 16.º e 19.º para onde também se remete. Por último, terá sido fundamental a estatuição de um limite temporal de 6 meses de duração da fase processual ou seja de duração entre a data da constituição do tribunal arbitral e a data para a prolação da sentença arbitral, com possibilidade de prorrogação que nunca poderá exceder os 6 meses. É precisamente sobre este último pilar que trata o artigo agora em análise.

Com este preceito inicia-se a Secção II – "Decisão arbitral" – do Capítulo III do RJAT – "Processo arbitral". Nesta secção trata-se, pois, da regulação da decisão arbitral e, muito concretamente neste artigo, do prazo disponível para que seja emitida e notificada às partes.

Como se verá, no n.º 1 deste artigo 21.º é fixado em 6 meses o prazo regra para o processo arbitral *stricto sensu* e que vai desde a constituição do tribunal arbitral até prolação e respectiva notificação às partes. Por sua vez, no n.º 2 é fixado um mecanismo de prorrogação de 2 meses daquele prazo, mediante comunicação fundamentada do tribunal arbitral às partes e cujo cômputo total não poderá ultrapassar os 6 meses.

1. Prazo de 6 meses para a duração da fase processual

Dispõe o n.º 1 do artigo 21.º "a decisão arbitral deve ser emitida e notificada às partes no prazo de seis meses".

Antes de mais, cumpre desde já perceber a partir de quando é que se contam estes 6 meses. Aqui duas hipóteses se levantam. Ou se contam a partir do envio do pedido de constituição de tribunal arbitral a que se refere o artigo 10.º ou a partir da data de constituição do tribunal arbitral a que se refere o n.º 8 do artigo 11.º.

O prazo de 6 meses para emitir e notificar as partes da decisão arbitral contam-se, exactamente, a partir da constituição do tribunal arbitral. Sabe-se que o tribunal arbitral se considera constituído no termo do prazo referido na notificação às partes da designação de árbitros, se a tal constituição as partes não se opuserem, nos termos do n.º 8 do artigo 11.º. É então neste momento que se considera iniciado o processo arbitral e, consequentemente, terminado o procedimento arbitral, ao abrigo do disposto no artigo 15.º. Aqui há que recuperar a importância desta distinção.

Chegados ao referido artigo 15.º terminou o procedimento arbitral e iniciou-se o processo arbitral propriamente dito. O legislador sentiu a necessidade de deixar bem claro o momento a partir do qual se inicia o processo arbitral e consequentemente termina o procedimento. Esta distinção entre as fases procedimental e processual é relevante, desde logo, para efeitos de contagem do prazo de 6 meses ao dispor do tribunal para emitir e notificar às partes a decisão arbitral, mas também no que toca aos efeitos de uma não pronúncia de mérito.

Na anotação ao artigo 3.º-A viu-se que a forma de contagem dos prazos na arbitragem tributária é diferente caso se esteja no âmbito do procedimento ou no âmbito do processo arbitral. Assim, no primeiro caso, o do *procedimento arbitral*, os prazos contam-se nos termos do CPA, ou seja, seguindo-se o estabelecido no seu artigo 72.º. Já no âmbito do *processo arbitral* a contagem dos prazos é efectuada de acordo com as regras do processo civil, previstas nos artigos 138.º e seguintes do CPC, contando-se, portanto, de forma contínua, suspendendo-se, porém, durante as férias judiciais. Quando o prazo termine em dia em que os tribunais se encontrem encerrados, transferir-se-á o seu termo para o primeiro dia útil seguinte.

Sobre a importância da distinção procedimento/processo arbitral no que respeita aos efeitos de uma não pronúncia sobre o mérito vejam-se as anotações ao artigo 13.º e, bem assim, ao artigo 24.º.

Posto isto, se o procedimento termina onde começa o processo, com a constituição do tribunal arbitral, o processo termina com a prolação da decisão e respectiva notificação às partes. Assim, o que o n.º 1 do artigo 21.º vem estabelecer é que o *processo arbitral stricto sensu tem, por regra, a duração de 6 meses*, e que esses 6 meses se contam a partir do momento fixado pelo artigo 15.º, ou seja, a partir da constituição do tribunal arbitral.

A regra prevista neste n.º 1 do artigo 21.º prevê, então, uma clara limitação à autonomia do tribunal arbitral, princípio previsto na alínea *c)* do artigo 16.º e posteriormente concretizado pelos artigos 18.º e 19.º, para cujas anotações se remete. Dir-se-á a este propósito, que o princípio da autonomia do tribunal arbitral na livre condução do processo é um meio, um instrumento, ao dispor do tribunal para a prossecução de um fim, o de emitir a decisão arbitral no prazo de 6 meses a contar da data da constituição do tribunal arbitral. Mas se o fim é a prolação da decisão arbitral para o qual a definição da tramitação adequada ao abrigo daquele princípio é um meio, o prazo estabelecido no n.º 1 do artigo 21.º é também um limite à autonomia do tribunal. Deste modo, o barómetro do tribunal deverá ser sempre o da obtenção da boa decisão num prazo razoável sendo que, pelo que está preceituado no artigo 21.º, por prazo razoável dever-se-á entender um prazo máximo de 6 meses a contar da data em que o tribunal arbitral se considera constituído.

Compreenda-se, porém, e insista-se nesta ideia, que o prazo de 6 meses aqui previsto não é um prazo peremptório para decidir, mas sim o prazo de duração da fase processual. Esta particularidade será desde logo relevante para a contagem do prazo. Com efeito, e como se referiu em comentário ao artigo 17.º-A, se se considerar que o prazo de 6 meses é efectivamente um prazo peremptório para decidir, seria forçoso concluir que, ao abrigo do artigo 138.º do CPC, não se suspende em férias judiciais, por se tratar de prazo igual ou superior a 6 meses. Esta interpretação acabaria por, na prática, redundar num "convite" aos árbitros a utilizarem o mecanismo da prorrogação previsto no n.º 2, na medida em que, tratando-se de prorrogações de 2 meses cada, é forçoso concluir que o prazo da prorrogação se suspende em férias judiciais por ser inferior a 6 meses.

Mais, cair-se-ia na situação caricata de o prazo para decidir não se suspender, ocorrendo porém suspensão do prazo para alegações escritas, o último acto processual que precede a prolação da decisão. Deste modo, a suspensão ou não do prazo para proferir a decisão como que ficaria na disponibilidade das partes, ou mesmo dos próprios árbitros, na medida em que o tribunal arbitral poderia fixar um prazo para alegações maior apenas para beneficiar da suspensão em período de férias judiciais.

Assim, pelo contrário, o que se defende é que este prazo de 6 meses é o prazo regra para terminar o processo e, efectivamente, não se suspende em férias judiciais. Porém, questão diferente é o prazo que o tribunal arbitral tem, efectivamente, ao seu dispor para decidir. Esse prazo nunca poderia ser o previsto no artigo 21.º. De facto, se o processo arbitral se inicia com a constituição do tribunal arbitral – nos termos do artigo 15.º –, se a Administração Tributária tem 30 dias para apresentar a sua resposta – nos termos do artigo 17.º –, se poderá eventualmente realizar-se reunião do tribunal arbitral – nos termos do artigo 18.º – e se as partes poderão ainda dispor de prazo para apresentarem alegações escritas, só depois de realizados todos estes actos processuais é que o tribunal estará munido de todos os elementos necessários à prolação de uma decisão sobre a causa. Por conseguinte, o prazo para decidir será sempre inferior a 6 meses.

Dir-se-á mais, por força da aplicação subsidiária do disposto no artigo 21.º, alínea *b*) do CPPT, o prazo para decidir será de 20 dias ou, no máximo, de 30 dias caso se utilize subsidiariamente a regra do artigo 607.º, n.º 1 do CPC.

Defende-se ainda que estes 20 ou 30 dias para decidir deverão ser respeitados, mesmo que terminem antes do prazo de 6 meses contados a partir da constituição do tribunal arbitral.

Deste modo, o prazo para prolação da decisão é um prazo inferior a 6 meses que, por força do artigo 138.º do CPC, se suspende em férias judiciais, nos termos acima expostos.

Uma última nota para se destacar, novamente, o carácter impositivo e obrigatório do prazo legal, por comparação à arbitragem administrativa. A LAV de 2011, no seu artigo 43.º, n.º 1, aplicável à arbitragem administrativa por via do disposto no artigo 181.º, n.º 1, do CPTA, prevê que "os árbitros devem notificar às partes a sentença final proferida sobre o litígio que por elas lhes foi submetido dentro do prazo de 12 meses a contar da data de aceitação do último árbitro". Vê-se, assim, que o prazo na arbitragem voluntária quer em matéria cível e comercial quer administrativa é, deveras, mais alargado. Acresce que, ao abrigo do disposto na 1ª parte do preceito, o prazo é apenas supletivo, podendo ser acordado pelas partes um prazo maior para prolação da decisão, ou na letra do preceito: "salvo se as partes, até à aceitação do primeiro árbitro, tiverem acordado prazo diferente". Esta solução foi afastada no RJAT na medida em que não se coadunava com um dos objectivos primordiais do regime de "imprimir uma maior celeridade na resolução de litígios que opõem a administração tributária ao sujeito passivo" – além de que, em boa verdade, é difícil prever que, na prática, pudesse existir acordo entre o sujeito passivo e a Administração Tributária para um prazo mais alargado.

1.1. Incumprimento do prazo para a prolação da decisão arbitral

Deixou-se claro no ponto anterior que o prazo previsto no n.º 1 é, em rigor, o prazo de duração máxima do processo arbitral *stricto sensu* e que o prazo para decidir é, na verdade, aquele que resulta da aplicação subsidiária do artigo 21.º, alínea b) do CPPT, de 20 dias, ou, no máximo, por aplicação do disposto no artigo 607.º, n.º 1 do CPC, de 30 dias.

Pergunta-se agora quais as consequências do incumprimento do prazo para decidir.

Julga-se que deverão aqui distinguir-se duas possíveis situações.

Uma primeira, o eventual incumprimento do prazo de 20 ou 30 dias para decidir mas que não ultrapasse o prazo de 6 meses previsto no n.º 1 do artigo 21.º. Nestes casos, tendo em consideração que nem todos os árbitros estão em exclusividade de funções e que muitas vezes, em especial nos tribunais colectivos, a compatibilização de agendas torna-se difícil, admite-se que não advenha qualquer sanção do incumprimento do prazo previsto no CPPT, desde que, insista-se, respeitado o prazo do artigo 21.º, n.º 1.

Uma segunda, o eventual incumprimento do prazo para decidir que ultrapasse o prazo de 6 meses previsto no n.º 1 do artigo 21.º, sem que o tribunal arbitral tenha utilizado, fundamentada e justificadamente, o mecanismo de prorrogação previsto no n.º 2. Nestes casos, a consequência será, ao que se julga, a dissolução do tribunal arbitral, havendo fundamento para uma acção de responsabilidade do(s) árbitro(s) em questão.

2. Prorrogação do prazo para a prolação da decisão arbitral

Dispõe o n.º 2 deste artigo 21.º que aquele prazo de 6 meses previsto no n.º 1 pode ser prorrogável por períodos sucessivos de 2 meses, os quais não poderão ultrapassar um total de 6 meses. Prevê-se porém que quer a(s) prorrogação(ões), quer os seus fundamentos, terão que ser comunicados às partes.

Podem conceber-se várias situações que poderão fundamentar uma não prolação da sentença arbitral em 6 meses. Pense-se, por exemplo, no caso de a questão controvertida ser de especial complexidade ou ser uma questão que, por razões de prova, exige a audição de várias testemunhas ou a análise de vários pareceres técnicos ou a audição de vários peritos. Nestes casos, e desde que o tribunal arbitral o fundamente, considera-se justificada a preterição da decisão em 6 meses em prol de uma boa decisão que, provavelmente, não seria alcançável naquele prazo inicial. Pense-se ainda nos casos em que poderá ter ocorrido alguma vicissitude na tramitação do processo arbitral como, por exemplo, o facto de ter havido modificação objectiva da instância, nos termos do artigo 20.º, ou não entrega de resposta da Administração Tributária, havendo livre análise dos factos e do direito pelo tribunal arbitral. Pense-se ainda nos casos, ao que se julga mais comuns, em que houve substituição de árbitro(s) no decorrer do processo arbitral.

Em conclusão, parece que o legislador, ao permitir desvios ao prazo regra dos 6 meses sem que estes passassem pelo crivo de uma qualquer entidade, designadamente do Conselho Deontológico do CAAD, demonstrou uma clara confiança no bom senso do tribunal arbitral, impondo-lhe unicamente que esta seja uma decisão fundamentada e que os fundamentos sejam conhecidos das partes.

Convém ainda salientar que a prorrogação é sempre de 2 meses e que, a haver mais do que uma, estas não poderão porém ultrapassar o limite de 6 meses. Assim, podem existir, no máximo, três prorrogações sucessivas de 2 meses e o processo arbitral não durará mais do que 1 ano, devendo acrescentar-se eventuais suspensões de prazos ou interrupções motivadas pela aplicação das regras dos artigos 138.º e seguintes do CPC por remissão do artigo 3.º-A n.º 2 do RJAT.

Também no que respeita à prorrogação do prazo, o legislador do RJAT distanciou-se do regime previsto para a arbitragem voluntária e para a administrativa. No n.º 2 do artigo 43.º da LAV, aplicável à arbitragem administrativa por via do artigo 181.º, n.º 1, do CPTA, pode ler-se que "os prazos definidos de acordo com o n.º 1 *podem ser livremente prorrogados por acordo das partes* ou, em alternativa, por decisão do tribunal arbitral, por uma ou mais vezes, *por sucessivos períodos de 12 meses*, devendo tais prorrogações ser devidamente fundamentadas" (itálico da autora). Mantendo-se igualmente exigível a fundamentação, a LAV difere no RJAT, como se vê, não só no *quantum* prorrogável, como também no facto de ser admissível o acordo das partes. Estabeleceu-se ainda na 2ª parte do preceito que "fica, porém, ressalvada a possibilidade de as partes, de comum acordo, se oporem à prorrogação". Este "mecanismo de salvaguarda de eventuais excessos" previsto na LAV, bem se vê, não é passível de aplicação na arbitragem tributária por duas razões. Uma primeira, porque o legislador pretendeu claramente que os prazos legais estabelecidos não fossem supletivos e sim obrigatórios. Uma segunda, relacionada com as razões que poderão fundamentar uma não prolação da sentença arbitral em 6 meses a que acima se fez referência, designadamente, a especial complexidade da questão decidenda, aliada aos valores de interesse público em causa.

Artigo 22.º – Deliberação, conteúdo e forma

1 – A decisão arbitral é tomada por deliberação da maioria dos seus membros, podendo esta ser decomposta para esse efeito em pronúncias parciais incidentes sobre as diversas questões suscitadas no processo, salvo nos casos de árbitro singular.

2 – É aplicável à decisão arbitral o disposto no artigo 123.º, primeira parte, do Código de Procedimento e de Processo Tributário, relativamente à sentença judicial.

3 – A decisão arbitral é assinada por todos os árbitros, identificando os factos objecto de litígio, as razões de facto e de direito que motivaram a decisão, bem como a data em que foi proferida, sendo remetido um exemplar assinado da decisão a cada uma das partes.

4 – Da decisão arbitral proferida pelo tribunal arbitral consta a fixação do montante e a repartição pelas partes das custas directamente resultantes do processo arbitral, quando o tribunal tenha sido constituído nos termos previstos no n.º 1 e na alínea a) do n.º 2 do artigo 6.º.

5 – Os árbitros podem fazer lavrar voto de vencido quanto à decisão arbitral e quanto às pronúncias parciais.

ANOTAÇÃO
1. Regras aplicáveis à deliberação do tribunal arbitral
2. Conteúdo da decisão arbitral
    2.1. Poderes de cognição do tribunal arbitral
        2.1.1. Princípio do inquisitório vs Princípio do dispositivo
        2.1.2. Princípio do inquisitório vs Dever de fundamentação dos actos
3. Forma da decisão arbitral

Este artigo enuncia as regras aplicáveis à deliberação dos árbitros, regras estas que se encontram no n.º 1 deste preceito e que se terá oportunidade de desenvolver no ponto 1. abaixo.

O preceito regula também o conteúdo da decisão arbitral, remetendo o seu n.º 2 para a aplicação do disposto no artigo 123.º, primeira parte, do CPPT, e estabelecendo regras especiais nos seus números 3 e 4. A escalpelização destes preceitos terá lugar no ponto 2..

Por último, trata ainda da forma que deve assumir a decisão arbitral, quer na primeira parte do n.º 3, quer no n.º 5, havendo porém outras regras no RJAT que terão implicação na forma da decisão arbitral. Disto dar-se-á conta adiante no ponto 3..

1. Regras aplicáveis à deliberação do tribunal arbitral

Este artigo 22.º trata, como se viu, das regras aplicáveis à deliberação dos árbitros, regras estas que estão previstas no n.º 1 e, de alguma forma, no n.º 5 do preceito.

Enuncia então o n.º 1 que a decisão arbitral é tomada por deliberação da maioria dos seus membros. Refere-se ainda que a deliberação, sempre tomada por maioria, pode ser decomposta, para efeitos da decisão arbitral, em pronúncias parciais, incidentes sobre as diversas questões suscitadas no processo[374]. A este propósito, refere o n.º 5 que os árbitros podem lavrar voto de vencido quanto à decisão arbitral e quanto às pronúncias parciais. Esta questão será objecto de análise no ponto 3.. Porém, a regra da decomposição da deliberação arbitral só não é aplicável, por impossibilidade, como bem se compreende, no caso de se estar perante tribunais comuns constituídos por árbitro singular.

Com efeito, viu-se, quando foi analisado o artigo 5.º, para cujos comentários se remete na íntegra, que nos casos em que o sujeito passivo opte por designar árbitro casos em que, na terminologia que se tem vindo a adoptar, o tribunal se constitui como tribunal especial, o tribunal arbitral funcionará sempre com um colectivo de três árbitros, cabendo a cada parte a designação de um deles e aos árbitros assim designados a designação do terceiro, que exerce as funções de árbitro-presidente. Nestes casos, e porque é legalmente imposto que o tribunal seja constituído por um colectivo de árbitros, poderá haver a decomposição da deliberação com pronúncias parciais incidentes sobre diversas questões suscitadas no processo.

Caso o sujeito passivo não pretenda designar um árbitro – a que se denominou de tribunal comum –, o tribunal arbitral funcionará com um árbitro singular nos casos em que o valor do pedido não ultrapasse duas vezes o valor da alçada do TCA – ou seja, € 60 000,00 – e com um colectivo de três árbitros nos

---

[374] Regra esta que está, de resto, em perfeita sintonia com o preceituado no n.º 2 do artigo 42.º da LAV – aplicável à arbitragem administrativa por via do artigo 181.º, n.º 1, do CPTA – segundo o qual "salvo convenção das partes em contrário, os árbitros podem decidir o fundo da causa através de uma única sentença ou de tantas sentenças parciais quantas entendam necessárias".

restantes casos, cabendo a sua designação, em ambas as situações, ao Conselho Deontológico do CAAD.

Assim, de duas uma: ou o pedido submetido ao tribunal arbitral comum não ultrapassa € 60.000,00 e o tribunal é singular; ou ultrapassa aquele valor e o tribunal é colectivo. Naqueles casos, o árbitro do tribunal arbitral terá que tomar uma decisão total, global e inequívoca sobre a ou as questões controvertidas. Já nos segundos casos, e porque se está perante um colectivo de árbitros, a deliberação pode ser decomposta em pronúncias parciais[375].

Não obstante o exposto, decorre deste n.º 1 que nos casos de tribunal arbitral colectivo, independentemente de a pronúncia ser global ou haver várias pronúncias parciais, há uma só regra. A deliberação é tomada pela maioria dos árbitros que compõe o tribunal arbitral. A aplicação desta regra é simples no caso de não haver pronúncias parciais, mas será um pouco mais complexa no caso de as haver.

Imagine-se a este propósito que a questão controvertida é uma questão relativa a uma liquidação adicional de IRC que decorre de uma inspecção tributária cujo Relatório de Inspecção revela várias correcções (denomine-se: correcção "A" e correcção "B"). A ilegalidade da liquidação adicional alegada pelo sujeito passivo poderá basear-se nas várias correcções efectuadas pela inspecção. Ora, na deliberação, 2 dos 3 árbitros podem concordar com a ilegalidade da correcção "A" e o outro árbitro não concordar com ela. Neste caso o acto de liquidação adicional será ilegal na parte que verter esta correcção podendo, nos termos do n.º 5, o árbitro que não concordou com a deliberação fazer lavrar o voto vencido. Podem porém não concordar com a correcção "B" ou mesmo concordarem os 3 e não já só os 2 ou aqueles 2 árbitros em concreto. O mesmo será aplicável no caso de cumulação de pedidos ou de actos tributários diferentes.

De facto, esta possibilidade conferida pelo legislador dá uma margem de grande autonomia e independência aos árbitros aquando da tomada de decisão, factor que com grande regozijo se vê então vertido neste n.º 1.

---

[375] As decisões parciais são decisões que se pronunciam sobre parte ou partes do mérito da causa pelo que terão força de caso julgado material. As decisões parciais são, em rigor, decisões interlocutórias, sendo certo, porém, que nem todas as decisões interlocutórias são parciais. Dito de outro modo, poderão existir decisões interlocutórias, a que se fez referência, por exemplo, em anotação ao artigo 18.º, que sejam de mero expediente ou digam apenas respeito a questões puramente processuais, sem conhecer do mérito da causa. Estas não farão, claro está, caso julgado material.

Por último, uma breve nota para referir que como decorrência desta regra da tomada de deliberação ser efectuada pela maioria dos árbitros, decorre uma outra que é o facto de não haver direitos de voto especiais, designadamente do árbitro-presidente. Com efeito, o árbitro-presidente, que, como se sabe, é o terceiro árbitro, tem, na tomada de decisão, o mesmo peso que os restantes, cabendo-lhe unicamente a função de ser ele a redigir a decisão arbitral, razão pela qual este tem, obrigatoriamente, que ser um jurista. Contra este entendimento, LOPES DE SOUSA defende que existindo alguma situação em que não seja possível formar uma maioria sobre a questão decidenda – defendendo os três árbitros soluções divergentes – a 2ª parte do artigo 40.º da LAV seria subsidiariamente aplicável, por via da alínea c) do n.º 1 do artigo 29.º do RJAT – porque aplicável também à arbitragem administrativa *ex vi* artigo 181.º, n.º 1, do CPTA[376].

2. Conteúdo da decisão arbitral

Neste artigo 22.º regulam-se também as regras relativas ao conteúdo da decisão arbitral.

A este propósito, refere-se desde logo que é aplicável à decisão arbitral o disposto no artigo 123.º, 1ª parte, do CPPT, estabelecendo-se para o conteúdo da decisão arbitral em matéria tributária as mesmas regras aplicáveis ao conteúdo da sentença judicial. Naquele preceito do CPPT dispõe-se que a sentença identificará os interessados e os factos objecto de litígio, sintetizará a pretensão do impugnante e respectivos fundamentos, bem como a posição do representante da Fazenda Pública e do Ministério Público, e fixará as questões que ao tribunal cumpre solucionar.

No que em concreto se refere à arbitragem tributária, entende-se, *mutatis mutandis*, que tudo o que é estabelecido neste n.º 1 do artigo 123.º do CPPT é aplicável à decisão arbitral, à excepção da identificação da posição do Ministério Público – cuja intervenção autónoma não está prevista no processo arbitral – e adaptando-se a referência ao representante da Fazenda Pública para o dirigente máximo do serviço. O mesmo é dizer que na decisão arbitral começar-se-á por identificar os interessados e os factos objecto de litígio. Far-se-á de seguida um breve relatório contendo os diferentes factos ocorridos quer no âmbito do procedimento, quer no âmbito do processo arbitral que o tribunal considere relevantes ao bom conhecimento da causa, *e.g.* data da entrega do pedido de

---

[376] Veja-se JORGE LOPES DE SOUSA (2013) "Comentário ao Regime Jurídico da Arbitragem Tributária", 200.

constituição do tribunal arbitral, data da constituição do tribunal etc. Posteriormente, sintetizar-se-ão as pretensões do sujeito passivo que requereu o pedido de constituição do tribunal arbitral e respectivos fundamentos bem como a posição do representante do dirigente máximo do serviço. Por último, deverão ser fixadas as questões que ao tribunal cumpre solucionar não sem antes sanear o processo analisando as questões de tempestividade, legitimidade e competência do tribunal.

Posto isto, dita o n.º 3 que no que em concreto respeita ao conteúdo e depois de elencados os pontos acima referidos, deverão ser identificados os factos objecto de litígio, as razões de facto e de direito que motivaram a decisão. O artigo 28.º, n.º 1, alínea a) vem dar mais força a esta obrigação, elencando a falta de identificação dos fundamentos de facto e de direito que motivaram a decisão como fundamento de impugnação da decisão arbitral. Com efeito, como qualquer decisão jurisdicional, também a decisão arbitral deverá conter um mínimo de fundamentação que permita ao sujeito passivo tomar conhecimento do itinerário cognoscitivo seguido pelo tribunal arbitral, de modo a poder conformar-se, ou não com a decisão[377].

No que diz especial respeito à matéria de facto, importa salientar que, ao abrigo do princípio estabelecido no artigo 16.º, alínea e), para cujos comentários se remete, o tribunal não tem que se pronunciar sobre tudo o que foi alegado pelas partes, cabendo-lhe, sim, o dever de seleccionar os factos que importam para a decisão e distinguir a matéria provada da não provada. Esta conclusão decorre também do artigo 123.º, n.º 2, do CPPT e do artigo 607.º, n.º 2, 3 e 4 do CPC, aplicáveis por intermédio do artigo 29.º, n.º 1, alíneas a) e e), do RJAT. Deste modo, os factos pertinentes para o julgamento da causa são escolhidos e recortados em função da sua relevância jurídica, a qual é estabelecida em atenção às várias soluções plausíveis da(s) questão(ões) de Direito, tudo de acordo com o artigo 596.º do CPC, aplicável por intermédio do artigo 29.º, n.º 1, alínea e).

Já quanto ao Direito haverá que relembrar que caso o Requerente impute diversos vícios aos actos tributários impugnados o tribunal deverá determinar a ordem do conhecimento dos mesmos, devendo ser observada a ordem do artigo

---

[377] Sendo certo que, como se verá, a decisão arbitral em matéria tributária é irrecorrível, quanto ao mérito, podendo contudo ser interposto recurso de constitucionalidade para o Tribunal Constitucional e recurso por oposição de acórdãos para o STA.

124.º do CPPT, aplicável por força do artigo 29.º, n.º 1, alínea a) do RJAT[378]. Com efeito, a procedência de qualquer dos vícios invocados pelo Requerente conduzirá à anulação do acto tributário. Deste modo, deverão ser analisados, em primeiro lugar, e por esta ordem sempre que a eles haja lugar, os argumentos apresentados em sede de defesa por excepção, as eventuais excepções dilatórias, depois os eventuais argumentos de inconstitucionalidade e, por último, ainda em sede de defesa por excepção as excepções peremptórias. De seguida, e na medida em que não haja a procedência daqueles, o tribunal arbitral deverá analisar os argumentos apresentados na defesa por impugnação. Nesta sede, o vício de violação de lei é aquele que conduzirá à "mais estável ou eficaz tutela dos interesses ofendidos" na medida em que a sua eventual procedência impedirá a renovação do acto, o que não sucede com a anulação decorrente dos demais vícios. Em conformidade, o tribunal deverá apreciar em primeiro lugar o vício de violação de lei.

Ainda quanto ao conteúdo, o n.º 4 deste artigo 22.º refere que da decisão proferida pelo tribunal arbitral deverá ainda constar a fixação do montante e a repartição pelas partes das custas directamente resultantes do processo arbitral. Esta regra é aplicável unicamente nos casos do tribunal arbitral se tratar de um tribunal comum, constituído portanto nos termos previstos no n.º 1 e na alínea *a)* do n.º 2 do artigo 6.º, porquanto nos casos do tribunal especial as custas são integralmente suportadas pelo sujeito passivo e foram liquidadas aquando da entrega do pedido de constituição do tribunal arbitral[379].

Por último, estabelece-se ainda no n.º 3 do artigo 22.º que a decisão arbitral deverá conter a assinatura dos árbitros ou do árbitro que deliberou e, bem assim, a data em que foi proferida, sendo remetido um exemplar assinado da decisão a cada uma das partes. Esta matéria será abordada no ponto 3. por se tratar de uma matéria que se prende mais com a forma do que com o conteúdo da decisão.

2.1. Poderes de cognição do tribunal arbitral

No que respeita ao conteúdo da decisão arbitral, os poderes de cognição do tribunal arbitral são matéria que merece destaque, não obstante não vir expres-

---

[378] JORGE LOPES DE SOUSA, (2013) "Comentário ao Regime Jurídico da Arbitragem Tributária", 202.
[379] Quanto à questão das custas no processo arbitral vejam-se os comentários tecidos na anotação ao artigo 6.º e, bem assim, ao artigo 12.º, contendo este último uma análise do *Regulamento de Custas* do CAAD.

samente prevista no RJAT. E precisamente porque o RJAT não regula especialmente esta matéria, são de aplicar as regras previstas para o processo tributário judicial, designadamente, no artigo 99.º da LGT e no 13.º do CPPT, por via do artigo 29.º, n.º 1 do RJAT, os quais opõem, em certa medida, o princípio do inquisitório e o princípio do dispositivo.

2.1.1. Princípio do inquisitório *vs* Princípio do dispositivo

Como se referiu, vejam-se a este propósito o disposto nos artigos 99.º da LGT e 13.º do CPPT:

Artigo 99.º (LGT)
Princípio do inquisitório e direitos e deveres de colaboração processual

1 – O tribunal deve realizar ou ordenar oficiosamente todas as diligências que se lhe afigurem úteis para conhecer a verdade relativamente aos factos alegados ou de que oficiosamente pode conhecer.

2 – Os particulares estão obrigados a prestar colaboração nos termos da lei de processo civil.

3 – Todas as autoridades ou repartições públicas são obrigadas a prestar as informações ou remeter cópia dos documentos que o juiz entender necessários ao conhecimento do objecto do processo.

Artigo 13.º (CPPT)
Poderes do juiz

1 – Aos juízes dos tribunais tributários incumbe a direcção e julgamento dos processos da sua jurisdição, devendo realizar ou ordenar todas as diligências que considerem úteis ao apuramento da verdade relativamente aos factos que lhes seja lícito conhecer.

2 – As autoridades e repartições públicas são obrigadas a prestar as informações que o juiz entender necessárias ao bom andamento dos processos.

Quer o n.º 1 do artigo 99.º da LGT quer o n.º 1 do artigo 13.º do CPPT consagram um princípio estruturante do processo tributário seja ele judicial ou arbitral, como se viu: o *princípio da investigação*, também designado *princípio do inquisitório*, materializado no poder/dever de ordenar as diligências que entender necessárias para a *descoberta da verdade material*.

Este princípio foi já abordado na anotação ao artigo 16.º, na medida em que se trata de um princípio inerente ao processo propriamente dito e não apenas à decisão que venha a ser proferida a final. Contudo, as consequências do princípio do inquisitório hão-de repercutir-se na decisão da causa, pelo que cabe aqui uma análise mais aprofundada da questão.

A parte final do n.º 1 do artigo 99.º da LGT delimita o princípio do inquisitório "aos factos alegados [pelas partes] ou de que oficiosamente possa [o tribunal arbitral] conhecer". Bem assim, a parte final do n.º 1 do artigo 13.º do CPPT refere-se "aos factos que lhes [aos juízes/árbitros] seja lícito conhecer".

Contudo, como bem nota LOPES DE SOUSA, esta limitação dos poderes cognitivos do tribunal aos factos alegados pelas partes ou aos factos de conhecimento oficioso "não tem clara justificação no processo tributário nem pode ser entendida em termos absolutos"[380].

A limitação decorre, em bom rigor, de um outro princípio processual, oposto ao do inquisitório: o *princípio do dispositivo*, enquanto princípio estruturante do processo civil.

O *princípio do dispositivo* pode traduzir-se em três ideias fundamentais: (1) na disponibilidade da tutela jurisdicional, *i.e.*, na reserva do impulso processual às partes; (2) na disponibilidade da intância, *i.e.*, disponibilidade das partes sobre o termo do processo, celebração de compromisso arbitral, desistência, confissão ou transacção; e (3) na disponibilidade da conformação da instância, *i.e.*, disponibilidade sobre o objecto do processo[381].

Traduzido nas duas primeiras vertentes, o princípio do dispositivo tem aplicação no processo tributário no que respeita ao sujeito passivo/obrigado tributário, ou seja, é ao sujeito passivo que compete o impulso do processo declarativo de impugnação judicial, e é também ao sujeito passivo que compete a desistência da instância ou do pedido. De todo o modo, a transacção sempre se consideraria excluída por força do princípio da indisponibilidade dos créditos tributários, e da prossecução do interesse público inerente à matéria fiscal a que está adstrita a Administração Tributária[382].

É naquela última vertente, de disponibilidade sobre o objecto do processo, que o princípio do dispositivo importa à matéria dos poderes cognitivos do tribunal. Nesse sentido, dispõe o n.º 1 do artigo 5.º do CPC que "[às] partes cabe

---

[380] JORGE LOPES DE SOUSA (2011) *vol. I*, 174.
[381] Neste sentido, JOSÉ LEBRE DE FREITAS (2013) *Introdução ao Processo Civil – Conceito e princípios gerais à luz do novo código*, 156-157.
[382] Admitindo-se, porém, a revisão do acto tributário por iniciativa da Administração, nos termos do artigo 78.º da LGT.

alegar os factos essenciais que constituem a causa de pedir e aqueles em que se baseiam as excepções invocadas".

Independentemente das diferenças entre o processo tributário e o processo civil, por naquele estarem em causa relações de interesse público e direitos indisponíveis, certo é que, em ambos, além dos factos alegados pelas partes, o tribunal poderá também conhecer dos factos de conhecimento oficioso[383], dos factos instrumentais que resultem da instrução da causa[384], dos factos complementares que resultem da instrução da causa, desde que seja dada possibilidade à parte de se pronunciar sobre eles[385], dos factos notórios e daqueles que o tribunal tenha conhecimento por exercício das suas funções[386].

A este propósito lembra LOPES DE SOUSA que:

> "Ao contrário do que ocorre no processo civil, no processo tributário a administração, que surge colocada processualmente numa posição oposta à do particular, não é titular de um interesse oposto ao do particular, antes está constitucional e legalmente obrigada a actuar exclusivamente subordinada ao interesse público e com imparcialidade, tanto nos processos administrativos como nos judiciais (arts. 266.º, n.ºs 1 e 2, da CRP e 55.º da LGT)."[387]

Deste modo, existe para a Administração Tributária um dever de informação sobre toda e qualquer matéria de facto com interesse para a discussão da causa, independentemente de os factos favorecerem a própria Administração ou o particular[388].

---

[383] Cf. artigo 99.º, n.º 1, *in fine* da LGT e artigo 608.º, n.º 2, *in fine* do CPC.
[384] Cf. artigo 5.º, n.º 2, alínea *a*) do CPC. Tem-se entendido que a instrumentalidade poderá resultar não só de factos essenciais alegados pelas partes mas também das razões e direito que fundamentam a pretensão da parte.
[385] Cf. artigo 5.º, n.º 2, alínea *b*) do CPC.
[386] Cf. artigo 5.º, n.º 2, alínea *c*) do CPC, considerando-se notórios aqueles que sejam do conhecimento geral (artigo 412.º, n.º 1 do CPC).
[387] JORGE LOPES DE SOUSA (2011) *vol. I*, 175.
[388] Esta oposição entre o processo civil e o processo tributário era especialmente relevante no domínio do anterior CPC, na medida em que o então artigo 264.º, n.º 3, quanto aos factos complementares ou concretizadores, dispunha que o tribunal poderia tomar deles conhecimento quando resultassem da discussão da causa e desde que a parte interessada manifestasse vontade de deles se aproveitar, facultando-se à parte contrária o exercício do contraditório. Hoje, com o actual artigo 5.º, n.º 2, alínea *b*), a questão já não se coloca nos mesmos termos, na medida em que este deixou de impor que a parte interessada manifestasse vontade em se aproveitar dos factos em questão.

Assim, a primeira conclusão a que se chega é que, no que respeita aos *factos*[389], o princípio do inquisitório impõe-se mais forte no processo tributário do que no processo civil. Consequência da maior força da inquisitoriedade é, desde logo, o facto de o conhecimento de *factos* não alegados, que não sejam do conhecimento oficioso do tribunal, e que também não sejam os que acima se referiu, não constitui uma nulidade da sentença, nem nos termos do artigo 125.º do CPPT, nem, como se verá, nos termos da alínea c) do n.º 1 do artigo 28.º do RJAT.

Tudo porque, o que se tem dito até agora, diz respeito apenas aos *factos alegados pelas partes*. Coisa diferente é a que respeita às *questões alegadas pelas partes*.

> *"A palavra 'questões' deve ser tomada aqui em sentido amplo: envolverá tudo quanto diga respeito à concludência ou inconcludência das excepções e da causa de pedir (melhor, à fundabilidade ou infundabilidade dumas e doutras) e às controvérsias que as partes sobre elas suscitem."*[390]

Quanto às ditas questões, no processo de impugnação judicial, por força do artigo 125.º do CPPT, é forçoso concluir-se pela prevalência do princípio do dispositivo. Com efeito, dita o n.º 1 do artigo 125.º que constitui causa de nulidade da sentença "a falta de pronúncia sobre questões que o juiz deva apreciar ou a pronúncia sobre questões que não deva conhecer". Aplicado ao processo tributário, estas nulidades consubstanciam, como se verá, casos de omissão de pronúncia e casos de pronúncia indevida, fundamentos de impugnação da decisão arbitral ao abrigo do artigo 28.º, n.º 1, alínea c) do RJAT.

Deste modo, o tribunal arbitral só poderá, sob pena de ser impugnável a sentença arbitral, conhecer de *questões* alegadas pelas partes. Pelo contrário, quanto a factos,

> *"[a] tomada em consideração, <u>para resolução de questões colocadas pelas partes</u>, de factos <u>não alegados de que o tribunal não podia conhecer oficiosamente</u> (...) não constitui uma nulidade de sentença mas uma violação do princípio do dispositivo enunciado no artigo*

---

[389] Segundo LEBRE DE FREITAS, *facto* é "um acontecimento ou circunstância do mundo exterior ou da vida íntima do homem, pertencente ao passado ou ao presente, concretamente definido no tempo e no espaço e como tal apresentando as características de objecto" (cf. José LEBRE DE FREITAS (1991) *A Confissão no Direito Probatório*, Coimbra Editora, Coimbra, 44).
[390] Acórdão do STA de 27-10-2007, processo n.º 01007/06, disponível em http://www.dgsi.pt/.

[5.º do CPC], *de que emana a regra da proibição de o juiz se servir de factos não alegados pelas partes (...). Assim, a violação desta regra consubstanciará <u>erro de julgamento</u>.*" (sublinhado da autora)

Em suma, retiram-se da presente análise duas conclusões:

(1) Quanto aos factos, vigora essencialmente o princípio do inquisitório, devendo o tribunal ordenar todas as diligências necessárias ao apuramento da verdade material, por força do interesse público inerente aos processos de natureza tributária. O tribunal poderá servir-se de factos que, embora não alegados pelas partes, e embora não sejam de conhecimento oficioso, sejam relativos a questões suscitadas pelas partes. A utilização desses factos poderá, quanto muito, determinar a existência de mero erro de julgamento, por violação do princípio do dispositivo;

(2) Quanto a questões, o tribunal está, por força do princípio do dispositivo, limitado às questões alegadas pelas partes estando obrigado ao conhecimento de todas as questões que estas lhes suscitem e podendo conhecer apenas das questões suscitadas e daquelas que sejam de conhecimento oficioso. O conhecimento pelo tribunal de questões que não podia conhecer constitui fundamento de impugnação da decisão arbitral por *pronúncia indevida*; a falta de conhecimento pelo tribunal de questão suscitada pelas partes constituiu fundamento de impugnação por *omissão de pronúncia*, ambos previstos na alínea *c*) do n.º 1 do artigo 28.º do RJAT.

2.1.2. Princípio do inquisitório vs Dever de fundamentação dos actos

Uma questão que se prende com a que acabou de se expor diz respeito ao confronto entre o princípio do inquisitório, e ao dever de descoberta da verdade material imposto ao tribunal arbitral, por um lado, e ao dever de fundamentação dos actos imposto à Administração Tributária, por outro.

Nos termos do disposto no artigo 268.º, n.º 3, da CRP "[t]odos os actos administrativos estão sujeitos a notificação aos interessados, na forma prevista na lei, e <u>carecem de fundamentação expressa e acessível</u> quando afectem direitos ou interesses legalmente protegidos" (sublinhado da autora). Deste modo, todos os actos tributários e, bem assim, todos os actos em matéria tributária, só são legais se fundamentados.

A fundamentação constitui, assim, um dever para a Administração Tributária e, simultaneamente, um direito para os contribuintes.

A este propósito, veja-se o disposto no artigo 77.º, n.ºs 1 e 2 da LGT:

Artigo 77.º
Fundamentação e eficácia

1 – A decisão de procedimento é sempre fundamentada por meio de sucinta exposição das razões de facto e de direito que a motivaram, podendo a fundamentação consistir em mera declaração de concordância com os fundamentos de anteriores pareceres, informações ou propostas, incluindo os que integrem o relatório da fiscalização tributária.

2 – A fundamentação dos actos tributários pode ser efectuada de forma sumária, devendo sempre conter as disposições legais aplicáveis, a qualificação e quantificação dos factos tributários e as operações de apuramento da matéria tributável e do tributo.

(...)

Ainda, nos termos do artigo 153.º, n.º 1 do CPA, "[a] fundamentação deve ser expressa, através de sucinta exposição dos fundamentos de facto e de direito da decisão, podendo consistir em mera declaração de concordância com os fundamentos de anteriores pareceres ou informações propostas que constituem, neste caso, parte integrante do respectivo acto".

A jurisprudência tem entendido que:

"(...) a fundamentação é um conceito relativo que varia em função do tipo legal de acto, visando responder às necessidades de esclarecimento do administrado, pelo que se deve, através dela, informá-lo do itinerário cognoscitivo e valorativo do acto, permitindo-lhe conhecer as razões, de facto e de direito, que determinaram a sua prática e por que motivo se decidiu num sentido e não noutro. Pelo que um acto está fundamentado sempre que o administrado, como destinatário normal, ficar devidamente esclarecido acerca das razões que o determinaram estando, consequentemente, habilitado a impugná-lo convenientemente, não tendo, todavia, a fundamentação de ser exaustiva mas acessível, no sentido de explícita."[391]

Assim, todo o acto tributário cuja fundamentação não cumpra estes parâmetros é um viciado de fundamentação insuficiente ou falta de fundamentação. A fundamentação é, pois, uma composição, antecedente ao acto tributário, e a (i) legalidade daquela irá, consequentemente, influenciar se não mesmo inquinar a legalidade deste último.

---

[391] Cf., por todos, recorre-se a um Acórdão bastante antigo mas bastante citado desde a sua publicação: o Acórdão do STA, de 26-05-2004, processo n.º 0742/03, disponível em http://www.dgsi.pt/.

No confronto entre o princípio do inquisitório ou da investigação que acima se concretizou, a questão que se coloca é a de saber se perante um acto tributário ilegal por fundamentação insuficiente ou erro de fundamentação, o tribunal arbitral poderá, ao abrigo daquele princípio, e por força do dever de descoberta da verdade material a que está sujeito, "corrigir" a fundamentação da Administração Tributária substituindo-se a esta. Tudo porque, como se viu acima, os limites do princípio do inquisitório não são claramente expressos. Certo é que, se o tribunal arbitral ultrapassar a fronteira da inquisitoriedade, decidindo além dos seus poderes cognoscitivos, ocorrerá uma pronúncia indevida, o que poderá fundamentar uma impugnação da decisão arbitral, ao abrigo dos artigos 27.º e 28.º, n.º 1, alínea c). Contudo, se o tribunal arbitral ficar aquém dos seus poderes, a decisão será uma decisão contrária ao princípio da legalidade inerente ao interesse público das matérias fiscais, que, ainda que não impugnável, poderá consubstanciar um caso de erro de julgamento[392].

Daí que se questione até que ponto não poderá o tribunal arbitral tentar "salvar" o acto tributário porque, por exemplo, consegue alcançar que onde a Administração Tributária qualificou uma determinada realidade como despesa de representação quando, em boa verdade, se tratava de uma ajuda de custo.

Crê-se a este propósito que o tribunal arbitral não se poderá substituir à Administração Tributária, pelo que, a resposta a dar à questão suscitada nunca poderá ser tida em termos absolutos.

Deste modo, a fronteira entre o dever de fundamentação da Administração, e o princípio do inquisitório por que se rege o tribunal arbitral terá de ser *avaliada casuisticamente* tendo sempre em especial consideração que o recorte/contextualização de direito que é dada no acto que fundamenta o acto tributário cristaliza-se, pelo menos quanto *àquele acto tributário*, na ordem jurídica.

3. Forma da decisão arbitral

A forma da decisão arbitral é uma questão que decorre da conjugação dos n.ºs 3 e 5 do artigo 22.º e, bem assim, de outros preceitos do RJAT.

Antes de mais, não há dúvida que a decisão arbitral deverá ser reduzida a escrito e que caberá ao árbitro-presidente redigi-la. Esta é, de resto, a razão que

---

[392] Como se verá em anotação ao artigo 28.º, n.º 1, os caso ditos de *mero erro de julgamento* não são fundamento de impugnação da decisão arbitral. A questão toma particular importância na medida em que na arbitragem em matéria tributária está prevista, como se sabe, a regra da irrecorribilidade do mérito das decisões arbitrais.

fez com que o legislador impusesse que o árbitro-presidente fosse um jurista. É também por esta razão que o árbitro-presidente é melhor remunerado que os restantes árbitros do colectivo.

Com efeito, viu-se a este propósito que, nos termos do n.º 3 do artigo 7.º, na arbitragem tributária podem ser árbitros, não-licenciados em direito desde que, do ponto de vista técnico, a decisão exija um conhecimento diferente do direito tributário. Porém, estes árbitros não juristas só poderão intervir enquanto árbitros não-presidentes e em tribunal colectivo. Esta proibição legal, concretizada no impedimento de o árbitro-presidente ser um não-jurista, é compreensível na medida em que é ao árbitro-presidente que cumpre redigir a decisão arbitral. Ora, não há dúvidas que a decisão arbitral é uma sentença jurisdicional a qual, em casos especialmente previstos no RJAT, mormente no artigo 25.º e no artigo 26.º que se comentará de seguida, é recorrível, donde parece prudente esta preocupação do legislador em garantir que o árbitro-presidente seja um licenciado em direito.

Posto isto, resta então referir que além da forma escrita a decisão arbitral deverá, por imposição do n.º 3 do artigo 22.º, conter a assinatura dos árbitros ou do árbitro que deliberou/deliberaram e, bem assim, a data em que foi proferida, sendo remetido um exemplar assinado da decisão a cada uma das partes. Por último, e no caso de se estar perante um tribunal colectivo sabe-se também que, no caso de a deliberação ser decomposta em decisões parciais, também poderá ser reduzido a escrito e, como tal, constar da decisão arbitral o voto de vencido dos árbitros, quanto à decisão arbitral e quanto às pronúncias parciais – a título de exemplo vejam-se as decisões proferidas nos processos arbitrais n.ºs 236/2013-T e 202/2013-T[393], onde foram lavrados votos de vencido quanto à apreciação de excepções de incompetência, sendo que neste último foi o próprio árbitro-presidente a votar vencido.

---

[393] Ambas disponíveis em http://www.caad.org.pt/.

Artigo 23.º – Dissolução do tribunal arbitral

Após a notificação da decisão arbitral, o Centro de Arbitragem Administrativa notifica as partes do arquivamento do processo, considerando-se o tribunal arbitral dissolvido nessa data.

ANOTAÇÃO
1. Arquivamento do processo e dissolução do tribunal arbitral
   1.1 Doutrina do "functus officio" na LAV de 1986
2. Rectificação e esclarecimento da sentença arbitral
3. Dissolução do tribunal vs. recurso para o Tribunal Constitucional

Este preceito concretiza o momento a partir do qual se considera arquivado o processo arbitral e, consequentemente, dissolvido o tribunal arbitral.

Recorde-se que, nos termos do disposto no artigo 21.º, n.º 1, o legislador estabeleceu um limite temporal de 6 meses de duração da fase processual, que terminará com a prolação da decisão arbitral e respectiva notificação às partes. Aquele é o primeiro preceito a fazer referência à notificação da decisão arbitral.

O artigo 23.º, por seu turno, faz referência não só àquela notificação da decisão arbitral mas também, e primordialmente, à notificação de arquivamento do processo.

1. Arquivamento do processo e dissolução do tribunal arbitral

Proferida a decisão arbitral o legislador previu, como se referiu, não uma, mas duas notificações às partes. Por um lado, a notificação da decisão arbitral, por outro, a notificação do arquivamento do processo.

A letra da lei parece querer indicar a existência de um determinado lapso temporal entre ambas as notificações.

O legislador não estabeleceu, porém, o "quando" da notificação do arquivamento do processo. Idealmente, ao que se julga, este arquivamento deveria ocorrer apenas com o trânsito em julgado da decisão arbitral, ou seja, quando esta já não fosse susceptível de recurso ou impugnação. Esta solução não foi, porém, vertida na lei, tendo-se, aliás, mostrado impraticável desde logo porque o CAAD não é informado de uma eventual impugnação da decisão arbitral, ao abrigo do artigo 27.º[394].

---

[394] Ao contrário do recurso de constitucionalidade para o Tribunal Constitucional e do recurso por oposição de acórdãos para o STA em que o artigo 25.º, n.º 5 obriga a comunicação da sua interposição ao CAAD e à outra parte.

O CAAD teve, então, de contornar esta omissão legislativa adoptando a prática da notificação simultânea da decisão arbitral e do arquivamento do processo. Dito de outro modo, respeitando o prazo de 6 meses de duração da fase processual arbitral imposto pelo n.º 1 do artigo 21.º, o tribunal arbitral emite a decisão e o CAAD notifica as partes da decisão arbitral e, bem assim, no mesmo acto, do arquivamento do processo.

Por força deste arquivamento do processo, considera-se extinto o tribunal arbitral.

A importância desta dissolução surge desde logo quando se olha ao disposto no artigo 24.º que sob a epígrafe "Efeitos da decisão arbitral de que não caiba recurso ou impugnação" elenca, precisamente, o rol de efeitos produzidos pela decisão arbitral transitada em julgado. Será ainda importante para definir a possibilidade de recurso ou de impugnação a que se referem os artigos 25.º e 27.º. Porém, e porque muito há a dizer a respeito dos efeitos da decisão de que não caiba recurso ou impugnação, ou do que sucederá no caso de recurso, ou do que se passará no caso de haver impugnação da decisão arbitral, remete-se esta matéria para os nossos comentários aos artigos 24.º, 25.º, 26.º, 27.º e 28.º.

Acontece que a omissão legislativa, e a prática do CAAD de notificação da decisão de arquivamento simultânea à notificação da decisão, criaram uma série de incongruências e lacunas de regime, como por exemplo, a impossibilidade de rectificação de erros materiais e/ou esclarecimento de sentença, ou ainda a falta de previsão de proferimento de sentenças adicionais.

A prática instaurada acabou por resultar no surgimento de um problema que, tendo-se colocado ao abrigo da LAV de 1986, ficou porém resolvido com a nova LAV de 2011 e que se relaciona com a doutrina do *functus officio*.

1.1. Doutrina do *"functus officio"* na LAV de 1986

No artigo 25.º da LAV de 1986 (Lei n.º 31/86, de 29 de Agosto) previa-se que "o poder jurisdicional dos árbitros finda com a notificação do depósito da decisão que pôs termo ao litígio ou, quando tal despósito seja dispensado, com a notificação da decisão às partes". Adoptava-se então a doutrina que ficou conhecida como *functus officio*, expressão latina utilizada para exprimir a ideia de tarefa executada.

Explica ALEXANDRA VALPAÇOS G. CAMPOS que "historicamente, o princípio *functus officio* nasceu numa era de hostilidade judicial em relação ao processo arbitral, motivada pela percepção de que os árbitros seriam mais susceptíveis a pressões para alterar o desfecho do litígio, por não beneficiarem da protecção institucional atribuída aos juízes. Evitava-se, deste modo, que a parte vencida tentasse conseguir uma alteração da decisão arbitral a seu favor"[395].

O que se pretendia era que, uma vez proferida a sentença arbitral, e notificadas as partes, os árbitros perderiam a sua competência jurisdicional porque se encontrava então dissolvido o tribunal arbitral.

Entre outras questões, a doutrina do *functus officio* levantava problemas de maior por, em princípio, não permitir que os árbitros esclarecessem ambiguidades da própria sentença, ou sequer rectificassem erros materiais fosse por requerimento das partes ou mesmo oficiosamente. A situação era levada ao extremo quando a decisão arbitral em causa não fosse passível de recurso[396].

Ainda na vigência da LAV de 1986, a Doutrina entendia ser forçosa a possibilidade de rectificação de erros materiais ou esclarecimento de ambiguidades da sentença pelo tribunal arbitral, a requerimento das partes ou mesmo oficiosamente. Não se permitia, porém, que o tribunal arbitral suprisse nulidades da sentença, ainda que se pudesse equacionar a possibilidade de o tribunal arbitral suprir uma nulidade por omissão de pronúncia mediante o proferimento de uma sentença adicional.

Adianta-se que, com a LAV de 2011, estas questões deixaram de se colocar na medida em o actual artigo 45.º daquele diploma prevê, precisamente, a rectificação e esclarecimento da sentença arbitral e o proferimento de sentença adicional enquanto excepções à regra do *functus officio*.

No que repeita ao RJAT, julga-se, como se referiu, que a simultânea notificação da decisão arbitral e do arquivamento do processo implica, em teoria, uma solução análoga à que vinha prevista na LAV de 1986, na medida em que com aquela notificação, que, insista-se, é simultânea, considera-se dissolvido o tribunal arbitral, esgotando-se o seu poder jurisdicional.

É nesta medida que este artigo 23.º coloca os mesmos problemas que se colocavam na vigência da LAV de 1986 que, porém, serão resolvidos com maior facilidade por meio do direito subsidiariamente aplicável, como se verá no ponto seguinte.

---

[395] ALEXANDRA VALPAÇOS GOMES DE CAMPOS (2012) "O esgotamento do poder jurisdicional dos árbitros: correcção, interpretação e integração da sentença arbitral", 1382.
[396] Na vigência da LAV de 1986, aplicável às arbitragens em matéria cível e comercial e, bem assim, em matéria administrativa, por via do artigo 181.º, n.º 1 do CPTA, a regra era a recorribilidade da sentença arbitral, podendo as partes renunciar, por mútuo acordo, ao recurso de mérito da decisão.

2. Rectificação e esclarecimento da sentença arbitral

Como acima se referiu, as questões levantadas no âmbito da LAV de 1986 levaram a que o legislador consagrasse um artigo 45.º que, sob a epígrafe "Rectificação e esclarecimento da sentença; sentença adicional", confere às partes o poder de, no prazo de 30 dias a contar da recepção da notificação da sentença arbitral, "requerer ao tribunal arbitral que rectifique, no texto daquela, qualquer erro de cálculo, erro material ou tipógrafo ou qualquer erro de natureza idêntica" (n.º 1) ou ainda "pedir ao tribunal arbitral o esclarecimento de alguma obscuridade ou ambiguidade da sentença ou dos seus fundamentos" (n.º 2). Esta opção legislativa encontra-se, de resto, em paralelo com o artigo 33.º da Lei-Modelo da CNUDCI – Comissão das Nacções Unidas para o Direito Comercial Internacional.

Ora, independentemente de se considerar que a prática resultante das deficiências legislativas do artigo 23.º acaba por determinar que com a notificação da decisão arbitral, fica esgotado o poder jurisdicional dos árbitros, por força da dissolução do tribunal arbitral, sempre se poderá admitir o recurso ao disposto naquele artigo 45.º da LAV de 2011 para colmatar a omissão legislativa. Com efeito, a LAV de 2011 é aplicável à arbitragem em matéria tributária *ex vi* artigo 29.º, n.º 1, alínea *c*) do RJAT, na medida em que é também aplicável à arbitragem administrativa por via do artigo 181.º, n.º 1 do CPTA.

Nesse sentido, uma vez notificada às partes a sentença arbitral, as partes deveriam poder requerer, no prazo máximo de 30 dias, a rectificação de erros de cálculo, erros materiais ou tipográficos, ou qualquer erro de matéria idêntica e, bem assim, o esclarecimento de qualquer obscuridade ou ambiguidade da sentença ou dos seus fundamentos, contando que notifiquem a contraparte do pedido, ao abrigo do artigo 45.º, n.ºs 1 e 2 da LAV de 2011. O tribunal arbitral teria então 30 dias para, tendo dado possibilidade à contraparte do exercício do contraditório, rectificar ou esclarecer, fazendo o esclarecimento de parte integrante da sentença, segundo o disposto no artigo 45.º, n.º 3 da LAV de 2011[397]. O próprio tribunal arbitral poderia rectificar oficiosamente qualquer dos erros acima referidos, no mesmo prazo de 30 dias, nos termos do artigo 45.º, n.º 4 da LAV de 2011. A aplicação deste artigo 45.º da LAV de 2011 implicaria, assim, que

---

[397] O primeiro projecto do RJAT contemplava uma solução que está hoje vertida no projecto de lei da Arbitragem Tributária de Cabo Verde: a notificação às partes do projecto da decisão. Esta notificação permitia, em rigor, um instituto semelhante ao previsto no artigo 45.º da LAV de 2011, admitindo-se uma espécie de aclaração da decisão arbitral.

o tribunal arbitral tributário se mantivesse competente, mesmo após a notificação da decisão e do arquivamento do processo, para a rectificação de erros materiais e para o esclarecimento de ambiguidades da sentença.

O problema desta aplicação subsidiária da LAV de 2011 é de articulação destas disposições com a contagem dos prazos para recorrer ou para impugnar a decisão arbitral. Como se verá nas anotações aos artigos 25.º e 27.º, a parte poderá recorrer para o Tribunal Constitucional no prazo de 10 dias[398], ou para o STA no prazo de 30 dias[399], ambos a contar da notificação da decisão arbitral, sendo-lhe ainda permitida a impugnação da decisão arbitral no prazo de 15 dias[400], contados ou da notificação da decisão ou da notificação do arquivamento que, como se sabe, são simultâneas.

Compreenda-se, antes de mais, que a possibilidade de correcção de erros materiais ou de esclarecimento de ambiguidades de sentença não interfere com a apreciação do mérito da causa na decisão proferida. Deste modo, e ao que se julga, da aplicação das regras constantes do artigo 45.º da LAV de 2011 não decorreria, em princípio, qualquer "interferência" no regime dos recursos previstos no artigo 25.º.

Neste sentido, e para quem propugne a aplicação subsidiária do regime da LAV de 2011, haveria várias hipóteses. À primeira vista, o prazo para impugnar a decisão arbitral só se iniciaria uma vez decorrido o prazo de 30 dias de que as partes dispõem para, ao abrigo do artigo 45.º da LAV de 2011, pedir a rectificação do erro ou o esclarecimento da sentença. A segunda seria a de se defender que o prazo de 30 dias, que na LAV é metade do prazo que as partes têm para impugnar a decisão arbitral – 60 dias –, seria, numa aplicação analógica, de 8 dias já que o prazo para a impugnação da decisão arbitral é de 15 dias.

À semelhança do que já vinha entendendo a Doutrina na vigência da LAV de 1986, defende-se a possibilidade de correcção de erros materiais e esclarecimento de ambiguidades das decisões arbitrais tributárias. Admite-se, porém, como se viu, que esta susceptibilidade de aclaração da sentença poderá colocar questões de compatibilidades ao nível dos prazos para recorrer ou impugnar. A questão é, pois, merecedora de intervenção legislativa.

Do mesmo modo, poderá haver quem defenda a aplicação subsidiária do disposto no n.º 5 do artigo 45.º da LAV de 2011, segundo o qual "salvo convenção

---

[398] Cf. artigo 75.º, n.º 1 da LTC.
[399] Cf. artigo 152.º, n.º 1 do CPTA.
[400] Cf. artigo 27.º, n.º 1 do RJAT.

das partes em contrário, qualquer das partes pode, notificando disso a outra, requerer ao tribunal arbitral, nos 30 dias seguintes à data em que recebeu a notificação da sentença, que profira uma sentença adicional sobre partes do pedido ou dos pedidos apresentados no decurso do processo arbitral, que não hajam sido decididas na sentença.". A única vantagem da aplicação desta regra reside no facto de, nesta possibilidade, o tribunal proferir sentença adicional o que, no entender de alguns, só abonaria em favor do princípio da tutela jurisdicional efectiva e ainda do princípio da economia processual. Não se concorda com a aplicação desta regra à arbitragem tributária, acompanhando-se portanto LOPES DE SOUSA na negação da aplicação subsidiária desta norma. Argumenta-se para o efeito que o artigo 28.º prevê já na sua alínea *c*) do n.º 1 a omissão de pronúncia como fundamento de impugnação da decisão arbitral[401]. Não pode ser este porém o argumento decisivo uma vez que, a bem ver, também a LAV de 2011, no seu artigo 46.º, n.º 3 alínea *a*) inciso *v*) prevê a omissão de pronúncia como fundamento para anulação da decisão arbitral pese embora preveja também esta figura da sentença adicional.

Julga-se é que a compatibilização deste prazo com os restantes prazos de recurso e, em especial, de impugnação da decisão arbitral traria ao sistema mais incongruências do que soluções. Admite-se então que o legislador do RJAT deveria expressamente permitir a figura da *sentença adicional* uma vez que só iria facilitar e acelerar a definitividade da decisão arbitral na medida em que seria dada a possibilidade às partes de a requererem. Não há pois necessidade de "ocupar" os tribunais judiciais com uma impugnação de decisão arbitral quando, bem vistas as coisas, o próprio tribunal arbitral a poderia ter sanado. Porém, tal qual está o RJAT, não há a possibilidade de aplicar a regra da LAV de 2011 ainda que subsidiariamente.

3. Dissolução do tribunal vs. recurso para o Tribunal Constitucional

A dissolução do tribunal arbitral com a notificação da decisão e do arquivamento do processo coloca ainda outras questões relacionadas com o recurso para o Tribunal Constitucional e com a impugnação da decisão arbitral.

Quanto à impugnação da decisão arbitral, regulada pelos artigos 27.º e 28.º, o problema prende-se com a natureza *cassatória* daquele meio processual e com os efeitos da decisão do TCA Sul que anule a decisão arbitral proferida. Com

---

[401] Cf. JORGE LOPES DE SOUSA (2013) "Comentário ao Regime Jurídico da Arbitragem Tributária", 206.

efeito, na medida em que o tribunal arbitral se dissolveu com a notificação da decisão e do arquivamento do processo, questiona-se o que se sucederá à anulação da decisão arbitral. Esta questão será porém analisada na anotação ao artigo 27.º para cujos comentários se remete.

Quanto ao recurso para o Tribunal Constitucional, a questão é diferente e merece um tratamento autónomo na presente anotação, sem prejuízo da leitura dos comentários a este propósito tecidos em comentário ao artigo 25.º. Compreenda-se, ainda que sucintamente, a questão:

Pese embora a consagração da regra da irrecorribilidade da decisão arbitral, o legislador previu, em respeito pelo disposto no artigo 204.º da CRP, a interposição de recurso de constitucionalidade da decisão arbitral. Assim, sobre este recurso da decisão arbitral para o Tribunal Constitucional versam, em especial, os artigos 25.º, n.ºs 1, 4 e 5 e 26.º do RJAT, e, em geral, os artigos 69.º a 85.º da Lei n.º 28/82, de 15 de Novembro, sobre a organização, funcionamento e processo do Tribunal Constitucional (LTC). Ao abrigo do artigo 75.º, n.º 1 da LTC, o recurso deve ser interposto no prazo de 10 dias a contar da notificação da decisão arbitral.

O artigo 25.º, n.º 4 do RJAT estabelece que o recurso para o STA e, bem assim, o recurso para o Tribunal Constitucional, são apresentados por meio de requerimento *no tribunal competente para conhecer do recurso*. Por seu turno, o artigo 76.º, n.º 1 da LTC determina que a competência para apreciar a admissão do recurso *pertence ao tribunal de cuja decisão se recorre*.

A LTC é, hoje, uma lei orgânica, logo, de natureza reforçada. Do valor reforçado da LTC decorre, portanto que a contradição normativa existente entre o artigo 25.º, n.º 4 do RJAT e o artigo 76.º, n.º 1 da LTC se resolve em favor deste último. Este foi, de resto, o entendimento perfilhado pelo próprio Tribunal Constitucional no Acórdão n.º 281/2014[402]. Isto significa, na prática, que o artigo 25.º, n.º 4 deve ser lido à luz da lei superior, ou seja, como reportando-se unicamente ao recurso para o STA e não já para o Tribunal Constitucional. Assim, o requerimento de recurso de constitucionalidade deve ser entregue junto do tribunal arbitral de cuja decisão se recorre. Sucede, porém, que o tribunal de cuja decisão se recorre está, ao abrigo do artigo 23.º, ou pelo menos ao abrigo de uma interpretação literal daquele preceito, dissolvido, encontrando-se esgotado o seu poder jurisdicional, nos termos *supra* expostos.

---

[402] Acórdão do Tribunal Constitucional n.º 281/2014, de 25/03/2014, disponível em http://www.tribunalconstitucional.pt/.

A solução encontrada pelo CAAD é, ao que se sabe, a reconstituição do tribunal arbitral que proferiu a decisão, a fim de apreciar a admissibilidade do recurso de constitucionalidade sempre que este seja interposto. Dito de outro modo, entende-se que, por força do artigo 23.º o tribunal chega efectivamente a dissolver-se, reconstituindo-se porém, quando a parte interponha recurso de constitucionalidade, por o artigo 76.º, n.º 1 da LTC a tal obrigar. Trata-se de uma espécie de repristinação do tribunal recorrido. Esta solução não está, contudo, isenta de problemas de aplicabilidade prática que, pese embora possam não ter ainda ocorrido, poderão, por mais que não seja, em teoria, ocorrer. Como poderá o CAAD determinar a reconstituição do tribunal arbitral que proferiu a decisão se, por exemplo, no espaço temporal de 10 dias entre a notificação da decisão e a interposição de recurso, ocorreu alguma situação determinativa de impedimento do(s) árbitro(s) que compõem o tribunal recorrido? Não poderá algum ou alguns dos árbitros recusar-se a essa mesma reconstituição? Quais as consequências dessa reconstituição no que respeita a custas do processo arbitral?

A solução que se propõe passa por uma outra ordem de raciocínio. Se o artigo 25.º, n.º 4 do RJAT deverá ser lido à luz da LTC enquanto lei de valor superior, também o artigo 23.º do RJAT deverá sofrer uma interpretação sistemática e teleológica. Assim, onde se lê "(...) notifica as partes do arquivamento do processo, considerando-se o tribunal arbitral dissolvido nessa data", deverá, na verdade ler-se "(...) notifica as partes do arquivamento do processo, considerando-se o tribunal arbitral dissolvido nessa data, *salvo lei superior que determine o contrário*".

Seguindo-se esta interpretação, os efeitos do arquivamento do processo arbitral, *maxime* o esgotamento do poder jurisdicional dos árbitros, ficariam suspensos, *pelo menos até o decurso do prazo de 10 dias* de que as partes dispõem para interpor recurso para o Tribunal Constitucional, e apenas para efeitos de apreciação da admissibilidade desse recurso.

Posto isto, uma de duas hipóteses é, em teoria, possível: ou (1) o recurso não é interposto, e o tribunal arbitral se dissolve passados os 10 dias; ou (2) o recurso é interposto e mantém-se a suspensão dos efeitos da notificação de arquivamento até que seja proferida decisão pelo Tribunal Constitucional. Tudo porque, como se verá em comentário ao artigo 25.º, o artigo 80.º, n.º 2 da LTC determina que, sendo dado provimento ao recurso, ainda que só parcialmente, os autos baixem ao tribunal de onde provieram para que este reformule a sua decisão, em consonância com a decisão de recurso. É, portanto, o artigo 80.º, n.º 2 da LTC – insista--se, lei de valor reforçado –, que legitima que o tribunal arbitral mantenha, para efeitos de processo de verificação concreta da constitucionalidade, e apenas para esses, o seu poder jurisdicional.

A não ser assim, ter-se-ia de admitir, mais uma vez, que o tribunal se dissolveu (novamente) após a decisão de admissibilidade de recurso e que se voltaria a reconstituir, nos exactos termos da sua formação primária, caso fosse necessário reformular a decisão arbitral. Colocam-se aqui as mesmas questões quanto a impedimentos e quanto a custas. Aliás, as questões aqui têm mais força na medida em que entre a admissibilidade do recurso e a prolação da decisão de recurso pelo Tribunal Constitucional ocorrerá um lapso temporal considerável[403].

Posto isto, defende-se aqui que para efeitos de questões relacionadas com o recurso de constitucionalidade da decisão arbitral, e apenas para estes, quer o artigo 25.º, n.º 4, quer o artigo 23.º do RJAT deverão ser lidos à luz dos artigos 76.º, n.º 1 e 80.º, n.º 2 da LTC, sob pena de inconstitucionalidade[404]. Esta interpretação determina, então, que os efeitos da notificação do arquivamento do processo arbitral, *maxime*, o esgotamento do poder jurisdicional dos árbitros, se consideram suspensos pelo menos até o decurso do prazo de 10 dias para recorrer e, no limite, até a decisão de recurso que venha a ser proferida pelo Tribunal Constitucional.

---

[403] Sobre esta questão, vejam-se os comentários tecidos em anotação ao artigo 25.º.

[404] Aliás, o Tribunal Constitucional já se pronunciou no sentido da inconstitucionalidade orgânica do artigo 25.º, n.º 4 quando interpretado no sentido de o requerimento de recurso ser apresentado e apreciado pelo próprio Tribunal Constitucional, em completa contradição com o disposto no artigo 76.º, n.º 1 da LTC (cf. Acórdão do Tribunal Constitucional n.º 713/2014, de 28/10/2014, disponível em http://tribunalconstitucional.pt/).

Artigo 24.º – Efeitos da decisão arbitral de que não caiba recurso ou impugnação

1 – A decisão arbitral sobre o mérito da pretensão de que não caiba recurso ou impugnação vincula a administração tributária a partir do termo do prazo previsto para o recurso ou impugnação, devendo esta, nos exactos termos da procedência da decisão arbitral a favor do sujeito passivo e até ao termo do prazo previsto para a execução espontânea das sentenças dos tribunais judiciais tributários, alternativa ou cumulativamente, consoante o caso:

a) Praticar o acto tributário legalmente devido em substituição do acto objecto da decisão arbitral;

b) Restabelecer a situação que existiria se o acto tributário objecto da decisão arbitral não tivesse sido praticado, adoptando os actos e operações necessários para o efeito;

c) Rever os actos tributários que se encontrem numa relação de prejudicialidade ou de dependência com os actos tributários objecto da decisão arbitral, designadamente por se inscreverem no âmbito da mesma relação jurídica de imposto, ainda que correspondentes a obrigações periódicas distintas, alterando-os ou substituindo-os, total ou parcialmente;

d) Liquidar as prestações tributárias em conformidade com a decisão arbitral ou abster-se de as liquidar.

2 – Sem prejuízo dos demais efeitos previstos no Código de Procedimento e de Processo Tributário, a decisão arbitral sobre o mérito da pretensão de que não caiba recurso ou impugnação preclude o direito de, com os mesmos fundamentos, reclamar, impugnar, requerer a revisão ou a promoção da revisão oficiosa, ou suscitar pronúncia arbitral sobre os actos objecto desses pedidos ou sobre os consequentes actos de liquidação.

3 – Quando a decisão arbitral ponha termo ao processo sem conhecer do mérito da pretensão por facto não imputável ao sujeito passivo, os prazos para a reclamação, impugnação, revisão, promoção da revisão oficiosa, revisão da matéria tributável ou para suscitar nova pronúncia arbitral dos actos objecto da pretensão arbitral deduzida contam-se a partir da notificação da decisão arbitral.

4 – A decisão arbitral preclude o direito de a administração tributária praticar novo acto tributário relativamente ao mesmo sujeito passivo ou obrigado tributário e período de tributação, salvo nos casos em que este

se fundamente em factos novos diferentes dos que motivaram a decisão arbitral.

5 – É devido o pagamento de juros, independentemente da sua natureza, nos termos previsto na lei geral tributária e no Código de Procedimento e de Processo Tributário.

ANOTAÇÃO
1. Efeitos da decisão arbitral que conheça do mérito da pretensão
  1.1. Efeitos para a Autoridade Tributária
  1.2. Efeitos para o Requerente
2. Efeitos da decisão arbitral que não conhece do mérito da pretensão

O presente artigo trata dos efeitos da decisão arbitral, da qual não caiba recurso ou impugnação.

Neste ponto em concreto, haverá desde já que compreender que, independentemente de se estar perante uma decisão arbitral que conheça do mérito da pretensão ou de uma decisão arbitral que ponha termo ao processo sem conhecer do mérito da pretensão, haverá efeitos que deverão ser acautelados. São esses efeitos que vêm regulados neste artigo 24.º.

Assim, os números 1 e 2 tratam dos efeitos da decisão arbitral de mérito da qual não caiba recurso ou impugnação.

Aqui convém fazer desde já um esclarecimento: as decisões arbitrais das quais não cabe recurso ou impugnação são todas aquelas em que *já decorreu o prazo para interposição de recurso ou para as impugnar*.

Com efeito, a fórmula utilizada pelo legislador neste artigo não foi a melhor. Em boa verdade, não estando previstas alçadas nos tribunais arbitrais tributários, até o decorrer dos respectivos prazos, qualquer decisão arbitral é ainda susceptível de recurso ou de impugnação. Deste modo, a referência às decisões arbitrais de que não caiba recurso ou impugnação deve ser interpretada como referindo-se às decisões de que *já* não caiba recurso ou impugnação, por terem decorrido já os prazos para a sua interposição – no fundo, estabelecem-se aqui dos efeitos das sentenças arbitrais transitadas em julgado[405].

Tratar-se-á então de perceber, no ponto 1., quais os efeitos assacados pelo legislador para a decisão arbitral que conheça do mérito da pretensão.

---

[405] No mesmo sentido veja-se Jorge Lopes de Sousa (2013) "Comentário ao Regime Jurídico da Arbitragem Tributária", 207.

Neste artigo estão também estabelecidos os efeitos previstos pelo legislador para aquelas decisões arbitrais que põem termo ao processo sem, porém, conhecerem do mérito da causa. Esta é uma matéria regulada no n.º 3 deste artigo 24.º e que será objecto de análise no ponto 2..

Já os n.ºs 4 e 5 encerram aqueles efeitos que, em teoria, ocorrerão independentemente de a decisão arbitral conhecer do mérito da pretensão ou não. A estes efeitos far-se-á referência, ao longo da anotação, à medida que vá sendo oportuno, nos pontos 1. e 2..

No seguimento do que se disse *supra*, a decisão arbitral da qual já não seja possível interposição de recurso ou de impugnação, transita em julgado. Na medida em que o objecto da presente anotação diz respeito aos efeitos da decisão arbitral, cumpre fazer uma breve alusão ao *caso julgado das decisões arbitrais em matéria tributária*.

O efeito de caso julgado consiste na insusceptibilidade de substituição ou modificação da decisão por qualquer tribunal, incluindo o tribunal que a tenha proferido. O resultado do conflito expresso na decisão torna-se indiscutível[406].

O caso julgado pode ser material ou formal.

Haverá *caso julgado formal*, só vinculando no próprio processo em que a decisão foi proferida, quando a questão decidida tenha carácter processual. Neste caso, o tribunal não poderá, na mesma acção, alterar a decisão proferida, mas nada obsta a que a mesma questão processual seja decidida, numa outra acção, de forma diferente.

Haverá *caso julgado material* sempre que a questão decidida diga respeito à relação material controvertida, ou seja, ao mérito da causa. O caso julgado material tem força obrigatória dentro e fora do processo, impedindo assim que o mesmo tribunal, ou outro tribunal (ou outra qualquer entidade administrativa), possa decidir de modo diferente a mesma pretensão. Este efeito obsta, como é sabido, a que uma decisão anteriormente proferida e transitada seja modificada por uma segunda decisão em processo posterior – garantia de imodificabilidade e irrepetibilidade das decisões transitadas enquanto expressão do princípio da certeza e segurança jurídicas.

---

[406] João Paulo Remédio Marques (2011) *A Acção Declarativa à Luz do Código Revisto*, 670.

1. Efeitos da decisão arbitral que conheça do mérito da pretensão

Se bem se compreende o disposto nos n.ºs 1 e 2 e, bem assim, nos n.ºs 4 e 5 do presente artigo, a sua análise pode dividir-se em três pontos distintos.

Um primeiro, quanto aos efeitos da decisão arbitral que conheça do mérito da pretensão na óptica da Administração Tributária. Um segundo, sobre os efeitos que se dirigem ao contribuinte, maioritariamente decorrentes do n.º 2 do presente artigo. E um terceiro, relativamente a efeitos que se dirigem quer à Administração Tributária quer ao contribuinte, como aqueles que vêm previstos no n.º 5. Olhe-se, então para cada um em particular.

Antes porém, e concretizando o que se referiu a propósito do caso julgado, compreenda-se desde já que as decisões arbitrais que conheçam do mérito da questão controvertida fazem *caso julgado material*, ou seja, têm força obrigatória dentro e fora do processo.

O efeito produzir-se-á apenas, como se sabe, com o trânsito em julgado da decisão, *i.e.*, quando da decisão arbitral já não caiba recurso ou impugnação. É, por isso, pertinente adiantar aqui parte da matéria que será objecto de anotação nos artigos 25.º a 28.º, especialmente no que respeita aos prazos para apresentar os diversos meios impugnatórios.

Assim, sem prejuízo de uma leitura dos comentários aos artigos 25.º a 28.º, adianta-se que o *prazo para interpor recurso da decisão arbitral é de 10 ou 30 dias*, dependendo de se tratar de um recurso para o Tribunal Constitucional, nos termos do artigo 75.º, n.º 1 LTC ou de um recurso para o STA, ao abrigo do disposto no artigo 152.º do CPTA *ex vi* artigo 25.º, n.º 3 do RJAT. Ambos os prazos se contam a partir da notificação da decisão arbitral e, tratando-se de prazos processuais, seguem as regras previstas nos artigos 138.º e seguintes do CPC.

Já o *prazo para suscitar a anulação da decisão arbitral com base na sua impugnação é de 15 dias* contados da data da notificação da decisão e do arquivamento do processo que, na prática, são simultâneas. A contagem do prazo para impugnação da decisão arbitral deveria seguir as regras constantes do artigo 279.º do CC, por se tratar, em rigor, de um prazo substantivo. Contudo, a jurisprudência tem entendido tratar-se de um prazo processual, contado nos termos dos artigos 138.º e seguintes do CPC[407].

Deste modo, a decisão da qual já não caiba recurso ou impugnação é aquela relativamente à qual tenham decorrido já 30 dias desde a sua notificação às par-

---

[407] Sobre esta questão do prazo substantivo para impugnar veja-se a anotação ao artigo 27.º.

tes, sendo esse o prazo mais alargado de recurso previsto e que corresponde ao prazo para recurso por oposição de acórdãos para o STA.

1.1. Efeitos para a Autoridade Tributária

Refere o n.º 1 deste artigo 24.º que a *decisão arbitral sobre o mérito da pretensão de que não caiba recurso ou impugnação* vincula a Administração Tributária a partir do termo do prazo previsto para o recurso ou impugnação. O mesmo é dizer então que para que se comecem a produzir os efeitos para a Administração Tributária de uma decisão arbitral sobre o mérito da pretensão é necessário que, após a notificação da decisão arbitral, corram 30 dias, que, como se viu, é o prazo mais lato dentro dos diferentes prazos para apresentar recurso ou impugnação da decisão arbitral.

Refere ainda este preceito que a Administração Tributária, uma vez notificada da decisão arbitral sobre o mérito da pretensão que dê, no todo ou em parte, procedência ao pedido do contribuinte deve, nos exactos termos da procedência da decisão arbitral, tomar uma ou várias atitudes que se analisarão de seguida.

Antes porém de se escalpelizar o disposto nas alíneas *a)* a *d)* do n.º 1, é necessário reter três ideias fundamentais e que são a resposta ao *"quando"*, ao *"a partir de quando"* e ao *"até quando"*.

Em primeiro lugar, perceba-se que só há efeitos que impliquem uma actuação da Administração Tributária *quando*, de alguma forma, a pretensão do contribuinte venceu. Dito de outro modo, só quando o tribunal arbitral, no todo ou em parte, deu razão ao contribuinte é que são exigidas à Administração Tributária um conjunto de obrigatoriedades e acções, por forma a executar e a dar cumprimento então à decisão do tribunal arbitral.

Em segundo lugar, a actuação da Administração Tributária deverá ocorrer *a partir do momento* em que a decisão arbitral se torna definitiva – ou, na gíria processual, transitada em julgado – o que sucede, insista-se, no prazo processual de 30 dias a contar da notificação da decisão arbitral.

Em terceiro lugar, no que respeita ao *"até quando"* haverá que ter alguma cautela.

A este propósito, o n.º 1 do artigo 24.º avança que a actuação da Administração Tributária deverá ocorrer, a partir dos acima referidos 30 dias, até ao termo do prazo previsto para a execução espontânea das sentenças dos tribunais judiciais tributários. Dito de outro modo, a Administração Tributária deverá, alternativa ou cumulativamente consoante os casos, praticar um determinado número de actos que conformem a realidade existente ao conteúdo da decisão arbitral no prazo máximo de 3 meses, nos termos do artigo 146.º, n.º 2 do CPPT. Para efeitos do disposto naquele artigo, o prazo de 3 meses para execução espontânea das sentenças e acórdãos dos tribunais tributários conta-se a partir da data em que o processo tiver sido remetido ao órgão da Administração Tributária competente para a execução, podendo porém o interessado requerer a sua remessa no prazo de 8 dias após o trânsito em julgado da decisão. Todavia, pese embora o regime previsto no artigo 146.º do CPPT, na tramitação do regime de execução de sentenças segue-se a regra prevista no artigo 176.º do CPTA para a execução de sentenças, por força do artigo 102.º, n.º 1 da LGT nos termos do qual "A execução de sentenças dos tribunais tributários e aduaneiros segue o regime previsto para a execução das sentenças dos tribunais administrativos"[408].

Ainda quanto a esta problemática coloca-se a questão de saber o que sucederá quando a Administração Tributária, decorrido o prazo de 3 meses, não execute a decisão do tribunal arbitral. A regra prevista para o incumprimento de uma sentença judicial dita que quando a Administração Tributária não dê execução à sentença no prazo de 3 meses, pode o interessado fazer valer o seu direito à execução perante o tribunal que tenha proferido a sentença em primeiro grau de jurisdição, devendo a petição ser apresentada no prazo de 6 meses, contados desde o termo do prazo de que a Administração Tributária dispunha para a execução espontânea ou da notificação da invocação de causa legítima de inexecução, conforme dispõe o artigo 176.º do CPTA.

Porém, a aplicação desta mesma regra ao caso da arbitragem parece, à primeira vista, impossível por duas razões: (1) porque o tribunal arbitral se dissolve após a notificação das partes do arquivamento do processo; e mais importante ainda, (2) porque os tribunais arbitrais não têm, por natureza, poderes coercivos necessários à imposição judicial de execução de sentença[409].

---

[408] Sobre o processo de execução de julgados veja-se a anotação ao artigo 146.º em JORGE LOPES DE SOUSA (2011) *vol. II*, 520-545.

[409] Os tribunais arbitrais, além de não serem competentes para executarem as suas decisões, estão também desprovidos dos poderes necessários para a prática de certos actos. A questão toma particular relevância no âmbito do decretamento de providências cautelares, nomeadamente o arresto, no âmbito da arbitragem voluntária e da arbitragem administrativa. De facto, nos termos do artigo 59.º, n.º 9 da LAV de 2011, a competência para execução das sentenças arbitrais pertence aos tribunais de 1ª instância; e o artigo 29.º ainda da LAV de 2011, prevê que os tribunais judiciais prestem assistência aos tribunais arbitrais, conferindo-lhes competência concorrencial. A Doutrina e jurisprudência têm vindo a deixar claro, já desde a pendência da

Na verdade, a solução é rapidamente encontrada por aplicação subsidiária de preceitos da LAV de 2011[410]. Nesse sentido, ao abrigo do disposto no n.º 7 do artigo 46.º da LAV, "a sentença arbitral de que não caiba recurso [ou impugnação] (...) tem o mesmo carácter obrigatório entre as partes que a sentença de um tribunal estadual transitada em julgado *e a mesma força executiva que a sentença de um tribunal estadual*".

Por conseguinte, nos termos do n.º 9 do artigo 59.º da LAV, será territorialmente competente para o processo de execução de julgados, previsto genericamente no artigo 146.º, n.º 1 do CPPT, o tribunal tributário do lugar da arbitragem seguindo-se então a regra prevista no artigo 176.º do CPTA para a execução de sentenças[411].

O processo de execução de sentenças de anulação de actos administrativos (*in casu*, de actos tributários) previsto nos artigos 176.º e seguintes do CPTA é, de resto, a solução que tem sido seguida no âmbito da execução coerciva de sentenças de impugnações judiciais favoráveis ao contribuinte.

Antes da entrada em vigor do CPTA, em face da redacção do então artigo 146.º do CPPT, colocava-se a questão de saber se o meio adequado para a execução de julgados prevista neste preceito seria o processo de intimação para um comportamento, previsto no artigo 147.º do CPPT, que se transpõe:

Artigo 147.º
Intimação para um comportamento

1 – Em caso de omissão, por parte da administração tributária, do dever de qualquer prestação jurídica susceptível de lesar direito ou interesse legítimo em matéria tributária, poderá o interessado requerer a sua intimação para o cumprimento desse dever junto do tribunal tributário competente.

2 – O presente meio só é aplicável quando, vistos os restantes meios contenciosos previstos no presente Código, ele for o meio mais adequado para assegurar a tutela plena, eficaz e efectiva dos direitos ou interesses em causa.

LAV de 1986, que em certos casos, como o do arresto, em que seja necessário um poder coercivo por parte do tribunal, a competência dos tribunais judiciais na matéria é, aliás, exclusiva.

[410] De recordar que embora a LAV não conste do elenco do n.º 1 do artigo 29.º do RJAT, é de aplicação subsidiária, por via da alínea *c*) do n.º 1 do artigo 29.º do RJAT, na medida em que é aplicável, por sua vez, à arbitragem administrativa *ex vi* artigo 181.º, n.º1 do CPTA.

[411] Sobre o processo de execução de julgados veja-se a anotação ao artigo 146.º em Jorge Lopes de Sousa (2011) *vol. II*, 520-545.

3 – No requerimento dirigido ao tribunal tributário de 1.ª instância deve o requerente identificar a omissão, o direito ou interesse legítimo violado ou lesado ou susceptível de violação ou lesão e o procedimento ou procedimentos a praticar pela administração tributária para os efeitos previstos no n.º 1.

4 – A administração tributária pronunciar-se-á sobre o requerimento do contribuinte no prazo de 15 dias, findos os quais o juiz resolverá, intimando, se for caso disso, a administração tributária a reintegrar o direito, reparar a lesão ou adoptar a conduta que se revelar necessária, que poderá incluir a prática de actos administrativos, no prazo que considerar razoável, que não poderá ser inferior a 30 nem superior a 120 dias.

5 – A decisão judicial especificará os actos a praticar para integral cumprimento do dever referido no n.º 1.

6 – O disposto no presente artigo aplica-se, com as adaptações necessárias, às providências cautelares a favor do contribuinte ou demais obrigados tributários, devendo o requerente invocar e provar o fundado receio de uma lesão irreparável do requerente a causar pela actuação da administração tributária e a providência requerida.

Com efeito, e atentando em especial ao disposto no n.º 1 do artigo transcrito, quando a Administração Tributária não execute voluntariamente a sentença no prazo de 3 meses há uma omissão, por parte daquela, de um dever de prestação jurídica e que é susceptível de lesar direito ou interesse legítimo do sujeito passivo.

Contudo, a entrada em vigor do CPTA veio permitir a aplicação do processo de execução de sentenças anulatórias de actos administrativos previsto no artigo 176.º e seguintes do CPTA. Como esclarece Lopes de Sousa:

> *"Antes do CPTA, nos casos em que havia uma **decisão judicial**, os interessados tinham a possibilidade de obter a respectiva execução através do meio processual de execução de julgados a que se refere o artigo 146.º, n.º 1, deste Código.*
>
> *Porém, nos casos em que havia uma **decisão administrativa** firmada na ordem jurídica, por falta de impugnação, de que emergisse qualquer direito dos contribuintes e a administração tributária não lhe desse a devida execução, não era utilizável o processo de execução de julgados e, nem à face do contencioso administrativo nem do contencioso tributário anterior ao CPPT, havia qualquer meio contencioso adequado a obter a prática dos actos necessários para dar execução a decisões que estivessem nessas condições"*
>
> *(...)*

Porém, com o CPTA, o processo de execução de julgados passou a ser aplicável à execução de actos administrativos inimpugnáveis." [412]

No âmbito do contencioso judicial tributário, a Doutrina e a jurisprudência têm entendido que a intimação para um comportamento é um meio subsidiário, ou melhor, de última *ratio*, em conformidade com o disposto no n.º 2 do preceito transcrito, nos termos do qual "o presente meio só é aplicável quando, vistos os restantes meios contenciosos previstos no presente Código, ele for o meio mais adequado a assegurar a tutela plena, eficaz e efectiva dos direitos e interesses em causa". Deste modo, prevendo-se no artigo 146.º, n.º 1, o processo para execução de julgados que segue, como se viu, a tramitação prevista no CPTA para a execução de decisões de anulação de actos administrativos[413], o processo de intimação para um comportamento não será aplicável a estes casos.

Feita esta introdução, percebam-se então quais são as acções que deverão ser levadas a cabo pela Administração Tributária perante uma decisão do tribunal arbitral sobre o mérito da pretensão que tenha, no todo ou em parte, dado provimento ao pedido do sujeito passivo e da qual já não caiba recurso ou impugnação. A resposta a esta questão está nas alíneas *a)* a *d)* do n.º 1 do presente artigo 24.º. Olhe-se a cada uma em particular.

A Administração Tributária, 30 dias após ser notificada da decisão arbitral que no todo ou em parte dê razão ao contribuinte, deverá, caso seja necessário, *praticar o acto tributário legalmente devido em substituição* do acto objecto da decisão arbitral. Isto é o que decorre da leitura da alínea *a)* do n.º 1 do artigo 24.º. Tome-se por exemplo uma decisão arbitral que julgou ilegal uma liquidação adicional com base na ilegalidade de parte das correcções de IVA constantes do Relatório de Inspecção. Imagine-se então que a liquidação adicional contestada era no montante de € 5.000,00 e que, em virtude da ilegalidade das correcções agora ditada pela decisão arbitral, o imposto em falta é de € 3.000,00, ao invés dos € 5.000,00 iniciais. Neste caso, a Administração Tributária deverá emitir uma nova liquidação adicional que substitua a liquidação adicional contestada estando, deste modo, a praticar o acto tributário legalmente devido em substituição do acto objecto da decisão arbitral.

---

[412] JORGE LOPES DE SOUSA (2011) *vol. II*, 583.
[413] Designadamente por força do disposto no artigo 102.º, n.º 1, da LGT ao referir, recorde-se, que "A execução de sentenças dos tribunais tributários e aduaneiros segue o regime previsto para a execução das sentenças dos tribunais administrativos".

A alínea *b)*, por seu turno, determina que a Administração Tributária *restabeleça a situação que existiria se o acto tributário objecto da decisão arbitral não tivesse sido praticado*, adoptando os actos e operações necessários para o efeito. Pense-se, por exemplo, nos casos em que a par da liquidação adicional é instaurado um processo de execução fiscal. Caso o contribuinte tenha prestado garantia bancária para suspender o referido processo de execução fiscal, a Administração Tributária deverá praticar o acto de extinção, total ou parcial, do processo de execução fiscal, anulando toda ou parte da garantia bancária dependendo nos exactos termos da procedência da decisão arbitral.

Já na alínea *c)* estabelece-se que a Administração Tributária deverá *rever os actos tributários que se encontrem numa relação de prejudicialidade ou de dependência* com os actos tributários objecto da decisão arbitral, designadamente por se inscreverem no âmbito da mesma relação jurídica de imposto, ainda que correspondentes a obrigações periódicas distintas, alterando-os ou substituindo-os, total ou parcialmente. Por exemplo, no caso de uma liquidação adicional de IRC relativa ao exercício de 2008, imagine-se que da decisão arbitral decorre a declaração de ilegalidade de parte da liquidação adicional por ilegalidade consequente das correcções subjacentes à liquidação adicional ao ponto de se apurar prejuízo fiscal onde antes se apurou colecta e imposto a pagar. Agora imagine-se, a Administração Tributária até pratica um novo acto de liquidação adicional nos termos da alínea *a)*, até extingue o processo de execução eventualmente instaurado nos termos da alínea *b)*. Porém, nos termos da alínea *c)* terá que emitir um acto de liquidação para o exercício de 2009 porquanto da nova liquidação adicional, emitida de acordo com a decisão arbitral no exercício de 2008, a empresa em questão teve prejuízo e não lucro. A existência de prejuízos se comunica para os anos seguintes, devendo a Administração Tributária, por conseguinte, rever os actos tributários que se encontrem numa relação de prejudicialidade ou de dependência (no exemplo que se deu: a liquidação de IRC relativa a 2009) com os actos tributários objecto da decisão arbitral (no exemplo dado: a liquidação adicional de IRC relativa a 2008). Um outro exemplo poderá respeitar àqueles casos em que a mesma correcção deu lugar a várias liquidações adicionais, por exemplo de IVA e de IRC ou de IRC e de Imposto do Selo. Uma vez declarada ilegal a correcção, ainda que esta o seja no processo arbitral circunscrito por exemplo a um só imposto, IRC ou IVA, o certo é que, nos termos do disposto nesta alínea *c)*, a Administração Tributária tem a obrigação de, no prazo de 3 meses a contar da notificação da decisão arbitral, anular o acto de liquidação adicional que dependa da correcção considerada ilegal pela decisão arbitral.

Por último, a Administração Tributária deverá também *liquidar as prestações tributárias em conformidade com a decisão arbitral ou abster-se de as liquidar*, é o que dispõe a alínea *d*). Pense-se aqui, *e.g.*, no caso de uma liquidação adicional que foi considerada ilegal pela decisão arbitral porquanto a correcção subjacente era de 10 e não de 20. Neste caso, é dever da Administração Tributária emitir uma nova liquidação adicional em conformidade com a decisão arbitral. Pense-se ainda no caso de o acto objecto da arbitragem ser um Relatório de Inspecção do qual resultaria uma liquidação adicional de 20. No entanto, a Administração Tributária – que não tinha ainda emitido a liquidação adicional consequente do Relatório objecto de discussão na arbitragem – uma vez notificada do teor da decisão arbitral, deverá abster-se de emitir a liquidação adicional de 20 devendo, caso a ela haja lugar, emitir a liquidação adicional correspondente.

Ainda a propósito dos efeitos previstos para a Administração Tributária neste artigo 24.º quanto a decisões arbitrais que conheçam do mérito da pretensão há que olhar, ainda, ao preceituado no n.º 4.

Pode ler-se então neste preceito que *a decisão arbitral preclude o direito de a Administração Tributária praticar novo acto tributário relativamente ao mesmo sujeito passivo ou obrigado tributário e período de tributação*, salvo nos casos em que este se fundamente em factos novos diferentes dos que motivaram a decisão arbitral. Esta é uma regra que decorria já do artigo 13.º, n.º 3 que refere que findo o prazo dos 30 dias previsto no n.º 1, a Administração Tributária fica impossibilitada de praticar novo acto tributário relativamente ao mesmo sujeito passivo ou obrigado tributário, imposto e período de tributação, a não ser com fundamento em factos novos. Os "factos novos", para efeitos do artigo 13.º, n.º 3, têm de ser novos *quanto ao acto objecto de discussão* na arbitragem – superveniência objectiva por referência ao objecto da causa. Já para efeitos deste artigo 24.º, n.º 4, conforme se verá, os factos deverão ser novos relativamente *à própria decisão arbitral*, ainda superveniência objectiva, mas por referência à decisão da causa.

Esta obrigação da Administração Tributária – que reflexamente se concretiza num direito do sujeito passivo – tem como objectivo, ao que se julga, acautelar a segurança jurídica do sujeito passivo. Em bom rigor, deixou-se clara no RJAT aquela máxima que tem vindo a ser bastante defendida pelos sujeitos passivos e que se prende com o facto de a Administração Tributária não poder, relativamente ao mesmo sujeito passivo ou obrigado tributário, imposto e período de tributação emitir os actos tributários que lhe aprouver tendo como único limite o prazo dos 4 anos do direito à liquidação. No entanto, esta tem sido prática corrente da Administração Tributária. De facto, quem trabalha nesta área deve ter-se deparado já com várias liquidações adicionais emitidas a um mesmo sujeito passivo relativas ao mesmo imposto e ao mesmo ano. Esta situação, que muitas vezes gera uma sucessão infindável de actos tributários – umas vezes chamados de liquidações adicionais, outras de reliquidações, outras de demonstrações de acertos de conta mas cujo âmbito material é exactamente o mesmo e que só têm é nomes diferentes – gera não só uma insegurança bastante elevada para o sujeito passivo, mas também uma grande confusão nos tribunais portugueses. Em boa verdade, e independente do que se tem defendido na Doutrina e na consultoria, a prática corrente da Administração Tributária tem sido a que acima se referiu e, por cautela, os sujeitos passivos acabam por recorrer contenciosamente das sucessivas liquidações, as mais das vezes em processos diferentes, gerando então litigância excessiva e desnecessária e, bem assim, dando aso à existência de decisões contraditórias.

Em face do exposto, apoia-se a opção do legislador de deixar claro uma regra que prevê que a Administração Tributária tem uma só oportunidade para definir a situação jurídica do contribuinte – e que decorre também, ao que se crê, da LGT e do CPPT. Esta oportunidade, concretizada na data em que emite o acto tributário, é reforçada por aquele que se denominou de "período do arrependimento" e que é de 30 dias, conforme se prevê no artigo 13.º. Assim, uma vez mais a Administração Tributária tem a hipótese de, olhando aos argumentos do sujeito passivo, decidir se quer manter o acto tributário em questão ou, pelo contrário, alterá-lo. Após este período, e uma vez emitida a decisão arbitral, a situação jurídico-tributária do contribuinte fica definitivamente regulada pelo conteúdo que decorrer desta decisão e, se a ele houver lugar nos termos do disposto nas alíneas *a)* a *d)* deste n.º 1 do artigo 24.º, pelo acto tributário substitutivo do acto considerado ilegal pela decisão arbitral. Nestes termos, cristaliza-se na ordem jurídica a situação tributária objecto da decisão arbitral, não podendo ser alterada por iniciativa da Administração Tributária a menos que ocorram factos novos.

Quanto à excepção a esta regra – a de ser permitida à Administração Tributária a prática de um novo acto tributário relativamente ao mesmo sujeito passivo ou obrigado tributário, imposto e período de tributação – diz-nos a última parte do n.º 3 que depende da existência de *factos novos*. Assim os factos têm de ser *supervenientes* relativamente não só ao acto tributário controvertido conforme decorria do n.º 3 do artigo 13.º mas também relativamente à decisão arbitral. "Factos novos" não são factos que já existiam mas que não eram conhecidos pela Administração Tributária – o que corresponderia a uma superveniência subjectiva. A imposição consagrada pelo n.º 4 é a de que os factos que fundamentam um desvio à regra da não alteração da situação jurídico-tributária do contribuinte terem que ocorrer em data posterior à decisão arbitral – o que corresponde, como já se referiu, à exigência de uma superveniência objectiva – não podendo vir a Administração Tributária defender que não os conhecia nem os podia conhecer na data em que esta decisão foi emitida.

Assim, em face de tudo o exposto, não restam dúvidas que a apresentação de pedido de constituição de tribunal arbitral preclude o direito de a Administração Tributária emitir novo acto tributário, sob qualquer nome ou sob qualquer fundamento, a menos que este tenha como fundamento factos que só ocorreram em data posterior a essa emissão. E esta é uma regra que decorre do n.º 3 do artigo 13.º. Já deste n.º 4 do nosso artigo 24.º decorre uma regra semelhante, à qual se acrescenta que após a decisão arbitral a Administração Tributária não pode praticar qualquer novo acto – que não naturalmente o devido nos termos da decisão arbitral – a menos que se baseie em factos novos, *i.e.* em factos posteriores à emissão dessa mesma decisão.

Para finalizar a temática dos efeitos para a Administração Tributária da decisão arbitral que conheça do mérito da pretensão da qual não caiba recurso ou impugnação, resta abordar a regra prevista no n.º 5 deste artigo 24.º, ou seja, do *direito ao pagamento de juros a favor do contribuinte*. Note-se que este efeito previsto no n.º 5 decorre não apenas para a Administração Tributária mas também para o contribuinte – para a primeira, o pagamento; para o segundo, o direito a esse pagamento.

Nos termos do artigo 43.º da LGT, são devidos juros indemnizatórios quando se determine, em reclamação graciosa ou impugnação judicial, que houve erro imputável aos serviços de que resulte pagamento da dívida tributária em montante superior ao legalmente devido. Bem assim, ao abrigo do disposto do artigo 100.º da LGT, sob a epígrafe "efeitos de decisão favorável ao sujeito passivo", em caso de procedência total ou parcial de reclamações ou recursos administrativos, ou de processo judicial, "à situação que existiria se não tivesse sido cometida a ilegalidade, compreendendo o pagamento de juros indemnizatórios, nos termos e condições previstos na lei".

O artigo 24.º, n.º 5, vem então "transpor" para a arbitragem estas normas que já vinham previstas no âmbito do procedimento administrativo tributário e no âmbito do processo tributário judicial. Deste modo, ao abrigo daquele preceito, são devidos juros indemnizatórios ao sujeito passivo não só quando ocorra erro imputável aos serviços, mas também quando a pretensão do contribuinte seja total ou parcialmente procedente.

O direito ao pagamento de juros indemnizatórios do contribuinte – decorrente do efeito aqui previsto, no n.º 5 deste artigo 24.º, para a Administração Tributária – tem, contudo, sido considerado pela Administração Tributária como inarbitrável. Por conseguinte, são inúmeros os processos em que, peticionado pelo contribuinte o reembolso do imposto indevidamente pago e dos respectivos juros indemnizatórios, a Autoridade Tributária e Aduaneira invoca desde logo a excepção de incompetência do tribunal arbitral para conhecimento dessas matérias. A título de exemplo, veja-se a decisão proferida no âmbito do processo arbitral n.º 66/2013-T[414]. Confrontado com a excepção dilatória de incompetência, o tribunal arbitral aí constituído concluiu que:

> *"Na verdade, apesar de não existir qualquer norma expressa nesse sentido, tem-se vindo pacificamente a entender nos tribunais tributários, desde a entrada em vigor dos códigos da reforma fiscal de 1958-1965, que pode ser cumulado em processo de impugnação judicial pedido de condenação no pagamento de juros indemnizatórios com o pedido de anulação ou de declaração de nulidade ou inexistência do acto, por nesses códigos se referir que o direito a juros indemnizatórios surge quando, em reclamação graciosa ou processo judicial, a administração seja convencida de que houve erro de facto imputável aos serviços. Este regime foi, posteriormente, generalizado no Código de Processo Tributário, que estabeleceu no n.º 1 do seu artigo 24.º que «haverá direito a juros indemnizatórios a favor do contribuinte quando, em reclamação graciosa ou processo judicial, se determine que houve erro imputável aos serviços», a seguir, na LGT, em cujo artigo 43.º, n.º 1, se estabelece que «são devidos juros indemnizatórios quando se determine, em reclamação graciosa ou impugnação judicial, que houve erro imputável aos serviços de que resulte pagamento da dívida tributária em montante superior ao legalmente devido» e, finalmente, no CPPT em que se estabeleceu, no n.º 2 do artigo 61.º (a que corresponde o n.º 4 na redacção dada pela Lei n.º 55-A/2010, de 31 de Dezembro), que «se a decisão que reconheceu o direito a juros indemnizatórios for judicial, o prazo de pagamento conta-se a partir do início do prazo da sua execução espontânea».*
>
> *Assim, à semelhança do que sucede com os tribunais tributários em processo de impugnação judicial, este Tribunal Arbitral é competente para apreciar os pedidos de reembolso da quantia paga e de pagamento de juros indemnizatórios.*

---

[414] Disponível em http://www.caad.org.pt/.

No caso em apreço, é claro que estes pedidos têm de proceder, já que as liquidações são anuladas e o erro de que enfermam é imputável à Administração Tributária, pelo que o direito a juros indemnizatórios e reconhecido pelo artigo 43.º, n.º 1, da LGT."

A finalizar, de recordar apenas o que se esclareceu na anotação ao artigo 2.º, a propósito dos poderes do tribunal arbitral, na medida em o artigo 2.º utiliza sempre e apenas a expressão "declaração de ilegalidade". Na sequência do que ali se deixou escrito, e para onde se remete, este artigo 24.º, n.º 5, aliado à jurisprudência arbitral fixada, vem demonstrar claramente que os tribunais arbitrais tributários não têm apenas poderes declarativos mas também constitutivos e condenatórios, designadamente no que diz respeito ao reconhecimento do direito a juros e a condenação no seu pagamento e, como se verá adiante, relativamente à indemnização por garantia indevidamente prestada em processo de execução entretanto instaurado.

1.2. Efeitos para o Requerente

No n.º 2 do artigo 24.º estabelece-se que, sem prejuízo dos demais efeitos previstos no CPPT, a decisão arbitral sobre o mérito da pretensão de que não caiba recurso ou impugnação preclude o direito de, com os mesmos fundamentos, reclamar, impugnar, requerer a revisão ou a promoção da revisão oficiosa, ou suscitar pronúncia arbitral sobre os actos objecto desses pedidos ou sobre os consequentes actos de liquidação.

Decorria já do n.º 4 do artigo 13.º, para cujos comentários se remete, que a apresentação dos pedidos de constituição de tribunal arbitral preclude o direito de, com os mesmos fundamentos, reclamar, impugnar, requerer a revisão, incluindo a da matéria colectável, ou a promoção da revisão oficiosa, ou suscitar pronúncia arbitral sobre os actos objecto desses pedidos ou sobre os consequentes actos de liquidação, excepto quando o procedimento arbitral termine antes da data da constituição do tribunal arbitral ou o processo arbitral termine sem uma pronúncia sobre o mérito da causa.

São diferentes, porém, as situações previstas no artigo 13.º, n.º 4 das previstas no artigo 24.º, n.º 3. De facto se naquele, o legislador consagra, como ali se referiu, uma regra de *litispendência*, neste consagra uma regra de *caso julgado material*. Esta questão foi em parte analisada em anotação ao artigo 13.º mas, por pertinência, recordam-se aqui os seus pontos fundamentais.

O caso julgado é o efeito paradigmático das sentenças jurisdicionais. O caso julgado, ou a excepção de caso julgado, pressupõe a repetição de uma causa quando a primeira foi já decidida por sentença transitada em julgado, *i.e.*, que já não admite recurso ou reclamação, no caso da arbitragem, que já não admite recurso ou impugnação, nos termos do disposto no artigo 580.º, n.º 1 do CPC. A excepção de caso julgado tem por fim evitar que o tribunal seja colocado na alternativa de contradizer ou reproduzir uma decisão anterior, conforme dispõe o artigo 580.º, n.º 2 do CPC. Para o efeito, elencam-se três pressupostos para o preenchimento do conceito de "repetição da causa": identidade de sujeitos, identidade de pedido e de causa de pedir[415].

Perceba-se desde logo que o fundamento último destas regras é a garantia da segurança e certeza jurídicas. Nesse sentido, se o legislador teve a preocupação de garantir a segurança jurídica dos sujeitos passivos através da consagração da regra prevista no n.º 4 do artigo 24.º ao não permitir que a Administração Tributária pratique mais actos relativamente à situação objecto de decisão arbitral, teve também a preocupação de garantir uma regra de *caso julgado material* relativamente a qualquer outro meio gracioso ou judicial desde que se trate do mesmo acto objecto da decisão arbitral ou de actos de liquidação consequentes. Isto porque a única variante possível é, em rigor, a identidade da causa de pedir, na medida em que há identidade de sujeitos e, bem assim, efectiva identidade de pedidos.

Assim, uma vez decidido pela arbitragem o sujeito passivo não poderá recorrer a qualquer outro meio alternativo, seja ele gracioso, judicial ou jurisdicional, a não ser que sejam diferentes os fundamentos de facto e de direito invocados, ou seja, a não ser que não ocorra identidade da causa de pedir.

Com efeito, perante a letra da lei é possível apresentar uma reclamação graciosa, deduzir uma impugnação judicial, requerer a revisão, incluindo a da matéria colectável, ou a promoção da revisão oficiosa, ou suscitar pronúncia arbitral relativamente à mesma situação controvertida e, naturalmente, relativamente ao mesmo acto tributário, desde que os respectivos factos e fundamentos de facto e de direito sejam diversos. Esta situação foi já analisada em anotação ao artigo 3.º, para cujos comentários se remete, a propósito daquela que se denominou "cumulação entre impugnação judicial e pedido de constituição de tribunal arbitral", ou seja, recurso à via judicial e à via arbitral em simultâneo.

Deste modo, se a propósito da norma constante do n.º 2 do artigo 3.º, se defendeu que o sujeito passivo poderia, simultaneamente, deduzir reclamação

---

[415] Veja-se o disposto no artigo 581.º do CPC.

graciosa e pedido de constituição de tribunal arbitral; ou recurso hierárquico e pedido de constituição de tribunal arbitral; ou impugnação judicial e pedido de constituição de tribunal arbitral na medida em que fossem diferentes os fundamentos da sua pretensão, *i.e.*, a causa de pedir, por maioria de razão também o poderá fazer após uma decisão de mérito. No fundo, toda esta questão está ligada, insista-se, ao instituto do caso julgado. Os sujeitos podem ser os mesmos, o pedido pode ser idêntico, mas não ocorrerá excepção de caso julgado se forem diferentes os fundamentos invocados para anulação de um mesmo acto tributário.

Imagine-se, por exemplo, o caso de uma decisão arbitral que julgou ilegal um Relatório de Inspecção relativo ao IRC de 2008 tendo, por conseguinte, julgado ilegal a liquidação adicional consequente. Agora imagine-se que a Administração Tributária praticou um novo acto de liquidação adicional nos termos da alínea *a)* do n.º 1 do artigo 24.º tendo, nos termos da alínea *c)* do mesmo número, emitido um acto de liquidação para o exercício de 2009, porquanto da nova liquidação adicional emitida de acordo com a decisão arbitral no exercício de 2008 a empresa em questão teve prejuízo e não lucro. Imagine-se ainda que a empresa em questão quer reclamar, impugnar, requerer a revisão, incluindo a da matéria colectável, ou a promoção da revisão oficiosa, ou suscitar pronúncia arbitral dessa liquidação adicional de IRC porquanto considera, *e.g.*, que no que em concreto respeita aos custos dedutíveis nos termos do artigo 23.º do Código do IRC a Administração Tributária não aceitou alguns que na sua óptica seriam dedutíveis. Não é pelo facto de se estar perante uma situação que foi já objecto, em parte, de uma decisão arbitral que estão esgotados todos os meios contenciosos ao dispor do contribuinte. Com efeito, só assim é, quando se esteja perante o mesmo pedido e a mesma causa de pedir, quando a causa de pedir, ou, dito de outro modo, os fundamentos, sejam diferentes daqueles que foram alegados na pretensão já julgada pela decisão arbitral. Quando não exista identidade de pedido e de causa de pedir, o sujeito passivo poderá ainda recorrer a um qualquer outro meio, seja gracioso, jurisdicional ou judicial, bastando, para tal, que esteja ainda em prazo para o efeito.

Cumpre ainda tentar perceber o que quis dizer o legislador com a expressão "sem prejuízo dos demais efeitos previstos no Código de Procedimento e de Processo Tributário". Recorda-se que ora se analisam os efeitos para o contribuinte de uma decisão arbitral que conheça do mérito da pretensão da qual não caiba recurso ou impugnação e, portanto, o legislador refere-se aqui, ao que se julga, a todos os efeitos que decorrem do CPPT e que são aplicáveis após a consolidação na ordem jurídica de uma determinada situação jurídico-fiscal, decorrente de uma decisão definitiva seja ela graciosa ou judicial. Pense-se, desde logo, na obrigação de pagamento sob pena de instauração de processo de execução fiscal. Pense-se também na obrigação de pagamento para eventual extinção de processo de execução fiscal que tivesse sido já instaurado sob pena de prosseguimento deste e eventual execução da garantia que tenha sido prestada. Pense-se ainda no direito de levantamento da garantia bancária prestada para suspensão de eventual processo de execução fiscal caso tenha sido dado provimento ao pedido do sujeito passivo. Assim, há um sem número de efeitos que decorrem das regras gerais do CPPT e que têm por indicação expressa do legislador aplicação à situação em que o sujeito passivo tem que se conformar com uma decisão arbitral definitiva, porque transitada em julgado – solução que aliás decorria já do direito subsidiário aplicável nos termos do n.º 1, alínea a) do artigo 29.º.

A propósito do direito à indemnização por garantia indevidamente prestada, faz-se novamente referência à jurisprudência já enunciada na anotação ao artigo 2.º, porquanto a Autoridade Tributária e Aduaneira tem tentado, as mais das vezes, subtrair-se à apreciação arbitral nesta matéria. Para o efeito, alega frequentemente a incompetência dos tribunais arbitrais para os pedidos de reconhecimento e quantificação do direito à indemnização por garantia indevidamente prestada. A jurisprudência arbitral, contudo, tem julgado improcedentes as excepções invocadas, entendendo-se sucintamente que:

> *"Embora as alíneas a) e b) do n.º 1 do artigo 2.º do RJAT utilizem a expressão "declaração de ilegalidade" para definir a competência dos tribunais arbitrais que funcionam no CAAD e não façam referência a decisões constitutivas (anulatórias) e condenatórias, deverá entender-se, em sintonia com a referida autorização legislativa, que se compreendem nas suas competências os poderes que em processo de impugnação são atribuídos aos tribunais tributários em relação aos actos cuja apreciação de legalidade se insere nas suas competências.*
>
> *Apesar de o processo de impugnação judicial ser essencialmente um processo de mera anulação (artigos. 99º e 124º do CPPT) pode nele ser proferida condenação da administração tributária no pagamento de juros indemnizatórios e de indemnização de garantia indevida.*
>
> *(...)*
>
> *O pedido de constituição do tribunal arbitral tem como corolário passar a ser no processo arbitral que vai ser discutida a legalidade da dívida exequenda, pelo que, como resulta*

do teor expresso daquele n.º 1 do referido artigo 171º do CPPT, é também o processo arbitral o adequado para apreciar o pedido de indemnização por garantia indevida."[416]

Para finalizar os efeitos para o contribuinte da decisão arbitral que conheça do mérito da pretensão da qual não caiba recurso ou impugnação resta abordar a regra prevista no n.º 5 deste artigo 24.º, isto é, o *direito ao pagamento de juros a favor da Administração Tributária*. Quer no CPPT quer na LGT prevê-se o direito da Administração Tributária, enquanto credor tributário, ao vencimento de juros por atraso na liquidação ou no pagamento, imputável ao contribuinte. A este respeito, fixa o n.º 1 do artigo 44.º da LGT que "[s]ão devidos juros de mora quando o sujeito passivo não pague o imposto devido no prazo legal.". Por seu turno, o n.º 1 do artigo 86.º do CPPT dita que findo o prazo de pagamento voluntário, começarão a vencer-se juros de mora nos termos das leis tributárias. Com efeito, são devidos juros de mora em toda e qualquer situação em que se verifique mora do devedor, ou seja, a partir do momento em que termina o prazo legal para pagamento voluntário de um tributo.

Deste modo, perante uma decisão arbitral que conheça do mérito da pretensão da qual não caiba recurso ou impugnação que dê razão, total ou parcialmente à Administração Tributária os juros de mora serão fixados desde a data do termo do prazo legal para pagamento voluntário até à data em que o pagamento for efectuado e que, no caso em concreto, pode ocorrer após a definitividade – ou trânsito em julgado – da decisão arbitral.

2. Efeitos da decisão arbitral que não conhece do mérito da pretensão

Olhe-se agora aos efeitos da decisão arbitral que ponha termo ao processo sem conhecer do mérito da questão controvertida.

Retenha-se, antes de mais, que uma decisão arbitral que não conheça do mérito é, como se sabe, uma decisão de forma. Nesse sentido, a decisão arbitral fará, desde logo *caso julgado formal*.

Dispõe então o n.º 3 deste artigo 24.º que caso a decisão arbitral que põe termo ao processo não conheça do mérito da pretensão por facto não imputável ao sujeito passivo, os prazos para a reclamação, impugnação, revisão, promoção da revisão oficiosa, revisão da matéria tributável ou para suscitar nova pronúncia arbitral dos actos objecto da pretensão arbitral deduzida contam-se a partir

---

[416] Processo arbitral n.º 48/2013-T, disponível em http://www.caad.org.pt/.

da notificação da decisão arbitral. O mesmo é dizer que, uma vez submetido o processo à decisão arbitral, caso esta não conheça do mérito do pedido por facto não imputável ao sujeito passivo, reiniciam-se os prazos ao seu dispor para reagir contra aquele acto tributário. Percebe-se, desde logo, que os efeitos serão diferentes consoante o não conhecimento do mérito seja ou não imputável ao sujeito passivo.

Haverá então que compreender bem duas situações distintas. Uma primeira, a de saber quais os casos em que poderá haver uma decisão arbitral que não conheça do mérito da causa. Uma segunda, a de perceber quando é que o não conhecimento é efectivamente imputável ao sujeito passivo.

Nos termos do artigo 18.º, n.º 1, alínea b), o tribunal deverá ouvir as partes quanto a eventuais excepções que seja necessário apreciar e decidir antes de conhecer do pedido no decorrer da primeira, que em rigor será a única, reunião do tribunal arbitral. Quando não se realize a reunião a que alude o artigo 18.º, o tribunal arbitral no limite e caso não o tenha feito em despacho interlocutório decidirá das excepções na decisão final, antes do conhecimento do mérito da questão, já que aquelas a este podem obstar[417].

As excepções que poderão obstar ao conhecimento do mérito da causa são, como se sabe, *excepções dilatórias*, nos termos do disposto no artigo 576.º, n.º 2 do CPC, aplicável subsidiariamente *ex vi* artigo 29.º, n.º 1, alínea e). Assim, o artigo 577.º do CPC elenca as excepções nominadas existentes.

Artigo 577.º
Excepções dilatórias

São dilatórias, entre outras, as excepções seguintes:
a) A incompetência, quer absoluta quer relativa, do tribunal;
b) A nulidade de todo o processo;
c) A falta de personalidade ou de capacidade judiciária de alguma das partes;
d) A falta de autorização ou deliberação que o autor devesse obter;
e) A ilegitimidade de alguma das partes;
f) A coligação de autores ou réus quando entre os pedidos não exista a conexão exigida no artigo 36.º;

---

[417] Tudo pressupondo que a excepção eventualmente existente, e que poderá ser de conhecimento oficioso, não consubstancia um caso de indeferimento liminar. Veja-se a este propósito o que se deixou escrito em anotação ao artigo 17.º.

g) *A pluralidade subjectiva subsidiária, fora dos casos previstos no artigo 39.º;*

h) *A falta de constituição de advogado por parte do autor, nos processos a que se refere o n.º 1 do artigo 40.º, e a falta, insuficiência ou irregularidade de mandato judicial por parte do mandatário que propôs a acção;*

i) *A litispendência ou o caso julgado*

A propósito dos tipos de excepções dilatórias e dos exemplos remete-se para o comentário ao artigo 18.º onde esta e outras questões foram objecto de uma análise mais aprofundada.

Os efeitos decorrentes da decisão dependerão então, como se referiu, do não conhecimento do mérito ser ou não imputável ao sujeito passivo.

A concretização do que entender por "imputável ao sujeito passivo" revela-se, porém, difícil. No limite, poder-se-ia afirmar que a ocorrência de qualquer excepção dilatória seria imputável ao sujeito passivo na medida em que foi ele que não configurou correctamente a competência do tribunal, a legalidade da coligação ou da cumulação, a não verificação de litispendência ou caso julgado, etc. Julga-se, porém, que caberá ao tribunal arbitral aferir a desculpabilidade desse "erro" do sujeito passivo. Dito de outro modo, e tomando por referência os casos de incompetência do tribunal arbitral, há questões de tal maneira dúbias, que determinam na Doutrina e na própria jurisprudência posições contraditórias, que, caso seja procedente uma excepção de incompetência, o não conhecimento do mérito poderá não ser imputável ao sujeito passivo.

Quando o não conhecimento do mérito *não for imputável ao sujeito passivo*, excepção prevista no n.º 3 do artigo 24.º, prevê-se que os prazos para a reclamação, impugnação, revisão, promoção da revisão oficiosa, revisão da matéria tributável ou para suscitar nova pronúncia arbitral dos actos objecto da pretensão arbitral deduzida, se contem a partir da notificação da decisão arbitral, funcionando a arbitragem como uma *causa de interrupção* dos referidos prazos.

Quando o não conhecimento do mérito *for imputável ao sujeito passivo* a regra é a do artigo 13.º, n.º 4, para cujos comentários se remete. Nesse sentido, o sujeito passivo só poderá reclamar, impugnar, pedir revisão, promover a revisão oficiosa, pedir a revisão da matéria tributável ou suscitar nova pronúncia arbitral dos actos objecto da pretensão arbitral caso esteja ainda em prazo para o efeito.

SECÇÃO III – Recurso da decisão arbitral

Artigo 25.º – Fundamento do recurso da decisão arbitral

1 – A decisão arbitral sobre o mérito da pretensão deduzida que ponha termo ao processo arbitral é susceptível de recurso para o Tribunal Constitucional na parte em que recuse a aplicação de qualquer norma com fundamento na sua inconstitucionalidade ou que aplique norma cuja inconstitucionalidade tenha sido suscitada.

2 – A decisão arbitral sobre o mérito da pretensão deduzida que ponha termo ao processo arbitral é ainda susceptível de recurso para o Supremo Tribunal Administrativo quando esteja em oposição, quanto à mesma questão fundamental de direito, com acórdão proferido pelo Tribunal Central Administrativo ou pelo Supremo Tribunal Administrativo.

3 – Ao recurso previsto no número anterior é aplicável, com as necessárias adaptações, o regime do recurso para uniformização de jurisprudência regulado no artigo 152.º do Código de Processo nos Tribunais Administrativos, contando-se o prazo para o recurso a partir da notificação da decisão arbitral.

4 – Os recursos previstos nos números anteriores são apresentados, por meio de requerimento acompanhado de cópia do processo arbitral, no tribunal competente para conhecer do recurso.

5 – A interposição de recurso é obrigatoriamente comunicada ao Centro de Arbitragem Administrativa e à outra parte. (Lei 66-B/2012, de 31 de Dezembro)

ALTERAÇÕES LEGISLATIVAS
Lei n.º 66-B/2012, de 31 de Dezembro.

ANOTAÇÃO
1. Irrecorribilidade da decisão arbitral
    1.1. Regra da (ir)recorribilidade em matéria cível, comercial e administrativa
    1.2. Irrecorribilidade da decisão arbitral em matéria tributária
2. Recurso para o Tribunal Constitucional
3. Recurso para o Supremo Tribunal Administrativo
    3.1. Requisitos formais e substanciais de interposição de recurso
4. Recurso para o Tribunal Constitucional e o recurso para STA – articulação
5. Reenvio prejudicial para o TJUE
6. Recurso de revisão

É neste artigo que estão definidos os dois únicos casos em que a decisão arbitral é recorrível.

A introdução no ordenamento jurídico português da arbitragem em matéria tributária, enquanto forma alternativa de resolução jurisdicional de conflitos no domínio fiscal, foi sempre reclamada como corolário do direito a uma tutela jurisdicional efectiva. O processo arbitral tributário constitui, como já se referiu, um meio processual alternativo ao processo de impugnação judicial, sendo atribuída à decisão arbitral a mesma força executiva que é atribuída às sentenças judiciais transitadas em julgado. O tribunal arbitral é assim configurado como o último tribunal, sendo a sua decisão unicamente revista ou pelo Tribunal Constitucional ou pelo STA nos termos que se analisarão de seguida.

O legislador consagrou, então, no RJAT uma regra de irrecorribilidade da decisão proferida pelos tribunais arbitrais tributários como a prova de que a arbitragem se apresenta, de facto, como um direito potestativo dos sujeitos passivos, com os objectivos prementes de, por um lado, imprimir uma maior celeridade na resolução de litígios que opõem a Administração Tributária ao sujeito passivo e, por outro, de reduzir a pendência de processos nos tribunais judiciais.

Contudo, e porque a *regra da irrecorribilidade* da decisão arbitral não foi, e não está para alguns, isenta de discussão, esta temática será abordada no ponto 1..

A grande parte deste comentário será, porém, ocupada pela análise dos dois casos excepcionais de recurso da decisão arbitral. Em concreto, analisar-se-ão, no ponto 2., os casos em que é admissível *recurso de constitucionalidade para o Tribunal Constitucional* e, no ponto 3. os casos em que a decisão é susceptível de *recurso para o STA*. Por sua vez, no ponto 4., será tratada a *compatibilização ou articulação* destes recursos.

Será ainda feita referência a um outro caso, não de recurso, mas cuja análise só poderá aqui ter lugar: o *reenvio prejudicial* para o TJUE. De facto, ainda que o reenvio prejudicial não venha expressamente referido no corpo de qualquer dos artigos do RJAT, é enunciado no preâmbulo do diploma, não podendo ser ignorado. Esta matéria será tratada no ponto 5..

Por fim, no ponto 6., será explorada a questão da admissibilidade ou não de *recurso de revisão* das sentenças arbitrais tributárias transitadas em julgado.

1. Irrecorribilidade da decisão arbitral

A decisão arbitral em matéria tributária é, por regra, irrecorrível. Esta não era uma opção do legislador do RJAT. Era sim, e ao que se julga, uma condição necessária à assunção da arbitragem tributária como uma verdadeira alternativa ao descongestionamento dos tribunais judiciais. Era portanto uma condição de sucesso para o regime.

Foi, como não poderia deixar de ser, admitido recurso de constitucionalidade para o Tribunal Constitucional, nos termos do n.º 1 deste artigo 25.º, e ainda recurso por oposição de acórdãos para o STA, desta feita ao abrigo dos n.ºs 2 e 3.

A decisão arbitral pode também ser impugnada, com base em vícios procedimentais e processuais, *i.e.* formais, nos termos e pelos fundamentos taxativamente indicados nos artigos 27.º e 28.º respectivamente – para cujos comentários se remete.

Esta regra de irrecorribilidade resultava já das directrizes constantes da autorização legislativa. Assim, no n.º 4, alínea *h)* do artigo 124.º da Lei n.º 3-B/2010, de 28 de Abril, pode ler-se que "O âmbito da autorização prevista no presente artigo compreende, nomeadamente, as seguintes matérias: (...) h) A consagração, como regra, da irrecorribilidade da sentença proferida pelo tribunal arbitral, prevendo a possibilidade de recurso para o Tribunal Constitucional, apenas nos casos e na parte em que a sentença arbitral recuse a aplicação de qualquer norma com fundamento na sua inconstitucionalidade ou aplique norma cuja inconstitucionalidade tenha sido suscitada". Bem assim, na alínea *j)* do mesmo preceito previu-se ainda "A definição do regime de anulação da sentença arbitral", elencando-se depois os respectivos fundamentos a título exemplificativo. Bem se vê que, em boa verdade, o legislador foi mais longe no RJAT, "acrescentando" ainda um terceiro meio impugnatório: o recurso por oposição de acórdãos, para o STA, previsto nos n.ºs 2 e 3 deste artigo 25.º.

A consagração da regra da irrecorribilidade das decisões arbitrais não foi consensual na Doutrina, subsistindo ainda vozes discordantes na matéria. Cumpre então sumariar aqueles que se julgam ser os principais argumentos contra e a favor da regra em questão.

Compreenda-se, antes de mais, que a irrecorribilidade das sentenças arbitrais não é inovadora na arbitragem em geral. De facto, como refere SAMPAIO CARAMELO, "embora a resolução de litígios através da arbitragem não seja 'ontologicamente' incompatível com a possibilidade de os tribunais estaduais reapreciarem a decisão dos árbitros sobre o fundo da causa, a grande maioria das leis nacionais reguladoras da arbitragem (...) impedem que a da sentença arbitral possa interpor-se recurso ordinário para o competente tribunal estadual"[418].

---

[418] ANTÓNIO SAMPAIO CARAMELO (2014) *A Impugnação da Sentença Arbitral*, 9-10.

Julga-se, por isso, pertinente olhar sucintamente ao regime dos recursos na arbitragem voluntária em matéria cível, comercial e administrativa.

1.1. Regra da (ir)recorribilidade em matéria cível, comercial e administrativa
A LAV de 1986 consagrava, no seu artigo 29.º, a regra da recorribilidade das decisões arbitrais proferidas. No entanto, estabelecia-se no n.º 1 daquele preceito que as partes poderiam renunciar aos recursos, pressupondo-se que essa renúncia poderia ser desde logo estabelecida na convenção de arbitragem. Já nos termos do n.º 2, a renúncia seria tácita e imposta sempre que as partes conferissem aos árbitros autorização para julgarem segundo a equidade. Da decisão arbitral caberiam os mesmos recursos que coubessem à sentença proferida por tribunal de comarca e a competência para apreciação do recurso pertencia ao Tribunal da Relação territorialmente competente.

Deste modo, a equiparação dos tribunais arbitrais aos tribunais de 1ª instância era quase plena cabendo também às Relações o controle do mérito das suas decisões[419].

Por seu turno, a impugnação da decisão arbitral estava sempre garantida, sendo irrenunciável, nos termos do revogado artigo 27.º da LAV de 1986[420].

Com a entrada em vigor da nova LAV (de 2011), a regra inverteu-se.

Com efeito, no artigo 39.º da LAV de 2011, sob a epígrafe "Direito aplicável, recurso à equidade; irrecorribilidade da decisão", passou a prever-se, no seu n.º 4, que "[a] sentença que se pronuncie sobre o fundo da causa ou que, sem conhecer deste, ponha termo ao processo arbitral, só é susceptível de recurso para o tribunal estadual competente no caso de as partes terem expressamente previsto essa possibilidade na convenção de arbitral e desde que a causa não haja sido decidida segundo a equidade ou mediante composição amigável".

Mantendo a renúncia ao recurso quando o julgamento seja realizado segundo a equidade, a LAV de 2011 veio consagrar uma regra de irrecorribilidade da decisão arbitral, permitindo, porém, que as partes a afastem, mediante opção expressa na convenção de arbitragem. O Tribunal da Relação manteve-se o tribunal competente para conhecer dos recursos interpostos de decisões arbi-

---

[419] E diz-se quase porque, recorde-se, faltaria sempre aos tribunais arbitrais a força coerciva própria dos tribunais de 1ª instância do Estado, dotados de *jus imperii*.
[420] A acção de impugnação deveria, ao abrigo da LAV de 1986, ser proposta no tribunal judicial de 1ª instância territorialmente competente, seguindo os trâmites normais de uma acção declarativa constitutiva em processo comum.

trais, quando convencionados pelas partes, ao abrigo do artigo 59.º, n.º 1, alínea *e)* da LAV de 2011[421].

No que respeita à arbitragem administrativa, uma vez que o artigo 181.º, n.º 1 do CPTA remete as questões sobre a constituição e funcionamento dos tribunais arbitrais administrativos para a LAV, as regras quanto aos recursos foram (e são) idênticas com as devidas adaptações.

Assim, até a entrada em vigor da LAV de 2011, a arbitragem administrativa funcionava com a regra da recorribilidade da decisão arbitral, sendo que a partir daí, e actualmente, a regra é a da irrecorribilidade da decisão arbitral, podendo as partes convencionar a possibilidade recurso na convenção de arbitragem. À semelhança da arbitragem em matéria cível e comercial, o tribunal de recurso é o tribunal administrativo de 2ª instância, *i.e.* o TCA, do Norte ou do Sul, consoante o caso. Também aqui, claro está, o julgamento segundo a equidade implica a renúncia ao recurso.

Deste modo, bem se vê que a regra da irrecorribilidade da decisão arbitral não é, de todo, estranha à arbitragem no geral. Contudo, contra o regime da (ir)recorribilidade na arbitragem em matéria cível e na arbitragem administrativa nunca poderiam ser tecidos os mesmos argumentos apontados para a arbitragem tributária – dos quais se dará conta no ponto seguinte.

Com efeito, naquelas, as partes têm ainda a possibilidade de convencionar a recorribilidade da decisão, ao passo que na arbitragem tributária, pela forma peculiar como foi gizada, esse acordo está desde logo excluído pela inexistência de uma convenção de arbitragem entre o sujeito passivo e a Administração Tributária. E ainda que se admitisse a hipótese de se poder convencionar a recorribilidade mais tarde, dada a inexistência de convenção arbitral, essa possibilidade estaria condenada à nascença. Entenda-se que, dada a inexistência de convenção, o primeiro contacto das partes que permitisse um acordo para instituir um eventual recurso da decisão que viesse a ser proferida, seria já no âmbito do processo arbitral, em sede de reunião do tribunal, a que alude o artigo 18.º. A solução não seria, de modo algum, adequada e poderia mesmo pôr em causa, no limite, o princípio da indisponibilidade dos créditos tributários de que tanto se falou aquando da anotação ao artigo 1.º.

---

[421] No que respeita à impugnação da decisão arbitral, a LAV de 2011 passou a competência para a sua apreciação para o Tribunal da Relação, dispondo agora de normas especiais bem mais densificadas em relação a este meio impugnatório.

1.2. Irrecorribilidade da decisão arbitral em matéria tributária

Visto que uma análise comparada dos regimes de (ir)recorribilidade na arbitragem em matéria cível e na arbitragem administrativa pouco resolvem – pela forma predominantemente convencional em que assentam – cumpre agora olhar para a doutrina tributária.

Pese embora a regra da irrecorribilidade da decisão arbitral em matéria tributária tenha sido, ao que se crê, condição *sine qua non* do sucesso do regime, não foi isenta de críticas. Deste modo, há quem seja a favor do estabelecido pelo legislador, e há quem muito condene esta opção. Há quem chegue mesmo a defender que esta regra só é vantajosa para quem ganha.

A principal crítica dirigida à regra da irrecorribilidade é a alegada violação ao direito fundamental de acesso ao direito à justiça e a uma tutela jurisdicional efectiva, constitucionalmente consagrado no artigo 20.º da CRP, e que dispensa apresentações. Neste sentido, entendia parte da Doutrina que o direito a uma tutela jurisdicional efectiva englobava, no seu núcleo fundamental, um direito ao duplo grau de decisão[422]. A esse respeito, citavam-se Gomes Canotilho e Vital Moreira, quando entendem que ainda que assista ao legislador alguma liberdade de conformação no que respeita aos recursos "ele não pode regulá-lo de forma discriminatória"[423], questionando-se se a proibição de acesso a um segundo grau de decisão não seria violador do princípio da igualdade, ao impor-lhe limites demasiados excessivos.

Levantaram-se ainda dúvidas de constitucionalidade por na arbitragem tributária estarem em causa créditos tributários indisponíveis e relações de interesse público. Nesse sentido, por referência à regra da recorribilidade que, à data, vigorava na LAV de 1986, entendia Lopes de Sousa que as restrições impostas à arbitragem tributária são "ainda menos compreensíveis e aceitáveis" já que se na arbitragem em matéria cível estão em causa direitos disponíveis das partes, na arbitragem tributária estão sempre em causa direitos indisponíveis. Nesse sentido, porque a arbitragem tributária consiste na apreciação da legalidade de relações de interesse público, o regime de recursos "parece dificilmente compaginável com o princípio da indisponibilidade dos créditos

---

[422] Cláudia Melo Figueiras (2013) "Arbitragem: A descoberta de um novo paradigma de justiça tributária?", 97.
[423] Gomes Canotilho/Vital Moreira (2014) *Constituição da República Portuguesa Anotada – Volume I*, 418.

tributários que é corolário do princípio da igualdade na repartição de encargos públicos"[424].

Criticava-se também o facto de a irrecorribilidade vir afastar, de certa forma, a alternatividade entre a arbitragem tributária e a impugnação judicial na medida em que reduz radicalmente as possibilidades de recurso e impugnação das decisões arbitrais por comparação às dos tribunais tributários. A este propósito, LOPES DE SOUSA nota que "as possibilidades de discutir judicialmente o decidido por estes tribunais [arbitrais] são muito mais reduzidas do que as que se prevêem para as decisões dos tribunais tributários, em processo de impugnação judicial e em acções de reconhecimento de um direito ou interesse legítimo"[425].

Estas posições não lograram prevalecer, consagrando-se então a regra da irrecorribilidade.

No que respeita à alegada violação do direito de acesso à justiça e a uma tutela jurisdicional efectiva, já vinha entendendo o Tribunal Constitucional, e bem, que aquele direito e princípio constitucionalmente consagrados não têm em si ínsito um direito subjectivo ao duplo grau de decisão. Com efeito, o Tribunal Constitucional "tem dito e redito, apoiando-se na Doutrina e na sua já vasta jurisprudência a propósito tirada, que o direito de acesso aos tribunais postulado pelo artigo 20.º, n.º 1 da Lei Fundamental *não garante, necessariamente,* em todos os casos e por si só, *o direito a um duplo ou a um triplo grau de jurisdição*"[426] (itálico da autora). De facto, à excepção dos casos respeitantes ao Direito Penal, a nossa Lei Fundamental não consagra, pelo menos expressamente, um princípio ou mesmo um direito ao duplo grau de jurisdição.

Pelo contrário, aliás, a regra da irrecorribilidade só contribui para uma plena tutela jurisdicional efectiva. A celeridade e a certeza da decisão em tempo útil são também meios de assegurar uma tutela jurisdicional efectiva. Deste modo, o valor fundamental que aqui está em causa é a definitividade (*finality*) das sentenças arbitrais. Por outras palavras, a irrecorribilidade do mérito da decisão arbitral permite a obtenção de uma decisão final e definitiva em prazo razoável.

---

[424] JORGE LOPES DE SOUSA (2010) "Algumas preocupações sobre o regime da arbitragem tributária", 223.
[425] JORGE LOPES DE SOUSA (2010), 221.
[426] Cf. Acórdão do Tribunal Constitucional n.º 489/95, de 27/09/1995, disponível em http://www.tribunalconstitucional.pt/.

Tenha-se em conta que, quando os contribuintes recorrem à arbitragem, fazem-no, ao que se crê, por duas razões essenciais: pela celeridade e expectativa de obtenção de uma decisão em tempo útil e pela especialização dos árbitros[427]. Ora, ao admitir-se a recorribilidade como regra, descurar-se-iam ambos os objectivos. Por um lado, o processo arbitral não seria já um processo célere, na medida em que a decisão só se tornaria certa após o julgamento de recurso que, a decorrer nos tribunais judiciais, padeceria do mesmo problema de estagnação no tempo dos restantes processos judicias tributários. Por outro, a especialização dos árbitros – uma grande, se não a maior, vantagem da arbitragem – ia ficar sobrevalorizada, na medida em que a decisão arbitral poderia vir a ser anulada e substituída nos tribunais judiciais.

Com o devido respeito pelas posições contrárias, se era para ser assim, não haveria grande vantagem em se criar um regime jurídico da arbitragem em matéria tributária. Daí se defender que a regra da irrecorribilidade era um pressuposto ou uma verdadeira condição ao sucesso do regime.

O legislador deu ao contribuinte duas hipóteses de escolha: ou intenta acção pelos meios judiciais tradicionais, ou recorre à arbitragem. Se o contribuinte opta por esta segunda via, sabe de antemão que não terá possibilidade de recorrer ou impugnar a decisão arbitral – excepto nos casos previstos nos artigos 25.º e 27.º – e aceita os riscos inerentes à escolha que tomou.

Por estas razões, não se vislumbra qualquer tipo de violação constitucional na regra da irrecorribilidade, nem sequer de injustiça ou desigualdade. E aliás, como constata LOPES DE SOUSA – contra si advogando – a regra da irrecorribilidade "é abstractamente neutra, pois tanto priva dele o contribuinte como a Fazenda Pública" e "de forma semelhante, o défice de imparcialidade, se, eventualmente, vier a ocorrer, tando pode ser desfavorável ao contribuinte como à Administração Tributária."[428].

---

[427] No mesmo sentido, a propósito da arbitragem voluntária em matéria cível e comercial, ANTÓNIO SAMPAIO CARAMELO (2014) 10, escreve que "Em apoio da irrecorribilidade e consequente definitividade (*finality*) da sentença arbitral, salienta-se também que esta reforça as principais vantagens reconhecidas à arbitragem, nomeadamente a *celeridade* na resolução do litígio e o facto de esta ser cometida a *decisores com reconhecida competência para o efeito.*".

[428] JORGE LOPES DE SOUSA (2013) "Algumas notas sobre o regime da arbitragem tributária", 242.

2. Recurso para o Tribunal Constitucional

O n.º 1 deste artigo 25.º admite que a decisão sobre o mérito da pretensão deduzida que ponha termo ao processo arbitral seja susceptível de recurso para o Tribunal Constitucional.

São apenas dois os fundamentos que podem levar as partes a apresentar recurso para o Tribunal Constitucional. O primeiro reside no facto de a decisão arbitral em causa recusar a aplicação de qualquer norma com fundamento na sua inconstitucionalidade. O segundo reside no facto de o tribunal arbitral aplicar uma qualquer norma cuja inconstitucionalidade tenha sido suscitada durante o processo.

A consagração desta regra deixa claras duas ideias.

Em primeiro lugar, que o legislador foi cauteloso ao prever a recorribilidade nestes casos em concreto, vertendo para a arbitragem o disposto no artigo 204.º da CRP. Neste preceito constitucional prevê-se que "nos feitos submetidos a julgamento não podem os tribunais aplicar normas que infrinjam o disposto na Constituição ou os princípios nela consignados". Dito de outro modo, a consagração da irrecorribilidade das decisões arbitrais não acompanhada da susceptibilidade destas poderem ser recorríveis para o Tribunal Constitucional redundaria em inconstitucionalidade por violação expressa daquela norma da CRP.

Em segundo lugar, fica claro que ao consagrar esta regra o legislador assumiu expressamente que os tribunais arbitrais são verdadeiros tribunais em sentido constitucional, questão que de resto é largamente explorada por MIGUEL GALVÃO TELES[429].

Os casos de recorribilidade da decisão arbitral para o Tribunal Constitucional são exactamente os casos previstos no artigo 280.º, n.º 1, alíneas *a)* e *b)* da CRP. Com efeito, este preceito, sob a epígrafe "Fiscalização concreta da constitucionalidade e da legalidade" dispõe que "Cabe recurso para o Tribunal Constitucional das decisões dos tribunais: a) Que recusem a aplicação de qualquer norma com fundamento na sua inconstitucionalidade; b) Que apliquem norma cuja inconstitucionalidade haja sido suscitada durante o processo.".

Fora do RJAT ficaram os casos referidos no n.º 2 do artigo 280.º da CRP, replicados nas alíneas *c)* a *f)* do artigo 70.º, n.º 1, da LTC e que se relacionam com a fiscalização concreta da legalidade.

Nos termos do n.º 2 do artigo 280.º da CRP:

---

[429] Em "Recurso para o Tribunal Constitucional das decisões dos tribunais arbitrais" a páginas 209 a 211 *in* Estudos de Homenagem ao Prof. José Manuel Sérvulo Correia.

2. Cabe igualmente recurso para o Tribunal Constitucional das decisões dos tribunais:

a) Que recusem a aplicação de norma constante de acto legislativo com fundamento na sua ilegalidade por violação da lei com valor reforçado;

b) Que recusem a aplicação de norma constante de diploma regional com fundamento na sua ilegalidade por violação do estatuto da região autónoma;

c) Que recusem a aplicação de norma constante de diploma emanado de um órgão de soberania com fundamento na sua ilegalidade por violação do estatuto de uma região autónoma;

d) Que apliquem norma cuja ilegalidade haja sido suscitada durante o processo com qualquer dos fundamentos referidos nas alíneas a), b) e c).

Como esclarecem GOMES CANOTILHO e VITAL MOREIRA, este controlo da legalidade a que procede o Tribunal Constitucional, ao abrigo do n.º 2 do artigo 280.º da CRP "(...) é apenas aquela que tem a ver com a *garantia da legalidade reforçada e garantia da autonomia regional e os seus limites*"[430]. Dentro deste controlo da legalidade, o Tribunal Constitucional não pode conhecer de outros fundamentos que não sejam a violação de estatutos regionais ou de leis de valor reforçado, na medida em que a fiscalização da legalidade em geral, fora dos casos acima descritos, pertence restantes tribunais, judiciais ou arbitrais.

Não se crê que o legislador tenha deixado de fora do previsto no artigo 25.º, n.º 1, do RJAT estes casos de fiscalização concreta da *ilegalidade* por puro descuido. Pelo contrário, o que o legislador quis foi salvaguardar apenas os casos de fiscalização concreta da *constitucionalidade* e que são, precisamente, os que vêm previstos no artigo 280.º, n.º 1, da CRP e no artigo 25.º, n.º 1, do RJAT.

Questão diferente é a que se coloca quanto a decisões que apliquem norma já anteriormente julgada inconstitucional pelo Tribunal Constitucional ou pela Comissão Constitucional, previstos nas alíneas *g)* e *h)* do n.º 1 do artigo 70.º da LTC.

Nestes casos é forçoso concluir-se pela aplicação do disposto nas referidas alíneas do n.º 1 do artigo 70.º da LTC, enquanto lei de valor reforçado. Com efeito, uma decisão que aplique norma anteriormente julgada inconstitucional é uma decisão, também ela, inconstitucional. Ora, na medida em que a decisão arbitral em matéria tributária é, como se sabe, irrecorrível, não se poderia permitir que uma decisão inconstitucional se materializasse na ordem jurídica

---

[430] GOMES CANOTILHO/VITAL MOREIRA (2014) *vol. II*, 950-951

pelo simples facto de o legislador ter descurado a sua previsão nos fundamentos referidos no n.º 1 do artigo 25.º do RJAT.

Neste sentido, se o tribunal arbitral aplicar norma que tenha sido anteriormente julgada inconstitucional pelo Tribunal Constitucional ou pela Comissão Constitucional, poderá haver recurso para o mesmo Tribunal Constitucional, nos termos das alíneas *g*) e *h*) do n.º 1 do artigo 70.º da LTC, seguindo-se os trâmites normais do processo de fiscalização concreta da constitucionalidade ali previstos.

Assim, conclui-se, desde já que qualquer decisão arbitral que se subsuma numa destas duas situações do artigo 25.º n.º 1 do RJAT ou numa das alíneas *g*) e *h*) do n.º 1 do artigo 70.º da LTC é directamente recorrível para o Tribunal Constitucional. Diz-se *directamente recorrível* propositadamente. Trata-se, de facto, de uma recorribilidade directa, não sendo necessário esgotar os recursos ordinários porquanto, além dos casos previstos neste n.º 1 e no n.º 2 do artigo 25.º, já que não é admissível qualquer outro recurso da decisão arbitral, nos termos do disposto no RJAT. Com efeito, no que em concreto respeita às decisões arbitrais, deve entender-se que estão esgotados todos os recursos ordinários, respeitando-se o disposto no n.º 4 do artigo 280.º da CRP que, em certos casos, a tal obrigava.

O prazo de interposição de recurso para o Tribunal Constitucional é de 10 dias, conforme determina o n.º 1 do artigo 75.º da LTC.

Duas outras questões, diferentes desta da recorribilidade directa da decisão arbitral, são as que se prendem com o âmbito do recurso e com a legitimidade para o apresentar. Para estas a resposta encontra-se, além da CRP, nos artigos 71.º e 72.º da LTC.

Prevê o n.º 1 do artigo 71.º da LTC e, bem assim, o n.º 6 do artigo 280.º da CRP, que os recursos de decisões judiciais para o Tribunal Constitucional são restritos à questão da inconstitucionalidade suscitada. O mesmo é dizer que a decisão sobre a questão de inconstitucionalidade faz caso julgado no processo, conforme se prevê, de resto, no n.º 1 do artigo 80.º da LTC.

Olhe-se agora à *legitimidade para apresentar o recurso*. Referiu-se acima que esta matéria é regulada no artigo 72.º da LTC. A legitimidade para recorrer para o Tribunal Constitucional há-de variar consoante o fundamento do recurso a apresentar. Assim, quando se esteja perante recursos com fundamento na *recusa por parte do tribunal arbitral da aplicação de qualquer norma baseada na sua inconstitucionalidade* qualquer parte pode apresentar recurso da decisão arbitral. Por outro lado, se o fundamento do recurso for o facto de o *tribunal arbitral ter aplicado uma norma cuja inconstitucionalidade foi suscitada durante o processo* só poderá recorrer da decisão arbitral a parte que tiver alegado, no âmbito do processo arbitral, a respectiva inconstitucionalidade.

No entanto, na medida em que a alínea *a)* do n.º 1 do artigo 72.º da LTC confere legitimidade para recorrer também ao Ministério Público, e não tendo o Ministério Público qualquer intervenção na arbitragem tributária, surge aqui um problema de contradição normativa que cumpre esclarecer. Note-se que questão é particularmente relevante pelo facto de ser obrigatória, para o Ministério Público, a interposição de recurso, quando a norma cuja aplicação haja sido recusada *conste de convenção internacional, acto legislativo ou decreto regulamentar*. Acresce que esta obrigatoriedade não vem consagrada apenas no n.º 3 do artigo 72.º da LTC – lei orgânica e, portanto, de valor reforçado – vem também no n.º 3 do artigo 280.º da CRP.

Esta questão não é exclusiva da arbitragem tributária, como também não é exclusivo o recurso de constitucionalidade. Assim, acompanhando JORGE MIRANDA e RUI MEDEIROS[431] entende-se que, tratando-se de uma imposição decorrente da própria lei fundamental, a norma não poderá ser desaplicada nestes casos. Isto implica, desde logo, a sujeição do árbitro-presidente, ou pelo menos do CAAD, à obrigação de notificar o Ministério Público da decisão arbitral proferida *sempre que o tribunal arbitral recuse a aplicação de uma norma que conste de convenção internacional, acto legislativo ou decreto regulamentar com fundamento na sua inconstitucionalidade*[432].

Em conclusão, o tribunal arbitral que recuse a aplicação de norma constante de *convenção internacional, acto legislativo ou decreto regulamentar* deverá notificar o Ministério Público além de, naturalmente, as partes[433].

Não se pode porém deixar de notar que, na medida em que a lei não prevê expressamente esta obrigação de notificação do Ministério Público, também não

---

[431] JORGE MIRANDA/RUI MEDEIROS (2007) *tomo III*, 118.

[432] No mesmo sentido, veja-se MIGUEL GALVÃO TELES (2010) "Recurso para o Tribunal Constitucional das decisões dos tribunais arbitrais", 651.

[433] A confirmar esta obrigatoriedade de notificação do Ministério Público, veja-se o relatório do Acórdão do Tribunal Constitucional n.º 713/2014, de 28/10/2014, disponível em http://tribunalconstitucional.pt/ onde se dispõe que:

"*3. O Ministério Público notificado da decisão, veio reclamar para a Conferência, invocando o artigo 78.º-B, n.º 2, da LTC.*

Entendeu que, ao abrigo do disposto no artigo 70.º, n.º 1, alínea a) e 72.º, n.º 1, alínea a) e n.º 3, da LTC, considerando que a norma, cuja aplicação foi recusada por inconstitucionalidade, consta de acto legislativo, deve o Ministério Público obrigatoriamente interpor recurso para o Tribunal Constitucional".

está prevista uma qualquer sanção para o seu incumprimento. No limite, julga-se que a sanção deverá passar pela possibilidade de interposição de recurso pelo Ministério Público a todo o tempo (a contar naturalmente do conhecimento da decisão), na medida em que este nunca teve conhecimento da decisão arbitral porquanto não foi notificado da mesma pelo tribunal arbitral. Dito de outro modo, ainda que para as partes já tenham decorrido o prazo para apresentação de recurso, esse prazo, para o Ministério Público, ainda nem começou a correr, por não ter sido notificado da decisão. Assim, caso tome conhecimento da decisão, *e.g.*, oficiosamente, e ainda que a decisão tenha já transitado em julgado, o Ministério Público poderá ainda interpor recurso. Reitere-se, porém, que se faz referência aqui apenas aos casos em que o recurso é *obrigatório* para o Ministério Público, por força do artigo 280.º, n.º 3 da CRP, ou seja, quando a norma cuja aplicação haja sido recusada *conste de convenção internacional, acto legislativo ou decreto regulamentar.*

Definido o fundamento, o prazo e a legitimidade para a apresentação do recurso de constitucionalidade da decisão arbitral, merece agora destaque o modo de interposição do recurso.

A este propósito, estabelece o n.º 4 do artigo 25.º que o requerimento de recurso deve ser sempre apresentado no Tribunal Constitucional acompanhado de cópia do processo arbitral[434].

Sucede que a primeira parte da norma está em clara contradição com o preceituado no n.º 1 do artigo 76.º da LTC, segundo o qual "compete ao tribunal que tiver proferido a decisão recorrida apreciar a admissão do respectivo recurso". Aplicando-se a norma da LTC, e não a do RJAT, o requerimento de recurso é apresentado não directamente no Tribunal Constitucional, mas sim no tribunal arbitral.

Nesse sentido, veja-se o Acórdão do Tribunal Constitucional, datado de 25 de Março de 2014, no âmbito do processo 204/14[435]:

---

[434] Há quem defenda que a mera cópia do processo arbitral não é suficientemente segura, na medida em que se está perante um processo jurisdicional, propugnando, assim, pela atribuição de competências ao CAAD para passagem de certidões e uma intervenção legislativa no sentido de se exigir *cópia certificada do processo.*

[435] Acórdão do Tribunal Constitucional n.º 281/2014, de 25/03/2014, disponível em http://tribunalconstitucional.pt/.

"O requerimento de recurso foi interposto directamente no Tribunal Constitucional. A Relatora, por despacho de 16 de Dezembro de 2013, veio considerar que, apesar de o n° 4 do artigo 25º do Regime Jurídico da Arbitragem Tributária (RJAT) determinar que o recurso de decisões arbitrais, em matéria tributária, seja directamente interposto perante o Tribunal Constitucional, tal preceito encontra-se em contradição com o disposto nos artigos 75º, nº 1, 75º-A, nº 5 e 76º, nº 1, da Lei do Tribunal Constitucional. Assim, revestindo-se esta última de natureza reforçada, por se tratar de uma lei orgânica, a contradição entre a solução normativa fixada pelo nº 1 do artigo 25º do RJAT e o artigo 76º, nº 1 da LTC, resolve-se a favor deste último, em função da manifesta "ilegalidade «próprio sensu»" da primeira, pelo que se impunha a desaplicação da norma extraída do nº 1 do artigo 25º do RJAT e a consequente aplicação do regime processual previsto na Lei do Tribunal Constitucional. Os autos baixaram assim ao tribunal recorrido para o mesmo se pronunciar sobre a admissão do recurso interposto."

Pelo exposto, o n.º 4 do artigo 25.º deverá sofrer uma interpretação sistemática e teleológica, e onde se lê "os recursos previstos nos números anteriores (...)" deve ler-se "o recurso previsto nos n.ºs 2 e 3 (...)" como reportando-se unicamente ao recurso para o STA, sob pena de inconstitucionalidade.

Aliás, no Acórdão n.º 713/2014, o Tribunal Constitucional veio mesmo a declarar a inconstitucionalidade da norma constante do n.º 4 do artigo 25.º na parte que se refere ao recurso para o Tribunal Constitucional:

"10. Ora a LTC disciplina a organização, funcionamento e processo do Tribunal Constitucional – matéria de reserva absoluta da competência legislativa da Assembleia da República, nos termos da alínea c) do artigo 164.º – correspondendo a lei orgânica – cfr. artigos 166.º, n.º 2, e 168.º, n.º 5 – dotada, por isso, de valor reforçado –ex vi artigo 112.º, n.º 3, todos da CRP. Tal diploma legal disciplina, de forma uniforme e exclusiva – sem prejuízo da aplicação subsidiária do Código de Processo Civil, nos termos do artigo 69.º – a tramitação do recurso de constitucionalidade, apenas podendo ser alterada por lei orgânica.

O ato de apreciação da admissibilidade do recurso de constitucionalidade é um ato inserido na tramitação do próprio recurso de constitucionalidade, constituindo matéria de reserva absoluta da competência legislativa da Assembleia da República, nos termos da alínea c) do artigo 164.º da CRP.

(...)

11. Uma vez que a norma extraída da conjugação dos n.ºˢ 1 e 4 do artigo 25.º do Decreto-Lei n.º 10/2011, de 20 de janeiro, emitido pelo Governo, dispõe em matéria de reserva absoluta de competência legislativa da Assembleia da República, conclui-se que padece de inconstitucionalidade orgânica já que contraria o disposto no artigo 164.º, alínea c) (reserva absoluta de competência legislativa da Assembleia da República), não sendo, igualmente respeitado o artigo 166.º, n.º 2 (forma de lei orgânica), da CRP.

(...)

Ainda assim, sublinha-se que a norma extraída da conjugação dos n.ᵒˢ 1 e 4 do artigo 25.º do Decreto-Lei n.º 10/2011, de 20 de janeiro, que está contida num ato legislativo, contraria a norma prevista no artigo 76.º, n.º 1, da Lei de Organização, Funcionamento e Processo no Tribunal Constitucional (Lei n.º 28/82, de 15 de novembro), consagrada em ato legislativo de valor reforçado que reveste a forma especial de lei orgânica, conforme determinam os artigos 112.º, n.º 3, 166.º, n.º 2 e 164.º, alínea c), da CRP. Integrando a norma do artigo 76.º, n.º 1, da LTC, um tal ato legislativo de valor reforçado, esta apenas poderia ser modificada ou substituída por um outro ato legislativo que revestisse a mesma forma de lei orgânica, o que não aconteceu. Pelo que a norma do RJAT que se aprecia sempre seria ilegal, por violação de lei de valor reforçado."[436]

Assim, o requerimento de recurso deve ser entregue no tribunal arbitral que proferiu a decisão arbitral de que se recorre para que este aprecie a sua admissibilidade.

Contudo, segundo uma interpretação literal do artigo 23.º do RJAT, o tribunal arbitral dissolveu-se com a notificação da decisão e do arquivamento do processo, tendo-se esgotado o seu poder jurisdicional[437]. Questiona-se então, o que legitima que um tribunal arbitral, aparentemente, dissolvido, possa apreciar a admissibilidade do requerimento de recurso.

A solução encontrada pelo CAAD foi, ao que se sabe, a da reconstituição do tribunal abitral que proferiu a decisão a fim de apreciar a admissibilidade do recurso. Quer isto dizer que o tribunal arbitral, uma vez notificada a decisão e o arquivamento do processo, dissolve-se, por força do artigo 23.º, reconstituindo--se porém, ou se se quiser, repristinando-se, quando seja interposto recurso de constitucionalidade, por força do artigo 76.º, n.º 1 da LTC. Já em anotação ao artigo 23.º, se entendeu que esta solução não está, em teoria, isenta de proble-

---

[436] Acórdão do Tribunal Constitucional n.º 713/2014, de 28/10/2014, disponível em http://tribunalconstitucional.pt/.

[437] Veja-se a anotação ao artigo 23.º, onde se esclareceu que, na prática, existe apenas uma única notificação que, simultaneamente, dá conhecimento às partes da decisão arbitral e do arquivamento do processo.

mas de aplicabilidade prática. Muito pelo contrário. Com efeito, é discutível que o CAAD possa ordenar a reconstituição do tribunal arbitral que proferiu a decisão. Imagine-se, por exemplo, que no hiato de 10 dias que as partes têm para interpor recurso, ocorreu alguma causa de impedimento do(s) árbitro(s) que compunham o tribunal recorrido. Imagine-se ainda que o(s) árbitro(s) tem razões para se recusar a essa mesma constituição, ao abrigo do *Código Deontológico* do CAAD. Mais ainda, questiona-se ainda quais seriam as consequências dessa reconstituição ao nível das custas do processo arbitral.

A solução que se defende, e que se adiantou já em anotação ao artigo 23.º, passa por uma outra ordem de raciocínio. Considera-se, a este propósito, que não é apenas o artigo 25.º, n.º 4 que está em contradição com a LTC, mas também o próprio artigo 23.º que determina a dissolução do tribunal arbitral e, por conseguinte, o esgotamento do seu poder jurisdicional, com a notificação da decisão de arquivamento.

Assim, também o artigo 23.º deverá ser lido à luz da norma de valor reforçado, o que significa que onde se lê "(...) notifica as partes do arquivamento do processo, considerando-se o tribunal arbitral dissolvido nessa data", deveria, na verdade ler-se "(...) notifica as partes do arquivamento do processo, considerando-se o tribunal arbitral dissolvido nessa data, *salvo lei superior que determine o contrário*".

Adoptando-se esta solução, a leitura corrigida do disposto no artigo 23.º determina, desde logo, que os efeitos do arquivamento do processo arbitral, *maxime* o esgotamento do poder jurisdicional do tribunal arbitral, ficam suspensos *pelo menos até ao decurso do prazo de 10 dias* de que as partes dispõem para interpor recurso para o Tribunal Constitucional. Note-se, porém, que esta suspensão dos efeitos do arquivamento apenas poderá ocorrer *para efeitos do recurso de constitucionalidade* e por força de uma contradição normativa entre o preceito do RJAT e o da LTC, lei orgânica de valor reforçado.

Aceitando-se a suspensão dos efeitos do arquivamento, pelo menos até o decurso do prazo para recorrer, uma de duas hipóteses será possível:

(1) Ou não é interposto recurso e o tribunal arbitral dissolve-se, esgotando-se o seu poder jurisdicional;

(2) Ou o recurso é interposto e, neste caso, mantém-se a suspensão dos efeitos da notificação de arquivamento até que seja proferida a decisão pelo Tribunal Constitucional. Tudo porque, nos termos do artigo 80.º, n.º 2 da LTC, sendo o recurso de constitucionalidade um recurso de natureza

cassatória[438], determina que sendo dado provimento ao recurso, os autos *baixem ao tribunal de onde provieram* para que este reformule a sua decisão.

Assim, também o artigo 80.º, n.º 2 da LTC irá legitimar a manutenção do efeito suspensivo do arquivamento a fim de se permitir, em caso de procedência, total ou parcial, do recurso de constitucionalidade, a reformulação da decisão arbitral pelo mesmo tribunal arbitral que a proferiu, sem, contudo, ser necessária a sua "reconstituição" ou "repristinação".

Outra interpretação, levaria a admitir-se que o tribunal se dissolveu, novamente, após a decisão de admissibilidade de recurso e que se reconstituiria, ou se "repristinaria", nos exactos termos da sua formação primária, caso fosse necessário reformular a decisão arbitral recorrida. Colocar-se-iam aqui, e com mais intensidade – porque a decisão de recurso a proferir pelo Tribunal Constitucional certamente que demorará mais tempo a ser proferida do que os 10 dias ao dispor das partes para a apresentação do recurso – as mesmas questões quanto a impedimentos, recusas e custas, que se colocaram acima.

A este propósito olhe-se ao seguinte exemplo:

Imagine-se um caso em que a sociedade de advogados A representava a empresa B, sujeito passivo de IRC que requereu a constituição do tribunal arbitral para ver apreciada a (i)legalidade da liquidação adicional de IRC. O tribunal arbitral singular, constituído apenas pelo árbitro C, não deu procedência à pretensão de B e aquela, tendo suscitada a inconstitucionalidade de uma norma na pendência do processo, recorre para o Tribunal Constitucional. Imagine-se agora que no lapso temporal existente entre a admissão do recurso e a decisão a proferir pelo Tribunal Constitucional, o árbitro C, que compunha o tribunal arbitral recorrido, passa a integrar a sociedade de advogados A que representa o sujeito passivo B em todo o processo. No limite, imagine-se ainda que o Tribunal Constitucional dá provimento ao recurso, ordenando que os autos baixem ao tribunal arbitral de onde provieram. O árbitro C estará já impedido à luz dos

---

[438] Os recursos podem distinguir-se entre substitutivos e cassatórios. São recursos de *substituição* aqueles em que o tribunal de recurso, ao dar provimento ao recurso, além de revogar a decisão recorrida, profere de imediato uma nova decisão, substituindo-se ao tribunal *a quo*. Por outro lado, são recursos de *cassação*, aqueles em que o tribunal de recurso, considerando procedente o recurso interposto, limita-se a revogar a decisão recorrida e reenvia o processo para o tribunal *a quo* para que se realize novo julgamento. Para uma distinção mais aprofundada Cf. ANTÓNIO S. ABRANTES GERALDES (2009) *Cassação ou substituição? Livre escolha ou determinismo legislativo?*, 3-4.

artigos 7.º a 9.º do RJAT e do *Código Deontológico* do CAAD, tudo porque, na letra da lei, o tribunal arbitral se dissolveu com a notificação às partes da decisão e do arquivamento do processo.

Mais, questiona-se quais as consequências da defendida reconstituição do tribunal arbitral no que respeita às custas do processo arbitral/taxa de arbitragem. O sujeito passivo fica obrigado a pagar custas pela "reconstituição" ou "repristinação" do tribunal arbitral?

Esta solução não se afigura defensável, especialmente quando pode ser encontrada solução numa leitura sistemática e teleológica do RJAT, à luz da lei superior que é a LTC.

Deste modo, para efeitos de recurso de constitucionalidade da decisão arbitral, e apenas para estes, defende-se que quer o artigo 25.º, n.º 4, quer o artigo 23.º do RJAT deverão ser lidos à luz dos artigos 76.º, n.º 1 e 80.º, n.º 2 da LTC, sob pena de inconstitucionalidade.

Esta interpretação determina, então, que os efeitos da notificação do arquivamento do processo arbitral, *maxime*, o esgotamento do poder jurisdicional dos árbitros, se consideram suspensos pelo menos até o decurso do prazo de 10 dias para recorrer e, no caso de interposição de recurso, até a decisão que venha a ser proferida pelo Tribunal Constitucional.

3. Recurso para o Supremo Tribunal Administrativo

Um outro caso de recorribilidade da decisão arbitral em matéria tributária é o consagrado no n.º 2 deste artigo 25.º no qual se prevê que a decisão sobre o mérito da pretensão deduzida que ponha termo ao processo arbitral é ainda susceptível de recurso para o STA quando esteja em oposição, quanto à mesma questão fundamental de direito, com acórdão proferido pelo TCA ou pelo próprio STA.

Antes de mais, entenda-se que quando o legislador refere que o fundamento tem de ser a contrariedade quanto à mesma questão de direito com acórdão proferido pelo TCA ou pelo STA, está a referir-se à causa de pedir na qual se baseia o pedido. Por outras palavras, crê-se que só estará preenchido o pressuposto da contrariedade quanto à mesma questão de direito com acórdão proferido por um daqueles tribunais, quando nos dois processos – o arbitral e o do acórdão em contradição – a causa de pedir seja análoga. Por exemplo, caso a causa de pedir que fundamenta o pedido objecto de decisão no processo arbitral tenha sido a da consideração da ilegalidade de um acto de liquidação adicional de Imposto do Selo aplicável sobre os aumentos de capital em numerário poderá haver recurso para o

STA se um dos TCA, Norte ou Sul, ou o próprio STA, se tenha já debruçado sobre a matéria e tenha decidido em sentido contrário ao da decisão arbitral.

A susceptibilidade de recurso para o STA em caso de contrariedade de decisões, entre a arbitral e a(s) judicial(ais), configura uma prorrogativa das partes que não estava prevista na autorização legislativa constante da Lei n.º 3-B/2010, de 28 de Abril. De facto, a configuração da arbitragem tal como surgiu no artigo 116.º da proposta de Lei do Orçamento do Estado para 2010, mais tarde vertida no artigo 124.º da Lei n.º 3-B/2010, de 28 de Abril, ainda que a redacção tivesse vindo a sofrer uma pequena modificação no decurso do debate parlamentar, previa unicamente a susceptibilidade de recurso para o Tribunal Constitucional.

A preocupação da Assembleia da República em estabelecer na lei de autorização legislativa que o recurso à arbitragem fosse alternativo às duas vias judiciais já existentes, a da impugnação judicial e a da acção para o reconhecimento de um direito ou interesse legítimo em matéria tributária, foi, ao que se julga, clara: a de afastar da arbitragem eventuais questões de (in)constitucionalidade. Com efeito, tal como figura na autorização legislativa constante da Lei n.º 3-B/2010, de 28 de Abril, a arbitragem tributária apresenta um âmbito mais estreito e um regime mais fechado, sem dúvida pelo cuidado que impõem os princípios constitucionais neste domínio e pela consciência de que esta é uma experiência inovadora que não vai sem os seus riscos.

Foi nesta senda, crê-se, que o Governo, aquando da concretização da dita autorização legislativa conseguida pelo presente RJAT, apertou ainda mais o cerco, criando um segundo controle das decisões arbitrais. Fala-se daquele que é exercido pelo STA caso haja contrariedade entre o sentido da questão fundamental de direito decidida na arbitragem tributária e uma outra, anterior, decidida ou pelo TCA, Norte ou Sul, ou pelo próprio STA.

O que se pretende é, de certa forma, uma uniformização ao nível da jurisprudência, seja ela judicial ou arbitral, tornada possível, desde logo, pelo facto de ser imposto aos tribunais arbitrais o julgamento segundo o direito constituído, nos termos do disposto no n.º 2 do artigo 2.º. O que se pretende é, arrisca-se, até um contágio das decisões judiciais pelas arbitrais, as tais que são proferidas por técnicos mais especializados.

Avança a este propósito o n.º 3 do artigo 25.º que a o recurso para o STA é aplicável, com as necessárias adaptações, o regime do recurso para uniformização de jurisprudência regulado no artigo 152.º do CPTA.

Artigo 152.º
Recurso para uniformização de jurisprudência

1 – As partes e o Ministério Público podem dirigir ao Supremo Tribunal Administrativo, no prazo de 30 dias contado do trânsito em julgado do acórdão impugnado, pedido de admissão de recurso para uniformização de jurisprudência, quando, sobre a mesma questão fundamental de direito, exista contradição:

a) Entre acórdão do Tribunal Central Administrativo e acórdão anteriormente proferido pelo mesmo Tribunal ou pelo Supremo Tribunal Administrativo;

b) Entre dois acórdãos do Supremo Tribunal Administrativo.

2 – A petição de recurso é acompanhada de alegação na qual se identifiquem, de forma precisa e circunstanciada, os aspectos de identidade que determinam a contradição alegada e a infracção imputada à sentença recorrida.

3 – O recurso não é admitido se a orientação perfilhada no acórdão impugnado estiver de acordo com a jurisprudência mais recentemente consolidada do Supremo Tribunal Administrativo.

4 – O recurso é julgado pelo pleno da secção e o acórdão é publicado na 1.ª série do Diário da República.

5 – A decisão de provimento emitida pelo tribunal superior não afecta qualquer sentença anterior àquela que tenha sido impugnada nem as situações jurídicas ao seu abrigo constituídas.

6 – A decisão que verifique a existência da contradição alegada anula a sentença impugnada e substitui-a, decidindo a questão controvertida.

Adaptando o acima vertido ao caso da arbitragem tributária, podem retirar-se as seguintes conclusões, todas sobre diferentes matérias.

A primeira no que respeita aos *prazos*. O prazo de recurso da decisão arbitral para o STA é de 30 dias, tal como dispõe o n.º 1 do artigo 152.º do CPTA. Este prazo não se conta, porém, a partir dos factos alegados nesse n.º 1 porquanto o n.º 3 do artigo 24.º do RJAT trata esta questão em concreto, deixando claro que, no que respeita à decisão arbitral, o prazo para o recurso se conta a partir da notificação da decisão arbitral.

A segunda, que se prende com a *legitimidade para interpor* o recurso. Aplicando-se o disposto no n.º 1 do artigo 152.º do CPTA, poderão apresentar recurso para o STA as partes, mormente a parte vencida e o Ministério Público[439]. Note-

---

[439] Cf. artigos 280.º do CPPT e 141.º do CPTA. Com efeito, só a parte vencida terá interesse

-se que aqui a legitimidade para interposição de recurso pelo Ministério Público não advém de qualquer norma constitucional mas apenas daquela norma do CPTA. Assim, não existe uma obrigação de notificação da decisão ao Ministério Público. Confere-se tão-só legitimidade para que este interponha, se assim o entender, recurso por oposição de acórdãos quando desta tenha conhecimento.

Por sua vez, a terceira conclusão diz respeito ao *fundamento do recurso* da decisão arbitral. Neste ponto o legislador foi claro no n.º 2 do artigo 25.º e, como se referiu, basta que haja contradição entre o sentido da decisão tomada pelo tribunal arbitral relativamente à questão principal e acórdão do TCA, Norte ou Sul, ou acórdão anteriormente proferido pelo STA para haver fundamento para apresentação de recurso. Não é, pois, necessário recorrer ao regime consagrado no artigo 152.º do CPTA uma vez que o RJAT é claro quanto a esta matéria. Quanto a esta matéria vejam-se os comentários tecidos abaixo quando se explica a interpretação do STA quanto aos *requisitos substanciais de recurso*.

O n.º 2 do artigo 25.º admite o recurso por oposição, quanto à mesma questão fundamental de direito, entre a decisão arbitral proferida e acórdão do TCA, Norte ou Sul, ou do STA.

O n.º 1 do artigo 152.º do CPTA, por seu turno, permite o recurso para uniformização de jurisprudência quando sobre a mesma questão de direito exista contradição entre dois acórdãos do TCA, entre um acórdão do TCA e um do STA, ou entre dois acórdãos do STA. Acresce que o recurso para uniformização de jurisprudência previsto no CPTA é um recurso extraordinário, ou seja, poderá ser interposto no prazo de 30 dias contados a partir do trânsito em julgado do acórdão de que se recorre, nos termos do n.º 1 daquele preceito.

O que o artigo 152.º do CPTA vem permitir, no âmbito do contencioso administrativo, é que, uma decisão que é definitiva, possa ser "revista", por se encontrar em oposição com outra que, como se sabe, terá também ela de ter transitado em julgado. Dito de outro modo, o recurso para uniformização de jurisprudência, por ser extraordinário, só poderá ser interposto quando a decisão de que se recorre seja definitiva, ou seja, quando o TCA ou o STA – enquanto tribunais recorridos – tenham já decidido em última instância. Daqui resulta que de uma decisão de um tribunal de 1.ª instância não possa ser interposto recurso por oposição de acórdãos para o STA.

processual em interpor recurso para uniformização de jurisprudência/recurso por oposição de acórdãos.

Ora, como se tem vindo a referir, as decisões dos tribunais arbitrais tributários, ainda que sejam equiparáveis às dos tribunais de 1ª instância, são irrecorríveis. Deste modo, os tribunais arbitrais tributários decidem em última instância.

O exposto poderá suscitar a questão curiosa de saber por que razão não previu o legislador que pudesse ser interposto recurso de uma decisão arbitral tributária que esteja em contradição com outra decisão arbitral tributária. Compreenda-se que no seio do contencioso tributário, da decisão de impugnação judicial em 1ª instância, cabe recurso para o TCA. Dessa decisão do TCA que, transitada em julgado, seja definitiva, poderá então caber recurso por oposição de acórdãos para o STA.

Questiona-se, assim, até que ponto não terão as partes do processo arbitral tributário, o direito à mesma tutela facultada às partes do processo judicial tributário. A definitividade da decisão do tribunal arbitral tributário, por força da irrecorribilidade da decisão arbitral, deveria, ao que se crê, permitir que a sua contradição com outra decisão arbitral transitada em julgado, fosse fundamento de recurso.

O legislador não previu esta possibilidade, a de o acórdão fundamento ser um acórdão do tribunal arbitral e não um acórdão do TCA ou do STA, estabelecendo o recurso por oposição de acórdãos no RJAT como recurso ordinário, o que, constituiu, formalmente, um obstáculo ao entendimento acima exposto. Com efeito, na medida em que é o prazo para recurso de oposição de acórdãos – de 30 dias – que determina o trânsito em julgado da sentença arbitral tributária (por ser o prazo mais amplo), a decisão arbitral não é, em rigor, definitiva, ainda que, como se sabe, o seu mérito seja irrecorrível em termos gerais.

Perante o regime actualmente em vigor esta conclusão, de impossibilidade de utilização do acórdão do tribunal arbitral como acórdão fundamento e não só de acórdãos do TCA ou do STA, não significa que aqui não se defenda uma revisão urgente do regime de forma a transformar-se de facto a arbitragem como um meio cada vez mais alternativo porque equiparável à impugnação judicial.

A terceira conclusão refere-se à *forma e conteúdo do recurso* e aqui aplica-se *mutatis mutandis* o n.º 2 do artigo 152.º do CPTA. Nesse sentido, o requerimento de recurso da decisão arbitral deverá ser acompanhado de alegações nas quais se identifiquem, de forma precisa e circunstanciada, os aspectos de identidade que determinam a contradição alegada e a infracção imputada à decisão arbitral objecto do recurso. A propósito dos requisitos formais analisar-se-á, no ponto seguinte, alguma jurisprudência do STA entretanto publicada.

A quarta, por seu turno, é a que decorre da aplicação ao regime da arbitragem tributária da matéria tratada no n.º 3 do artigo 152.º do CPTA. O mesmo é dizer que o recurso da decisão arbitral não deverá ser admitido pelo STA quando a orientação perfilhada na decisão arbitral estiver de acordo com a jurisprudência mais recentemente consolidada STA, ainda que contrarie a questão decida pelo TCA, Norte ou Sul.

Já quase no fim, a quinta conclusão, relativa à *tramitação do recurso*, retira-se da aplicação ao caso em apreço do vertido no n.º 4 do artigo 152.º do CPTA em conjugação com o disposto no n.º 4 do artigo 25.º do RJAT. Deste modo, o recurso da decisão arbitral deverá ser apresentado mediante requerimento acompanhado da cópia do processo arbitral, sendo dirigido ao pleno da secção do STA onde será julgado. A decisão deverá ser publicada na 1.ª série do Diário da República. Acresce que, nos termos do artigo 140.º do CPTA, "regem-se pelo disposto na lei processual civil, com as necessárias adaptações, e são processados como recursos de agravo, sem prejuízo do estabelecido na presente lei" e no ETAF. Com a reforma dos recursos em processo civil, de 2007, a simplificação do regime levou à eliminação da distinção entre o recurso de apelação e o de agravo, pelo que, nos termos do artigo 4.º, n.º 1 alínea *a*) do Decreto-lei n.º 303/2007, de 24 de Agosto, o recurso será então processado como recurso de apelação.

Por último, a sétima conclusão diz respeito aos *efeitos da decisão de recurso*. Estes retiram-se da aplicação ao regime vertido no n.º 2 do artigo 25.º do preceituado nos números 5 e 6 do artigo 152.º do CPTA. Assim, caso a decisão seja dar provimento ao recurso, não será afectada qualquer sentença anterior àquela que tenha sido impugnada nem as situações jurídicas ao seu abrigo constituídas.

De acordo com Mário Aroso de Almeida/Carlos A. Fernandes Cadilha, esta norma prevista no artigo 152.º, n.º 5 do CPTA, vem explicitar os efeitos da decisão de recurso, determinando assim que "a força de caso julgado material constituído por anterior decisão transitada em julgado apenas se extingue, portanto, em relação às decisões que sejam objecto de *recurso para uniformização de jurisprudência*, interposto no prazo cominado (...)". Por outras palavras, e aplicando a norma à arbitragem, os efeitos decorrentes do trânsito em julgado de outras decisões arbitrais das quais não tenha sido interposto recurso para uniformização de jurisprudência, ao abrigo do artigo 25.º n.º 2, não serão alterados "ainda que se trate de situações idênticas ou que poderiam ter sido solucionadas do mesmo modo" [440].

---

[440] Cf. Mário Aroso de Almeida/Carlos A. Fernandes Cadilha (2007) *Comentário ao Código de Processo nos Tribunais Administrativos*, 885-886.

Ainda, a decisão do STA que verifique a existência da contradição alegada, anula a decisão arbitral e substitui-a, decidindo a questão controvertida. Tudo porque, ao contrário do recurso para o Tribunal Constitucional analisado anteriormente – cuja natureza é, como se viu, *cassatória* –, o recurso da decisão arbitral para o STA tem natureza *substitutiva*.

A este propósito recorde-se a diferença entre a natureza cassatória e substitutiva dos meios impugnatórios. Serão de natureza cassatória aqueles em que o tribunal *ad quem*, se considerar ser procedente o recurso ou a impugnação apresentada, se limita a revogar a decisão recorrida ou impugnada, eventualmente reenviando o processo para o tribunal que a proferiu para que se realize novo julgamento. De natureza *substitutiva* serão, como o recurso por oposição de acórdãos para o STA, aqueles em que o tribunal *ad quem*, ao dar provimento ao recurso, não só revoga a decisão recorrida como profere de imediato uma nova decisão, substituindo-se ao tribunal *a quo*, não sendo necessário novo julgamento sobre o mérito da causa.

Note-se que o artigo 26.º, para cuja anotação se remete, prevê ainda efeitos gerais dos recursos da decisão arbitral.

3.1. Requisitos formais e substanciais de interposição de recurso

Decorridos cerca de quatro anos desde a entrada em vigor do RJAT, já é possível encontrar jurisprudência do STA de interesse na matéria.

Do que se conseguiu apurar, não foram numerosos os casos de recurso da decisão arbitral em matéria tributária, por oposição de acórdãos, para o Supremo. Dar-se-á aqui conta de algumas decisões de particular relevância ao nível de questões processuais.

Antes, porém, refira-se que a primeira vez que o STA chegou efectivamente a pronunciar-se sobre o mérito da questão de fundo, substituindo-se ao tribunal arbitral tributário, foi no âmbito do processo n.º 01626/13, onde em causa estava uma liquidação oficiosa de IMT. Na decisão arbitral recorrida[441] entendeu-se que a realização de obras de conclusão e acabamentos[442] implicava a atribuição

---

[441] Processo arbitral n.º 19/2013-T, disponível em http://www.caad.org.pt/.
[442] Tal como descritas na decisão arbitral, as obras em questão consistiam na "demolição de paredes interiores para adaptação ao projecto, a construção de novas divisões na cave (arrumos) com colocação de paredes, o fecho da caixa de escada da cave para o rés-do-chão, a colocação de uma baía de estacionamento no exterior, para além da colocação ou substituição de praticamente todos os elementos de acabamento de um prédio: tubagens; carpintaria, ser-

de um destino diferente ao imóvel adquirido para revenda nos termos do artigo 11.º, n.º 5 do Código do IMT. O sujeito passivo interpôs então recurso para o STA, por considerar que a decisão arbitral estava em oposição com Acórdão daquele tribunal[443]. Ora, o STA, em Acórdão datado de 17 de Setembro de 2014[444], veio dar razão ao recorrente (sujeito passivo), decidindo no sentido de "anular a decisão arbitral recorrida e julgar procedente o pedido de anulação da liquidação oficiosa de IMT nos termos formulados no processo n.º 19/2013-T do CAAD, com todas as consequências legais – o que implica a restituição do imposto pago e o peticionado pagamento de juros indemnizatórios vencidos e vincendos e de juros de mora se a eles houver lugar".

Partindo agora para questões puramente processuais, o STA tem-se focado bastante em dar ênfase aos pressupostos de admissibilidade desta espécie de recurso da decisão arbitral. A este propósito, abordar-se-ão, em particular, duas questões.

Uma primeira, relacionada com os *requisitos formais* essenciais à interposição de recurso por oposição de acórdãos – principalmente quanto ao acórdão dos TCA Norte e Sul ou do STA que se encontre em oposição com a decisão arbitral de que se recorre.

Uma segunda, relativamente aos seus requisitos substanciais, *i.e.*, à existência de uma efectiva contradição de julgados.

No que se refere à primeira questão, o STA tem vindo a destacar que:

> "*são requisitos formais essenciais* [do recurso da decisão arbitral previsto no n.º 2 do artigo 25.º do RJAT]: *(i) a interposição do recurso no prazo de 30 dias contado da notificação da decisão arbitral; (ii) a invocação e identificação de acórdão proferido pelo TCA ou pelo STA que se encontre em oposição com a decisão arbitral recorrida (acórdão fundamento);* [e (iii)] *o trânsito em julgado de acórdão fundamento.*"[445] (sublinhado da autora)

---

ralharia, marquises e janelas; pavimentos; louças sanitárias; quadros eléctricos, aparelhagem, enfiamento para iluminação e tomadas; reboco e pinturas, entre outros".

[443] O acórdão fundamento era então o Acórdão do STA de 26-01-2005, processo n.º 0798/04, disponível em http://www.dgsi.pt/.

[444] Acórdão do STA de 17-09-2014, no já referido processo 01626/13, disponível em http://www.dgsi.pt/.

[445] Assim, nos Acórdãos do STA de 18-09-2013, processo n.º 01158/12, e de 26-02-2014, processo n.º 01470/13, ambos disponíveis em http://www.dgsi.pt/.

No que respeita aos requisitos *(i)* e *(ii)* foi-lhes já feita referência, no ponto anterior, na medida em que resultam não só do RJAT mas do artigo 152.º do CPTA para o qual remete o n.º 3 do artigo 25.º do RJAT. Já no que respeita ao requisito *(iii)*, pode-se dizer que é um pressuposto que não resulta da letra da lei mas de uma interpretação teleológica do instituto e da própria jurisprudência.

Deste modo, o STA tem entendido que a decisão arbitral de que se recorre não necessita de ter carácter definitivo mas o mesmo não se pode dizer do acórdão fundamento – o acórdão em oposição com a decisão arbitral de que se recorre. A *ratio* deste requisito é melhor compreendida com a leitura da fundamentação constante do Acórdão do STA de 18 de Setembro de 2013, processo n.º 01158/12, que se passa a citar:

"É que tendo em conta que ao recurso da decisão arbitral se aplica o regime do recurso para uniformização de jurisprudência previsto no artigo 152º do CPTA, há que atender à teleologia deste preceito, que inequivocamente aponta para que só se justifique o recurso para uniformização de jurisprudência quando o acórdão cuja oposição é invocada como fundamento do recurso já não seja já susceptível de recurso ordinário – pois só nesse caso estamos perante acórdão que, por ter transitado em julgado, tem eficácia em sentido contrário ao da decisão recorrida, só então podendo considerar-se estabilizada a oposição justificativa do recurso extraordinário que essa disposição prevê."

Este entendimento havia sido já perfilhado pelo Pleno da secção de contencioso tributário do STA, no Acórdão de 3 de Julho de 2013[446], onde se pode ler o seguinte trecho:

"Manifesto é, porém, que o recurso – este ou qualquer outro destinado a prevenir ou solucionar conflitos de jurisprudência – não pode ser admitido (ou, tendo-o sido indevidamente, deve ser julgado findo) se o acórdão invocado como fundamento não transitou, também ele, em julgado, pois que tal seria contrário à razão de ser de tais recursos. É que não pode pretender-se uniformizar jurisprudência tendo como parâmetro uma decisão ainda não definitiva e que pode nunca vir a sê-lo."

Pelo exposto, o recorrente tem que ter em conta que, a acrescer aos pressupostos resultantes da letra da lei – RJAT e CPTA – existe ainda um outro, o *trân-*

---

[446] Acórdão do STA, de 3-07-2013, processo n.º 01136/12, disponível em http://www.dgsi.pt/.

sito em julgado do acórdão fundamento, sob pena de, na sua falta, ser inadmissível o recurso da decisão arbitral para o STA.

Cumpre agora olhar aos requisitos *substanciais* do recurso por oposição de acórdãos ou de uniformização de jurisprudência.

Nos termos do RJAT e do CPTA esses requisitos são também três, a saber: (1) que exista contradição entre a decisão arbitral de que se recorre e um acórdão proferido por algum dos TCA, Norte ou Sul, ou pelo STA; (2) que essa contradição seja relativamente à mesma questão fundamental de direito; e (3) que a orientação perfilhada pelo acórdão impugnado não esteja de acordo com a jurisprudência consolidada do STA.

O preenchimento dos pressupostos (1) e (2) exige, em primeira linha, a definição do que é a *questão fundamental* e como deve esta ser caracterizada. Deparando-se com um recurso de decisão arbitral em matéria tributária, o STA, em Acórdão de 4 de Junho de 2014[447], entendeu que "relativamente à caracterização da questão fundamental sobre a qual deve existir contradição de julgados, devem adoptar-se os critérios já firmados no domínio do Estatuto dos Tribunais Administrativos e Fiscais (ETAF) de 1984 e da Lei de Processo dos Tribunais Administrativos, para detectar a existência de uma contradição".

Nesse sentido, a caracterização da questão fundamental sobre a qual exista oposição entre acórdãos deverá seguir os seguintes critérios:

"i. identidade da questão de direito sobre que recaíram os acórdãos em confronto, o que pressupõe uma identidade substancial das situações fácticas, entendida esta não como uma total identidade dos factos mas apenas como a sua subsunção às mesmas normas legais;

ii. que não tenha havido alteração substancial da regulamentação jurídica, a qual se verifica sempre que as eventuais modificações legislativas possam servir de base [a] diferentes argumentos que possam ser valorados para determinação da solução jurídica;

iii. que se tenha perfilhado, nos dois arestos, solução oposta e esta oposição decorra de decisões expressas, não bastando a simples oposição entre razões ou argumentos enformadores das decisões finais ou a invocação de decisões implícitas ou a pronúncia implícita ou consideração colateral tecida no âmbito da apreciação de questão distinta."[448]

Por outras palavras, na determinação da existência, ou não, de contradição de julgados sobre uma mesma questão fundamental de direito é necessária a verifi-

---

[447] Acórdão do STA, de 04-06-2014, processo n.º 01447/13, disponível em http://www.dgsi.pt/.
[448] *Idem.*

cação de vários pressupostos. Em primeiro lugar, e desde logo, há que olhar aos factos que estão na base dos dois processos – do processo arbitral cuja decisão se recorre e do processo em que foi proferido o acórdão fundamento. Exige-se, então, uma "identidade substancial das situações fácticas", o que não implica uma identidade absoluta dos factos, mas sim, pelo menos, a sua subsunção aos mesmos preceitos normativos.

Este tem sido o entendimento da jurisprudência do STA. Contudo, no que respeita à identidade de situações fácticas, não se crê que essa tenha sido a intenção do legislador. Ao invés, julga-se que o facto de o legislador ter deixado expresso no n.º 2 do artigo 25.º que o fundamento de recurso é a oposição de acórdãos *quanto à mesma questão fundamental de direito* foi intencional, pretendendo afastar a exigência de identidade fáctica substancial.

Com efeito, se a técnica legislativa no artigo 284.º do CPPT baseou-se numa ampla remissão para o disposto no artigo 152.º do CPTA, sem sequer se definir o fundamento, no RJAT essa não foi a técnica utilizada. Remeteu-se para o artigo 152.º do CPTA, *com as necessárias adaptações*, o regime do recurso, sendo o seu fundamento definido na lei especial, o RJAT. Dito de outro modo a intenção do legislador foi, ao que se julga, remeter a tramitação do recurso para os termos previstos no CPTA. Em bom rigor, a identidade substancial de factos não se coaduna com o processo tributário, nem com a impugnação judicial, nem com a acção arbitral.

Tudo para dizer que, se nos termos do recurso para uniformização de jurisprudência do contencioso administrativo aquela identidade poderá estar justificada, como tem sido entendimento unânime na Doutrina e na jurisprudência do STA, o mesmo não se poderá dizer no que respeita ao contencioso tributário. O legislador pretendeu, assim, corrigir o "erro" cometido no artigo 284.º do CPPT, quando amplamente remete para o artigo 152.º do CPTA. Deste modo, e este é o entendimento que se defende, no recurso por oposição de acórdãos da decisão arbitral tributária, não se deverá "importar" a jurisprudência do STA no que respeita à identidade substancial de situações fácticas, exigindo-se única e exclusivamente a identidade quanto à mesma questão fundamental de direito.

Em segundo lugar, e como não podia deixar de ser, é absolutamente necessário fazer o enquadramento jurídico-temporal de ambas as decisões, no sentido de apurar se existiram ou não alterações legislativas de relevo com influência directa na decisão da causa.

Por último, e o STA aí foi bem explícito, a contradição entre as decisões tem de ser expressa, ou seja, desconsideram-se argumentos constantes da fundamentação da decisão, pronúncias implícitas ou considerações colaterais.

Sem a verificação destes critérios o recurso da decisão arbitral para o STA não é admissível, pelo que aquele Tribunal nem chegará a conhecer do mérito da questão.

4. Recurso para o Tribunal Constitucional e o recurso para STA – articulação

Como se viu, ao abrigo do n.º 1 deste artigo 25.º, as partes podem apresentar recurso para o Tribunal Constitucional da decisão arbitral em matéria tributária que aplique norma cuja inconstitucionalidade tenha sido suscitada durante o processo arbitral, ou que recuse a aplicação de qualquer norma com fundamento na sua inconstitucionalidade. Referiu-se também que, ao abrigo do disposto no artigo 75.º da LTC, o prazo para apresentação do recurso no Tribunal Constitucional é de 10 dias.

Por seu turno, o n.º 2 deste artigo 25.º, permite ainda a interposição de recurso sobre o mérito da decisão arbitral que ponha termo ao processo quando esteja em oposição, quanto à mesma questão fundamental de direito, com acórdão proferido pelo TCA, Norte ou Sul, ou pelo STA. O prazo deste recurso por oposição de acórdãos para o STA é de 30 dias, nos termos do disposto no artigo 152.º, n.º 1 do CPTA, *ex vi* artigo 25.º, n.º 3 do RJAT.

Podendo ocorrer casos em que a mesma decisão arbitral tributária é susceptível de recurso de constitucionalidade – para o Tribunal Constitucional – e de recurso por oposição de acórdãos ou uniformização de jurisprudência – para o STA –, coloca-se a questão de saber como se articulam estes dois meios ao dispor das partes.

A questão é, ao que se crê, de resposta simples uma vez que é a própria LTC a dar solução. Com efeito, nos termos do n.º 1 do artigo 75.º da LTC, a interposição de recurso para o Tribunal Constitucional *interrompe os prazos para interposição de outros recursos* que caibam da decisão. Por outras palavras, e na medida em que o recurso para o Tribunal Constitucional é o de prazo mais reduzido, a sua interposição faz interromper tanto o prazo de recurso para o STA – de 30 dias –, como o prazo para impugnação no TCA – o qual será objecto da anotação ao artigo 27.º.

Quer isto dizer que, a parte que, tendo legitimidade, pretenda interpor recurso quer para o Tribunal Constitucional quer, por oposição de acórdãos, para o STA, deverá primeiro, e no prazo de 10 dias, apresentar o recurso de constitucionalidade no Tribunal Constitucional. Essa interposição irá então interromper os restantes prazos de recurso.

Proferida uma decisão no Tribunal Constitucional a parte poderá, se ainda assim o entender, interpor recurso para o STA, nos termos e com os efeitos previstos nos artigos 25.º, n.ºs 2 e 3 e 26.º, contando-se o prazo de 30 dias a partir da notificação da decisão do Tribunal Constitucional.

Caso a parte interponha dentro dos primeiros 10 dias do prazo dos 30, recurso para o STA e posteriormente, mas sempre dentro dos 10 dias, recurso para o Tribunal Constitucional, a interposição deste último faz suspender a instância no STA nos termos do artigo 272.º do CPC.

5. Reenvio prejudicial para o TJUE

O legislador quis incluir no preâmbulo do diploma que institui o RJAT, uma referência à admissibilidade do reenvio prejudicial para o TJUE. Ali, pode ler-se que "[n]os casos em que o tribunal arbitral seja a última instância de decisão de litígios tributários, a decisão é susceptível de reenvio prejudicial em cumprimento do § 3 do artigo 267.º do Tratado sobre o Funcionamento da União Europeia". Porém, desta referência ao reenvio prejudicial, não se pode retirar que este poderá ter sempre lugar, na medida em que os pressupostos do processo de reenvio vêm definidos nos tratados da União Europeia e, bem assim, na jurisprudência do TJUE.

Antes, porém, de se colocar a questão sobre a admissibilidade de reenvio prejudicial por um tribunal arbitral tributário para o TJUE, é pertinente uma compreensão geral deste processo prejudicial[449].

O *reenvio prejudicial* é um mecanismo fundamental do Direito da União Europeia que favorece a cooperação activa entre as várias jurisdições nacionais e o TJUE, beneficiando a aplicação uniforme do Direito europeu em todo o território da União. A sua principal finalidade é, desse modo, fornecer aos órgãos jurisdicionais dos Estados-membros, um meio de assegurar uma interpretação e uma aplicação uniformes do Direito da União. Não deve, porém, ser confundido com um *recurso* para uma instância europeia. Em boa verdade, o reenvio *não é* um recurso de um acto europeu ou mesmo nacional, mas sim uma *pergunta* relativa à aplicação do Direito da União. Desde cedo que o TJUE, define "o reenvio prejudicial é um instrumento de cooperação judiciária (...) pelo qual um juiz nacional e um juiz comunitário são chamados no âmbito das competências

---

[449] A presente análise corresponde, em parte, àquela que já se deixou exposta em CARLA CASTELO TRINDADE/SUSANA BRADFORD FERREIRA (2015) "O reenvio prejudicial para o Tribunal de Justiça da União Europeia – o caso específico da arbitragem tributária".

próprias, a contribuir para uma decisão que assegure a aplicação uniforme do Direito Comunitário no conjunto dos Estados membros"[450].

Este mecanismo ao serviço da União e dos seus Estados-membros pretende, pois, clarificar uma questão prejudicial do Direito europeu. Ora, *questão prejudicial*, no contexto do reenvio, é toda e qualquer questão que um órgão jurisdicional nacional considere necessária à resolução de um litígio pendente. De acordo com os artigos 267.º § 1 alíneas *a)* e *b)* do Tratado sobre o Funcionamento da União Europeia (TFUE) e 19.º, n.º 3, alínea *b)* do Tratado da União Europeia (TUE), a questão prejudicial a ser decidida pelo TJUE *poderá versar* sobre (a) a interpretação do Direito da União (dos seus Tratados), ou (b) interpretação, apreciação e validade de actos adoptados pelas instituições, órgãos ou organismos da União. Porém, o disposto nos artigos 275.º e 276.º do TFUE leva-nos a concluir que as questões prejudiciais *não podem versar* sobre Política Externa e de Segurança Comum, nem sobre limitações em matéria de Espaço de Liberdade Segurança e Justiça previstas nos tratados, estando a competência do TJUE excluída nessas matérias.

Estas questões prejudiciais submetidas ao TJUE poderão ser de validade – de um acto adoptado por uma instituição, órgão ou organismo da União Europeia – ou de interpretação. As questões prejudiciais podem ainda ser de reenvio obrigatório ou facultativo. Recorde-se desde já que as questões de validade são sempre obrigatórias.

Sempre que a questão prejudicial seja suscitada em processo pendente perante um órgão jurisdicional nacional cujas decisões *não sejam susceptíveis de recurso judicial*, previsto no direito interno, o reenvio prejudicial é *obrigatório*. Contudo, excepciona-se essa obrigatoriedade de reenvio quando, sendo a questão prejudicial de interpretação, (a) exista já jurisprudência na matéria – e desde que o quadro eventualmente novo não suscite nenhuma dúvida real quanto à possibilidade de aplicação dessa jurisprudência ao caso concreto – ou (b) sempre que o correcto modo de interpretação da norma jurídica em causa seja inequívoco, ou (c) a questão prejudicial não seja necessária nem pertinente para o julgamento do litígio no órgão jurisdicional nacional[451]. No que respeita a esta última, por *pertinentes* e *úteis* devem entender-se as questões que sejam neces-

---

[450] Cf. Acórdão *Schwarze*, de 01/12/1965, processo n.º 16/65, disponível em http://curia.europa.eu/.
[451] Estas excepções estão fixadas na jurisprudência do TJUE, no Acórdão *Cilfit*, de 6-10-1982, processo n.º 283/81, disponível em http://curia.europa.eu/.

sárias à própria decisão do órgão jurisdicional nacional sobre o fundo da causa. O TJUE não tem, portanto, todos os poderes consultivos que lhe permitam dar resposta a questões gerais ou meramente hipotéticas.

Uma quarta excepção foi ainda admitida pelo TJUE, em Acórdão datado de 27 de Outubro de 1982 (caso *Morson/Holanda*)[452], segundo o qual a obrigação de suscitar a questão prejudicial de interpretação pode ser dispensada nos processos de natureza urgente e cautelar em que não haja decisão final do litígio. Assim foi decidido, na medida em que a interpretação e aplicação uniformes do Direito da União ficará sempre assegurada através da possibilidade de o reenvio prejudicial vir a ocorrer no processo principal, onde se aprecie e decida do fundo da causa[453].

Por seu turno, se da decisão do órgão jurisdicional nacional couber recurso ordinário, nos termos do seu direito interno, o reenvio é em princípio facultativo. Só não o será nas questões prejudiciais de validade. Com efeito, de acordo com a jurisprudência do TJUE, no Acórdão *Foto-Frost*, de 22 de Outubro de 1987[454], se o juiz nacional se inclinar para a invalidade do acto de Direito da União deverá obrigatoriamente submeter a questão ao TJUE por ser a este último que pertence a competência para declarar a invalidade de actos das instituições, órgãos ou organismos da União Europeia.

Questiona-se agora: que consequência advém, e para quem, do incumprimento da obrigação de reenvio pelo órgão jurisdicional nacional. Ora, a obrigação de reenvio decorre do direito primário da União Europeia, constante do § 3 do artigo 267.º do TFUE. Nesse sentido, se o órgão jurisdicional nacional incumprir essa obrigação, o incumprimento será imputável ao Estado-membro

---

[452] Acórdão *Morson/Holanda*, de 27-10-1982, processo n.º 35/82, disponível em http://curia.europa.eu/.

[453] Na redacção oficial da União Europeia em língua inglesa, pode ler-se: "The third paragraph of Article 177 of the EEC Treaty must be considered as meaning that a national court or tribunal against whose decisions there is no appeal under national law is nevertheless nor required to submit to the Court of Justice a question as to the interpretation or validity of Community law within the meaning of that article where that question is raised in interlocutory proceedings provided that it is established that both parties may appeal or require proceedings to be instituted on the substance of the case in which the question provisionally decided in the summary proceedings may be re-examined and referred to the Court under Article 177".

[454] Acórdão *Foto-Frost*, de 22-10-1987, processo n.º 314/85, disponível em http://curia.europa.eu/.

a que pertença. Por seu turno, o Estado-membro poderá ser alvo de acção por incumprimento, nos termos do disposto no artigo 258.º do TFUE.

Feito este enquadramento, não valerá a pena um alongamento muito maior sobre o processo prejudicial e a suas possíveis tramitação na medida em que o que verdadeiramente importa para este comentário é apenas a resposta à questão de saber *quem pode suscitar uma questão prejudicial*, em particular, se os tribunais arbitrais tributários o podem fazer na medida em que qualifiquem como órgãos jurisdicionais.

Ora, nos termos do disposto no § 2 do artigo 267.º do TFUE, "sempre que uma questão desta natureza [prejudicial] seja suscitada perante qualquer órgão jurisdicional de um dos Estados-membros, esse órgão pode, se considerar que uma decisão sobre essa questão é necessária ao julgamento da causa, pedir ao Tribunal [de Justiça] que sobre ela se pronuncie". Daqui se depreende que a competência para submeter questões prejudiciais ao TJUE pertence aos órgãos jurisdicionais dos Estados-membros da União. Porém, a qualidade de *órgão jurisdicional* não vem definida em qualquer dos tratados da União, nem sequer na jurisprudência do TJUE. Esse conceito é então interpretado pelo próprio TJUE enquanto conceito autónomo de Direito da União Europeia. Para tal, aquele tribunal toma em consideração um conjunto de factores como, designadamente, a origem legal do órgão que lhe submeteu o pedido, a sua permanência, o carácter obrigatório da sua jurisdição, a natureza contraditória do processo, a aplicação, por esse órgão, das regras de Direito e a sua independência.

Na verdade, da jurisprudência constante do TJUE resulta, de um modo geral, que os tribunais arbitrais instituídos por convenção[455] não são "órgãos jurisdicionais de um Estado-membro" na acepção do artigo 267.º do TFUE, o que determina a incompetência do TJUE para decidir sobre questões prejudiciais por ele submetidas[456].

Por outro lado, sempre que os tribunais arbitrais cumpram aqueles requisitos elencados na jurisprudência do TJUE – a origem legal do órgão que lhe

---

[455] Tribunais arbitrais instituídos por convenção, em Portugal, são, designadamente, os tribunais arbitrais em matéria cível e comercial – constituídos ao abrigo da Lei de Arbitragem Voluntária – e os tribunais administrativos – constituídos ao abrigo do Código de Processo nos Tribunais Administrativos, cujo artigo 181.º n.º 1 remete os seus termos de constituição e funcionamento para a referida Lei de Arbitragem Voluntária.

[456] Veja-se, a título de exemplo, o decidido no Acórdão *Nordsee*, de 02/02/1982, processo n.º 102/81 e no Acórdão *Denuit e Cordenier*, de 27/01/2005, processo n.º C-125/04, ambos disponíveis em http://curia.europa.eu/.

submeteu o pedido, a sua permanência, o carácter obrigatório da sua jurisdição, a natureza contraditória do processo, a aplicação, por esse órgão, das regras de Direito e a sua independência –, o Tribunal não tem hesitado em qualificá-los como órgãos jurisdicionais para efeitos do processo de reenvio prejudicial.

Exemplos mais recentes são os casos *Merck Canada*[457] – onde no processo nacional, a decorrer em tribunal arbitral necessário, estava em causa um litígio emergente de direitos de propriedade industrial relacionados com medicamentos de referência e genéricos – e *Ascendi*[458] – tendo a questão prejudicial sido suscitada por um tribunal arbitral tributário português. Foi neste último processo que, a título preliminar, foi discutida a questão de saber se os tribunais arbitrais em matéria tributária, constituídos ao abrigo do regime ora em anotação. Adianta-se, desde já, que o TJUE concluiu pela qualificação dos tribunais arbitrais tributários portugueses como órgãos jurisdicionais de um Estado-membro, para efeitos do artigo 267.º do TFUE.

Nesta medida, demonstrar-se-á o preenchimento de cada um dos requisitos da qualidade de órgão jurisdicional nacional quase que "codificados" na jurisprudência do TJUE. Recorda-se, para este efeito, que para que um órgão nacional seja qualificado como órgão jurisdicional de um Estado-membro na acepção do artigo 267.º do TFUE, devem seguir-se os seguintes critérios: (1) base legal de origem e funcionamento, (2) permanência, (3) obrigatoriedade de jurisdição, (4) natureza contraditória do processo, (5) aplicação de regras de direito, (6) força vinculativa das decisões e (7) independência. Posto isto, poderão colocar-se as seguintes questões:

(1) *Os tribunais arbitrais tributários são órgãos de origem legal?* Sabe-se já que sim. A arbitragem em matéria tributária tem assento no Decreto-lei n.º 10/2011, de 20 de Janeiro, aprovado com base na autorização conferida pelo artigo 124.º da Lei do Orçamento do Estado para 2010. Da lei resulta, de forma geral, a competência destes tribunais arbitrais, o direito potestativo do contribuinte de pedir a sua constituição, as modalidades de designação de árbitros, disposições relativas ao procedimento e processo arbitrais e ainda normas relativas à (ir)recorribilidade da decisão a ser proferida.

---

[457] Acórdão *Merck Canada*, de 13/02/2014, processo n.º C-555/13, disponível em http://curia.europa.eu/.
[458] Acórdão *Ascendi*, de 12/06/2014, processo n.º C-377/13, disponível em http://curia.europa.eu/.

(2) Têm carácter de permanência? Aqui, admite-se que possam existir algumas dúvidas. Um tribunal arbitral em concreto, constitui-se apenas para um determinado processo, só existindo para efeitos desse processo em particular. Acresce que, nos termos do artigo 23.º o tribunal arbitral dissolve-se uma vez proferida e 10 dias após a notificação às partes da decisão e do arquivamento do processo, caso não tenha sido admitido recurso para o Tribunal Constitucional[459]. Contudo, recorre-se aqui à própria jurisprudência do TJUE, no já referido processo *Merck Canada*[460]. Efectivamente, o carácter permanente dos tribunais arbitrais tributários não se alcança pelo facto de terem uma formação nomeada em separado para cada processo. É porém alcançável pela própria lei que os habilita e que dispõe a sua competência e funcionamento, com carácter de permanência. No mesmo sentido, foram as conclusões do Advogado-geral MACIEJ SZPUNAR no processo *Ascendi*, entendendo que "não há que abordar esta questão do ponto de vista das diferentes formações que decidem em processos concretos, mas do ponto de vista sistemático" uma vez que "O Tribunal Arbitral Tributário não é um tribunal *ad hoc,* mas apenas um elemento de um sistema de resolução de litígios que (...) no seu todo tem carácter permanente"[461]. Os tribunais arbitrais tributários têm, pois, carácter de permanência.

(3) A jurisdição arbitral em matéria tributária é obrigatória? Com este requisito, o TJUE quis que a qualidade de órgão jurisdicional dependesse do facto de ser obrigatório para as partes submeterem o seu litígio ao órgão em questão. Por outras palavras, quis-se que a submissão do litígio num determinado órgão não dependesse unicamente da vontade das partes, contrariamente ao que se verifica nas arbitragens ditas voluntárias *stricto sensu*. Com efeito, nessas arbitragens, as partes submetem um determinado diferendo aos tribunais arbitrais porque

---

[459] Sobre a dissolução do tribunal arbitral e o recurso para o Tribunal Constitucional veja-se o ponto 2. da presente anotação e a anotação ao artigo 23.º.
[460] No caso *Merck Canada* (processo n.º C-555/13) o TJUE, admitindo como preenchidos os restantes requisitos, suscitou, porém, a questão da aparente falta do carácter de *permanência*, uma vez que o tribunal arbitral necessário – que procedeu ao reenvio da questão prejudicial – se dissolvia uma vez proferida a decisão arbitral. Ainda assim, acabou por dar como preenchido o requisito da permanência na medida que "aquele tribunal foi criado ao abrigo de uma base legal, que dispõe, a título permanente, de competência obrigatória e que, além disso, a legislação nacional define e enquadra as regras processuais que o mesmo aplica".
[461] Vejam-se as conclusões do Advogado-geral no processo n.º C-377/13, 35-37, disponíveis em http://curia.europa.eu/.

convencionaram, por meio de cláusula arbitral, que os litígios entre si assim seriam resolvidos. Não é esse o caso na arbitragem tributária. Desde logo, não existe qualquer cláusula arbitral entre os contribuintes e a Administração Tributária. Existe sim um *direito potestativo* dos contribuintes a escolher a arbitragem como via alternativa de resolução de litígios, estando a Administração Tributária obrigada a aceitar essa opção do contribuinte, dentro dos limites de competência impostos pelo legislador no RJAT ainda que limitada pela Portaria de Vinculação. MACIEJ SZPUNAR parece ter sido da mesma opinião quando afirma que "a característica da arbitragem portuguesa em matéria fiscal que é essencial para a análise da questão em causa consiste no facto de o direito de escolha dos contribuintes quanto às vias de recurso não resultar da sua própria iniciativa mas da vontade do legislador, que instituiu dois sistemas diferentes de resolução de conflitos com a administração fiscal"[462]. Não subsistem dúvidas: a arbitragem tributária é uma real alternativa à via judicial, disponibilizada pelo legislador aos contribuintes. É nesse sentido que se tem por preenchido o requisito da obrigatoriedade da sua jurisdição.

(4) *O processo arbitral tem natureza contraditória?* Da leitura do comentário ao artigo 16.º do presente RJAT, sabe-se já que sim. Com efeito, não fosse o princípio do contraditório a fundação basilar de todo e qualquer processo português no geral – desde o processo civil ao processo administrativo e tributário –, o legislador teve a preocupação de deixar explícito no RJAT que também o processo arbitral se rege por esse princípio. Assim, nos termos do artigo 16.º alínea *a*), vem garantida a natureza contraditória do processo arbitral, que deve ser "assegurado, designadamente, através da faculdade conferida às partes de se pronunciarem sobre quaisquer questões de facto ou de direito suscitadas no processo". O princípio do contraditório, e bem assim o princípio da igualdade das partes, estão especial e particularmente garantidos na medida em que o seu desrespeito é fundamento de impugnação da decisão arbitral proferida, ao abrigo dos artigos 27.º e 28.º, n.º 1, alínea *d*), para cujos comentários se remete.

(5) *A decisão arbitral tributária aplica as regras do direito constituído?* A resposta a esta questão consta do n.º 2 do artigo 2.º, segundo o qual "os tribunais arbitrais decidem de acordo com o direito constituído, sendo vedado o recurso à equi-

---

[462] Cf. n.º 40 das conclusões do Advogado-Geral no processo n.º C-377/13.

dade". A proibição do recurso à equidade é desde logo imposta pelo facto de, na arbitragem tributária, estarem em causa matérias de interesse público. Se o estabelecimento de um regime de arbitragem em matéria tributária foi já alvo de críticas – infundadas, diga-se – por força do interesse público das matérias envolvidas e do princípio da indisponibilidade dos créditos tributários, permitir-se o recurso à equidade em matéria fiscal seria não só desaconselhável como possivelmente inconstitucional. O Direito Fiscal é, pois, uma área muito especial do Direito, com princípios fundamentais muito específicos que não poderiam, de modo algum, ser postos em causa em prol de um qualquer encontro de vontades entre a Administração Tributária e o contribuinte. Para um maior desenvolvimento da questão recomenda-se a leitura do comentário ao artigo 2.º.

(6) *O tribunal arbitral tributário é um órgão independente?* A propósito do requisito da independência, o TJUE tem entendido que este deve ser apreciado sobre dois aspectos distintos. Por um lado, um aspecto *externo* que diz respeito à independência propriamente dita do órgão em relação a pessoas ou instituições terceiras, designadamente a Administração, sendo positiva a inexistência de uma relação de supra-ordenação. Por outro, um aspecto *interno* relativo à *imparcialidade* dos membros que compõem o órgão jurisdicional – neste caso, os árbitros em matéria tributária. No que respeita ao aspecto externo, os tribunais arbitrais tributários não são parte integrante da Administração, nem estão, de qualquer modo, sobre a alçada do poder executivo. Pelo contrário, estes tribunais arbitrais fazem parte do sistema jurisdicional português, funcionando, como se sabe, sob a égide do CAAD. Já quanto à imparcialidade, viu-se já que o legislador foi particularmente cuidadoso com a questão, prevendo nos artigos 7.º a 9.º uma série de normas atinentes à qualidade de árbitro e aos deveres de imparcialidade, independência e idoneidade moral. Recorda-se que desde logo no n.º 1 do artigo 7.º se estabelece que "os árbitros são escolhidos de entre pessoas de comprovada capacidade técnica, idoneidade moral e sentido de interesse público". Por seu turno, no n.º 1 do artigo 9.º, enfatiza-se ainda que "os árbitros estão sujeitos aos princípios da imparcialidade e da independência". O artigo 8.º, por sua vez, prevê uma série de impedimentos de exercício da função de árbitro num determinado processo. Em boa verdade, os artigos 8.º e 9.º, no que respeita à independência e imparcialidade dos árbitros, oferecem garantias muito semelhantes às aplicáveis aos juízes togados. Garantias estas que, de resto, poderiam já perfeitamente resultar tanto do Código Deontológico do CAAD como da LAV – aplicável subsidiariamente, como se sabe, por força do artigo 29.º, n.º 1, alínea *c)*

do RJAT, uma vez que o artigo 181.º, n.º 1 do CPTA remete para a LAV, os termos da constituição e funcionamento dos tribunais arbitrais administrativos. Deste modo, os tribunais arbitrais tributários são, de facto, órgãos independentes.

(7) *A decisão arbitral em matéria tributária vincula as partes?* As decisões arbitrais tributárias têm o mesmo valor que as decisões dos tribunais judiciais. Esta é, de resto, a solução que tradicionalmente tem sido seguida pelo legislador português. Já no campo da arbitragem voluntária em matéria cível e comercial foi essa a solução adoptada. As decisões arbitrais têm pois, força de caso julgado e força executória. O único senão é não terem os tribunais arbitrais – quaisquer que eles sejam – poder coercivo para poderem executar, eles próprios, a decisão, sendo necessário recorrer aos tribunais judiciais respectivos. Como se viu anteriormente, no RJAT, a esta força vinculativa equivalente à das decisões judiciais alude, desde logo, o preâmbulo do diploma, e, bem assim, o artigo 24.º, sob a epígrafe "efeitos da decisão arbitral de que não caiba recurso ou impugnação", para cujos comentários se remete.

O exposto demonstra que os tribunais arbitrais tributários devem ser qualificados como órgãos jurisdicionais de um Estado-membro, na acepção do artigo 267.º do TFUE, na medida em que preenchem os requisitos definidos pela própria jurisprudência do TJUE[463].

A complementar esta conclusão está o facto de as decisões arbitrais em matéria tributária serem, por regra, irrecorríveis quanto ao mérito. A recorribilidade permitida a título excepcional resume-se, como acima se indicou, aos casos de violação de normas constitucionais – recurso para o Tribunal Constitucional – ou desrespeito pela jurisprudência dos tribunais judiciais administrativos e tributários – recurso por oposição de acórdãos para o STA. Sendo certo que a irrecorribilidade da decisão do órgão jurisdicional é, em princípio, apenas indicativa do carácter obrigatório ou não do reenvio da questão prejudicial – como *supra* se mencionou –, certo é também que este factor, no entendimento do TJUE, tem militado a favor do reconhecimento da qualidade de "órgão jurisdicional de um Estado-membro"[464].

---

[463] Sobre a possibilidade de reenvio prejudicial veja-se ainda João Menezes Leitão (2015) "The reference for a preliminary ruling of Court of Justice in Portuguese tax arbitration" 215-233.
[464] A título de exemplo, veja-se o Acórdão *Broekmeulen*, de 6/10/1981, processo n.º C-246/80, n.º 16, disponível em http://curia.europa.eu/.

Esta foi também a conclusão a que chegou o TJUE no já referido Acórdão *Ascendi*, de 12 de Junho de 2014, processo n.º C-377/13 – em especial nos n.ºs 22 a 35.

Hoje é, pois, inquestionável que aos tribunais arbitrais em matéria tributária portugueses é admitida a possibilidade de submeterem questões prejudiciais ao TJUE. Aliás, como acima se referiu, em alguns casos os árbitros não estarão apenas perante uma possibilidade, mas sim perante uma obrigação decorrente dos Tratados da União[465].

A questão está, pois, ultrapassada.

E tanto assim é que, se no caso *Ascendi* a qualificação dos tribunais arbitrais tributários portugueses foi questão prévia ao conhecimento da questão prejudicial pelo TJUE, já no processo n.º C-256/14 (caso *Lisboagás*)[466], essa questão já nem se colocou, admitindo-se logo que os tribunais arbitrais tributários portugueses eram órgãos jurisdicionais de um Estado-membro, na acepção do artigo 267.º do TFUE.

Em conclusão, a celeridade da decisão arbitral aliada à qualificação dos tribunais arbitrais como órgãos jurisdicionais para efeitos do TJUE leva a que Portugal se tenha posicionado com uma vantagem comparativa bastante acentuada relativamente aos seus parceiros europeus. No limite, admite-se que Portugal possa passar a ser utilizado como plataforma de acesso ao TJUE, numa lógica que ultimamente muito se fala de *forum shopping* por empresas não residentes, sendo este um factor de atracção do investimento estrangeiro.

6. Recurso de revisão

Uma outra questão sobre a qual a Doutrina se tem pronunciado é a admissibilidade ou não de recurso de revisão da decisão arbitral em matéria tributária.

Nos termos do artigo 619.º, n.º 1 do CPC, uma vez transitada em julgado a decisão que decida sobre o mérito da causa, o decidido sobre a relação material controvertida "fica a ter força obrigatória dentro do processo e fora dele nos limites fixados pelos artigos 580.º a 581.º, sem prejuízo do disposto nos arti-

---

[465] Nesse sentido, refere Francisco Pereira Coutinho que "[o] cumprimento estrito do dever de reenvio afigura-se essencial para a garantia da integridade da ordem jurídica da União e para a tutela dos direitos que esta atribui aos particulares" (cf. Francisco Pereira Coutinho (2014), "Os tribunais arbitrais tributários e o reenvio prejudicial", 14-15.
[466] Acórdão *Lisboagás*, de 11/06/2015, processo n.º C-256/14, disponível em http://curia.europa.eu/.

gos 696.º a 702.º". Estes limites ao caso julgado ali referidos reportam-se, nem mais nem menos, ao recurso de revisão. O recurso de revisão possibilita então a reapreciação de questões que, por não serem já susceptíveis de recurso ordinário ou de reclamação, consideraram-se transitadas em julgado, por força do disposto no artigo 628.º do CPC.

De igual forma, os artigos 154.º a 156.º do CPTA admitem também a interposição de recurso de revisão das sentenças transitadas em julgado no âmbito do contencioso administrativo. Ao abrigo do n.º 1 do artigo 154.º do CPTA, no que não esteja especialmente regulado naquele código, são subsidiariamente aplicáveis as normais dispostas no CPC. Os fundamentos de recurso de revisão em contencioso administrativo são, por conseguinte, os mesmos elencados no artigo 696.º do CPC.

A partir do ano 2000, também o CPPT passou a prever expressamente a susceptibilidade de recurso de revisão das sentenças judiciais tributárias. Assim, a Lei n.º 3-B/2000, de 4 de Abril, aditou um artigo 293.º ao CPPT, sob a epígrafe "revisão de sentença". Nos termos do disposto no n.º 1 daquele preceito "a decisão transitada em julgado pode ser objecto de revisão no prazo de quatro anos".

A questão que ora se coloca é saber em que medida são estas disposições aplicáveis à arbitragem tributária. A Doutrina, no geral, tem vindo a entender que sim.

Num sentido claramente favorável à admissibilidade de recurso de revisão da decisão arbitral em matéria tributária, LOPES DE SOUSA esclarece que o regime do recurso de revisão consubstancia um ponto de equilíbrio no confronto entre, por um lado, os valores da certeza e segurança jurídica, próprios ao instituto do caso julgado, e, por outro, o valor da justiça, subjacente ao princípio do Estado de Direito democrático (artigo 2.º da CRP)[467].

Para outros autores, o recurso de revisão impõe-se, não obstante a regra da irrecorribilidade da decisão arbitral em matéria tributária, pela natureza excepcional do próprio instituto. Defendem assim SAMUEL FERNANDES DE ALMEIDA/JOANA LOBATO HEITOR que "considerando o peso na ordem jurídica dos fundamentos para apresentação de recurso de revisão, nomeadamente os previstos no CPC, os quais dada a sua superior relevância jurídica permitem ultrapassar o princípio da segurança jurídica e a força do caso julgado, em função da verificação de vícios de tal forma graves que impedem a consolidação da ordem jurídica de decisões

---

[467] JORGE LOPES DE SOUSA (2013) "Recurso de revisão de decisões arbitrais tributárias", 21-26.

já transitadas em julgado, é evidente que tal regime deverá impor-se em todos os processos relativamente aos quais possam aplicar-se (ainda que subsidiariamente) as normas do CPC, nos quais se inclui o processo arbitral tributário" [468].

É desta colisão de valores que nasce o recurso de revisão, excepcional por natureza. Prova disso são, de resto, os específicos fundamentos de recurso admitidos, elencados no artigo 696.º do CPC, que consubstanciam vícios graves, em tudo deturpadores do valor de justiça e que não devem ser ignorados.

Em boa verdade, a questão da aplicabilidade deste instituto à arbitragem no geral não é de hoje. A Doutrina portuguesa discute-a desde a entrada em vigor da LAV de 1986. De facto, nem a LAV de 1986, nem a actual LAV de 2011, nem o CPTA na parte relativa à arbitragem administrativa, nem o RJAT, nem sequer quaisquer outros diplomas avulsos que prevejam arbitragens noutras matérias, fazem referência ao recurso de revisão.

Esta omissão legislativa, porém, não impediu que a Doutrina formulasse – já na vigência da LAV de 1986 – o entendimento de que a decisão arbitral transitada em julgado é também susceptível de recurso de revisão.

A Doutrina favorável à aplicabilidade desde regime no âmbito da arbitragem em matéria cível e comercial, encontra no artigo 42.º, n.º 7 da LAV de 2011 um argumento de valor. Nos termos do ali disposto, "a sentença arbitral de que não caiba recurso e que já não seja susceptível de alteração nos termos do artigo 45.º tem o mesmo carácter obrigatório entre as partes que a sentença de um tribunal arbitral estadual transitada em julgado". Nesse sentido, se o legislador aí pretendeu que a decisão arbitral e a sentença judicial tivessem precisamente os mesmos efeitos – e sendo o caso julgado o efeito paradigmático de uma sentença jurisdicional –, pretendeu também que se impusessem os mesmos limites, designadamente, os previstos nos artigos 696.º a 702.º do actual CPC.

Em prol da admissibilidade de recurso de revisão da sentença arbitral abona ainda a gravidade dos vícios elencados no artigo 696.º do CPC nos termos do qual:

A decisão transitada em julgado só pode ser objecto de revisão quando:

a) Outra sentença transitada em julgado tenha dado como provado que a decisão resulta de crime praticado pelo juiz no exercício das suas funções;

---

[468] Neste sentido, SAMUEL FERNANDES DE ALMEIDA/JOANA LOBATO HEITOR (2014) "Recurso de Revisão das decisões proferidas nos Tribunais (Arbitrais) Tributários – Comentário ao Acórdão n.º 0360/13 do STA", 52.

b) *Se verifique a falsidade de documento ou acto judicial, de depoimento ou das declarações de peritos ou árbitros, que possam, em qualquer dos casos, ter determinado a decisão a rever, não tendo a matéria sido objecto de discussão no processo em que foi proferida;*
c) *Se apresente documento de que a parte não tivesse conhecimento, ou de que não tivesse podido fazer uso no processo em que foi proferida a decisão a rever e que, por si só, seja suficiente para modificar a decisão em sentido mais favorável à parte vencida;*
d) *Se verifique nulidade ou anulabilidade de confissão, desistência ou transacção, em que a decisão se fundou;*
e) *Tendo ocorrido a acção e a execução à revelia, por falta absoluta de intervenção do réu, se mostre que faltou a citação ou que é nula a citação feita;*
f) *Seja inconciliável com a decisão definitiva de uma instância internacional de recurso vinculativa para o Estado Português;*
g) *O litígio assente sobre o acto simulado das partes e o tribunal não tenha feito uso do poder que lhe confere o artigo 612.º, por se não ter apercebido da fraude.*

Abre-se aqui um parêntesis para referir que nos termos do artigo 293.º, n.º 2 do CPPT, só é admitida a revisão de decisão transitada em julgado que declare "a falsidade do documento, ou documento novo que o interessado não tenha podido nem devia apresentar no processo e que seja suficiente para a destruição da prova feita, ou de falta ou nulidade da notificação do requerente quando tenha dado causa a que o processo corresse à sua revelia".

Numa terminologia desnecessariamente mais complexa que a prevista no CPC, o artigo 293.º, n.º 2 do CPPT limita, como se vê, os fundamentos de revisão da sentença às alíneas *b)*, *c)* e *e)* do artigo 696.º do CPC.

De notar, contudo, que o STA já se pronunciou sobre a aplicação subsidiária dos fundamentos previstos no artigo 696.º do CPC. Nesse sentido, pode ver-se o Acórdão de 2 de Julho de 2014, processo n.º 0360/13[469], tendo o STA aí entendido que "Quanto aos pressupostos processuais do recurso de revisão da sentença, no que não se encontrar previsto no artigo 293.º do CPPT, haverá que recorrer à legislação subsidiária indicada no artigo 2.º do CPPT" onde se inclui o CPC.

---

[469] Acórdão do STA, de 2-07-2014, processo n.º 0360/13, disponível em http://www.dgsi.pt/.

Contra a admissibilidade do recurso de revisão dos tribunais arbitrais no geral, militam problemas de aplicabilidade prática, em muito semelhantes aos que acima foram levantados a propósito do recurso para o Tribunal Constitucional. Com efeito, o artigo 697.º do CPC impõe que o recurso de revisão seja interposto "no tribunal que proferiu a decisão a rever".

Sabe-se já que, tanto na arbitragem em matéria cível e comercial, como na arbitragem administrativa e, bem assim, na arbitragem tributária, o poder dos árbitros finda com a notificação da decisão arbitral ou, neste último caso, com a notificação do arquivamento do processo, ao abrigo do artigo 23.º. Recordando o que acima se disse quanto à situação análoga no âmbito do recurso de constitucionalidade, a solução desta questão poderá passar por uma de duas vias: ou a revisão da sentença arbitral cabe a um tribunal judicial de primeira instância; ou, por outro lado, a revisão cabe ainda a um tribunal arbitral que poderá ser o mesmo, ou um que seja constituído *ex novo*.

Acresce que é possível encontrar no RJAT alguns outros obstáculos que desfavorecem a admissibilidade do recurso de revisão.

Em primeiro lugar, a regra da irrecorribilidade da decisão arbitral em matéria tributária. Se o legislador previu que, por regra, a decisão arbitral não é susceptível de recurso, a previsão de um recurso por oposição de acórdãos para o STA seria já, à primeira vista, excepção bastante – e aqui nem se refere o recurso para o Tribunal Constitucional na medida em que esse é imposição da lei fundamental. Contudo, e bem vistas as coisas, a regra da irrecorribilidade foi pensada para erros e vícios ditos *normais*, não se coadunando com aqueles especialmente graves como os que fundamentam o recurso de revisão.

Aliás, a própria regra da irrecorribilidade da decisão arbitral abona a favor da admissibilidade do recurso de revisão. Entenda-se porquê:

Não podendo qualquer das partes recorrer do mérito da decisão – a não ser por aplicação de norma declarada inconstitucional, ou sobre a qual tenha sido questiona a constitucionalidade, ou por oposição com jurisprudência dos tribunais judiciais administrativos – e estando os fundamentos de impugnação da decisão arbitral taxativamente elencados no artigo 28.º – relacionados em especial com vícios formais de procedimento e processo – em que medida poderão as partes contra aquela reagir se, por exemplo, se apurar em sentença judicial que a decisão arbitral resulta de crime praticado pelo árbitro no exercício das suas funções? Imagine-se ainda que após prolação da sentença arbitral, se verifica a falsidade de um documento ou acto judicial? Seria no mínimo estranho que não assistisse às partes no processo qualquer meio de reacção contra vícios desta gravidade.

Ainda assim, e em segundo lugar, contra a admissibilidade do recurso de revisão, dir-se-ia que este poderia pôr em causa alguns dos objectivos do RJAT como, por exemplo, a celeridade com vista à obtenção da decisão arbitral em prazo razoável. Com isto, querer-se-á insinuar que a decisão arbitral não seria célere, na medida em que estaria sempre dependente de um possível recurso de revisão, mesmo depois de transitada em julgado. Ora, este argumento não pode valer. De facto, bem compreendido o recurso de revisão, logo se vê que não é posta em causa a celeridade do processo na medida em que esta se verifica num ponto temporalmente anterior. Nas palavras de Lopes de Sousa, "não está já em causa obter a decisão rápida do litígio, que já foi decidido, estando antes em causa saber se o decidido deve ou não manter-se." [470] A celeridade não é, pois, um dos valores em confronto que, como se referiu, são apenas certeza e segurança jurídicas *versus* justiça.

Pelo exposto, é forçoso concluir pela susceptibilidade de recurso de revisão da decisão arbitral em matéria tributária, mesmo depois do seu trânsito em julgado.

Os pressupostos e os trâmites desse recurso de revisão serão em primeiro lugar definidos não pelo disposto no CPC, mas pelas normas constantes do CPPT, nos termos do artigo 29.º, n.º 1 alínea *a*) do RJAT. No CPPT o único preceito relativo ao recurso de revisão é o artigo 293.º, cujo n.º 2 prevê, como se referiu, um número muito mais reduzido de fundamentos por comparação ao CPC. No entanto, e novamente pela gravidade dos vícios em causa, deve seguir-se o entendimento defendido na jurisprudência do STA – no âmbito do processo 0360/13 já mencionado – segundo o qual são aplicáveis subsidiariamente os pressupostos processuais previstos no CPC, onde se incluem os fundamentos. Fundamentos do recurso de revisão da sentença arbitral em matéria tributária poderão então ser os elencados no artigo 696.º do CPC.

Quanto a esta questão uma breve nota para se referir que toda esta problemática teria sido evitada caso tivesse sido aprovada a versão do primeiro projecto do RJAT que contemplava uma solução que está hoje vertida no projecto de lei da Arbitragem Tributária de Cabo Verde: a notificação às partes do projecto da decisão. Esta notificação permitia, em rigor, um instituto semelhante ao previsto no artigo 45.º da LAV de 2011, admitindo-se uma espécie de aclaração da decisão arbitral.

---

[470] Jorge Lopes de Sousa (2013) "Recurso de revisão de decisões arbitrais tributárias", 24.

Artigo 26.º – Efeitos do recurso da decisão arbitral

1 – O recurso tem efeito suspensivo, no todo ou em parte, da decisão arbitral recorrida, dependendo do objecto do recurso.

2 – Sem prejuízo do disposto no número anterior, o recurso interposto pela administração tributária faz caducar a garantia que tenha sido prestada para suspensão do processo de execução fiscal e o recurso interposto pelo sujeito passivo faz cessar o efeito suspensivo da liquidação, a que se refere o artigo 14.º.

ANOTAÇÃO

Neste preceito estão previstos os efeitos da interposição do recurso da decisão arbitral, os quais serão também aplicáveis, como se verá em anotação ao n.º 2 do artigo 28.º, no caso de impugnação da decisão arbitral.

Desde logo vislumbra-se que os efeitos são os mesmos independentemente de se estar perante um recurso para o Tribunal Constitucional ou perante um recurso por oposição de acórdãos para o STA – excepção feita apenas para um dos efeitos que, em bom rigor, nem decorre deste artigo, e do qual se dará conta no final deste comentário.

Em face do disposto no n.º 1 do artigo 26.º julga-se claro que todos os efeitos que foram referidos em comentário ao artigo 24.º, para o qual se remete, *ficam suspensos até à decisão que vier a ser proferida em sede de recurso*, ou pelo Tribunal Constitucional, ou pelo STA, relativamente à decisão arbitral recorrida.

O *efeito suspensivo* depende, no entanto, do teor do recurso. Significa isto que se o recurso for da totalidade da decisão arbitral proferida o efeito suspensivo será *total*, não se produzindo, pois, qualquer efeito decorrente da decisão arbitral. Já se o recurso for *parcial*, ou seja, se só parte da decisão arbitral for contestada, o efeito suspensivo restringe-se a essa parte, originando a parte aceite os efeitos a que se refere o artigo 24.º.

Não obstante o efeito suspensivo estar, como se viu, dependente do conteúdo do recurso em relação ao da decisão arbitral, o n.º 2 deixa claro que há pelo menos um efeito que se produz sempre que seja interposto recurso e que depende da parte que recorre. Deste modo, dispõe o n.º 2 do artigo 26.º que quando o recurso da decisão arbitral seja interposto pela Administração Tributária a sua interposição faz – sempre – caducar a garantia que tenha sido prestada para suspensão do processo de execução fiscal.

Por sua vez, quando o recurso tenha sido interposto pelo sujeito passivo, cessa o efeito suspensivo da liquidação a que se refere o artigo 14.º. Ora, pese embora esta parte final do n.º 2 tenha sido, como se verá, derrogada tacitamente pela revogação do artigo 14.º operada pela Lei n.º 64-B/2011, de 30 de Dezembro (Lei do Orçamento do Estado para 2012), estes dois efeitos são, ao que se crê, uma tentativa clara do legislador de imprimir alguma responsabilização à interposição de recursos das decisões arbitrais em matéria tributária.

Com efeito, se a mera interposição de recurso da decisão arbitral gera automaticamente uma consequência desvantajosa para a parte que o interpõe, obriga-se a que esta pondere com maior "responsabilidade" a necessidade da sua interposição dissuadindo-a desta forma a utilizar o recurso como uma forma de protelar os efeitos da decisão arbitral "perdida". E este efeito, para uma ou para outra parte, opera independentemente do recurso ser total ou parcial, ou seja, independentemente do efeito suspensivo do mesmo ser, consequentemente, total ou parcial.

Assim, caso a Administração Tributária interponha recurso da decisão arbitral, verá a garantia que tenha sido prestada em eventual processo de execução caducar. Facilmente se percebe que não haverá qualquer consequência para a Administração Tributária caso não haja processo de execução fiscal – e consequentemente não haja garantia prestada – ou, mesmo aquele existindo, tenha havido dispensa de prestação de garantia. Nestes casos, o efeito previsto na 1ª parte do n.º 2 deste artigo 26.º não se produz, na medida em que não há qualquer garantia passível de caducidade.

Já se houver garantia prestada, esta caducará pela mera interposição de recurso pela Administração Tributária. Por outras palavras, o RJAT cria uma nova causa de caducidade da garantia – a interposição de recurso da decisão arbitral por parte da Administração Tributária – a acrescer à já existente e que está prevista no artigo 183.º-A do CPPT[471].

No que se refere, por outro lado, à previsão da "penalização" aplicável ao contribuinte quando seja este a interpor o recurso, haverá que perceber que após 2012 essa "penalização" não mais existe na medida em que o artigo 14.º foi revogado.

---

[471] Também ali, no artigo 183.º-A do CPPT, o legislador sentiu necessidade de penalizar a Administração Tributária quando, por inércia sua, não decida no prazo de 1 ano a reclamação graciosa interposta pelo contribuinte.

O legislador previa na redacção original do RJAT, anterior às alterações introduzidas pós 2012, que os pedidos de constituição de tribunal arbitral com base na alínea *b)* do n.º 1 do artigo 2.º e, bem assim, a alínea *c)* do mesmo artigo, tivessem efeito suspensivo automático, ao abrigo do artigo 14.º. Este efeito automático era atribuído quer à própria liquidação das prestações tributárias correspondentes às questões suscitadas quanto à parte controvertida, quer aos prazos de caducidade do direito à liquidação e de prescrição da prestação tributária. O efeito suspensivo mantinha-se até à data da comunicação da decisão arbitral, excepto no caso de recurso interposto pelo sujeito passivo dessa decisão, conforme previa o artigo 26.º, n.º 2. Assim funcionava o levantamento deste efeito suspensivo da liquidação como penalização, para o contribuinte, da interposição do recurso – insista-se, apenas até 2012.

Contudo, pelo artigo 160.º da Lei n.º 64-B/2011, de 30 de Dezembro (Lei do Orçamento do Estado para 2012), quer a alínea *c)* do n.º 1 do artigo 2.º, quer o artigo 14.º foram revogados. A este propósito, e além das considerações tecidas aquando da anotação ao artigo 2.º, n.º 1 para as quais se remete, refira-se unicamente que, muito estranhamente, não foi introduzida qualquer alteração a este n.º 2 do artigo 26.º a fim de eliminar, como seria de esperar, a referência ao artigo 14.º agora revogado.

Não obstante não haver qualquer revogação expressa, é forçoso concluir-se que esta parte final do n.º 2 foi derrogada tacitamente pela revogação do artigo 14.º operada pelo artigo 160.º da Lei n.º 64-B/2011, de 30 de Dezembro.

De referir ainda um outro efeito que decorre da interposição de recurso para o Tribunal Constitucional que, todavia, não resulta do RJAT mas sim da LTC.

Nos termos do artigo 75.º, n.º 1 da LTC, a interposição de recuso para o Tribunal Constitucional interrompe os prazos para a interposição de outros que porventura caibam da decisão. Por outras palavras, sendo prazo para interposição de recurso para o Tribunal Constitucional de apenas 10 dias, a sua efectiva interposição *vai interromper o prazo de recurso* para o STA – 30 dias – e, adianta-se, o prazo de impugnação da decisão arbitral para o TCA – 15 dias. Refere a última parte do n.º 1 do artigo 75.º da LTC que estes recursos só poderão ser interpostos depois de cessada a interrupção. Quer isto dizer que, proferida a decisão pelo Tribunal Constitucional, *reinicia-se a contagem* dos prazos para recurso por oposição de acórdãos para o STA e para impugnação da decisão arbitral no TCA, desde o seu dia 1.

Não existe, porém, regra semelhante para a interposição de recurso para o STA, nem para a impugnação de decisão arbitral no TCA.

Para finalizar, e no seguimento do que se defendeu na anotação ao artigo anterior, defende-se que a interposição de recurso e, portanto, a sua admissibilidade, mantêm a suspensão dos efeitos da notificação de arquivamento do processo, *maxime* a dissolução do tribunal arbitral[472], para efeitos de recurso de constitucionalidade, até a decisão de recurso que venha a ser proferida pelo Tribunal Constitucional[473].

Tudo por força do artigo 80.º, n.º 2 da LTC segundo o qual "[s]e o Tribunal Constitucional der provimento ao recurso, ainda que só parcialmente, os autos baixam ao tribunal de onde provieram, a fim de este, consoante for o caso, reforme a decisão ou a mande reformar em conformidade com o julgamento sobre a questão da inconstitucionalidade ou da ilegalidade". Ora, sendo a LTC uma lei orgânica de valor reforçado, o artigo 23.º do RJAT deverá ser lido à luz dessa lei superior ou seja, onde se lê "(...) notifica as partes do arquivamento do processo, considerando-se o tribunal arbitral dissolvido nessa data", deve ler-se "(...) notifica as partes do arquivamento do processo, considerando-se o tribunal arbitral dissolvido nessa data, *salvo lei superior que determine o contrário*". Deste modo, se o Tribunal Constitucional der provimento ao recurso, o tribunal arbitral estará ainda capaz de reformular a sentença arbitral em consonância com a decisão de recurso.

---

[472] A notificação do arquivamento do processo vem prevista no artigo 23.º e implica a dissolução do tribunal arbitral e, consequentemente, o esgotamento do seu poder jurisdicional. Sabe-se que, na prática, as partes são simultaneamente notificadas quer da decisão arbitral quer do arquivamento do processo.

[473] Em comentário ao artigo anterior verificou-se a existência de uma contradição normativa entre o artigo 25.º, n.º 4 do RJAT, que determina a entrega do requerimento de recurso directamente no Tribunal Constitucional, e o artigo 76.º, n.º 1 da LTC, nos termos da qual a apreciação da admissibilidade do recurso compete ao tribunal de cuja decisão se recorre. Sendo a LTC de valor superior ao RJAT, a contradição normativa resolve-se em favor daquela, pelo que o requerimento de recurso deverá ser entregue ao tribunal arbitral e a sua admissibilidade deverá ser por este apreciada.

Esta interpretação sistemática e teleológica leva à conclusão que também o artigo 23.º do RJAT, ao determinar a dissolução do tribunal arbitral e, consequentemente, o esgotamento do poder jurisdicional dos árbitros, com a notificação do arquivamento do processo – que ocorre, na prática, ao mesmo tempo que a notificação da decisão arbitral – está em contradição com a LTC.

É então a LTC que legitima uma suspensão dos efeitos da notificação de arquivamento, para efeitos de recurso de constitucionalidade, pelo menos até o decurso do prazo de 10 dias para recorrer – para que o tribunal arbitral aprecie a admissibilidade do recurso – e caso o recurso seja admissível, até o proferimento da decisão de recurso.

SECÇÃO IV – Impugnação da decisão arbitral

Artigo 27.º – Impugnação da decisão arbitral

1 – A decisão arbitral pode ser anulada pelo Tribunal Central Administrativo, devendo o respectivo pedido de impugnação, acompanhado de cópia do processo arbitral, ser deduzido no prazo de 15 dias, contado da notificação da decisão arbitral ou da notificação prevista no artigo 23.º, no caso de decisão arbitral emitida por tribunal colectivo cuja intervenção tenha sido requerida nos termos da alínea *b)* do n.º 2 do artigo 6.º.

2 – Ao pedido de impugnação da decisão arbitral é aplicável, com as necessárias adaptações, o regime do recurso de apelação definido no Código do Processo dos Tribunais Administrativos.

ANOTAÇÃO
1. Impugnação da decisão arbitral
2. Regime jurídico da impugnação da decisão arbitral
   2.1. Regras especiais para a arbitragem tributária
   2.2. Regras do CPTA: aplicabilidade à arbitragem tributária
   2.3. Efeitos da anulação da decisão arbitral tributária
3. Impugnação e recursos – Articulação
   3.1. Acção de impugnação e recurso para o Tribunal Constitucional
   3.2. Acção de impugnação e recurso para o STA

A par da susceptibilidade de recurso para o Tribunal Constitucional e para o STA, prevista no artigo 25.º, a decisão arbitral é ainda impugnável nos termos deste artigo 27.º, com os fundamentos previstos no artigo 28.º.

Deste modo, a compreensão deste artigo 27.º – que consagra a tramitação e os requisitos formais da impugnação da decisão arbitral – não pode deixar de ser acompanhada pela leitura do artigo seguinte, para cujos comentários se remete.

Tratar-se-á em primeiro lugar do regime especial consagrado no n.º 1 deste artigo 27.º, para depois se olhar às regras que decorrem da aplicação do CPTA à impugnação da decisão arbitral, respectivamente nos pontos 2. e 3..

Por fim, no ponto 4. à semelhança será analisada a questão da articulação da acção de impugnação da decisão arbitral com os dois recursos excepcionais previstos no artigo 25.º.

Antes, porém, entende-se necessário um breve enquadramento da acção de impugnação, designadamente no que se refere à sua distinção dos recursos enquanto meios impugnatórios paradigmáticos.

1. Impugnação da decisão arbitral

As diferentes leis de arbitragem existentes um pouco por todo o mundo prevêem, tradicionalmente, um ou eventualmente dois meios de "colocação em crise" da decisão arbitral proferida. Em abstracto, poderá ser admitido o recurso da decisão arbitral – recurso esse que poderá decorrer perante uma segunda instância arbitral ou perante os tribunais judiciais estaduais – e/ou a acção de impugnação (também denominada de acção de anulação) da decisão arbitral – sempre perante os tribunais judiciais.

No RJAT consagrou-se, como se sabe, a regra da irrecorribilidade da decisão arbitral em matéria tributária. Por conseguinte, da decisão arbitral a ser proferida pelos tribunais arbitrais tributários, não cabe recurso de mérito (recurso de apelação) nem para uma segunda instância arbitral, nem para os tribunais judiciais. O artigo 25.º, para cujos comentários se remete, admite, contudo, o recurso de constitucionalidade para o Tribunal Constitucional e o recurso por oposição de acórdãos para o STA.

O artigo 27.º ora em análise, permite ainda, a impugnação da decisão arbitral. Afigura-se pertinente uma distinção entre os recursos em geral e este meio processual ora em análise.

Ora, enquanto o *recurso* permite um verdadeiro controlo de mérito da decisão arbitral, na *acção de impugnação*, o controlo restringe-se aos aspectos procedimentais e processuais, ou seja, formais, da decisão proferida. Com efeito, se no âmbito de um recurso da decisão arbitral os tribunais judiciais poderão fiscalizar a boa aplicação das regras de direito substantivo ao caso em concreto, numa acção de impugnação o conhecimento do mérito da causa está, por regra, vedado.

Outra característica que distingue estes dois meios impugnatórios é a sua natureza. De facto, verifica-se que, por regra, o recurso da decisão arbitral tem natureza *substitutiva*[474], devendo o tribunal de recurso, em caso de provimento, substituir-se ao tribunal arbitral que proferiu a decisão recorrida – o que faz sen-

---

[474] Excepção, em Portugal, é o recurso de constitucionalidade para o Tribunal Constitucional que, como se viu em comentário ao artigo anterior, tem também natureza cassatória.

tido na medida em que àquele é permitido o reexame do mérito da questão de fundo. Por seu turno, a acção de impugnação (ou de anulação) tem natureza *cassatória*, querendo com isto dizer-se que o tribunal onde é interposta a acção terá apenas competência para anular a decisão, não se podendo substituir ao tribunal cuja decisão se impugna, proferindo nova decisão sobre o mérito da causa[475].

Assim, os recursos são, em geral, instâncias de segundo ou terceiro grau que permitem, em princípio, a reanálise ou reexame da decisão de que se recorre. Pelo contrário, acção de impugnação da decisão arbitral é precisamente isso: uma *acção*, e o pedido dessa acção é, nem mais nem menos, do que a anulação da decisão arbitral proferida, com fundamento em um qualquer vício, em princípio formal e constante de um elenco as mais das vezes taxativo.

Perante estes dois meios impugnatórios, ao nível do Direito Comparado verifica-se que existem sistemas dualistas – que permitem tanto o recurso como a impugnação da decisão arbitral – e sistemas monistas – que permitem apenas o controlo formal da decisão arbitral, sustentando-se, de forma geral, que pelo menos a acção de impugnação deve ser admitida, sendo, aliás, irrenunciável.

Com a maioria das leis sobre arbitragem a adoptarem a regra da irrecorribilidade da decisão – permitindo-se, de forma geral, nas arbitragens *stricto sensu*, que as partes convencionem o contrário – a acção de anulação passa a ser o meio paradigmático de impugnação da decisão arbitral legalmente previsto[476].

Do exposto resulta que o legislador previu, no RJAT, um sistema, de certa forma, híbrido. Por um lado, consagra-se a regra da irrecorribilidade do mérito da decisão arbitral em matéria tributária. Por outro, admite-se, como excepção à regra, o recurso de constitucionalidade para o Tribunal Constitucional, e o recurso por oposição de acórdãos para o STA, nos estritos termos em que vêm previstos no artigo 25.º e, bem assim, na LTC e no artigo 152.º do CPTA. Estes recursos não são, portanto, um tradicional recurso de apelação. Contudo, nos termos deste artigo 27.º, a decisão arbitral pode ainda ser impugnada, por meio de acção de anulação, com base nos fundamentos elencados no artigo 28.º, n.º 1, para cujos comentários se remete.

Feita esta breve introdução, olhe-se agora aos trâmites da acção de anulação da decisão arbitral em matéria tributária.

---

[475] Sobre a distinção entre natureza *substitutiva* e *cassatória* dos recursos, veja-se Abrantes Geraldes (2009) "Cassação ou substituição? Livre escolha ou determinismo legislativo", 3-4.
[476] Para um melhor desenvolvimento dos sistemas em Direito Comparado veja-se Luís Lima Pinheiro (2005) *Arbitragem Transnacional – a determinação do estatuto da arbitragem*.

2. Regime jurídico da impugnação da decisão arbitral

2.1. Regras especiais para a arbitragem tributária

Estabelece desde logo o n.º 1 do artigo ora em anotação que a decisão arbitral pode ser anulada pelo TCA[477]. Questiona-se, em primeiro lugar, qual o tribunal territorialmente competente: TCA Sul ou TCA Norte? Julga-se que o tribunal competente para conhecer do pedido de impugnação será *sempre* o *TCA Sul*. Com efeito, embora o RJAT não contenha qualquer norma relativa à competência territorial, a solução é dada pelo direito subsidiariamente aplicável. Deste modo, recorre-se novamente à LAV de 2011 – que como se tem vindo a referir é de aplicação subsidiária por via do artigo 29.º, n.º 1, alínea *c)* do RJAT, na medida em que o artigo 181.º, n.º 1, do CPTA para ali remete os termos da constituição e funcionamento dos tribunais arbitrais administrativos. Assim, nos termos do n.º 2 do artigo 59.º da LAV, a competência para decidir da impugnação de sentença arbitral "pertence ao Tribunal Central Administrativo em cuja circunscrição se situe o local da arbitragem". Ora, sendo a arbitragem tributária uma arbitragem institucionalizada a funcionar exclusivamente no CAAD, com sede em Lisboa, o TCA Sul será sempre competente para decidir dos pedidos de impugnação das decisões arbitrais em matéria tributária. Será assim pelo menos até haver um CAAD no Norte.

Estabelece-se ainda neste artigo que o pedido de impugnação deve ser dirigido, como se viu, ao TCA Sul, devendo ser acompanhado da cópia do processo arbitral. Esta obrigatoriedade de envio da cópia do processo arbitral existe também quando as partes recorram da decisão arbitral ao invés de a impugnarem. Bem se compreende esta preocupação do legislador em consagrar como elemento fundamental à instrução do pedido de recurso ou de impugnação a cópia do processo arbitral, na medida em que o tribunal que irá analisar um ou outro deve estar munido de todos os elementos do processo a fim de poder decidir com bom conhecimento de causa.

O prazo para impugnar a decisão arbitral é de 15 dias, contados de forma diferente em função de se estar perante um tribunal comum ou um tribunal

---

[477] Desde a reforma do contencioso administrativo que é este o tribunal de segunda instância para o qual são interpostos os recursos de apelação das sentenças proferidas pelos Tribunais Administrativos e Fiscais, pelo que faz sentido que o legislador lhe tenha atribuído a competência para avaliar os pedidos de anulação da decisão arbitral em caso de impugnação da mesma.

especial[478]. Esta é uma regra que decorre da parte final deste n.º 1 do artigo 27.º. Assim, os 15 dias ao dispor das partes para impugnarem a decisão arbitral contar-se-iam:

(i) da notificação da decisão arbitral no caso de se estar perante tribunais comuns; ou
(ii) da dissolução do tribunal arbitral nos termos do artigo 23.º no caso de se estar perante tribunais especiais.

Contudo, esclareceu-se na anotação ao artigo 23.º que, na prática, não existe diferença entre a notificação da decisão e a notificação da decisão de arquivamento a que alude o artigo 23.º. Com efeito, na medida em que o legislador não determinou o "quando" desta última notificação, o CAAD contornou a omissão legislativa adoptando a prática da realização simultânea de ambas as notificações. Deste modo, as partes são notificadas, acto contínuo, da decisão arbitral e do arquivamento do processo. Em consequência, o prazo de 15 dias para impugnar é, na prática, igual, quer se esteja perante tribunal especial ou tribunal comum. A prática, não obstante ter criado alguns problemas quanto ao recurso de constitucionalidade, no que respeita à impugnação da decisão, veio contribuiu para uma maior igualdade entre a escolha do sujeito passivo por um tribunal arbitral especial ou comum[479].

Questão diversa é a natureza do prazo para impugnar.

---

[478] Na terminologia que se tem vindo a adoptar, *comuns* são aqueles tribunais arbitrias em que árbitros são designados pelo CAAD – nos termos dos artigos 6.º, n.º 1 e n.º 2, alínea *a)* e 11.º, n.º 1 – e *especiais* são aqueles cujos árbitros, por opção do sujeito passivo, são designados pelas partes – ao abrigo do disposto no artigo 6.º, n.º 2, alínea *b)* e nos termos do artigo 11.º, n.ºs 2 a 7.

[479] Não se pode porém deixar de recordar aquilo que ficou exposto nas anotações aos artigos 23.º e 25.º, a propósito do recurso para o Tribunal Constitucional. Defendeu-se ali que por força do valor reforçado da LTC sobre o RJAT, os artigos 23.º e 25.º, n.º 4 do RJAT devem ser lidos à luz daquela lei superior. Assim, os efeitos da notificação da decisão de arquivamento a que alude o artigo 23.º ficarão suspensos, para efeitos de recurso de constitucionalidade, pelo menos até o decurso do prazo de 10 dias ao dispor das partes para interporem recurso de constitucionalidade cujo requerimento deve ser entregue ao próprio tribunal que proferiu a decisão (cf. artigo 76.º, n.º 1 da LTC). Sendo admitido o recurso, a suspensão dos efeitos do arquivamento mantém-se até que a decisão do Tribunal Constitucional que não dê provimento ao recurso ou até a prolação da nova decisão pelo tribunal arbitral que tenha de ser proferida em consonância com a decisão do Tribunal Constitucional que deu o recurso como procedente. Para maiores desenvolvimentos consultem-se as anotações ao artigo 23.º e ao artigo 25.º do RJAT.

Com efeito, já na vigência da LAV de 1986, se discutia se o prazo impugnar a decisão arbitral seria um *prazo processual*[480] ou, pelo contrário, um *prazo substantivo*[481]. A jurisprudência tem perfilhado este segundo entendimento, o que significa, por conseguinte, que o prazo para impugnar, aplicando-se-lhe as regras previstas nos artigos 138.º e seguintes do CPC, se suspende durante as férias judiciais[482].

Se, como se defendeu, a impugnação da decisão arbitral é uma acção declarativa autónoma, não é forçoso concluir-se, talvez remando contra a maré, que o prazo para impugnar é também um prazo substantivo. Assim, à semelhança do prazo para apresentação da impugnação judicial, e do prazo para requerer a constituição do tribunal arbitral, o prazo para apresentar acção de anulação, impugnando a decisão arbitral, é também um prazo substantivo. A sua contagem segue as regras previstas no artigo 279.º do CC, o que determina, desde logo, a sua não suspensão durante as férias judiciais, mas, aplicando-se a alínea *e*) daquele preceito, quando o prazo termine em período de férias judiciais, transfere-se o seu término para o primeiro dia útil seguinte[483].

Estas são então as regras que se denominam de especiais e que foram particularmente estabelecidas pelo legislador para a impugnação da decisão arbitral. Diz-se *particularmente estabelecidas pelo legislador* porquanto em tudo o que não foi estabelecido neste n.º 1, o n.º 2 remete para as regras aplicáveis ao recurso de apelação definido no CPTA.

2.2. Regras do CPTA: aplicabilidade à arbitragem tributária

Para além das regras especiais estabelecidas no n.º 1, nos termos do n.º 2 do artigo 27.º são aplicáveis à impugnação da decisão arbitral em matéria tributária as regras definidas no regime do recurso de apelação tal como definido no CPTA.

---

[480] Defendendo tratar-se de um prazo processual, veja-se Armindo Ribeiro Mendes (2013) "A Nova Lei da Arbitragem Voluntária e as Formas de Impugnação das Decisões Arbitrais (Algumas Notas)", 745.

[481] Entendendo o prazo para impugnar como um prazo ainda substantivo veja-se Mariana França Gouveia (2014) 298; e António Sampaio Caramelo (2014) 27.

[482] Cf., designadamente, Acórdão do TCA Sul de 26-06-2014, proc. n.º 07084/13.

[483] Sobre a questão dos prazos substantivos para entrega de petições iniciais poderão ver-se as anotações aos artigos 3.º-A e 10.º, onde a questão foi analisada a propósito do pedido de constituição de tribunal arbitral.

A propósito do recurso de apelação, o artigo 149.º do CPTA regula os poderes do tribunal de apelação, que se sabe já ser, por regra, o tribunal administrativo de 2ª instância, *i.e.* o TCA, do Norte ou do Sul.

Artigo 149.º
Poderes do tribunal de apelação

1 – Ainda que declare nula a sentença, o tribunal de recurso não deixa de decidir o objecto da causa, conhecendo do facto e do direito.

2 – No caso de haver lugar à produção de prova em sede de recurso, é aplicável às diligências ordenadas, com as necessárias adaptações, o preceituado quanto à instrução, discussão, alegações e julgamento em 1.ª instância.

3 – Se o tribunal recorrido tiver julgado do mérito da causa, mas deixado de conhecer de certas questões, designadamente por as considerar prejudicadas pela solução dada ao litígio, o tribunal superior, se entender que o recurso procede e que nada obsta à apreciação daquelas questões, conhece delas no mesmo acórdão em que revoga a decisão recorrida.

4 – Se, por qualquer motivo, o tribunal recorrido não tiver conhecido do pedido, o tribunal de recurso, se julgar que o motivo não procede e que nenhum outro obsta a que se conheça do mérito da causa, conhece deste no mesmo acórdão em que revoga a decisão recorrida.

5 – Nas situações previstas nos números anteriores, o relator, antes de ser proferida decisão, ouve cada uma das partes pelo prazo de 10 dias."

Do exposto neste artigo do CPTA, em boa verdade, apenas a norma constante do n.º 2 poderá ser aplicável.

Deste modo, quando no âmbito da análise da impugnação da decisão arbitral haja lugar à produção de prova dispõe o n.º 2 do artigo 149.º do CPTA que, adaptado ao caso em apreço, deverão ser aplicáveis às diligências ordenadas, com as necessárias adaptações, o preceituado quanto à instrução, discussão, alegações e julgamento em 1.ª instância. Isto mais não significa do que em respeito pelo princípio do contraditório deverão ser dadas a ambas as partes a oportunidade não só de diligenciarem a produção de prova necessária no entender do tribunal, mas também de se pronunciarem sob a prova produzida.

Pelo contrário, a aplicação das normas constantes dos n.ºs 1, 3, 4 e 5 daquele artigo 149.º do CPTA, fica impossibilitada por razões de ordem teleológica.

Em primeiro lugar, na sequência do que se adiantou no início do comentário a este artigo, tendo a acção de impugnação a natureza *cassatória*, o TCA não pode conhecer do mérito da decisão arbitral. Aquele tribunal não tem, pois, competência para se substituir ao tribunal arbitral em matéria tributária e decidir a questão controvertida no processo arbitral, seja qual for o fundamento de anulação da decisão[484].

Como se referiu, a acção de impugnação (ou de anulação) da decisão arbitral não é original no processo arbitral tributário. Com efeito, este meio impugnatório vem previsto em quase todas as legislações que, um pouco por todo o mundo, prevêem processos arbitrais, seja qual for a matéria sobre que incidam. A esse propósito, fez-se notar que a acção de impugnação tem então uma natureza *cassatória*, sendo essa natureza que a distingue da generalidade dos recursos em Portugal. Aliás, tradicionalmente, os fundamentos de impugnação admitidos relacionam-se estritamente com questões de natureza formal, procedimental e processual. Ora, a acção de impugnação no RJAT não é diferente.

Deste modo, não se deve entender a remissão realizada pelo legislador no n.º 2 deste artigo 27.º para o artigo 149.º do CPTA, como uma atribuição de competência, ao TCA, no sentido de ser permitido, uma vez anulada a decisão arbitral, o proferimento de uma nova decisão sobre o mérito da causa pelo tribunal judicial tributário[485].

Em segundo lugar, note-se que esta incompetência do tribunal judicial que anule a decisão arbitral para conhecer do mérito da questão controvertida é geral, *i.e.*, impõe-se qualquer que seja o fundamento de anulação. Compreenda-se melhor.

A impugnação da decisão arbitral em matéria tributária pode ser pedida, nos termos do n.º 1 do artigo 28.º, com fundamento na *a)* não especificação dos fundamentos de facto e de direito que justificam a decisão; *b)* oposição dos fundamentos com a decisão; *c)* pronúncia indevida ou omissão de pronúncia; ou *d)* violação dos princípios do contraditório e da igualdade das partes. Ora, nem mesmo quando o fundamento de impugnação seja uma omissão de pronúncia pelo tribunal arbitral, poderá o TCA substituir-se àquele, proferindo decisão

---

[484] Ou seja, mesmo que o fundamento de impugnação seja uma omissão de pronúncia pelo tribunal arbitral, o TCA Sul não poderá suprir a nulidade, pronunciando-se sobre a questão sobre a qual o tribunal arbitral não se pronunciou.

[485] A incompetência dos tribunais judiciais para conhecer do mérito da decisão arbitral impugnada vem, aliás, expressamente consagrada na LAV de 2011, no seu artigo 49.º, n.º 9, aplicável à arbitragem administrativa por via do artigo 181.º, n.º 1, do CPTA. Ali, dispôs o legislador que "O tribunal estadual que anule a sentença arbitral não pode conhecer do mérito da questão ou questões por aquela decididas, devendo tais questões, se alguma das partes o pretender, ser submetidas a outro tribunal arbitral para serem por estes decididas".

sobre a parte omissa. Nesses casos o TCA deverá apenas declarar a impugnação procedente, sendo necessário que outro tribunal se pronuncie sobre a questão omissa, designadamente, proferindo sentença adicional. Essa sentença adicional passará então a fazer parte integrante da primeira sentença arbitral proferida – isto, claro, partindo do princípio que a primeira sentença sofre apenas desse vício.

Esta decisão impõe-se desde logo, pela consideração de que o RJAT é lei especial por comparação às disposições constantes no CPTA, no que concerne à arbitragem tributária. Assim, e tendo em conta a regra da irrecorribilidade do mérito da decisão arbitral em matéria tributária, é forçoso concluir pela inaplicabilidade desta norma preceituada no n.º 1 do artigo 149.º do CPTA. O exposto leva ainda à impossibilidade de aplicação do disposto nos n.ºs 2 e 3 daquele preceito do CPTA. Ora, sendo inaplicável o ali disposto, uma possível aplicação do n.º 5 nem se discute.

Em suma, uma interpretação objectiva da remissão operada pelo n.º 2 deste artigo 27.º ora em análise, poderia, na verdade, admitir o conhecimento do mérito da causa pelo TCA "em segundo grau nas situações em que declare nula a sentença, e em primeiro grau, em substituição do tribunal recorrido, nas situações em que tiver deixado de conhecer de algumas questões e em que tiver deixado de conhecer do pedido"[486]. Contudo, uma interpretação objectiva deste tipo não é, de todo, possível, pelas razões acima apontadas. Pelo contrário, deve fazer-se uma interpretação restritiva deste n.º 2 do artigo 27.º, excluindo-se as normas que, no CPTA, permitem o conhecimento do mérito da causa pelo TCA, no âmbito de uma acção de impugnação da decisão arbitral em matéria tributária.

Estas conclusões são, de resto, suportadas pela jurisprudência do TCA Sul que entendeu, e bem, os seus poderes cognitivos no que respeita à impugnação da decisão arbitral.

Com efeito, por decisão proferida a 30 de Janeiro de 2014[487], o TCA Sul entendeu ser "legalmente incompetente para apreciar o mérito da decisão arbitral em matéria tributária, por essa competência – e em moldes muito restritos – pertencer exclusivamente ao Tribunal Constitucional (TC) e ao STA".

---

[486] JORGE LOPES DE SOUSA (2013) "Comentário ao Regime Geral da Arbitragem Tributária", 236-237.
[487] Acórdão do TCA Sul, de 30-01-2014, processo n.º 06952/13, disponível em http://www.dgsi.pt/.

Na acção de impugnação em questão, a impugnante pretendia a anulação da decisão arbitral proferida e ainda a substituição da mesma por decisão que declarasse a ilegalidade da liquidação de Imposto Municipal de Sisa e condenasse a Autoridade Tributária e Aduaneira a repor a situação preexistente à liquidação ilegal. O TCA não deu provimento à anulação pretendida, tendo porém optado por esclarecer a questão da sua própria competência para substituir a decisão arbitral que havia sido impugnada. Nesse sentido, considerando que "o RJAT estabelece duas vias de «ataque» à decisão do tribunal arbitral: o recurso e a impugnação" e que "a impugnação visa (...) a anulação da decisão arbitral (artigo° 27.º, n.º 1), com os fundamentos taxativamente impostos pelo artigo° 28.º, n.º 1", acabou por concluir que:

> "Desta dualidade de vias resulta assim que nem o TCAS pode conhecer do mérito da pretensão, porque nesse caso estaria a invadir a esfera de competência do Tribunal Constitucional e do STA, nem estes últimos podem conhecer dos fundamentos de anulação, porque tal matéria está atribuída ao TCAS.
>
> (...) a estruturação dos regimes impugnatórios da decisão arbitral em matéria tributária, tal como está prevista no RJAT, impõe que o TCA anule a decisão e devolva o processo ao tribunal arbitral para corrigir o vício (...). Na verdade, a impugnação prevista no artigo° 27.º, n.º 1, do RJAT, funciona como um verdadeiro recurso de cassação.
>
> Por isso está vedado ao TCA – e decorre linearmente do disposto no artigo° 24.º, n.º 1, do RJAT –, pronunciar-se sobre o mérito da decisão colegial arbitral numa perspectiva de reexame da mesma, tal como sucede nos recursos ordinários previstos no artigo° 280.º, n.º 1, do CPPT. De facto, quando o artigo° 24.º, n.º 1, consagra a vinculação da Administração Tributária à decisão arbitral sobre o mérito da pretensão de que «não caiba **recurso** ou **impugnação**» (negrito nosso), e no artigo° 25.º, n.º 1 e 2, define os apertados limites do recurso sobre o mérito, está a acolher a regra geral de irrecorribilidade da decisão proferida pelos tribunais arbitrais, que de resto constitui padrão comum na maioria dos ordenamentos jurídicos que acolhem a arbitragem jurisdicional como meio de solução alternativa de litígios."

Novamente confrontado com a questão, no âmbito do processo n.º 07088/13, o TCA Sul, por acórdão datado de 27 de Fevereiro de 2014[488], recordou a jurisprudência acima citada, aludindo ainda à eventual aplicação subsidiária do artigo 149.º do CPTA nos seguintes termos:

---

[488] Acórdão do TCA Sul, de 27-02-2014, processo n.º 07088/13, disponível em http://www.dgsi.pt/.

> *"Em relação à lei processual do contencioso administrativo o RJAT tem a natureza de lei especial. Com efeito, o CPTA destina-se a regular uma generalidade de matérias de contencioso administrativo e é aplicável a todos os casos que aí se discutam, sendo por isso uma lei geral por referência ao RJAT, que enquanto lei especial se aplica unicamente à tramitação de causas de contencioso tributário em processo arbitral e em matérias tributárias concretamente delimitadas. Assim, de acordo com o princípio lex especiallis derrogat lex generali, acolhido no artigo° 7.°, n.° 3, do CC, o regime impugnatório das decisões dos tribunais em matéria administrativa estabelecido no RJAT prevalece sobre o regime geral do CPTA e do CPPT, excepto nos aspectos não regulados."*

Ainda, a propósito do conhecimento do mérito da questão no âmbito de uma acção de impugnação, acrescentou o TCA Sul que:

> *"(...) o legislador do RJAT conformou o sistema de harmonia com a matriz essencial dos processos de natureza arbitral, em que por regra o recurso das decisões está fortemente limitado e o recurso em matéria de facto é praticamente inexistente.*
>
> *Aliás, a possibilidade de aplicação integral do regime de recursos do contencioso administrativo à impugnação da decisão arbitral em matéria tributária manifestamente frustraria um dos propósitos a que obedeceu a instituição do RJAT: «imprimir uma maior celeridade na resolução de litígios que opõem a administração tributária ao sujeito passivo», colidindo com a «regra geral da irrecorribilidade da decisão proferida pelos tribunais arbitrais» (...).*
>
> *Por conseguinte, o regime geral de recursos do contencioso administrativo só é aplicável nos casos em que o RJAT não regule especificamente o meio impugnatório arbitral, o que não sucede com a definição dos poderes e âmbito de cognição dos tribunais de ecurso em matéria substantiva (TC e STA) e em matéria adjectiva (TCA), em que separa de modo nítido a competência de uns e outros. Não é possível assim ao TCA conhecer do mérito da causa, mesmo agasalhado com o disposto no artigo° 149.°, n.° 1, do CPTA."*

Na esperança de ter ficado clara a inaplicabilidade da maioria das normas constantes do artigo 149.° do CPTA, que define os poderes do tribunal de apelação, cabe agora perceber qual será, então, a tramitação a seguir na impugnação da decisão arbitral em matéria administrativa. A resposta é simples e passa pelo artigo 140.° do CPTA segundo o qual "os recursos ordinários das decisões jurisdicionais proferidas pelos tribunais administrativos regem-se pelo disposto na lei processual civil, com as necessárias adaptações, e são processados como os recursos de agravo, sem prejuízo do estabelecido na presente lei e no Estatuto dos Tribunais Administrativos e Fiscais.".

Ora, com a reforma dos recursos em processo civil, de 2007, a simplificação do regime levou à eliminação da distinção entre o recurso de apelação e o de agravo. Por conseguinte, nos termos do artigo 4.º, n.º 1, alínea *a*) do Decreto-lei n.º 303/2007, de 24 de Agosto, as referências feitas ao recurso de agravo na primeira instância consideram-se feitas ao recurso de apelação.

Pelo exposto, o pedido de impugnação da decisão arbitral em matéria tributária segue os trâmites previstos no CPC para o recurso de apelação, em especial nos seus artigos 644.º a 670.º.

Esta é a solução que decorre da lei. Não é, porém, e ao que se julga, a solução mais adequada. Esta foi a opção tomada pelo legislador quando, em 2011, entrou em vigor o RJAT, altura em que estava ainda em vigor a LAV de 1986, sendo certo que os artigos 27.º e 28.º do RJAT se assemelham, em muito, aos artigos 27.º e 28.º da LAV de 1986[489]. Contudo, nessa data, estavam em curso os trabalhos preparatórios para a reforma da LAV de 1986, que viriam a culminar na aprovação e entrada em vigor da LAV de 2011. A nova lei de arbitragem veio, no seu artigo 46.º, regular o instituto de forma muito mais intensificada, assegurando que a acção de anulação, ainda que corresse termos no tribunal de 2ª instância (Tribunal da Relação ou TCA), segue de perto a tramitação prevista para as acções declarativas, como se pode observar do n.º 1 daquele artigo 46.º da LAV de 2011.

Ainda que a questão não tenha suscitado, ao que se sabe, problemas no seio do TCA Sul, afigurava-se pertinente uma alteração legislativa no sentido de aproximar a tramitação da acção de anulação prevista no RJAT à tramitação da acção de anulação prevista na LAV de 2011.

2.3. Efeitos da anulação da decisão arbitral tributária

Como se referiu, a impugnação da decisão arbitral tem natureza meramente *cassatória*, o que significa que o TCA Sul se limita a anular a decisão arbitral impugnada, caso dê como provado o fundamento impugnatório previsto, como se sabe, no artigo 28.º.

---

[489] O RJAT ultrapassou, porém, um dos problemas que se colocavam ao abrigo da LAV de 1986, atribuindo competência para conhecer da impugnação da decisão arbitral ao TCA e não ao tribunal tributário de 1ª instância. Com efeito, na LAV de 1986, configurando-se a impugnação como uma verdadeira acção autónoma, o tribunal competente para a apreciar era o tribunal judicial de 1ª instância o que permitia, no limite, que a decisão arbitral passasse por 4 tribunais diferentes: tribunal arbitral; tribunal de 1ª instância; Tribunal da Relação ou TCA e Supremo Tribunal de Justiça ou STA.

O TCA apenas pode anular a decisão arbitral. Isto não significa, porém, que a tenha de anular no seu todo. Dito de outro modo, na medida em que o fundamento de impugnação poderá afectar apenas parte da decisão arbitral, o TCA Sul, ao dá-lo como provado, anulará apenas a parte viciada.

Esta possibilidade de anulação parcial da decisão arbitral resulta, desde logo, de uma aplicação subsidiária do disposto no n.º 7 do artigo 46.º da LAV de 2011[490], e ainda por força do princípio da economia processual na vertente do máximo aproveitamento dos actos. Acresce que, se como se disse *supra*, o efeito suspensivo da proposição de acção de anulação pode ser parcial, não faria sentido não se admitir que também pudesse ser parcial.

Deste modo, se o fundamento de impugnação for, por exemplo, a contradição dos fundamentos de facto e/ou de direito com a decisão relativamente a um dos pedidos cumulados, será apenas anulada essa parte da decisão, pressupondo-se, claro está, que nenhum vício afecte a parte restante e que a parte viciada possa ser dela dissociada.

Declarada a anulação pelo TCA Sul, a extensão dos seus efeitos irá variar em função de dois elementos: (1) o fundamento de impugnação invocado e (2) o momento em que se verificou o vício que fundamenta a impugnação. Tudo porque, como melhor se compreenderá da leitura da anotação do artigo seguinte, há vícios próprios da decisão e vícios do procedimento ou do processo que, todavia, poderão afectar a decisão arbitral, como é o caso da violação dos princípios do contraditório e da igualdade das partes, constantes da alínea *d*) do n.º 1 do artigo 28.º.

Serão vícios próprios da decisão os fundamentos elencados nas alíneas *a*), *b*) e *c*) do n.º 1 do artigo 28.º, ou seja, a não especificação dos fundamentos de facto e de direito que justificam a decisão, a oposição dos fundamentos de facto e/ou de direito com a decisão, a pronúncia indevida na vertente de excesso de pronúncia e a omissão de pronúncia.

Quando o fundamento impugnatório tenha ocorrido em algum momento anterior do processo, ou seja, quando não resulte de vício próprio da decisão, o TCA Sul irá anular não só o acto viciado mas todos os actos posteriores dele dependentes, a culminar, claro está, na anulação da decisão arbitral.

Questão diversa é a de saber qual a tramitação subsequente à anulação de parte ou da totalidade da decisão arbitral ou, como se viu, de parte do processo

---

[490] Nos termos do qual: "se a parte da sentença relativamente à qual se verifique existir qualquer dos fundamentos de anulação (...) puder ser dissociada do resto da mesma, é unicamente anulada a parte da sentença atingida por esse fundamento de anulação".

arbitral. Tem-se entendido que, nestes casos, o processo é devolvido ao tribunal arbitral que proferiu a decisão, para que este a reformule em consonância com a decisão do TCA Sul que a anulou.

Contudo, por força do artigo 23.º, com a notificação da decisão e do arquivamento do processo arbitral, o tribunal arbitral considera-se dissolvido, esgotando-se os seus poderes jurisdicionais[491].

A solução propugnada pelo TCA e, ao que sabe, pelo CAAD, vai no sentido de se considerar que a anulação da decisão arbitral anula, consequentemente, o arquivamento e a dissolução do tribunal a que alude aquele artigo 23.º, devendo a decisão baixar ao tribunal arbitral tributário que a proferiu que se "repristina" no sentido de reformular a decisão arbitral, readquirindo competência para sanar o vício. Contra esta solução podem apontar-se, porém, os mesmos problemas apontados para a idêntica solução encontrada pelo CAAD a propósito do recurso de constitucionalidade, a nível de impedimentos, recusas e custas do processo arbitral. Poder-se-á ainda questionar até que ponto é que a decisão de anulação pelo TCA Sul terá força bastante para "repristinar" o primitivo tribunal arbitral.

Julga-se, assim, que a solução deverá passar por uma outra ordem de raciocínio.

Assim, sendo certo que não se poderá defender, como se fez em relação ao recurso para o Tribunal Constitucional, uma suspensão dos efeitos da notificação da decisão e do arquivamento do processo, na medida em que não existe aqui qualquer lei de valor superior que o imponha, defende-se a criação de um tribunal arbitral *ex novo* que sane os vícios da decisão impugnada e anulada.

Com efeito, e antes de mais, nada na lei exige que os autos baixem ao mesmo tribunal que proferiu a decisão[492].

Em segundo lugar, sempre se dirá que a constituição de um tribunal *ex novo* é a solução que mais se aproxima dos n.ºs 9 e 10 do artigo 46.º da LAV de 2011, nos termos dos quais, anulada a decisão arbitral, a convenção de arbitragem volta a produzir efeitos relativamente ao objecto do litígio. De facto, e ainda que se admita que uma aplicação subsidiária não é possível, dada a radical diferença entre a convenção de arbitragem e o direito potestativo atribuído aos contri-

---

[491] Salvo no que diz respeito ao recurso para o Tribunal Constitucional, na medida em que os artigos 25.º, n.º 4 e 23.º têm de ser lidos à luz da LTC, enquanto lei de valor reforçado. Sobre esta questão vejam-se as anotações aos referidos preceitos.

[492] Ao contrário do artigo 80.º da LTC, a propósito do recurso de constitucionalidade.

buintes no seio da arbitragem tributária, a criação do tribunal *ex novo* é a que menos críticas merece.

Ora, nos termos do artigo 10.º do CC, a lacuna deverá ser integrada por aplicação da norma que o intérprete criaria se houvesse que legislar no espírito do sistema. Deste modo, o que se defende é que, uma vez anulada a decisão pelo TCA Sul, o CAAD deverá providenciar pela constituição de um tribunal arbitral *ex novo*, seguindo-se o mesmo procedimento de selecção de árbitros anteriormente seguido. Isto significa que, se no processo cuja decisão foi impugnada, o sujeito passivo optou por designar árbitro, na nova constituição do tribunal arbitral mantém-se essa possibilidade e o novo tribunal será, bem assim, um tribunal arbitral especial. Pelo contrário, se a designação dos árbitros foi única e exclusivamente realizada pelo Conselho Deontológico do CAAD, o sujeito passivo já não poderá optar por designar árbitro, sendo o novo tribunal constituído também como tribunal arbitral comum.

Ao tribunal assim constituído competirá a prolação de nova decisão, caso a anulação tenha sido total; a reformulação da decisão anterior, caso a anulação tenha sido parcial; ou mesmo a repetição de actos processuais anteriores à decisão, caso o fundamento não tenha sido um vício próprio da decisão, nos termos acima expostos.

3. Impugnação e recursos – Articulação

Recordando o que se disse *supra*, no ponto 1., o legislador previu no RJAT um sistema dualista dos meios impugnatórios. Quer isto dizer que, por um lado, são admissíveis recursos do mérito da decisão para o Tribunal Constitucional e para o STA, em termos muito restritos, ao abrigo e nos termos estritos do artigo 25.º; por outro, a decisão arbitral poderá ainda ser anulada, por meio de acção de impugnação, ao abrigo deste artigo 27.º e com base nos fundamentos dispostos no artigo 28.º.

As partes podem apresentar recurso para o Tribunal Constitucional da decisão arbitral em matéria tributária que aplique norma cuja inconstitucionalidade tenha sido suscitada durante o processo arbitral, ou que recuse a aplicação de qualquer norma com fundamento na sua inconstitucionalidade, ao abrigo do n.º 1 do artigo 25.º[493]. Nos termos do disposto no artigo 75.º da LTC, o prazo para

---

[493] O recurso para o Tribunal Constitucional pode ter como fundamento não só o disposto no n.º 1 do artigo 25.º do RJAT mas também algum dos fundamentos elencados nas alíneas *g*) e *h*) do n.º 1 do artigo 70.º da LTC. Sobre esta questão veja-se a anotação ao artigo 25.º.

interposição de recurso no Tribunal Constitucional é de 10 dias, contados nos termos dos artigos 138.º e seguintes do CPC.

O n.º 2 daquele artigo 25.º, permite ainda a interposição de recurso sobre o mérito da decisão arbitral que ponha termo ao processo quando esteja em oposição, quanto à mesma questão fundamental de direito, com acórdão proferido pelo TCA ou pelo STA. O prazo de interposição deste recurso para o STA é já de 30 dias, nos termos do disposto no artigo 152.º, n.º 1 do CPTA, para o qual remete o n.º 3 do artigo 25.º do RJAT, contados nos termos dos artigos 138.º e seguintes do CPC.

Sabe-se agora que a acrescer àqueles dois recursos, qualquer uma das partes poderá pedir a anulação da decisão arbitral, apresentando petição inicial de acção de anulação no TCA Sul, com base nos fundamentos taxativamente elencados no artigo 28.º, e que o prazo para pedir a impugnação é de 15 dias, contados nos termos do artigo 279.º do CC.

Podendo suceder que a mesma decisão arbitral tributária seja susceptível de recurso de constitucionalidade – para o Tribunal Constitucional –, de recurso por oposição de acórdãos – para o STA – e de anulação – por impugnação pedida ao TCA Sul – coloca-se a questão de saber como se articulam estes três meios ao dispor das partes (*maxime,* do vencido). De notar que em causa estão, três meios impugnatórios bastante divergentes entre si, três tribunais distintos e três prazos diferentes.

Uma nota para esclarecer a razão pela qual se deixa de fora desta equação o reenvio prejudicial e o recurso de revisão, institutos aplicáveis à arbitragem tributária e os quais se teve oportunidade de analisar aquando da anotação ao artigo 25.º para cujos comentários se remete. Quanto ao reenvio prejudicial, esclareceu-se ali que aquele processo não consubstancia, em rigor, um recurso propriamente dito, nem tampouco se subsume a um tipo de acção de impugnação, ou seja, não é, de todo, um meio de "atacar" a decisão arbitral. O reenvio prejudicial é, no fundo, uma "pergunta" realizada ao TJUE para que esclareça uma determinada questão interpretativa do Direito da União, ou analise a validade de um acto de uma das suas instituições, por ser imprescindível ao bom julgamento da causa.

No que respeita ao recurso de revisão, julga-se que este não requer presença na temática que de seguida se analisará, por se tratar de um recurso extraordinário, podendo ser interposto após o trânsito em julgado da sentença arbitral.

Deste modo, pretende-se apenas analisar a questão da articulação dos meios impugnatórios ao dispor das partes, antes do trânsito em julgado da sentença, e portanto antes de se tornarem plenamente efectivos os efeitos previstos no artigo 24.º, para cujos comentários se remete. O trânsito em julgado da decisão arbitral ocorrerá quando esta já não seja susceptível de recurso ordinário ou de impugnação o que, no caso da decisão arbitral tributária, ocorrerá com o decurso do prazo mais alargado e que é o do recurso para o STA, de 30 dias.

3.1. Acção de impugnação e recurso para o Tribunal Constitucional
No que respeita à articulação da acção de impugnação com o recurso para o Tribunal Constitucional a resposta é simples e idêntica à que se deu em anotação ao artigo 25.º quanto à compatibilização daquele recurso com o recurso por oposição de acórdãos para o STA.

Nos termos do n.º 1 do artigo 75.º da LTC, a interposição de recurso para o Tribunal Constitucional interrompe os prazos para a interposição de outros recursos que caibam da decisão. É necessário fazer uma interpretação teleológica da palavra "recursos" utilizada, devendo ali incluir-se também as acções de impugnação de decisões arbitrais. Como bem nota LOPES DE SOUSA, "aquela norma da Lei n.º 28/82 [LTC], tem como pressuposto o regime dos tribunais judiciais, em que a impugnação das decisões com fundamento em nulidades se faz através dos recursos"[494].

Por conseguinte, a interposição de recurso para o Tribunal Constitucional – no prazo de 10 dias – interrompe também o prazo para impugnar a decisão arbitral, cujo prazo de 15 dias será então contado a partir do proferimento da decisão do Tribunal Constitucional, *i.e.*, uma vez cessada a interrupção.

3.2. Acção de impugnação e recurso para o STA
A articulação da acção de impugnação com o recurso para o STA é mais melindrosa.

Por um lado admite-se a impugnação da decisão arbitral, para o TCA Sul, a propor num prazo máximo de 15 dias, contados nos termos do 279.º do CC, sendo que o Tribunal só tem competência para conhecer dos fundamentos invocados pela parte, que só poderão ser os constantes do elenco das alíneas do n.º 1 do artigo 28.º.

Por outro, prevê-se um recurso por oposição de acórdãos, para o STA, a interpor num prazo de 30 dias, contados nos termos dos artigos 138.º e seguin-

---

[494] JORGE LOPES DE SOUSA (2013) "Comentário ao Regime Geral da Arbitragem Tributária", 239.

tes do CPC, podendo o Tribunal substituir-se ao tribunal arbitral, proferindo decisão de mérito, na medida em que estejam preenchidos os pressupostos de admissibilidade constantes do artigo 25.º, n.ºs 2 e 3 do RJAT e, bem assim, do artigo 152.º do CPTA.

Finalmente, não existe, nem no RJAT, nem no CPTA – que regulam os institutos em análise – qualquer norma análoga à do n.º 1 do artigo 75.º da LTC – que, como se referiu, prevê a interrupção dos prazos uma vez interposto o recurso.

Situação análoga era a que ocorria na vigência da LAV de 1986.

A LAV de 1986 previa a regra da recorribilidade da decisão arbitral, admitindo, porém, convenção das partes em contrário, ao abrigo do artigo 29.º. Os tribunais competentes para apreciação do recurso de mérito da decisão arbitral eram os Tribunais da Relação ou um dos TCA, consoante se tratasse de arbitragem em matéria cível ou comercial ou arbitragem administrativa. Por seu turno, no artigo 27.º da LAV de 1986 permitia-se que a decisão arbitral fosse impugnada, com base nos fundamentos ali taxativamente indicados, por via de uma acção de anulação, sem contudo estar previsto qualquer regime especial de tramitação. Na falta desse processo especial de anulação, as regras a aplicar seriam as do processo comum de declaração constantes do CPC o que implicava, desde logo, a proposição da acção no tribunal de 1ª instância. Mais, e identicamente ao que acontece hoje, a acção de anulação não atribuía competência ao tribunal judicial (de 1ª instância) para se pronunciar sobre o mérito da causa, tendo efeitos meramente cassatórios.

Precavendo-se de eventuais problemas de articulação entre o recurso e a acção de anulação, e ao abrigo da máxima *a maiori ad minus*, o legislador previu então no n.º 3 do artigo 27.º da LAV de 1986 que "se da sentença arbitral couber recurso e ele for interposto, a anulabilidade só poderá ser apreciada no âmbito desse recurso". A parte que pretendesse, então, impugnar a decisão arbitral por vício de forma e, à cautela, recorrer do seu mérito, deveria cumular ambas as pretensões interpondo recurso para a Relação[495].

---

[495] A temática levantava ainda outras questões na medida em que a legitimidade para impugnar e a legitimidade para recorrer não eram absolutamente correspondentes. Havendo interesse numa melhor compreensão da questão à volta da LAV de 1986, sugere-se a leitura de "Os meios de impugnação de decisões proferidas em arbitragem voluntária no direito interno português" de Paula Costa e Silva, *in* Revista da Ordem dos Advogados, ano 56, 1996, n.º 1, 179 a 207.

Contudo, uma solução como a que vinha prevista no n.º 3 do artigo 27.º não é passível de aplicação na arbitragem em matéria tributária. De facto, enquanto na LAV de 1986 se previa um recurso do mérito da decisão no geral, no RJAT, o recurso para o STA tem contornos muito definidos e é de âmbito muito restrito. A competência daquele tribunal limita-se, pois, ao conhecimento do mérito da questão fundamental controvertida, tendo sido dada solução oposta entre a decisão arbitral e acórdão do próprio STA ou de algum dos TCA. O STA não tem, em sede de recurso por oposição de acórdãos, competência para apreciar nulidades processuais ou de sentença, como as constantes do artigo 28.º, n.º 1.

Por outro lado, e isto ao que julga terá ficado claro, também não é possível uma cumulação inversa, *i.e.*, não é possível cumular-se o recurso por oposição de acórdãos e a impugnação da decisão na acção a ser proposta no TCA Sul. E são duas as razões. Em primeiro lugar porque a competência para o conhecimento do recurso por oposição de acórdãos cabe exclusivamente ao STA. E, em segundo lugar, porque o TCA não tem competência para, no âmbito de uma impugnação, conhecer do mérito da causa.

Não havendo cumulação possível, a parte que pretenda impugnar a decisão arbitral e, simultaneamente, recorrer para o STA, deverá intentar os dois meios nos tribunais respectivamente competentes, tramitando os processos em simultâneo.

A lógica ditará, contudo, que seja dada prioridade à acção de anulação/impugnação da decisão arbitral. Com efeito, sendo apresentados, simultaneamente, recurso para o STA e impugnação para o TCA, caso a decisão sobre a impugnação venha a ser proferida em primeiro lugar, a instância de recurso no STA terminará por inutilidade superveniente da lite. No caso inverso, porém, se a decisão de recurso no STA for proferida em primeiro lugar, e imagine-se, no limite, o STA dê provimento ao recurso, substituindo-se ao tribunal arbitral recorrido, a instância de impugnação não terminará forçosamente por inutilidade superveniente da lide porque o vício que afectou a decisão pode perfeitamente não ser sanado, e na maioria dos casos não será, pela decisão substitutiva do STA que, recorde-se, é apenas quanto a uma questão fundamental de direito.

Deste modo, se uma decisão de anulação for proferida posteriormente pelo TCA, todo o julgamento de recurso no STA terá sido, em boa verdade, inútil, porque a decisão arbitral terá sido anulada podendo até suceder que o vício não respeite à decisão propriamente dita mas a algum momento anterior do processo.

Na medida em que a única solução possível parece apontar para a tramitação simultânea de ambos os processos, julga-se que, nestes casos, o STA deverá decretar imediatamente a suspensão da instância, aguardando pela decisão que venha a ser proferida pelo TCA Sul em sede de acção de impugnação, desde logo em prol do princípio da economia processual[496].

---

[496] No mesmo sentido, veja-se JORGE LOPES DE SOUSA (2013) "Comentário ao Regime Jurídico da Arbitragem Tributária", 238-239.

Articulação dos recursos com a impugnação da decisão arbitral

```
┌─────────────────────────┐
│   Decisão arbitral      │
│    (artigo 22.º)        │
└───────────┬─────────────┘
            │
┌───────────▼─────────────────────┐
│ Notificação da decisão arbitral e│
│ do arquivamento do processo     │
│         (artigo 23.º)           │
└───────────┬─────────────────────┘
            │
┌───────────▼─────────────────────────┐
│ Recurso para o Tribunal Constitucional│
│ (10 dias, prazo em que não houve    │
│  dissolução do tribunal arbitral)   │
│  Interrupção dos prazos para os     │
│  restantes meios impugnatórios      │
└──────┬───────────────────────┬──────┘
       │                       │
┌──────▼──────────┐    ┌───────▼──────────────┐
│ O Tribunal      │    │ O Tribunal Constitucional│
│ Constitucional  │    │ não dá provimento ao    │
│ dá provimento   │    │ recurso (dissolução do  │
│ ao recurso      │    │ tribunal arbitral)      │
└──────┬──────────┘    └───────┬──────────────┘
```

- **O Tribunal Constitucional dá provimento ao recurso** → Os autos baixam ao tribunal arbitral recorrido, que não se dissolveu, para que reformule a decisão em consonância com a decisão de recurso
  - Recurso por oposição de acórdãos para o STA (30 dias contados da "nova" decisão do tribunal arbitral)
  - Impugnação da decisão arbitral (15 dias contados da "nova" decisão do tribunal arbitral)
  - Suspensão da instância de recurso até que seja proferida decisão sobre a impugnação da decisão arbitral

- **O Tribunal Constitucional não dá provimento ao recurso (dissolução do tribunal arbitral)**
  - Recurso por oposição de acórdãos para o STA (30 dias contados da notificação da decisão de recurso do Tribunal Constitucional)
  - Impugnação da decisão arbitral (15 dias contados da notificação da decisão de recurso do Tribunal Constitucional)
  - Suspensão da instância de recurso até que seja proferida decisão sobre a impugnação da decisão arbitral

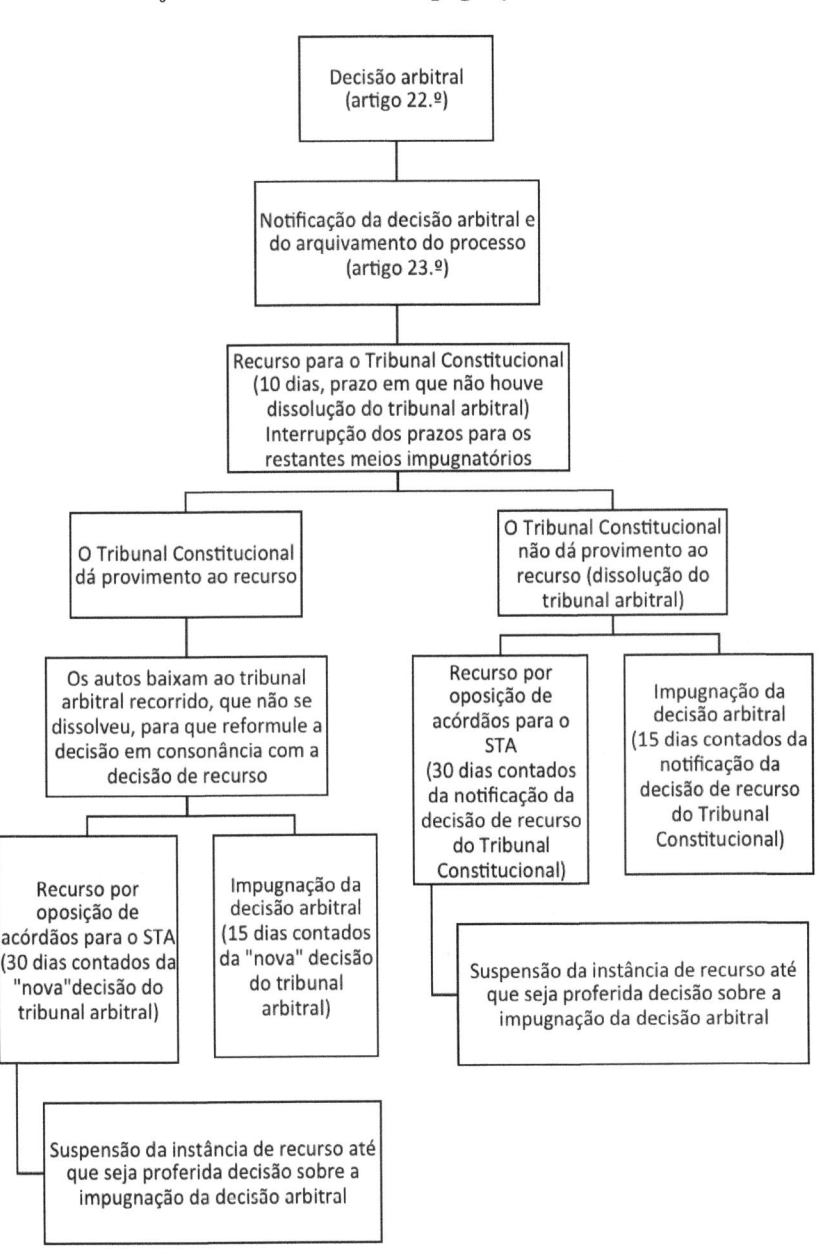

Artigo 28.º – Fundamentos e efeitos da impugnação da decisão arbitral
1 – A decisão arbitral é impugnável com fundamento na:
   a) Não especificação dos fundamentos de facto e de direito que justificam a decisão;
   b) Oposição dos fundamentos com a decisão;
   c) Pronúncia indevida ou na omissão de pronúncia;
   d) Violação dos princípios do contraditório e da igualdade das partes, nos termos em que estes são estabelecidos no artigo 16.º.
2 – A impugnação da decisão arbitral tem os efeitos previstos no artigo 26.º.

ANOTAÇÃO
1. Fundamentos de impugnação
   1.1. Falta de especificação dos fundamentos de facto e de direito
   1.2. Oposição de fundamentos com a decisão arbitral
   1.3. Pronúncia indevida e omissão de pronúncia
   1.4. Violação do princípio do contraditório
   1.5. Violação do princípio da igualdade das partes
2. Efeitos da apresentação do pedido de impugnação

Sem prejuízo do artigo anterior, a temática da impugnação da decisão arbitral não pode ser totalmente compreendida sem uma leitura atenta do disposto no preceito agora em anotação e que trata, como refere a própria epígrafe, dos "Fundamentos e efeitos da impugnação da decisão arbitral".

Assim, analisar-se-ão no ponto 1. os seis fundamentos da decisão arbitral, percorrendo as quatro alíneas do n.º 1.

Deixam-se para o ponto 2. os efeitos da interposição da impugnação da decisão arbitral que, adianta-se, são os mesmos dos do recurso da decisão arbitral já analisados no artigo 26.º.

1. Fundamentos de impugnação
Como se julga ter deixado claro no artigo anterior, as partes podem apresentar ao TCA Sul um pedido de impugnação da decisão arbitral no prazo de 15 dias.

Viu-se também que, não obstante a distinção operada pelo n.º 1 do artigo 27.º quanto ao início da contagem do prazo, na prática os 15 dias para impugnar contam-se sempre da notificação pelo CAAD da decisão arbitral e do arquivamento do processo, que é única e simultânea.

Da leitura do n.º 1 do artigo 28.º facilmente se percebe que são seis os casos que podem servir de fundamento à impugnação (ou à anulação) da decisão arbitral. É então impugnável a decisão arbitral:

- que não contenha a especificação dos fundamentos de facto e de direito que a justificam (n.º 1, alínea *a*));
- que se baseie em fundamentos de direito ou de facto que estejam em contradição com o resultado da decisão (n.º 1, alínea *b*));
- que consubstancie uma pronúncia indevida (n.º 1, alínea *c*), 1ª parte);
- que seja omissa quanto a questões que o tribunal devesse apreciar (n.º 1, alínea *c*), 2ª parte);
- relativa a um processo arbitral no qual tenha havido violação do princípio do contraditório (n.º 1, alínea *d*), 1ª parte);
- relativa a um processo arbitral em que há violação do princípio da igualdade das partes (n.º 1, alínea *d*), 2ª parte).

Analisar-se-ão cada um destes seis fundamentos em separado nos pontos seguintes.

Antes de se proceder à escalpelização daqueles que são os fundamentos da acção de impugnação da decisão arbitral, julga-se pertinente uma distinção desta figura de um outro instituto que foi referido aquando da anotação ao artigo 25.º: o *recurso de revisão*. Defendeu-se, em anotação àquele preceito, que as decisões arbitrais são ainda susceptíveis de recurso de revisão, nos termos dos artigos 696.º e seguintes do CPC, subsidiariamente aplicáveis *ex vi* artigo 29.º, n.º 1 do RJAT.

Compreenda-se, a este respeito, que os fundamentos que poderão levar à interposição de um recurso de revisão são bastante diferentes dos que vêm previstos neste artigo 28.º. Assim, nos termos do artigo 696.º do CPC, a decisão transitada em julgado só poderá ser objecto de revisão quando:

a) Outra sentença transitada em julgado tenha dado como provado que a decisão resulta de crime praticado pelo juiz no exercício das suas funções;

b) Se verifique a falsidade de documento ou acto judicial, de depoimento ou das declarações de peritos ou árbitros, que possam, em qualquer dos casos, ter determinado a decisão a rever, não tendo a matéria sido objecto de discussão no processo em que foi proferida;

c) Se apresente documento de que a parte não tivesse conhecimento, ou de que não tivesse podido fazer uso no processo em que foi proferida a decisão a rever e que,

por si só, seja suficiente para modificar a decisão em sentido mais favorável à parte vencida;
d) Se verifique nulidade ou anulabilidade de confissão, desistência ou transacção, em que a decisão se fundou;
e) Tendo ocorrido a acção e a execução à revelia, por falta absoluta de intervenção do réu, se mostre que faltou a citação ou que é nula a citação feita;
f) Seja inconciliável com a decisão definitiva de uma instância internacional de recurso vinculativa para o Estado Português;
g) O litígio assente sobre o acto simulado das partes e o tribunal não tenha feito uso do poder que lhe confere o artigo 612.º, por se não ter apercebido da fraude.

Como se pode ver, os fundamentos elencados no preceito acima transcrito além de não se prenderem unicamente com questões procedimentais, processuais e competenciais, consubstanciam vícios graves e que não poderiam passar incólumes, favorecendo-se, no confronto entre o valor de justiça, por um lado, e os valores da certeza e segurança jurídica, por outro, aquele primeiro.

Diferente da impugnação da decisão arbitral é também a possibilidade de aclaração da decisão, *i.e.*, a admissibilidade de correcção de erros materiais ou pedidos de esclarecimentos de sentença arbitral que apresente obscuridades. Este instituto é tratado no artigo 45.º da LAV de 2011, e foi-lhe feita referência aquando da anotação ao artigo 23.º, a propósito da discussão em torno da doutrina do *functus officio*. Sobre esta temática, entendeu-se que era a taxatividade dos fundamentos de impugnação, aliada à regra da irrecorribilidade do mérito da decisão arbitral que abonavam em favor da consagração de um regime de aclaração da sentença arbitral em matéria tributária, devendo o legislador intervir no sentido de adaptar à arbitragem tributária o instituto previsto no artigo 45.º da LAV de 2011, permitindo, deste modo, a correcção de erros materiais e o esclarecimento de ambiguidades da decisão e, bem assim, a possibilidade de sentenças adicionais que sanem uma eventual nulidade da decisão arbitral por omissão de pronúncia.

Porém, cumpre deixar claro que como já se adiantou estes fundamentos elencados no n.º 1 do artigo 28.º são taxativos. A corroborar este entendimento – que, de resto, é unânime na Doutrina e jurisprudência[497] – está o facto de o

---

[497] Nesse sentido, por todos, veja-se o Acórdão do TCA Sul de 19-02-2013, processo n.º 05203/11, disponível em http://www.dgsi.pt/. Na decisão pode ler-se que "(...) os únicos fundamentos legalmente admissíveis como suporte de reacção da decisão dos Tribunais arbi-

rol aqui presente não representar, de todo, o elenco de nulidades da sentença constante do artigo 125.º do CPPT ou do 615.º, n.º 1 do CPC[498].

Deste modo, constata-se que a taxatividade dos fundamentos acima transcritos deixa de fora os casos ditos de "mero erro de julgamento", em que existe uma deficiente caracterização do quadro factual, indevida indagação, interpretação e aplicação dos factos e das normas ou um deficiente enquadramento jurídico dos factos. Este foi, de resto, o entendimento perfilhado pelo TCA Sul, por decisão proferida a 30 de Janeiro de 2014[499].

> "Em suma, se o julgador erra na subsunção dos factos ao direito, se faz indevida indagação, interpretação e aplicação de factos e de normas, se dos factos entende que resultam determinadas consequências jurídicas, mas em qualquer caso extraiu uma conclusão que se lhe afigura lógica e que o pode ser acolhida segundo as várias perspectivas possíveis de abordagem da questão jurídica concreta, poderá então haver um erro de julgamento mas não nulidade por oposição entre os fundamentos e a decisão.
>
> No caso sub judice não resulta das conclusões, nem das próprias alegações que aquelas sintetizam, a existência de qualquer contradição lógica entre os fundamentos indicados no acórdão arbitral e a decisão concretamente adoptada; pelo contrário, das alegações e das conclusões apenas é possível afirmar que com os elementos de facto considerados seria possível chegar a uma solução jurídica diferente. Mas como já se disse e repete, tal situação não configura uma nulidade mas eventualmente um erro de julgamento sobre o qual estamos legalmente impedidos de nos pronunciar."

Esta exclusão é, de certa forma compreensível. Entenda-se que, como se pretendeu deixar claro no comentário ao artigo anterior, a acção de impugnação pretende apenas o controlo dos aspectos competenciais, procedimentais e processuais do processo arbitral em sentido amplo. A ocorrência de erro de julgamento, implicaria, na larga maioria das vezes, uma apreciação do mérito da causa, o que, como se viu, está vedado ao TCA.

---

trais para os T. C. Administrativos consistem na impugnação de tal decisão, consagrada no artigo 27.º, com fundamentos que se ancorem nos vícios de forma expressamente tipificados no artigo 28.º n.º 1.".

[498] A taxatividade dos fundamentos do artigo 28.º também se poderia retirar, por analogia, do artigo 46.º da Lei de Arbitragem Voluntária, dispondo o n.º 3 que "a sentença arbitral *só* pode ser anulada pelo tribunal estadual competente se (...)".

[499] Acórdão do TCA Sul, de 30-01-2014, processo n.º 06952/13, disponível em http://www.dgsi.pt/.

1.1. Falta de especificação dos fundamentos de facto e de direito

A decisão arbitral deverá conter, obrigatoriamente, as razões de facto e de direito – os fundamentos – que a motivaram. Está é uma regra que decorre, desde logo, do artigo 22.º, n.º 3.

Com efeito, aquele artigo 22.º, para cujos comentários se remete, regula, entre outras, as regras aplicáveis ao conteúdo da decisão arbitral. Refere-se, a este propósito, que é aplicável à decisão arbitral o disposto no artigo 123.º, 1ª parte, do CPPT, estabelecendo-se para a decisão arbitral em matéria tributária as mesmas regras aplicáveis ao conteúdo da sentença judicial. A decisão arbitral deverá começar por identificar então os interessados e os factos objeto de litígio e, posteriormente, deverá ainda sintetizar a pretensão do sujeito passivo que requereu o pedido de constituição do tribunal arbitral e respectivos fundamentos, bem como a posição do representante da Fazenda Pública. Por último deverão ser fixadas as questões que ao tribunal cumpre solucionar. De seguida, dispõe então o n.º 3 do artigo 22.º, deverão ser identificados os factos objeto de litígio e as razões de facto e de direito que motivaram a decisão.

Nos termos da alínea *a)* do n.º 1 deste artigo 28.º a falta de identificação dos fundamentos de facto e de direito que motivaram a decisão arbitral abre a porta a que uma das partes possa impugná-la.

Quanto a esta questão em concreto, da atribuição de um "efeito validador" da decisão arbitral ao elenco expresso dos argumentos de facto e de direito, não há muito a acrescentar ao que se disse acima. Talvez apenas o facto de ser compreensível esta preocupação do legislador na medida em que sem a especificação dos fundamentos de facto e de direito é impossível a compreensão do itinerário cognoscitivo seguido pelo tribunal e, consequentemente, é impossível a conformação das partes com a decisão.

Este fundamento já foi levado ao conhecimento do TCA Sul, no âmbito do processo n.º 06121/12[500], tendo o Tribunal advertido que:

> *"Para que a sentença padeça do vício que consubstancia esta nulidade* [de não especificação dos fundamentos de facto que justificam a decisão] *é necessário que a falta de fundamentação seja absoluta, não bastando que a justificação da decisão se mostre deficiente, incompleta ou não convincente. Por outras palavras, o que a lei considera nulidade é a falta absoluta de motivação, tanto de facto, como de direito. Já a mera insuficiência ou*

---

[500] Acórdão do TCA Sul, de 18-06-2013, processo n.º 06121/12, disponível em http://www.dgsi.pt/.

mediocridade da motivação é espécie diferente, podendo afectar o valor doutrinal da sentença, sujeitando-a ao risco de ser revogada em recurso [esta última parte não se aplicando à decisão arbitral, como se sabe], *mas não produz nulidade.*"[501]

A terminar, refira-se que a falta de especificação dos fundamentos de facto e de direito que motivaram a decisão vem prevista nos artigos 125.º do CPPT e 615.º alínea b) do CPC, enquanto nulidade da sentença.

1.2. Oposição de fundamentos com a decisão arbitral

Um segundo caso que pode fundamentar a apresentação, por qualquer uma das partes, de acção de impugnação da decisão arbitral é o que vem previsto na alínea b) do mesmo n.º 1 do artigo 28.º. Assim, caso haja contrariedade entre a fundamentação de facto e/ou de direito e o resultado da decisão arbitral, as partes podem solicitar a anulação da decisão.

Daqui decorre, portanto, que não basta que estejam esclarecidos na decisão arbitral os fundamentos de facto e de direito que lhe serviram de base. É também necessário que a consequência que é retirada em face daqueles fundamentos seja lógica e legal.

Assim, será impugnável a decisão que, pese embora dê como provado que as correcções efectuadas ao Relatório de Inspecção são ilegais, conclua pela legalidade da liquidação da liquidação adicional consequente. Um outro exemplo será o caso de o tribunal arbitral considerar que houve caducidade do direito à liquidação emitida pela Administração Tributária negando ainda assim a pretensão do contribuinte.

Enfim, do sem número de exemplos que poderiam ser dados, há apenas que fixar que quando haja oposição entre a fundamentação apresentada pelo tribunal arbitral – seja ela de facto ou de direito – e a conclusão retirada na decisão arbitral esta será impugnável, nos termos e para os efeitos do previsto nesta alínea b) do n.º 1 do artigo 28.º.

Olhando à jurisprudência do TCA do Sul, no âmbito do já referido processo n.º 06121/12, por decisão proferida a 18 de Junho de 2013, aquele Tribunal veio esclarecer, quanto à oposição dos fundamentos com a decisão, que:

---

[501] No mesmo sentido, veja-se o Acórdão do TCA Sul, de 13-11-2014, processo n.º 07294/14, disponível em http://www.dgsi.pt/.

"O vício em análise, o qual tem como premissa a eventual violação do necessário silogismo judiciário que deve existir em qualquer decisão judicial [aliás, jurisdicional], terá lugar somente quando os fundamentos da sentença devam conduzir, num processo lógico, a uma decisão oposta ou, pelo menos, diferente da que foi adoptada."[502].

Por fim, de lembrar que da oposição dos fundamentos de facto com a decisão há ainda que distinguir os casos de mero erro de julgamento, a que acima se fez referência ao citar o Acórdão do TCA Sul de 30 de Janeiro de 2014, processo n.º 06952/13.

1.3. Pronúncia indevida e omissão de pronúncia

Nos termos da alínea *c)* do n.º 1 do artigo 28.º é impugnável a decisão arbitral que consubstancie uma pronúncia indevida (1ª parte), sendo ainda impugnável a decisão arbitral em que haja omissão de pronúncia (2ª parte).

Quer o fundamento de impugnação de *omissão de pronúncia* quer o de *pronúncia indevida*, deverão ser analisados à luz dos poderes cognitivos do tribunal arbitral. Esta matéria, dos poderes cognitivos do tribunal arbitral, foi já objecto de análise em anotação ao artigo 22.º, a propósito do conteúdo da decisão arbitral em matéria tributária. Sem prejuízo da leitura ao que ali ficou exposto, recorde-se sucintamente o que ali ficou exposto.

Poderes de cognição do tribunal arbitral

O n.º 1 do artigo 99.º da LGT e o n.º 1 do artigo 13.º do CPPT, aplicáveis subsidiariamente por via do artigo 29.º, n.º 1 do RJAT, consagram o *princípio da investigação*, também designado *princípio do inquisitório*, materializado no poder/dever de ordenar as diligências que entender necessárias para a *descoberta da verdade material*. Contudo, nesta alínea *c)* do n.º 1 do artigo 28.º, consagram-se a omissão de pronúncia e a pronúncia indevida como verdadeiras nulidades da sentença arbitral, sendo que aquela deve ser entendida como "a falta de pronúncia sobre questões que o [tribunal] deva apreciar"[503] e a última como, em parte, "a pronúncia sobre questões que não deva conhecer"[504]. Estas duas nulidades

---

[502] Identicamente, veja-se o Acórdão do TCA Sul, de 21-05-2013, processo n.º 05922/12, disponível em http://www.dgsi.pt/.
[503] Cf. artigo 125.º do CPPT.
[504] Cf. também artigo 125.º do CPPT. Diz-se "em parte" porque, como se verá *infra*, a definição que se adianta corresponde ao "clássico" *excesso de pronúncia* enquanto que o conceito de *pronúncia indevida* é mais abrangente.

consubstanciam, na verdade, violações ao *princípio do dispositivo*, sendo este um princípio diametralmente oposto ao princípio do inquisitório.

Assim, haverá desde logo que distinguir os poderes cognitivos do tribunal *quanto a factos* e *quanto a questões*.

Quanto a *factos*, além dos factos alegados pelas partes, o tribunal poderá também conhecer dos factos de conhecimento oficioso[505], dos factos instrumentais que resultem da instrução da causa[506], dos factos complementares que resultem da instrução da causa, desde que seja dada possibilidade à parte de se pronunciar sobre eles[507], dos factos notórios e daqueles que o tribunal tenha conhecimento por exercício das suas funções[508]. Aqui, porque o tribunal deve ordenar todas as diligências necessárias ao apuramento da verdade material, e por força do interesse público subjacente às matérias fiscais, a inquisitoriedade é mais forte no processo tributário, judicial ou arbitral, do que no processo civil[509].

Quanto a *questões*, sendo estas entendidas em sentido amplo, envolvendo "tudo quanto diga respeito à concludência ou inconcludência das excepções e da causa de pedir (...) e às controvérsias que as partes sobre elas suscitem", o princípio do dispositivo prevalece sobre o do inquisitório, mesmo no processo tributário[510].

Resulta então do que ficou que os poderes cognitivos do tribunal arbitral estão limitados às *questões* suscitadas pelas partes, à excepção daquelas que sejam

---

[505] Cf. artigo 99.º, n.º 1, *in fine* da LGT e artigo 608.º, n.º 2, *in fine* do CPC.

[506] Cf. artigo 5.º, n.º 2, alínea *a*) do CPC. Tem-se entendido que a instrumentalidade poderá resultar não só de factos essenciais alegados pelas partes mas também das razões e direito que fundamentam a pretensão da parte.

[507] Cf. artigo 5.º, n.º 2, alínea *b*) do CPC.

[508] Cf. artigo 5.º, n.º 2, alínea *c*) do CPC, considerando-se notórios aqueles que sejam do conhecimento geral (artigo 412.º, n.º 1 do CPC).

[509] O princípio do inquisitório, e o princípio da verdade material são, efectivamente, princípios estruturantes do processo tributário. Aliás, mesmo a própria Administração Tributária encontra-se obrigada àqueles princípios. Com efeito, se no processo civil existem dois interesses particulares opostos, o mesmo não se pode dizer do processo tributário. A Administração Tributária, ainda que parte passiva no processo, não é titular de um interesse oposto ao do particular, parte activa. A Administração está, assim, constitucional e legalmente obrigada a actuar em consonância com o interesse público inerente às matérias tributárias, estando obrigada a informar o tribunal sobre *toda a matéria de facto com interesse para a causa*, independentemente de os factos serem ou não favoráveis à pretensão do contribuinte (cf. artigo 111.º n.º 2 do CPPT).

[510] Cf. Acórdão do STA de 27-10-2007, processo n.º 01007/06, disponível em http://www.dgsi.pt/.

de conhecimento oficioso. Significa isto que, por um lado, o tribunal arbitral *só* poderá conhecer das questões suscitadas pelas partes, salvo as de conhecimento oficioso, e, por outro, *tem* de conhecer de todas as questões suscitadas pelas partes, salvo aquelas que se encontrem em relação de prejudicialidade com outras já decididas[511].

Deste modo, o tribunal arbitral está limitado às questões suscitadas pelas partes, sob pena de ser impugnável a sentença arbitral, por omissão de pronúncia ou pronúncia indevida (na vertente de excesso de pronúncia). Pelo contrário, quanto a factos:

"[a] *tomada em consideração, para resolução de questões colocadas pelas partes, de factos não alegados de que o tribunal não podia conhecer oficiosamente* (...) *não constitui uma nulidade de sentença mas uma violação do princípio do dispositivo enunciado no artigo* [5.º do CPC], *de que emana a regra da proibição de o juiz se servir de factos não alegados pelas partes* (...). *Assim, a violação desta regra consubstanciará erro de julgamento.*" (sublinhado da autora)

Uma questão que se prende com a que acabou de se expor diz respeito ao confronto entre o princípio do inquisitório, e ao dever de descoberta da verdade material imposto ao tribunal arbitral, por um lado, e ao dever de fundamentação dos actos imposto à Administração Tributária, por outro.

No confronto entre o princípio do inquisitório ou da investigação que acima se concretizou, a questão que se coloca é a de saber se perante um acto tributário ilegal por fundamentação insuficiente ou erro de fundamentação, o tribunal arbitral poderá, ao abrigo daquele princípio, e por força do dever de descoberta da verdade material a que está sujeito, "corrigir" a fundamentação da Administração Tributária substituindo-se a esta. Tudo porque, como se viu acima, os limites do princípio do inquisitório não são claramente expressos. Certo é que, se o tribunal arbitral ultrapassar a fronteira da inquisitoriedade, decidindo além

---

[511] Trata-se, também aqui, de um poder/dever do tribunal arbitral. Esta regra resulta, aliás, da aplicação subsidiária dos artigos 608.º, n.º 2 do CPC e 95.º, n.º 1 do CPTA, por via do artigo 29.º, n.º 1 do RJAT, segundo os quais, em terminologia bastante semelhante, "o juiz deve resolver todas as questões que as partes tenham submetido à sua apreciação, exceptuadas aquelas cuja decisão esteja prejudicada pela solução dada a outras; não pode ocupar-se senão das questões suscitadas pelas partes, salvo se a lei lhe permitir ou impuser o conhecimento oficioso de outras".

dos seus poderes cognoscitivos, ocorrerá uma pronúncia indevida, o que poderá fundamentar uma impugnação da decisão arbitral, ao abrigo dos artigos 27.º e 28.º, n.º 1, alínea c). Contudo, se o tribunal arbitral ficar aquém dos seus poderes, a decisão será uma decisão contrária ao princípio da legalidade inerente ao interesse público das matérias fiscais, que, ainda que não impugnável, poderá consubstanciar um caso de erro de julgamento[512]. Ora, como se verá mais abaixo, os casos ditos de *mero erro de julgamento* não são fundamento de impugnação da decisão arbitral.

A questão toma particular importância na medida em que na arbitragem em matéria tributária está prevista, como se sabe, a regra da irrecorribilidade do mérito das decisões arbitrais. Daí que se questione até que ponto não poderá o tribunal arbitral tentar "salvar" o acto tributário porque, por exemplo, consegue alcançar que onde a Administração Tributária qualificou uma determinada realidade como despesa de representação quando, em boa verdade, se tratava de uma ajuda de custo.

Crê-se a este propósito que o tribunal arbitral não se poderá substituir à Administração Tributária, sob pena de se tratar de uma decisão, viciada como se verá, por *pronúncia indevida*, pelo que, a resposta a dar à questão suscitada nunca poderá ser tida em termos absolutos.

Deste modo, a fronteira entre o dever de fundamentação da Administração, e o princípio do inquisitório por que se rege o tribunal arbitral terá de ser *avaliada casuisticamente* tendo sempre em especial consideração que o recorte/contextualização de direito que é dada no acto que fundamenta o acto tributário cristaliza-se, pelo menos quanto *àquele acto tributário*, na ordem jurídica.

Omissão de pronúncia

Feito este enquadramento, bem se vê que *omissão de pronúncia* ocorrerá sempre que o tribunal arbitral não aprecie de questões que devesse conhecer, porque suscitadas pelas partes. Deste modo, a omissão de pronúncia enquanto causa de nulidade está, pois, intimamente ligada com o princípio do dispositivo e os seus limites. Por outras palavras, a decisão arbitral em matéria tributária estará viciada de omissão de pronúncia sempre que na decisão final *proprio sensu* não conste pronúncia sobre todos os pedidos deduzidos pelo sujeito passivo.

---

[512] Cf., por todos, recorre-se a um Acórdão bastante antigo mas bastante citado desde a sua publicação: o Acórdão do STA, de 26-05-2004, processo n.º 0742/03, disponível em http://www.dgsi.pt/.

De notar, porém, que tal não implica que o julgador tenha de se pronunciar sobre todos os "argumentos" alegados pelas partes. O TCA Sul alertou precisamente neste sentido, sustentando-se na doutrina de ALBERTO DOS REIS e ANTUNES VARELA, lembrando que "uma coisa é a causa de pedir, outra os motivos, as razões de que a parte se serve para sustentar a mesma causa de pedir"[513]. Acrescentou ainda aquele Tribunal que:

> *"a doutrina e a jurisprudência distinguem por um lado, "questões" e, por outro, "razões" ou "argumentos" para concluir que só a falta de apreciação das primeiras (ou seja, das "questões") integra a nulidade prevista no citado normativo* [do 615.º, n.º 1 al. d) do CPC quanto à omissão de pronúncia], *mas já não a mera falta de discussão das "razões" ou "argumentos" invocados para concluir sobre as questões."*[514]

A omissão de pronúncia reporta-se, deste modo, à falta de pronúncia sobre questões e não, por exemplo, à não realização de uma diligência processual. Neste sentido, veja-se o decidido no Acórdão do TCA Sul de 26 de Junho de 2014, tendo o tribunal aí entendido que:

> *"A falta de realização de diligências constituirá uma nulidade processual e não uma nulidade de sentença. A falta de avaliação de provas produzidas, tal como a sua errada avaliação, constituirá um erro de julgamento da matéria de facto. Relativamente à matéria de facto, o juiz não tem o dever de pronúncia sobre toda a matéria alegada, tendo antes o dever de seleccionar apenas a que interessa para a decisão (cfr. arts. 596, n.º 1 e 607, n.ºs 2 a 4, do C.P.Civil, na redacção da Lei 41/2013, de 26/6) e referir se a considera provada ou não provada (cfr. art. 123, n.º 2, do C.P.P. Tributário)."*[515]

A terminar, refira-se ainda que a falta de pronúncia do tribunal arbitral sobre uma questão que, sendo de conhecimento oficioso, não foi também alegada pelas partes, não consubstancia um vício de omissão de pronúncia[516]. Refere a

---

[513] Acórdão do TCA Sul, de 26-06-2014, processo n.º 07647/14, disponível em http://www.dgsi.pt/.
[514] Idem.
[515] Idem.
[516] Cf. Acórdão do TCA Sul, de 12-12-2013, processo n.º 07004/13, onde o Tribunal entendeu que "[e]mbora o Tribunal tenha também o dever de pronúncia sobre questões de conhecimento oficioso não suscitadas pelas partes (cfr.art°.608, n°.2, do C.P.Civil), a omissão de tal dever não constituirá nulidade da sentença, mas sim um erro de julgamento".

este propósito LOPES DE SOUSA que "(...) nestes casos, a omissão de pronúncia sobre questões de conhecimento oficioso significará que o tribunal entendeu, implicitamente, que a solução das mesmas não é relevante para a apreciação da causa"[517].

Pronúncia indevida
Se a falta de conhecimento de questões suscitadas pelas partes constitui nulidade por omissão de pronúncia, o conhecimento de questões de que não podia conhecer consubstancia, por seu turno, uma nulidade tratada nos processos judiciais como *excesso de pronúncia*. Não há dúvida que o conceito de *pronúncia indevida*, previsto na primeira parte da alínea *c*) do n.º 1 do artigo 28.º como fundamento de impugnação da decisão arbitral em matéria tributária, inclui também o "clássico" excesso de pronúncia. Questiona-se, porém, se o facto de o legislador ter, propositadamente, utilizado uma expressão diferente daquela que vem prevista quer no CPC, quer no CPTA, quer no CPPT – "a pronúncia sobre questões que não deva conhecer" – não quererá dizer que o legislador pretendeu abarcar naquele conceito outras causas de nulidade que não o excesso de pronúncia.

Defende-se que "pronúncia indevida" poderá ocorrer em dois casos distintos. Um primeiro, o tradicional, sempre que o tribunal arbitral conheça de questões de que não podia conhecer, ou seja, ultrapassando os limites do princípio do dispositivo a nível decisório, condenando além do pedido – excesso de pronúncia. Um segundo, em todas as situações em que o tribunal arbitral nem sequer podia decidir, por haver um vício que inquinou a sua constituição ou porque decidiu fora das suas competências[518].

Esta interpretação do conceito de "pronúncia indevida" permite, de resto, que o elenco taxativo de fundamentos constante do artigo 28.º, não deixe de fora situações graves, ao nível procedimental e processual, em especial considerando a regra da irrecorribilidade da decisão arbitral.

Como exemplo de casos em que o tribunal arbitral nem sequer podia decidir, por haver um vício que inquinou a sua constituição, ou porque a questão estava fora das suas competências, podem apontar-se, desde logo, três: (a) o

---

[517] JORGE LOPES DE SOUSA (2011) *vol. I*, 365.
[518] No mesmo sentido Jorge Lopes de Sousa (2013) "Comentário ao Regime Jurídico da Arbitragem Tributária", 235; e, a título de exemplo, veja-se o Acórdão do TCA Sul, de 12-06-2014, processo n.º 06244/12, disponível em http://www.dgsi.pt/.

caso um árbitro legalmente impedido, ao abrigo do artigo 8.º, que não rejeitou a sua designação, nem tampouco foi exonerado pelo Conselho Deontológico do CAAD, tendo mesmo chegado a proferir sentença[519]; (b) casos de incompetência material, por o objecto do litígio se encontrar fora do âmbito definido no artigo 2.º; e, bem assim, (c) casos em que o litígio não era arbitrável porque excepcionado pela Administração na sua Portaria de Vinculação.

Uma interpretação deste modo, além de oferecer mais garantias de uma tutela jurisdicional efectiva, aproxima a impugnação da decisão arbitral em matéria tributária do pedido de anulação previsto no artigo 46.º da LAV – aplicável à arbitragem administrativa, por via do artigo 181.º, n.º 1 do CPTA. Com efeito, nos termos do n.º 3 do artigo 46.º da LAV a decisão arbitral poderá ser anulada se, entre outras causas, "a sentença se pronunciou sobre um litígio não abrangido pela convenção de arbitragem ou contém decisões que ultrapassam o âmbito desta" (no inciso *iii*) da alínea *a*)); se "a composição do tribunal arbitral ou o processo arbitral não foram conformes com a convenção das partes (...) ou, na falta de tal convenção, que não foram conformes com a presente lei e, em qualquer dos casos, que essa desconformidade teve influência decisiva na resolução do litígio" (no inciso *iv*) da alínea *a*)); e se "o objecto do litígio não é susceptível de ser decidido por arbitragem nos termos do direito português" (no inciso *i*) da alínea *b*)), sendo esta última de conhecimento oficioso.

Uma última nota para referir que serão ainda a incluir, ao que se julga, no conceito de pronúncia indevida os casos – em princípio puramente académicos – de o tribunal arbitral ter decidido por recurso à equidade – o que, como se sabe, lhe está vedado nos termos do disposto no n.º 2 do artigo 2.º[520].

Em face do exposto, nos termos da 1ª parte, da alínea *c*), do n.º 1, do artigo 28.º, qualquer das partes poderá pedir ao TCA Sul a anulação da decisão arbitral que consubstancie uma pronúncia indevida, aí se incluindo não só o conhecimento de questões de que o tribunal não poderia conhecer, por força dos limites

---

[519] Já no caso de o árbitro legalmente impedido ser exonerado antes da proferir sentença, remete-se para o comentário ao artigo 8.º, onde se defendeu ser aplicável, analogicamente, o regime estabelecido no artigo 9.º.

[520] Desta forma, atenuam-se as dúvidas levantadas por RUI DUARTE MORAIS e SAMUEL FERNANDES DE ALMEIDA, precisamente quanto aos casos de alegada inimpugnabilidade da decisão arbitral quando os árbitros decidam com recurso à equidade, ou quando aquela seja proferida por um só árbitro, sendo legalmente exigível um tribunal colectivo (cf. RUI DUARTE MORAIS (2014) *Manual de Procedimento e Processo Tributário*, 399; SAMUEL FERNANDES DE ALMEIDA (2010) "Primeiras reflexões sobre a Lei de Arbitragem em Matéria Tributária", 413).

do princípio do dispositivo, mas também os casos de irregular constituição do tribunal arbitral e ainda de competência.

Se este é o entendimento perfilhado pela Doutrina, o mesmo não se poderá referir em relação à jurisprudência do TCA Sul.

Do que se pôde apurar da jurisprudência do TCA Sul entretanto publicada, constata-se que, lamentavelmente, aquele tribunal não adoptou um conceito amplo de "pronúncia indevida", limitando-se, em bom rigor, a identificá-lo como o tradicional "excesso de pronúncia".

Tome-se por referência o processo n.º 05203/11. Ali, a então DGCI impugnou a decisão arbitral proferida com fundamento no vício de *pronúncia indevida* ora em análise. Alegou, para o efeito, a incompetência do tribunal arbitral para anular o Imposto do Selo, e condenar a impugnante na sua restituição na medida em que o imposto liquidado, cobrado e arrecadado não havia tramitado pela DGCI mas pelo Ministério da Justiça *lato sensu*, configurando assim este último como autor do acto que o contribuinte impugnou pela via judicial. Assim, sendo o Ministério da Justiça o autor do acto impugnado, e uma vez que este não se vinculou à jurisdição arbitral por via da Portaria de Vinculação, o tribunal arbitral era incompetente para decidir como decidiu[521]. Da leitura do relatório constante do acórdão do TCA, denota-se claramente que nem a impugnante (DGCI), no seu pedido de anulação da sentença arbitral, nem a entidade impugnada, na sua resposta, se referiram ao vício de *excesso de pronúncia*, utilizando sempre a expressão "pronúncia indevida" e focando-se sempre na matéria que ali estava em causa: a competência do tribunal arbitral cuja decisão se impugnava.

O TCA Sul, ignorando o entendimento doutrinal, praticamente unânime, segundo o qual "pronúncia indevida" é um conceito mais abrangente que o mero "excesso de pronúncia" e, salvo o devido respeito, desatendendo à causa de pedir da impugnante – que, insista-se, pretendia única e exclusivamente ver discutida a incompetência do tribunal arbitral, peticionando a anulação da sentença com esse fundamento – veio a decidir que:

"*Assim sendo, não se verifica qualquer <u>excesso de pronúncia</u> de que padeça a decisão arbitral, se <u>as excepções por este apreciadas foram alegadas pelas partes</u> no processo, mais se devendo referir que, em todo o caso, sempre seriam de conhecimento oficioso (cfr.art^os.494 e 495, do C.P.Civil).*"

---

[521] Sobre a temática da administração do imposto e vinculação das entidades à jurisdição arbitral vejam-se as anotações aos artigos 2.º e 4.º.

Por último, sempre se dirá que o <u>deficiente enquadramento jurídico</u> e decisão de tais excepções pode consubstanciar erro de julgamento de direito, mas não será nunca causa de nulidade/anulação da decisão arbitral devido a excesso de pronúncia."[522] (sublinhado da autora)

O TCA Sul nem se pronunciou quanto à competência do tribunal arbitral, entendendo que a alegada incompetência, tendo sido já invocada pela DGCI no âmbito do processo arbitral enquanto excepção dilatória, e tendo o tribunal arbitral se pronunciado sobre a mesma, não consubstanciaria um vício da decisão arbitral, mas sim um "deficiente enquadramento jurídico da decisão de tais excepções" e, logo, um "erro de julgamento de direito".

Ora, salvo o devido respeito, não andou bem aquele tribunal. Se é verdade que a alegada incompetência do tribunal arbitral não consubstancia um vício de excesso de pronúncia, certo é que não foi esse o fundamento invocado pela impugnante.

Insista-se, pelo exposto, que excesso de pronúncia e pronúncia indevida não são conceitos idênticos, sendo este mais abrangente que aquele, abarcando não só aquelas situações em que o tribunal conheceu de questões não suscitadas pelas partes, mas também aquelas situações em que o tribunal nem sequer poderia ter decidido, por ter ocorrido um qualquer vício que inquinou a sua constituição, ou porque a questão estava fora das suas competências legais.

1.4. Violação do princípio do contraditório

Da análise da alínea *a)* do artigo 16.º, viu-se já que o princípio do contraditório constitui princípio do processo arbitral, assegurado, designadamente, através da faculdade conferida às partes de se pronunciarem sobre quaisquer questões de facto ou de direito suscitadas no processo. Dita então a 1ª parte desta alínea *d)* que a decisão consequente de um processo arbitral no qual tenha havido violação deste princípio pode ser anulada por via da acção de impugnação.

O princípio do contraditório é uma decorrência natural do princípio da participação previsto no n.º 5 do artigo 267.º da CRP, no qual se estabelece que os cidadãos têm o direito de participar na formação das decisões e deliberações que lhes dizem respeito. Acresce que, o princípio do contraditório é um dos pilares do processo em geral, seja civil, administrativo, tributário ou outro.

---

[522] Acórdão do TCA Sul de 19-02-2013, processo n.º 05203/11, disponível em http://www.dgsi.pt/.

Deste modo, cabe ao tribunal assegurar que às partes é conferida a possibilidade de se pronunciarem sobre todas as questões de facto ou de direito suscitadas no processo que poderão, obviamente, influenciar a decisão final relativamente à questão controvertida. Estão assim protegidos pelo princípio do contraditório quer a Administração Tributária quer o contribuinte, sendo que durante o decorrer do processo dever-lhes-á ser concedido o direito de se pronunciarem, caso entendam conveniente.

A concretização deste princípio é especialmente relevante, desde logo se se tiver em consideração que, como se pôde apreender dos comentários aos artigos anteriores, todo o processo arbitral se baseia numa lógica de livre condução do processo e de informalidade. Assim, e independentemente de se tratar de um processo cuja tramitação é definida pelo próprio tribunal, como melhor se explorou em anotação ao artigo 18.º, deverá ser sempre assegurado às partes o direito de se pronunciarem sobre todas as questões, assumam elas a natureza de questões de facto ou de questões de direito, sob pena de ser impugnável a decisão arbitral, nos termos da 1ª parte da alínea *d)* do n.º 1 deste artigo 28.º.

A consagração da violação do princípio do contraditório como fundamento para o pedido de impugnação da decisão arbitral é apenas mais uma prova da sua extrema importância no âmbito de qualquer processo, em especial o arbitral.

Aliás, a primeira impugnação a culminar na anulação da decisão arbitral proferida, ocorreu precisamente com fundamento na violação do princípio do contraditório, como se verá *infra*. Refira-se, então, alguma jurisprudência do TCA Sul na matéria.

No âmbito do processo n.º 06258/12, o sujeito passivo veio impugnar a decisão arbitral proferida com base na violação do princípio do contraditório e, bem assim, do princípio da igualdade das partes, tendo alegado ainda que a decisão contrariou também o princípio constitucional do processo equitativo, consagrado no n.º 4 do artigo 20.º da CRP, tendo-lhe sido recusada, por duas vezes, a oportunidade de contraditar afirmações da Autoridade Tributária. Pretendo contraditar a resposta da Autoridade Tributária ao seu pedido de pronúncia arbitral, o sujeito passivo requereu ao tribunal a apresentação de um novo articulado, mormente, uma réplica, ao que o tribunal arbitral indeferiu. Alega então o sujeito passivo impugnante que este indeferimento consubstancia as ditas violações, fundamento de impugnação da decisão arbitral. Perante esta factualidade, o TCA Sul pronunciou-se no seguinte sentido:

"(...) levando em consideração a tramitação do processo arbitral prevista nos art°s. 15 a 19, do RJAT, óbvia é a conclusão de que em tal tramitação não se encontra prevista a existência de um terceiro articulado de réplica à resposta apresenta pela A. Tributária, a qual tem consagração no citado art°. 17, n°.1, do mesmo diploma. Em consequência do acabado de referir, deve concluir-se que a identificada deliberação do Tribunal Arbitral [o despacho de indeferimento] *não violou qualquer dos princípios trazidos à colação pela impugnante tal como a norma constitucional constante do art°. 20, n°.4, do diploma fundamental."*[523]

Num outro processo onde foi também alegada violação do princípio do contraditório, na vertente de proibição de decisões-surpresa. Em causa estava, na verdade, a falta de prova pelo sujeito passivo da sua natureza de PME (pequena ou micro-empresa). O TCA Sul, alertando para a distribuição do ónus de alegação e do ónus de prova, acabou por concluir pela improcedência da acção de impugnação considerando que:

"(...) a afirmação de que a referida empresa tem essa natureza depende de alegação e prova, porque o julgador – seja ele arbitral ou judicial – não tem poderes pitonísicos que lhe permitam saber sem necessidade de demonstração se certo facto é verídico ou não. E sendo esse facto fundamental para dar guarida à pretensão dos impugnantes era sobre estes que recaía o respectivo ónus de alegação e prova.

Não há, por isso, qualquer decisão surpresa nem violação do princípio do contraditório, porque esta questão estava intrinsecamente incluída na petição inicial do processo arbitral."[524]

Contudo, se nos dois processos referidos o TCA concluiu por uma não violação do princípio do contraditório no decorrer do processo arbitral, já não foi esse o caso no mais recente processo n.º 06208/12. Neste processo, que culminou na impugnação da decisão proferida, as partes foram notificadas de despacho do tribunal arbitral que determinava que o prazo para alegações finais escritas se iniciava com a última diligência probatória a realizar no processo. Sucedeu, porém, que essa última diligência probatória não foi notificada às partes. Em consequência, as partes não só não puderam exercer o contraditório

---

[523] Acórdão do TCA Sul, de 10-09-2013, processo n.º 06258/12, disponível em http://www.dgsi.pt/.
[524] Acórdão do TCA Sul, de 27-02-2014, processo n.º 07088/13, disponível em http://www.dgsi.pt/.

sobre a prova, como não puderam alegar, na medida em que não tinham tido conhecimento do início do respectivo prazo. Perante esta factualidade o TCA Sul decidiu que:

> "*A falta de notificação do Ofício n.º 77 192, de 9 de Outubro de 2012 [a última diligência probatória], na medida em que não permitiu a possibilidade de as partes argumentarem sobre a força probatória do mesmo constitui preterição do princípio do contraditório. Por outro lado, uma vez que o início da fase das alegações estava dependente do conhecimento das partes da última diligência de prova, o direito de alegarem sobre a matéria de facto e de direito da causa, não lhes foi assegurado, o que consubstancia também ofensa ao princípio do contraditório.*
>
> *A omissão da notificação em causa constitui formalidade cuja observância influi no exame e decisão da causa, dado que preclude o direito das partes de se pronunciarem sobre os meios de prova da mesma (artigo 195.º/1, do CPC), pelo que forçoso se torna concluir que tal preterição consubstancia nulidade processual, cuja verificação inquina a sentença arbitral impugnada.*
>
> *(...) Nesta medida, impõe-se julgar procedente a impugnação, e determinar a anulação da decisão arbitral*[525]*, ordenando a devolução do processo para que o tribunal arbitral reforme a decisão em consonância com o julgado anulatório do TCA."*[526]

De facto, a decisão não poderia ter sido outra.

O princípio do contraditório é um dos pilares do processo justo e equitativo e que tem de ser tido em especial conta em todos os processos, sejam eles judiciais ou arbitrais.

Nunca é demais lembrar que o princípio do contraditório assume particular importância no domínio do procedimento e processo tributários, tendo em conta a natureza das obrigações que lhes estão subjacentes, e a posição do contribuinte face ao Estado, dotado de poder coercivo tendo sido um dos argumentos que serviu à qualificação do tribunal arbitral como um tribunal *órgão jurisdicional de um Estado-membro*.[527]

---

[525] Decisão arbitral tomada no âmbito do processo arbitral n.º 68/2012-T, disponível em http://www.caad.org.pt/.

[526] Acórdão do TCA Sul de 25-01-2015, processo n.º 06208/12, disponível em http://www.dgsi.pt/.

[527] Nos termos do disposto no § 2 do artigo 267.º do Tratado sobre o Funcionamento da União Europeia (TFUE), um órgão jurisdicional de um dos Estados-membros poderá pedir ao TJUE

Por último, de referir ainda que, ao que se julga, o legislador só consagrou, como fundamento de impugnação, a violação dos princípios do contraditório e da igualdade das partes porque, de entre os elencados no artigo 16.º, estes são os únicos cuja violação poderá influências substancialmente a decisão da causa, além de, claro está, decorrem de disposições constitucionais.

1.5. Violação do princípio da igualdade das partes

O último caso previsto pelo legislador como fundamento para a impugnação da decisão arbitral é o da violação do princípio da igualdade das partes, nos termos da 2ª parte da alínea *d)* do n.º 1 deste artigo 28.º.

Este é também um princípio de capital importância, estando previsto na alínea *b)* do artigo 16.º. Na anotação ao artigo 16.º, esclareceu-se que o princípio da igualdade das partes é concretizado, no processo arbitral, pelo reconhecimento do mesmo estatuto substancial às partes, designadamente para efeitos do exercício de faculdades e do uso de meios de defesa. É a própria CRP, no seu n.º 2 do artigo 266.º, que impõe à Administração Tributária, enquanto entidade à qual cabe dirigir e realizar todas as diligências necessárias à satisfação do interesse público e à descoberta da verdade material no âmbito do procedimento administrativo-tributário, que actue com o respeito do princípio da igualdade, da proporcionalidade, da justiça, da imparcialidade e da boa-fé.

A LGT, por seu turno, estabelece no seu artigo 55.º que "a administração tributária exerce as suas atribuições na prossecução do interesse público, de acordo com os princípios da legalidade, da igualdade, da proporcionalidade, da justiça, da imparcialidade e da celeridade, no respeito pelas garantias dos contribuintes e demais obrigados tributários".

---

que se pronuncie sobre uma questão prejudicial relativa ao Direito da União Europeia. Contudo, a qualidade de *órgão jurisdicional de um Estado-membro* não vem definida em qualquer tratado da União, tendo o conceito sido interpretado pelo próprio TJUE cuja jurisprudência fixada exige a verificação de um conjunto de factores. Dentro destes critérios salientam-se: a origem legal do órgão que lhe submeteu o pedido, a sua permanência, o carácter obrigatório da sua jurisdição, a natureza contraditória do processo, a aplicação, por esse órgão, das regras de Direito e a sua independência. Assim, no âmbito do processo prejudicial n.º C-377/13 (caso *Ascendi*), o TJUE decidiu-se, em 12 de Junho de 2014, pela qualificação dos tribunais arbitrais tributários portugueses enquanto *órgãos jurisdicionais de um Estado-membro*, na acepção do artigo 267.º do TFUE. Para esta qualificação contribuiu em grande parte o facto de estar expressamente consagrado por todo o RJAT a importância do respeito pelo princípio do contraditório.

Porém, e independentemente do acima exposto, recorda-se a opinião veiculada na anotação ao artigo 16.º na qual se asseverou que o RJAT pressupõe a consagração do princípio da igualdade numa vertente mais estreita, a da igualdade das partes. Assim, o que dita aquela alínea *a)* não é que as partes devem ter, por princípio, o mesmo estatuto substancial, porquanto este decorre já da forma como o RJAT foi desenhado, mas sim que cabe ao tribunal arbitral, em cada caso concreto, verificar se está a ser contrariado este princípio da igualdade de partes, designadamente por haver um desequilíbrio entre os meios e faculdades ao dispor da Administração Tributária, e os meios e faculdades ao dispor do sujeito passivo.

O desrespeito pelo princípio da igualdade é então, à semelhança do desrespeito pelo princípio do contraditório, fundamento para a impugnação da decisão arbitral.

2. Efeitos da apresentação do pedido de impugnação

Refere a este propósito o n.º 2 deste artigo 28.º que a impugnação da decisão arbitral tem os mesmos efeitos da interposição do recurso daquela.

Deste modo, há uma total coincidência entre os efeitos da interposição de recurso para o Tribunal Constitucional, ou para o STA, e os efeitos de impugnação da decisão arbitral no TCA Sul.

Nesse sentido, em face do disposto no n.º 1 do artigo 26.º, os efeitos que estabelecidos no artigo 24.º, para cujos comentários se remete, *ficam suspensos até à decisão que vier a ser proferida pelo TCA Sul* relativamente à decisão arbitral impugnada.

De forma idêntica ao que sucede no âmbito dos recursos, o *efeito suspensivo* atribuído poderá ser total ou parcial consoante o teor do pedido de anulação. Com efeito, a causa que fundamenta o pedido de impugnação de decisão arbitral poderá abranger apenas parte dessa decisão. Pense-se, em especial, nos casos em o sujeito passivo apresenta três pedidos cumulados (A, B e C); poderá ocorrer, por exemplo, contradição dos fundamentos com a decisão apenas quanto a um deles (o A). Neste caso, a decisão arbitral será válida no que respeite aos pedidos B e C, e o sujeito passivo ou a Administração Tributária poderão então impugnar a restante parte da decisão. Outro exemplo poderá ser um caso em que o sujeito passivo peticiona A e B, e o tribunal arbitral pronuncia-se apenas quanto a B. Haverá omissão de pronúncia quando a A, é certo, mas, em princípio, a parte da decisão que se pronuncia sobre B não sofre qualquer vício.

Pelo exposto, julga ser de se aplicar subsidiariamente o disposto no n.º 7 do artigo 46.º da LAV, nos termos do qual "se a parte da sentença relativamente à qual se verifique existir qualquer dos fundamentos de anulação (...) puder ser dissociada do resto da mesma, é unicamente anulada a parte da sentença atingida por esse fundamento de anulação". Regra esta que, de resto, resultaria já da flexibilidade do processo arbitral que tem de ser tida em conta mesmo em sede de recurso ou impugnação e do princípio do aproveitamento dos actos enquanto corolário do princípio da economia processual.

Por último, da aplicação à impugnação da decisão arbitral do disposto no n.º 2 do artigo 26.º decorre que quando o pedido de impugnação da decisão arbitral seja interposto pela Administração Tributária a sua interposição faz caducar a garantia que tenha sido prestada para suspensão do processo de execução fiscal. Já quando o pedido de impugnação da decisão arbitral tenha sido interposto pelo sujeito passivo, cessa o efeito suspensivo da liquidação a que se refere o artigo 14.º. Relembra-se porém que esta parte final do n.º 2 foi derrogada tacitamente pela revogação do artigo 14.º operada pelo artigo 161.º da Lei n.º 64-B/2011, de 30 de Dezembro (Lei do Orçamento do Estado para 2012).

A finalizar, cumpre ainda referir que estas duas consequências da interposição do pedido de impugnação da decisão arbitral – idênticas, como se referiu, às do recurso daquela – são, ao que se crê, uma tentativa clara do legislador de imprimir alguma responsabilização à impugnação da decisão arbitral pelas partes. Com efeito, se a mera impugnação da decisão arbitral gera automaticamente uma consequência desvantajosa para a parte que o interpõe, obriga-se a que esta pondere com maior "responsabilização" a necessidade da sua apresentação.

Questão diversa são os efeitos da decisão do TCA Sul que anule a sentença arbitral em matéria tributária. Estes foram tratados na anotação ao artigo anterior, para cujos comentários se remete.

TÍTULO II – Disposições finais

Artigo 29.º – Direito subsidiário

1 – São de aplicação subsidiária ao processo arbitral tributário, de acordo com a natureza dos casos omissos:

a) As normas de natureza procedimental ou processual dos códigos e demais normas tributárias;

b) As normas sobre a organização e funcionamento da administração tributária;

c) As normas sobre organização e processo nos tribunais administrativos e tributários;

d) O Código do Procedimento Administrativo;

e) O Código de Processo Civil.

2 – O disposto no número anterior não dispensa, nem prejudica, o dever de o tribunal arbitral definir a tramitação mais adequada a cada processo especificamente considerado, nos termos do disposto nos artigos 18.º e 19.º e atendendo aos princípios da celeridade, simplificação e informalidade processuais.

ANOTAÇÃO

O presente preceito estabelece as regras subsidiárias que terão aplicação quando existir falta de regulamentação no presente RJAT. A aplicação do direito subsidiário foi sendo referida ao longo das anotações aos artigos anteriores, consubstanciando, aliás, uma parte fundamental da compreensão da totalidade do processo arbitral tributário. Bem se compreende que o RJAT não é, nem pretendia ser, um Código de Processo Arbitral Tributário, pelo que se justificam, desde logo, as remissões efectuadas pelo n.º 1 deste preceito.

Assim, nos termos da alínea *a)* do n.º 1 deste preceito, quando haja casos omissos no RJAT, serão de aplicação subsidiária as *normas de natureza procedimental ou processual dos códigos e demais normas tributárias*. O aqui estabelecido significa, então, que são subsidiariamente aplicáveis todas as normas estabelecidas designadamente na LGT, no CPPT e em todos os demais códigos e normas tributárias que tenham normas de natureza procedimental ou processual. Pense-se por exemplo no caso das regras de natureza procedimental patentes no Código do IRS ou do IRC que poderão servir de recurso ao esclarecimento das normas estabelecidas para a arbitragem tributária. Pense-se ainda na aplicação subsidiária da regra da legitimidade para impugnar prevista no artigo 9.º do

CPPT, a qual tem plena aplicação no que respeita à legitimidade para apresentar o pedido de constituição de tribunal arbitral, como se viu em anotação ao artigo 10.º. Por último, podem ainda referir-se as normas do CPPT e da LGT relativas ao pagamento de juros indemnizatórios e de indemnização por garantia indevidamente prestada e que sustentam, em certa medida, os poderes de condenação dos tribunais arbitrais nesta matéria.

Refere por seu turno a alínea b) que são de aplicação subsidiária as *normas sobre a organização e funcionamento da administração tributária*. Estas normas estão contidas em vários diplomas avulsos dos quais se salienta a Lei Orgânica da Autoridade Tributária e Aduaneira, aprovada pelo Decreto-lei n.º 118/2011 de 15 de Dezembro.

São ainda de aplicação supletiva à arbitragem tributária as *normas sobre organização e processo nos tribunais administrativos e tributários* tal como dispõe, desta feita, a alínea c) do n.º 1 deste artigo 29.º. Aqui merecem destaque o CPTA e o ETAF. Como se pode verificar dos comentários ao regime, o legislador remeteu as mais das vezes para o CPTA quanto à regulamentação de alguns institutos. Pense-se, a este propósito, no recurso por oposição de acórdãos, ao qual se aplica o disposto no artigo 152.º do CPTA com as necessárias adaptações. Outro exemplo será, como se viu, a aplicação do disposto nos artigos 175.º a 177.º do CPTA, por via do artigo 146.º, n.º 1 do CPPT e do artigo 102.º, n.º 1, da LGT, para definir os trâmites do processo de execução de julgados, quando a Administração Tributária não execute voluntariamente a sentença.

Por último dispõem as alíneas c) e d) deste n.º 1 que poderão ainda ser de aplicação subsidiária as normas constantes do CPA e do CPC, respectivamente. Para o CPA remetem desde logo os artigos 3.º-A, n.º 1, no que respeita à contagem de prazos no procedimento arbitral tributário, e o artigo 8.º, no que respeita aos impedimentos dos árbitros. As normas previstas no CPA serão ainda importantes para a concretização de alguns princípios, como se viu em anotação ao artigo 16.º.

No que respeita ao CPC, há que tomar alguma cautela na aplicação das suas normas ao processo arbitral tributário. Se o CPC é o direito subsidiariamente aplicável a todos os processos judiciais, quer sejam administrativos quer sejam tributários, menos não seria equacionável no processo arbitral tributário. Porém, o processo civil está para os restantes Direitos adjectivos como o Direito Administrativo está para os ramos substantivos de Direito Público, e como o Direito Civil está na base de todas as áreas do Direito. Assim, as especificidades do Direito Fiscal e do contencioso tributário, aconselham a que não se apliquem sem cautelas as normas do CPC. Há que aferir, casuisticamente, se a norma do CPC, será efectivamente aplicável, testando desde logo se não há no CPPT, na LGT, no CPA ou no CPTA resposta para a lacuna que se pretende integrar. Não obstante, por todo o comentário não foram poucas as vezes em que se conclui pela aplicação ao RJAT de regras contidas no CPC. A título meramente exemplificativo salienta-se o instituto do caso julgado tendo-se remetido para as regras do artigo 580.º e seguintes do CPPT; o recurso de revisão, tendo-se propugnado pela aplicação do disposto no artigo 696.º do CPC; as questões de prazos processuais previstas nos artigos 138.º e seguintes do CPC; as questões da concentração da defesa previstas por seu turno nos artigos 572.º a 574.º do CPC e as questões dilatórias e peremptórias previstas nos artigos 576.º e 577.º do CPC.

Duas últimas notas a propósito do direito subsidiário.

Uma primeira, de certa forma relacionada com o que se acabou para referir, para afirmar que pese embora a ordem referida não seja relevante em termos de preferência na aplicação subsidiária porquanto o recurso a umas ou a outras regras depende sim da natureza do caso omisso, caso a regulamentação potencialmente aplicável se encontre em mais do que um dos blocos normativos indicados, serão de aplicação primordial, ao que se julga, os que vierem indicados em primeiro lugar, *i.e.*, por exemplo o CPPT e a LGT. Contudo, não se pode deixar de notar que, ao longo do RJAT, o legislador parece dar uma certa preferência às normas contidas no CPTA, designadamente quando, a propósito do recurso por oposição de acórdãos para o STA, nos n.ºs 2 e 3 do artigo 25.º do RJAT, determina como aplicável o disposto no artigo 152.º do CPTA e não o disposto no artigo 284.º do CPPT.

Uma segunda, a propósito da aplicação subsidiária LAV que se tem vindo a afirmar ao longo de todo este comentário ao RJAT, mas que aqui merece destaque. Ora, com efeito, embora não exista nas alíneas deste n.º 1 do artigo 29.º, uma referência expressa à LAV, a Doutrina tem entendido, e bem, que aquela será subsidiariamente aplicável na medida em que o n.º 1 do artigo 181.º do CPTA para ali remete os termos da constituição e funcionamento dos tribunais arbitrais administrativos. Deste modo, e porque, nas palavras de LOPES DE SOUSA, "nas referências à legislação subsidiária deve ver-se contida também remissão para a legislação que nela é indicada como subsidiariamente aplicável"[528], a LAV será tão aplicável quanto qualquer um dos outros diplomas expressamente elen-

---

[528] JORGE LOPES DE SOUSA (2013) "Comentário ao Regime Jurídico da Arbitragem Tributária", 240.

cados, em especial por se tratar da lei reguladora dos processos arbitrais no geral. Fazendo então a ligação com o que se referiu no parágrafo anterior sobre a inexistência de uma ordem de preferência no direito subsidiariamente aplicável, há casos em que a melhor solução poderá ser, ao que se julga, encontrada na LAV, e não em qualquer disposição do CPPT, ou mesmo do CPTA, dada a natureza do caso omisso e da especialidade do processo arbitral. É *inclusive* de questionar se o legislador, a par de uma referência expressa ao CPC – que já seria até aplicável por ser também aplicável subsidiariamente ao contencioso administrativo e tributário por via do CPTA e do CPPT – não deveria ter também feito referência à LAV, no sentido de dissipar quaisquer dúvidas de aplicação que porventura surgissem.

Por fim, faça-se referência ao disposto no n.º 2 do preceito ora em análise.

É, pois, importante ressalvar que, independentemente da aplicação supletiva das regras que decorram dos blocos normativos referenciados no n.º 1 deste artigo 29.º, a mesma não dispensa, nem prejudica, o dever de o tribunal arbitral definir a tramitação mais adequada a cada processo especificamente considerado, nos termos do disposto nos artigos 18.º e 19.º, atendendo designadamente aos princípios da celeridade, simplificação e informalidade processuais que sustentam a arbitragem tributária.

Como se referiu anteriormente, os princípios ordenadores do processo arbitral tributário não são apenas os constantes do elenco do artigo 16.º, nem o referido no artigo 19.º. Este n.º 2 do artigo 29.º vem reafirmar que o processo arbitral é construído para ser um processo célere, simples e informal, consagrando então expressamente os princípios da celeridade, simplificação e informalidade processuais.

A celeridade está, de resto, patente em todo o regime, salientando-se desde logo o disposto no artigo 21.º, nos termos do qual a fase do processo arbitral, que termina com a notificação às partes da decisão arbitral, não deverá ultrapassar o prazo de 6 meses, eventualmente prorrogáveis por três períodos sucessivos de 2 meses.

No que respeita à simplificação e informalidade processuais, poder-se-á dizer que estas decorrem não só dos princípios da oralidade e da imediação, mas também do princípio da autonomia do tribunal arbitral na condução do processo. Não se deverá porém olvidar que o processo arbitral pretende ser – e arrisca-se, é já – uma alternativa verdadeiramente mais célere e simples que o processo judicial tributário, com menor formalidade e maior agilização processual.

Artigo 30.º – Normas transitórias

1 – Os sujeitos passivos podem, a partir da entrada em vigor do presente decreto-lei e até ao termo do prazo de um ano, submeter à apreciação de tribunais arbitrais constituídos nos termos do n.º 1 e da alínea *a*) do n.º 2 do artigo 6.º, pretensões que tenham por objecto actos tributários que se encontrem pendentes de decisão em primeira instância nos tribunais judiciais tributários há mais de dois anos, com dispensa de pagamento de custas judiciais.

2 – A utilização da faculdade prevista no número anterior determina, a partir do momento em que o processo arbitral se considera iniciado, a alteração da causa de pedir ou a extinção da instância, de acordo com os fundamentos apresentados no pedido de pronúncia arbitral, impondo-se ao impugnante promovê-la no prazo de 60 dias, juntando cópia do pedido de pronúncia arbitral.

ANOTAÇÃO

Neste artigo 30.º, o legislador veio estabelecer um regime transitório que permitia aos contribuintes, no prazo de um ano a partir da entrada em vigor do Decreto-lei n.º 10/2011, de 20 de Janeiro, submeter à arbitragem tributária pretensões que tivessem por objecto actos tributários que se encontrassem pendentes de decisão em 1ª instância nos tribunais judiciais tributários há mais de dois anos. Era então dispensado o pagamento das custas judiciais daqueles processos pendentes mas não das taxas de arbitragem devidas nos termos do artigo 12.º do RJAT e do *Regulamento de Custas*.

Como se referiu aquando do comentário ao artigo 1.º, de acordo com os números apontados aquando da publicação da Lei do Orçamento do Estado para 2010, no final de 2009 existiam 43.505 processos em matéria tributária pendentes de decisão nos tribunais administrativos e fiscais, pelo que, esta medida tinha, ao que se julga, o objectivo incontornável de descongestionar os tribunais judiciais.

Bem se sabe que o presente regime transitório já não se encontra em vigor, contudo, julga-se relevante fazer uma breve abordagem do ponto de vista prático, no sentido de perceber em que medida é que estas disposições transitórias surtiram o efeito pretendido. Isto para perceber em que medida é que opções como esta podem ou devem vir a ser repetidas no futuro.

Olhe-se primeiro à cronologia.

O RJAT entrou em vigor, em 25 de Janeiro de 2011. Por conseguinte, numa leitura literal do n.º 1 deste artigo 30.º, o regime transitório caducaria no dia 25 de Janeiro de 2012 – um ano depois da entrada em vigor do diploma.

Sabe-se, porém, que, nos termos do disposto no artigo 4.º, a efectividade da entada em vigor da arbitragem tributária ficou dependente da vinculação por portaria dos membros do Governo responsáveis pelas áreas das finanças e da justiça da Administração Tributária à jurisdição arbitral. Ora, a vinculação ocorreu através da Portaria n.º 112-A/2011, de 22 de Março de 2011, que conheceu a sua entrada em vigor apenas no dia 1 de Julho de 2011.

Aqui chegados, de duas uma.

Ou se admitia, como se defendeu à época, que haveria que fazer uma leitura integrada do n.º 1 do artigo 30.º com o artigo 4.º, considerando-se que o RJAT só entrou em vigor em 1 de Julho de 2011, e que, consequentemente, o regime transitório sobreviveria até 1 de Julho de 2012. Isto porque o RJAT dependia da aprovação da Portaria de Vinculação.

Ou se considerava uma interpretação literal defendendo-se que o RJAT entrava em vigor dia 25 de Janeiro de 2011, ou seja, que a sua entrada em vigor era independente da Portaria de Vinculação, caducando o regime transitório dia 25 de Janeiro de 2012.

Independentemente do que se defendeu à época, a verdade é que, na prática, vingou esta segunda perspectiva.

Assim sendo, a aplicabilidade deste regime transitório ficou em muito prejudicada pela entrada em vigor tardia da Portaria de Vinculação. Perante esta leitura "redutora" se os contribuintes teriam, em abstracto, 1 ano para migrarem os seus processos pendentes nos Tribunais Administrativos e Fiscais para a jurisdição arbitral, na prática esse 1 ano ficou reduzido a quase 6 *meses*. A bem do rigor estes 6 meses ficaram reduzidos a 3. Tudo porque se os dois períodos de férias judiciais que decorreram entre 1 de Julho de 2011 e 25 de Janeiro de 2012 em nada interferiram com a migração efectiva dos processos – isto porque os prazos no procedimento arbitral se contavam por aplicação subsidiária do artigo 20.º, n.º 1, do CPPT nos termos do CC não se suspendendo portanto em férias judiciais –, a verdade é que, do ponto de vista prático interferiram com a plenitude de "lançamento" que a jurisdição arbitral em matéria tributária poderia ter tido e não teve[529].

---

[529] Nos termos do artigo 12.º da Lei n.º 3/99, de 13 de Janeiro (LOFTJ), à data em vigor, as férias judiciais de verão decorreriam entre 16 de Junho e 31 de Agosto, e as de inverno entre 22 de Dezembro e 3 de Janeiro.

Segundo dados oficiais, entre 1 de Julho de 2011 e 25 de Janeiro de 2012, deram entrada no CAAD, no âmbito do regime de migração permitido ao abrigo deste artigo 30.º, apenas 30 processos, número que "encontra justificação lógica na curta vigência do regime transitório", admitindo porém que a razão possa também ter passado pelo carácter inovador e pioneiro do próprio RJAT[530].

O crescimento exponencial do número de pedidos de constituição de tribunal arbitral que começou a dar entrada no CAAD justifica, julga-se, uma repristinação deste artigo 30.º e das suas disposições transitórias. Veja-se que durante o ano de 2012 entraram no CAAD 150 processos, 311 processos no ano de 2013 e 850 no ano de 2014[531].

Defenderam em 2013 Nuno Villa-Lobos e Tânia Carvalhais Pereira, que "a prorrogação do regime transitório afigura-se assim como um imperativo prático que não só vai ao encontro dos interesses dos operadores económicos, como prossegue vários objectivos cometidos à arbitragem", sendo que são razões de reforço da tutela jurisdicional efectiva dos direitos e interesses legítimos dos sujeitos passivos, de celeridade na resolução de litígios que opõem os contribuintes à Administração Tributária e de redução da pendência de processos nos Tribunais Administrativos e Fiscais que continuam a justificar a existência de um regime transitório[532].

---

[530] Cf. Tânia Carvalhais Pereira (2013) sobre o Regime Transitório in *Guia da Arbitragem Tributária*, 85-87.
[531] Vejam-se os dados estatísticos disponibilizados pelo CAAD no *Guia da Arbitragem Tributária* o de 89-93.
[532] Nuno Villa-Lobos/Tânia Carvalhais Pereira (2013) "Arbitragem Tributária: Breves Notas", 388.

JURISPRUDÊNCIA

Tribunais Arbitrais Tributários

Processo arbitral n.º 2/2011-T – Artigo 2.º/Competência/Imposto do Selo

Processo arbitral n.º 8/2011-T – Artigo 2.º/Competência/Administração do imposto

Processo arbitral n.º 10/2011-T – Artigo 2.º/Competência/Derrama Municipal

Processo arbitral n.º 12/2011-T – Artigo 2.º/Competência/Imposto do Selo/Artigo 16.º/princípio do contraditório

Processo arbitral n.º 19/2011-T – Artigo 2.º/Competência/Administração do imposto/Derrama Municipal

Processo arbitral n.º 24/2011-T – Artigo 2.º/Competência/Derrama Municipal

Processo arbitral n.º 1/2012-T – Artigo 2.º/Competência/Derrama Municipal

Processo arbitral n.º 2/2012-T – Artigo 2.º/Competência/Administração do imposto

Processo arbitral n.º 4/2012-T – Artigo 2.º/Competência/Administração do imposto

Processo arbitral n.º 5/2012-T – Artigo 2.º/Competência/Administração do imposto/Derrama/Artigo 16.º/princípio da autonomia do tribunal arbitral na condução do processo e na determinação das regras a observar

Processo arbitral n.º 8/2012-T – Artigo 16.º/Princípio da livre apreciação dos factos e da livre determinação das diligências de produção de prova necessárias

Processo arbitral n.º 21/2012-T – Artigo 16.º/Princípio do contraditório

Processo arbitral n.º 30/2012-T – Artigo 3.º/Cumulação entre impugnação e acção arbitral/Excepção de litispendência

Processo arbitral n.º 33/2012-T – Artigo 18.º/Decisão interlocutória

Processo arbitral n.º 35/2012-T – Artigo 3.º-A/Artigo 10.º/Contagem dos prazos antes da introdução do artigo 3.º-A/prazo para entrega do pedido de constituição de tribunal arbitral é prazo substantivo

Processo arbitral n.º 48/2012-T – Artigo 2.º/Artigo 4.º/Competência/Actos de autoliquidação, retenção na fonte ou pagamentos por conta/reclamação graciosa necessária

Processo arbitral n.º 54/2012-T – Artigo 2.º/Competência/Administração do imposto

Processo arbitral n.º 68/2012-T – Artigo 16.º/Artigo 28.º/Decisão impugnada por violação do contraditório

Processo arbitral n.º 70/2012-T – Artigo 2.º/Competência/Avaliação por métodos indirectos

Processo arbitral n.º 76/2012-T – Artigo 2.º/Competência/Avaliação por métodos indirectos

Processo arbitral n.º 82/2012-T – Artigo 2.º/Competência/Administração do imposto

Processo arbitral n.º 87/2012-T – Artigo 2.º/Competência/Administração do imposto

Processo arbitral n.º 89/2012-T – Artigo 2.º/Competência/Administração do imposto/Região Autónoma da Madeira

Processo arbitral n.º 94/2012-T – Artigo 2.º/Competência/Administração do imposto

Processo arbitral n.º 98/2012-T – Artigo 2.º/Competência/Administração do imposto

Processo arbitral n.º 115/2012-T – Artigo 4.º/Portaria de Vinculação/Direitos de importação

Processo arbitral n.º 147/2012-T – Artigo 2.º/Competência/Artigo 12.º/Custas/Condenação da parte vencida no pagamento de despesas com honorários de advogado

Processo arbitral n.º 19/2013-T – Artigo 25.º/Decisão objecto de recurso por oposição de acórdãos substituída pela decisão de recurso do STA

Processo arbitral n.º 48/2013-T – Artigo 2.º/Competência/Artigo 24.º/Decisões arbitrais condenatórias/juros indemnizatórios/indemnização por garantia indevida

PROCESSO ARBITRAL N.º 53/2013-T – Artigo 3.º/Identidade de situações fácticas na coligação

PROCESSO ARBITRAL N.º 66/2013-T – Artigo 2.º/Competência/Artigo 24.º/Decisões arbitrais condenatórias/juros indemnizatórios/reembolso da quantia paga

PROCESSO ARBITRAL N.º 94/2013-T – Artigo 4.º/Portaria de Vinculação/Direitos de importação

PROCESSO ARBITRAL N.º 110/2013-T – Artigo 3.º/Cumulação entre impugnação e acção arbitral/Excepção de litispendência

PROCESSO ARBITRAL N.º 117/2013-T – Artigo 2.º/Competência/Artigo 12.º/Custas/Condenação da parte vencida no pagamento de despesas com honorários de advogado

PROCESSO ARBITRAL N.º 151/2013-T – Artigo 4.º/Competência/Artigo 3.º/Cumulação de pedidos/Incompetência em razão do valor/cumulação ilegal

PROCESSO ARBITRAL N.º 177/2013-T – Artigo 2.º/Competência/Derrama Municipal

PROCESSO ARBITRAL N.º 178/2013-T – Artigo 2.º/Competência/Administração do imposto /Região Autónoma da Madeira

PROCESSO ARBITRAL N.º 188/2013-T – Artigo 2.º/Competência/Artigo 10.º/Caducidade do direito de acção/pedido de revisão de acto tributário/conhecimento dos pressupostos de admissibilidade que permitem a apreciação do mérito da causa pela Administração Tributária

PROCESSO ARBITRAL N.º 190/2013-T – Artigo 2.º/Competência/Derrama Municipal

PROCESSO ARBITRAL N.º 192/2013-T – Artigo 2.º/Competência/Derrama Municipal

PROCESSO ARBITRAL N.º 200/2013-T – Artigo 2.º/Competência/Derrama Municipal

PROCESSO ARBITRAL N.º 202/2013-T – Artigo 22.º/Exemplo com voto de vencido

PROCESSO ARBITRAL N.º 236-2013-T – Artigo 22.º/Exemplo com voto de vencido

PROCESSO ARBITRAL N.º 276/2013-T – Artigo 2.º/Competência/Artigo 12.º/Custas/Condenação da parte vencida no pagamento de despesas com honorários de advogado

PROCESSO ARBITRAL N.º 17/2014-T – Artigo 3.º-A/Artigo 10.º/Contagem do prazo para entrega do pedido de constituição de tribunal arbitral

Processo arbitral n.º 71/2014-T – Artigo 13.º/Suspensão do prazo de caducidade do direito à liquidação

Processo arbitral n.º 93/2014-T – Artigo 16.º/Princípio da autonomia do tribunal arbitral na condução do processo e na determinação das regras a observar

Processo arbitral n.º 121/2014-T – Artigo 2.º/Competência/Administração do Imposto/Imposto Único de Circulação

Processo arbitral n.º 237/2014-T – Artigo 2.º/Competência/Artigo 10.º/Caducidade do direito de acção/pedido de revisão de acto tributário/conhecimento dos pressupostos de admissibilidade que permitem a apreciação do mérito da causa pela Administração Tributária/indeferimento tácito

Processo arbitral n.º 272/2014-T – Artigo 2.º/Competência/Artigo 10.º/Caducidade do direito de acção/objecto do processo arbitral/actos de segundo e terceiro graus

Supremo Tribunal Administrativo

Acórdão do STA, processo n.º 0742/03, 26-05-2004 – Artigo 22.º/Artigo 28.º/Fundamentação dos actos tributários

Acórdão do STA, processo n.º 0798/04, 26-01-2005 – Artigo 25.º/Recurso por oposição de acórdãos/acórdão-fundamento do recurso por oposição de acórdãos que foi procedente

Acórdão do STA, processo n.º 1891/03, 27-04-2005 – Artigo 3.º/Cumulação de pedidos/natureza dos tributos

Acórdão do STA, processo n.º 0322/05, 22-06-2005 – Artigo 2.º/Competência/Artigo 10.º/Caducidade do direito de acção/Indeferimento do pedido de revisão oficiosa/reabertura da via contenciosa

Acórdão do STA, processo n.º 0560/05, 06-07-2005 – Artigo 2.º/Competência/Artigo 10.º/Caducidade do direito de acção/Indeferimento do pedido de revisão oficiosa/reabertura da via contenciosa

Acórdão do STA, processo n.º 0402/06, 12-07-2006 – Artigo 2.º/Competência/Equiparação do pedido de revisão oficiosa à reclamação graciosa

Acórdão do STA, processo n.º 01007/06, 27-10-2007 – Artigo 22.º/Artigo 28.º/poderes de cognição do tribunal/princípio do inquisitório vs. princípio do dispositivo/conceito de *questões*/omissão e excesso de pronúncia

Acórdão do STA, processo n.º 055/09, 25-03-2009 – Artigo 8.º/Impedimentos

Acórdão do STA, processo n.º 0156/11, 18-05-2011 – Artigo 2.º/Competência/Objecto do processo/reclamação graciosa
Acórdão do STA, processo n.º 0677/10, 07-09-2011 – Artigo 3.º-A/Artigo 10.º/Prazo para propositura de acções
Acórdão do STA, processo n.º 0747/12, 24-10-2012 – Artigo 3.º/Cumulação/natureza dos tributos
Acórdão do STA, processo n.º 0951/12, 30-01-2013– Artigo 3.º-A/Artigo 10.º/Prazo para propositura de acções
Acórdão do STA, processo n.º 01327/12, 06-03-2013– Artigo 3.º/Cumulação/natureza dos tributos
Acórdão do STA, , processo n.º 01136/12, 3-07-2013– Artigo 25.º/Recurso da decisão arbitral para o STA/Trânsito em julgado do acórdão fundamento
Acórdão do STA, processo n.º 01158/12, 18-09-2013 – Artigo 25.º/Requisitos formais do recurso da decisão arbitral para o STA
Acórdão do STA, processo n.º 01470/13, 26-02-2014 – Artigo 25.º/Requisitos formais do recurso da decisão arbitral para o STA
Acórdão do STA, processo n.º 01447/13, 04-06-2014 – Artigo 25.º/Requisitos substanciais do recurso por oposição de acórdãos/uniformização de jurisprudência/delimitação do conceito de "mesma questão fundamental de direito"
Acórdão do STA, processo n.º 0360/13, 2-07-2014 – Artigo 25.º/Fundamentos do recurso de revisão no CPPT vs. fundamentos do recurso de revisão no CPC
Acórdão do STA, processo n.º 01626/13, 17-09-2014 – Artigo 25.º/Recurso por oposição de acórdãos procedente
Acórdão do STA, processo n.º 0548/14, 08-10-2014 – Artigo 3.º-A/Artigo 10.º/Aplicação da alínea e) do artigo 279.º do CC ao prazo para entrega da petição inicial e do pedido de constituição de tribunal arbitral
Acórdão do STA, processo n.º 0544/14, 17-12-2014 – Artigo 3.º/Cumulação/natureza dos tributos
Acórdão do STA, processo n.º 0990/14, 17-12-2014 – Artigo 17.º/Indeferimento liminar no processo judicial tributário

Tribunal Central Administrativo do Sul

Acórdão do TCA Sul, processo n.º 2842/09, 25-11-2009 – Artigo 10.º/Indeferimento do pedido de revisão oficiosa/reabertura da via contenciosa

Acórdão do TCA Sul, processo n.º 06121/12, 18-06-2013 – Artigo 28.º/ Impugnação da decisão arbitral/não especificação dos fundamentos de facto que justificam a decisão

Acórdão do TCA Sul, processo n.º 05203/11, 19-02-2013 – Artigo 28.º/ Impugnação da decisão arbitral/pronúncia indevida/excesso de pronúncia

Acórdão do TCA Sul, processo n.º 05922/12, 21-05-2013 – Artigo 28.º/ Impugnação da decisão arbitral/oposição dos fundamentos com a decisão

Acórdão do TCA Sul, processo n.º 06258/12, 10-09-2013 – Artigo 28.º/ Impugnação da decisão arbitral/violação do princípio do contraditório

Acórdão do TCA Sul, processo n.º 07004/13, 12-12-2013 – Artigo 28.º/ Impugnação da decisão arbitral/omissão de pronúncia

Acórdão do TCA Sul, processo n.º 06952/13, 30-01-2014 – Artigo 27.º/ Artigo 28.º/Poderes de cognição do TCA/não conhecimento do mérito da causa/inaplicabilidade do artigo 149.º/1 do CPTA/taxatividade dos fundamentos/mero erro de julgamento

Acórdão do TCA Sul, processo n.º 07088/13, 27-02-2014 – Artigo 27.º/ Artigo 28.º/Impugnação da decisão arbitral/violação do princípio do contraditório/poderes de cognição do TCA/não conhecimento do mérito da causa/inaplicabilidade do artigo 149.º/1 do CPTA

Acórdão do TCA Sul, processo n.º 06244/12, 12-06-2014 – Artigo 28.º/ Impugnação da decisão arbitral/pronúncia indevida

Acórdão do TCA Sul, processo n.º 07084/13, 26-06-2014 – Artigo 27.º/ Cômputo do prazo para impugnar

Acórdão do TCA Sul, processo n.º 07647/14, 26-06-2014 – Artigo 28.º/ Impugnação da decisão arbitral/omissão de pronúncia

Acórdão do TCA Sul, processo n.º 06208/12, 25-01-2015 – Artigo 28.º/ Artigo 16.º/Impugnação da decisão arbitral/Anulação da decisão/violação do princípio do contraditório

Tribunal Constitucional

Acórdão do Tribunal Constitucional n.º 489/95, 27/09/1995 – Artigo 25.º/Irrecorribilidade/Direito fundamental ao duplo grau de decisão

Acórdão do Tribunal Constitucional n.º 281/2014, 25/03/2014 – Artigo 23.º/Artigo 15.º/Notificação do arquivamento/Recurso de constitucionalidade/ inconstitucionalidade do artigo 25.º, n.º 4 do RJAT no que respeita ao recurso de constitucionalidade

Acórdão do Tribunal Constitucional n.º 713/2014, 28/10/2014 – Artigo 23.º/Artigo 25.º/Notificação do Ministério Público/Notificação do arquivamento/Recurso de constitucionalidade/inconstitucionalidade do artigo 25.º, n.º 4 do RJAT no que respeita ao recurso de constitucionalidade

Tribunal de Justiça da União Europeia

Acórdão *Schwarze*, de 01-12-1965, processo n.º 16/65
Acórdão *Broekmeulen*, de 6-10-1981, processo n.º C-246/80
Acórdão *Nordsee*, de 02-02-1982, processo n.º 102/81
Acórdão *Cilfit*, , de 6-10-1982, processo n.º 283/81
Acórdão *Morson/Holanda*, , de 27-10-1982, processo n.º 35/82
Acórdão *Foto-Frost*, de 22-10-1987, processo n.º 314/85
Acórdão *Denuit e Cordenier*, de 21-01-2005, proceso n.º C-125/04 de 21-01-2005
Acórdão *Merck Canada*, de 13-02-2014, processo n.º C-555/13
Acórdão *Ascendi*, de 12-06-2014, processo n.º C-377/13 de 12-06-2014
Acórdão *Lisboagás*, de 11-06-2015, processo n.º C-256/14

Outros

Acórdão do Supremo Tribunal de Justiça, processo n.º 161/05.2TBVLG.S1, 22-09-2009 – Artigo 13.º/Artigo 20.º/superveniência objectiva e subjectiva
Acórdão da Relação do Porto, processo n.º 552/09.0TBSJM.P1, 11-05-2010 – Artigo 1.º/Indisponibilidade dos créditos tributários
Acórdão do TCA Norte, processo n.º 00342/05.9BEPRT, 20-10-2011 – Artigo 10.º/Capacidade tributária do cônjuge

BIBLIOGRAFIA

AFONSO, Osvaldo da Gama (2015) "A Arbitragem em São Tomé e Príncipe: Da Constituição Santomense à inexistência/necessidade de um regime tributário"; in VILLA-LOBOS, Nuno, PEREIRA, Tânia Carvalhais (coords) *Revista de Arbitragem Tributária*, n.º 3, Lisboa: CAAD

AFONSO, Sérgio Brigas (2015) "Mercadorias sujeitas a direitos de importação: Restrições no recurso à arbitragem tributária" VILLA-LOBOS, Nuno, PEREIRA, Tânia Carvalhais (coords) *Revista de Arbitragem Tributária*, n.º 2, Lisboa: CAAD

ALMEIDA, Mário Aroso de (2004) "A Arbitragem no Direito Administrativo Português" in *La Contratación Pública en el Horizonte de la Integración Europea*, Madrid: INAP

ALMEIDA, Mário Aroso de (2012) "Sobre o âmbito das matérias passíveis de arbitragem de Direito administrativo em Portugal", in *Estudos em homenagem a Miguel Galvão Teles*, vol. II, Coimbra: Almedina

ALMEIDA, Mário Aroso de, CADILHA, Carlos Fernandes (2010) *Comentário ao Código de Processo nos Tribunais Administrativos*, Coimbra: Almedina

ALMEIDA, Samuel Fernandes de (2010), "Primeiras reflexões sobre a Lei de Arbitragem em Matéria Tributária", in Fernando Araújo, Paulo Otero, João Taborda da Gama (orgs.), *Estudos em memória do Professor Doutor J. L. Saldanha Sanches*, vol. V, Coimbra: Coimbra Editora

ALMEIDA, Samuel Fernandes de, HEITOR, Joana Lobato (2014) "Recurso de Revisão das decisões proferidas nos Tribunais (Arbitrais) Tributários – Comentário ao Acórdão n.º 0360/13 do STA", *in Newsletter CAAD – Arbitragem Administrativa e Fiscal*, Setembro 2014, Lisboa, disponível em http://www.caad.org.pt/

AMARAL, Diogo Freitas do (2006) *Curso de Direito Administrativo*, vol. II, Coimbra: Almedina

AMARAL, Diogo Freitas do, ALMEIDA, Mário Aroso de (2007) *Grandes Linhas da Reforma do Contencioso Administrativo*, Coimbra: Almedina

BARROCAS, Manuel Pereira Barrocas (2013) *Manual de Arbitragem*, 2ª edição, Coimbra: Almedina

BOTELHO, José Manuel Santos, ESTEVES, Américo Pires Esteves, PINHO, José Cândido de (2002) *Código do Procedimento Administrativo Anotado e Comentado*, 5ª edição, Coimbra: Almedina

CABO, Sérgio Gonçalves do (2006) "A cumulação processual no contencioso tributário" in *Estudos jurídicos e económicos em homenagem ao Prof. Doutor António de Sousa Franco*, vol. III, Coimbra: Coimbra Editora

CABRAL, Nazaré Costa (2010) *Contribuições para a Segurança Social: Natureza, Aspectos de Regime e de Técnica e Perspectivas de Evolução num Contexto de Incerteza*, Coimbra: Almedina

CAMPOS, Alexandra Valpaços Gomes de (2012) "O esgotamento do poder jurisdicional dos árbitros: correcção, interpretação e integração da sentença arbitral" in *Revista da Ordem dos Advogados*, ano 72, n.º 4

CAMPOS, Diogo Leite de (2010) "A possibilidade da arbitragem tributária", in Diogo Leite de Campos e Eduardo Paz Ferreira (orgs.) *A Arbitragem em Direito Tributário – I Conferência AIBAT-IDEFF*, Coimbra: Almedina

CAMPOS, Diogo Leite de, RODRIGUES, Benjamim Silva, SOUSA, Jorge Lopes de (2012) *Lei Geral Tributária – Anotada e Comentada*, Lisboa: Encontro da Escrita Editora

CANOTILHO, J. J. Gomes, MOREIRA, Vital (2014) *Constituição da República Portuguesa – Anotada*, vols. I e II, Coimbra: Coimbra Editora

CANOTILHO, J. J. Gomes, MOREIRA, Vital (2014) *Constituição da República Portuguesa – Anotada*, vol. II, Coimbra: Coimbra Editora

CARAMELO, António Sampaio (2014) *A impugnação da sentença arbitral: comentário aos artigos 46.º, 51.º e 54.º da Lei da Arbitragem Voluntária*, Coimbra: Coimbra Editora

CARLOS, Américo Brás, e outros (2000) *Guia dos Impostos em Portugal*, Lisboa: Quid Juris?

CAUPERS, João (1999) "A arbitragem nos litígios entre a administração pública e os particulares", in *Cadernos de Justiça Administrativa*, n.º 18, Braga

CORREIA, J. M. Sérvulo (1982) *Noções de Direito Administrativo*, volume I, Lisboa: Editora Danúbio, Lda.

CORREIA, J. M. Sérvulo (1994) "A arbitragem voluntária no domínio dos contratos administrativos" in *Estudos em Memória do Professor Doutor João de Castro Mendes*, Lisboa

CÔRTE-REAL, Pamplona, GOUVEIA, J. Bacelar, COSTA, J. Cardoso da (1992) "Breves reflexões em matéria de confidencialidade fiscal" in *Ciência e Técnica Fiscal* n.º 368, Lisboa

CORTEZ, Francisco (1992) "A arbitragem voluntária em Portugal. Dos ricos homens aos tribunais privados" in *O Direito*, Lisboa

COUTINHO, Francisco Pereira (2014) "Os tribunais arbitrais tributários e o reenvio prejudicial" *in* VILLA-LOBOS, Nuno, PEREIRA, Tânia Carvalhais (coords) *Revista de Arbitragem Tributária*, n.º 1, Lisboa: CAAD

DOURADO, Ana Paula (2014) *O Princípio da Legalidade Fiscal: Tipicidade, Conceitos Jurídicos Indeterminados e Margem de Livre Apreciação*, Coimbra. Almedina

ESQUÍVEL, José Luís (2004) *Os Contratos Administrativos e a Arbitragem*, Coimbra: Almedina

ESQUÍVEL, José Luís (2010) "A Arbitragem Institucionalizada e os conflitos de Direito Administrativo", in Nuno Villa-Lobos e Mónica Brito Vieira (coord.), *Mais justiça Administrativa e Fiscal*, Coimbra: Coimbra Editora

FAVEIRO, Vítor (2002) *O Estatuto do Contribuinte – a pessoa do contribuinte no Estado*

FEIJÓ, Carlos Maria, VIDINHAS, Anabela, GOUVEIA, Ivanna (2015) "Desafios à hipótese de admissibilidade da arbitragem: Matéria administrativa e fiscal em Angola"; VILLA-LOBOS, Nuno, PEREIRA, Tânia Carvalhais (coords) *Revista de Arbitragem Tributária*, n.º 3, Lisboa: CAAD

FIGUEIRAS, Cláudia Sofia Melo (2013) "Arbitragem: a descoberta de um novo paradigma de justiça tributária?" in Isabel Celeste M. Fonseca (coord), *Arbitragem Administrativa e Tributária: Problemas e Desafios*, Coimbra: Almedina

FONSECA, Isabel Celeste (2013) "Arbitragem Administrativa: Uma Realidade com Futuro?" *in* Isabel Celeste M. Fonseca (coord), *Arbitragem Administrativa e Tributária: Problemas e Desafios*, Coimbra: Almedina

FREITAS, José Lebre de (1991) *A Confissão no Direito Probatório*, Coimbra: Coimbra Editora

FREITAS, José Lebre de (2013) *Introdução ao Processo Civil – Conceito e princípios ferais à luz do novo Código*, Coimbra: Coimbra Editora

FREITAS, José Lebre de, ALEXANDRE, Isabel (2013) *Código de Processo Civil – Anotado, vol. 1.º*, Coimbra: Coimbra Editora

GAMA, João Taborda da (2014) "As virtudes escondidas da arbitragem fiscal", *in* VILLA-LOBOS, Nuno, PEREIRA, Tânia Carvalhais (coords) *Revista de Arbitragem Tributária*, n.º 1, Lisboa: CAAD

GAMITO, Conceição, MOTTA, Teresa Teixeira (2015) "A arbitrabilidade das taxas" *in* VILLA-LOBOS, Nuno, PEREIRA, Tânia Carvalhais (coords) *Revista de Arbitragem Tributária*, n.º 2, Lisboa: CAAD

GERALDES, Abrantes (2009) *Cassação ou substituição? Livre escolha ou determinismo legislativo*, disponível em http://www.trl.mj.pt/

GODOI, Marciano Seabra de, GIANNETTI, Leonardo Varella (2015) "Arbitragem e Direito Tributário Brasileiro: A superação do dogma da indisponibilidade do crédito tributário" *in* VILLA-LOBOS, Nuno, PEREIRA, Tânia Carvalhais (coords) *Revista de Arbitragem Tributária*, n.º 3, Lisboa: CAAD

GOMES, Nuno Sá (2003) *Manual de Direito Fiscal*, vol. I, Carcavelos: Rei dos Livros

GOUVEIA, Mariana França (2014) *Curso de Resolução Alternativa de Litígios*, 3ª Edição, Coimbra: Almedina, 2014

GUERREIRO, António Lima (2001) *Lei Geral Tributária Anotada*, Carcavelos: Rei dos Livros

JÚDICE, José Miguel, FERREIRA, Rogério Fernandes (2013) "A Arbitragem Fiscal: Defeitos e Virtudes – Liber Amicorum Alberto Xavier", *in* Eduardo Paz Ferreira, Heleno Taveira Torres, Clotilde Celorico Palma (orgs.) *Estudos em homenagem ao Prof. Doutor Alberto Xavier*, Coimbra: Almedina

JÚNIOR, Andreia (2008) "A compensação de créditos tributários" *in Revista Fiscal*, Abril 2008, Porto

JUSTO, António Santos Justo (2013) "A Arbitragem em Direito Romano – Breve Referência ao Direito Português" *in Estudos em Homenagem ao Prof. Doutor José Lebre de Freitas*, vol. II, Coimbra: Coimbra Editora

LEITÃO, Alexandra (2002) *A Protecção Judicial dos Terceiros nos Contratos da Administração Pública*, Coimbra: Coimbra Editora

LEITÃO, João Menezes (2015) "The reference for a preliminary ruling of Court of Justice in Portuguese tax arbitration" *in* VILLA-LOBOS, Nuno, PEREIRA, Tânica Carvalhais, *The Portuguese Tax Arbitration Regime*, CAAD, Coimbra: Almedina

LOBO, Carlos (2010) "A Arbitragem e a fixação da matéria colectável por métodos indirectos" *in* Diogo Leite de Campos e Eduardo Paz Ferreira (orgs.) *A Arbitragem em Direito Tributário – I Conferência AIBAT-IDEFF*, Coimbra: Almedina

LOUREIRO, Carlos (2010) "A arbitragem fiscal internacional: uma realidade crescente" *in* Diogo Leite de Campos e Eduardo Paz Ferreira (orgs.) *A Arbitragem em Direito Tributário – I Conferência AIBAT-IDEFF*, Coimbra: Almedina

MACHADO, António Montalvão, FREITAS, José Lebre de, PINTO, Rui (2008), *Código de Processo Civil Anotado, vol 2.º*, Coimbra: Coimbra Editora

MARQUES, João Paulo Remédio (2011) *A Acção Declarativa à Luz do Código Revisto*, 3.ª Edição, Coimbra: Almedina

MARTINEZ, Pedro Soares (1963) *A Obrigação Tributária*, Cadernos de Ciência e Técnica Fiscal, Lisboa: Centro de Estudos Fiscais da Direcção-Geral das Contribuições e Impostos

MARTINEZ, Pedro Soares (1969) *Da Personalidade Tributária*, Cadernos de Ciência e Técnica Fiscal, Lisboa: Centro de Estudos Fiscais da Direcção-Geral das Contribuições e Impostos

MARTINEZ, Pedro Soares (1993) *Direito Fiscal*, Coimbra: Almedina

MARTINHO, Rui Leão (2014) "Os economistas e a arbitragem tributária", *in* VILLA-LOBOS, Nuno, PEREIRA, Tânia Carvalhais (coords) *Revista de Arbitragem Tributária*, n.º 1, Lisboa: CAAD

MEDEIROS, Rui (1999) *Acções de Responsabilidade*, Cascais: Princípia

MENDES, Armindo Ribeiro (2013) "A nova Lei da Arbitragem Voluntária e as formas de impugnação das decisões arbitrais (algumas notas)" *in Estudos em Homenagem ao Prof. Doutor José Lebre de Freitas*, vol. II, Coimbra: Coimbra Editora

MENDES, Armindo Ribeiro, e outros (2012) *Lei de Arbitragem Voluntária Anotada*, Coimbra: Almedina

MIRANDA, Jorge, MEDEIROS, Rui (2007) *Constituição Portuguesa Anotada*, tomos I e III, Coimbra: Coimbra Editora

MONTEIRO, António Pedro Pinto (2009) "Do recurso das decisões arbitrais para o Tribunal Constitucional" *in Themis*, n.º 16

MORAIS, Rui Duarte (2014), *Manual de Procedimento e Processo Tributário*, Coimbra: Almedina

NABAIS, José Casalta (2012) *O Dever Fundamental de Pagar Impostos – Contributo para a compreensão contitucional do Estado fiscal contemporâneo*, Coimbra: Almedina

NABAIS, José Casalta (2015) *Direito Fiscal*, 8.ª Edição, Coimbra: Almedina

NETO, Abílio Neto (2014) *Novo Código de Processo Civil Anotado*, Lisboa: Ediforum

NETO, Serena Cabrito (2014) "A articulação dos prazos de impugnação do RJAT, do CPPT e do Código do IRS", *in* VILLA-LOBOS, Nuno, PEREIRA, Tânia Carvalhais (coords) *Revista de Arbitragem Tributária*, n.º 1, Lisboa: CAAD

Nogueira, José Duarte (1996) "A arbitragem na história do Direito Português" in *Revista Jurídica*, Lisboa

Oliveira, Ana Perestrelo de (2007), *Arbitragem de Litígios com Entes Públicos*, Coimbra: Almedina

Oliveira, Ana Perestrelo de (2010) "Da arbitragem administrativa à arbitragem fiscal: notas sobre a introdução da arbitragem em matéria tributária", *in* Nuno Villa-Lobos e Mónica Brito Vieira (coord.), *Mais justiça Administrativa e Fiscal*, Coimbra: Coimbra Editora

Oliveira, Maria da Conceição (2010) «Mediação e Arbitragem no Roteiro da "Boa Administração"», *in* Nuno Villa-Lobos e Mónica Brito Vieira (coord.), *Mais justiça Administrativa e Fiscal*, Coimbra: Coimbra Editora

Oliveira, Mário, Esteves de, Gonçalves, Pedro Costa, Amorim, J. Pacheco de (2010) *Código do Procedimento Administrativo Comentado*, 2.ª Edição, Coimbra: Almedina

Pereira, Paula Rosado (2015) "The material scope of tax arbitration", *in* Villa-Lobos, Nuno, Pereira, Tânica Carvalhais, *The Portuguese Tax Arbitration Regime*, CAAD, Coimbra: Almedina

Pereira, Tânia Carvalhais Pereira (2013) "Regime Transitório" in Nuno Villa-Lobos e Mónica Brito Vieira (coords.) *Guia da Arbitragem Tributária*, Coimbra: Almedina

Pinheiro, Luís Lima (2005) *Arbitragem Transnacional – a determinação do estatuto da arbitragem*, Coimbra: Almedina

Ribas, Lídia Maria (2015) "Arbitragem fiscal no ambiente do CAAD: uma proposta para o Brasil" *in* Villa-Lobos, Nuno, Pereira, Tânia Carvalhais (coords) *Revista de Arbitragem Tributária*, n.º 3, Lisboa: CAAD

Ribeiro, Maria Teresa de Melo (1996) *O princípio da imparcialidade da Administração Pública*, Coimbra: Almedina

Rocha, Joaquim Freitas da (2014) *Lições de Procedimento e Processo Tributário*, 5.ª Edição, Coimbra: Coimbra Editora.

Rocha, Joaquim Freitas da (2015) "Post-modern state, tax law and alternative dispute resolution mechanisms" *in* Villa-Lobos, Nuno, Pereira, Tânica Carvalhais, *The Portuguese Tax Arbitration Regime*, CAAD, Coimbra: Almedina

Rodrigues, Benjamim Silva (2014) "Sobre os tribunais fiscais e os tribunais arbitrais tributários", *in* Villa-Lobos, Nuno, Pereira, Tânia Carvalhais (coords) *Revista de Arbitragem Tributária*, n.º 1, Lisboa: CAAD

SANCHES, J. L. Saldanha (1995) *A Quantificação da Obrigação Tributária: Deveres de Cooperação, Autoavaliação e Avaliação Administrativa*, Lisboa: Lex-Edições Jurídicas

SERRA, Manuel Fernando dos Santos (2010) "A Arbitragem Administrativa em Portugal: evolução recente e perspectivas", *in* Nuno Villa-Lobos e Mónica Brito Vieira (coord.), *Mais Justiça Administrativa e Fiscal*, Coimbra: Coimbra Editora

SERRA, Manuel Fernando dos Santos (2015) "Arbitragem Administrativa e Tributária: Apontamento sobre os antecedentes da arbitragem", *in* VILLA-LOBOS, Nuno, PEREIRA, Tânia Carvalhais (coords) *Revista de Arbitragem Tributária*, n.º 3, Lisboa: CAAD

SILVA, Isabel Marques da (2004), "Cumulação de impugnações de IVA e de IRS, CTF" *in Ciência e Técnica Fiscal*, n.º 414

SILVA, Paula Costa e (1992) "Anulação e recursos da decisão arbitral", *in Revista da Ordem dos Advogados*, ano 52, n.º 3

SILVA, Paula Costa e (1996) "Os meios de impugnação de decisões proferidas em arbitragem voluntária no Direito interno português", *in Revista da Ordem dos Advogados*, ano 56, n.º 1

SIMÕES, Francisco Geraldes (2014) "A arbitrabilidade dos actos de liquidação por métodos indirectos", *in* VILLA-LOBOS, Nuno, PEREIRA, Tânia Carvalhais (coords) *Revista de Arbitragem Tributária*, n.º 1, Lisboa: CAAD

SOUSA, Jorge Lopes de (2010) "Algumas preocupações sobre o regime da arbitragem tributária" in Fernando Araújo, Paulo Otero, João Taborda da Gama (orgs.), *Estudos em memória do Professor Doutor J. L. Saldanha Sanches*, vol. V, Coimbra: Coimbra Editora

SOUSA, Jorge Lopes de (2011) *Código de Procedimento e de Processo Tributário Anotado e Comentado*, vols. I, II, II e IV, Lisboa: Áreas

SOUSA, Jorge Lopes de (2013), "Algumas notas sobre o regime da arbitragem tributária" *in* Isabel Celeste M. Fonseca (coord), *Arbitragem Administrativa e Tributária: Problemas e Desafios*, Coimbra: Almedina

SOUSA, Jorge Lopes de (2013) "Comentário ao Regime Jurídico da Arbitragem Tributária" *in* Nuno Villa-Lobos e Mónica Brito Vieira (coord.) Guia da Arbitragem Tributária, Coimbra: Almedina

SOUSA, Jorge Lopes de (2013), "Recurso de revisão de decisões arbitrais tributárias", *in Newsletter CAAD – Arbitragem Fiscal*, n.º 2 de 2013, Lisboa, disponível em http://www.caad.org.pt/

SOUTELINHO, Susana (2013) "A arbitragem tributária – uma realidade?" *in A Arbitragem Administrativa e Tributária: Problemas e Desafios*, 2ª edição, Coimbra: Almedina

TELES, Miguel Galvão (2011) "Recurso para o Tribunal Constitucional das decisões dos tribunais arbitrais" *in* Jorge Miranda (coord.) *Estudos de Homenagem ao Prof. José Manuel Sérvulo Correia*, vol. I, Coimbra: Coimbra Editora

TELLO, Jesús López (2010) "A arbitragem internacional", *in* Diogo Leite de Campos e Eduardo Paz Ferreira (orgs.) *A Arbitragem em Direito Tributário – I Conferência AIBAT-IDEFF*, Coimbra: Almedina

TRINDADE, Carla Castelo, FERREIRA, Susana Bradford (2015) "O reenvio prejudicial para o Tribunal de Justiça da União Europeia – o caso específico da arbitragem tributária" *in CEJ – Contencioso Tributário*, Lisboa: Centro de Estudos Judiciários, 199-224, disponível em http://www.cej.mj.pt/

TRINDADE, Carla Castelo (2014) "Os prazos na arbitragem tributária" *in* VILLA-LOBOS, Nuno, PEREIRA, Tânia Carvalhais (coords) *Revista de Arbitragem Tributária*, n.º 2, Lisboa: CAAD

VASQUES, Sérgio (2008) *As Taxas de Regulação Económica em Portugal*, Coimbra: Almedina

VASQUES, Sérgio (2008) *O Princípio da Equivalência como Critério de Igualdade Tributária*, Coimbra: Almedina

VASQUES, Sérgio (2014) *Manual de Direito Fiscal*, Coimbra: Almedina

VASQUES, Sérgio, TRINDADE, Carla Castelo (2013) "Âmbito material da arbitragem tributária" *in Cadernos de Justiça Tributária*, n.º 00, Braga: Cejur – Centro de Estudos Jurídicos do Minho

VASQUES, Sérgio, TRINDADE, Carla Castelo (2013) "Os efeitos do pedido de constituição do Tribunal Arbitral Tributário" *in Cadernos de Justiça Tributária*, n.º 02, Braga: Cejur – Centro de Estudos Jurídicos do Minho

VILLA-LOBOS, Nuno (2013) "Novas configurações da justiça administrativa e fiscal em Portugal" *in* Isabel Celeste M. Fonseca (coord), *Arbitragem Administrativa e Tributária: Problemas e Desafios*, Coimbra: Almedina

VILLA-LOBOS, Nuno, VIEIRA, Mónica Brito (coord.) (2013) *Guia da Arbitragem Tributária*, Coimbra: Almedina

VILLA-LOBOS, Nuno, PEREIRA, Tânia Carvalhais (2013) "Arbitragem Tributária: Breves Notas" *in* Isabel Celeste M. Fonseca (coord), *Arbitragem Administrativa e Tributária: Problemas e Desafios*, Coimbra: Almedina